**Dr. Margit Brinke
Dr. Peter Kränzle**

USA-Nordosten

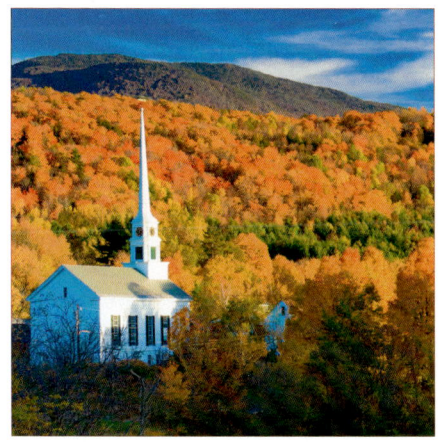

Iwanowski's **REISEBUCHVERLAG**

Im Internet:

www.iwanowski.de

Hier finden Sie aktuelle Infos zu allen Titeln, interessante Links – und vieles mehr!

Einfach anklicken!

Schreiben Sie uns, wenn sich etwas verändert hat. Wir sind bei der Aktualisierung unserer Bücher auf Ihre Mithilfe angewiesen: **info@iwanowski.de**

USA-Nordosten
16. Auflage 2020

© Reisebuchverlag Iwanowski GmbH
Salm-Reifferscheidt-Allee 37 • 41540 Dormagen
Telefon 0 21 33/26 03 11 • Fax 0 21 33/26 03 34
info@iwanowski.de
www.iwanowski.de

Titelfoto: Stowe Community Church in Stowe, Vermont;
© Don Landwehrle / Adobe Stock

Alle anderen Farbabbildungen: s. Abbildungsverzeichnis S. 609
Layout: Ulrike Jans, Krummhörn
Karten: Astrid Fischer-Leitl, München
Kartenüberarbeitung: Klaus-Peter Lawall, Unterensingen
Titelgestaltung: Point of Media, www.pom-online.de
Redaktionelles Copyright, Konzeption und deren
ständige Überarbeitung: Michael Iwanowski

Alle Rechte vorbehalten. Alle Informationen und Hinweise erfolgen ohne Gewähr für die Richtigkeit im Sinne des Produkthaftungsrechts. Verlag und Autoren können daher keine Verantwortung und Haftung für inhaltliche oder sachliche Fehler übernehmen. Auf den Inhalt aller in diesem Buch erwähnten Internetseiten Dritter haben Autoren und Verlag keinen Einfluss. Eine Haftung dafür wird ebenso ausgeschlossen wie für den Inhalt der Internetseiten, die durch weiterführende Verknüpfungen (sog. „Links") damit verbunden sind.

Gesamtherstellung: Himmer GmbH, Augsburg
Printed in Germany

ISBN: 978-3-86197-240-2

Inhalt 3

> **Alle Karten zum Gratis-Download – so funktioniert's**
> In diesem Reisehandbuch sind alle Detailpläne mit sogenannten QR-Codes versehen, die vor der Reise per Smartphone oder Tablet-PC gescannt und bei einer bestehenden Internetverbindung auf das eigene Gerät geladen werden können. Alle Karten sind im PDF-Format angelegt, das nahezu jedes Gerät darstellen kann. Für den Stadtbummel oder die Besichtigung unterwegs hat man so die Karte mit besuchenswerten Zielen und Restaurants auf dem Telefon, Tablet-PC, Reader oder als praktischen DIN-A-4-Ausdruck dabei.
> Mit anderen Worten – der Reiseführer kann im Auto oder im Hotel bleiben und die Basis-Infos sind immer und überall ohne Roaminggebühren abrufbar.
> Sollten wider Erwarten Probleme beim Karten-Download auftreten, wenden Sie sich bitte direkt an den Verlag. Unter info@iwanowski.de erhalten Sie die entsprechende Linkliste zum Herunterladen der Karten.

EINLEITUNG — 10

I. LAND UND LEUTE — 14

Historischer Überblick — 15
- Indianer – die ersten Amerikaner — 15
- „Entdeckung" und Kolonisierung Nordamerikas — 17
  Kolonisierung durch die Spanier 18 · Die Franzosen kommen und gehen 19 · Niederländische Interessen 20 · Kolonisierung durch die Briten 20 · Leben in den Kolonien 22
- Kampf um die Unabhängigkeit — 24
- Gründung und Konsolidierung der USA — 26
  Der „War of 1812" 27
- Besiedlung des Westens — 29
- Nord-Süd-Konflikt und amerikanischer Bürgerkrieg — 31
- Wiederaufbau nach dem Bürgerkrieg — 33
- Die USA werden Weltmacht — 34
- Die USA im 20. Jahrhundert — 35
- Das 21. Jahrhundert — 38

Geografischer Überblick — 40
- Die Atlantische Küstenebene — 40
- Die Appalachen — 41
- Nationalparks — 42
- Klima — 44

Wirtschaftlicher Überblick — 46
- Arbeitsleben und -mentalität — 46
- Wirtschaftliche Grundlagen — 47
  Landwirtschaft 48 · Die Bedeutung des Meeres 48

Gesellschaftlicher Überblick — 50
- Eine „Nation of Nations" — 50
- Bevölkerungsschichten und ihre Verteilung — 52
  Indianer 52 · Afroamerikaner 53 · Lateinamerikaner 55 · Iren und Italiener 55 · Asiaten 56 · Amerikas deutsche Wurzeln 56
- Die soziale Situation — 57
  Krankenversicherung 57 · Rentenversicherung 58 · Arbeitslosen- und Sozialhilfe 58
- Bildungswesen — 58
  Schulen 59 · Universitäten 60
- Religion – „God's own country" — 61
  Religiöse Vielfalt 62 · Erweckungsbewegungen 63 · Jedem das Seine 63
- Gibt es den „American way of life"? — 64
  Kulinarisches Amerika 64 · Die schönste Nebensache der Welt 65
- Die Wiege alternativer Ideen — 67

Überblick

Inhalt

Kultur im Überblick	68
Architektur	68
Malerei	72
Neuengland – Heimat der Dichter und Denker	74

2. REISETIPPS	**78**
Allgemeine Reisetipps A–Z	79
Das kostet Sie das Reisen im Nordosten der USA	128

3. REISEN IM NORDOSTEN DER USA	**132**
Routenvorschläge	133

Routenvorschlag 1: Neuengland zum Kennenlernen 133 · Routenvorschlag 2: Neuengland für Fortgeschrittene 133 · Routenvorschlag 3: Neuengland und die Metropolen der Ostküste 134 · Routenvorschlag 4: große Rundreise durch den Nordosten der USA 134 · Zeiteinteilung und touristische Interessen 135

Reiserouten

4. NEW YORK CITY	**136**
Überblick	137
Redaktionstipps 139	
Historischer Überblick	138
Sehenswürdigkeiten in Manhattan	141
Lower Manhattan – die Südspitze	141

National September 11 Memorial & Museum 142 · World Trade Center Site und One World Observatory 143 · Brookfield Place und Battery Park City 146 · The Battery und Castle Clinton 146 · Liberty Island und die Statue of Liberty 147 · Ellis Island 147 · Governors Island 148 · Das „alte" New York 149 · Bowling Green und Trinity Church 149 · Das Finanzviertel 150 · South Street Seaport 150 · Von der City Hall zu The Battery 152 · Brooklyn Bridge 152

Lower Manhattan – zwischen Lower East Side und Village	153

Chinatown 154 · Lower East Side 154 · Little Italy 155 · SoHo 155 · Im „Village" 156

Zwischen Lower Manhattan und Midtown	157

Union Square und Gramercy 157 · Chelsea und Meatpacking District 160 · High Line Park 160 · Whitney Museum of American Art 161

Midtown	161

Garment District und Murray Hill 162 · Times Square und Theater District 163 · Abstecher zum Hudson River 164 · Grand Central Terminal 166 · United Nations 167 · Upper Midtown – zwischen Rockefeller Center und 5th Avenue 167 · 5th Avenue 168

Uptown und Central Park	172

Central Park 172 · Museum Mile (Upper East Side) 173 · The Met Fifth Avenue 175 · Abstecher nach Yorkville und Roosevelt Island 176 · Neue Galerie 177 · Guggenheim Museum 177 · Weitere Museen an der Museum Mile 177 · Madison Avenue / Met Breuer 178 · Columbus Circle und Upper West Side 178 · Lincoln Center 179 · Central Park West 179 · American Museum of Natural History 180

Upper Manhattan	181

Rundgang durch Harlem 181 · Columbia University 183 · St. John the Divine 183 · Riverside Church und General Grant NM 184 · Washington Heights und Fort Tryon Park 184

Sehenswertes in den New Yorker Boroughs	185
Brooklyn	185

Industry City 186 · Brooklyn Bridge Park und Brooklyn Heights 188 · Brooklyn Museum of Art 189 · Williamsburg 190 · Coney Island 190

Inhalt

Staten Island	191
Queens	192
Bronx	193
Yankee Stadium und SoBro 193 · Bronx Park 194 · Little Italy in the Bronx 194	

5. ROUTEN DURCH DIE NEUENGLAND-STAATEN — 210

Von New York nach Boston — 212
Redaktionstipps 213

Connecticuts Gold Coast: von New York nach New Haven — 212
Greenwich 213 · Stamford 214 · Norwalk 215 · Westport 215 · Bridgeport 216 · Stratford 217

New Haven — 218
Rundgang über das Universitätsgelände 219

Route 1: entlang der Atlantikküste von New Haven nach Mystic — 222
Beaches und State Parks 222 · Saltbox Houses 222 · Old Saybrook und Old Lyme 224 · Abstecher zum Gillette Castle 224 · New London und Groton 225 · Mystic 228

Route 2: von New Haven über Hartford nach Mystic — 230
Von New Haven nach Hartford 231 · Hartford, Connecticuts Hauptstadt 233 · Ausflug nach Litchfield 238 · Weiterfahrt nach Mystic 240

Rhode Island – von Mystic nach Newport — 244
Redaktionstipps 245 · South County Rhode Island 245 · Narragansett 247

Ausflug nach Block Island — 248

Newport/RI — 250
Downtown Newport 251 · Cliff Walk und Ten Mile Ocean Drive 253 · Newports Mansions 254

Von Newport nach Providence — 257

Providence und Umgebung — 258
Stadtrundgang Providence 259

Von Newport über New Bedford nach Cape Cod — 263
Redaktionstipps 265 · Fall River 265 · New Bedford 265

Cape Cod/MA — 269
Mid Cape 270 · Lower Cape 273 · Zurück in Mid Cape 274 · Upper Cape 276

Martha's Vineyard — 278

Nantucket Island — 283

Von Cape Cod über Plymouth nach Boston — 286
Plymouth – „America's Hometown" 286 · Plimoth Plantation 288

Boston – die „Grand Old Lady" — 291
Redaktionstipps 291

Historischer Überblick — 292

Sehenswertes in Boston — 293
Der Freedom Trail 293 · Rose Kennedy Greenway, Harbor Walk und South Boston 299 · Auf dem Freedom Trail durch das North End 300 · Charlestown – Endpunkt des Freedom Trail 303 · West End 303 · Beacon Hill 304 · Boston Common und Public Garden 306 · Die Back Bay 307 · South End 308 · Boston Museum of Fine Arts 309 · Isabella Stewart Gardner Museum 310 · Fenway Park 311 · Ausflug zur John F. Kennedy Library & Museum 312

Cambridge/MA — 317
Old Cambridge 318 · Die Eliteuniversität Harvard 318

Die Wiege des Unabhängigkeitskampfes — 322
Lexington — 322
Concord, das „Weimar der Neuen Welt" — 323

Fahrt in die Berkshires — 328
Worcester und Sturbridge — 329
Springfield — 330
In den Berkshires — 332
Stockbridge 332 · Lenox und Tanglewood 334 · Pittsfield 335 · Abstecher von Pittsfield 336

Reiserouten

Am Mohawk Trail	338
Williamstown und North Adams 338 · Shelburne Falls und Deerfield 339	
Küstenroute von Boston nach Maine	**341**
Redaktionstipps 341	
Von Boston über Cape Ann nach Newburyport	341
North of Boston – Essex National Heritage Area 341 · Salem/MA 341 · Cape Ann 347	
Von Newburyport/MA über Portsmouth/NH nach Maine	349
Die „Clipper City" Newburyport/MA 349 · Portsmouth/NH 351	
Von Portsmouth/NH nach Portland/ME	354
Kittery 355 · York 357 · Ogunquit 357 · Wells 358 · Kennebunk und Kennebunkport 358 · Old Orchard Beach 360 · Cape Elizabeth und Portland Head Light 361	
Portland/ME und die Casco Bay	362
Spaziergänge 363 · Casco Islands 364	
Von Portland/ME entlang der Atlantikküste zum Acadia NP	366
Freeport 366 · Maine's Midcoast 368 · Abstecher nach Boothbay Harbor und Pemaquid Point 370	
„Down East" und der Acadia NP	**377**
Redaktionstipps 377	
Bar Habor	377
Acadia National Park	381
Auf der Park Loop Road Mount Desert Island erkunden 383 · Southwest Harbor 384	
Unterwegs in Maines Inland	**386**
Bangor	386
Maine Highlands	389
Von Bangor zum Baxter State Park und zum Mt. Katahdin 390 · Abstecher zum Moosehead Lake 394	
Von Bangor in die White Mountains	397
Route 1: über Augusta und Lewiston in die Berge 397 · Route 2: durchs Hinterland von Maine zum Mount Washington (NH) 400	
Auf dem White Mountain Trail durch die White Mountains	**403**
Redaktionstipps 404	
Mt. Washington Auto Road	406
Town of Conway	407
Kancamagus Highway	408
Lincoln/North Woodstock und Umgebung	410
Franconia Notch State Park	411
Bretton Woods und Umgebung	413
Durch die Lakes Region und das Merrimack River Valley nach Boston	**416**
Am Lake Winnipesaukee	416
Canterbury Shaker Village	419
Im Merrimack River Valley	420
Concord 421 · Manchester 422 · Nashua (NH) und Lowell (MA) 424	
Fahrt durch Vermont	**426**
Redaktionstipps 429	
Von den White Mountains in die Green Mountains	429
Montpelier – die kleine Hauptstadt Vermonts 430 · In den Green Mountains 431	
Neuenglands „Westküste" – am Lake Champlain	437
Burlington 437 · Shelburne 439 · Vergennes 441	
Auf dem US 7 südwärts	441
Middlebury 441 · Proctor und Rutland 445	
„Sommerfrische" in Vermonts Süden	446
Manchester 447 · Bennington 448	
Alternativroute über die Monadnock Region nach Concord	450

Inhalt

6. UNTERWEGS IN NEW YORK STATE 452

Redaktionstipps 455
Das Hudson Valley – von NYC über Albany nach Lake Champlain 455
Dutchess County _____ 458
Poughkeepsie 458 · Hyde Park 458 · Rhinebeck 461
Albany, New Yorks Hauptstadt _____ 462
Ticonderoga – an der Kreuzung zweier Wasserstraßen _____ 464
Saratoga Springs 464 · Lake George 466
Die Adirondacks und die Thousand Islands – vom Lake Champlain nach Syracuse 469
Vom Lake Champlain in die Adirondacks _____ 469
Ausable Chasm – Grand Canyon of the Adirondacks 470 · Wilmington und der Whiteface Mountain 470 · Lake Placid 472 · Saranac Lake und Tupper Lake 474
Am Saint Lawrence River _____ 476
Die Thousand Islands _____ 479
Vom Saint Lawrence River nach Syracuse _____ 481
Watertown und Sackets Harbor 481 · Über Utica und Rome nach Syracuse 482 · Syracuse – Im Herzen von New York State 483
Greater Niagara – von Syracuse über Rochester zu den Niagara Falls 486
Entlang des Erie Canal _____ 487
Rochester 488 · Lockport 492 · Niagara Escarpment 493
Old Fort Niagara State Park _____ 494
Besichtigung von Old Fort Niagara 496
Lewiston _____ 497
Niagara Falls _____ 498
Niagara Falls (USA) – „The World Changed Here" 498 · Niagara Falls State Park (USA) 499 · Niagara Falls (Canada) 505
Buffalo (NY) _____ 509
Über die Finger Lakes zurück nach New York City 515
Am Keuka Lake _____ 516
Corning _____ 518
Elmira und das Newtown Battlefield _____ 520
Watkins Glen und der Seneca Lake _____ 522
Cooperstown – Lederstrumpf und Baseball _____ 525
Über die Catskill Mountains nach NYC _____ 528

7. METROPOLEN IM OSTEN 532

Die Hauptstadt Washington, D.C. 533
Redaktionstipps 534
Historischer Überblick _____ 534
White House _____ 536
White House Visitor Center 540 · President's Park – rund um das White House 540
The National Mall _____ 541
Memorials im Westteil 541 · Museen an der Mall 544
Capitol Hill _____ 549
U.S. Capitol 549 · Library of Congress 551
Eastern Market, Barracks Row und Nationals Park _____ 551
Sehenswürdigkeiten in Downtown _____ 553
Weitere Attraktionen im Großraum _____ 554
Georgetown 554 · Northwest 555 · Abstecher nach Arlington 557
Baltimore (MD) 564
Historisches _____ 564

Reiserouten

Inhalt

Stadbesichtigung – Inner Harbor	565
Phoenix Shot Tower und Carroll Museum 569 · Unterwegs nach Fell's Point 569 · Camden Yards, City Center und Mount Vernon 570 · Weitere Attraktionen in Baltimore 571	
Philadelphia, die „Stadt der brüderlichen Liebe"	575
Redaktionstipps 575	
Historischer Überblick	575
Rundgang im historischen Zentrum	576
Independence National Historical Park (INHP) 576 · Independence Hall 580 · American Philosophical Society Museum 580 · Liberty Bell Center 581 · National Constitution Center 582 · Weitere Attraktionen im und um den INHP 582 · Society Hill und South Street 584 · Old City und Waterfront 584 · City Center – „Downtown" Philadelphia 586 · City Hall und Umgebung 587	
Museum District	589
Barnes Foundation und Rodin Museum 590 · Fairmount Park und Philadelphia Museum of Art 591 · Weitere Sehenswürdigkeiten 592	
Ausflug zur King of Prussia Mall und nach Valley Forge	593

ANHANG 601

Literaturhinweise	602
Stichwortverzeichnis	605

Weiterführende Informationen:

Zur Terminologie des Wortes „Indianer"	17		Edith Wharton, emanzipiert und reiselustig	335
Die politischen Staatsorgane und ihre Aufgaben	39		Die Hexenprozesse von 1692	344
			Maine, die Heimat der Lobster	359
Der National Park Service (NPS)	42		L.L. Bean – eine Erfolgsstory	367
Baseball, das National Game	66		Henry David Thoreau und die Wildnis von Maine	391
Die Hudson River School	73			
Literarisches New York	76		Moose, der amerikanische Elch	395
Himmelwärts – New Yorks Wolkenkratzer	170		Die „Shaking Quakers"	419
Amerikas Nationaldichter Walt Whitman	185		Wenn der Wald leuchtet	432
König Humbug	217		Ein besonderes Pferd: das Morgan Horse	442
Erfinder amerikanischer Technologien	219		Maple Syrup – das flüssige Gold Neuenglands	444
Das „Saltbox House"	223			
Eugene O'Neill	227		Grandma Moses	449
Mark Twain – Humorist, Gesellschaftskritiker und Volksschriftsteller	237		John Brown's Body ...	473
			Great Lakes	477
			Thousand-Island-Dressing	479
Von wegen „letzte Mohikaner"	241		Woolworth und sein Kaufhausimperium	481
Herman Melville und Moby-Dick	267		Lacrosse – indianischer Nationalsport	485
Guglielmo Marconi und das Telegramm	273		15 Miles on the Erie Canal	487
The Chosen People – Neuenglands puritanisches Erbe	289		Donnernde Wasser	502
			Haudenosaunee – die mächtige Irokesen-Konföderation	520
Ein Meister seines Fachs: Charles Bulfinch	296			
Paul Revere – vom Silberschmied zum Nationalhelden	302		James Fenimore Cooper – Lederstrumpf und die Vertreibung aus dem Paradies	527
Die „Red Sox" und das „Green Monster"	312		Smithsonian Institution	545
Transzendentalismus und Neuenglands Literaten	326		Friedrich Wilhelm von Steuben	594
Norman Rockwell, Zeichner einer heilen Welt	333			

Karten:

Acadia National Park	382
Architekturstile	69
Baltimore	566/567
Bangor – White Mountains	398/399
Boston: Freedom Trail	294/295
Boston – Portsmouth	342
Cambridge: Harvard University	319
Cape Cod – Boston	271
Connecticut: Lage im Reisegebiet	212
Englische Kolonien	21
Fahrt in die Berkshires/MA	328/329
Finger Lakes	516
Hartford	235
Kancamagus Highway	409
Maine	356
Maine: Lage im Reisegebiet	355
Massachusetts: Lage im Reisegebiet	264
Metropolen im Osten: Lage im Reisegebiet	533
New Hampshire	405
New Hampshire: Lage im Reisegebiet	404
New Haven	220
Newport	252
New York City: Central Park und Uptown	174/175
New York City: Lage im Reisegebiet	137
New York City: Lower Manhattan	144/145
New York City: Midtown	158/159
New York City: U-Bahn-Plan	208/209
New York City: Upper Manhattan	182
New York – Mystic	214
New York State	456/457
New York State: Lage im Reisegebiet	453
Niagara Falls	500/501
Philadelphia: Innenstadt	578/579
Rhode Island	246
Rhode Island: Lage im Reisegebiet	244
Sankt-Lorenz-Seeweg	477
USA vor dem Bürgerkrieg	30
Vermont	428
Vermont: Lage im Reisegebiet	426
Washington D.C.	537/538/539

Karten in den Umschlagklappen:

Umschlagklappe vorne: Übersicht Reisegebiet
Umschlagklappe hinten: Übersicht Boston

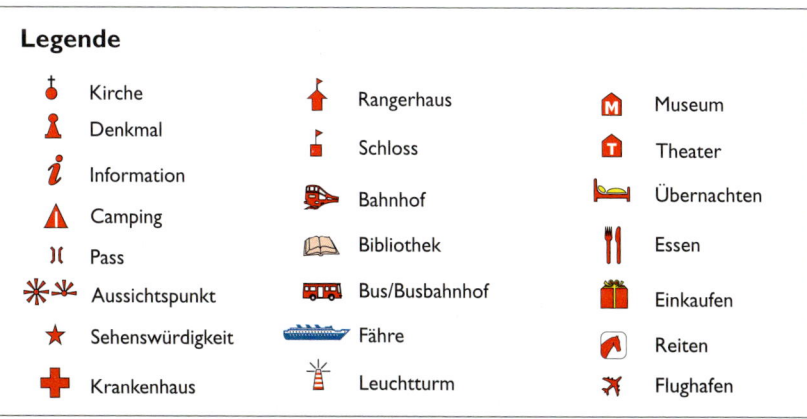

Legende

- Kirche
- Denkmal
- Information
- Camping
- Pass
- Aussichtspunkt
- Sehenswürdigkeit
- Krankenhaus
- Rangerhaus
- Schloss
- Bahnhof
- Bibliothek
- Bus/Busbahnhof
- Fähre
- Leuchtturm
- Museum
- Theater
- Übernachten
- Essen
- Einkaufen
- Reiten
- Flughafen

EINLEITUNG

Einleitung

Land of the Old Thirteen! Massachusetts land! land of Vermont and Connecticut!
Land of the ocean shores! land of sierras and peaks!
Land of boatmen and sailors! fishermen's land!
Inextricable lands! the clutch'd together! the passionate ones! ...
The Pennsylvanian! the Virginian! the double Carolinian!
O all and each well-loved by me! my intrepid nations!
O I at any rate include you all with perfect love!

Als das „Land der Alten Dreizehn" feierte Amerikas Nationaldichter Walt Whitman (1819–1892) die 13 Gründerkolonien im 14. Abschnitt des Gedichts „Starting from Paumanok", das er 1860 seinem grandiosen Werk *Leaves of Grass* zufügte. In der Tat liegen hier die Wurzeln der USA. Hier schlägt ihr Herz, hier begegnet einem auf Schritt und Tritt die Geschichte des ersten modernen demokratischen Staates.

Unter europäischen Besuchern ist der Nordosten der USA ein besonders beliebtes Reiseziel. Hier erwartet den Reisenden neben **lebendiger Geschichte** zugleich auch ein harmonisches Zusammenspiel zwischen Natur- und Kulturlandschaft. **Eindrucksvolle Geografie** mit Hügeln und Bergen, dichten Wäldern und kristallklaren Flüssen und Seen sowie die Farbenpracht des Indian Summer sind ebenso überwältigend wie die Wasserkraft der Niagarafälle. Auch die Zahl an **möglichen Aktivitäten** ist im Nordosten groß und reicht von Bootsausflügen zur Walbeobachtung über Wildwasserfahrten und Bergbesteigungen bis hin zum Fischen, Wandern oder Radfahren.

Für **„city life"** ist in Ostküsten-Metropolen wie Boston, Philadelphia, New York City oder Washington reichlich gesorgt – es gibt eine Fülle an interessanten Museen, Attraktionen, Theatern, Universitäten, Sportstätten, Shops, Restaurants und sonstigen Freizeit- und Kulturangeboten. Das Kontrastprogramm dazu liefern kleine **idyllische Ortschaften**, in denen sich romantische Häuschen um eine weiße Dorfkirche gruppieren und die Bewohner das Erbe der ersten Siedler – Zusammengehörigkeitsgefühl, Hilfsbereitschaft, Tatkraft und Gastfreundschaft – bewahrt haben.

Im Osten nahm die **Geschichte der USA** ihren Anfang. Hier trifft man auf die Spuren jener Menschen, die in den vergangenen Jahrhunderten auf der Suche nach einem besseren Leben von Europa nach Amerika kamen. Sie hielten einerseits ihre europäischen Wurzeln in Ehren, passten sich aber andererseits den Erfordernissen und Gegebenheiten ihrer neuen Heimat an und formten so eine eigenständige Kultur. Zeugnissen ihrer Geschichte, vor allem aus der Kolonialzeit und aus den Jahren, in denen um die Unabhängigkeit gekämpft wurde, begegnet man im Nordosten überall. Es gibt eine Fülle von Museumsdörfern, historischen Stätten und Schlachtfeldern, Forts, Geschichtsmuseen und Bauwerken aus den verschiedensten Epochen.

Der **Schwerpunkt dieses Handbuchs** liegt auf **Neuengland**, zu dem die Bundesstaaten Connecticut, Rhode Island, Massachusetts, New Hampshire, Vermont und Maine gezählt werden. Obwohl das Gebiet nur etwa halb so groß ist wie die Bundesrepublik Deutschland, hat jeder Bundesstaat seinen eigenen Charakter und Charme. Diese Vielfalt zeichnet auch den **Staat New York** aus, der nicht nur aus New York City und den Niagarafällen besteht, sondern ebenfalls mit Bergen, Wäldern sowie Tal- und Seenlandschaften beeindruckt. Teile dieses Reisehandbuchs widmen sich darüber

Einleitung

hinaus **Philadelphia** – als Wiege der Nation –, der alten Hafenstadt **Baltimore** sowie der Hauptstadt **Washington, D.C.**

Der Nordosten der USA lädt zum Kennenlernen und Entdecken ein. Ziel dieses Buches ist es, dem Reisenden Informationen an die Hand zu geben, die eine **individuelle Planung** des Reiseverlaufs und eine passende Auswahl der Ziele und Sehenswürdigkeiten erleichtern. Die beschriebenen Routen und Streckenalternativen sind als Anregungen zu verstehen. Die reisepraktischen Hinweise wurden gründlich recherchiert und sind so aktuell wie möglich. Angesichts der Fülle an Informationen und der Schnelllebigkeit touristischer Angebote sind kurzfristige Veränderungen jedoch nie auszuschließen.

Das Buch ist konzeptionell **dreigeteilt**: Zunächst gibt es einen **Einblick in Geschichte und Kultur, Geografie, Wirtschaft und Gesellschaft**, dann finden sich in den „Gelben Seiten" **allgemeine Tipps** zur Planung und Realisierung einer Reise. Anschließend folgt der Hauptteil mit **detaillierten Routen und Ortsbeschreibungen**. Zu den einzelnen Punkten sind, jeweils am Kapitelende in Gelb abgesetzt, vielerlei Hinweise zu konkreten Übernachtungsmöglichkeiten, Restaurants, Shops, Events, Touren und Infostellen zusammengefasst. Natürlich musste aufgrund des Angebots eine Auswahl getroffen werden, die auf persönlichen Erfahrungen beruht.

Nicht versäumen möchten die Autoren, sich für vielfältige Hilfe und Unterstützung bei der Planung bzw. Ausführung zahlreicher Reisen zu bedanken und für die Hilfe bei der Beschaffung von Fotos. Dank gebührt vor allem den Repräsentanten der staatlichen Fremdenverkehrsämter in USA und Deutschland, allen voran Discover New England (Markus Elter) und Wine, Waters & Wonders (Veronika Bulowski), sowie den Vertretern zahlreicher lokaler Tourismusämter vor Ort.

Wir wünschen viel Spaß beim Lesen und Planen und freuen uns über Feedback!

Margit Brinke – Peter Kränzle

Die USA im Überblick

Fläche:	9.833.520 km², inkl. Alaska, Hawaii und Wasserflächen (weltweit Nr. 3)
Öffentliches Land:	ca. 35 % = etwa 3,4 Mio. km² (ca. 2,6 Mio. km² bundesstaatlich, ca. 0,8 Mio. km² staatlich)
Nationalparks:	Gesamtfläche ca. 211.000 km²
Höchster Punkt:	Mt. Denali (Alaska) 6.190 m
Tiefster Punkt:	Badwater Basin im Death Valley (Kalifornien) 85 m unter Meeresspiegel
Längster Fluss:	Mississippi (zusammen mit Missouri) 5.970 km
Hauptstadt:	Washington, D.C.
Einwohner:	327 Mio. (Schätzung 2018), über 80 % städtische Bevölkerung (51 Metropolregionen mir mehr als 1 Mio. EW)
Besiedlungsdichte:	ca. 34 EW/km² (vgl. Deutschland: 231 EW/km²)
Ethnien:	ca. 77 % Weiße (darunter 18 % Hispanics), 13 % Afroamerikaner, 6 % Asiaten, 1,5 % Indianer, Inuit, Hawaiianer; die restliche Bevölkerung ist mehreren Ethnien zuzurechnen
Wurzeln:	ca. 80 % aller Amerikaner haben europäische Wurzeln, ca. 14 % deutsche, 11 % mexikanische, 10 % irische, 8 % englische, 5 % italienische, 3 % skandinavische …
Sprachen:	80 % Englisch, 13 % Spanisch, 2 % asiatische Sprachen, 5 % restl. Sprachen darunter indianische und europäische (u. a. ca. 0,3 % deutsch)
Religionen:	ca. 71 % Christen, davon rund 46 % Protestanten (darunter stärkste Gruppen sind Baptisten, Methodisten, Lutheraner und Pfingstler), ca. 21 % Katholiken, 1,6 % Mormonen, ca. 8 % Juden und Sonstige; etwa 23 % ohne Religionszugehörigkeit
Flagge:	13 waagrechte, abwechselnd rote und weiße Streifen für die 13 Gründerstaaten; in der oberen, blauen, Ecke 50 weiße Sterne, die die Bundesstaaten repräsentieren
Nationalfeiertag:	4. Juli (Tag der Unterzeichnung der Unabhängigkeitserklärung)
Staats- und Regierungsform:	Präsidialrepublik mit bundesstaatlicher Verfassung; der Präsident kann Kabinettsmitglieder ernennen und entlassen; das Parlament besteht aus zwei Kammern: Senat und Repräsentantenhaus

Die Staaten des Reisegebiets im Überblick (* = Neuengland-Staaten)

Staat	Abkürzung	Hauptstadt	Beitritt zur Union	Fläche in km²	EW-Zahl (2019)
Connecticut*	CT	Hartford	1788	14.357	ca. 3,6 Mio.
Delaware	DE	Dover	1787	5.130	ca. 970.000
District of Columbia (Washington, D.C.)	DC	-	1790 (Gründung)	177	ca. 702.000
Maine*	ME	Augusta	1820	91.646	ca. 1,3 Mio.
Maryland	MD	Annapolis	1788	32.133	ca. 6 Mio.
Massachusetts*	MA	Boston	1788	27.337	ca. 6,9 Mio.
New Hampshire*	NH	Concord	1788	24.214	ca. 1,4 Mio.
New Jersey	NJ	Trenton	1787	22.591	ca. 8,9 Mio.
New York	NY	Albany	1788	141.300	ca. 19,6 Mio.
Pennsylvania	PA	Harrisburg	1787	119.283	ca. 12,8 Mio.
Rhode Island*	RI	Providence	1790	3.144	ca. 1,1 Mio.
Vermont*	VT	Montpelier	1791	24.923	ca. 627.000

I. LAND UND LEUTE

Historischer Überblick

Während im Westen der USA die Landschaft das prägende Element ist, sind es im Nordosten Geschichte und Kultur. Hier spielten sich die französischen Kolonisierungsversuche sowie die englische Inbesitznahme ab. Hier keimte die Idee von der modernen Demokratie auf, wurde die Unabhängigkeit erkämpft, in einem blutigen Bruderkampf die Sklaverei abgeschafft und die staatliche Einheit gesichert. Wenn Europäer die amerikanische Geschichte als vergleichsweise kurz bezeichnen, begehen sie denselben Fehler wie die ersten Kolonisten, die die Geschichte der Indianer ignorierten. So gesehen ist nämlich auch Nordamerika ein „alter Kontinent".

An vielen historisch besonders wichtigen Orten – Boston, Plymouth, Concord, Salem, New Bedford, Newport, Mystic, Philadelphia oder Washington – erlebt der Besucher die Vergangenheit „live", in interaktiven Besucherzentren und Museen, durch historisch gekleidete Guides, authentische Nachbauten, Vorführungen und Original-Relikte, durch Reenactments oder Freiluftmuseen. *Lebendige Geschichte*

> **Lesetipps**
> *Fesselnd und informativ sind die Bücher von Charles C. Mann. In Amerika vor Kolumbus kommt er anhand neuer Forschungsergebnisse zu dem Schluss, dass die **indianischen Kulturen** um 1492 oft weiterentwickelt waren als jene der Europäer. Indianische Völker bewohnten einige der größten und reichsten Städte der Welt und waren nicht allein von der Jagd abhängig, sondern betrieben auch Landwirtschaft. In Kolumbus' Erbe geht es um das Auftauchen der Europäer in Amerika im Jahre 1492 und die damit einsetzende **Globalisierung**. Der Austausch von Menschen und Pflanzen, Tieren und Krankheiten, Waren und Rohstoffen schuf eine neue Welt, die die Grundlage unserer heutigen bildet.*
> - *Charles C. Mann, Amerika vor Kolumbus. Die Geschichte eines unentdeckten Kontinents (Rowohlt Verlag, 2016).*
> - *ders., Kolumbus' Erbe. Wie Menschen, Tiere, Pflanzen die Ozeane überquerten und die Welt von heute schufen (Rowohlt Verlag, 2013).*

Indianer – die ersten Amerikaner

Ein genaues Datum, wann und wie Indianer den nordamerikanischen Subkontinent erstmals betreten haben, gibt es nicht. Jüngste archäologische Funde sowie Radiokarbon- und DNA-Untersuchungen haben ergeben, dass Einwanderer nicht nur eine während der Eiszeiten bestehende Landbrücke zwischen Asien und Alaska nutzten, sondern auch entlang der Westküste, vielleicht sogar über den Atlantik, mit Booten zuwanderten. Derzeit lassen sich die ältesten menschlichen Spuren in Nordamerika verlässlich auf ein Alter von rund 15.500 Jahre datieren; in Südamerika soll es sogar noch ältere Hinterlassenschaften geben. *Prähistorischer Mensch*

Kolumbus, so lernte man in der Schule, habe 1492 Amerika „entdeckt", dabei landete er auf seiner Suche nach einem Seeweg nach Indien „nur" in der Karibik. Er war es, der die Ureinwohner fälschlicherweise „Indianer" nannte, da er annahm, in Indien zu sein. Die ersten Europäer, die ab dem 16. Jh. Nordamerika erkundeten – zunächst spanische

Abenteurer, dann britische Religionsflüchtlinge und Neusiedler aus ganz Europa – trafen jedoch nicht nur auf „Wilde", sondern fanden auch die Reste indianischer Hochkulturen vor.

Indianische Hochkulturen

Es hatte lange gedauert, bis die umherziehenden Gruppen von Ureinwohnern sesshaft geworden waren; im Osten soll dies um etwa 1000 v. Chr. geschehen sein. Es bildete sich eine differenzierte Gesellschaft von Ackerbauern, Jägern und Sammlern heraus – **Woodland tradition** genannt –, deren Siedlungsgebiet zwischen Atlantik, Mississippi und den Großen Seen lag. Um 900 n. Chr. entstand in den Tälern des Mississippi und Ohio River eine indianische Hochkultur, die **Mississippian tradition**.

Vertreibung der Indianer

Es waren Ackerbauern, für die Mais, Kürbis, Bohnen, Süßkartoffeln und Tabak die wichtigsten Kulturpflanzen waren. Die Gesellschaft war hierarchisch gegliedert und lebte in großen Siedlungen, die von Holzpalisaden umschlossen waren und charakteristische *mounds* im Zentrum aufwiesen. Auf diesen pyramidalen, künstlichen Erdaufschüttungen befanden sich die kultischen und weltlichen Machtzentren: Tempel, Fürstensitze und Versammlungsplätze. Das Ende dieser Kultur fiel mit der Ankunft der ersten Europäer zusammen, sodass Mitte des 16. Jh. viele der Siedlungen verlassen waren. Kriege und vor allem die von den Spaniern **eingeschleppten Krankheiten** und Seuchen kosteten die Indianer zu Millionen das Leben.

Es folgte die Zeit der **historischen Indianerstämme** – Irokesen, Mohawk, Shawnee, Cherokee und Creek, um nur die größten Gruppen zu nennen. So unterschiedlich wie diese Völker waren, so verschieden verhielten sie sich auch gegenüber den Neuankömmlingen aus Europa – die einen hilfsbereit und gastfreundlich, die anderen abweisend und feindlich. Am Ende war das Ergebnis jedoch dasselbe: Dezimiert durch

Museale Darstellung des Trail of Tears

eingeschleppte Krankheiten, vertrieben, verfolgt und getötet, überlebten nur wenige Indianerstämme in abgelegenen Regionen.

Unrühmlicher Höhepunkt war 1830 der **Indian Removal Act** unter Präsident Andrew Jackson. Das Gesetz zwang fast 60.000 Indianer zur Umsiedelung in das Indianer-Territorium westlich des Mississippi (heute Oklahoma). Dieser **Trail of Tears** kostete zahllose Mitglieder der „Fünf Zivilisierten Stämme" – Creek, Cherokee, Chickawa, Choctaw und Seminolen – das Leben. Letztere wehrten sich als einzige vehement in drei Kriegen, und bis heute verweisen Gruppen dieses Stammes mit Stolz darauf, niemals besiegt worden zu sein. Sie leben immer noch auf ihrem Heimatland in den Sümpfen Floridas.

Zur Terminologie des Wortes „Indianer"

info

Beim Wort „**Indianer/Indians**" denken die meisten sofort an federgeschmückte Reiter. Doch derart auffällig kleideten sich lediglich die Mitglieder eines bestimmten Kulturkreises, nämlich der Prärie-Indianer, zu denen die berühmten Sioux und Comanchen gehören. Tatsächlich weisen die meisten indianischen Völker – allein in den USA gibt es über 560 – kaum Gemeinsamkeiten auf, was auch ihre zahlreichen Namen belegen.

Als „politisch korrekt" wird die Bezeichnung „**Native Americans**" bzw. „**Native People**" empfunden – im Deutschen unzureichend mit „Ureinwohner" übersetzt. Allerdings ist diese Bezeichnung seitens der so Bezeichneten wenig beliebt. Die meisten Indianer, ob Apache, Navajo, Nez Percé, Hopi oder Ute, ziehen den Begriff „**American Indian**" oder „**Indian**" als Bezeichnung vor, sofern sie die genaue Stammeszugehörigkeit nicht kennen. Von „Indianer" zu sprechen, ist also durchaus in Ordnung – besser jedoch verwendet man den Namen des jeweiligen Volkes.

„Entdeckung" und Kolonisierung Nordamerikas

Fast 500 Jahre vor Kolumbus waren bereits die seetüchtigen **Wikinger** im Nordosten des amerikanischen Kontinents unterwegs gewesen. Leif Eriksson (ca. 975 bis ca. 1020) soll um das Jahr 1000 mit seinen Männern von Grönland bis zum Mündungsbereich des St.-Lorenz-Stroms und hinunter bis zur Küste des heutigen Bundesstaates Massachusetts gesegelt sein. Die Wikinger sprachen von „**Vinland**", in Anlehnung an die angeblich gefundenen wild wachsenden Weinreben. Im übertragenen Sinne dürfte damit jedoch eher ganz allgemein die Fruchtbarkeit der besuchten Landstriche gemeint gewesen sein. Zwar unternahmen die Wikinger noch weitere Fahrten nach Nordamerika – in Neufundland entstand sogar eine Siedlung –, doch nachdem sie ihre grönländischen Besitzungen aufgegeben hatten, ging das Wissen um ihre Entdeckungsfahrten verloren.

Die geschriebene Geschichte Amerikas beginnt mit **Christoph Kolumbus** (1451– 1506). Der in Genua geborene Seefahrer stand in spanischen Diensten und wollte im Glauben an die Kugelgestalt der Erde den Westweg nach Indien finden. Als er 1492 auf

Westweg nach Indien

der Bahamas-Insel San Salvador landete, meinte er, Indien erreicht zu haben und nannte die Inselgruppe „Westindische Inseln" und ihre Einwohner „Indianer". Insgesamt überquerte Kolumbus zwischen 1492 und 1504 viermal den Atlantik, doch setzte er nie einen Fuß auf den nordamerikanischen Kontinent, sondern nur auf karibische Inseln.

Südeuropäische Entdecker Der Venezianer Giovanni Caboto (1450–98) war der englischen Krone untergeben und erkundete als John Cabot 1497/98 den Nordosten des amerikanischen Kontinents. Der Florentiner Amerigo Vespucci (1454–1512) vertrat erstmals die Ansicht, dass das von Kolumbus betretene Land nicht Teil Asiens sei. Der deutsche Kartograf Martin Waldseemüller nannte deshalb zu Ehren Vespuccis 1507 den von Kolumbus entdeckten neuen Kontinent nach dessen Vornamen **America**. 1513 erreichte der spanische Konquistador Vasco Núñez de Balboa (1475–1519) die Landenge von Panama und stellte fest, dass westlich davon ein neues Weltmeer, der Stille Ozean, beginnt – er lieferte somit den Beleg für Vespuccis These. Im gleichen Jahr entdeckte Juan Ponce de Léon (um 1460–1521), einer von Kolumbus' Mitstreitern, Florida und glaubte, dass es sich um eine Insel handle.

Der neue Kontinent rückte in die Interessenssphäre der europäischen Mächte. Schnell konnten sich die Spanier alle Gebiete einverleiben, die rund 600 km westlich einer von Pol zu Pol über die Azoren verlaufenden Linie lagen – mit dem **Vertrag von Tordesillas** von 1494 hatten sie sich mit Portugal, damals die zweite bedeutende Seemacht, auf diese Einteilung geeinigt.

Der Vertrag war von Papst Alexander VI., selbst Spanier und damals völkerrechtlich bindende Autorität, angeregt worden. Als sich jedoch zu Beginn des 16. Jh. der Reformationsgedanke verbreitete und der Machteinfluss Spaniens nach der Niederlage gegen England (1588) schwand, änderte sich die Ausgangslage und mehrere europäische Nationen rangen um Einfluss auf dem amerikanischen Kontinent.

Kolonisierung durch die Spanier

Eroberer nahmen den amerikanischen Kontinent zunächst für Spaniens Krone in Besitz, und Spanien richtete als erste europäische Macht Kolonien ein. Es handelte sich bei den **Konquistadoren** um Männer aus niedrigem, verarmtem Adelsstand, die versuchten, schnell zu Ruhm und Reichtum zu gelangen. Dabei gingen sie mit den angetroffenen Kulturen wenig zimperlich um: Hernando Cortez (1485–1547) zerstörte das Aztekenreich in Mexiko, Francisco Pizarro (1478–1541) unterwarf das Inkareich in Peru, Vasco Núñez de Balboa (1475–1517) erreichte den Stillen Ozean und erklärte ihn zum spanischen Besitz.

Erkundung des Inlands

Francisco Vásquez de Coronado (1510–54) führte Expeditionen auf der Suche nach Gold in den nordamerikanischen Südwesten. Coronados Trupp waren auch die ersten Europäer, die den Grand Canyon sahen. Gold jedoch fanden sie wie auch folgende Expeditionen nicht.

Bis 1575 gab es in Amerika fast 200 zumeist kleine spanische Siedlungen. Als Arbeitskräfte dienten in erster Linie die einheimischen Indianer. Gleichzeitig mit den Konquis-

„Entdeckung" und Kolonisierung Nordamerikas

Die ersten Siedler kamen aus Spanien

tadoren hatten **katholische Missionare** begonnen, ihre Religion unter den „Wilden" zu verbreiten. Sie errichteten Schulen und förderten handwerkliche Fähigkeiten. Zugleich zerstörten sie aber mit ihren Bekehrungsversuchen, der Ansiedlung indianischer Gruppen um Dörfer oder Missionen und der geforderten Zwangsarbeit die ursprüngliche Kultur der Ureinwohner. Als immer klarer wurde, dass es in Nordamerika jene sagenhaften Gold- und Silberschätze nicht gab, ließ das spanische Interesse ab Mitte des 16. Jh. nach und beschränkte sich nur noch auf wenige Regionen in Florida und im Südwesten.

Missionierung

Die Franzosen kommen und gehen

In Frankreich hörte man sich die Geschichten von den Schätzen in Mittel- und Südamerika, die in spanische Hände gelangt waren, zunächst mit Interesse, aber ohne ernsthafte Absichten an. Man wandte sich vielmehr dem **Nordosten** des neuen Kontinents zu: 1524 erreichte der Florentiner Giovanni da Verrazano (1485–1528) unter französischer Flagge die Hudson-River-Mündung. Er segelte die Küste zwischen dem heutigen North Carolina und Maine entlang. Jacques Cartier (1491–1557) war 1534 noch weiter nordöstlich unterwegs und segelte ins Mündungsgebiet des St.-Lorenz-Stroms. Nach diesen ersten Erkundungen fasste Frankreich ganz allmählich auf dem nordamerikanischen Kontinent Fuß.

Wirtschaftlich waren die Nordostküste sowie das Landesinnere für die Franzosen durchaus interessant: Normannische und bretonische Fischer schätzten die **reichen Fischgründe** und liefen mit ihren Flotten von kleinen Stützpunkten an der amerikani-

Fische und Pelze

schen Küste zum Fischfang aus. Pelzhändler drangen über den St.-Lorenz-Strom in das Gebiet der Großen Seen und ins spätere Neuengland vor. Die französische Besiedlung blieb allerdings dünn – zu groß waren die beanspruchten Gebiete. Ein Netz verstreuter Stützpunkte – wie das 1608 von Samuel de Champlain gegründete **Québec City** – hielt Neu-Frankreich, dessen Zentrum in der heutigen kanadischen Provinz Québec lag, zusammen.

New Orleans

1673 stießen der Jesuit Jacques Marquette (1637–75) und Louis Joliet (1645–1700) vom Nordosten aus zum Mississippi vor, und 1682 erreichte Robert Cavelier de La Salle (1643–87) dessen Mündung. Sie untermauerten den französischen Anspruch auf die ganze Region zwischen der Mündung in den Golf von Mexiko bis hinauf an die Großen Seen und weiter in den Nordosten bis zur Mündung des St.-Lorenz-Stroms. Das gesamte Flussbecken nannte de La Salle „La Louisiane" und nahm es für König Ludwig XIV. in Besitz. 1718 gründete Jean-Baptiste Le Moyne de Bienville (1680–1767) „**La Nouvelle Orléans**", das heutige New Orleans.

Aufgrund der wachsenden europäischen Konflikte war Frankreich nicht in der Lage, langfristig die Gebietsansprüche gegen die sich von der Küste aus langsam ausbreitenden Engländer zu verteidigen. Im **Frieden von Utrecht** (1713) erhielt England beispielsweise die Gebiete der Hudson Bay, Neuschottland und Neufundland zugesprochen. Nach dem **King George's War** (1744–48) sowie dem **French and Indian War** (1754–63) übernahm England dann auch die kanadischen Gebiete sowie das Territorium östlich des Mississippi. Im Jahr 1803 schließlich verschwand Frankreich ganz von der Bildfläche: Napoleon hatte mit dem **Louisiana Purchase** die letzten französischen Gebietsansprüche an die USA verkauft.

Niederländische Interessen

Das holländische Interesse an der Neuen Welt konzentrierte sich vor allem auf das heutige Gebiet von New York und New Jersey. Im Jahr 1609 versuchte **Henry Hudson** (um 1565–1611) im Auftrag der niederländischen **Ostindien-Kompanie** eine Nordwestpassage nach Asien zu finden. Er gelangte dabei in das Mündungsgebiet des nach ihm benannten Flusses, befuhr ihn bis in die Gegend von Albany und beanspruchte das Gewässer und das Tal für seine niederländischen Auftraggeber.

NYC entsteht

Nur wenige Jahre später, 1614, erforschten die Holländer die Landschaften um Long Island und hoben hier **Nieuw Holland** (Neuholland) aus der Taufe. Angeblich kaufte der damalige Direktor der neu gegründeten Westindischen Handelskompanie, Peter Minuit, den Indianern die Insel Manhattan 1626 für einen Gegenwert von 60 Gulden ab. In jedem Fall wurde hier **Nieuw Amsterdam** als Hauptstadt von Neuholland gegründet. Ab 1647 trieb Petrus Stuyvesant (1612–72), der das Amt des vierten Gouverneurs übernommen hatte, die Stadtentwicklung voran. Bereits 1664 endete jedoch die holländische Kolonialepisode mit der Besetzung der Stadt durch die Engländer.

Kolonisierung durch die Briten

Für die **systematischste und nachhaltigste Kolonisierung** waren die Briten verantwortlich. Von Beginn an wurden die englischen Kolonien als Siedlungen angelegt und nicht – wie bei den Franzosen – als Handelsstützpunkte. Von vornherein zielte die britische Kolonialpolitik auf die **Erschließung neuer Siedlungsräume**: Auswanderer aus dem überbevölkerten England sowie unliebsame Untertanen sollten hier eine dauerhafte Bleibe finden.

Handelskompanien und andere private Gesellschaften erhielten deshalb Schutzbriefe der britischen Könige und bauten ganz offiziell **„königliche Kolonien"** auf. Natürlich steckte seitens der Krone keine reine Menschenliebe dahinter, sondern man versprach sich neue Steuereinnahmen, Absatzmärkte und Rohstofflieferanten. Nach Bezahlung ihrer Überfahrt an die Koloniebetreiber oder dem Erwerb von Anteilen der Gesellschaft wurden die Einwanderer selbstständige Landeigentümer. Da in den Kolonien erstmals auch neue politische und religiöse Grundstrukturen erprobt werden konnten, wurden später die in großer Zahl aus dem englischen Mutterland eingeströmten Einwanderer zum Motor im Kampf gegen die Bevormundung durch das Mutterland und im folgenden Unabhängigkeitskampf.

Die ersten Versuche, an der Ostküste sesshaft zu werden, starteten **Sir Humphrey Gilbert** (um 1537–83) im Jahr 1583 auf Neufundland (Kanada) sowie **Sir Walter Raleigh** (1554–1618) 1585 auf Roanoke Island an der Küste von North Carolina. Beide mussten jedoch aufgrund der Unwirtlichkeit der Region, wegen

Lebensmittelknappheit und Kapitalmangel vorzeitig aufgeben. Die eigentliche Kolonisierung begann erst 1607 mit der Entsendung von Siedlern durch die **Virginia-Kompanie**. Unter der Führung von John Smith (1580–1631) gründeten sie in diesem Jahr den Ort Jamestown in der Kolonie Virginia.

Mayflower

1620 folgten die sogenannten **Pilgrim Fathers** („Pilgerväter") ihrer Idee und gründeten eine Kolonie weiter nördlich, beim heutigen Plymouth in Massachusetts. Noch auf dem Schiff, der berühmten *Mayflower*, hatten sie den **Mayflower-Vertrag** geschlossen, der die Gründung eines nach religiösen Vorstellungen geordneten politischen Gemeinwesens mit gewählten Repräsentanten vorsah. 1621 brachten die Pilgerväter mithilfe der einheimischen Indianer die erste Ernte ein und riefen den **Thanksgiving Day** ins Leben.

1630 wurde Massachusetts offiziell der Status einer Kolonie verliehen, nachdem auch in Salem und Boston Siedlungen entstanden waren. Bereits 1623 war mit Portsmouth die erste Kolonie im heutigen New Hampshire gegründet worden und in der Folge ging es Schlag auf Schlag: 1629 übergab King Charles I. das ursprünglich von den Spaniern beanspruchte Carolina an Robert Heath und seine Gesellschaft, die Gründung der Kolonie Maryland erfolgte dann durch Katholiken, die 1634 von Cecil Calvert in Baltimore angesiedelt worden waren. Baltimore wurde erster katholischer Bischofssitz auf nordamerikanischem Boden.

Pennsylvania

1635 wurde Connecticut gegründet, 1636 Rhode Island als Kolonie ins Leben gerufen, 1664 besetzten die Engländer das holländische New York, New Jersey sowie das ehemals schwedische, dann holländische Delaware. Der Quäker **William Penn** (1644–1718) gründete 1681 Pennsylvania und rief 1683 Philadelphia als dessen Hauptstadt aus, die „Stadt der brüderlichen Liebe". In den Folgejahren ließen sich viele deutsche religiöse Flüchtlinge, meist Mennoniten, dort nieder. Im Jahr 1732 schließlich gründete James Oglethorpe (1696–1785) mit Georgia die letzte der **13 britischen Kolonien** in Nordamerika.

Lesetipp
*Die Gründung und Einrichtung der **Plymouth Colony** steht im Mittelpunkt des fesselnden Buches Mayflower von Nathaniel Philbrick. Anhand der neuesten Forschungsergebnisse beleuchtet der Autor die Anfänge der Siedlung, den wachsenden Konflikt mit Neusiedlern sowie die Konkurrenz zu anderen neuen Kolonien. Auch das zu Beginn intensive und freundschaftliche Zusammenleben mit den Indianern und der dann aufflammende Konflikt, der zum „King Philip's War" führte, werden thematisiert.*
• *Nathaniel Philbrick, Mayflower. Aufbruch in die Neue Welt (Blessing Verlag, 2006).*

Leben in den Kolonien

Die Entwicklung der einzelnen Kolonien verlief aufgrund der geografischen und klimatischen Gegebenheiten sehr unterschiedlich. Verbindende Elemente waren die gemeinsame Sprache sowie der kulturhistorische Hintergrund, dennoch war man zunehmend **auf Eigenständigkeit bedacht**. Florierten in den Neuengland-Staaten im Nordosten Fischfang, Holzverarbeitung (Schiffsbau), Pelzhandel und Bergbau, war Pennsylvania zunächst landwirtschaftlich geprägt und brachte es durch Getreide zu Wohlstand.

„Entdeckung" und Kolonisierung Nordamerikas

In den Neuengland-Staaten blieb die Bevölkerung vorerst ziemlich homogen englischer Abstammung. Es galten puritanische Lebensideale wie Glaube, Fleiß und Sparsamkeit. Man lebte weitgehend autark und versorgte sich selbst mit Lebensmitteln, Kleidung und Möbeln. Boston und New Haven mauserten sich zu Zentren einer **Kolonial-Aristokratie**; hier wurden mit Harvard und Yale auch die ersten Universitäten gegründet.

In den zentralen Kolonien Pennsylvania, Delaware, New York und New Jersey war die Gesellschafts- und Wirtschaftsstruktur facettenreicher als in Neuengland: Es gab sowohl kleine Farmen als auch riesige Landgüter (z. B. im Tal des Hudson River); es wurden Ackerbau, Viehzucht und Obstanbau betrieben. In Städten wie New York und Philadelphia blühten dazu Handel und Handwerk.

In der späteren Kolonialzeit war das kulturelle Leben in den Kolonien bereits rege. **Universitäten** wie Harvard (1636), Yale (1701) und Princeton (1746) trugen ebenso dazu bei wie sehr gute Privatschulen. 1638 stand in Cambridge (MA) bereits die **erste Druckerpresse**, und schon vor dem Unabhängigkeitskrieg erschienen allein in Boston fünf Zeitungen. Die erste Leihbibliothek (1731) ist **Benjamin Franklin** (1706–90) zu verdanken, ebenso die Gründung der Amerikanischen Philosophischen Gesellschaft 1749. Um 1750 herum hatte sich zwischen Boston und Charleston eine Gesellschaft herausgebildet, die mit europäischem Kulturgut gut vertraut war und mit den entsprechenden sozialen Kreisen in England oder Frankreich auf einer Stufe stand.

Zeitreise ins 17. Jh. auf der Plimoth Plantation

Die **erste bedeutende Einwanderungswelle** in die neuen Kolonien war aus Großbritannien gekommen. Besonders viele **Briten** verließen den „alten Kontinent", als unter Charles II. 1673 alle nicht der anglikanischen Kirche angehörenden Puritaner und Katholiken vom politischen Leben ausgeschlossen wurden. Ende des 17. Jh. kamen deutsche und irische Einwanderer hinzu, wobei der Grund für die deutsche Auswanderung in erster Linie in der religiösen Verfolgung Andersgläubiger wie Mennoniten oder Herrnhutern lag. *Religiös Verfolgte*

Als **erste deutsche Siedlung** gründete 1683 der Jurist Franz Daniel Pastorius (1651–1719) Germantown, heute Stadtteil von Philadelphia. Darüber hinaus ließen sich deutsche Siedler vor allem in der Kolonie New York und im Mohawk-Tal nieder. Die nördlichste deutsche Siedlung im 18. Jh. war Waldoboro in Maine, die südlichste hieß Ebenezer, bei Savannah in Georgia. Im Jahr 1750 lebten etwa 100.000 Deutsche in Amerika, fast 70 % davon in Pennsylvania. Kein Wunder, dass bis heute fast ein Sechstel der Amerikaner auf seine deutschen Wurzeln stolz ist!

Gründe für die massive **Auswanderung aus Irland und Schottland** waren sowohl Verfolgung und Enteignung der irischen Katholiken unter Cromwell als auch die herrschenden Hungersnöte in Irland. Zwischen 1600 und 1770 zogen insgesamt mehr als 750.000 Menschen aus Europa nach Nordamerika. Der größte Teil konnte die Überfahrt durch den Verkauf aller Habseligkeiten finanzieren, andere bezahlten mit ihrer Arbeitskraft, die sie der Schifffahrtsgesellschaft oder einem „Arbeitsvermittler" für eine bestimmte Zeit zur Verfügung stellen mussten. In den Kolonien wurden diese *indentured servants* wie Sklaven versteigert und verloren für eine bestimmte Zeit ihre persönliche Freiheit. Nach Ablauf ihrer „Dienstzeit" erhielten sie das Bürgerrecht und ein Stück Land.

Sklaven auf Zeit

Kampf um die Unabhängigkeit

Von Anfang an war die politisch-soziale Stimmung in den neuen Kolonien durch den **demokratischen Gedanken** bestimmt, wonach allen Menschen die gleichen Möglichkeiten und Rechte zustehen. Der wirtschaftliche, soziale aber auch kulturelle Aufstieg der Kolonien stärkte das Selbstwertgefühl gegenüber dem britischen Mutterland. Man entfremdete sich zunehmend vom Königreich, das gleichzeitig versuchte, die Kolonien durch verschiedene **Maßnahmen und Gesetze** strenger an die Kandare zu nehmen.

Britische Einmischung

So verbot Großbritannien beispielsweise zum Schutz der eigenen Wirtschaft die Einfuhr von Wolle und Stoffen ins Mutterland. Die amerikanische Textilindustrie durfte ihre Waren somit nur innerhalb der Kolonien verkaufen. Auch nach dem *Act of Union* 1707 behielt der britische Monarch über die von ihm ernannten Gouverneure in den Kolonien die ausführende Gewalt, und jedes dort verabschiedete Gesetz bedurfte weiterhin seiner Zustimmung.

1750 verbot der *Iron Act* die Errichtung von Eisenhütten und Betrieben zur Eisenverarbeitung in den Kolonien; sie durften allerdings Roheisen nach England ausführen. Der sogenannte *Currency Act* (1764) untersagte die Herausgabe eigenen Geldes und der *Stamp Act* (1765) schrieb vor, dass auf alle Urkunden und Druckerzeugnisse Gebührenmarken geklebt werden mussten. Im selben Jahr schrieb der *Quartering Act* den Kolonien vor, ein Drittel der Kosten für das britische Militär selbst zu tragen. Als dann noch 1767 bestimmte Waren wie Papier, Glas, Tee und Malerfarben mit Einfuhrzöllen (*Townshend Act*) belegt wurden, war das Fass kurz vor dem Überlaufen.

Die Engländer bekamen immer stärkeren Gegenwind zu spüren: Nach der Einführung des *Stamp Act* wurden öffentlich Stempelmarken verbrannt, sodass die englische Regierung ein Jahr später gezwungen war, das Gesetz aufzuheben. Die Parole der Kolonisten, **„no taxation without representation"** (keine Besteuerung ohne Mitsprache

Im Unabhängigkeitskrieg hart umkämpft: Old Fort Niagara

recht), wurde zum politischen Wahlspruch. Gegen die Besteuerung der im *Townshend Act* benannten Güter wehrten sich die Bürger aller Kolonien, indem sie sich zum Boykott dieser Waren entschlossen. Bis auf die Besteuerung von Tee musste auch dieses Gesetz 1770 zurückgenommen werden.

Der Boykott brachte besonders die East India Company in finanzielle Schwierigkeiten, und sie erhielt daraufhin das Alleinrecht, Tee nach Amerika zu exportieren. An der Steuerschraube für Tee wurde weitergedreht – und der Proteststurm blieb nicht aus: Am 16. Dezember 1773 warfen als Indianer verkleidete Kolonisten unter der Führung von Samuel Adams Tee ins Meer. Diesen als **Boston Tea Party** in die Geschichte der USA eingegangenen Vorfall ließ die britische Regierung nicht auf sich beruhen. Man wollte den Hafen von Boston so lange schließen, bis die vernichtete Menge Tee bezahlt worden war – was jedoch nie geschah.

Boykott und Eskalation

Die an Heftigkeit und Gewalt zunehmende Auseinandersetzung mit dem Mutterland schweißte die Kolonien noch stärker zusammen. Sie trafen sich 1774 zum **Ersten Kontinentalkongress** in Philadelphia und beschlossen, den Handelsverkehr mit dem Mutterland sowie mit den anderen britischen Kolonien abzubrechen; nur Georgia und New York State stimmten diesem Plan zunächst nicht zu. Das britische Parlament wiederum verbot daraufhin vergeblich allen Kolonien, diesen Boykott umzusetzen. In Massachusetts, das wegen der Boston Tea Party besonders in Ungnade gefallen war, wurde daraufhin eine Bürgermiliz aufgestellt: Die **Minute Men** hatten sich als feurige Patrioten zum sofortigen Einsatz, „innerhalb von Minuten", bereit erklärt.

Am 19. April 1775 begann der **Unabhängigkeitskrieg**, als bei Lexington und dem benachbarten Concord (nahe Boston) britisches Militär versuchte, die kolonialen Milizverbände zu entwaffnen. Die britischen Verbände mussten sich zurückziehen und aus dem Streit um mehr Rechte war ein Kampf um die Unabhängigkeit der nordamerikanischen Kolonien geworden.

Am 10. Mai 1775 fand in Philadelphia der **Zweite Kontinentalkongress** statt. Der bisher eher lockere Verband der Minute Men wurde zur „Amerikanischen Kontinentalarmee" und George Washington zum Oberbefehlshaber. Die professionell ausgebildeten britischen Truppen waren dem bunt zusammengewürfelten Trupp von Kolonisten eigentlich deutlich überlegen. Dennoch erklärte am **4. Juli 1776** der Kongress in Philadelphia die **Unabhängigkeit** der Kolonien von Großbritannien. **Thomas Jefferson** war beim Entwurf der Unabhängigkeitserklärung, die alle 13 Kolonien wenig später unterzeichneten, federführend. Mit diesem Dokument waren das Leben, die Freiheit sowie das persönliche Streben nach Glück als unveräußerliche Menschenrechte fixiert worden – und die **Vereinigten Staaten von Amerika** geboren.

Freiheit als Menschenrecht

Es war durchaus nicht so, dass die Auseinandersetzungen mit den Briten am Tag der Unabhängigkeitserklärung zu Ende gewesen wären. Im Gegenteil: General Washington musste sich zunächst bei Brandywine (südlich Philadelphia) geschlagen geben, die Engländer besetzten New York und Philadelphia und der Kongress floh nach York (PA).

In Europa verfolgte man die Entwicklungen mit Interesse. 1777 segelte der Marquis de Lafayette mit einer kleinen Freiwilligenschar nach Nordamerika, um Washington zu unterstützen. Außerdem machte sich ein ehemaliger preußischer Offizier namens Friedrich Wilhelm von Steuben daran, aus einem zusammengewürfelten Haufen eine schlagkräftige Armee zu formen. Dank seiner Bemühungen wendete sich das Blatt und die Briten konnten mehrmals geschlagen werden; rund 100.000 England-Getreue flohen nach Kanada.

Preußische Unterstützung

Nach der erfolgreichen **Schlacht bei Saratoga** am 7. Oktober 1777 erkannte Frankreich die Vereinigten Staaten offiziell an und erklärte Großbritannien den Krieg. 1779 folgten Spanien und 1780 die Niederlande dem Beispiel Frankreichs. Am 19. Oktober 1781 schließlich kapitulierten die Briten bei Yorktown (VA). Nun blieb Großbritannien nichts mehr anderes übrig, als im **Frieden von Paris** (*Treaty of Paris*) am 3. September 1783 die 13 Kolonien als frei, unabhängig und selbstständig anzuerkennen.

Gründung und Konsolidierung der USA

Auf die Unabhängigkeitserklärung und den militärischen Befreiungsschlag folgte die Verabschiedung einer Verfassung am 17. September 1787 durch die **Constitutional Convention**. Sie ist im Kern bis heute gültig und wurde lediglich nach und nach durch 27 Verfassungsänderungen oder *amendments* ergänzt. Sie ist damit eine der ältesten immer noch gültigen demokratischen Verfassungen der Welt und beruht auf der stren-

Gründung und Konsolidierung der USA

gen Trennung zwischen Exekutive, Legislative und Judikative.

Die Verfassung trat am **4. März 1789** nach der Ratifizierung durch alle 13 ehemaligen Kolonien in Kraft. Auf ihrer Grundlage wurde **George Washington** (1732–99) einstimmig zum ersten Präsidenten der USA gewählt. 1791 wurden die ersten zehn Ergänzungen zur Verfassung verabschiedet. In dieser **Bill of Rights** hielt man die grundsätzlichen Menschenrechte wie die Unverletzbarkeit von Eigentum und Person, Presse- und Versammlungsfreiheit sowie die freie Religionsausübung fest.

1793 wurde George Washington wiedergewählt und als Bundeshauptstadt **Washington, D.C.** (**District of Columbia**) bestimmt, das ab 1800 Sitz des Präsidenten und des Kongresses wurde. Zu dieser Zeit lebten rund vier Millionen Menschen in den britischen Kolonien, und es gab nur fünf Städte

George Washington, der erste Präsident der USA

mit mehr als 10.000 Einwohnern. Als Washington im Jahr 1797 seine Amtszeit beendete, wies er in seiner Abschiedsrede explizit darauf hin, sich nicht in europäische Angelegenheiten einzumischen …

Auf **John Adams** (Amtszeit 1797–1801) folgte **Thomas Jefferson** (Amtszeit 1801–9) als dritter US-Präsident. In seine Amtszeit fiel 1803 der Erwerb des von Frankreich beanspruchten Territoriums in Nordamerika. Dieser sogenannte **Louisiana Purchase** umfasste die heutigen Bundesstaaten Arkansas, Nebraska, Missouri, Iowa, South Dakota, den größten Teil Oklahomas und Kansas sowie Teile des heutigen North Dakota, Montana, Wyoming, Colorado, Minnesota sowie Louisiana. Auf einen Schlag hatten die Vereinigten Staaten für den lächerlich geringen Betrag von 15 Mio. Dollar ihr Staatsgebiet verdoppelt.

Erweiterung des Staatsgebiets

Der „War of 1812"

Kurze Zeit später griffen europäische Konflikte erneut auf den amerikanischen Kontinent über. Da seit dem Unabhängigkeitskrieg Frankreich und die USA Verbündete wa-

Darstellung des War of 1812 im Webb-Deane-Stevens Museum

ren, führte der britisch-französische Krieg um die Vorherrschaft in Europa 1806 zur **Kontinentalsperre** sowie im folgenden Jahr zur britischen Gegenblockade. Amerikanische Handelsschiffe konnten fortan die wichtigsten europäischen Häfen nicht mehr anlaufen, worunter die Wirtschaft der Neuen Welt in wachsendem Umfang litt. Zudem griffen britische Kriegsschiffe US-Handelsschiffe an und zwangsrekrutierten die Besatzungen für ihre Kriegsschiffe.

Die Sticheleien zwischen den USA und dem ehemaligen britischen Mutterland führten schließlich zum **War of 1812** (1812–1814), zum **zweiten Unabhängigkeitskrieg**. Die britische Kolonialmacht versuchte die alten Kolonien wieder zu kontrollieren und Unabhängigkeitsbestrebungen in Upper und Lower Canada (heute Québec und Ontario) zu unterbinden. Damit sollte eine Machtausdehnung der USA ins britische Kanada verhindert werden. Es ging bei dem Konflikt auch um den Anspruch auf die sogenannten **Old Northwest Territories**, wie man die Region um die Großen Seen nannte, um die sich britische Händler und Neusiedler stritten.

Indianer zwischen den Fronten

Natürlich wurden die in diesen Gebieten lebenden Ureinwohner nicht gefragt und somit ungewollt in die Auseinandersetzungen einbezogen. Während sich nur einige Völker auf die Seite der USA stellten, versuchte der legendäre Shawnee-Anführer **Tecumseh** (1768–1813) eine **indianische Allianz** gegen den Expansionsdruck der USA zusammenzustellen. Diese zerbrach jedoch nach dem **Battle of the Thames** (1813) in Chatham (Ontario). Damals besiegte die US-Armee unter William Henry Harrison (später der neunte US-Präsident) sowohl die Briten als auch deren indianische Verbündete; auch Tecumseh kam dabei ums Leben.

Zunächst defensiv vorgehend, begannen die Briten nach Napoleons Niederlage in Europa 1814 die USA an der Ostküste mit Invasionsarmeen anzugreifen. Die zu kleine und schlecht ausgerüstete US-Armee wurde dort schnell in die zurückgedrängt. So konnte sie die Besetzung von Washington, D.C. und die Zerstörung von Kapitol und Weißem Haus im August 1814 – in die Geschichte eingegangen als **Burning of Washington** – nicht verhindern. Als jedoch die Briten anschließend versuchten, auch noch die nahe, damals dominierende Wirtschaftsmetropole Baltimore zu erobern, wurde ihr Vormarsch gestoppt.

Während des **Battle of Baltimore** im September 1814 konnte die US-Armee dank solider Befestigungen um Baltimore und der vorgelagerten Festung Fort McHenry den britischen Ansturm nicht nur bremsen, sondern zurückschlagen. Dabei kam auch der britische Befehlshaber General Robert Ross ums Leben. Während der tagelangen Beschießung des Forts dichtete übrigens Francis Scott Key (1779–1843) jene Verse, die heute die Nationalhymne „**The Star-Spangled Banner**" bilden. Die riesige Fahne, die einst über dem Fort wehte und das Bombardement fast unbeschadet überstand, wird heute wie eine Reliquie verehrt und in einem eigenen Saal im National Museum of American History an der National Mall in der Hauptstadt aufbewahrt. *Flagge wird Nationalhymne*

Die gleichzeitige Niederlage der Briten im **Battle of Plattsburgh**, womit die Einnahme New York vereitelt werden konnte, führte schließlich zum **Frieden von Gent** (*Treaty of Ghent*) am 24. Dezember 1814 und beendete endgültig die feindschaftlichen Auseinandersetzungen zwischen Großbritannien und den USA. Es dauerte jedoch, bis sich der Friedensschluss auch in Nordamerika herumgesprochen hatte. Deshalb erlitten die Briten Anfang Januar 1815 im Battle of New Orleans noch eine letzte, schmerzliche Niederlage.

Besiedlung des Westens

Nach einer militärischen Forschungsexpedition 1804–1806 im Auftrag Präsident Jeffersons, geleitet von den Offizieren Meriwether Lewis und William Clark, nahm die Erschließung und Besiedlung des „Wilden Westens" Fahrt auf. Die **frontier**, jene Grenze, bis zu der Siedler sesshaft geworden waren, verschob sich weiter westwärts. Der große Zug nach Westen setzte bereits Anfang des 19. Jh. ein: Hohe Geburtenraten in den Staaten an der Ostküste sowie ein nicht abreißender Einwandererstrom aus Europa – 1825 waren über 10.000, 1854 bereits über vier Millionen Menschen zugewandert – förderte die Inbesitznahme der verheißungsvollen Gebiete im mittleren und pazifischen Westen. *Mehr Raum wird nötig*

Die **Aneignung des Indianerlandes** erfolgte dabei in mehreren Stufen: von Forschern und Trappern über Händler bzw. Handelsposten bis hin zu Handwerkern, Kaufleuten und anderen Berufsgruppen, die mit ihrem Pioniergeist das Land urbar machten und neuen Lebensraum schufen. Die Besiedlung des Westens ging zwangsläufig mit Auseinandersetzungen mit den Indianern einher. Zwar hatte Jefferson ursprünglich das Indian Territory – das heute etwa dem Bundesstaat Oklahoma entspricht – als Umsiedelungsgebiet für die Ureinwohner angelegt, dennoch überrollten Glücksritter und Siedler schon bald rücksichtslos den ganzen Westen. Dezimiert durch eingeschleppte

Krankheiten und erschöpft vom verzweifelt geleisteten Widerstand, verschlechterten sich die Lebensbedingungen der Indianer zusehends. Die Dezimierung der vormals riesigen Büffelherden – nach neuesten Forschungen im Übrigen mehr durch klimatische Veränderungen und eingeschleppte Krankheiten ausgelöst als durch die Jagdexzesse der Europäer – beraubte die einst stolzen „Herren der Prärie" zudem ihrer Lebensgrundlage. Schlussendlich wurden die meisten der noch verbliebenen Ureinwohner in Reservate umgesiedelt.

Wachsende Infrastruktur

Bald schon machten die neuen Siedlungsräume neue **Verkehrsverbindungen** nötig. Um mit der „Zivilisation" des Ostens in Verbindung zu bleiben, wurden erste **Überlandstraßen** gebaut. Die erste derartige Westverbindung war die Cumberland Road, die 1818 Cumberland in Maryland mit Vandalia in Illinois verband. Auch in den Westen gab es bald Trails wie den Oregon oder den California Trail. Der knapp 600 km lange **Erie-Kanal** (1817–25) schuf erstmals eine Verbindung zwischen Lake Erie und Hudson River also zwischen den Großen Seen und dem Atlantik.

Um 1850 waren die Gebiete an der Ostküste zudem durch Eisenbahnlinien verbunden. Als am 10. Mai 1869 die erste **transkontinentale Eisenbahnverbindung** mit dem symbolischen Zusammentreffen der Bautrupps von Union und Central (später Southern) Pacific Railroad bei Promontory, Utah, gefeiert wurde, war der entscheidende Schritt zur Besiedlung des Westens getan.

Nord-Süd-Konflikt und amerikanischer Bürgerkrieg

Parallel zur infrastrukturellen Erschließung kam es zu einem **wirtschaftlichen Aufschwung**, der sich zunächst auf den Nordosten beschränkte: Der Überseehandel blühte auf, dazu Schiffsbau und Fisch- bzw. Walfang. In den Neuengland-Staaten entwickelte sich eine produktive Textilindustrie, und in Massachusetts gab es bereits 1814 eine Spinnerei und Weberei. Hier erfand 1793 Eli Whitney die Baumwollentkernungsmaschine; sie wurde ab 1800 in Serie hergestellt. Cyrus McCormicks Erntemaschine war ein weiterer wichtiger Impuls für die expandierende Landwirtschaft.

Blühende Textilindustrie

Gleichzeitig wuchs jedoch die **Diskrepanz zwischen dem Nordosten und dem südlichen Landesteil**: In den Südstaaten herrschte ein aristokratisch gesonnener Landadel, dem riesige Ländereien gehörten und der auf pompösen Landsitzen residierte. Auf den Großplantagen wurden, basierend auf der billigen Arbeitskraft der Sklaven, Baumwolle, Tabak oder Zuckerrohr angebaut. In den nördlichen Staaten war die Gesellschaftsstruktur hingegen differenzierter: Hier lebten Geschäftsleute, Industrielle, Bankiers, Industriearbeiter sowie Farmer.

Zum zentralen Streitpunkt zwischen Nord und Süd eskalierte die **Sklavenfrage**. Die ersten Präsidenten der USA hatten noch gehofft, dass sich das Problem von selbst lösen würde. Washington hatte in seinem Testament die Freilassung seiner Sklaven bestimmt und Jefferson 1808 zumindest den zwischenstaatlichen (wenngleich nicht den heimischen) Sklavenhandel verboten. 1619 erstmals nach Amerika verschifft, lebten zu diesem Zeitpunkt schon über eine Million Sklaven in den USA und stellten ein Viertel der Gesamtbevölkerung. 1818 gab es in den Vereinigten Staaten zehn Bundesstaaten, die Sklavenhaltung erlaubten, und elf „freie" Staaten.

Spaltung der USA

Die zwiespältige Haltung in der Sklavenfrage wurde deutlich, als 1820 Missouri als neuer Bundesstaat aufgenommen werden sollte. Im Missouri-Kompromiss spielte die zwischen 1763 und 1767 gezogene **Mason-Dixon-Linie** entlang des 39. Breitengrads eine entscheidende Rolle als Trennlinie zwischen sklavenhaltenden und sklavenfreien US-Staaten. Missouri erhielt die Erlaubnis, Sklaven zu halten, was dort und im benachbarten Kansas, wo man die Sklaverei ablehnte, in den 1860er-Jahren zu bürgerkriegsähnlichen Zuständen führte (*Bleeding Kansas*).

Die **Underground Railroad** entstand als Netzwerk, das v. a. zwischen 1810 und 1850 Tausenden von Sklaven bei der Flucht aus dem Süden nach Norden, z. B. in das sicherere Kanada, unterstützte. In den Jahren 1832/33 waren erste Gruppen von **Abolitionisten** (Gegner der Sklaverei) entstanden, die 1854 die Republikanische Partei gründeten. Die Abschaffung der Sklaverei wurde zum heißen Eisen und vor allem Staaten mit großen Plantagen (Virginia, Georgia, North und South Carolina, Louisiana) waren um ihren Wohlstand besorgt.

Als 1860 der Republikaner und Abolitionist **Abraham Lincoln** zum Präsidenten gewählt wurde, brach der Konflikt zwischen den Süd- und Nordstaaten in aller Schärfe aus. Aus Protest gegen Lincolns Wahl schied South Carolina Ende 1860 aus der Union aus, Anfang 1861 folgten Mississippi, Florida, Alabama, Georgia, Louisiana und Texas. Formell wurde die Spaltung am 4. Februar 1861 vollzogen, als sich die Abtrünnigen zu den **Konföderierten Staaten von Amerika** zusammenschlossen und **Jefferson Davis** (1808–89) zu ihrem Präsidenten wählten. Die Hauptstadt hieß zunächst Montgomery (Alabama), dann Richmond (Virginia).

Kriegsbeginn — Als die Konföderierten am **12. April 1861** Fort Sumter (Charleston) angriffen und die Unionstruppen von dort vertrieben, war der „Bruderkrieg" unabwendbar. Anfangs wurde die Auseinandersetzung noch als „sportlicher Wettstreit" betrachtet, doch der zahlen- und materialmäßig überlegene Norden erkannte rasch, wie bravourös sich der bunt zusammengewürfelte Haufen der Confederates wehrte. Ihre Erfolge waren vor allem den genialen Schachzügen von erfahrenen Befehlshabern wie **Robert E. Lee** (1807–70) oder **Thomas „Stonewall" Jackson** (1824–63) zu verdanken.

Der Sezessionskrieg zog sich insgesamt über vier Jahre, bis zum April 1865, hin und stellte auf allen Gebieten der Kriegsführung, von der technischen Ausrüstung bis hin zu den Menschenverlusten, alles bislang Dagewesene in den Schatten. Nach neuesten Forschungen wurde von 40 Soldaten nur einer im Kampf getötet, einer von zehn starb an einer Krankheit und ein Zehntel wurde gefangen genommen, wobei jeder siebte Gefangene die primitiven Haftbedingungen nicht überlebte.

Überlegenheit der Union — Beide Seiten waren auf einen derart langen Krieg nicht vorbereitet gewesen, doch letztendlich brachten die 23 unionstreuen Bundesstaaten, zu denen der gesamte Nordosten gehörte, die besseren Voraussetzungen mit; allein zahlenmäßig standen 22 Mio. Menschen im Norden nur 9 Mio. im Süden gegenüber. Zudem war die Rüstungsindustrie schwerpunktmäßig im Norden ansässig, und auch Kapital stand dort reichlicher zur Verfügung als im Süden. Je länger die Auseinandersetzungen dauerten, umso stärker konnten die Unionstruppen ihre Überlegenheit ausspielen, erst recht, als auf Unionsseite ab 1863 General **Ulysses S. Grant** (1822–85) als Oberbefehlshaber dem Konföderierten-Kommandant Robert E. Lee gegenüberstand.

Eine Seeblockade sowie das Nichteingreifen der Franzosen und Briten in den Bruderkampf brachten die Wende. Die Einnahme von Vicksburg und die **Schlacht bei Gettysburg** machten das Jahr 1863 zum Schicksalsjahr. Der berühmt-berüchtigte Marsch von General William T. Sherman (1820–91) von Tennessee durch Georgia an die Küste – der **March to the Sea** – von November bis Dezember 1864 und die damit verbundene Zerstörung von Atlanta, Nachschubbasis der Konföderierten, brach den letzten Widerstand. Die auseinanderfallende Konföderation und das Heer unter General Lee kapitulierte nach langwierigen Rückzugsgefechten am **9. April 1865** in Appomattox (Virginia), nahe der alten Südstaatenhauptstadt Richmond.

Wiederaufbau nach dem Bürgerkrieg

Die Einheit der Nation war wiederhergestellt und die Sklaverei nominell abgeschafft. Im Jahr 1863 hatte Abraham Lincoln in der **Emancipation Proclamation** alle 3 Mio. Sklaven in den Südstaaten für frei erklärt. Dennoch waren beide Fraktionen nach Kriegsende nicht automatisch versöhnt. Abgesehen von den hohen Verlusten an Menschenleben auf beiden Seiten war das Land in eine Finanz- und Wirtschaftskrise gestürzt, die nationale Verschuldung enorm gestiegen und die Phase des Wiederaufbaus, der **Reconstruction**, wie die Jahre von 1865 bis 1877 genannt werden, gestaltete sich höchst schwierig.

Zudem wurde am 14. April 1865 Präsident Lincoln, der stets auf Ausgleich bedacht war, von einem fanatischen Südstaatler in Washington, D.C. erschossen. Auf den als Lincolns Vize ins höchste Amt nachgerückten Demokraten Andrew Johnson (Amtszeit 1865–69) folgte eine **Periode radikaler Republikaner**, die vor allem die Interessen der Großunternehmer und des Kapitals vertraten. Die politische Szene in den Südstaaten änderte sich schlagartig – man fiel in die frühe Kolonialzeit zurück. *Carpetbaggers*, Geschäftemacher aus dem Norden, *scalawags*, mit ihnen kooperierende Südstaatler, freie Schwarze, die weder des Schreibens noch des Lesens mächtig waren, aber in politische Ämter drängten, und das Nordstaatenmilitär beherrschten das Land – häufig mit dubiosen Mitteln. Folgen waren eine **Verarmung** des Landvolkes und eine starke Opposition in der alten Oberschicht. Der Ku-Klux-Klan, ein Geheimbund, entstand, verübte Terroranschläge und versetzte die afroamerikanische Bevölkerung in Angst und Schrecken.

Wirtschaftskrise

In Reenactments flammt der Bürgerkrieg heutzutage wieder auf

Eine politische Wende – die Demokratische Partei gewann wieder an Boden – und das Ende der Besatzung ermöglichten **1877** die **Rückkehr der Südstaaten in die Union**. Sofort begannen die konservativen Kräfte, die alten Plantagenfamilien, die Macht wieder an sich zu reißen, unterstützt von einer neuen Schicht von Händlern und Kaufleuten. Vor allem die Großgrundbesitzer hatten jedoch enorm gelitten und es kam teils zwangsläufig zur **Aufspaltung in Mittel- und Kleinbetriebe**. Vor dem Bürgerkrieg hatte die durchschnittliche Betriebsgröße noch über 1.000 Morgen betragen, um 1875 waren es nur noch 153. Auch die ärmeren Weißen und befreiten Sklaven konnten nun, zumindest theoretisch, Land erwerben, zumeist bewirtschafteten sie das Land jedoch nur als rechtlose Pachtbauern (*sharecroppers*). Es ging ihnen häufig nicht viel besser als den Sklaven zuvor – sie erhielten keinen Lohn, stattdessen Unterkunft und Werkzeug sowie einen Anteil an der Ernte.

Neue „Sklaven"

Es dauerte, doch die Landwirtschaft erholte sich wieder und zur Baumwolle kam die Textilindustrie; zudem wurde der Tabakanbau intensiviert. Allmählich entwickelte sich auch im Süden, einhergehend mit verbesserten Bildungschancen, eine breitere Mittelklasse. Ein allmählicher Anschluss an die Nordstaaten zeichnete sich ab, doch letztlich verstanden es die Konservativen, die kürzlich aufgehobenen Rassenschranken wieder aufzurichten – unter dem Motto „*separate but equal*" („getrennt, aber gleich") und unter Anwendung der – nach einer rassistischen Klischeefigur benannten – **Jim-Crow-Gesetze**.

Die USA werden Weltmacht

Die weitere Entwicklung der USA wurde nach Beendigung des Bürgerkrieges durch die zunehmende Erschließung des Westens geprägt. Der **wirtschaftliche Aufschwung** – die Epoche des Gilded Age – nahm in der zweiten Hälfte des 19. Jh. ungeahnte Formen an. Verkehrserschließung, die Entdeckung von Rohstoffvorkommen, eine durch Einwanderung erhöhte Zahl an Arbeitskräften, ein großer Binnenmarkt und staatliche Schutzzölle ließen den freien Wettbewerb explodieren.

Viele **Erfindungen** sorgten für zusätzliche Dynamik: der Telegraf von Samuel F. B. Morse (1837), das Telefon (Alexander Graham Bell, 1876), die Schreibmaschine (Christopher L. Sholes für Remington, 1873) und die wegweisenden Erfindungen von Thomas A. Edison. John B. Dunlop erfand 1888 den pneumatischen Reifen, und Henry Ford stellte 1892 das erste Auto vor.

Amerikanische Interessen

Die wirtschaftliche Dominanz ließ die USA auch auf internationaler Bühne aktiver werden. Bislang war die **Monroe-Doktrin** für die amerikanische Außenpolitik maßgebend gewesen, jene Rede, in der Präsident James Monroe 1823 festgelegt hatte, dass sich die USA nicht in europäische Belange einmischen und dass europäische Interessen nicht auf amerikanischem Boden ausgetragen werden dürften. Diese Politik des Isolationismus lockerte sich zunehmend, speziell im Zuge einiger Zwischenfälle: 1895 war es in Kuba zu einem Aufstand gegen die spanische Kolonialmacht gekommen. Die US-Wirtschaft sah ihre Investitionen hier gefährdet. Als das US-Schiff „Maine" 1898 im Hafen von Havanna aus ungeklärter Ursache sank, erklärten die USA Spanien den Krieg. Im **Frieden von Paris** (10. Dezember 1898) verzichtete Spanien daraufhin auf

Kuba, Puerto Rico und Guam. 1898 annektierten die USA dann Hawaii, Puerto Rico und Guam, die Philippinen wurden als pazifischer Stützpunkt angegliedert.

Zudem verstanden sich die USA vermehrt als internationale Polizeimacht. So musste 1902 Kuba den USA Hoheitsrechte einräumen, und als 1903 Panama gegründet wurde, behielten sich die USA Schutzrechte vor, um den Bau des Panama-Kanals abzusichern. 1904 deklarierte Präsident Theodore Roosevelt (1858–1919) das Recht der USA, sich auch in die **inneren Angelegenheiten lateinamerikanischer Staaten** einzumischen, um Interventionen europäischer Mächte zu verhindern. Auf dieser Grundlage besetzten die USA 1916 bis 1924 die Dominikanische Republik, intervenierten 1914 bis 1917 in Mexiko, 1921 in Guatemala, in Honduras 1911, 1913 und 1924/25, in Nicaragua 1912 bis 1925 sowie 1926 bis 1936 und mischten sich auch im Pazifik und in Asien als Ordnungsmacht ein.

> **Lesetipp**
> Ein grandioses und allein von den Ausmaßen her – 40×30x6 cm, 5 kg – gigantisches Buch des Taschen-Verlages dokumentiert mit Fotos aus der Zeit um 1900 das damalige Leben in Nordamerika und bietet eine ungewöhnliche **Bestandsaufnahme der Neuen Welt**:
> - Marc Walter/Sabine Arque, An American Odyssey. Photos from the Detroit Photographic Company 1888–1924 (Taschen, 2014).

Die USA im 20. Jahrhundert

Beim Ausbruch des **Ersten Weltkrieges** im Jahr 1914, „The Great War" genannt, blieben die Vereinigten Staaten zunächst neutral, doch im Folgejahr bahnte sich ein Stimmungswandel an: Das mit Kriegsmaterial beladene britische Passagierschiff Lusitania und die Arabic wurden durch deutsche U-Boote versenkt, wobei auch amerikanische Staatsbürger den Tod fanden. Als **Woodrow Wilson** 1916 als Präsident wiedergewählt wurde, versuchte er zunächst erfolglos zwischen den kriegsführenden Parteien zu vermitteln. Die USA rüsteten daraufhin auf, griffen aber zunächst nicht ein. Erst als 1917 Deutschland den uneingeschränkten U-Boot-Krieg erklärte und deutsche Kriegsabsichten gegen die USA bekannt wurden, kam es zur Wende. Am 6. April 1917 erklärte Amerika dem Deutschen Reich den Krieg.

In den Weltkriegen

Bis zum Kriegsende verfolgte Präsident Wilson seine Maxime des „**Friedens ohne Sieg**". In einem 14-Punkte-Programm entwarf Wilson 1918 eine Vision vom Weltfrieden, von einer freiheitlich-demokratisch orientierten Weltordnung und befürwortete die Gründung eines Völkerbundes. Seine Thesen beinhalteten u. a. das Selbstbestimmungsrecht aller Völker, die Räumung und Rückgabe aller besetzten Gebiete, Abrüstung, Freiheit auf allen Weltmeeren und Abbau von Handelsbeschränkungen sowie Vertragsabschlüsse zwischen den einzelnen Nationen, um sich gegenseitig politische Unabhängigkeit sowie Staatsgebiete zu garantieren. Seine Ideen wurden erst 1945 mit der Gründung der UN umgesetzt.

Nach dem Ersten Weltkrieg war die Stellung der USA als führende Industriemacht unangefochten. Die folgenden „Goldenen Zwanziger" – **The Fabulous (Golden) Twenties** – initiierten einen neuerlichen Wirtschaftsaufschwung. Am 24. Oktober

Wirtschafts- krise
1929 brach dann das Kartenhaus zusammen: Als **„Schwarzer Freitag"** ging der Absturz der Aktien an der New Yorker Börse in die Geschichte ein. Eine bisher nicht dagewesene Depression erschütterte die USA und in der Folge auch die anderen führenden Wirtschaftsmächte.

Präsident Herbert Hoover (im Amt 1929–33) versuchte mit allen ihm zur Verfügung stehenden staatlichen Mitteln, die Rezession einzudämmen. Großbauten wie der Hoover-Damm in Colorado wurden in Angriff genommen, den Unternehmen staatliche Kredite gewährt und die Zölle erhöht – doch die positiven Auswirkungen blieben überschaubar. Erst mit der Präsidentschaft des Demokraten Franklin Delano Roosevelt (1933–45) und seinem **New Deal** wendete sich das Blatt. Zum ersten Mal in der US-Geschichte griff damit der Staat lenkend in die Wirtschaft ein, kontrollierte große finanzielle Transaktionen, garantierte Bankeinlagen und förderte Arbeitsbeschaffungsmaßnahmen wie das Großprojekt Tennessee Valley Authority (TVA) – den Bau von Staudämmen, Wasserkraftwerken und damit Industrieansiedlungen im bis dahin als Notstandsgebiet geltenden Tennessee-Tal.

Präsident Franklin D. Roosevelt

Auch nach dem Einmarsch der deutschen Truppen in Polen im **September 1939** erklärten die USA zunächst ihre Neutralität. Erst als Dänemark und Norwegen von den Deutschen besetzt, Belgien, die Niederlande und Frankreich angegriffen wurden und es zum Dreimächtepakt (Deutschland–Italien–Japan) kam, sahen sich die Vereinigten Staaten gezwungen einzugreifen. Die Wende nahm Anfang 1941 mit Roosevelts Neujahrsansprache Gestalt an, in der er die **„Vier Freiheiten"** hervorhob: Freiheit der Rede und Meinungsäußerung, Freiheit in der Religionsausübung, Freiheit von Not und Freiheit von Furcht.

D-Day
Am 7. Dezember 1941 kam es zum verheerenden japanischen Überraschungsangriff auf den US-Navy-Stützpunkt in **Pearl Harbor** auf Hawaii. Einen Tag später erklärten die USA den Japanern den Krieg, am 11. Dezember folgte die Kriegserklärung Deutschlands und Italiens an die USA. Am 6. Juni 1944 gelang den Alliierten die **Landung in der Normandie**. Über 2,8 Mio. Soldaten und alles erdenkliche Kriegsgerät wurden eingesetzt. Das Jahr 1945 wurde kriegsentscheidend: Auf der **Konferenz von Jalta** stimmten sich Roosevelt, Churchill und Stalin ab, Anfang März überschritten US-Truppen bei Remagen den Rhein, am 25. April begegneten sich erstmals amerikanische und sowjetische Truppen an der Elbe.

Schließlich kapitulierte das Deutsche Reich am 7. Mai 1945 bedingungslos. Zwischenzeitlich gingen die Kämpfe auf dem japanischen Kriegsschauplatz weiter, und um den

Die USA im 20. Jahrhundert

Widerstand der Japaner endgültig zu brechen, entschlossen sich die USA zum **Abwurf von Atombomben**: Am 6. August 1945 wurde Hiroshima vernichtet (etwa 220.000 Tote) und am 9. August 1945 zerstörte eine zweite Atombombe Nagasaki (etwa 215.000 Tote). Noch am selben Tag kapitulierten die Japaner.

In den beiden letzten Kriegsjahren war den Amerikanern bewusst geworden, dass in Europa nicht nur verschiedene Nationalitäten, sondern vor allem auch unterschiedliche Gesellschaftssysteme aufeinandertrafen: Kapitalismus und Kommunismus. Harry S. Truman war der erste Präsident, der diesen Gegensatz Ost-West thematisierte und der „Freien Welt" den „Weltkommunismus" gegenüberstellte. In der **Truman-Doktrin** sagte er 1947 allen bedrohten freien Völkern die Hilfe der Vereinigten Staaten zu. Es kam zum **Kalten Krieg**, der in begrenzten Konfrontationsräumen durchaus „heiß" wurde (z. B. in Korea und Vietnam); infolgedessen stürzten sich beide Machtblöcke in eine Phase der Hochrüstung.

Blockdenken

Die USA bedienten sich neuer Mittel, um ihre Einflussnahme zu sichern. In diesen Zusammenhang fällt die Gründung der **NATO** (North Atlantic Treaty Organization) im Jahr 1949, mit der sich die USA zum ersten Mal in ihrer Geschichte militärisch mit anderen Staaten zusammenschlossen. Ebenso versuchte man mit dem **Marshall-Plan** (1948–1951), benannt nach dem amerikanischen Außenminister George Marshall, Sympathien zu gewinnen. Er sah massive wirtschaftliche Hilfen für die westeuropäischen Staaten vor. Bis 1951 vergaben die USA im Rahmen dieses Projektes $ 13 Milliarden. Als wohl wichtigste außenpolitische Nachkriegsentwicklung hatte die USA ihre isolationistische Position zugunsten einer **Bündnispolitik** aufgegeben.

Unerwartet zog für kurze Zeit die UdSSR technologisch an den USA vorbei: 1957 umkreiste der russische Sputnik I als erster künstlicher Satellit die Erde. 1958 zogen die USA mit dem Explorer I nach. Am 12. April 1961 schickte die Sowjetunion mit Juri Gagarin den ersten Menschen ins All, am 5. Mai folgte der Amerikaner Alan B. Shepard. 1969 hatten die USA allerdings mit der ersten **Astronauten-Landung auf dem Mond** wieder die Nase vorn.

Eine wichtige, wenn auch kurze Ära begann 1961 mit der Wahl **John F. Kennedys** (1917–63), des wohl charismatischsten US-Präsidenten der Nachkriegszeit. Mit seinem *New Frontier*-Programm wollte er globale Konflikte entschärfen, entwarf eine Vision von Gerechtigkeit und besseren Lebensbedingungen für alle Amerikaner. Kennedy hatte nicht nur eine Überwindung der sozialen Gegensätze im eigenen Land im Auge, sondern plante auch, armen Entwicklungsländern in Asien, Mittelamerika und Afrika zu helfen. 1962 gelang es ihm, die Kubakrise zu entschärfen und einen drohenden neuen Weltkrieg zu verhindern. Am 22. November 1963 wurde Kennedy in Dallas ermordet.

Kampf um Gerechtigkeit

Der **Vietnamkrieg** (1955–75) wurde von den Amerikanern in erster Linie als Auseinandersetzung der konkurrierenden Systeme – Kapitalismus und Kommunismus – betrachtet. Trotz größtmöglichen Einsatzes konnte der Krieg von den USA nicht gewonnen werden. 1968 wurden die Luftangriffe eingestellt und 1973 nach zähem Ringen in Paris zwischen den USA, Nordvietnam und der Provisorischen Revolutionsregierung der Waffenstillstand vereinbart. Die Verluste betrugen auf amerikanischer Seite rund 58.000 Tote und mehr als 300.000 Verwundete. Der Vietnamkrieg hatte die USA in ihrem Inneren erschüttert und moralische Zweifel an der Rechtmäßigkeit von Kriegen aufgeworfen. Demonstrationen, nicht nur seitens der Studenten und Intellektuellen, übten Druck auf die Regierung aus. Schließlich revidierte der Kongress die Sondermachtbefugnisse des Präsidenten: im *War Powers Act* (1973) wurde festgelegt, dass ein Präsident ohne Zustimmung des Kongresses US-Truppen nur maximal 60 Tage lang einsetzen darf. Im gleichen Jahr wurde die allgemeine Wehrpflicht abgeschafft.

In den 1960ern und zu Beginn der 1970er-Jahre erschütterten zahlreiche **Rassenunruhen** die Vereinigten Staaten. Ein Höhepunkt war im August 1963 der von **Martin Luther King Jr.** (1929–68) angeführte Protestmarsch nach Washington; zwei Jahre später zogen Protestierende von Selma nach Montgomery. Im gleichen Jahr kamen bei Rassenunruhen in Los Angeles 35 Menschen ums Leben, und im Sommer 1967 eskalierten die Auseinandersetzungen in Newark (New Jersey) und Detroit (Michigan) derart, dass sogar Bundestruppen eingesetzt werden mussten – 66 Tote waren zu beklagen. Die Unruhen griffen um sich und forderten mehr und mehr Opfer. Eines der prominentesten war King selbst, der am 4. April 1968 in Memphis von einem Rassisten erschossen wurde.

„I have a dream"

Die **Watergate-Affäre**, bei der am 17. Juni 1972 enge Mitarbeiter Präsident Richard Nixons und seines Wahlkomitees in das Wahlkampfhauptquartier der Demokraten einbrachen, erschütterte die Nation aufs Neue. Zwar beteuerte Nixon seine Unschuld und sein Unwissen über den Einbruch, doch wurde er durch die Beteiligten schwer belastet. Er kam durch freiwilligen Rücktritt einem Amtsenthebungsverfahren (*impeachment*) zuvor.

Durch die weitgehende Entschärfung des West-Ost-Konflikts und die demokratischen Entwicklungen in Osteuropa begann die US-Außenpolitik nach neuen Formen zu suchen. Ein Schritt war der **Erste Golfkrieg** 1991. Nach dem Einmarsch des irakischen Diktators Saddam Husseins in Kuwait drängten die von den USA angeführten Truppen im Namen der UN den Despoten wieder zurück. Der schnell gewonnene Krieg sorgte für Erleichterung und Stärkung des angeschlagenen Selbstbewusstseins.

Das 21. Jahrhundert

Während der Amtszeit des 42. Präsidenten **Bill Clinton** (1993–2001) stabilisierte sich die wirtschaftliche Lage und das Land erlebte sogar, angeführt von der boomenden **New Economy**, eine neue wirtschaftliche Blüte; die Staatsverschuldung sank. In der Wirtschaftspolitik wurde weiterhin ein Kurs der Liberalisierung verfolgt und dieser resultierte in der Unterzeichnung des Welthandelsabkommens (GATT) sowie der Schaffung der Freihandelszone FTAA innerhalb aller Staaten Nordamerikas.

Die Angriffe islamistischer Fundamentalisten am 11. September 2001 auf New York und Washington – **9/11** – haben dann die USA im Mark getroffen. US-Präsident **George W. Bush** (Amtszeit 2001–9) reagierte nach einer Phase der Trauer mit der Ausrufung des „Kriegs gegen den Terrorismus" und begann im Oktober 2001 mit dem Vorstoß gegen das fundamentalistische Taliban-Regime in Afghanistan. Als Bush mit Diktator Saddam Hussein und dem Irak 2003 ein neues Ziel ins Auge fasste, geriet die

War on Terror

einst so fest zusammenstehende westliche Allianz ins Wanken. Dass die Bush-Regierung über das Ziel hinausschoss und uramerikanische, demokratische Bürgerrechte in Gefahr gerieten, brachte mehr und mehr US-Bürger in Rage.

Zu Beginn des 21. Jh. steckte auch die amerikanische Gesellschaft in einer Krise. Börsencrash und **Wirtschaftskrise**, Arbeitslosigkeit und wachsende Armut machten dem im November 2008 gewählten und 2012 im Amt bestätigten ersten afro-amerikanischen Präsidenten, dem Demokraten **Barack Obama**, die Arbeit nicht leicht. Seine Verdienste liegen vor allem in der Einführung einer Pflicht-Krankenversicherung mit dem *Affordable Care Act* – auch *Obamacare* genannt –, doch auch in Sachen Umweltschutz und Klimawandel legte Obama neue Pläne vor. 2017 folgte ihm überraschend der Unternehmer und Entertainer **Donald Trump** als 45. Präsident, dessen spaltend-populistische Politik vor allem von Isolationismus und Protektionismus geprägt ist.

Inzwischen hat sich die Wirtschaft wieder erholt und die USA gehören abermals zu den führenden Erdöl- und Erdgasproduzenten. Allerdings sind Umweltprobleme und Klimaveränderungen, die Verarmung vieler Bevölkerungsschichten, Grenzsicherung und Einwanderungspolitik, Krankenversicherung und Sozialfürsorge sowie der wachsende Kontrast zwischen Stadt und Land zu **Herausforderungen** geworden, die verstärkter Zuwendung bedürfen.

Wahlkampfplakat für Barack Obama

Die politischen Staatsorgane und ihre Aufgaben

Die **Verfassung der Vereinigten Staaten von Amerika** wurde 1787 vom Verfassungskonvent in Philadelphia verabschiedet und zwei Jahre später für rechtsgültig erklärt. Mit der Einführung der Gewaltenteilung in Exekutive, Legislative und Jurisdiktion, d. h. der Trennung von ausführender, gesetzgebender und rechtsprechender Macht, war die amerikanische Verfassung **Wegbereiter der modernen Demokratie**. Darüber hinaus führte sie die **Trennung von Kirche und Staat** und das Prinzip der **Volkssouveränität** ein, das durch die demokratischen Grundrechte (*Bill of Rights*) gewährleistet ist. Die Frage, ob der Staat zentralistisch oder föderalistisch organisiert werden solle, führte schließlich zu einer Kompromisslösung, einer **Gewaltenteilung zwischen Zentralregierung und den Bundesstaaten**.

Der Präsident – Exekutive
Der Präsident wird für vier Jahre über **Wahlmänner** *(electors)* und nicht direkt vom Volk gewählt. Eine Wiederwahl ist nur einmal möglich, und bei seinem vorzeitigen Ausscheiden aus dem Amt, etwa durch Tod oder Rücktritt, übernimmt der Vizeprä-

sident automatisch das Amt. Der US-Präsident ist gleichzeitig Staatsoberhaupt und Regierungschef. Bei der Zusammensetzung seiner Administration kann der Präsident auch auf qualifizierte Personen anderer Parteien oder Parteilose zurückgreifen. Zudem ist er Oberbefehlshaber des Militärs, allerdings ist eine eventuelle Kriegserklärung Sache des Kongresses.

Der Kongress – Legislative
Der Kongress setzt sich aus Senat (*Senate*) und Repräsentantenhaus (*House of Representatives*) zusammen. Unabhängig von seiner Größe entsendet jeder Bundesstaat für jeweils sechs Jahre zwei Senatoren in den **Senat**, insgesamt sind es also 100. Alle zwei Jahre wird jeweils ein Drittel der Senatoren direkt vom Volk neu gewählt. Der Senat hat insbesondere in außenpolitischen Fragen eine starke Stellung. Der US-Präsident benötigt eine Zweidrittelmehrheit im Senat um internationale Verträge abschließen zu können und auch die Benennung hoher Beamter sowie Richter bedarf der Senatszustimmung.

Im **Repräsentantenhaus** sind die Bundesstaaten proportional zu ihrer Bevölkerungsgröße vertreten. Die Zahl von 435 Abgeordneten ist durch ein Gesetz von 1911 festgelegt, die Verteilung auf die Staaten wurde jedoch nach dem Zensus 2010 angepasst. Gewählt werden die Abgeordneten jeweils für zwei Jahre. Das Repräsentantenhaus hält aufgrund seiner Stimmenmehrheit insbesondere bei Budget-Verhandlungen eine Schlüsselstellung inne.

Wahlen für den Kongress finden stets am ersten Dienstag im November eines Jahres mit gerader Zahl statt.

Das Gerichtswesen – Judikative
Dem unabhängigen Gerichtswesen steht der **Oberste Gerichtshof** (*Supreme Court*) vor. Er kann im Bedarfsfall die Verfassungsmäßigkeit aller politischen Entscheidungen überprüfen und ist damit die **Kontrollinstanz** gegenüber Präsident und Kongress. Der Präsident benennt die Richter des Obersten Gerichtshofes in Beratung und mit Zustimmung des Senats.

Geografischer Überblick

Im Zentrum dieses Reiseführers steht der Nordosten der USA, also das **Kerngebiet** mit den Gründerstaaten Connecticut, Delaware, Maryland, Massachusetts, New Hampshire, New Jersey, New York, Pennsylvania, Rhode Island und Vermont, sowie Maine als nordöstlichstem Bundesstaat, dazu die Hauptstadt Washington, D.C. Die beiden geografischen Hauptcharakteristika dieser Region sind die **Atlantikküste** mit ihren Felsküsten und Sandstränden, tiefen Fjorden und kleinen Buchten, vorgelagerten schmalen Inselketten und Marschlandschaften sowie die **Gebirgsketten der Appalachen** mit ihren Hügellandschaften, aber auch mit schneebedeckten Bergen und dichtbewaldeten, wasserreichen Tälern.

Berge und Meer

Die Atlantische Küstenebene

Die **Atlantic Coastal Plains** – die Küstenebene zwischen Atlantik und Appalachen – reichen von Cape Cod im Nordosten der USA bis Florida. Sie sind nur selten mehr

Portland Head Light, der älteste Leuchtturm Maines

als 100 m hoch. Das Lowland, wie die Küstenregion auch genannt wird, ist ein vielgestaltiges Areal: So ist die Küstenebene im Nordosten, besonders in den Neuengland-Staaten, nur sehr schmal, stellenweise reichen die Gebirgsausläufer direkt ans Meer heran.

Mannigfaltige Küste

Nach Süden hin wird die Ebene breiter und ist gekennzeichnet durch Sandstrände, ausgedehnte Marschlandschaften und Sumpfregionen. Gegliedert wird sie durch einige **große Flusstäler**, wie die des Connecticut, des Hudson, des Delaware, des Susquehanna, des Potomac, des Roanoke oder des Savannah River. Manchmal bilden die Flüsse gewaltige Mündungsbuchten, die ganze Landstriche prägen, beispielsweise die Delaware Bay oder die Chesapeake Bay.

Ein charakteristisches Element der Ostküste sind die der Küste vorgelagerten Nehrungen, die häufig unterbrochen sind und dann Inselcharakter haben. Diese sogenannten **barrier islands**, zumeist entstanden durch das Anheben des Meeresspiegels am Ende der letzten Eiszeit vor einigen 10.000 Jahren, erstrecken sich von Connecticut und Long Island (New York) im Norden bis nach Florida im Süden.

Die Appalachen

Landeinwärts, etwa parallel zur Atlantikküste, ziehen sich die **Appalachen** als einer der längsten Gebirgszüge der Welt über rund 2.400 km von Nordosten nach Südwesten, von der kanadischen Provinz New Brunswick über die Neuengland-Staaten, New York, Pennsylvania, Virginia, North Carolina, Tennessee und Georgia bis nach Alabama. Vom Charakter her sind die Appalachen ein **Mittelgebirge**, dessen höchste Gipfel kaum 2.000 m erreichen und das eher an den Schwarzwald erinnert als beispielsweise an die Bergwelt der Rocky Mountains.

Die Appalachen sind ein **altes Faltengebirge**, das durch Gesteinsbewegungen und Erosion stark zerteilt und eingeebnet wurde. Im Norden gliedern sie sich in die Berkshires (Massachusetts), die Green Mountains (Vermont) und die White Mountains (New Hampshire, Maine). Der 1.917 m hohe Mount Washington in New Hampshire und der Mount Katahdin (1.606 m) in Maine sind die **größten Erhebungen** im Nordosten, der 2.037 m hohe Mount Mitchell in North Carolina der höchste Berg der gesamten Bergkette. Im Norden (Maine) reichen die Appalachen direkt an die Küstenlinie heran und bilden eine wild zerklüftete Landschaft mit Buchten, Riffen und Kliffs sowie vorgelagerten Inseln. Je weiter man nach Süden kommt, umso weiter entfernen sich die Berge vom Meer.

Natürliche Grenze — **Kein Fluss** quert die Mittelgebirgskette der Appalachen – einer der Gründe, warum in der frühen Kolonialzeit die Berge als unüberwindbar galten. Mehrere wasserreiche Flüsse entspringen in den Appalachen, um sich dann entweder in den Atlantik (Hudson, Susquehanna oder Connecticut River) oder in den Golf von Mexiko (Ohio oder Tennessee River) zu ergießen.

Nationalparks

Im Nordosten der USA gibt es zwar nur einen klassischen Nationalpark: den im äußersten Nordosten in Maine gelegenen **Acadia National Park**. Dafür existieren mehrere historische Schutzgebiete, die dem National Park Service (NPS) angeschlossen sind. Seitdem 1872 mit dem Yellowstone National Park zum ersten Mal auf der Welt ein großes Areal unter **Naturschutz** und **staatliche Aufsicht** gestellt wurde, hat sich bis heute die Zahl der Nationalparks in den USA auf 62, die Zahl der vom NPS betreuten Orte und Gebiete auf insgesamt 419 vergrößert. Derzeit sind etwa 35 % der

62 Nationalparks

Der National Park Service (NPS)

Außer 62 **National Parks** (NP) unterstehen dem NPS weitere Schutzgebiete:
- **National Monuments** (NM): kleinere Gebiete mit bedeutenden geologischen, landschaftlichen, historischen, ökologischen oder kulturellen Erscheinungsformen;
- **National Memorials** (NM): kulturell interessante Punkte wie Friedhöfe, Kriegsdenkmäler und Präsidentenmonumente (v. a. in Washington, D.C.);
- **National Preserves** (NP): abgegrenzte Gebiete zum Schutz eines Naturdenkmals;
- **National Lakeshores & Seashores** (NL/NS): naturgeschützte Seeufer oder Meeresküsten;
- **National Historic Sites** (NHS) und **National Historical Parks** (NHP): Stätten von historischer Bedeutung;
- **National (Scenic) Rivers** (NSR): naturgeschützte Landstriche an Flüssen;
- **National Recreation Areas** (NRA): landschaftlich bedeutsame Erholungs- und Naherholungsgebiete, oft an Gewässern gelegen;
- **National Historic and Scenic Trails** (NHT) sowie **National Parkways** (NPkwy): geschützte Wege bzw. besondere Straßen durch schöne Landschaften;
- **National Grasslands**: schützenswerte Prärieareale;
- **National Battlefields** (NB) und **Battlefield Sites** (NBS): historische Schlachtfelder, **National Military Parks** (NMP), **National Cemeteries** (NC): Friedhöfe.

In den White Mountains bei North Conway (NH)

Landfläche als öffentliches Land ausgewiesen, im Westen der USA sind es sogar fast zwei Drittel der Landfläche. Davon unterstehen aber nur rund 340.000 km² dem NPS.

Anfänglich oblag die Verwaltung der Nationalparks verschiedenen Behörden, bis Präsident Woodrow Wilson am 25. August 1916 den National Park Service Organic Act ins Leben rief und damit eine eigene, dem Innenministerium (*Department of the Interior*) und nicht den einzelnen Bundesstaaten unterstellte Behörde schuf. Dieser **National Park Service** gilt als die älteste Umweltschutzbehörde der Welt. Ein neues Gebiet muss seither per Kongressbeschluss zum Nationalpark erklärt werden; der Präsident selbst kann per Erlass lediglich ein Nationalmonument ausweisen. *Eigenständige Behörde*

Park Ranger sind für das Wohlergehen von Parks und Besuchern zuständig. Sie werden prinzipiell in vier Kategorien eingeteilt: *Education & Interpretation, Maintenance, Administration* und *Law Enforcement* (Polizeigewalt). Von Rangers der „Bildungsabteilung" erhält man auch die nötigen *permits* (Erlaubnisscheine) für längere Wanderungen und Zelten im Hinterland; sie überwachen die Campingplätze und leiten vielerlei Aktivitäten, geben Touren oder halten Vorträge. Andere Angestellte kümmern sich um das Wild-Management. Gemäß dem Gesetz von 1916 soll der NPS nämlich, die „Landschaft und die darin befindlichen natürlichen und historischen Objekte wie auch die Flora und Fauna erhalten", damit sie auch zukünftigen Generationen „intakt zur Freude gereichen". *Bildungsauftrag*

Da nicht jede schützenswerte Region zum Nationalpark erklärt werden kann, machte es der **Wilderness Act** von 1964 möglich, auch weniger bedeutsame Gebiete unter

Schutz zu stellen. Im Rahmen des *National Wilderness Preservation System* wurden bis dato über 803 Gebiete, fast 5 % der gesamten USA oder rund 450.000 km², als „Wildnis" ausgewiesen. Diese Areale verfügen meist über keine Infrastruktur, und Besucher sind nur in reglementierter Zahl geduldet. Wie diese wilderness areas wird auch der Rest des öffentlichen (Staats)Landes nicht vom NPS, sondern von anderen Behörden des Innenministeriums verwaltet: Bureau of Land Management (BLM), US Fish and Wildlife Service (FWS) und Bureau of Reclamation (USBR). Dazu kommt der US Forest Service (USFS), eine Abteilung des Landwirtschaftsministeriums.

wilderness area

In den **National Forests**, verwaltet vom US Forest Service, sind in begrenztem Umfang Jagen, Beweidung, Bergbau oder Holzschlag erlaubt, während die dem NPS unterstellten Gebiete diesbezüglich geschützt sind. Außerdem dürfen die Bundesstaaten in Eigeninitiative zum Schutz von Naturgebieten und historischen Orten **State Parks** ernennen.

Infos zum NPS und zu einzelnen Parks: www.nps.gov.

Klima

Zwei Faktoren bestimmen das **Klima** der Vereinigten Staaten: einerseits die Lage zwischen zwei Weltmeeren, Pazifik und Atlantik, andererseits zwei mächtige Gebirgszüge. Sowohl die Rocky Mountains im Westen als auch die Appalachen im Osten verlaufen, grob gesagt, in Nord-Süd-Richtung und ermöglichen damit einen Luftaustausch. Dieser kann sich auch in **Hurrikans** äußern, die regelmäßig die Golf- und Südostküste heimsuchen.

Entlang der **Ostküste** gibt es trotz der geografischen Einheitlichkeit **mehrere Klimazonen**, die sich teils deutlich unterscheiden und damit auch eine höchst differenzierte Bewirtschaftung zur Folge haben: von Weideflächen und Milchwirtschaft im Norden über Gemüseanbau im Zentrum, vom „Baumwollgürtel" zum subtropischen Süden mit Zitrusfrüchten, Tabak und Zuckerrohr.

Der **Nordosten** gehört der **gemäßigten Klimazone** an und weist eine durchschnittliche Niederschlagsmenge von 900 mm auf. Im Vergleich zur Landschaft im Inneren des Kontinents ist es relativ feucht. In den Sommermonaten dringen feucht-heiße Warmluftmassen vom Golf von Mexiko und der Karibik weit nach Norden vor, während im Winter kalte Luft aus Kanada einströmt. Im Bundesstaat New York und in den Neuengland-Staaten sorgen **starke Nord- und Nordostwinde** dafür, dass es im Winter sehr kalt werden kann, und ermöglichen heftige Schneefälle und längere Frostperioden. Im Sommer dagegen sind die Temperaturen angenehm warm, bei südlichen Winden sogar tropisch heiß.

Vielfältiges Klima

Das Klima in den Neuengland-Staaten ist ebenso vielfältig wie seine Landschaften. Während im Norden von Vermont, New Hampshire oder Maine Temperaturen bis minus 30 °C möglich sind und dort Wälder vorherrschen, ist das Klima weiter im Süden gemäßigter und bringt eine üppigere Flora und vielseitigere Fauna hervor. Da Laubwälder dominieren, ist der Nordosten für seinen **Indian Summer**, eine Schönwetter-

Indian Summer am Lake Elmore (VT)

periode im Herbst mit prächtiger Laubfärbung, berühmt (s. hierzu auch *http://leafpee pers.com*). Im September und Oktober finden sich daher die meisten Besucher ein; auch das späte Frühjahr ist gut geeignet für eine Tour.

Das Wetter im **zentralen Küstenabschnitt** ist wechselhaft. Obwohl etwa auf demselben Breitengrad wie Madrid oder Neapel gelegen, spielen beispielsweise in New York atlantische Einflüsse eine maßgebliche Rolle. Es herrscht **gemäßigtes Kontinentalklima**, das sich durch sehr heiße Sommer mit Durchschnittstemperaturen von knapp 25 °C im Juli auszeichnet. Zwischen Januar und März fällt meist üppig Schnee bei Temperaturen um den Gefrierpunkt, und ebenso kann es zu **Blizzards**, aus Kanada einbrechenden Schneestürmen, kommen. Die Übergangszeiten sind meist nur kurz; vor allem das Frühjahr ist kaum einzuschätzen. Der Herbst dagegen kann schöne und warme Wochen mit sich bringen und ist demnach eine ideale Reisezeit.

Schneller Jahreszeitenwechsel

Im **Umfeld der Appalachen** ist die Bergkette wetterbestimmend: die Temperaturen sind niedriger als an der Küste, die Luftfeuchtigkeit meist geringer und die Tag-Nachtsowie jahreszeitlichen Schwankungen größer. Es kann hier bis weit ins Frühjahr hinein und bereits früh im Herbst Nachtfrost geben. Dafür erlebt man auch hier in den Herbstwochen häufig einen wunderschönen Indian Summer. Im Winter, oft schon ab September, kann es in den nördlichen Regionen der Appalachen, um den Mount Washington, **viel Schnee** und fast arktische Temperaturen geben. Dafür ist die Region in New Hampshire als die Skiregion des Nordostens bekannt.

Wirtschaftlicher Überblick

Wer das erste Mal die USA besucht, dem werden sofort einige Besonderheiten auffallen. Eines davon ist das viel **größere Angebot** an Waren aller Art in Supermärkten, in malls (Einkaufszentren), auf Märkten oder in Spezialgeschäften. Die Läden (wie auch Hotels und andere Unternehmen) stehen in gnadenloser Konkurrenz zueinander, werben aggressiv, überbieten sich mit Coupons, Rabatten, Sonderangeboten und Dienstleistungen. Auffällig sind jedoch auch eine weit größere Kundenfreundlichkeit und ein stärker ausgeprägtes **Service-Bewusstsein**. Der Kunde ist in den USA tatsächlich König.

Konkurrenzdenken

Arbeitsleben und -mentalität

Gilt es in Europa als eher unschicklich, über Verdienst oder Gewinn zu reden, ist es in Amerika wichtig zu wissen, „wie viel Geld man macht". Und während man in Europa Spitzenverdienern oft unverhohlen Neid zollt, ist ihnen in Amerika öffentliche Anerkennung und Bewunderung gewiss, denn wirtschaftlicher Erfolg hat einen anderen Stellenwert. Wohlstand ist etwas, das man sich aus eigener Kraft geschaffen hat und dem somit Respekt gebührt.

Auch die Einstellung zum Job unterscheidet sich: Sichere, dauerhafte Arbeitsplätze sind in den USA seit jeher Mangelware. Nach dem Prinzip des **hire and fire** können Kandidaten für Jobs kurzfristig eingestellt und wieder entlassen werden. Der aktuelle wirtschaftliche Erfolg und der persönliche Einsatz zählen mehr als Loyalität oder Verantwortung den Mitarbeitern gegenüber. Sehr viel schneller als in Europa werden auch hochrangige Manager oder ganze Abteilungen entlassen. Dennoch: Jeder Mitarbeiter ist **Repräsentant der Firma**, und es werden strenge Arbeitsdisziplin, korrekte Kleidung und höfliche Umgangsformen erwartet.

Das Qualifikationsniveau ist niedriger, der **Spezialisierungsgrad** höher. Komplexe Arbeitsvorgänge, die bei uns zum Spektrum eines bestimmten Berufsstandes gehören, werden in den USA unterteilt und delegiert. Der Vorteil liegt in der schnelleren Erlernbarkeit einzelner Arbeitsschritte, Nachteil ist das fehlende berufsspezifische Allgemeinwissen. Eine Lehrlings- oder Meisterausbildung gibt es im Allgemeinen nicht.

Der **Prestigewert** bestimmter Berufe **ist unerheblich**. Es gibt keine „guten" oder „schlechten" Jobs an sich, sondern nur erfolgsbringende oder nichterfolgsbringende. Deswegen ist das gesellschaftliche Ansehen eines Lehrers oder Piloten nicht unbedingt höher als das einer Krankenschwester oder eines Lastwagenfahrers. Dementsprechend bunt kann die Palette der Arbeiten sein, die ein und dieselbe Person im Laufe ihres Lebens unabhängig von Ausbildung oder Qualifikation ausführt.

Hohe Flexibilität

Fluktuation und Mobilität sind groß. Die Amerikaner wechseln ihren Arbeitsplatz viel häufiger als Europäer. Von der Firma auf einen Außenposten versetzt oder auf der Suche nach einem besser bezahlten Job, ziehen Familien oft quer durch die Vereinigten Staaten. Über die Zumutbarkeit von Umzügen, langen Anfahrtswegen oder gar Pendlerpauschalen spricht man in den USA nicht.

Man hängt weniger an Eigentum, Grund und Boden, und wenn nötig, wird ein Haus auch kurzfristig aufgegeben. Dafür sind amerikanische Häuser und Wohnungen im Allgemeinen ziemlich einheitlich gestaltet und von vornherein mit allem Lebensnotwendigen wie Elektrogeräten, Einbauschränken und Teppichböden ausgestattet.

Auch wenn die politischen, ökonomischen und sozialen Krisen der letzten Jahrzehnte an den USA nicht spurlos vorübergegangen sind und der Mittelstand, das Rückgrat der amerikanischen Gesellschaft und Wirtschaft, gelitten hat, lebt der **amerikanische Traum** fort. Die USA sind immer noch eines der innovativsten Länder, haben einen starken Kapitalmarkt und können dank eines großen Optimismus mit Krisen umgehen. Hinzu kommt, dass sie weiterhin ein Einwanderungsland sind, über große Ressourcen und eine offene Gesellschaft verfügen.

Unbändigbarer Optimismus

Wirtschaftliche Grundlagen

Dass es mit den Vereinigten Staaten von Anfang an wirtschaftlich steil bergauf ging, war vor allem der ersten Einwanderer-Generation zu verdanken. Das **Sendungsbewusstsein der Puritaner** war eng verknüpft mit solider Lebensführung und einer entsprechenden Arbeitseinstellung. Eiserne Disziplin, Fleiß, Qualitätsbewusstsein und Sparsamkeit prägten sie und ließen florierende Handelszentren entstehen.

Anders als an der Westküste, die erst 1869 durch die Eisenbahn mit dem Osten verbunden wurde, begann im Osten der **Ausbau der Infrastruktur** schon früh. Das Meer bildete zusammen mit den großen Flüssen ein Transportsystem, das bis nach Europa reichte. Auf Schiffen kamen Güter und Menschen mühelos von Boston nach New York und Philadelphia. An der Atlantikküste entstanden Häfen, in Neuengland wurden Schiffe gebaut, die auf den Weltmeeren kreuzten, und es wurde Handel – schwerpunktmäßig mit Sklaven, Holz und Rum – betrieben.

Schon 1825 wurde der **Erie-Kanal** eröffnet, der die Atlantikküste mit den Großen Seen verband und eine wirtschaftliche Erschließung des Mittleren Westens begünstigte. Für den entscheidenden Aufschwung sorgte jedoch die **Eisenbahn**: Innerhalb weniger Jahrzehnte – zwischen den späten 1820er-Jahren (z. B. Baltimore & Ohio Rail-

Slow Fashion im Millyard Museum (NH)

road, 1827) und der Eröffnung der Transkontinentallinie 1869 – wurde das Land von einem dichten Netz an Schienen überzogen. Bis in die 1960er-Jahre hinein blieb die Eisenbahn das wichtigste Transportmittel.

Landwirtschaft

Schon die ersten europäischen Siedler fanden vor 500 Jahren **vielversprechende Gegebenheiten** vor. In den östlichen und südlichen Landesteilen gab es hinreichend Niederschläge. Gute Böden für Getreide waren besonders im Osten und Mittelwesten vorhanden und man hatte Platz für großflächigen Anbau. Die hier lebenden Indianer hatten dazu schon die Vorarbeit geliefert, betrieben doch gerade die Völker im Nordosten schon lange vor dem Auftauchen erster Europäer Landwirtschaft.

Viehzucht Heute dominiert im Nordosten die Milchwirtschaft; Weiden und Grünfutterflächen bestimmen das Bild im Hinterland. In den Mittelgebirgsregionen ist Landwirtschaft als Kombination von Viehzucht und Ackerbau verbreitet.

Die US-Landwirtschaft hat in den vergangenen Jahrzehnten einen **rapiden Wandel** erlebt. Während sich die Zahl der Farmen (Landbau) und Ranches (Viehzucht) halbierte, stieg die durchschnittliche Größe auf nahezu das Doppelte an. Heute wird die Landwirtschaft von Großbetrieben, vom **Agrobusiness**, beherrscht. Amerika ist nicht nur weitgehend Selbstversorger, sondern auch einer der **größten Exporteure der Welt** in Bezug auf Getreide und Grundnahrungsmittel.

Wachsendes Bio-Segment Andererseits ist in den letzten Jahren eine **Gegenbewegung** zu beobachten: Kleinbauern setzen vermehrt auf Bioprodukte und finden gerade in Städten einen wachsenden Absatzmarkt. Ausgehend von den Neuengland-Staaten – neben Kalifornien und Oregon führend auf diesem Gebiet – ist ein deutlicher Zuwachs an ökologisch wirtschaftenden Betrieben festzustellen. Der Begriff des **Organic Farming** kam 1973 auf, 1979 machte das Organic Food Law die Richtlinien zum Gesetz: Verzicht auf Pestizide und Kunstdünger, Wahl naturgerechter Anbauweisen statt Monokulturen, die Beachtung der verschiedenen Ökosysteme und des natürlichen Gleichgewichts, Ablehnung genmanipulierter Organismen und unnötig langer Transportwege.

Dank eines größeren Ernährungsbewusstseins ist die Nachfrage nach regionalen und ökologisch hergestellten Produkten überall gestiegen. In Spezialläden, Bio-Supermärkten und auf Wochenmärkten kann man Obst und Gemüse, aber auch Fleisch- und Backwaren sowie Käse und andere Spezialitäten der Region unter dem Slogan „**buy local and organic**" frisch und an die Jahreszeit angepasst kaufen. Natural foods sind heute in den USA die am stärksten wachsende Sparte im Einzelhandel. Kunden können viele der Produkte leicht erkennen, tragen sie doch unübersehbar das grün-weiße Label USDA Organic des United States Department of Agriculture (USDA).

Die Bedeutung des Meeres

Seit jeher diente der Atlantik als Transportweg zwischen den Kontinenten und frühen Siedlungen. **Fischfang** und **Schiffbau** verhalfen den ersten Siedlern zu Wohlstand. Für den Schiffbau lieferten die riesigen Wälder des Nordostens das Holz. Schiffe er-

Fischfang spielt bis heute im Nordosten eine wichtige Rolle

möglichten den Kontakt zum Mutterland und förderten den Handel mit Afrika, Europa und der Karibik.

Zusätzlich sorgte der Atlantik mit seinen küstennahen Fischgründen für reichlich Nahrung, und der Fischfang florierte. Eines der ersten wichtigen Gesetze wurde Mitte des 18. Jh. in Massachusetts erlassen und hatte die Regulierung und Förderung der Fischereiindustrie zum Inhalt. Vor allem **Hummer und Kabeljau** als vitamin-, eiweiß- und jodreiche Nahrungsmittel waren begehrt, nicht nur in den amerikanischen Kolonien, sondern auch im Süden und in Europa. Der **Walfang** war in der Kolonialzeit wichtig, weniger wegen des Fleisches als wegen des für Lampen benötigten Öls. Besonders in Neuengland wurde Walfang zum legendären – für die Beteiligten aber auch gefährlichen – Industriezweig.

Meer als Lebensgrundlage

Außerdem blühte die **Eisindustrie**: Eisblöcke wurden auf Schnellseglern nach Kuba oder Südamerika gebracht. Dampfschiffe lösten Ende des 19. Jh. die Segler ab, und mit dem Bau des Cape Cod Canal und des Intracoastal Waterway wurde die Küstenschifffahrt einfacher. Hinzu kam die Möglichkeit, Erholungssuchende per Schiff zur Sommerfrische in die Küstenstädte zu bringen und damit den Fremdenverkehr zu stärken. Der **Tourismus** ist damit für viele Regionen zu einem wichtigen Standbein geworden.

> **Lesetipp**
> *Trotz der über 500 Seiten wird das Buch King Cotton nie langweilig. Sven Beckert erzählt informativ und spannend zugleich über den* **Kapitalismus und die Rolle der Baumwolle**, *aber auch darüber, wie die heutige globale Welt entstanden ist.*
> - *Sven Beckert, King Cotton. Eine Globalgeschichte des Kapitalismus (C. H. Beck, 2015).*

Gesellschaftlicher Überblick

Trotz der gemeinsamen Wurzeln und der kulturellen Verwandtschaft mit Europa fallen in den USA Unterschiede auf, die sich im zwischenmenschlichen Umgang äußern und nicht selten von einem anderen Lebensgefühl zeugen. Allgemein gelten die Amerikaner als unkompliziert, gastfreundlich und hilfsbereit. Es ist einfach, mit ihnen in Kontakt zu kommen. Bemerkenswert ist auch eine grundsätzlich optimistische, manchmal geradezu **euphorisch-positive Grundstimmung**.

Aus der Zeit der Besiedlung, der *frontier*, stammt wohl auch der **Freiheitsdrang**. Kennzeichen des *American way of life* sind das ausgeprägte Gefühl für **Selbstverantwortlichkeit**, das Vertrauen auf die eigene Kraft und die Ablehnung staatlicher Eingriffe. Individualität und persönliches Glück stehen im Vordergrund.

Puritanisches Erbe

Dieser liberalen Toleranz entgegen steht eine oft überraschend **puritanische Haltung**. Das Erbe der streng-religiösen Pioniere tritt auf vielfältige Weise zutage: Amerikaner sind weitaus **prüder** als Mitteleuropäer. Mag der *Playboy* auch aus den USA stammen, sind Nacktszenen im Antennenfernsehen dennoch undenkbar. In den Programmzeitschriften wird vor Sexszenen gewarnt („X-rated"), im Fernsehen werden Fluchwörter überblendet und Nacktheit in der Öffentlichkeit – z. B. das Baden „oben ohne" oder nackte Kinder – gilt als obszön. Auch gibt es in den meisten Staaten keine legale Gelegenheit zum Glücksspiel. Lediglich in Indianerreservaten, auf manchen Gewässern und in Nevada, das einen Sonderstatus genießt, ist es erlaubt.

Eine **Volljährigkeit** wie bei uns gibt es nicht. Man differenziert z. B. nach *legal drinking age* (21), *legal marriage age*, *legal gambling age* etc.; diese liegen abhängig vom jeweiligen Staat zwischen 18 und 21 Jahren. Zwar kann man den Führerschein mit 15 oder 16 Jahren erwerben (*legal driving age*) und in jungen Jahren der Armee beitreten, doch Trinken, Heiraten oder Spielen werden anders beurteilt.

Eine „Nation of Nations"

Oft wird die amerikanische Gesellschaft als „Schmelztiegel" (*melting pot*) bezeichnet, denn von den rund 330 Mio. Menschen gehört fast die Hälfte einer Minderheit an. Allerdings kann von Verschmelzung nicht die Rede sein, vielmehr handelt es sich um eine **Vielzahl von Ethnien**, die nebeneinanderher existieren, sich mehr oder weniger arrangieren und ihre Traditionen pflegen.

Vielfältige Traditionen

Auch wenn es zwei große politische Lager gibt und die Kluft zwischen Arm und Reich weiter wächst, ist die Situation vielschichtiger. So werden die **Unterschiede zwischen Stadt und Land** – *urban* und *rural* – immer deutlicher. Zudem gliedern sich die USA in mehrere, unterschiedliche Regionen und bilden einen Vielvölkerstaat, eine **„nation of nations"**, wie der Poet Walt Whitman die USA bereits Mitte des 19. Jh. in seiner Gedichtsammlung *Leaves of Grass* nannte.

Als Folge von über 400 Jahren Siedlungsgeschichte sind, wie der Wissenschaftler Colin Woodart (*American Nations. A History of the Eleven Rival Regional Cultures of North Ame-*

Vielvölkerstaat USA

rica) herausgefunden hat, **unterschiedliche Regionen** entstanden: So teilt sich der Westen in „El Norte", die mexikanisch geprägten, ehemaligen spanischen Kolonialgebiete zwischen Kalifornien und Texas, in die liberal geprägte „Left Coast" (Pazifikküste) und in den „Far West", den einstigen „Wilden Westen", bewohnt von Individualisten mit ausgeprägter Abneigung gegen jegliche zentrale Regierung. Weitere Regionen sind das „Yankeedom" im Nordosten, geprägt vom puritanischen Erbe, der „Deep South", wo die Vorstellung einer auf sozialer Rangfolge basierenden Gesellschaft immer noch allgegenwärtig ist, die „New Netherland" (das tolerante New York), die „Midlands" (das unberechenbare Vielvölkergemisch um die „Großen Seen"), die „Tidewaters" (das europäisch geprägte Gebiet um die Hauptstadt Washington), das konservative „Appalachia" und die „First Nations", die mit stetig wachsender Selbstbehauptung agierenden indianischen Völker.

Entstanden ist ein **einzigartiges Kulturgemisch**, das besonders gut in den Großstädten zu spüren ist: Einmal glaubt man sich ins ferne China versetzt, dann mitten in eine pulsierende afrikanische Metropole oder in eine lateinamerikanische Kleinstadt. Wenige Straßen weiter steht man dann in einem typisch amerikanisch-modernen Geschäftszentrum. Die einzelnen Ethnien, allen voran die Afroamerikaner, Latinos und Asiaten, aber auch die Südeuropäer, bildeten eigene Enklaven. Sie verfügen über eigene Infrastrukturen und Traditionen, pflegen ihre Feiertage, Feste, Bräuche, Küchen, Religionen und ihre Sprache (Spanisch ist nach Englisch die am häufigsten gesprochene Sprache in den USA). Inzwischen erinnert man sich auch wieder an das nicht unerhebliche deutsche Erbe: Nahezu jeder größere Ort feiert im Herbst sein Oktoberfest oder organisiert einen Christkindlmarkt.

Bunter Flickenteppich

Eines eint dabei alle Amerikaner: die Liebe für und der **Stolz auf ihre Heimat**. Obwohl die Weigerung, die eigene Identität abzulegen, und der Wille, sich ethnisch zu differenzieren, wichtiger sind als oberflächliche Integration, sind die US-Flagge, die Hymne und die Verfassung verbindende Symbole.

Bevölkerungsschichten und ihre Verteilung

Megalopolis

Die Ostküste gehört zu den am **dichtesten besiedelten Gebieten** der USA, und allein auf dem schmalen Küstenstreifen zwischen Washington und Boston, oft als Megalopolis bezeichnet, lebt etwa ein Fünftel aller US-Bürger. Städte, die nicht historisch gewachsen sind, wurden vielfach mithilfe eines monotonen, aber zweckmäßigen, schachbrettartigen Gitternetzes geplant. Musterbeispiel hierfür ist die Hauptstadt Washington, doch auch große Teile New Yorks entstanden so. Viele alte Städte wie Boston erinnern hingegen in manchen Vierteln noch stark an europäische Gegebenheiten.

Die **ländliche Siedlungsstruktur** weicht mit Ausnahmen in den Neuengland-Staaten meist von mitteleuropäischen Gegebenheiten ab: es gibt keine eigentlichen Dörfer, sondern verstreute Einzelgehöfte (Farmen). An Verkehrsknotenpunkten sind zentrale Orte entstanden, die Versorgungsfunktionen für ein größeres ländliches Gebiet übernehmen.

Durch die **Verstädterung** in der zweiten Hälfte des 20. Jh. verstärkte sich das soziale Gefälle: Die Wohlhabenden zogen hinaus ins Grüne, bevorzugt in Vorstadtgebiete – in die Suburbs –, während sich in den Innenstädten die Wohnbedingungen verschlechterten und die Verslumung zunahm. Hier lebten und leben z. T. noch immer die finanziell Schwachen, vor allem Afroamerikaner, zunehmend auch Latinos.

Revitalisierung

Seit einigen Jahrzehnten werden in vielen Städten **Renovierungs- und Sanierungsprojekte** forciert, die für eine Wiederbelebung der Innenstädte sorgen. So sind in vielen Stadtzentren, z. B. in New York, Philadelphia, Baltimore, Washington, D.C. und Boston, begehrte Apartments mit entsprechender Infrastruktur entstanden.

Indianer

Die Indianer spielen im Nordosten heute nur mehr eine **kleine Rolle**, da sie hier früher als im Westen aus ihrem ursprünglichen Siedlungs- und Nutzungsraum vertrieben wurden. Im Gebiet zwischen den Großen Seen und dem Hudson River siedelten einst die **Irokesen**, an der atlantischen Küste des Nordostens die Stämme der **Algonkin**-Sprachgruppe, im Südosten die **Creek, Cherokee, Choctaw und Chickasaw**. Heute leben ihre Nachfahren in Reservaten.

Die **Algonkin** bildeten die größte Indianergruppe im Nordosten. Schon um 12000 v. Chr. waren sie in Neuengland beheimatet. Es handelt sich dabei um eine Sprachgruppe, der unterschiedlichste Völker angehören: die Mohegan und Pequot aus Connecticut, die Wampanoag aus Massachusetts und die Narragansett aus Rhode Island. Dem anfangs friedlichen Zusammenleben mit den Siedlern setzten die englischen Machthaber bald ein Ende: 1636 erklärten die Engländer den Pequot den Krieg, und eine Ausrottung großen Ausmaßes nahm ihren Anfang. 1676 waren von den ursprünglich etwa 5.000 Indianern weniger als 100 übrig. Das indianische Erbe geriet mehr und mehr in Vergessenheit, und die Wiedergutmachung blieb aus.

Das Schicksal der Indianer im Nordosten spielte sich meist nach demselben Schema ab: Der Lebensgrundlage und der Heimat beraubt sowie von **Epidemien** – Masern, Pocken, Grippeviren – heimgesucht, wurden oft ganze Dorfgemeinschaften ausradiert. Hinzu kamen kriegerische Auseinandersetzungen, bei denen die Stämme häufig **zwischen die Fronten der europäischen Machtpolitik** gerieten. Ende des 18. Jh. hatte sich die Population bereits radikal verringert, und selbst so berühmte und kämpferische Völker wie der Bund der Irokesen wurden in kleine, abgelegene Reservate verdrängt. Spätestens mit dem **Indian Removal Act** von 1830 und der Vertreibung von fast 60.000 Cherokee, Creek, Choctaw und Chicasaw aus ihrem Heimatland im Nordosten nach Oklahoma war die indianische Bevölkerung im Osten fast völlig verschwunden.

Heute ist die Zahl der Ureinwohner in den Neuengland-Staaten wieder auf über 20.000 angewachsen. Selbst die nach Oklahoma vertriebenen Stämme pochen auf alte Verträge und versuchen, **alte Rechte und Ländereien zurückzuerhalten**. Seit Jahren sind die Delaware aktiv

Indianische Traditionen werden heute wieder stärker zelebriert

und wollen einen bis heute gültigen Vertrag über Landzusicherung mit der Kolonie Pennsylvania von 1737 vor Gericht durchsetzen. Ziel solcher Verfahren ist weniger ein neuerlicher Umzug als eine angemessene Entschädigung für das erlittene Unrecht.

Man besinnt sich zudem auf alte **Traditionen**. Somit stehen **powwows** heute auch auf den Veranstaltungskalendern vieler Ostküsten-Indianer. Eine Möglichkeit, ihre Bräuche auch im 21. Jh. zu bewahren, eröffnet der *Indian Gaming Regulatory Act* (1988), der es den Stämmen erlaubt, innerhalb ihrer Territorien Casinos zu betreiben und damit u. a. eigene Kulturprojekte zu fördern.

Einnahmequellen

Afroamerikaner

Afro-American oder **African-American** wird die schwarze Bevölkerung politisch korrekt genannt. Ihre Vorfahren waren nicht freiwillig in die „Neue Welt" gekommen:

Gestohlener Reichtum

1638 hatte man in Boston die ersten „Leibeigenen" bestaunt, die in der Karibik gefangen und mit Schiffen hertransportiert worden waren. Der organisierte **Sklavenhandel** prosperierte nach 1660 und erlebte im 18. Jh. seinen unrühmlichen Höhepunkt. Schwerpunktmäßig arbeiteten die Schwarzen auf den Plantagen des Südens. Erst nach dem Bürgerkrieg, besonders ab 1915, brachen während der **Great Migration** eine Million Afroamerikaner zu den Industriestädten des Nordostens und des Mittleren Westens auf. Ab 1940 setzte sich die Wanderung Richtung Pazifik, mit Schwerpunkt Kalifornien, fort.

Während in den meisten Regionen des Westens Afroamerikaner nur in kleiner Zahl vertreten sind, liegt mit über zwei Millionen Kalifornien hinter New York an zweiter Stelle. Auch in vielen Teilen des Nordostens stellen Afroamerikaner eine beachtliche ethnische Gruppe dar. Heute stellen die Afroamerikaner mit rund 46 Mio. ca. **13 % der Gesamtbevölkerung** und bilden damit nach den Spanisch sprechenden Amerikanern die stärkste Minorität in den USA.

Zwar wurde als Folge der ab 1955 aktiven Bürgerrechtsbewegung mit den **Civil Rights Acts** von 1964, 1965 und 1968 Rechtsgleichheit festgelegt, aber der Traum des bekannten Bürgerrechtlers Martin Luther King ist dennoch auch weiterhin nicht wahr geworden. Es gibt inzwischen eine afroamerikanische Mittel- und Oberschicht, und oberflächlich betrachtet scheint sich die Situation der Afroamerikaner verbessert zu haben: Statistiken sprechen von mehr gemischt-ethnischen Ehen, Gleichberechtigung am Arbeitsplatz und im gesellschaftlichen Leben. Dennoch leben Rassismus und Benachteiligung fort, und der **Teufelskreis** scheint nicht zu durchbrechen zu sein. Afroamerikanische Frauen werden überdurchschnittlich häufig junge, alleinerziehende Mütter, wodurch ihre Chancen auf eine Berufsausbildung, auf einen guten Arbeitsplatz und eine akzeptable Wohnung sinken. Der soziale Abstieg ist vorprogrammiert, auch für die Kinder. Noch immer leben Afroamerikaner vielfach in isolierten Wohnvierteln;

Erinnerung an Martin Luther King jr.

noch immer bilden sich rein afroamerikanisch besuchte Schulen – die zudem schlechter ausgestattet werden – ebenso wie Kneipen und Kirchen; noch immer beherrschen **Diskriminierung**, Misstrauen und Verachtung das Miteinander. Die Euphorie über die Wahl Barack Obamas zum **ersten afroamerikanischen Präsidenten** war groß, ist inzwischen aber wieder der Realität und dem Ärger über Donald Trump und seinen tumb zur Schau getragenen Rassismus gewichen.

rottung großen Ausmaßes nahm ihren Anfang. 1676 waren von den ursprünglich etwa 5.000 Indianern weniger als 100 übrig. Das indianische Erbe geriet mehr und mehr in Vergessenheit, und die Wiedergutmachung blieb aus.

Das Schicksal der Indianer im Nordosten spielte sich meist nach demselben Schema ab: Der Lebensgrundlage und der Heimat beraubt sowie von **Epidemien** – Masern, Pocken, Grippeviren – heimgesucht, wurden oft ganze Dorfgemeinschaften ausradiert. Hinzu kamen kriegerische Auseinandersetzungen, bei denen die Stämme häufig **zwischen die Fronten der europäischen Machtpolitik** gerieten. Ende des 18. Jh. hatte sich die Population bereits radikal verringert, und selbst so berühmte und kämpferische Völker wie der Bund der Irokesen wurden in kleine, abgelegene Reservate verdrängt. Spätestens mit dem **Indian Removal Act** von 1830 und der Vertreibung von fast 60.000 Cherokee, Creek, Choctaw und Chicasaw aus ihrem Heimatland im Nordosten nach Oklahoma war die indianische Bevölkerung im Osten fast völlig verschwunden.

Heute ist die Zahl der Ureinwohner in den Neuengland-Staaten wieder auf über 20.000 angewachsen. Selbst die nach Oklahoma vertriebenen Stämme pochen auf alte Verträge und versuchen, **alte Rechte und Ländereien zurückzuerhalten**. Seit Jahren sind die Delaware aktiv und wollen einen bis heute gültigen Vertrag über Landzusicherung mit der Kolonie Pennsylvania von 1737 vor Gericht durchsetzen. Ziel solcher Verfahren ist weniger ein neuerlicher Umzug als eine angemessene Entschädigung für das erlittene Unrecht.

Indianische Traditionen werden heute wieder stärker zelebriert

Man besinnt sich zudem auf alte **Traditionen**. Somit stehen **powwows** heute auch auf den Veranstaltungskalendern vieler Ostküsten-Indianer. Eine Möglichkeit, ihre Bräuche auch im 21. Jh. zu bewahren, eröffnet der *Indian Gaming Regulatory Act* (1988), der es den Stämmen erlaubt, innerhalb ihrer Territorien Casinos zu betreiben und damit u. a. eigene Kulturprojekte zu fördern.

Einnahmequellen

Afroamerikaner

Afro-American oder **African-American** wird die schwarze Bevölkerung politisch korrekt genannt. Ihre Vorfahren waren nicht freiwillig in die „Neue Welt" gekommen:

Gesellschaftlicher Überblick

Gestohlener Reichtum

1638 hatte man in Boston die ersten „Leibeigenen" bestaunt, die in der Karibik gefangen und mit Schiffen hertransportiert worden waren. Der organisierte **Sklavenhandel** prosperierte nach 1660 und erlebte im 18. Jh. seinen unrühmlichen Höhepunkt. Schwerpunktmäßig arbeiteten die Schwarzen auf den Plantagen des Südens. Erst nach dem Bürgerkrieg, besonders ab 1915, brachen während der **Great Migration** eine Million Afroamerikaner zu den Industriestädten des Nordostens und des Mittleren Westens auf. Ab 1940 setzte sich die Wanderung Richtung Pazifik, mit Schwerpunkt Kalifornien, fort.

Während in den meisten Regionen des Westens Afroamerikaner nur in kleiner Zahl vertreten sind, liegt mit über zwei Millionen Kalifornien hinter New York an zweiter Stelle. Auch in vielen Teilen des Nordostens stellen Afroamerikaner eine beachtliche ethnische Gruppe dar. Heute stellen die Afroamerikaner mit rund 46 Mio. ca. **13 % der Gesamtbevölkerung** und bilden damit nach den Spanisch sprechenden Amerikanern die stärkste Minorität in den USA.

Zwar wurde als Folge der ab 1955 aktiven Bürgerrechtsbewegung mit den **Civil Rights Acts** von 1964, 1965 und 1968 Rechtsgleichheit festgelegt, aber der Traum des bekannten Bürgerrechtlers Martin Luther King ist dennoch auch weiterhin nicht wahr geworden. Es gibt inzwischen eine afroamerikanische Mittel- und Oberschicht, und oberflächlich betrachtet scheint sich die Situation der Afroamerikaner verbessert zu haben: Statistiken sprechen von mehr gemischt-ethnischen Ehen, Gleichberechtigung am Arbeitsplatz und im gesellschaftlichen Leben. Dennoch leben Rassismus und Benachteiligung fort, und der **Teufelskreis** scheint nicht zu durchbrechen zu sein. Afroamerikanische Frauen werden überdurchschnittlich häufig junge, alleinerziehende Mütter, wodurch ihre Chancen auf eine Berufsausbildung, auf einen guten Arbeitsplatz und eine akzeptable Wohnung sinken. Der soziale Abstieg ist vorprogrammiert, auch für die Kinder. Noch immer leben Afroamerikaner vielfach in isolierten Wohnvierteln;

Erinnerung an Martin Luther King jr.

noch immer bilden sich rein afroamerikanisch besuchte Schulen – die zudem schlechter ausgestattet werden – ebenso wie Kneipen und Kirchen; noch immer beherrschen **Diskriminierung**, Misstrauen und Verachtung das Miteinander. Die Euphorie über die Wahl Barack Obamas zum **ersten afroamerikanischen Präsidenten** war groß, ist inzwischen aber wieder der Realität und dem Ärger über Donald Trump und seinen tumb zur Schau getragenen Rassismus gewichen.

Lateinamerikaner

Von den fast 60 Mio. Spanisch sprechenden Menschen (18 %), die in den USA leben, sind die Mehrheit mexikanischer Herkunft. Neben diesen Mexican Americans zählen alle Lateinamerikaner (v. a. Puerto Ricaner) zur Gruppe der **Hispanics** oder **Latinos**, d. h. Menschen hispano-amerikanischer oder spanischer Herkunft.

Die Einwanderer aus Lateinamerika, vor allem aus Puerto Rico, Mexiko und Kuba, haben bewirkt, dass **Spanisch** in weiten Teilen der USA **zur zweitwichtigsten Sprache** nach dem Englischen geworden ist oder oftmals sogar gleichberechtigt neben diesem steht. Im Gegensatz zu vielen anderen Einwanderungsgruppen haben die Spanisch sprechenden Bevölkerungsteile an ihrer Sprache festgehalten. Da sie sich auch politisch engagieren und im Wirtschaftsleben aktiv sind, konnten sie sich besonders im Süden Floridas und im Südwesten zu einer einflussreichen Bevölkerungsgruppe entwickeln, die nicht nur die Anerkennung ihrer Sprache durchsetzte, sondern inzwischen auch zahlreiche politische Schlüsselämter besetzt. An der Nordostküste stellen die Latinos noch eine Minderheit dar, mit Ausnahme von New York City, wo es eine große, stetig wachsende Gemeinde – v. a. Puerto Ricaner, Dominikaner und Mexikaner – gibt.

Einflussreiche Latinokultur

Iren und Italiener

Mitte des 19. Jh. herrschten in Irland Armut und Hunger, deshalb machten sich viele Iren auf den Weg nach Neuengland, vor allem nach Massachusetts, um dort ein neues Leben zu beginnen. Um 1860 soll über die Hälfte aller Bostoner **irische Wurzeln** gehabt haben. Die katholischen Iren waren zunächst in der puritanisch-englisch geprägten Umgebung nicht sonderlich beliebt, allerdings hartnäckig und **politisch engagiert**.

Irisches Boston

Bereits 1884 wählte man in Boston einen Iren zum Bürgermeister. 1905 übte dieses Amt ein gewisser John F. Fitzgerald – der Großvater von John F. Kennedy – aus. Er steigerte damit nicht nur das Ansehen der Iren, sondern begründete zugleich den Ruf der großen Finanz- und Politiker-Dynastie und legte die Basis für die spätere Karriere von John F. Kennedy (1917–63), dem 35. US-Präsidenten. Neben Boston sieht man in New York noch häufig „Grün", nicht nur am traditionellen irischen Feiertag, dem **St. Patrick's Day** (17. März). Auch hier gibt es eine große irischstämmige Population, aus der bis heute die meisten Polizisten und Feuerwehrleute rekrutiert werden.

Ab etwa 1900 strömten **Italiener**, in der Mehrzahl arme Bauern aus Süditalien und Sizilien, ins Land, v. a. nach Philadelphia, New York, Boston und Rhode Island. Dort verstanden sie sich selten mit den Iren, da diese traditionell eher demokratisch gesonnen sind, die Italiener aber mit den Republikanern sympathisieren. Während sich in Städten wie New York oder Philadelphia die **Little Italies** nur mühsam gegen die Enklaven anderer Zuwanderer, besonders aus Asien, behaupten, hat sich in Bostons North End ein dorfähnliches italienisches Ambiente erhalten. Immerhin ist ein Zehntel der Bostoner Bevölkerung italienischstämmig.

Asiaten

Chinatowns

Amerikaner asiatischer Herkunft machen einen Bevölkerungsanteil von rund 6 % aus. Die älteste und größte Gruppe stellen die **Chinesen**, deren Vorfahren im 19. Jh. zunächst in den amerikanischen Westen kamen, wo sie am Goldrausch teilnahmen und in den 1860er- bis 1870er-Jahren beim Bau der transkontinentalen Eisenbahn Arbeit fanden. Im Nordosten sind Asiaten nicht so stark vertreten wie an der Westküste, mit Ausnahme von New York City, in dem sich eine der größten Chinatowns der USA herausgebildet hat.

Die **Japaner** wanderten Ende des 19., Anfang des 20. Jh. gehäuft ein und ließen sich vor allem in Hawaii und Kalifornien nieder. Mit dem *Immigration Act* von 1924 wurde die Zuwanderung komplett gestoppt. Wie die Chinesen hatten auch die Japaner lange Zeit unter Rassismus zu leiden. Erst nach Aufhebung des Zuwanderungsbanns 1965 kamen wieder größere Gruppen in die Vereinigten Staaten.

Die **Filipinos** stellen mit über 4 Mio. Menschen die zweitgrößte asiatische Gruppe und leben ebenfalls hauptsächlich in Hawaii und Kalifornien. Infolge der Kriege, an denen die USA im Fernen Osten beteiligt waren, kamen neben **Koreanern** auch **Vietnamesen** ins Land. Relativ gleichmäßig verteilt leben ebenso **Inder** in den USA.

Amerikas deutsche Wurzeln

Zwischen dem 17. und 19. Jh. suchten zahlreiche Deutsche Zuflucht in der Neuen Welt. Noch heute ist die Gruppe der **deutschstämmigen Amerikaner** mit rund **13 %** eine der größten ethnischen Gruppen im Land. Vielfach waren die Zuwanderer Mitglieder verfolgter religiöser Gruppen wie Mennoniten oder Amische, die sich bevorzugt in und um Pennsylvania und im Mittleren Westen der USA niederließen. Die Einwanderer waren nicht ausschließlich Deutsche nach heutiger Definition; zu den German Americans wurden auch deutschsprachige Schweizer, Österreicher, Polen, Niederländer, Franzosen und Tschechen gerechnet.

Natürlich durfte in der neuen Heimat Vertrautes nicht fehlen: Gesangs- und Turnvereine wurden gegründet und Wohltätigkeitstreffen veranstaltet. Man pflegte das Brauerei- und Destillierwesen, widmete sich der Druckkunst, baute Fachwerkhäuser, kochte heimische Gerichte, feierte traditionelle Feste wie Maitanz und Oktoberfest und hielt, zumindest bis um 1900, an der eigenen Sprache fest.

Heute ist davon, mit Ausnahme einiger **Enklaven**, nicht viel geblieben. Es waren nämlich letztendlich die deutschsprachigen Einwanderer, die sich schneller und gründlicher als andere Gruppen assimilierten. Erst in den letzten Jahren ist man wieder stolz auf die deutschen Wurzeln, was sich nicht auf kulinarische Spezialitäten von der Bratwurst über die Breze bis zum Bier beschränkt. Auch **Oktoberfest** und **Weihnachtsmarkt** sind heute wieder feste Bestandteile des Veranstaltungskalenders vieler Städte und Kommunen.

Die soziale Situation

Die USA erscheinen auf den ersten Blick als schönes und reiches Land, als „Paradies auf Erden". Erst auf den zweiten Blick nimmt man die Obdachlosen in den Innenstädten, die Zeltdörfer in der Peripherie wahr, erkennt die Slums und bemerkt die missliche Lage in den Indianerreservaten. Es besteht kein Zweifel daran, dass die USA auch hinsichtlich der sozialen Situation ein **Land der Kontraste** sind.

Immer mehr Menschen in den USA geht es statistisch betrachtet im neuen Jahrtausend schlechter als Ende der 1970er-Jahre. Derzeit leben um die 15 % aller Amerikaner und sogar rund **ein Viertel aller Kinder unterhalb der Armutsgrenze** (*poverty line*). Die Zahl der sozial Schwachen wuchs dabei in allen ethnischen Gruppen, allerdings am stärksten bei Latinos und Afroamerikanern.

Die letzte Wirtschafts- und Immobilienkrise hat besonders den **Mittelstand hart getroffen**, sodass plötzlich einst gut situierte Familien in der Schuldenfalle stecken. *Schuldenfalle* Soziale Sprengkraft erzeugt vor allem die zunehmend ungleiche Verteilung des Einkommens: Das reichste eine Prozent der Bevölkerung konnte in 20 Jahren sein Einkommen im Schnitt um mehr als das Doppelte steigern, während die Löhne eines Großteils der Arbeitnehmer im gleichen Zeitraum um 20 % sanken.

Krankenversicherung

Während des Arbeitslebens sind die meisten Amerikaner – Beamte und staatlich oder städtisch Bedienstete sowie Angestellte einer kleinen Zahl vorbildhafter Firmen ausgenommen – bisher gezwungen, sich selbst privat zu versichern. Da sich dies nicht jeder leisten kann und **keine Versicherungspflicht** wie hierzulande besteht, nehmen viele *Armutsrisiko* das Risiko einer Krankheit und der damit entstehenden Kosten in Kauf. Auch ist es Ar- *Krankheit* beitgebern immer noch freigestellt, ob und in welcher Höhe sie sich an der Krankenversicherung ihrer Mitarbeiter beteiligen. Zum Glück steigt die Zahl der Firmen, die sich stärker um die soziale und gesundheitliche Absicherung ihrer Mitarbeiter kümmern.

Der im April 2014 in Kraft getretene **Patient Protection and Affordable Care Act** (PPACA, auch *Obamacare* genannt) sollte den Weg zu einer Grundversorgung für alle ebnen. Doch die komplizierte Struktur des Gesetzes, der Widerstand der Republikaner sowie die unterschiedlichen bundesstaatlichen und lokalen gesetzlichen Vorlagen erschweren die Umsetzung und die Akzeptanz. Hier wird eine Besonderheit der USA deutlich: In vielen Bereichen hat die zentrale Regierung in Washington, D.C. einen schweren Stand gegenüber der Eigenständigkeit der Bundesstaaten. Diese sind – ebenso wie viele Unternehmen – kaum geneigt, ihre Autonomie aufzugeben, auch wenn es um das Wohlergehen der Allgemeinheit geht.

Bislang gewährt der Staat Sozialhilfeempfängern und Rentnern ab 65 Jahren eine **Krankengrundversorgung**, die *Medicaid* bzw. *Medicare* genannt wird. Diese Versicherung wird, wie die Sozialversicherungsbeiträge, zu unterschiedlichen Teilen von Arbeitgebern und Arbeitnehmern finanziert. Allerdings müssen die Patienten – mit Ausnah-

Rentenversicherung

1935 wurde mit dem **Social Security Act** die Rentenversicherung, ein Sozialhilfeprogramm und einzelstaatliche Arbeitslosenversicherungen in den USA eingeführt. Heute sind die meisten Arbeitnehmer rentenversichert. Die Altersbezüge sind jedoch gering, da auch die eingezahlten Beiträge niedrig sind – ein Grund dafür, dass viele Rentner (*retirees*) auch im hohen Alter noch Nebenjobs annehmen.

Niedrige Rente

Die Rente, **weniger als die Hälfte des letzten Nettoeinkommens**, wird über die *social security* finanziert, in die Arbeitnehmer und Arbeitgeber anteilig einzahlen. Das Renteneintrittsalter schwankt je nach Zahl der Einzahlungsjahre zwischen 63 und 67 Jahren; es besteht allerdings auch in den USA die Möglichkeit, unter Inkaufnahme von Abschlägen sich früher in den Ruhestand zu begeben. Diejenigen, die finanziell dazu in der Lage sind, schließen darüber hinaus private Rentenversicherungen bzw. Lebensversicherungen ab, um im Alter ihren Lebensstandard zu halten.

Arbeitslosen- und Sozialhilfe

Die **Arbeitslosenquote** in den USA liegt derzeit bei unter 4 %, höher allerdings unter Afroamerikanern und Lateinamerikanern. Arbeitslose werden in den USA weniger großzügig unterstützt als hierzulande, wobei die Regelungen je nach Staat variieren: Für 26 bis maximal 39 Wochen wird finanzielle Unterstützung *(unemployment benefits)* geleistet, die zwischen 30 und 50 % des letzten Arbeitslohns liegt. Genau wie bei der Arbeitslosenversicherung variieren die Leistungen der Sozialhilfeprogramme von Staat zu Staat.

Sozialhilfe wird jenen gewährt, deren Einkommen unter der offiziellen Armutsgrenze liegt; dazu gehören etwa ein Drittel der Afroamerikaner und ein Viertel der Latinos. Neben *Medicaid* erhalten die Bedürftigen *food stamps* (Lebensmittelmarken), Kostenbefreiung für Kindergarten- und Schulbesuch sowie einen Mietzuschuss.

Kein Bürger darf länger als fünf Jahre Sozialhilfe aus Bundesmitteln empfangen. Jeder ist verpflichtet, nach zwei Jahren mindestens 20 Wochenstunden zu arbeiten. Folge des Systems ist, dass Betroffene auch schlecht bezahlte Jobs annehmen. Immerhin gibt es in den USA seit Langem ein **Mindestlohngesetz**, das staatlich bei $ 7,25 liegt. Viele Staaten zahlen jedoch mehr als diese *federal minimum wage*.

Bildungswesen

Erste amerikanische Universität

Die Wurzeln des amerikanischen Bildungswesens liegen in Neuengland. Die erste höhere Schule – die **Boston Latin School** – wurde 1635 in Boston gegründet. 1637 eröffnete das Newtowne College, das ein Jahr später in **Harvard University** umbenannt wurde und heute als eine der renommiertesten Hochschulen der Welt gilt.

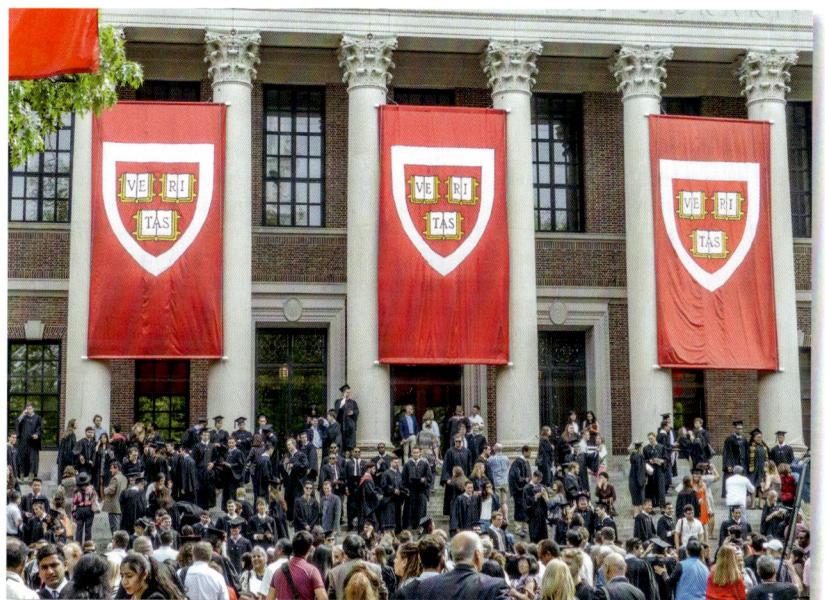

Abschlussfeier an der Harvard University

Das amerikanische Bildungssystem war von Anfang an auf **Pragmatik** ausgerichtet; man hing weit weniger einem abstrakten Bildungsideal nach als in Europa und erhob nie Anspruch auf eine humanistisch geprägte Allgemeinbildung. Den Siedlern und Pionieren genügten sogar noch die **three Rs**: *reading, writing, arithmetic* (Lesen, Schreiben und Rechnen).

Schulen

1671 hatte man in allen Kolonien außer Rhode Island die Allgemeine Schulpflicht eingeführt. Das Schulwesen lag von Anfang an in den Händen der Stadt oder der Gemeinde, was erklärt, wie es zu der immensen Zersplitterung in um die 14.000 Schuldistrikte kam. Die **Qualität der Schulen** ist von der sie umgebenden Sozialstruktur und dem Wirtschaftsgefüge abhängig. Da sie durch die Grundsteuer finanziert werden, sind Schulen in „guten Wohngegenden" besser ausgestattet, verfügen über qualifiziertere (und besser bezahlte) Lehrer als solche in einer armen *neighborhood* mit geringem Steueraufkommen. Die großen Qualitätsunterschiede im Bildungsangebot haben in Amerika zu einer **Bildungsmisere** geführt, die sich in geringer Allgemeinbildung und Wissensdefiziten äußert.

Große Qualitätsunterschiede

Eindeutig positiv zu bewerten ist, dass während der Schulzeit ein Schwerpunkt auf die **Förderung des Sozialverhaltens** gelegt wird – naheliegend in einem Einwanderungsland wie den USA, wo von Anfang an vielerlei Nationalitäten und Kulturen miteinander auskommen mussten. Außerdem spielen in den Ganztagsschulen **nicht auf** dem Lehrplan befindliche **Aktivitäten** wie Sport, Musik, Benimmkurse oder Fahrschule eine weit größere Rolle als hierzulande. Sicherlich auch aufgrund der Größe des Landes konzentrieren sich die Lerninhalte auf den eigenen Kontinent und die eigene Sprache.

Kurzes Schuljahr

Das **Schuljahr** umfasst nur rund 180 Tage, läuft von etwa Ende August/Anfang September bis Ende Mai/Anfang Juni (dazu können dann jedoch noch Sommerkurse hinzukommen), und statt des deutschen dreigliedrigen Systems mit Grund-/Hauptschule, Realschule und Gymnasium herrscht ein **einheitliches Zwölf-Klassen-System**, das Chancengleichheit gewährleisten soll. Dem Kindergarten folgt im Alter von sechs Jahren der Besuch der sechsklassigen elementary/primary school. Die grades 6–8 werden middle und 9–12 high school genannt. Im Alter von ca. 18 Jahren geht es dann auf dem college oder der university weiter, für normalerweise vier Jahre bis zum ersten Abschluss.

Universitäten

In den USA gibt es **fast 4.500 höhere Bildungseinrichtungen**, die miteinander konkurrieren. Der Großteil davon sind *junior colleges* und *colleges*, an denen keine höheren Abschlüsse als ein *bachelor's degrees* möglich sind. Generell gibt es keine allgemein gültige staatliche Regelung oder Kontrolle des Bildungswesens und keine gesetzlich geregelte staatliche Anerkennung der Hochschulen. Es herrscht **akademische Selbstverwaltung**, und die Aufnahmebedingungen seitens der Unis unterscheiden sich ebenso wie ihr Niveau. Aufnahmetests spielen meist eine geringere Rolle als das persönliche Vorstellungsgespräch und die sonstigen Aktivitäten; Noten sind oft weniger wichtig als Charakterstärke, Engagement und Neigungen, und Vermögen wird weniger Bedeutung zugemessen als beispielsweise der Tatsache, ehemalige Studenten (*alumni*) in der Familie zu haben. Eine Pflicht zur Aufnahme besteht generell nicht.

Rund 40 % aller *colleges* und *universities* befinden sich in öffentlicher Hand, d. h. sie erhalten Zuschüsse von Bundesstaaten, Gemeinden oder Städten. Die Mehrzahl stellen jedoch **private Hochschulen**, die meist einen besseren Ruf als die staatlichen genießen, jedoch auch höhere Studiengebühren (*tuition fees*) erheben. Studenten aus demselben Bundesstaat zahlen dabei weit weniger als Ortsfremde. Angesichts der hohen Studienkosten, die sich übers Jahr auf Zehntausende von Dollar belaufen können, mag man zunächst den Kopf schütteln, sollte aber bedenken, dass amerikanische Universitäten seit jeher als Wirtschaftsunternehmen nach wirtschaftlichen Prinzipien arbeiten und der Student als zahlender Kunde betrachtet und entsprechend behandelt wird. Eine Stelle nach Studienabschluss ist so gut wie gesichert.

Hohe Studienkosten

Vor allem die Privatunis werden komplett **privatwirtschaftlich als Dienstleistungsunternehmen** betrieben. Sie finanzieren sich in erster Linie aus Studiengebühren, Stiftungsvermögen, Spenden und Einnahmen – z. B. aus TV-Übertragungsrechten für ihre Sportteams – und verfügen im Allgemeinen über ansehnliche Etats, die eine gute personelle und materielle Ausstattung der Institute und Einrichtungen erlauben. Die Stiftungsvermögen sind hoch, Gelder werden reinvestiert und hauptberuflich agierende Fundraiser werben um Spenden und erschließen neue Geldquellen. Die Hochschulen konkurrieren um die besten Professoren, die begabtesten Studenten und die großzügigsten Sponsoren. Dies führte zur Herausbildung sogenannter **Eliteuniversitäten** wie Yale, Harvard, Brown, Princeton oder Stanford.

Bei der Aufnahme in eine Universität wird ein **Finanzierungsplan** erarbeitet. Abgesehen von den angebotenen, zinsgünstigen Krediten gibt es eine Vielzahl verschiedenster Stipendien, um die man sich bewerben kann, außerdem eine breite Palette an Nebenjobs. Anders als hierzulande befinden sich z. B. Verwaltung, Bibliotheken oder Dienstleistungsbetriebe in studentischer Hand. Die Universität bzw. der Campus stellt eine eigene Stadt dar, mit entsprechender Infrastruktur und einem breiten Angebot im akademischen und nichtakademischen Bereich; dazu gehören u. a. Sport- und Freizeiteinrichtungen, Kurse und Veranstaltungen. Der Campus bietet **Rundumversorgung** – z. B. Gesundheitszentrum, Job-Service, Kinderbetreuung, Beratungsstellen etc. – und fördert zweifellos die Konzentration aufs Studium. *Campus als Stadt*

Das College-Studium wird auch als **undergraduate studies** bezeichnet und dauert zwei oder vier Jahre. Während dieser Zeit – die Ausbildung gleicht vom Niveau her etwa der deutschen gymnasialen Oberstufe – wird der Student auf den Berufseinstieg vorbereitet. Über 80 % der amerikanischen Studenten wechselt nach Absolvieren des *undergraduate*-Studiums mit einem **Bachelor-Abschluss** ins Berufsleben, knapp ein Fünftel setzt die Ausbildung danach mit einem **(post-)graduate-Studium** fort, meist an der *graduate school* einer Universität. Dort wird dann ein vertiefendes, wissenschaftlich ausgerichtetes Studium in einer bestimmten Fachrichtung absolviert. In der Regel wird nach zwei zusätzlichen Jahren mit dem Verfassen einer *thesis* der **master's degree** erreicht, der z. B. mit „M.A." (Master of Arts) oder „M.S. (Master of Science) abgekürzt wird. Der dritte Studienabschnitt wäre ein **doctorate program**, das sich, je nach Uni, auch unmittelbar an den Bachelor anschließen kann. Eine Habilitation ist in den USA nicht vorgesehen – bei entsprechender Leistung und hoher jährlicher Punkte-Bewertung durch die Studenten steigt man vom *assistant docent* direkt zum Professor auf.

Religion – „God's own country"

Mit der Verankerung der **Religionsfreiheit** und der Trennung zwischen Staat und Kirche in der Verfassung wurden die USA zu einem Land, in dem jeder seinen Glauben ausleben kann, solange er damit nicht Gesellschaft oder Staat schadet. Dieses disestablishment, als erster Verfassungszusatz (*First Amendment*) 1791 in der Verfassung verankert, führte zu mehr Vielfalt und Konkurrenz. Kirchen und ihre Prediger mussten um ihre „Schäfchen" buhlen. Im 19. Jh. erreichte die **Vielfalt an Glaubensgruppen** bzw. Sekten ihren Höhepunkt und bis heute ist die religiöse Zersplitterung nirgendwo so stark wie in den USA. *First Amendment*

Trotz der strikten Trennung von Kirche und Staat ist das Leben in **„God's own country"** vom Glauben bzw. der Kirchengemeinde geprägt – was hierzulande oft unterschätzt wird. So ist in vielen Teilen der USA der Sonntag immer noch ein „heiliger Tag", an dem man zum Gottesdienst geht, und die Bibel ist oftmals immer noch das meistgelesene Buch.

„God's own country"

Religiöse Vielfalt

Die ersten europäischen Siedlungen in Nordamerika wurden von verschiedenen Gruppen **religiöser Flüchtlinge** aus Europa gegründet. Als Erste träumten die in den 1560er-Jahren in Großbritannien aufgekommenen **Puritaner** vom *Promised Land*, vom „Gelobten Land". Sie sahen sich als *chosen people*, als „Auserwählte", die von Gott den Auftrag erhalten hatten, ein „neues Jerusalem" zu schaffen. 1620 waren die ersten Puritaner, die sogenannten Pilgerväter, mit der Mayflower nach Amerika gesegelt und hatten sich im heutigen Neuengland angesiedelt.

God's chosen people

Motiviert durch die erfolgreichen Koloniegründungen in Nordamerika zu Beginn des 17. Jh. stieg die Zahl religiös motivierter Auswanderer stetig an. Zu den meistbeachteten Versuchen, ein neues „Gelobtes Land" zu schaffen, gehört das von William Penn (1644–1718) gegründete Pennsylvania. Als Mitglied der in den 1650er-Jahren in England entstandenen Religious Society of Friends, besser bekannt als **Quäker**, schlug Penn auf der Suche nach Freiheit den Weg nach Nordamerika ein und legte die Regeln des Zusammenlebens in der 1701 von ihm verfassten *Charter of Privileges* fest. Pennsylvania wurde fortan zum Zufluchtsort vieler religiöser Gruppen aus Europa. Darunter war auch eine Gruppe um den Schweizer Prediger Jakob Ammann, die **Amischen** (*Amish*), eine Splittergruppe der **Mennoniten**, die 1536 unter Führung des charismatischen Niederländers Menno Simons entstanden war.

Erweckungsbewegungen

Nicht allein religiöse Flüchtlinge sind für die Kirchenlandschaft der USA verantwortlich, auch religiöse Erweckungsbewegungen (*Great Awakenings*) spielten eine zentrale Rolle. Das **erste Great Awakening** griff zwischen 1720 und 1750 auf die englischen Kolonien in Nordamerika über. Zu den damals herausragenden Figuren zählte der Prediger George Whitefield, der zum Anführer der calvinistisch-protestantischen Gemeinschaft der **Methodisten** aufstieg. Erstmals rückte dabei die individuelle religiöse Erfahrung statt des Gemeinschaftserlebnisses in den Mittelpunkt. Auf fruchtbaren Boden fiel diese Bewegung auch im Mutterland England: 1747 gründete sich in Manchester die United Society of Believers in Christ's Second Appearing, die nach ihrer Flucht 1774 als „Shakers" in Nordamerika regen Zulauf verzeichneten.

Zwischen 1795 und den 1840er-Jahren kam es zu einem **zweiten Great Awakening**. Evangelisten wie Charles G. Finney (1792–1875) propagierten den freien Willen eines jeden Menschen und die Vergebung der Sünden für alle. Am folgenreichsten erwiesen sich jedoch die Visionen des Joseph Smith (1805–44) im September 1823, die sieben Jahre später die Basis des *Book of Mormon* bildeten und in der Gründung der Church of Jesus Christ of Latter-day Saints mündeten. Wachsende Ablehnung trieb die **Mormonen** jedoch immer weiter nach Westen, bis Ende der 1840er Brigham Young die damals rund 70.000 Gemeindemitglieder in ihre neue Heimat am Great Salt Lake führte, wo der Mormonenstaat Deseret („Hongbiene"), das heutige Utah, entstand.

Mormonenstaat

Jedem das Seine

Catholic, Baptist, Methodist, Presbyterian, Pentecostal, Episcopal, Latter-day Saints, African Methodist Episcopal, Church of Christ, Jehovah's Witnesses, Jewish, Muslims, Seventh-day Adventist – die Liste der Religionsgruppen in den USA zeigt eine einzigartige Vielfalt. Die meisten sind, streng genommen, protestantische Gruppen, hierzulande zum Teil auch unter dem Begriff „Freikirche" – im Gegensatz zur Staatskirche – firmierend, und die größte unter diesen bilden die **Baptisten**.

Die 1845 gegründete Southern Baptist Convention gilt als rigoros fundamentalistische Organisation, die die Allmacht der Bibel, einen traditionellen Moralbegriff sowie eine eher impulsive Art der Gottesverehrung – man denke an die Gospelmessen – vertritt. Ebenfalls konservativ sind die *Pentecostals*, als fortschrittlicher gelten die Presbyterianer und die Methodisten, *Lutherans* und die *Episcopal Church*.

Allerdings gehören viele Amerikaner ohnehin nicht ein ganzes Leben lang ein und derselben Religionsgemeinschaft an: Bei einem Umzug kann es durchaus sein, dass ein Episkopaler zum Methodisten wird, sofern diese Gemeinde näher beim Wohnort liegt oder das Angebot an Kinderbetreuung, Alten- und Krankenpflege, Familienprogrammen oder Veranstaltungen mehr überzeugt. Da es weder Steuern noch Kirchengeld gibt und auch der Pfarrer nicht vom Staat bezahlt wird, lässt sich die Kirche diese Art von Service natürlich bezahlen. Es gilt der **blessing pact**: Gott liefert den Segen, der Besucher das Geld bzw. den Scheck – und darf dafür in „God's own country" nach eigenem Gusto glücklich werden.

Glaubenswechsel

Gibt es den „American way of life"?

Unser Amerikabild

Hot Dogs und Hamburger, Jeans und Cowboystiefel, Turnschuhe und Kaugummi, Shoppingmalls und Outlet-Center, Oberflächlichkeit und Small Talk, Macht des Geldes und Jagd nach ewiger Jugend – was macht eigentlich den **American way of life** aus?

Natürlich lassen sich die alten Vorurteile über Amerika und die Amerikaner nicht ausrotten (Gleiches gilt aber auch umgekehrt, z. B. in Bezug „die" Deutschen und Birkenstock, Sauerkraut, Autobahnen und Kuckucksuhren). Der aufmerksame Beobachter findet jedoch eine derart vielfältige und oft gegensätzliche Welt vor, dass er in Zukunft nicht mehr von einem universellen *American way of life* sprechen wird.

Der „typische" Amerikaner existiert in der Realität nicht, sondern lediglich spezifische Züge, Gemeinsamkeiten mit, aber auch grundlegende Unterschiede zum europäischen Lebensstil. Davon war bereits oben die Rede, im Folgenden sollen zwei weitere Aspekte des vielschichtigen *American way of life* herausgegriffen werden, die ebenfalls Unterschiede zwischen Vorurteil und Wirklichkeit aufzeigen.

Kulinarisches Amerika

Fast Food ist zwar keine amerikanische Erfindung – schon im alten Rom gab es Garküchen an jeder Ecke –, doch in den USA wurde die „schnelle Küche" zum Kult und zum lukrativen Geschäft. Andererseits findet man heute kaum ein Land mit einer derart **kreativen und ethnisch vielfältigen Küche**, die von frischen, lokalen Zutaten und einfallsreichen Kombinationen und Zubereitungsweisen lebt. Der multiethnische Faktor, wachsendes Gesundheitsbewusstsein, Fantasie und Innovationsgeist haben dazu beigetragen, dass sich die amerikanische Küche zu etwas Besonderem entwickeln konnte und dass viele Restaurants heute mit den Gourmettempeln der französischen Haute Cuisine konkurrieren können.

Wochenmärkte, *food halls* und *food trucks* sind verbreitet und selbst gewöhnliche Supermärkte, erst recht Biosupermärkte im Stil von Whole

Karottenvielfalt auf einem farmer's market

Foods und Trader Joe's, bieten mittlerweile eine breite Palette an Bioprodukten, Obst- und Gemüsesorten, Fisch und Meeresfrüchten an. Kleinbrauereien, Destillerien, *cideries* und Weingüter ebenso wie Käseproduzenten oder Bäckereien eröffnen an jeder Ecke, und der Vielfalt und Kreativität sind keine Grenzen gesetzt.

Die Küche der USA – im Reiseteil wird auf lokale Besonderheiten hingewiesen – kann man mit einem Eintopf vergleichen, in den die unterschiedlichsten Zutaten geworfen werden. So verdankt man den **Indianern** die Verwendung einer Vielfalt von lokalen Gemüse- und Obstsorten, das Wild und den Fisch, das Maismehl für die Tortillas und nicht zuletzt Chilis und Bohnen. Die **Zuwanderer** aus anderen Teilen der Welt führten Pflanzen wie Oliven, Trauben (Wein), Datteln, Nüsse und Zitrusfrüchte ein, trieben den Fischfang zur Perfektion und entwickelten sich zu Meistern in der Viehzucht und -haltung.

Kulinarischer melting pot

Schon in den 1970er-Jahren begann eine **kulinarische Revolution**, die neben Essen auch Getränke wie Kaffee, Bier und Wein umfasste. Heute sind Begriffe wie *„slow food"*, *„farm-to-table"*, *„organic"*, *„local"* und *„sustainable"* in aller Munde.

Die schönste Nebensache der Welt

Eine Nebensache ist der **Sport** in den USA keineswegs; er spielt im Alltag der Amerikaner eine zentrale Rolle und ist dazu ein **wichtiger Wirtschaftsfaktor** und bedeutender Teil des Showgeschäfts. Das passive Miterleben sportlicher Wettkämpfe gilt als **Bestandteil des Kulturlebens** einer Stadt oder Region, vergleichbar einem Theater- oder Konzertbesuch. Man zahlt einen mehr oder weniger hohen Preis für ein Ticket und erwartet dafür mehrstündige Rundumunterhaltung für die ganze Familie.

Sport in Nordamerika – neben den „Klassikern" American Football, Baseball, Basketball und Eishockey mittlerweile auch Fußball (*soccer*) und, regional, NASCAR-Autorennen – ist fest verankert in Geschichte, Kulturleben und im Kalender. Die Wurzeln vieler Sportarten reichen bis ins 19. Jh. zurück und selbst Profiligen und -teams können vielfach auf eine lange Tradition verweisen.

Top 5 des Sports

Auch im Kalender ist Sport ein fester Faktor: so beginnt für die Amerikaner das Frühjahr Anfang April mit dem *Opening Day*, der Eröffnung der Baseballsaison. Bis in den Herbst hinein werden nun das Schlagspiel mit dem kleinen Lederball und die *„boys of summer"* Gesprächsthema Nummer eins sein. **Baseball** ist Nationalsport und Teil der amerikanischen Geschichte, Kultur, Lebensphilosophie sowie des Alltags.

Färbt sich das Laub gelb, werden die Tage kürzer und die Abende kühler, hört man überall die Blechinstrumente und Trommeln der *marching bands*: der Herbst ist die Jahreszeit des **American Football**. Die Profi-Football-Liga NFL (National Football League) gilt als die florierendste Sportliga der Welt. Daneben ziehen auf dem „flachen Land", wo die meisten Universitäten angesiedelt sind, die American Football-Mannschaften der Hochschulen Millionen von Fans in ihren Bann: college football lockt in Hochburgen wie Texas, Tennessee und Florida genauso viele Fans in die Stadien wie die NFL. Sportstudenten, mit Stipendien versehen, stellen vier Semester lang die Kader der Uniteams, um danach – sofern gut genug – in das Profisportgeschäft zu wechseln.

Kommen Kälte und Schnee, dann pilgert man in die Hallen, um **Eishockey** der weltbesten Liga, der NHL (National Hockey League), oder Basketball zu sehen. Neben der weltberühmten NBA (National Basketball Association) ist auch college basketball überaus beliebt. In den letzten Jahren hat sich eine weitere Sportart zum Volkssport entwickelt: Fußball, in den USA „**soccer**" genannt. Haben einst nur Zuwanderer aus Hochburgen wie Südamerika und Südeuropa dem Fußball gehuldigt, kickt heute in den USA fast jedes Kind, und die Bedeutung der Profiliga MLS (Major League Soccer) wächst stetig, zumal das Frauen-Nationalteam der USA 2019 bereits zum vierten Mal die Fußballweltmeisterschaft gewonnen hat.

Erfolgreiche Fußballfrauen

Baseball, das National Game

Um Baseball ranken sich viele Legenden: So behauptete beispielsweise um 1900, als die Sportart gerade ihren Kinderschuhen entwachsen war, der Sportartikelmillionär und ehemalige Spieler Albert G. Spalding, dass ein gewisser Abner Doubleday 1839 in Cooperstown (New York) das Spiel erfunden habe. Unstrittig zumindest ist, dass der erste dokumentarisch belegte Baseballclub 1845 mit dem **Knickerbocker Club of New York** gegründet wurde, der auch maßgeblich an der Erstellung des Regelwerks beteiligt war.

Nach Bürgerkriegsende hatte sich das Baseballfieber über das ganze Land verbreitet. 1869 wurde mit den **Cincinnati Red Stockings** der erste reine Profclub ins Leben gerufen und am 2. Februar 1876 wurde jene Liga gegründet, die bis heute das Geschehen mitbestimmt: die National League (NL). 1900 kam die American League (AL) dazu, und beide schlossen sich wenig später zum **Major League Baseball**

In Amerika immer ein Homerun: Baseball

(MLB) zusammen. Seit 1905 ermitteln die Meister der NL und AL seither in der World Series die beste Profimannschaft.

Lange Zeit galt der Nordosten als Heimat des Baseballs und New York als dessen Hauptstadt, waren dort doch ursprünglich gleich drei der berühmtesten Teams zu Hause: die **Yankees**, die **Giants**, die Boston **Red Sox** und die Brooklyn **Dodgers**. Dank zunehmender Radio- und TV-Übertragungen erlebte Baseball in den 1960er-Jahren einen Boom, und der Umzug berühmter Mannschaften, z. B. der Giants und der Dodgers nach San Francisco bzw. Los Angeles, verbreitete die MLB-Basis landesweit. Inzwischen sind auch im Nordosten zu den Traditionsclubs neue Teams wie die Baltimore **Orioles**, die New York **Mets**, die Washington **Nationals** und die Philadelphia **Phillies** getreten: 30 Profiteams bilden derzeit die beiden Ligen des MLB, dazu kommen zahllose weitere in den unteren Profiligen (Minor Leagues).

Wer zwischen April und Oktober die USA besucht, sollte ein Baseballspiel nicht versäumen, beispielsweise im **Oriole Park at Camden Yards** in Baltimore, im legendären **Yankee Stadium** in New York, im altehrwürdigen **Fenway Park** in Boston oder in den neuen Stadien in **Washington** oder **Queens** (New York City). Zugegeben, Spiele können sich in die Länge ziehen und das Regelwerk mag undurchsichtig erscheinen, doch reißt einen die enthusiastische Stimmung unweigerlich mit und meist findet sich schnell jemand, der einen in die Geheimnisse dieser Sportart einweiht.

Die Wiege alternativer Ideen

Was die Menschen im „Alten Europa" an den USA verwirrt und verunsichert, ist das meist friedliche **Nebeneinander von Extremen und Gegensätzen**. Gelten gerade die Neuengland-Staaten als Wiege des strengen Puritanismus, der westlichen Wirtschaftsordnung und des damit verbundenen Gewinnstrebens, steht hier zugleich die **Wiege alternativer Ideen** und Lebensformen. Beispielsweise sind dort, wo die Wurzeln des Puritanismus liegen – in Massachusetts, Connecticut, Vermont und New Hampshire – gleichgeschlechtliche Ehen schon länger erlaubt. Auch das legendäre Konzert in Woodstock (New York) im Jahr 1969 ist dort weder ein Einzelfall noch der Beginn der alternativen Szene.

Schon Anfang des 19. Jh. hatte die puritanische Weltordnung zu bröckeln begonnen. Literaten und Denker aus Neuengland fingen an, sich der romantisch-optimistischen Strömung des **Transzendentalismus** zuzuwenden (s. Infokasten zur Hudson River School, S. 73). Es waren auch Politiker und Denker aus Neuengland, die sich im 19. Jh. an die Spitze vieler **Reformbewegungen** stellten. Sie polemisierten vehement gegen die Sklaverei, die auf ihr Betreiben hin schon gegen Ende des 18. Jh. hier im Norden abgeschafft wurde. Die Neuengländerin Harriet Beecher Stowe (1811–96) hatte 1852 mit ihrem weltberühmten Buch *Uncle Tom's Cabin* einen wesentlichen Beitrag zur Abschaffung der Sklaverei in den USA geleistet. Nach dem Bürgerkrieg 1865 rückten die Ausbeutung der Arbeiter im Zuge der industriellen Revolution sowie die bis dato untergeordnete Rolle der Frau in der Gesellschaft in den Blickpunkt. So gab es 1879 bereits vier Frauen-Colleges in Massachusetts: Wellesley (das später auch Hillary Clinton besuchte), Smith, Mount Holyoke und Radcliffe.

Uncle Tom's Cabin

Kultur im Überblick

Ebenso bunt und vielseitig wie die Gesellschaft in der „nation of nations" präsentieren sich auch Kunst und Kultur. Dennoch gibt es einzigartige **kulturelle Konstanten**, die sich in der Kolonialzeit herausgebildet haben: der Glaube, im Gelobten Land zu leben, Tugenden wie Unabhängigkeit, Optimismus, Selbstvertrauen, Risikofreude, Fortschrittsglaube, Individualismus, Toleranz, Erfolgsstreben und Mobilität sowie schließlich die Sehnsucht nach „Wide Open Spaces".

Amerikanische Tugenden

Architektur

Die ältesten erhaltenen Zeugnisse menschlicher Besiedlung im Nordosten haben die Gestalt von Erdhügeln und Pfostenlöchern – Reste der indianischen Urbevölkerung. Mit der Ankunft europäischer Siedler hielten ab dem frühen 17. Jh. bevorzugt **englische Architekturstile**, Bautypen und -techniken Einzug. Dabei musste allerdings den natürlichen Gegebenheiten der Wahlheimat, insbesondere dem Klima und den vorhandenen Baumaterialien, Rechnung getragen werden. Es handelte es sich um bodenständige Zweckarchitektur mit einfachem Grundriss; daneben existierten auch noch primitive Blockhütten, *log cabins*.

Im 17. Jh. waren überwiegend schlichte **Einraum-Häuser** (*single-room houses*) entstanden, wie die *saltbox*es in Neuengland (s. S. 222), mit je einem Raum und zwei Etagen bzw., besonders im Südosten, die *shotgun houses* mit je einem Zimmer beiderseits eines Mittelgangs. Solchen Grundrissen wurden ab Anfang des 18. Jh. weitere Räume zugefügt.

Vor dem Ausbruch des Unabhängigkeitskrieges 1776 bildete sich unter englischem Einfluss ein architektonischer Stil in der Neuen Welt heraus, der nach den vier englischen Königen namens George, die von 1714 bis 1830 aufeinander folgten, **Georgian style** genannt wurde. Er manifestierte sich in sehr schlichten und klassisch symmetrisch gegliederten, unverputzten Ziegel- oder Holzbauten, rechteckigen zweistöckigen Kästen, deren Besonderheit in der strengen Symmetrie von Eingang und Fenstern sowie klassizistischen Architekturelementen wie Zierleisten, Säulen und Giebeln zur Rahmung der Eingänge lag.

Der Georgianische Architekturstil war zwischen 1700 und 1780 in den englischen Kolonien verbreitet. Besonders viele Beispiele finden sich in Boston, New York, Philadelphia, Portsmouth (NH) und Newport (RI). Englische Baumeister wie **Inigo Jones** (1573–1652) und **Sir Christopher Wren** (1632–1723) hatten die wegweisenden Traktate des italienischen Renaissance-Architekten Andrea Palladio (1508–80) – der sich wiederum auf den antiken Theoretiker Vitruv stützte – studiert.

Architektonische Emanzipation

Aus dem „englischen" *Georgian style* wurde nach der Unterzeichnung der Unabhängigkeitserklärung 1776 und mit wachsendem Selbstbewusstsein der jungen Nation der **Federal style**, ohne dass es jedoch zu gravierenden Veränderungen gekommen wäre. Je nach Region und natürlichen Ressourcen wurde häufig weiterhin mit Holz gebaut

Architekturstile

Georgian Style

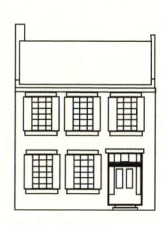
Federal Style

Greek Revival

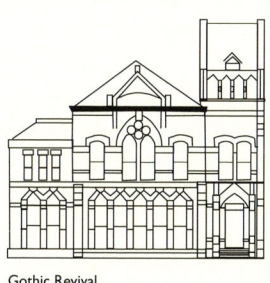
Gothic Revival

Italianate Revival

Second Empire Style

Queen Anne Style

Tudor Revival

Romanesque Revival

Bungalow Style

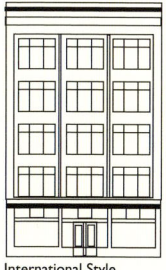
International Style

und lediglich durch Anstriche oder Verblendwerk der Eindruck von Mauerwerk vorgetäuscht. Besonders der spätere Präsident **Thomas Jefferson** (1743–1826) gab in der repräsentativen Architektur neue Anstöße, indem er klassizistisch-antikisierende Elemente einführte. Musterbeispiel ist seine Villa in Monticello (VA), wo Jefferson erstmals eine komplette Tempelfront – eine Kopie der römischen Maison Carrée in Nîmes – anbringen ließ.

Das frühe 19. Jh. war auch die große Zeit von Baumeistern wie **Samuel McIntire** (1757–1811) aus Salem und **Charles Bulfinch** (1763–1844) aus Boston, deren Bauwerke zu den schönsten Beispielen dieser Epoche zählen. Im Innenbereich war es der **Adam style**, der neue Akzente setzte: Romantisch-verspielte Züge traten neben schlicht-strenge, klassizistische Formen. Die beiden britischen Architekten Robert und James Adam hatten in ihrem Traktat von 1773 eine harmonische und einheitliche Gestaltung des Innenraums gefordert und genügend Beispiele, z. B. in Charleston, geliefert. Aufwendiges und handwerklich hochwertiges Dekor, Stuckaturen an Decken und Wänden, exquisite Kaminverkleidungen, vor allem aber auffällige Grundrisse und gewagte Treppenkonstruktionen wurden erst in England, dann auch in der Neuen Welt Mode.

Der griechische Befreiungskrieg 1821–29 und das Bekanntwerden archäologischer Entdeckungen waren Faktoren, die das Aufkommen des **Greek Revival style** in Nordamerika förderten. Vor allem in der Plantagengesellschaft des Südens verbreitete sich der neue Stil schnell. In der Zeit vor dem Bürgerkrieg, zwischen 1830 und 1861, wurden antike Bauelemente „modern". Bei den sogenannten **Antebellum-Häusern** wurden statt einzelner Säulen um den Eingang ganze Säulenhallen (Portikus) gebaut bzw. komplette Tempelfronten vorgeblendet. Einerseits dienten sie an Herrenhäusern der Selbstdarstellung der wohlhabenden Plantagenbesitzer, andererseits wurde Repräsentationsbauten auf diese Weise Monumentalität und Würde verliehen.

Klassische Bauelemente

Zu einer neuen architektonischen Aufgabe wurde der **Kirchenbau**, und speziell in Neuengland haben bis heute die weißen Kirchtürme symbolhaften Charakter. **Asher Benjamin** (1773–1845), mit sieben Büchern über Architektur einer der einflussreichsten Baumeister Neuenglands zu Beginn des 19. Jh., ist dieser Typus des Kirchturms ebenso zu verdanken wie die Tatsache, dass der *Greek Revival style* auch im Nordosten, zumindest eingeschränkt, Einzug hielt.

Weiße Kirchtürme

Gegen Ende des 19. Jh. kam es zu einer Gegenbewegung, einem kurzen Intermezzo: Das **Gothic Revival** fand vor allem an Kirchen und öffentlichen Bauten Verwendung. Dieser englisch beeinflusste Stil kann jedoch eher als Wegbereiter für eine Richtung betrachtet werden, die sich nach dem Bürgerkrieg durchsetzte und unter dem Begriff „viktorianisch" – nach Königin Victoria (Herrschaft: 1837–1901) – firmierte und von etwa 1860 bis 1900 populär war.

Der **viktorianische Stil** fasst verschiedene Regional- und Revivalstile zusammen: Zum Gotischen traten, von italienischen Landhäusern und Renaissance-Palästen übernommen, der **Italianate style** (ca. 1845–85), der **Second Empire style** mit seinen charakteristischen Dächern (ca. 1860–88) und, in den beiden letzten Jahrzehnten des 19. Jh., Elemente des **Eastlake** und vor allem des beliebten **Queen Anne style**, mit pittoresken kleinen Türmchen, viel Dekor und Verzierungen, mit Buntglas und dunklen

Gingerbread-Architektur auf Martha's Vineyard (MA)

Holzvertäfelungen in asymmetrisch konzipierten Räumen. Ein großes Plus war hierbei die ökonomische Herstellungsweise: Einzelne Bauteile und Dekorelemente konnten nach Musterbüchern en masse produziert werden, eine Idee von John Pelton. Den Abschluss der viktorianischen Periode bildet der **Romanesque Revival** (ca. 1850–1910). Durch Architekten wie Henry Hobson Richardson, der die Bostoner Trinity Church entwarf, und McKim, Mead & White (Boston Public Library) konnten sich derart extravagante Stilvarianten durchsetzen.

Pittoreske Extravaganz

Revivalstile wurden auch noch im 20. Jh. gepflegt, doch daneben gab es auch Neues: den **California** oder **Bungalow style**, 1910 bis 1940 vor allem von **Frank Lloyd Wright** (1867–1959) geprägt, und den **International style**. Die beiden New Yorker Architekten Johnson und Hitchcock hatten 1932 mit ihrem Manifest *The International Style* in der Baukunst neue Wege geebnet und Bauhaus-Anhänger wie Gropius, Le Corbusier oder van der Rohe trugen dazu bei, dass in den 1950er und 1960er-Jahren in Boston, New York oder Philadelphia stromlinienförmige, schlicht-funktionale Glastürme entstanden.

Neue Impulse erhielt die Architektur in den 1970er-Jahren durch Baumeister wie Robert Venturi oder Charles Moore. 1972 hatte sich Venturi mit dem Manifest *Learning from Las Vegas* gegen den herrschenden kommerziellen, funktionalen und uniformen

Baustil gewandt und mithilfe von Zitaten verschiedener historischer Stile eine neue Richtung begründet: die **postmoderne Architektur**. Peter Eisenman, Michael Graves, Richard Meier und Charles Gwathmey folgten. Charles Jencks verfasste das wegweisende Buch *The Language of Post-Modern Architecture* und der postmoderne Stil – auch als *Pop Architecture* bezeichnet – machte mit Bauten wie dem New Yorker Lipstick Building (1986) Schlagzeilen.

Zitate und Symbolhaftigkeit riefen schon bald eine neue Gegenbewegung hervor: Architektenbüros wie SOM, I. M. Pei, Burgee-Johnson und Roche, Dinkeloo & Associates wandten sich gegen Eklektizismus und Historismus und riefen eine neue Moderne ins Leben. Ab den 1980er-Jahren entstand dann vor allem **spätmoderne Architektur** ohne Zierrat, schlicht und mit viel Glas, Beton und Stahl. Die Palette hat sich mittlerweile wieder erweitert und die Szene ist kreativer geworden. Die besten Beispiele für die modernen Stilrichtungen des 21. Jh. liefert heute in konzentrierter Form New York (s. Exkurs S. 170).

Schlichte Funktionalität

Malerei

Es sollte lange dauern, bis sich in den USA eigene Stilrichtungen – vor allem eine selbstständige **Porträt- und Landschaftsmalerei** – herausgebildet hatten. Viele Jahre hatten europäische Kunststile, besonders Klassizismus und Romantik, die Malerei beeinflusst. Zu Charleston und New Orleans, die sich schon zu Anfang des 18. Jh. im Süden zu Kunstmetropolen entwickelt hatten, trat im 19. Jh. eine Bewegung im Nordosten, die nach ihrer Vorliebe für das Hudson-River-Tal **Hudson River School** genannt wurde. Streng genommen handelt es sich aber nicht um eine „Schule", sondern um einen losen Zusammenschluss mehrerer Künstler. Anfangs eher abschätzig betrachtet, übte diese Gruppe von etwa 1825 bis 1875 einen unschätzbaren Einfluss auf die folgende amerikanische Landschaftsmalerei aus (s. Infokasten S. 73).

Mit den Künstlern der Hudson River School rückte **New York** seit dem 19. Jh. als Kunstmetropole ins Blickfeld, und von da an bestimmte die Weltstadt die amerikanische Kunstszene maßgeblich mit. Zu Beginn des 20. Jh. waren Künstler wie Marcel Duchamp, Georgia O'Keeffe, Ralston Crawford, Joseph Stella, Charles Demuth und Charles Sheeler in New York tätig. Thomas H. Benton lebte ab 1912 in New York und wurde dort, ebenso wie Reginald Marsh, zur Identifikationsfigur des „städtischen Sozialrealismus". 1917 hatte sich um Man Ray und Duchamp eine Künstlergruppe formiert, die den New Yorker **Dadaismus** begründete.

Kunstmetropole

Dagegen galten Maler wie Charles Burchfield und **Edward Hopper** (1882–1967) mit ihrem Malstil der **Neuen Gegenständlichkeit** als Einzelgänger. Gerade Hoppers Bilder sind wie jene Norman Rockwells bis heute für das Amerikabild prägend und tauchen selbst in der Werbung als Zitate auf.

Der amerikanische Realismus war in den 1940/50er-Jahren zum Niedergang verurteilt und wurde abgelöst durch den abstrakten **Expressionismus**. Ihm gelang es, alle bisherigen Kunstvorstellungen zu sprengen und New York zu internationalem Ruf als neuem Kunstzentrum neben Paris zu verhelfen. Zu den wichtigsten Initiatoren gehörte

Malerei

Jackson Pollock (1912–56). Zusammen mit Willem de Kooning, Ad Reinhardt, Robert Motherwell, Barnett Newman, Mark Rothko und Clyfford Still malte er gegen die „laienhaft-provinzielle" Haltung in der Öffentlichkeit an.

In den 1960er-Jahren sorgte eine weitere Kunstrichtung aus New York für Schlagzeilen: die **Pop Art**. Typisch amerikanische Dinge wie Fast-Food-Restaurants, Reklame-

Die Hudson River School

Als *„father of American landscape painting"* gilt der in England geborene Thomas Cole (1801–48), der nicht nur die Hudson River School, sondern zugleich ein neues und selbstständiges Genre begründete: die **Landschaftsmalerei**. Erstmals thematisierten amerikanische Künstler dabei die endlose Wildnis Nordamerikas und ihre frühe Besiedlung. Bis dahin hatte die **Porträtmalerei** dominiert, mit Charles Wilson Peale (1741–1827) und Gilbert Stuart (1755–1828) als wichtigen Vertretern.

Cole hatte ebenfalls als herumziehender Porträtist begonnen, war aber während einer Reise ins Hudson River Valley dermaßen von der Landschaft begeistert worden, dass er sich 1825 in den Catskill Mountains – im Staat New York, südwestlich der Hauptstadt Albany – ansiedelte und begann, die *„American Scenery"* zu malen. Cole schuf großformatige **Panoramen der amerikanischen Wildnis**, bei denen atmosphärische Stimmungen und ungewöhnliche Lichteffekte eine ebenso wichtige Rolle spielten wie allegorische Inhalte sowie religiöse und literarische Anspielungen.

Es entstanden Abbilder eines urtümlichen **Garten Eden** – Landschaften, die als Gottes Schöpfung ohne menschliche Einflussnahme dargestellt werden. Anders als bei europäischen Meistern der Zeit spielten Mensch, Zivilisation und Technik in den Werken der frühen amerikanischen Landschaftsmaler eine untergeordnete Rolle. Die Hochachtung vor der Natur war ein dominantes Merkmal, ein weiteres waren die verwendeten breiten Querformate, die den Horizont betonen und der Landschaft Tiefe verleihen. Obwohl die Naturszenerien größte Detailgenauigkeit aufweisen und überaus realistisch erscheinen, lässt sich ein gehöriges Maß an Idealisierung, an **romantischer Überhöhung** nicht leugnen.

Die neue Landschaftsmalerei ist ein Spiegel ihrer Zeit: Nach dem Krieg von 1812 gegen die Engländer waren das Selbstbewusstsein und der Stolz der jungen Nation gewachsen. Die riesigen und weitgehend unerforschten und unbesiedelten Ländereien im Westen traten erst jetzt richtig ins Bewusstsein. Künstler jener Zeit pflegten Kontakte zu Philosophen und Dichtern des Transzendentalismus, womit der Mythos der göttlichen und anbetungswürdigen Wildnis entstand. Landschaft war nicht länger nur Kulisse, sondern Träger vielfältiger Beziehungen zwischen Natur, Mensch und Gott und diente als Symbol für individuelle und kollektive Erneuerung, als Ort der Hoffnung und der spirituellen Wiedergeburt.

Neben Cole gehörten Jasper Francis Cropsey (1823–1900), Asher Brown Durand (1796–1886), Frederick Edwin Church (1826–1900), Thomas Worthington Whittredge (1820–1910), George Inness (1825–94) und der deutschstämmige **Albert Bierstadt** (1830–1902) der Hudson-River-Gruppe an. Bierstadt war der erste Künstler, der den damals größtenteils unbekannten Westen malte. Er war ab 1859 mehrmals dorthin gereist, hatte an Expeditionen in die Rocky Mountains und die Sierra Nevada teilgenommen. Aus seinen auf Reisen gefertigten Skizzen und Fotos entstanden später in seinem New Yorker Studio gigantische Panoramen.

info

Altmeisterliches im Harvard Art Museum (MA)

tafeln, Geldscheine, Comics und Pressefotos wurden thematisiert und Alltagsgegenstände oder Müll als neue Medien eingesetzt. Neben Jasper Johns gehörten Robert Rauschenberg, Jim Dine, Roy Lichtenstein, James Rosenquist, Tom Wesselmann, George Segal, Claes Oldenburg und **Andy Warhol** (1928–87) zu den bedeutendsten Vertretern dieser Kunstrichtung.

Experimentierfeld Fotorealismus, Happenings, experimentelle Kunst, Video- und Computerkunst, Konzeptkunst, Minimal Art, Neo-Dada, Neo-Abstraktion, Anti Form, New Image Painting – seit der Pop-Art als erstem eigenständigen modernen amerikanischen Stil in den 1980er-Jahren scheint in der Kunstszene heute alles erlaubt zu sein.

Neuengland – Heimat der Dichter und Denker

Seit den Gründungstagen der ersten britischen Kolonien haben die Neuengland-Staaten Literaten und Denker hervorgebracht, die das ganze Land beeinflussten, während in der Weltstadt New York von jeher alle möglichen Einflüsse aufeinanderprallten.

Ein wichtiger Wegbereiter einer eigenständigen amerikanischen Literatur war **Ralph Waldo Emerson** (1803–82). Als Kopf des **Transzendentalismus** propagierte er

Neuengland – Heimat der Dichter und Denker

die schöpferische Intuition des Einzelnen und seine Eingebundenheit in eine pantheistische Natur. Es gelang Emerson, dessen Essay „Nature" (1836) als Bibel der Bewegung galt, die besten Denker und Dichter seiner Zeit um sich zu scharen.

So versuchte **Henry David Thoreau** (1817–62), die Ideen in die Tat umzusetzen, und lebte zwei Jahre in einer Hütte in den Wäldern von Massachusetts (Walden Pond). **Nathaniel Hawthorne** (1804–64) entlarvte in seinen Hauptwerken *The Scarlet Letter* (*Der scharlachrote Buchstabe*, 1850) und *The House of the Seven Gables* (*Das Haus der sieben Giebel*, 1851) die puritanische Doppelmoral. Emerson beeinflusste aber auch **Emily Dickinson** (1830–86) und **Louisa May Alcott** (1832–88), die als Wegbereiterinnen der Gleichberechtigung fungierten.

 Lesetipp
Das gemeinsame Tagebuch des Ehepaars Sophia und Nathaniel Hawthorne aus den ersten beiden Ehejahren in Concord (MA)

Nathaniel Hawthorne thront immer noch in seiner Heimat Salem (MA)

ist das **amüsante** Dokument einer **glücklichen Partnerschaft** *und bietet einige Stunden Lesevergnügen:*
- *Sophia & Nathaniel Hawthorne, Das Paradies der kleinen Dinge. Ein gemeinsames Tagebuch. Hrsg. von Alexander Pechmann, Vorwort von Peter Handke (Jung und Jung, 2014).*

In New York und in der Abgeschiedenheit der Berkshires war **Herman Melville** (1819–91) zu Hause. Erst posthum wurde er als einer der bedeutendsten Dichter der USA verehrt und sein tiefgründiges und symbolisches Hauptwerk *Moby-Dick* (1851) zum Bestseller. Zu Lebzeiten schätzte man eher seine in der Karibik spielenden Romane wie *Typee* (1846) oder *Omoo* (1847), in denen ein freies Leben ohne Zwänge unter den Ureinwohnern propagiert wird.

Intellektuelle und Literaten aus Neuengland standen vor dem Bürgerkrieg an der Spitze der Anti-Sklavenbewegung. Berühmtestes Beispiel ist **Harriet Beecher Stowe** (1811–96) und ihr 1852 verfasster Roman *Uncle Tom's Cabin*. Weltberühmt war ihr Nachbar **Mark Twain** (eig. Samuel Langhorne Clemens, 1835–1910), der wie sie in Neuengland (Hartford) lebte, aber Zeit seines Lebens ein Südstaatler geblieben ist. Das belegen auch seine bekannten Abenteuergeschichten um Tom Sawyer (1876) und Huckleberry Finn (1884).

Abolitionisten

Der meistgelesene Neuengland-Autor des 19. Jh. war **Henry Wadsworth Longfellow** (1807–82) aus Portland (Maine). Gerade seine Versepen *The Song of Hiawatha*

(1855) und *Evangeline* (1847), mit denen er den Indianern und der arkadischen Minderheit Kanadas, den Cajuns, Denkmäler setzte, haben ihn zu einem bedeutenden Dichter gemacht. In seiner Tradition steht **Robert Frost** (1874–1963), der wie kein anderer die bäuerliche Welt New Hampshires beschrieb.

Obwohl im 20. Jh. die literarische Dominanz Neuenglands zu Ende ging, spielt diese Region bis heute eine Rolle in der nordamerikanischen Literaturszene. Viele moderne Autoren stammen aus Neuengland oder leben/lebten dort, z. B. John Updike (1932–2009), Thornton Wilder (1897–1975), John Irving (*1942) und Arthur Miller (1915–2005), dessen berühmtes Schauspiel *The Crucible* (Hexenjagd, 1953) anhand der Hexenprozesse von Salem 1692–93 (s. S. 344) die Gefahr gesellschaftlicher Manipulation und Unterdrückung anprangert.

James Fenimore Coopers (1789–1851) weltberühmte *Lederstrumpf*-Romane stellen einen Meilenstein in der nordamerikanischen Literaturgeschichte dar. Der meisterhafte Erzähler Cooper war nahe dem heutigen Cooperstown am Otsego Lake (New York) aufgewachsen, hatte dort die Entwicklung des Nordostens von einem unberührten Naturrefugium zur blühenden Gemeinde miterlebt und in fünf *Lederstrumpf*-Erzählungen, erschienen zwischen 1823 und 1841, verarbeitet.

Als erster eigenständiger amerikanischer Autor gilt **Edgar Allan Poe** (1809–49). In Boston geboren, war Poe zeitweise in Baltimore, die meiste Zeit jedoch in Richmond (VA) und die letzten Jahre (1846–1849) in der Bronx (NY) zu Hause. Trotz seines kurzen Lebens gilt Poe als *America's Shakespeare*, der in gleich fünf literarischen Gattungen Meisterschaft erlangte: Detektiv-, Horror- und Kurzgeschichten sowie Lyrik und Science-Fiction.

Amerikas Shakespeare

In einem ähnlichen Genre bewegte sich **H. P. Lovecraft** (1890–1937), der die meiste Zeit seines Lebens in Providence (RI) verbrachte und der in fantastischen Horrorerzählungen wie *The Shadow over Innsmouth* (1936) die neuenglischen Staaten zu einer düsteren, gleichzeitig unbesiedelten und beklemmenden Kulisse stilisierte. Auch der aus Portland (ME) stammende **Stephen King** (*1947) hat mit Bestsellern wie *The Shining*, *Misery* und *It* großen Einfluss auf das Horrorgenre genommen.

Meister des Horrors

Literarisches New York

info

Unzählige berühmte Autoren wurden in New York geboren oder lebten hier, auch deutsche Schriftsteller wie Bert Brecht, Oskar Maria Graf, Thomas und Klaus Mann oder Ludwig Thoma waren hier zeitweise ansässig. Zu den bekanntesten „New Yorker" Schriftstellern gehören **Henry Miller** (1891–1980) und **Norman Mailer** (1923–2007) sowie die Begründer der Beat-Generation **Jack Kerouac** (1922–69) und **Lawrence Ferlinghetti** (*1919). Bekannt auch ist **John Dos Passos** (1896–1970), portugiesischer Abstammung und aktiver Kommunist, der in seinem Meisterwerk *Manhattan Transfer* (1925) die New Yorker Gesellschaft beschreibt.

Walt Whitman (1819–92), geboren auf Long Island und den größten Teil seines Lebens in Brooklyn beheimatet, gilt als der Begründer der modernen amerikanischen Dichtung. Seinen Gedichtband *Leaves of Grass* (1855) überarbeitete und erweiterte er immer wieder bis zu seinem Tod, und bis heute bleibt es ein Meisterwerk und

Neuengland – Heimat der Dichter und Denker

Meilenstein. Lesenswert und amüsant sind auch seine Essays zum *Schönen Mann* (1858).

Der derzeit berühmteste Autor aus der Metropole ist zweifellos **Paul Auster** – geboren 1947 in Newark (NJ) und in Prospect Park (Brooklyn) lebend. Zu seinen lesenswertesten Büchern gehören die *New-York-Trilogie* (1985–86), *The Brooklyn Follies* (2005), *Sunset Park* (2010) oder *4 3 2 1* (2017). Auch seine Frau **Siri Hustvedt** (*1955) hat sich mit ihren Werken – zuletzt mit *A Woman Looking at Men Looking at Women* (2016) und *Memories of the Future* (2019) – einen Namen gemacht.

Schon in den 1920er-Jahren hat in New York die afroamerikanische Kunst- und Literaturszene für Aufsehen gesorgt. Die **Harlem Renaissance** war Ausdruck eines neuen schwarzen Selbstbewusstseins und äußerte sich in den Bereichen Tanz, Musik, Theater, Kunst und Literatur. **Alain Locke** (1885–1954) hatte die Bewegung mit einem Essay in *The New Negro* (1925) initiiert, und **Langston Hughes** (1902–67) thematisierte in *The Big Sea* (1940) Harlems Blütezeit in den Roaring Twenties. Damals waren Jazzmusiker wie Duke Ellington oder Tänzer wie Bill „Bojangles" Robinson neben großen Literaten in Harlem zu Hause: **Jean Toomer** (1894–1967), **Zora Neale Hurston** (1891–1960), **Claude McKay** (1890–1948) und **Rudolph Fisher** (1897–1934). Den neuerlichen Aufschwung Harlems verkörperte beispielsweise **Toni Morrison** (1931–2019) mit ihrem Roman *Jazz* (1992).

Wie breit das Spektrum der Schriftsteller in New York ist, belegt der „singende, jüdische Cowboy" **Kinky Friedman** (*1944). Mit seinen skurrilen Krimis, die im New Yorker Greenwich Village spielen, hat er weltweit eine große Fangemeinde gewonnen. Einer der ersten jüdischen Autoren der Stadt war **Isaac Bashevis Singer** (1904–91), der 1935 als Sohn eines jüdisch-polnischen Händlers eingewandert war. **J. D. Salinger** (1919–2010) war nicht nur als Romanautor (z. B. *The Catcher in the Rye*, 1951) bekannt, sondern auch als Kolumnist für den **„New Yorker"**, bis heute das wichtigste Kulturmagazin Amerikas. Zur modernen Generation jüdischer Literaten gehören Autoren wie der 1977 geborene **Jonathan Safran Foer**, der mit seinem 2002 erschienenen *Everything Is Illuminated* berühmt wurde und 2009 mit *Eating Animals* weltweit Aufsehen erregt hat.

Zur jungen Generation berühmter Literaten aus der Stadt zählt der in Nigeria verwurzelte **Teju Cole** (*1975), zu dessen bekanntesten Werken *Open City* (2012) gehört. Mit dem Roman *The Underground Railroad* (2016) wurde **Colson Whitehead** (*1969) einem breiten Publikum bekannt. Weitere lesenswerte Gegenwartsautoren sind **Meghan O'Rourke**, **Persia Walker**, **Hilton Als** und **Jami Attenberg**.

Zuletzt machte sich auch **Gary Shteyngart** einen Namen. 1972 in Leningrad (heute St. Petersburg) geboren, kam er als Siebenjähriger nach New York. 2002 sorgte er mit seinem Erstlingswerk *The Russian Debutante's Handbook* (2002) für Aufsehen und gilt seither als einer der New Yorker Kultautoren. Sein zuletzt erschienenes Buch *Lake Success* (2018) ist die turbulente Busreise eines schwerreichen New Yorker Fondsmanagers durch Amerika.

2. REISETIPPS

Allgemeine Reisetipps A–Z

> **Hinweis**
>
> In den Allgemeinen Reisetipps finden sich – alphabetisch geordnet – reisepraktische Hinweise für die Vorbereitung der Reise und des Aufenthalts im Nordosten der USA. Auf den anschließenden grünen Seiten (ab S. 128) werden Preisbeispiele für den Urlaub gegeben. Der anschließende Reiseteil (ab S. 132) enthält zu den jeweiligen Orten und Routen detaillierte Auskunft über Infostellen, Sehenswürdigkeiten, Unterkünfte, Restaurants, Einkaufsmöglichkeiten, Nachtleben, Verkehrsmittel, Touren und andere interessante Angebote.
> Die Angaben in diesem Buch wurden sorgfältig recherchiert. Sollte sich dennoch inzwischen etwas geändert haben, freuen wir uns über Anregungen und Hinweise, am besten per E-Mail an info@iwanowski.de.

Abkürzungen	80
Alkohol	80
Auto fahren	81
Besondere Gesellschaftsgruppen	86
Botschaften und diplomatische Vertretungen	86
Busse	87
Camping und Camper	88
Einkaufen	89
Einreise und Visum	91
Eintritt	94
Eisenbahn	94
Essen und Trinken	96
Feiertage und Veranstaltungen	98
Flüge	99
Fotografieren	102
Geldangelegenheiten	102
Gesundheit	104
Informationen	105
Kartenmaterial	105
Maßeinheiten	106
Medien	106
Mietwagen	107
Museen und andere Sights	110
Nahverkehr	110
Natur- und Nationalparks	111
Notfall & Notruf	112
Öffnungszeiten	113
Post	114
Rauchen	115
Reisezeit	115
Sicherheit und Verhaltensregeln	116
Sport und Freizeit	116
Sprache und Verständigung	118
Strom	119
Telefon und Internet	119
Trinkgeld	120
Umgangsformen	121
Unterkunft	121
Versicherung	125
Zeit und Zeitzonen	126
Zoll	126

Abkürzungen

Abgesehen von den geläufigen Abkürzungen für Tage, Monate, Zeiten etc. sind nachfolgend einige häufig gebrauchte Abkürzungen zusammengefasst, die in den USA (z. B. in Broschüren, auf Landkarten, Straßenschildern) bzw. in diesem Buch benutzt werden:

A	Österreich	NS	Nebensaison (s. o. „HS")
a.m.	ante meridiem (vormittags)	Pkwy.	Parkway
Ave.	Avenue	p.m.	post meridiem (nachmittags)
Bldg.	Building	Rd.	Road
Blvd.	Boulevard	Rte.	Route (identisch mit Hwy.)
CH	Schweiz	RV	Recreational Vehicle (Wohnmobil)
CR	County Route	S	South
CVB	Convention & Visitors Bureau (Tourismusamt)	SP	State Park
D	Deutschland	St.	Street
Dr.	Drive	Sq.	Square
DZ	Doppelzimmer	VC	Visitor Center (Besucherinformationsstelle)
E	East	W	West
EG	Erdgeschoss (auch UG, OG)	/	bei Adressangaben, weist auf eine Straßenecke hin
EW	Einwohner		
Frwy.	Freeway	-	Hinweis auf die Straßen, zwischen denen ein Punkt liegt
HS	Hauptsaison (Memorial bis Labor Day, d. h. letzter Mo im Mai bis 2. Mo im Sept.)		

Staatenabkürzungen

Hwy.	Highway (identisch mit Rte.)	CT	Connecticut
I	Interstate (Autobahn)	D.C.	District of Columbia (= Washington)
Ln.	Lane	MA	Massachusetts
N	North	MD	Maryland
mi	mile (Meile), entspricht 1,6 km	ME	Maine
mph	miles per hour (vgl. km/h)	NH	New Hampshire
Mt.	Mount	NJ	New Jersey
Mtn.	Mountain	NY	New York
NF	National Forest	PA	Pennsylvania
NHS	National Historic Site	RI	Rhode Island
NM	National Monument	VA	Virginia
NP	National Park	VT	Vermont
NRA	National Recreation Area		

Alkohol

Das Mindestalter für Alkoholkonsum (*minimum legal drinking age, MLDA*) liegt bei 21 Jahren in allen Staaten. Häufig muss in Supermärkten oder Bars ein Ausweis bzw. Führerschein vorgezeigt werden. Auch das Beschaffen von Alkohol für **Minderjährige** ist strafbar; nur bei den eigenen Kindern variiert die Gesetzeslage je nach Staat.

In der Öffentlichkeit ist der Konsum von Alkoholika (einschließlich Bier) generell verboten; gekaufte Dosen und Flaschen sollten in Papiertüten (*brown bags*) verpackt im Kofferraum verstaut werden. Niemals geöffnete Flaschen/Dosen im Fahrgastraum transportieren!

Je nach Staat bzw. County bekommt man Alkohol (manchmal nur Bier und Wein) in Supermärkten und Tankstellen, manchmal auch nur in *liquor stores* (v. a. Hochprozentiges) und sonntags oft erst ab mittags oder sogar überhaupt nicht. Einige Lokale, besonders Fast-Food-Restaurants, verfügen über keine **Alkohollizenz**. In manche Restaurants darf man eigene Flaschen mitbringen (*„BYOB" – bring your own bottle*) und bezahlt dann nur eine *opening/corkage fee*.

Allgemeine Reisetipps A–Z

Auto fahren

siehe auch „Mietwagen"

Im Allgemeinen fährt man in den USA weniger aggressiv und rücksichtsvoller als in Europa. Man bewegt sich gemächlich vorwärts, aktiviert den Tempomat und überholt wenig. Abgesehen von städtischen Ballungsgebieten ist die Verkehrsdichte geringer, und trotz einer Höchstgeschwindigkeit von überwiegend 65 mph (ca. 105 km/h) im Nordosten kommt man über Land zügig voran. Das Fahren im Ballungsraum großer Städte kann hingegen Zeit und Nerven kosten, vor allem während der Rushhour, d. h. zwischen etwa 7 und 9 bzw. 17 und 20 Uhr.

Amerikanische Wagen

Komfort und Bequemlichkeit spielen bei amerikanischen Pkws eine große Rolle, wobei die Wagen in den letzten Jahren auch hier kleiner und energiesparender geworden sind. Tempomat (*cruise control*), Klimaanlage (*AC*), Servolenkung und -bremsung, mehrere Airbags und Zentralverriegelung gehören im Allgemeinen zur Grundausstattung dazu, Automatikgetriebe bzw. Kombi-Getriebe ebenso. Auch das Anlassen des Motors per Knopfdruck wird immer verbreiteter.

Bzgl. der **Automatik-Schaltung** ist zu beachten, dass die beiden vorhandenen Pedale für Bremse und Gas ausschließlich mit dem rechten Fuß bedient werden und dieser immer bremsbereit sein muss, da das Standgas sonst das Auto langsam in Bewegung setzt. Je nach Fahrzeugkategorie befindet sich der Schalthebel zwischen den Vordersitzen oder rechts am Lenkrad. Die Handbremse befindet sich zumeist als Druckknopf am Schalthebelgehäuse, teils aber auch als kleineres Pedal im Fußraum ganz links außen.

Die Symbole des Automatikgetriebes bedeuten:
- **P Park** – Parkposition (blockiertes Getriebe, zum Starten des Wagens bzw. zum Abziehen des Schlüssels)
- **N Neutral** – Leerlauf
- **R Reverse** – Rückwärtsgang
- **D Drive** – Fahren. Vorsicht: Beim Loslassen der Bremse rollt das Fahrzeug direkt mit Standgas los. Um schnell zu beschleunigen das Gaspedal durchdrücken.
- **S Sport** – Fahren mit schnellerer Schaltstrategie und dadurch besserer Beschleunigung, aber auch höherem Verbrauch.
- **2** – zweiter Gang, bei mittleren Steigungen (kurzzeitig) zu empfehlen. Eine Höchstgeschwindigkeit von 50 mph sollte nicht überschritten werden.
- **1 oder L** (Low) entspricht dem ersten Gang und wird genutzt bei steilen Steigungen und Gefällen sowie langsamer Geschwindigkeit (max. 25 mph).

Fahrweise

Bei Überlandfahrten passt man sich dem Verkehrsfluss an. Amerikaner wechseln selten die Fahrspur und fast niemals abrupt. Ungewohnt ist das erlaubte **Rechtsüberholen** bei mehreren Spuren. Im Stadtbereich hält man sich an die zweite oder dritte Spur von rechts, auch um auf Linksabfahrten vorbereitet zu sein. Bei nur zwei Fahrspuren wird nur ausnahmsweise überholt; es wird erwartet, dass der Langsamere die nächste Gelegenheit zum kurzen Herausfahren wahrnimmt. Bei Blinklicht auf der Standspur, egal welcher Art, wechselt man auf die linke Spur.

Carpool oder **HOV (high-occupancy vehicle) lanes** sind mit einer Raute markierte Fahrbahnen für Fahrgemeinschaften, Taxis und Busse. Schilder weisen darauf hin, wie viele Personen sich mindestens in dem Wagen befinden müssen und zu welchen Zeiten die Spur benutzt werden darf. Da *carpool lanes* weniger Abfahrten aufweisen und gelegentlich von Mauern oder Zäunen begrenzt werden, ist Vorsicht geboten.

Auf- und Abfahrten auf Interstates (*exits*) sind entweder nach Meilen zur Staatsgrenze beziffert oder durchnummeriert. Sie können sich auch links befinden. Oft führen mehrere *exits* in dieselbe Stadt, wobei Ankündigungsschilder meist Straßennummern, jedoch keine Orte nennen. Vorheriges Kartenstudium bzw. GPS-gestützte Navigation sind hilfreich. Am Straßenrand kündigen blaue Schilder vor Ausfahrten zu erwartende Serviceeinrichtungen wie öffentliche WCs, Rastplätze und Tankstellen an.

Straßentypen und -nummerierung

Highway ist der übergeordnete Begriff für Straßen. Exakt wird unterschieden zwischen autobahnähnlichen **Interstates**, übergeordneten bundesstaatlichen, oft vierspurigen **US highways** und untergeordneten **state** oder **county highways**, die meist zweispurig sind und in manchen Staaten auch *route* (Rte.) genannt werden. State-Highway-Schilder zeigen meist au-

Hier gilt es sich zurechtzufinden

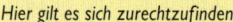

ßer der Nummer die jeweilige Staatskontur, *county highways* werden durch kleinere Schilder, meist mit Nennung des Landkreises, markiert.

Interstate highways werden durch rot-blaue Schilder angekündigt. Ungerade ein- oder zweistellige Straßennummern signalisieren N-S-, gerade O-W-Verlauf. Zubringer oder Nebenstrecken tragen korrespondierende dreistellige Nummern (z. B. I-180 als Zubringer zur I-80). Bei gerader erster Ziffer handelt es sich um eine Stadtumgehung, bei ungerader um eine Stichstraße. *Interstates* heißen im städtischen Großraum gelegentlich auch **freeway** oder **expressway** und sind mindestens vierspurig. Gelegentlich werden Interstates im Stadtgebiet bzw. als Umfahrung zu gebührenpflichtigen **toll roads** oder **turnpikes**.

In vielen Städten in Neuengland sind **rotaries** oder **roundabouts** (Kreisverkehre) verbreitet. **Gravel** oder **unpaved roads** sollten möglichst gemieden werden, erst recht **dirt roads**, die nicht viel mehr als Feldwege darstellen.

Tanken

Eine Gallone (3,8 l) des für die meisten Mietwagen ausreichenden Normalbenzins (*gas*) kostet im Nordosten der USA zwischen $ 2,20 und $ 2,80 (Stand: Frühjahr 2020), in Städten und an Autobahnen mehr als über Land. Üblich ist *self service*, gezahlt wird bar (*cash*) oder mit Kreditkarte (*credit*) direkt an der Zapfsäule. Die oft nötige Eingabe einer Postleitzahl bei Kartenzahlung macht es jedoch erforderlich, vorab an der Tankstellenkasse im Inneren zu bezahlen. Dies gilt gelegentlich auch nachts (*pay cashier first*).

Die aktuellen Preise finden sich unter www.gasbuddy.com.

Automobilclub AAA

Die American Automobile Association – AAA („*Triple A*") – ist auch für ausländische Besucher eine hilfreiche Einrichtung. Mit einem deutschen ADAC- oder AvD-, einem österreichischen ÖAMTC- oder Schweizer TCS-Ausweis erhält man gratis vor Ort aktuelle Karten und Stadtpläne, außerdem hilfreiche *AAA TourBooks* (auch als eBooks), in denen Sehenswürdigkeiten, Unterkünfte und Restaurants aufgelistet sind. Jede größere Stadt verfügt über eine AAA-Niederlassung (www.aaa.com), in der man sich ganz altmodisch zu Reisebeginn mit allen nötigen Karten, Stadtplänen und *TourBooks* eindecken kann. Auch in M/Hotels kann das Vorzeigen der Mitgliedskarte Rabatte einbringen.

Pannen und Notfälle

Notruf ist die 911. Mietwagenfirmen haben eigene Telefonnummern für den Fall einer Panne oder eines Unfalls und sollten als Erste informiert werden. Man ruft Hilfe per Mobiltelefon oder an der Notrufsäule. Ein kostenloser zentraler Notruf in deutscher Sprache (ADAC) ist erreichbar unter **01149-89-222222**. Der AAA-Pannendienst (AAA Emergency Road Service, ② 800-222-4357) hilft ebenfalls weiter.

Bei Abholung des Mietwagens kann zugleich ein Pannenpaket (z. B. *Emergency Roadside Assistance/Service*) dazugebucht werden, z. B. das Abschleppen bei einer Reifenpanne oder Hilfe, wenn das Benzin ausgeht oder man sich ausgesperrt hat. Ob man den Aufpreis dafür in Kauf nehmen möchte, sei jedem selbst überlassen; eine reguläre Pannenhilfe ist auf jeden Fall gewährleistet. Bei kleineren Defekten kann ein Mietwagen meist unkompliziert an der nächsten Verleihstation umgetauscht werden.

Parken

Parken, vor allem in Parkhäusern, kann in Metropolen, aber auch in Hotels höherer Kategorien teuer werden. Auf Überlandstraßen und Autobahnen darf nur in Notfällen abseits der Fahrbahn angehalten werden; in Städten sind **Hydranten** und **tow away**- bzw. **no parking**-Zonen ein absolutes Tabu. Auf Straßen signalisieren farbige Randsteinmarkierungen die Parkregeln:
- **Rot**: absolutes Halteverbot
- **Gelb/Gelb-Schwarz**: Liefer-/Ladezone; der Fahrer muss bei seinem Wagen bleiben
- **Grün**: 10–30 Minuten Parken erlaubt; der genaue Zeitraum ist aufgesprüht oder beschildert
- **Weiß**: Anhalten zum Ein-/Aussteigen erlaubt
- **Blau**: Behindertenparkplätze

TIPP

Es empfiehlt sich, in Großstädten wie New York, Philadelphia, Washington oder Boston aufs Auto zu verzichten bzw. dieses erst am Tag der Abreise abzuholen oder am Tag der Ankunft abzugeben. In Innenstädten kann es sich schwierig gestalten eben mal am Hotel zu parken um auszuladen, daher evtl. Taxi o. ä. Fahrdienste von der Mietwagenstation einplanen.

Verkehrsschilder

In den USA tragen Schilder zumeist eher Worte als Symbole. Zudem signalisieren Farben, um welche Art von Regel es sich grundsätzlich handelt. Dabei bedeutet
- **Rot**: Warnungen (z. B. „Yield") und Verbote (z. B. „Do not enter")
- **Gelb**: Warnungen (Kurvengeschwindigkeit, Kreuzung, Fahrbahnglätte etc.)
- **Weiß**: Gebote (Höchstgeschwindigkeit, vorgeschriebene Fahrtrichtung etc.)
- **Braun**: Hinweise auf Sehenswürdigkeiten, Naturparks etc.
- **Grün**: Hinweise auf Ausfahrten, Mautstellen oder Entfernungen
- **Blau**: Hinweise auf offizielle und Serviceeinrichtungen (Rastplätze, Tankstellen etc.)

Vielfach erfolgen Warnungen nicht in Symbol-, sondern in Schriftform:
- **Alt (Route)** – Umleitungsstrecke (*alternative route*)
- **Dead End** – Sackgasse
- **Detour** – Umleitung
- **Merge** – Einfädeln, die Spuren laufen zusammen
- **mph** – *miles per hour* (Meilen pro Stunde; 1 mi = 1,6 km)
- **No Passing Zone/Do Not Pass** – Überholverbot
- **No U-Turn** – Wenden verboten
- **Ped Xing** – Fußgängerüberweg (*pedestrian crossing*)
- **Railroad Crossing/Train Xing** – Bahnübergang

Allgemeine Reisetipps A–Z

- **Road Construction** (next ... miles) oder **Men Working** – Baustelle (auf den nächsten ... km)
- **Rotary/Roundabout** – Kreisverkehr
- **RV** – alle Arten von Wohnmobilen, Campern (*recreational vehicle*)
- **Speed Limit/Maximum Speed** – Höchstgeschwindigkeit
- **Yield** – Vorfahrt achten

Besondere Verkehrsregeln und Tipps

„Rechts vor links" ist in den USA prinzipiell unbekannt; stattdessen gibt es in Ortschaften, wenn Ampeln fehlen, **four-way stops** – d. h. Stoppschilder in allen Fahrtrichtungen. Wer zuerst kommt, fährt zuerst – und das wird auch genau befolgt oder, falls nötig, per Handzeichen geregelt.

- **Ampeln** hängen ungewohnt hoch, mitten über der Kreuzung und schalten unmittelbar von Rot auf Grün.
- **Rechtsabbiegen** bei roter Ampel ist erlaubt. Allerdings muss zum Achten der Vorfahrt vorher angehalten werden, und es darf kein **No turn on red-Schild** vorhanden sein.
- Auf mehrspurigen Straßen darf **rechts überholt** werden.
- Orangefarbene **Schulbusse** dürfen, wenn sie Zeichen geben (Blinklicht/Kelle), nicht passiert werden, auch nicht in Gegenrichtung. Einige Staaten machen davon eine Ausnahme, wenn sich der Bus auf einer physisch getrennten Fahrspur befindet.
- Bei **Blinklicht** (Polizei/Abschleppwagen etc.) verringert man das Tempo und wechselt, wenn möglich, auf eine nicht-angrenzende Spur.
- Die **Höchstgeschwindigkeit** variiert je nach Bundesstaat, zumeist liegt sie im Nordosten auf Autobahnen (Interstates) bei 65–70 mph (104–112 km/h), auf anderen Landstraßen (US/State Hwy.) sind 55 mph (88 km/h) üblich, im Stadtgebiet zwischen 25 und 30 mph (40–48 km/h), daher sollte stets auf die Beschilderung geachtet werden.
- **Rasen** (*speeding*) wird schärfer überwacht und härter bestraft als hierzulande. Kontrollen erfolgen durch geschickt am Straßenrand oder auf dem Mittelstreifen verborgene Polizeiwagen mit Radargeräten, die sich hinter einem Verkehrssünder einreihen und ihn per Signal zum Halten zwingen. Der Strafzettel sollte widerspruchslos hingenommen und auf die dort angegebene Weise (meist im Internet per Kreditkarte möglich) bezahlt werden.
- **Parkverstöße**, die mit einem *ticket* bestraft wurden, können ebenfalls meist im Internet beglichen werden.
- **Alkohol** sollte stets im Kofferraum transportiert werden. Gesetzlich gilt eine 0,8-Promille-Grenze, und Verstöße werden streng geahndet.
- Sollte man doch einmal **angehalten werden**, so gilt es, unmittelbar langsamer zu fahren und zu blinken, dann an einer geeigneten Stelle anzuhalten und den Motor auszuschalten. Solange man nicht zum Aussteigen aufgefordert wurde, bleibt man im Auto sitzen und lässt die Fensterscheibe auf Anfrage herunter. Die Hände des Fahrers wie auch ev. Beifahrer sollten zu jeder Zeit gut sichtbar sein. Zu guter Letzt bemüht man sich insbesondere in einer solchen Situation um einen freundlichen Umgangston; Diskutieren, humoristische Einlagen oder Zynismus wirken schnell respektlos und kontraproduktiv.

Besondere Gesellschaftsgruppen

Menschen mit Behinderung
Insgesamt gelten die USA als sehr behindertenfreundlich. Rampen an Zugängen, abgesenkte Bordsteinkanten, Aufzüge, eigene Parkplätze, Telefonzellen und WCs, spezielle Motelzimmer und Leihwagen, Blindeneinrichtungen oder kostenlos zur Verfügung gestellte Rollstühle erleichtern *handicapped people* das Reisen. In Detailfragen helfen z. B. die folgenden Websites weiter:
- ADAC, www.adac.de/rund-ums-fahrzeug/mobil-behinderung
- SATH, Society for Accessible Travel & Hospitality, ℡ 212-447-7284, www.sath.org
- https://wheelchairtraveling.com/category/destinations/usa-destinations
- www.usatourist.com/english/traveltips/handicapped-travel-tips.html

Senioren
Meist ab 62 oder 65 Jahren genießt man in den USA gegen Vorlage von Führerschein oder Pass als „*senior (citizen)*" Sonderkonditionen. Abgesehen von zusätzlicher Unterstützung wie z. B. an Flughäfen, gibt es zahlreiche Rabatte bei Fluggesellschaften, bei der Eisenbahn, bei Tourveranstaltern, in Motels und Hotels oder auch in Museen und anderen Sehenswürdigkeiten. Oft gelten die Vergünstigungen nur für Amerikaner, doch Nachfragen lohnt.

Kinder
Amerika ist kinder- und familienfreundlich. Es gibt vielerlei Vergünstigungen, sei es im Flugzeug, in der Bahn oder in öffentlichen Verkehrsmitteln. In vielen Unterkünften übernachten Jugendliche bis 18 Jahre kostenlos im Zimmer der Eltern. Restaurants bieten Kindersitze und -menüs an, in Fast-Food-Lokalen oder Parks gibt es Spielplätze. Neben Swimmingpools für Erwachsene sind Planschbecken die Regel. Größere Sehenswürdigkeiten und Parks stellen oft Kinderwagen zur kostenlosen Benutzung bereit. Öffentliche Picknickplätze sind verbreitet, ebenso Toiletten mit Wickeltischen.

Botschaften und diplomatische Vertretungen

siehe auch „Einreise und Visum"

Die ausländischen Botschaften und Konsulate im Heimatland sind in erster Linie für die Erteilung von Visa zuständig, die jedoch Reisende aus dem deutschsprachigen Raum zumeist nicht benötigen:

Deutschland:
- Amerikanische Botschaft, Clayallee 170, 14191 Berlin, ℡ 030-83050.
- Unter https://de.usembassy.gov/de/die-botschaft-und-die-konsulate gibt es eine Liste der verschiedenen Konsulate in Deutschland.

Österreich:
- Amerikanische Botschaft, Boltzmanngasse 16, 1090 Wien, ℡ 01-31339-0, https://at.usembassy.gov/de

Schweiz:
- Amerikanische Botschaft, Sulgeneckstr. 19, 3007 Bern, ℡ 031-357-7011, https://ch.usembassy.gov; Visa-Terminabsprachen: ℡ 031-58-000-33

Allgemeine Reisetipps A–Z

@ Visa-Informationen im Internet:
- *https://de.usembassy.gov/de/visa – hilfreiche Informationen der US-Botschaft*
- *https://travel.state.gov/content/travel/en/us-visas.html (englisch)*

Botschaften in den USA:
- **Embassy of the Federal Republic of Germany**, 4645 Reservoir Rd. NW, Washington, D.C. 20007, ☎ 202-298-4000, www.germany.info (mit Liste weiterer deutscher Konsulate in den USA)
- **Embassy of Austria**, 3524 International Court NW, Washington, D.C. 20008, ☎ 202-895-6700, www.austria.org
- **Embassy of Switzerland**, 2900 Cathedral Ave. NW, Washington, D.C. 20008-3499, ☎ 202-745-7900, www.eda.admin.ch/washington
- Amerikanische Botschaften in **anderen Ländern** im Internet unter: www.travel.state.gov

Listen aller Auslandsvertretungen finden sich auf folgenden Websites:
- D: www.germany.info/us-de/vertretungen/-/692578
- A: www.bmeia.gv.at/botschaften-konsulate
- CH: www.eda.admin.ch/eda/de/home/vertretungen-und-reisehinweise/vereinigte-staaten/schweizer-vertretungindenvereinigtenstaaten.html

Eine Auswahl der wichtigsten Konsulate im Reisegebiet:

Boston
- Consulate General of the Federal Republic of Germany, 3 Copley Place, Suite 500, ☎ 617-369-4900, www.germany.info/us-en/embassy-consulates/boston
- Austrian Consulate Boston, 15 School St., 5th floor, ☎ 617-227-3131, www.austria-bos.org
- Consulate of Switzerland, c/o swissnex Boston, 420 Broadway, Cambridge, ☎ 617-876-3076, www.swissnexboston.org

New York
- German Consulate General, 871 United Nations Plaza, ☎ 212-610-9700, www.germany.info/us-en/embassy-consulates/newyork
- Austrian Consulates General, 31 East 69th St., ☎ 212-737-6400, www.bmeia.gv.at/gk-new-york
- Consulate General of Switzerland, 633 3rd Ave., 30th floor, ☎ 212-599-5700, www.eda.admin.ch/newyork

Busse

Teils deutlich preiswerter als mit der Eisenbahn gelangt man mit den Bussen der amerikanischen Gesellschaft **Greyhound** (www.greyhound.com) ans Ziel. Die Fahrt in den bequemen Überlandbussen – früher ein preiswertes, alternatives Transportmittel für Aussteiger und Weltenbummler – sind jedoch teurer (und luxuriöser) geworden, zumal es die günstige Netzkarte nicht mehr gibt.

Neuere Busgesellschaften wie **Megabus** (www.megabus.com), **Peter Pan** (https://peterpanbus.com), **GotoBus** (www.gotobus.com) und **Boltbus** (www.boltbus.com) sowie **Flixbus** (https://flixbus.com) verbinden viele Städte an der Ostküste zu günstigen Preisen. Im Allgemeinen bekommen Frühbucher ihre Tickets deutlich billiger.

Camping und Camper

siehe auch „Nationalparks"

Grundsätzlich sind die Camping-Bedingungen in den USA sehr gut. Für eine Tour im amerikanischen Nordosten ist ein **Camper**, auch *motorhome* oder übergreifend „*RV*" (*recreational vehicle*) genannt, im Unterschied zum US-Westen oder Südwesten jedoch **nicht unbedingt die erste Wahl**. Die Region ist aufgrund ihrer teilweise dichten Besiedlung und ihrer spezifischen Infrastruktur mit etlichen großen Städten weniger geeignet für große Gefährte, womit die Beweglichkeit gegenüber dem Pkw deutlich eingeschränkt ist.

Hinzu kommen die **Kosten**, die selbst im Vergleich zu Mietwagen plus Unterkunft um einiges höher ausfallen: Zu den Mietkosten addieren sich der hohe Benzinverbrauch und die Stellplatzkosten. Ein kleiner *camper van* kostet pro Tag inkl. 100 Freimeilen mindestens 80 €, dazu kommen meist Übergabe- und Endreinigungsgebühren, Kosten für Wartung, Zubehör, Zusatzversicherungen und ggf. Wochenendgebühren. Ebenfalls nicht jedermanns Sache sind die konstant anstehenden **Wartungsarbeiten** (wie das Füllen von Wassertanks, die Entsorgung des Abwassers etc.) und die nötige strategische Vorausplanung (wie das Finden geeigneter Campingplätze und deren Vorreservierung in der HS).

Vorausbuchung ist immer sinnvoll und in der HS unabdingbar, wobei die Camper-Preise Mitte Oktober bis Anfang April am günstigsten sind. Noch mehr als beim Mietwagen ist es aufgrund der komplizierten Miet-, Versicherungs- und Haftungskonditionen sinnvoll, einen Camper bereits zu Hause, z. B. im Reisebüro, zu buchen. Zu den größten Anbietern gehören El Monte RV und Cruise America. Es gibt auch kombinierte Angebote mit Flug.

Unterschieden wird zwischen *camper van*, *motorhome* (kann zum Campingbus werden) und *pick-up*- bzw. *truck camper* (Kleinlastwagen mit Campingaufsatz). Die beiden zuletzt genannten Typen verfügen über ein Doppelbett über der Fahrerkabine und meist eine tragbare Chemie-Toilette. Je größer das Fahrzeug, je komfortabler es ist, desto höher ist jedoch auch der Benzinverbrauch, desto mehr Technik und damit Wartung und Anfälligkeit sind im Spiel und desto eher sind entlegene (romantische) Plätze, aber auch Großstädte tabu. Erfahrung mit dem Lenken eines solchen Fahrzeugs ist andererseits nicht unbedingt erforderlich; man gewöhnt sich relativ schnell an Dimensionen und Fahrweise.

Bei **Übernahme vor Ort** – im Allgemeinen am Tag nach der Ankunft, d. h., es ist eine Übernachtung nötig – genügt die Vorlage eines normalen Pkw-Führerscheins und eine Kreditkarte für die Stellung einer Kaution. Im Normalfall beträgt das Mindestalter 21 Jahre. Camper-Verleiher holen ihre Kunden in der Regel im Hotel (selten am Flughafen) ab und nehmen zunächst eine mehr oder weniger gründliche Einweisung vor; zusätzlich gibt es unterschiedlich umfangreiche Bedienungsanleitungen. Sinnvoll ist es, das gesamte Fahrzeug auf Schäden bzw. Verschmutzungen hin zu prüfen und diese protokollieren zu lassen.

Bei der Übernahme ist es üblich, ein **Ausrüstungspaket** (*convenience kit*), ab $ 60 pro Person, zu erwerben, das Geschirr und Bettzeug beinhaltet. Hinzu kommen die Kosten für die erste Gasfüllung und Toilettenreinigung sowie eine per Kreditkarte zu stellende Kaution. Um hohe Endreinigungskosten zu vermeiden, sollte der Camper besenrein mit entleerten Abwassertanks und gefülltem Frischwassertank in äußerlich ordentlichem Zustand zurückgegeben werden.

Campingplätze

Campingplätze sind meist leicht zu finden, unterscheiden sich aber in Ausstattung und Lage, Preis und Größe. Allen gemeinsam ist, dass sie meist sauber, gepflegt und großzügig proportioniert sind. Man unterscheidet grundsätzlich zwischen kommerziell-privaten und staatlichen Plätzen, wobei letztere in den Nationalparks besonders begehrt sind. In den meisten *state parks*, *national* und *state forests* gibt es einfache *campgrounds/campsites* in landschaftlich reizvoller Lage. Oft besteht auch die Möglichkeit zu kostenlosem *backcountry camping* nach Einholen einer Erlaubnis (*permit*) in einer Ranger-Station.

Relativ teuer, aber in der Regel gut ausgestattet sind **kommerziell betriebene Plätze**, speziell jene von KOA – mit sogenannten *hook-ups*, d. h. Wasser-, Stromanschluss und Abwasserentsorgung (*dump station*) sowie Luxus Sanitäreinrichtungen, Laden und anderen Gemeinschaftseinrichtungen. Sie liegen meist in Straßennähe, allerdings oft wenig idyllisch. Bei privaten Plätzen sind die Standards höchst unterschiedlich. Die Preise beginnen ungefähr bei $ 35.

Adressen für Camper
- www.cruiseamerica.com und www.elmonterv.com: Informationen über Campingfahrzeuge (Modelle, Angebote, Saisonzeiten)
- www.recreation.gov, ① 606-515-6777 – Hier können Campingplätze aller Art und überall reserviert werden. Es gibt eine Suchfunktion mit weiteren touristischen Infos.
- www.reserveamerica.com – Verzeichnis für Park- und private Campgrounds, die dem Reservierungssystem angeschlossen sind
- https://koa.com, ① 888-562-0000 – KOA-Campingplätze mit Reservierungsmöglichkeit
- https://camping-usa.com – hilfreiches Verzeichnis, das über 12.000 private und öffentliche Campingplätze beinhaltet

Einkaufen

Es gibt in den USA zwar **kein verbindliches Ladenschlussgesetz**, dennoch stimmt das Märchen von endlos geöffneten Läden nicht. Die meisten Geschäfte, v. a. außerhalb der Städte, sind auch in den USA nur zwischen etwa 9 oder 10 und 18 Uhr geöffnet. Lediglich Kaufhäuser, Einkaufszentren und Supermärkte/Drugstores haben verlängerte Öffnungszeiten (bis mind. 20 Uhr, manchmal rund um die Uhr); Buch- und Musikläden sind oft ebenfalls bis 22 oder 23 Uhr geöffnet. Größere Läden öffnen auch sonntags, meist allerdings erst ab 11 oder 12 Uhr und nur bis etwa 17 Uhr. In ländlichen Regionen werden abends die Gehsteige früh hochgeklappt.

Zu den angegebenen Preisen kommt in den USA die **sales tax**, eine Art Mehrwertsteuer, die jedoch in jeder Stadt bzw. jedem Staat unterschiedlich hoch ist. New Hampshire gilt als Shoppingparadies, da es hier keine Mehrwertsteuer gibt. Doch zumeist ist es egal, wo man einkauft, denn viele Dinge sind (selbst in New York City) **preiswerter als zu Hause**, z. B. Frei-

Qual der Wahl: Einkaufen in Amerikas Supermärkten

zeitkleidung und -zubehör, Jeans, Sportschuhe und -artikel sowie technische Geräte wie Laptops, Digitalkameras, Smartphones etc. Zu bedenken ist bei solchen Einkäufen, dass die Garantie nicht notwendigerweise weltweit gilt, dass Tastaturen eine andere Buchstabenanordnung haben und dass Elektrogeräte auf 110 V laufen und ein Adapter vonnöten ist. Zudem ist die Zolleinfuhr-Obergrenze (siehe „Zoll") zu beachten.

Am günstigsten bekommt man vieles in sogenannten **factory outlets** und **outlet malls**, einer Ansammlung von Shops, in denen Markenartikel bestimmter bekannter Firmen zu reduzierten Preisen angeboten werden. Sie befinden sich häufig weit außerhalb von Städten an einer Interstate oder einem viel befahrenen Highway. Die größten Betreiber, auf deren Websites sich die einzelnen Standorte finden lassen, sind:
- Simon – www.simon.com
- Tanger – www.tangeroutlet.com
- VF Outlets – http://vfoutlet.com

Shopping malls und **centers** sind im Normalfall riesige Einkaufs- und Kommunikationszentren mit verschiedenen, oft stark spezialisierten Läden, großen *department stores* (Bekleidungsgeschäften) und Kaufhäusern – wie Macy's, Neiman Marcus, Nordstrom oder JC Penney – unter einem Dach. Außerdem verfügen sie über weitere Einrichtungen wie Friseur, Kino, *food court* bzw. *eatery* (Imbissstände) und Restaurants. **Strip malls** hingegen befinden sich meist am Stadtrand und sind lose Konglomerate verschiedener Shops, oftmals mit einem großen Vertreter wie Walmart oder Safeway im Zentrum. Zusätzlich können sich Serviceeinrichtungen wie Banken, Schlüsseldienst, Reinigung, Getränkemarkt, Friseur etc. rings um einen großen gemeinsamen Parkplatz ansammeln.

Größentabelle Bekleidung

Herrenbekleidung

Deutsche Größe (z. B. 50) minus 10 ergibt amerikanische Größe (40)

Herrenhemden

D	36	37	38	39	40/41	42	43
USA	14	14,5	15	15,5	16	16,5	17

Herrenschuhe

D	39	40	41	42	43	44	45
USA	6,5	7/7,5	8	8,5/9	9,5	10/10,5	11/11,5

Damenbekleidung

D	36	38	40	42	44	46	
USA	6	8	10	12	14	16	

Damenschuhe

D	36	37	38	39	40	41	42
USA	6	6,5/7	7,5/8	8,5	9	9,5	10

Kinderbekleidung

D	98	104	110	116	122		
USA	3	4	5	6	6x		

Supermärkte – wie Albertsons oder Safeway, Trader Joe's oder der **Bio-Supermarkt** Whole Foods – und **Drugstores** – z. B. Walgreens und CVS – befinden sich meist an Ausfallstraßen am Stadtrand im Rahmen von **shopping malls** und sind umgeben von großen Parkplätzen. Die meisten Supermärkte führen Zeitungen, Schreib- und Haushaltswaren, Drogerieartikel und je nach County/Region auch alkoholische Getränke (ab 21 Jahren, oft kein Verkauf am Sonntag). In Drugstores gibt es außer Drogerieartikeln auch Reformkost, Snacks, Softdrinks, Schreib-, manchmal auch Haushaltswaren und dazu einen Schalter für ärztliche Verordnungen bzw. sogar ärztliche Konsultationen.

In Stadtzentren finden sich zumeist kleinere **Lebensmittelgeschäfte** (*convenience/general stores*) oder *delis* – eine Art Gemischtwarenladen. Große Tankstellen bieten ebenfalls eine breite Palette an Lebensmitteln, allerdings keine Frischprodukte. Sears, Kmart, (Super)Target und Walmart sind **Kaufhäuser**, die preiswerte Kleidung, Haushaltswaren und Lebensmittel führen.

Große **Baumärkte** sind Home Depot und Lowe's; Office Depot oder Staples führen **Schreibwaren** und Büroartikel. Zu den großen **Buchläden** mit zahlreichen Filialen gehören Barnes & Noble oder Books-A-Million. Meist gehören ein gemütliches Café und eine große Zeitschriftenabteilung dazu, manchmal auch eine Musikabteilung.

Einreise und Visum

siehe auch „Botschaften und diplomatische Vertretungen"

27 Staaten, darunter Deutschland, Österreich und die Schweiz, sind am **Visa Waiver Program** (VWP) beteiligt, was bedeutet, dass es bei einer Aufenthaltsdauer von bis zu 90 Tagen keine Visumspflicht gibt. Neben einem Rückflugticket muss auch der maschinenlesbare, bordeauxrote Europapass vorgelegt werden. Er muss mindestens die gesamte Aufenthaltsdauer gültig sein. „**ePässe**" (10 Jahre Gültigkeit) enthalten biometrische Daten wie die digitale Speicherung des Fotos und der Fingerabdrücke.

Nur wer keinen Europapass besitzt bzw. länger als 90 Tage im Land bleiben möchte (z. B. als Schüler, Student oder Mitglied bestimmter Berufsgruppen) oder Staatsbürger eines Landes ist, das nicht am VWP teilnimmt, muss sich der aufwendigen und teuren Prozedur der **Visum**sbeschaffung unterziehen. Dasselbe gilt für Einreisende, die sich nach dem 1. März 2011 in einem Land aufgehalten haben, das von den USA als potenziell gefährdend eingestuft wird. Momentan sind dies u. a. Afghanistan, Iran, Irak, Jemen, Libyen, Sudan und Somalia; die Liste ist aber stetigen Änderungen unterworfen. Über das aktuelle Prozedere im Detail informieren folgende Seiten:
- https://travel.state.gov/content/travel/en/us-visas.html
- https://de.usembassy.gov/de/visa

Auch **Kinder** benötigen einen eigenen Europapass. Für Kinder unter 12 Jahren ist daher in jedem Fall ein Visum notwendig.
Reisen Kinder nur mit einem Elternteil, kann sowohl bei der Ausreise aus Deutschland als auch bei der Einreise in die USA zusätzlich eine Einverständniserklärung des anderen Elternteils erforderlich sein. Infos erhält man beim zuständigen Konsulat bzw. der Botschaft.

ESTA und Secure Flight

Seit Januar 2009 müssen sich alle Bürger, egal welchen Alters, die ohne Visum einreisen, spätestens 72 Stunden vor Abflug online bei **ESTA**, dem Electronic System for Travel Authorization, registrieren. Dieser Vorgang kostet einmalig $ 14 (per Kreditkarte bezahlbar) und erfolgt normalerweise gleich bei der Flug- bzw. Reisebuchung.

Erfragt werden dabei Angaben wie Name, Geburtsdatum, Adresse, Nationalität, Geschlecht, Passdetails, erstes Hotel, Zweck und Dauer der Reise etc. Wer einmal registriert ist, kann innerhalb von zwei Jahren mehrfach einreisen, sofern der Pass so lange gültig ist. Nach der Registrierung erfolgt im Allgemeinen sofort eine Mitteilung, ob die Voraussetzungen für eine Einreise erfüllt sind („authorization approved"). Bei Besitz eines Visums ist kein ESTA nötig.

Darüber hinaus müssen den Fluggesellschaften im Rahmen von **Secure Flight** alle maßgeblichen Passagierdaten zur Weiterleitung an die TSA (Transportation Security Administration) vorliegen: voller Name gemäß Reisepass, Geburtsdatum und Geschlecht. Normalerweise werden diese Angaben bereits bei der Flugbuchung gefordert. Die erste Adresse in den USA (meist das erste Hotel), mit Postleitzahl (!), kann beim Check-in nachgereicht werden.

Deutschsprachige Erläuterungen zum Visa Waiver Program sowie zu ESTA, mit einem Link zum Antrag finden sich unter https://de.usembassy.gov/de/visa/esta.

Sicherheit

Abgesehen von gelegentlichen Durchsuchungen des Gepäcks (Koffer nicht abschließen bzw. TSA-Schloss verwenden!) und Körperabtasten bzw. Körperscannen, wird der Einreisende beim Durchlaufen des Sicherheitsbereichs häufig zum Ausziehen der Schuhe und Ablegen aller elektronischen Geräte aufgefordert, die größer sind als ein Mobiltelefon. Die Liste der **Gegenstände**, die aufgegeben werden müssen, wächst stetig. Neben waffenfähigen Gegenständen (z. B. Taschenmesser und Pinzette) sind dies auch Heizkissen, Wanderstöcke und Zeltstangen. **Flüssigkeiten**, Cremes, Gele etc. dürfen in Behältern von bis zu 100 ml im

Handgepäck transportiert werden, müssen aber zusammen in einem wiederverschließbaren 1 l-Beutel aufbewahrt werden. Mengenmäßig von dieser Regelung ausgenommen sind dringend benötigte Medikamente und Babynahrung. **Puder** und puderähnliche Substanzen dürfen im Handgepäck 350 ml nicht überschreiten. Überhaupt nicht transportiert werden hochentzündliche Gegenstände wie Gaskartuschen, Feuerwerk, Feuerzeugbenzin und Streichhölzer. Vorsicht ist außerdem geboten bei waffenähnlichen Gegenständen wie Schusswaffenattrappen und handgranatenförmigen Gürtelschnallen, die auch im aufgegebenen Gepäck schnell einen Alarm auslösen. Ersatzakkus und externe **Akkus** gehören hingegen ins Handgepäck.

Eine ausgiebige **Liste aller erlaubten und nicht-erlaubten Gegenstände** bietet die TSA unter www.tsa.gov/travel/security-screening/whatcanibring/all.

Wer für **TSA Pre✓** qualifiziert ist, braucht im Normalfall nichts auszuziehen oder auszupacken. Weitere Auskünfte erteilen die Fluggesellschaften bzw. gibt es unter www.tsa.gov/travel/travel-tips.

Immigration (Einreisekontrolle)

Bei Ankunft am ersten Flughafen in den USA muss der Reisende durch die *Immigration* und vor einem der Schalter zunächst einmal mehr oder weniger lange Schlange stehen, bis das ausgefüllte Formular und der Pass geprüft wurden, elektronische Fingerabdrücke genommen und ein digitales Foto gemacht wurde. Dies alles geschieht, während der Pass gescannt wird und der *TSA agent* Fragen zu Reiseroute, Zweck der Reise, Beruf, Bekannten oder Freunden in den USA, gelegentlich auch zu den Finanzen stellt. Daraufhin wird die Aufenthaltsdauer auf normalerweise drei Monate festgelegt und in den Pass eingestempelt.

An immer mehr US-Flughäfen gibt es mittlerweile **Automated Passport Control (APC)**. Besucher mit ESTA-Registrierung, die schon einmal mit ESTA und dem zugehörigen Reisepass eingereist sind, können diese Geräte benutzen und beschleunigen damit die Einreiseprozedur. Weitere Infos zu APC unter: www.cbp.gov/travel/us-citizens/apc.

Infos zu den **aktuellen Einreisebestimmungen** findet man im Internet unter:
- https://de.usembassy.gov/de/visa/programm-fur-visumfreies-reisen
- www.cbp.gov/travel/international-visitors (englisch)

Zollerklärung

Pro Familie muss außerdem ein weißes Zollformular ausgefüllt werden: die **Customs Declaration**, die im Flugzeug verteilt wird. Auf diesem sind ggf. über die Richtwerte hinaus eingeführte Waren und Devisen anzugeben. Streng verboten ist die Einfuhr von gewissen Frischprodukten (Obst, Gemüse, Weichkäse), Fleisch in jeglicher Form (auch in Tütensuppen) und Waffen. Rezeptpflichtige Medikamente sollten nur in tatsächlich benötigten Mengen mitgenommen werden; ein englischsprachiges ärztliches Erklärungsschreiben kann die Einreise erleichtern. Gesunde Hunde und Katzen dürfen in die meisten US-Staaten mitgebracht werden; Hunde müssen aber nachweislich (englischsprachige Bescheinigung) gegen Tollwut geimpft sein.

Wer an ESTA teilgenommen hat und an einem Flughafen mit Automated Passport Control (APC) einreist, muss kein Formular ausfüllen.

Eine aktuelle **Liste zu den amerikanischen Einfuhrbestimmungen** gibt es hier: www.cbp.gov/travel/us-citizens/know-before-you-go/prohibited-and-restricted-items (englisch).

Gepäck

Nach der Ankunft geht es in Richtung **Gepäckband** (*baggage claim*), auch wenn ein Weiterflug gebucht ist. Letzte Station: der **Zoll** (*customs*). Beim Ausgang mit der Aufschrift „*Nothing to declare*" wird die Zollkarte abgegeben und abgestempelt; gelegentlich finden schon vorher Checks mit Hunden oder Stichproben statt. Bei einem inneramerikanischem Anschlussflug muss das Gepäck anschließend neu eingecheckt werden. Sofern man am Endflughafen angelangt ist, sieht man sich nach einem *car rental* (Automietstation), *ground transportation / public transport* (öffentlicher Nahverkehr) oder einem Taxistand bzw. Uber/Lyft-Pickup-Punkten um.

Bei Linienflügen nach und von Nordamerika dürfen Economy-Class-Passagiere in der Regel **ein oder zwei Gepäckstücke mit jeweils maximal 22,5 kg und 157 cm L+B+H** als Freigepäck aufgeben. Kindersitze und faltbare Kinderwagen werden zumeist ebenso kostenfrei transportiert. In letzter Zeit sind einige Fluggesellschaften außerdem dazu übergegangen, einen „Light Tarif" (ohne aufgegebenes Gepäck) anzubieten. Daher sollte man schon bei der Buchung genau auf die unterschiedlichen Bedingungen und Preise achten. Auch Größe und Gewicht des **Handgepäcks** variieren und werden unterschiedlich streng kontrolliert. Meist darf außerdem **ein zusätzliches Gepäckstück** (Handtasche, Laptoptasche etc.) mit an Bord.

Eintritt

Eintrittspreise unterscheiden sich je nach Art (staatlich/städtisch/privat) und Größe der Einrichtung. Wenige **Museen** (meist staatliche) sind gratis; besonders in Städten bieten jedoch viele an bestimmten Tagen oder zu bestimmten Zeiten freien Eintritt. Manchmal wird eine freiwillige Spende (*suggested donation*) erwartet, die Amerikaner in der Regel auch genau bezahlen. In Städten mit vielen Sehenswürdigkeiten gibt es häufig Kombitickets bzw. einen CityPASS. Hinweise dazu finden sich in den einzelnen Reisekapiteln.

Nicht ganz billig sind die neuen und modernen *hands-on-* und *science-*Museen, die großen Freiluftmuseen, Zoos, Aquarien und Vergnügungsparks. Für häufige Nationalparkbesuche lohnt sich der Erwerb eines **National Park Pass** (America the Beautiful Pass) für derzeit $ 80. Er gilt für ein ganzes Jahr in allen amerikanischen Nationalparks und anderen staatlichen Naturschutzgebieten für vier Insassen eines Fahrzeugs über 16 Jahren; Kinder unter 16 Jahren genießen ohnehin freien Eintritt. Der Pass kann unter https://store.usgs.gov/pass bestellt werden.

Eisenbahn

Eisenbahnreisen in den USA mit der halbstaatlichen **Eisenbahngesellschaft Amtrak** sind eine gesellige Art, große Strecken z. T. im Schlaf und überaus bequem zurückzulegen und dabei vielfältige Landschaften und Staaten sowie Menschen kennenzulernen. Im Unterschied zum Flugzeug besteht die Möglichkeit, die Reise beliebig oft gratis zu unterbrechen und so *city hop-*

ping zu praktizieren. Anders als beim Mietwagen bietet die Bahn den Vorteil, lange Wege stressfrei und unter Einsparung eventuell fälliger Rückführungsgebühren zurücklegen zu können.

Der **Preisunterschied** zwischen Bahn und Flugzeug ist auf längeren Strecken nicht sehr groß, allerdings kann man bei rechtzeitigem Bahnticketerwerb (Internet) preiswert reisen – viel hängt jedoch von Art des Zuges und der Verbindung ab. Gerade an der Ostküste zwischen Boston, New York, Philadelphia, Baltimore und Washington, D.C. ist die Bahn nach dem Auto das Hauptverkehrsmittel. Entsprechend sind hier im **Northeast Corridor** Boston – New York – Washington zahlreiche Züge (mindestens stündlich) unterwegs. Dabei kann man zwischen normalen und billigeren Personenzügen bis hin zu den Acela-Expresszügen (nur 1. Klasse) wählen. Zumeist sind die **Preise günstig**, sodass sich die Bahn als **Verkehrsmittel auch für Touristen** empfiehlt.

Wer den Zug öfters benutzen will und auch über den Nordosten hinaus damit fahren will, für den ist Bahnfahren mit einer **Netzkarte von Amtrak** (USA Rail Pass), die ausschließlich Nichtamerikaner für eine bestimmte Gültigkeitsdauer bekommen, preiswerter. Der Pass gilt im Sitzwagen (*coach*); für den Schlafwagen fällt ein Aufpreis an. Je erwachsenem Vollzahler fährt ein Kind zwischen 2 und 12 Jahren zum halben Preis und ein Unter-Zweijähriger kostenlos. Da in den Fernzügen Reservierungspflicht besteht und bestimmte Strecken täglich bzw. sogar wöchentlich nur ein- oder zweimal bedient werden, ist genaue **Vorausplanung und Vorreservierung** nötig. Die eigentlichen Tickets holt man sich unter Vorlage von Reisepass und Reservierungsschein am ersten Bahnhof in den USA ab. Metroliner, Acela Express u. ä. Züge können mit einem solchen Pass nicht benutzt werden.

Tickets und weitere Informationen unter www.amtrak.com.

Die Eisenbahn ist im Nordosten eine entspannte Reisealternative

Bahnverbindungen im Nordosten
- Northeast Corridor (NEC): Intercity (Acela Express)- und regionale Intercity-Züge zwischen Washington, Baltimore, Harrisburg, Philadelphia, Princeton, New York, New Haven, Providence und Boston
- Adirondack: New York/Washington – Montreal
- Maple Leaf: New York – Buffalo – Toronto
- Vermonter: New York – Vermont
- Capitol Limited: Washington – Pittsburgh – Chicago
- Cardinal: New York – Washington – Cincinnati – Indianapolis – Chicago
- Lake Shore Limited: New York/Boston – Albany – Buffalo – Cleveland – Chicago

Preise USA Rail Pass (Frühjahr 2020)
Amtrakpässe gelten auf dem Gesamtstreckennetz und funktionieren mit Segmenten: Ein Segment entspricht dabei einer zurückgelegten Bahnstrecke (ohne Zwischenstopp, vom Einsteigen bis Aussteigen).
- 15 Tage/8 Abschnitte: $ 459
- 30 Tage/12 Abschnitte: $ 689
- 45 Tage/18 Abschnitte: $ 899

Erworben werden können die Tickets in Deutschland z. B. bei:
- **MESO Reisen**, Berlin, Leipzig, Erfurt; www.meso-berlin.de/usa-reisen/usa-zug-bahnreisen
- **CRD International**, Hamburg; www.crd.de/bahnreisen-und-zugverbindungen-amtrak-usa
- direkt mit Kreditkarte auf Amtraks deutscher Website: **www.amtrak.com**

Essen und Trinken

Die amerikanische Küche besteht nicht nur aus Hamburgern und Hot Dogs, Budweiser und Cola, und die Amerikaner ernähren sich nicht ausschließlich von Dosen und Tiefkühlfertigkost. In den letzten Jahren hat sich das kulinarische Angebot in den USA enorm zum Positiven gewandelt, und gerade die Ostküstenstaaten glänzen durch ein vielfältiges Angebot.

Die amerikanischen **Essenszeiten** unterscheiden sich kaum von den unsrigen: Mittagessen (*lunch*) gibt es zwischen 12 und 14 Uhr, Abendessen (*dinner*) etwa von 18 bis 21 Uhr, wobei die frühere Uhrzeit üblicher ist; die spätere Variante wird auch *supper* genannt.

Selbstversorgung ist ebenso kein Problem. Supermärkte sind meist hervorragend sortiert und verfügen häufig über Bioabteilungen, Salatbars, Backabteilungen und Imbisstheken. Auch die Obst- und Gemüseabteilungen sind üblicherweise gut bestückt. Es lohnt sich, nach lokalen Produkten (wie Käse, Bier u. Ä.) Ausschau zu halten. Außerdem gibt es *mini-marts* in Tankstellen und Wochenmärkte mit großer Auswahl.

Schnelle Küche

Fast Food ist nichts „typisch Amerikanisches", sondern ein weltweites Phänomen – man denke nur an Döner-Stände, Chinaimbisse, Pizzaschnitten und Bratwurstsemmeln. Die Palette ist in den USA jedoch sehr groß, und man überbietet sich gegenseitig mit Sonderangeboten und Werbeaktionen. Die meisten Fast-Food-Restaurants sind von frühmorgens bis mitternachts oder sogar rund um die Uhr geöffnet. Alkohol gibt es hier nicht, dafür preiswerte Softdrinks, die manchmal sogar gratis nachgefüllt werden können (*free refill*). **Diners** servieren das „bessere" Fast Food, z. B. „richtige" Hamburger oder ethnische bzw. Gourmetküche zu erschwinglichen Preisen.

Food trucks und **food halls** bieten höchst kreatives Essen verschiedener Ethnien und Preisklassen. **Food courts** oder **eateries** in Einkaufszentren beherbergen Imbissstände verschiedenster Ausrichtung mit einem gemeinsamen Essbereich. Es gibt internationale Gerichte, Salate und Sandwiches, aber auch Kaffee und Süßes zum Vor-Ort-Essen oder Mitnehmen.

Essen im Restaurant

Selbst im Hinterland wird man immer wieder überrascht von kleinen Lokalen, die bodenständige Qualität oder sogar Haute Cuisine zu anständigen Preisen auf den Tisch bringen. Zum Lunch bieten viele Lokale spezielle, preiswertere Mittagskarten bzw. **lunch specials** mit leichten Gerichten – v. a. Salate, Sandwiches und Suppen – an. Teurer wird es zum Abendessen.

In besseren Restaurants ist es, speziell an Wochenenden, ratsam, einen **Tisch zu reservieren**. Die Amerikaner sind bekannt für ihre stoische Geduld beim Schlangestehen vor einem bestimmten Lokal, doch das ist nicht jedermanns Sache, und wer reserviert hat, ist im Vorteil. Das Dinieren in einem Lokal der gehobenen Kategorie ist verhältnismäßig teuer, dafür sind Service und Qualität des Essens hervorragend und die Portionen im Allgemeinen groß. Außerdem sollte man sich vor dem Besuch solcher Etablissements nach eventuellen **Kleidervorschriften** erkundigen.

Hummer – eine neuenglische Spezialität

Nach dem Prinzip **„wait to be seated"** wartet der Gast, bis ihm ein Manager einen Tisch zuweist und die Speisekarte (*menu*) überreicht. Die Bedienung (*server*) stellt sich am Tisch vor und zählt die Tagesgerichte (*daily specials*) auf; Brot und Eiswasser kommen (meist vom *busboy*) unaufgefordert auf den Tisch. Wer Mineralwasser (*sparkling* oder *still mineral water*) möchte, muss es gesondert bestellen.

Speisenfolge: Man beginnt mit der Vorspeise (*appetizer*), geht dann zum Hauptgericht (*entrée*) über, wobei ein Salat, wenn er zum Menü gehört, ggf. ebenfalls als Vorspeise serviert wird. Den Abschluss bilden der Nachtisch (*dessert*) und der Kaffee. Selbst ein mehrgängiges Menü wird **schnell serviert**; man sitzt nicht im Restaurant, um gemütlich mit Freunden zu plaudern – dazu geht man in eine Bar oder einen Pub.

In amerikanischen Lokalen gibt es viel **Servicepersonal**, wobei die Aufgaben streng aufgeteilt sind. Arbeitskräfte sind billig, schlecht bezahlt und leben zum Großteil von Trinkgeldern.

Daher sollte man nach der Schlussfrage, ob alles in Ordnung war, und nach dem anschließenden, unaufgeforderten Erhalt der Rechnung (*cheque*) in einem Ledermäppchen oder auf einem Tellerchen unbedingt mindestens **15 %**, **eher 20 % Trinkgeld** hinzuaddieren. In einfacheren oder Familien-Restaurants wird die Rechnung zumeist beim *cashier* an einer Kasse beglichen.

Essensreste einpacken zu lassen – meist in eine Styroporbox – ist selbst in einem Feinschmeckerrestaurant üblich.

Getränke

Restaurants verfügen im Allgemeinen über eine Schanklizenz; ist dies nicht der Fall, kann manchmal Wein selbst mitgebracht werden und kostet nur eine Entkorkungsgebühr, die *opening/corkage fee*. Die meisten Fast-Food-Lokale und einfachen Kneipen hingegen bieten nur Softdrinks, Milchshakes, Tee und Kaffee an. An Sonn- und Feiertagen darf in manchen Staaten generell kein **Alkohol** verkauft bzw. nur zu genau definierten Zeiten ausgeschenkt werden. Im Lokal wird am Tisch gefragt, ob etwas „von der Bar" erwünscht sei. Da jedoch (**Eis-)Wasser** automatisch zum Essen gehört und ständig unaufgefordert nachgeschenkt wird, ist man nicht gezwungen, etwas Zusätzliches zu bestellen.

Ein Cocktail, ein Glas Bier oder Wein zu einem guten Abendessen ist durchaus üblich, möchte man allerdings mehr oder Höherprozentiges, geht man in eine *cocktail lounge*, eine Bar oder einen Pub. *Brewpubs* und *sports bars* sind gute Alternativen, um den Abend gemütlich ausklingen zu lassen.

Auch im Osten der USA werden **hervorragende Weine** produziert und lohnen, sofern angeboten, das Probieren. Allerdings dominieren auf Weinkarten vielfach immer noch europäische neben (durchschnittlichen) kalifornischen Weinen. Anders beim **Bier**: In vielen, auch kleineren Orten findet man gemütliche Kleinbrauereien *(micro/craft breweries)* mit Pub, in denen die hervorragende Biere meist in großer Auswahl vom Fass ausgeschenkt werden und es oft auch deftige Kost gibt. Auch Supermärkte und *liquor stores* sind zunehmend besser sortiert und bieten neben den Bieren von Großfirmen die oftmals empfehlenswerteren Produkte lokaler Brauereien an.

Wie beim Bier hat sich auch in Sachen **Kaffee** in den letzten Jahren viel getan. Kleine, lokale Coffeeshops und gute Ketten sind überall zu finden.

Erfrischungsgetränke – *soft drink, pop* oder *soda* genannt – werden eiskalt getrunken. Gute Durstlöscher sind *ice tea* oder *lemonade*, probieren sollte man auch Arnold Palmer (Eistee mit Limonade), *root beer* oder das ähnlich schmeckende *sarsaparilla*.

Feiertage und Veranstaltungen

Da Amerikaner im Schnitt nur **zwei Wochen Jahresurlaub** bekommen und auch die Zahl der Feiertage (*public holidays*) gering ist, werden einige Feiertage (Ausnahmen: Weihnachten, Ostern und 4. Juli) auf einen Montag gelegt, damit ein verlängertes Wochenende entsteht. Anders als hierzulande ist an Feiertagen nicht grundsätzlich alles geschlossen; Supermärkte, Museen und andere Attraktionen sind häufig geöffnet, zumindest ab mittags.

Allgemeine Reisetipps A–Z

Aktuelle **Veranstaltungskalender** finden sich im Internet bzw. in Infozentren oder Tageszeitungen und Szene-Magazinen. Wichtige Feste im Jahreskalender werden in den „Reisepraktischen Informationen" zum jeweiligen Ort aufgeführt.

Neben den offiziellen gibt es im Nordosten verschiedene **lokale Feiertage**:
- 3. Montag im April: **Patriot's Day** in Massachusetts
- 4. Mai: **Independence Day** in Rhode Island
- 2. Montag im August: **Victory Day**, Rhode Island
- 4. Montag im April: **Fast Day**, New Hampshire
- 20. Mai: **Lafayette Day**, Massachusetts
- Dienstag nach dem ersten Montag im November gerader Jahre: **General Election Day**

Gesetzliche Feiertage
- 1. Januar: **New Year's Day** (Neujahr); voraus geht **New Year's Eve** (Silvester; kein eigentlicher Feiertag)
- 3. Montag im Januar: **Martin Luther King Jr Day**
- 3. Montag im Februar: **Presidents' Day** (*George Washington's Birthday*) – Gedenktag zu Ehren aller Präsidenten
- Ende März/April: **Easter Sunday** (Ostersonntag); Karfreitag (*Good Friday*) gilt nur in manchen Staaten als Feiertag; Ostermontag ist unbekannt.
- letzter Montag im Mai: **Memorial Day** (zu Ehren aller Gefallenen) – Beginn der Ferienzeit
- 4. Juli: **Independence Day** (Tag der amerikanischen Unabhängigkeit) – Nationalfeiertag
- 1. Montag im September: **Labor Day** (Tag der Arbeit) – Ende der Ferienzeit
- 2. Montag im Oktober: **Columbus Day** (Erinnerung an die Entdeckung Amerikas)
- 11. November: **Veterans Day** (Ehrentag für die Militärveteranen)
- 4. Donnerstag im November: **Thanksgiving Day** (Erntedankfest), das große Familienfest
- 25. Dezember: **Christmas Day**; Heiligabend (*Christmas Eve, Holy Night*) und der 2. Weihnachtstag sind keine Feiertage

Flüge

Es kann kompliziert sein, den passenden Flug in die USA zu finden. Verschiedene Reiseveranstalter, Internetvermittler und Airlines stehen zur Auswahl. Dazu kommen unterschiedliche Saisonzeiten, Abflugorte und Routenführungen, Sonder- und Spezialpreise sowie Last-Minute- und Internetangebote. Gerade deshalb ist es sinnvoll, sich vor der Buchung gründlich über Routen, Preise, Flüge und Bedingungen zu informieren. Das kann im Internet oder anhand von Reisekatalogen geschehen. Um zu Anfang eine grobe Preisvorstellung zu bekommen, hilft ein Blick auf die einschlägigen Portale im Internet.

Die meisten Linienfluggesellschaften bedienen die USA täglich oder mehrmals wöchentlich und unterhalten Codesharing-Verträge, d. h., sie kooperieren mit anderen Gesellschaften und erweitern dadurch ihr Angebot. Die wichtigsten Allianzen im Nordamerika-Bereich sind das **Sky Team** (www.skyteam.com) u. a. mit Delta, Air France-KLM, Alitalia, die **Star Alliance** (www.staralliance.com/de) mit Air Canada, Austrian, Lufthansa, United, SAS und Swiss und **One World** (https://de.oneworld.com) mit American Airlines, British Airways und Iberia. Für alle, die regelmäßig mit einer bestimmten Gesellschaft (bzw. Gruppe) fliegen, lohnt es sich, kostenlos Mitglied von deren Vielfliegerprogramm zu werden.

Hauptflughäfen im Nordosten

United Airlines (UA) und Lufthansa fliegen von München und Frankfurt direkt **Washington** an. Lufthansa (in Kooperation mit United) steuert von Frankfurt bzw. München beide **New Yorker Flughäfen**, Newark (EWR) und JFK, sowie **Boston** und **Philadelphia** an. American Airlines verbindet Berlin nonstop mit Philadelphia, Condor fliegt nach Pittsburgh, United und Delta von verschiedenen deutschen Städten nach New York (JFK und EWR). Wien wird durch Austrian Airlines (kooperierend mit Lufthansa) mit New York und Washington verbunden, Zürich dazu noch mit Boston (Swiss International Airlines). Europäische Gesellschaften wie SAS, BA, Air France, KLM oder Icelandair verbinden mit Zwischenstopps aus Deutschland die erwähnten Städte im Reisegebiet.

Preise und Bedingungen

Die **Flugpreise** hängen von mehreren Faktoren ab, wobei generell Flüge in der NS, vor allem zu Beginn des Frühjahrs oder im späten Herbst günstiger sind als solche in der HS. Auch Ferienzeiten bzw. Feiertage und Wochenenden sollte man möglichst meiden. Als Hauptreisezeit gelten im Allgemeinen die Sommermonate (ab Mitte Juni/Anfang Juli bis Ende August/Anfang September), als Zwischensaison die Zeit um Pfingsten und Weihnachten sowie die Monate September und Oktober, allerdings variiert dies je nach Ziel.

Vorübergehend vereint am Boden am Flughafen Newark (NJ)

Umbuchungs- und Stornierungskosten, Zuschläge bei Zahlung mit Kreditkarte, Gepäck- und Sitzplatzreservierungsgebühren können schwanken. Die Preise für einen **Flug in den Nordosten** (günstig sind v. a. Boston und New York) beginnen inklusive Steuern und Versicherungen im günstigsten Fall und in der NS bei ca. 600 €, im Sommer und um Feiertage herum übersteigt der Preis schnell auf 1.000 €. Dabei sind die Unterschiede zwischen den oben genannten Hauptflughäfen gering. Unterschiedlich wird auch gehandhabt, zu welchem Aufpreis **Gabelflüge und Stopover** möglich sind – wichtig, wenn man eine Rundreise plant und auf Inlandsflüge verzichten möchte.

Sondertarife sind das ganze Jahr über zu bekommen, unterscheiden sich allerdings in Kontingentierung und Voraussetzungen. Manche Angebote erweisen sich als Flop, da nur geringe Platzkapazitäten zur Verfügung stehen, diese oft an strikte Bedingungen gebunden sind oder die Flüge mehrmaliges Umsteigen, kurze Übergangszeiten oder lange *layovers* erfordern und kein Gepäck beinhalten. Auch im Internet bieten Fluggesellschaften öfters **Sonderkonditionen** an, die jedoch nur über einen kurzen Zeitraum gebucht werden können. Die Reise muss dann bis zu einem ebenfalls festgelegten Datum angetreten werden. Es kann sich dennoch lohnen, zuerst einmal die Webpages der Fluggesellschaften (s. u.) zu durchforsten.

Preiswerte **Flüge** offerieren manchmal auch spezialisierte Firmen wie z. B. Travel Overland (www.travel-overland.de) oder Vermittler wie www.expedia.de oder www.opodo.de. Für **Inlandsflüge** bieten oft Southwest (www.southwest.com) und Alaska Airlines (www.alaskaair.com) günstige Preise an. Über **Ermäßigungen** für Jugendliche und Studenten sowie über die unterschiedlich gehandhabten Bedingungen für Kinder informieren Fluggesellschaften bzw. Reisebüros.

Die wichtigsten Fluggesellschaften im Internet
- **AirFrance**: www.airfrance.de
- **American Airlines**: www.aa.com
- **Austrian Airlines**: www.austrian.com
- **British Airways**: www.britishairways.com
- **Condor**: www.condor.com
- **Delta**: www.delta.com
- **Icelandair**: www.icelandair.com
- **KLM**: www.klm.com
- **Lufthansa**: www.lufthansa.com
- **Swiss**: www.swiss.com
- **United Airlines**: www.united.com

Wichtige Hinweise *(siehe auch „Einreise")*
- Beim Check-in genügen Pass bzw. Reisebestätigung mit Buchungsnummer.
- Den Rückflug im Internet bzw. auf der App checken, um die Flugzeiten zu überprüfen.
- Es wird empfohlen, bei internationalen Flügen 2–3 Stunden vor Abflug einzuchecken.
- Sitzplätze können im Vorfeld reserviert werden, und oftmals kann man am Vortag im Internet einchecken. Das Gepäck muss, auch bei Check-in am Automaten, an einem speziellen Schalter abgegeben werden.
- Wegen der Sicherheitskontrollen muss genügend Zeit für Check-in bzw. Umsteigen eingeplant werden. Die von den Fluggesellschaften als hinreichend angegebenen Umsteigezeiten können sich je nach Flughafen – London und Paris sind diesbezüglich berüchtigt – als falsch erweisen.

Fotografieren

Speicherkarten, Batterien und Akkus für **Digitalkameras** sind in Fotoläden, Elektronikshops sowie in den Fotoabteilungen von Drugstores und Supermärkten erhältlich. Mitgebrachte Ladegeräte müssen „reisetauglich", d. h. der 110 V-Spannung angepasst sein, zudem ist ein Steckdosenadapter nötig.

In Museen und manch anderen Sehenswürdigkeiten sowie im Umkreis von militärischen Anlagen ist Fotografieren verboten bzw. nur zu Privatzwecken, ohne Blitz und Stativ erlaubt. Bei Personenaufnahmen ist **Respekt** oberstes Gebot; besonders im Umgang mit den Ureinwohnern schadet es nicht, vorab höflich um Erlaubnis zu bitten. Generell ist auch zu beachten, dass das Veröffentlichen von Fotos – gerade von Personen, oftmals aber auch von Gebäuden – zunehmend strenger reguliert wird, und dass auch das Posten auf **Social-Media-Kanälen** wie Facebook und Instagram als Veröffentlichung gilt.

Kameras und Zubehör sind in den USA preiswerter als hierzulande; beim Kauf ist allerdings zu prüfen, ob die Garantie weltweit gilt und ob die Stromspannung von Netzgerät und sonstigem Zubehör passt bzw. angepasst werden kann. Zum annoncierten Preis muss meist noch die Steuer addiert werden, außerdem u. U. Zollgebühren am deutschen Einreiseflughafen.

Geldangelegenheiten

Bargeld

Obwohl man heute nur noch in wenigen Situationen Bargeld benötigt, sollte man einen **gewissen Dollarbetrag**, v. a. Kleingeld, in der Tasche haben, z. B. um am Flughafen eine Zeitung kaufen zu können, für den Gepäckwagen oder den Getränkeautomaten. Der Umtausch von Euro oder Schweizer Franken in Dollar ist an Flughäfen, in speziellen Wechselstellen oder Banken grundsätzlich kein Problem, lediglich können die Kurse ungünstiger sein, Gebühren anfallen oder die ganze Prozedur zeitaufwendig sein, zumal man sich Bargeld auch am Automaten per Karte beschaffen kann.

Währung

1 Dollar ($) = 100 Cent (c.)

An **Münzen** gibt es *cent/penny* (1 c.), *nickel* (5 c.), *dime* (10 c.), *quarter* (25 c.); seltener sind hingegen 50 c. (*half dollar*) und Dollarmünze. An **Scheinen** sind $ 1, 2, 5, 10, 20, 50, 100 und theoretisch auch $ 500 und $ 1.000 in Umlauf. Scheine über $ 20 sind den meisten Amerikanern suspekt, und es kann Probleme geben, wenn man mit einer $ 50-Note bar bezahlen möchte. *Quarters* (und Dollarscheine) sollte man immer im Portemonnaie haben, da sie für Automaten aller Art bzw. als Trinkgeld benötigt werden.

Aktuelle **Wechselkurse** finden sich im Internet unter https://bankenverband.de/service/waehrungsrechner.

Bank-/Debitkarten

In den letzten Jahren verdrängt **V-Pay-Girocard** die **Maestro-Karte** zunehmend in der Euro-Zone. Mit V-Pay-Funktion ausgestattete Karten können in den USA am Automaten allerdings nicht verwendet werden, wohingegen Maestro-Karten an Automaten (*ATM – automated teller machine*) mit dem entsprechenden blau-roten Symbol und unter Eingabe der PIN einsetzbar sind.

Kreditkarten

Als Tourist kommt man ohne Kreditkarte in den USA nicht aus, denn nur damit gilt man als kreditwürdig und kann z. B. eine verbindliche Zimmerreservierung, den Erwerb von Tickets via Telefon oder die Stellung der Kaution für einen Mietwagen vornehmen. MasterCard und VISA sind die **gängigsten Kreditkarten**; oftmals werden auch American Express und Diners Club akzeptiert.

Die Karten können bei der eigenen Bank oder Unternehmen wie dem ADAC beantragt werden. Zweitkarten sind preiswerter, Goldkarten beinhalten oft Versicherungen und Notfallservice. Die getätigten Ausgaben werden unter Aufschlag einer Umrechnungsgebühr von meist 1 % einmal monatlich von einem eigens eingerichteten Konto abgebucht, auf dem für Notfälle immer ein Guthaben deponiert werden sollte. Zudem lässt sich mit einer Kreditkarte an Bankautomaten mit Cirrus- oder VISA-Logo Bargeld abheben; die dabei entstehende Gebühr von $ 2–5 variiert nach Bank und Karte, wird aber vor Abbuchung im Display des Automaten angezeigt.

Hinweis
Es empfiehlt sich, die Hausbank vor einer längeren Reise zu informieren, damit bei vermehrten und höheren Abhebungen die Karte nicht wegen Betrugsverdachts gesperrt wird.

Kartensperrung

Kreditkarten sind versichert, und bei Verlust oder Diebstahl sorgt die Bank nach einem Anruf unter ihrer **Notfallnummer** (s. Kartenrückseite; vor der Reise notieren!) für Sperrung und raschen Ersatz. In Deutschland gibt es außerdem eine einheitliche Sperrnummer: **01149-30-4050-4050**. Sie gilt mit wenigen Ausnahmen für alle Arten von Banken und Karten (auch Maestro/EC-Karten) sowie Mobilfunkkarten (Details im Internet unter www.sperr-notruf.de).

Für Karten von bisher nicht angeschlossenen Kreditinstituten und für **österreichische** und **Schweizer Karten** sind die gültigen Notrufnummern dem mit der Karte erhaltenen Merkblatt zu entnehmen oder bei der jeweiligen Bank vor der Reise zu erfragen und zu notieren.

Achtung: Mit der telefonischen Sperrung sind die Debit- und Kreditkarten zwar für die Bezahlung/Geldabhebung mit der PIN gesperrt, nicht jedoch für das Lastschriftverfahren mit Unterschrift. Daher ist eine Anzeige bei der Polizei nötig, um ggf. auftretende Ansprüche zurückweisen zu können.

Reiseschecks

Reiseschecks werden im Kartenzeitalter immer ungebräuchlicher. Es gibt sie aber noch, z. B. Travelers Cheques von American Express (www.americanexpress.com/de/reisen/reise schecks). Sie können in American-Express- oder Travelex-Agenturen eingelöst werden, sind versichert und werden gegen Angabe der Seriennummern (vor der Abreise separat notieren!) bzw. Vorweisen des Kaufbelegs innerhalb von 24 Stunden ersetzt.

Gesundheit

siehe auch „Notfälle" und „Versicherung"

USA-Reisende sind **keinen besonderen Gesundheitsrisiken** ausgesetzt. Ernährungsbedingte Umstellungsprobleme sind selten, das Leitungswasser kann unbesorgt getrunken werden und besondere Impfungen sind nicht nötig. Häufig sind Erkältungen aufgrund der Vollklimatisierung (*air conditioning/AC*) von Räumen oder Fahrzeugen. Eine Strickjacke oder ein Pullover in der Tasche können daher nützlich sein.

Sauberkeit wird großgeschrieben, und ein eigenes Badezimmer gehört zu jedem noch so billigen Motel, ein passables WC zu jeder Raststätte oder Tankstelle. Allerdings sollte man nie nach der *toilet* fragen: Ein WC heißt *restroom*, *ladies' (room) / men's (room)*, *bathroom* oder *powder room*.

Im Krankheitsfall ist in den USA für rasche und effektive Behandlung gesorgt. An qualifizierten Ärzten (*physicians*) bzw. Zahnärzten (*dentists*) besteht kein Mangel; der Spezialisierungsgrad ist hoch, die Konkurrenz groß. Namen und Adressen von Ärzten können leicht über die Hotelrezeption bzw. im Internet herausgefunden werden. Hausbesuche sind unüblich, und meist bieten die in größeren Orten bzw. Städten existierenden *health care* oder *family centers* die schnellste Behandlung, da sie ohne Terminvereinbarung (als *walk-in*) aufgesucht werden können. Im Notfall ruft man die **Ambulanz (911)** oder fährt zur **Notaufnahme** eines Hospitals (*emergency room*).

Arzt-, Medikamenten- und Krankenhauskosten sind hoch, und jeder Patient wird systembedingt als Privatpatient behandelt. Das setzt auch bei Besuchern einen Nachweis der Zahlungsfähigkeit (Kreditkarte) voraus. Zudem muss für jeden Arztbesuch sofort bezahlt werden. Zu Hause erstattet die Reisekrankenversicherung, deren Abschluss dringend angeraten ist, nach Überprüfung und gegen ausführliche Bescheinigung und Quittungen über Diagnose, Behandlungsmaßnahmen und Medikamente die Kosten zurück. Bei schweren Erkrankungen oder Unfällen sind zusätzlich der Notfallservice der Versicherung und ggf. Botschaft bzw. Konsulat zu informieren.

Außer den dringend benötigten (rezeptpflichtigen) **Medikamenten** (bei größeren Mengen ist eine englischsprachige Bescheinigung für den Zoll nötig) sollte auch die übliche kleine Reiseapotheke mit dabei sein. **Pharmacies** (Apotheken) existieren eigentlich nur in Form von Spezialabteilungen in Supermärkten und vor allem **drugstores**. Dort gibt es preiswert und rezeptfrei ein Grundsortiment an Arzneimitteln, Standardmedikamente gegen Schmerzen, Durchfall und Erkältungen. Am **prescriptions counter** in Drugstores löst man ärztliche Verordnungen ein und erhält Beratung durch einen Apotheker.

Allgemeine Reisetipps A–Z

Informationen

Vor Ort findet man häufig ein **visitor information center**; an den Staatsgrenzen (an Interstates) gibt es außerdem oft **welcome centers**. Infos und Adressen sind jeweils vor Ort zu finden. Allgemeine reisepraktische Infos finden sich auf der offiziellen Reise- und Tourismus-Seite des US-Fremdenverkehrsamts (www.visittheusa.de).

Deutsch-Amerikanische Institute bzw. Zentren existieren derzeit in Freiburg, Hamburg, Heidelberg, Kiel, Köln, München, Nürnberg, Saarbrücken, Stuttgart und Tübingen. Die Adressen finden sich auf https://de.usembassy.gov/de/deutsch-amerikanische-beziehungen/deutsch-amerikanische-kulturinstitute-in-deutschland.

Viele der im Reisegebiet liegenden Staaten sind durch deutsche PR-Agenturen vertreten, die im Allgemeinen auch für Österreich und für die Schweiz zuständig sind. Des Weiteren finden sich nachfolgend die maßgeblichen Websites der einzelnen Bundesstaaten in den USA.

Neuengland-Staaten:
- Discover New England: www.neuenglandusa.de, www.discovernewengland.org

New York:
- NYC & Company: www.nycgo.com
- New York State Division of Tourism: www.iloveny.com

Pennsylvania und Philadelphia:
- Fremdenverkehrsamt Pennsylvania: www.visitpa.com

Capital Region USA – Washington, D.C, Maryland, Virginia
- Capital Region USA: www.capitalregionusa.de:

Kartenmaterial

Neben der diesem Reiseführer beigelegten Reisekarte empfiehlt sich für Reisende, die **Printmaterial** bevorzugen, der jährlich neu aufgelegte „Rand McNally Road Atlas" (https://randmcnally.com), der auch hierzulande erhältlich ist (auch als App), außerdem gibt es beim ADAC gratis Regionalkarten sowie allgemeine Infos zu Autoreisen in den USA. **GeoCenter** (www.geocenter.de) vertreibt topografische und geophysische Karten unterschiedlicher Maßstäbe; sie sind in gut sortierten Buchhandlungen erhältlich.

Vor Ort bietet es sich an, in einem **AAA Office** (siehe „Auto fahren") Karten sowie *AAA TourBooks* mit Motel- und Hotelverzeichnissen, Restaurants, Attraktionen und anderem Wissenswerten zu besorgen.

Im Internet helfen bei der Planung weiter:
- www.mapquest.com
- www.google.de/maps

Maßeinheiten

Hohlmaße	Flächen
1 fluid ounce ▸ 29,57 ml	1 square inch (sq.in.) ▸ 6,45 cm²
1 pint ▸ 16 fl. oz. = 0,47	1 sq.ft. ▸ 929 cm²
1 quart ▸ 2 pints = 0,95 l	1 sq.yd. ▸ 0,84 m²
1 gallon ▸ 4 quarts = 3,79 l	1 acre ▸ 4.840 squ.yd. ▸ 4.046,8 m² o. 0,405 ha
1 barrel ▸ 42 gallons = 158,97 l	1 sq.mi. ▸ 640 acres ▸ 2,59 km²

Längen	Gewichte
1 inch (in.) ▸ 2,54 cm	1 ounce ▸ 28,35 g
1 foot (ft.) ▸ 12 in. ▸ 30,48 cm	1 pound (lb.) ▸ 16 oz. ▸ 453,59 g
1 yard (yd.) ▸ 3 ft. ▸ 0,91 m	1 ton ▸ 2.000 lb ▸ 907 kg
1 mile ▸ 1.760 yd. ▸ 1,61 km	

Temperaturen			
Umrechnung: (Grad F - 32) x 0,56 = Grad C			
23 °F ▸ -5 °C	32 °F ▸ 0 °C	41 °F ▸ 5 °C	50 °F ▸ 10 °C
59 °F ▸ 15 °C	68 °F ▸ 20 °C	77 °F ▸ 25 °C	86 °F ▸ 30 °C
95 °F ▸ 35 °C	104 °F ▸ 40 °C		

Medien

An jeder Straßenecke für $ 2 erhältlich ist die einzige wirklich überregionale, optisch gut aufgemachte Tageszeitung **USA Today**, die vor allem nationale Geschehnisse behandelt und über einen hervorragenden Sportteil und einen ausführlichen Wetterbericht verfügt.

Andere überregionale Tageszeitungen wie die **New York Times**, die **Washington Post** oder das **Wall Street Journal** sind ebenso überall erhältlich. Interessant und hilfreich sind die an verschiedenen Tagen publizierten Beilagen der lokalen Tageszeitungen zu verschiedenen Aspekten des Lebens (Essen und Trinken, Literatur, Einkaufen, Nightlife etc.). In Neuengland gibt es den lesenswerten **Boston Globe** – mit Veranstaltungskalender am Donnerstag.

Hudson News und andere große Buch- und Zeitschriftenläden in Städten oder an Flughäfen und Bahnhöfen führen meist auch **deutsche Zeitungen** und Zeitschriften, allerdings teuer und meist nicht aktuell. Beliebte überregionale Wochenmagazine sind *Time*, *Newsweek* und *Fortune*; *Ebony* gibt z. B. einen Einblick in die afroamerikanische Szene und *Sports Illustrated* in die Welt des Sports.

TV und Radio

Obwohl jedes noch so billige Motelzimmer über einen Fernseher verfügt, unterscheiden sich Empfang und Senderzahl enorm. Gängige überregionale **Sender** sind PBS, NBC, CBS, ABC und Fox, darüber hinaus gibt es Kabel- und Satellitensender, die je nach gekauftem Paket

Allgemeine Reisetipps A–Z

unterschiedlich in Angebot und Zahl sind. Im Stundentakt laufen auf festen Programmschienen dieselben Sendungen zur selben Zeit und am selben Tag, oft auch mehrere Folgen hintereinander. Den unabhängigen, überregionalen Sender PBS kann man mit deutschen Bildungssendern wie ARD Alpha, 3Sat oder Arte vergleichen.

Viele Sender haben sich dabei **auf bestimmte Genres spezialisiert**, z. B.:
- Spielfilme: HBO, Hallmark Movie Channel, Fox Movie Channel
- Soap Operas: TNT, TBS
- Sport: ESPN
- Nachrichten: CNN, Bloomberg TV, ABC News
- Wetter: Weather Channel
- Natur, Abenteuer & Outdoors: Discovery Channel, National Geographic, Animal Planet, Travel Channel
- Geschichte: History
- Kochen: Food Network, Cooking Channel
- Comics/Cartoons: Disney Channel, Cartoon Network
- Musik: MTV, Great American Country
- Kinder: Nickelodeon

Im **Radio** dominieren die privaten Sender. Sie sind mehr oder weniger stark spezialisiert, z. B. auf Country, Jazz, Rock, Klassik, Sport, Talkshows oder Nachrichten, und je nach Finanzen unterschiedlich stark von Werbung abhängig. Ein überregionaler Sender mit breit gefächertem Angebot ist **National Public Radio (npr)**.

Mietwagen

siehe auch „Auto fahren"

Finanzielle und sicherheitstechnische Vorteile sprechen dafür, einen **Mietwagen bereits zu Hause zu buchen**, im Reisebüro oder über das Internet, besonders wenn die Mietdauer mindestens eine Woche beträgt. Zum einen sind die Tarife zumeist günstiger, v. a. weil in Europa die Versicherungspauschalen und sonstigen Gebühren bereits im Preis enthalten sind, zum anderen spart man Zeit vor Ort.

Im Allgemeinen sind **Wochenpreise am günstigsten**. Normalerweise muss ein Wagen an ein- und demselben Ort abgeholt und abgegeben werden, ansonsten fallen **Rückführungsgebühren** an, die sich je nach Veranstalter und Strecke unterscheiden. Ausnahmen davon, z. B. zwischen bestimmten Flughäfen oder Städten, sind selten geworden und unterscheiden sich je nach Anbieter. Normalerweise fällt kein Aufschlag an, wenn an verschiedenen Stationen in derselben Stadt abgeholt/abgegeben wird.

Ggf. sollte man vor der Buchung auch prüfen, ob es am Ankunfts- bzw. Abflugsort, vor allem an Bahnhöfen bzw. in Städten, tatsächlich eine Mietstation gibt und ob diese zur betreffenden Zeit geöffnet ist. **Zahl und Verteilung der Mietstationen** unterscheiden sich je nach Firma.

Bezüglich der **Preise und Mietbedingungen** haben sich die großen Anbieter weitgehend angeglichen, wenngleich alle verschiedene Pakete anbieten. Es gelten im Allgemeinen höhere

Gebührensätze für „Jugendliche" unter 25 Jahren. Alle Pakete beinhalten **Vollkasko** (*CDW/ LDW – Collision/Loss Damage Waiver*), pauschale Erhöhung der Haftpflicht-Deckungssumme (*ALI – Additional Liability Insurance*) und sämtliche Steuern und Zusatzgebühren (*taxes and fees*) sowie *unlimited milage* (freie Fahrmeilen). Die genauen Versicherungssummen sollte man jedoch vergleichen.

Bei den (selten nötigen) **Luxus- oder all-inclusive-Versionen** sind u. a. die Kosten für einen Zusatzfahrer und oft eine Tankfüllung im Preis enthalten, außerdem Zusatzversicherungen (Insassen- bzw. Gepäckversicherung, *PAI – Personal Accident Insurance* oder *PEC – Personal Effects Coverage*), die oft jedoch schon durch bestehende Versicherungen oder den Versicherungsschutz von Gold-Kreditkarten abgedeckt sind. Es gibt außerdem Fahrzeuge mit eingebautem Navigationsgerät, und auch erweiterter Pannenservice wird vor Ort zusätzlich angeboten.

Die gekoppelte Buchung von Flug und Mietwagen bzw. Campern – **fly & drive** – kann eine Alternative sein. Man sollte jedoch speziell in der NS, wenn Flüge billig sind, das Angebot mit den Einzelpreisen vergleichen. Eine Vielfalt an **Auto-Rundreisen**, wird ebenfalls in den Katalogen vieler Veranstalter angeboten, z. B. bei America Unlimited (www.america-unlimited.de) mit individuell veränderbaren Routen.

Fahrzeugkategorien

Bei der Wahl der Kategorie sollten v. a. Personenzahl, Art und Menge des Gepäcks und geplante Streckenlänge bzw. Fahrzeiten bedacht werden, bei längeren Touren evtl. auch der Benzinverbrauch, der bei asiatischen Automarken oft geringer ausfällt als bei amerikanischen.

Genauer Preisvergleich kann lohnen, denn je nach Anmietort kommt z. B. ein *mini van* nicht viel teurer als ein *full size*, wobei Bequemlichkeit und Geländegängigkeit gegen höheren Spritverbrauch abgewogen werden müssen. Im Allgemeinen dürfte für zwei bis drei Personen ein Fahrzeug der **mittleren Kategorie** vollauf genügen. Oft wird in den amerikanischen Büros, v. a. in Stadtbüros, wesentlich pauschaler unterschieden und die Zahl der Türen spielt dort beispielsweise selten eine Rolle.

Die großen Vermieter verfügen über neuwertige **Fahrzeugflotten** meist spezieller Marken. Ein bestimmter Wagentyp kann nicht reserviert werden, doch kann man bei **choice lines**, wie sie an vielen Flughäfen üblich sind, einen beliebigen Wagen der gebuchten Mietwagen-Kategorie auswählen. Hierbei sollte man auf möglichst geringen Tachostand, Reifenzustand und Kofferraumkapazität achten.

Alle Wagen haben Automatik, Airbags, Klimaanlage, Bluetooth, Radio-/CD-Player, ab der *Intermediate*-Kategorie sind zudem Tempomat, Servolenkung und -bremsung, Zentralverriegelung und automatisches Tagfahrlicht üblich. Bei neueren Modellen findet sich häufig ein Anlass-Knopf statt eines Schlüssels. Zu beachten ist auch, dass eine Kofferraumabdeckung zumeist als Zusatzausstattung hinzugefügt werden muss.

Die Palette reicht je nach Anbieter und mit unterschiedlichen Bezeichnungen von Klein (*Economy*) über Mittel (*Compact, Intermediate* oder *Standard*) bis Groß (*Full Size*), dazu gibt es eine Luxusversion (*Premium, Luxury* o. Ä.) und je nach Firma auch *Mini van, SUV* oder *Pick-up* sowie *Cabriolet/Convertible*.

Günstige Mietwagen

Abgesehen von überregionalen, großen Anbietern wie **Avis**, **Alamo** oder **Hertz**, **Budget** und **National** gibt es Mietwagen-Vermittler, bei denen sich die Preise gut vergleichen lassen, z. B.: www.mietwagen-broker.de oder www.mietwagen24.de. Auch ein Blick auf die Seiten des ADAC kann lohnen: https://autovermietung.adac.de/mietwagen.

Wagenübernahme

An jedem internationalen Flughafen befinden sich Niederlassungen der großen Mietwagenfirmen: Teilweise gibt es nur einen Schalter im Flughafen, an dem die Formalitäten erledigt

Volltanken und los geht's mit dem Mietwagen

werden und von wo aus dann kostenlose Shuttlebusse den Kunden zum Parkplatz des Unternehmens bringen, teilweise muss auch alles im Büro auf dem Parkplatz erledigt werden. *Rental car return* ist an allen Flughäfen gut ausgeschildert, und die Rückgabe verläuft nahezu immer unkompliziert und schnell, meist direkt am Auto.

Bei der Abholung muss außer der Reservierungsnummer bzw. dem Voucher eine Kreditkarte zur Stellung der Kaution und Begleichung sonstiger anfallender Kosten vorgelegt werden. Hinzu kommen der Führerschein sowie ein internationaler Führerschein (erhältlich im örtlichen Straßenverkehrsamt) und – sofern nicht schon bei Buchung angegeben – Heimatadresse und Mobilfunknummer. Man vereinbart ggf. noch Zusatzversicherungen oder Notfallservice und mietet ev. noch Sonderzubehör wie Navigationsgerät, Kindersitz oder Dachgepäckträger. Das vielfach angebotene „günstige" Upgrading (Buchen einer höheren Klasse), Extra-Pannenschutz oder das Angebot, eine Tankfüllung im Voraus zu bezahlen, sollte man aus Kostengründen besser ablehnen.

Der **Mietvertrag** – manchmal sogar in deutscher Übersetzung – muss mehr oder weniger aufwendig per Initial (z. B. Ablehnung von Zusatzversicherungen oder Tankfüllung) und/oder Unterschrift bestätigt werden. Sicherheitshalber sollte man einen Blick auf die auf dem Mietvertrag angegebene **Rückgabezeit** werfen, da sich hier gerne „Fehler" einschleichen. Für jede Verspätung von mehr als einer halben Stunde fallen hohe zusätzliche Gebühren an.

Mit Stadtplan und leider meist nur einem (bzw. zwei fest miteinander verbundenen) Autoschlüssel(n) geht es zum angegebenen Stellplatz bzw. zur entsprechenden Reihe. Vor Fahrtantritt sollte kurz der äußere Zustand (Kratzer, Dellen), die Reifen, die Sauberkeit (auch innen) sowie die **Funktionstüchtigkeit** von Lichtern, Blinkern, Scheibenwischern, Gurten, Fensterhebern und Zentralverriegelung gecheckt werden. Auch ist es sinnvoll, gleich nach Motorhauben- und Kofferraumöffner, Sitzverstellhebeln, Spiegelverstellknopf sowie Tankverschlusshebel Ausschau zu halten und die Tankanzeige zu prüfen. Notwerkzeug und Verbandskasten sowie zumeist auch der Reservereifen fehlen in amerikanischen Mietwagen, und die Betriebsanleitung ist oft nur sehr knappgehalten oder fehlt ganz. Bei der Ausfahrt werden im Allgemeinen Mietunterlagen und Führerschein noch einmal gecheckt – dann kann es losgehen.

Allgemeine Reisetipps A–Z

Toll fees, Maut für gebührenpflichtige Straßen wie den „Mass Pike", werden bei Mietwagen im Allgemeinen automatisch durch ein Kästchen an der Windschutzscheibe (E-ZPass o. Ä.) abgedeckt und von vornherein aufgeschlagen.

Direktbuchung vor Ort

Ein Leihwagen kann auch kurzfristig vor Ort, gleich am Flughafen (Servicetelefone) oder in der Stadt, gechartert werden. Mindestalter ist meist 21 Jahre (bei Reisenden unter 25 Jahren fällt ein Zuschlag an). Direktbuchung ist jedoch im Allgemeinen teurer, wobei man trotzdem wegen Service, Sicherheit, Fahrzeugflotte und Netz die großen Anbieter kleineren, lokalen Firmen (in den Gelben Seiten des Telefonbuchs zu finden) vorziehen sollte. Vor allem ist darauf zu achten, ob *unlimited milage* und *CDW/LDW* (Vollkasko) im genannten Preis enthalten sind. Man sollte auf alle Fälle nach **specials** (z. B. *Weekend/Senior/AAA Specials*) fragen.

Telefonische Reservierung ist sinnvoll (1-800-Nummern sind gebührenfrei in USA):
- **Alamo**: ☎ 844-354-6962, www.alamo.com
- **Avis**: ☎ 800-352-7900, www.avis.com
- **Budget**: ☎ 800-218-7992, www.budget.com
- **Dollar**: ☎ 800-800-5252, www.dollar.com
- **Enterprise**: ☎ 855-266-9289, www.enterprise.com
- **Hertz**: ☎ 800-654-3131, www.hertz.com
- **National**: ☎ 844-393-9989, www.nationalcar.com

Museen und andere Sights

siehe auch „Natur- und Nationalparks", „Eintritte" und „Öffnungszeiten"

Der amerikanische Nordosten ist reich an Kultur, und Museen verschiedenster Ausrichtung sind überall zu finden: Kunstmuseen, historische Museen – dazu gehören auch sogenannte *living history*-(Freilicht-)Museen – und naturwissenschaftliche Museen, meist *hands-on*, d. h. mit interaktiven Ausstellungsobjekten.

Dazu kommen **Spezialmuseen** wie Sports Halls of Fame, Raumfahrtmuseen, Planetarien etc., Geburts- und Wohnhäuser (Historic Homes) berühmter Persönlichkeiten (z. B. Schriftsteller oder Politiker) und Gartenanlagen. Der Nordosten ist gepflastert mit Relikten des Revolutionskrieges; weiter südlich sind es vor allem die Bürgerkriegsschlachtfelder, beides häufig kombiniert mit regelmäßig stattfindenden Reenactments (nachgestellte Schlachten oder andere Ereignisse).

Nahverkehr

Der öffentliche Nahverkehr ist gerade in den Städten im Nordosten hervorragend ausgebaut und bietet sich dort anstelle eines Autos zur Erkundung und Besichtigung an. Voraussetzung für die Benutzung von Bahnen und Bussen ist ein Routenplan und etwas Ortskenntnis bzw. ein Stadtplan, des Weiteren Kleingeld, da Tickets meist vorher am Automaten gekauft oder der Betrag abgezählt beim Fahrer bezahlt werden muss. Für Transfers gibt es auf Verlangen verbilligte Zusatztickets, außerdem in vielen Städten ermäßigte Tages-, Mehrtagestickets oder

Allgemeine Reisetipps A–Z

Öffentlicher Nahverkehr in Washington, D.C.

Wertkarten. Auch werden wiederaufladbare Karten, von denen der Fahrpreis abgebucht wird, immer häufiger. Bei Bussen wird zwischen *Express* (schneller, da wenige Zwischenhalte) und *Local* unterschieden. Details finden sich im Reiseteil am Ende der jeweiligen Kapitel.

Natur- und Nationalparks

siehe auch „Camping"

Das amerikanische **Nationalpark-System** umfasst derzeit 419 *national parks, monuments, battlefields, historic sites, recreation areas* u. a. geschützte Areale. Rechtzeitige **Vorausbuchung von Unterkünften bzw. Campingplätzen** ist dort v. a. in der HS (Juli/August) nötig (s. *Camping*).

National Parks

www.nps.gov – offizielle Seite des National Park Service mit Links zu den einzelnen Parks
www.nationalparks.org – Website der National Park Foundation, mit vielen Reiseideen und Hinweisen zu allen Nationalparks
www.recreation.gov – Seite der U.S. Geological Survey; Suchmaschine für alle staatlichen Erholungseinrichtungen, Infos zu Jahresstickets, Touren, Campingplätzen, Aktivitäten u. a. Angeboten
www.ohranger.com – Infos zu allen Parks und *public lands* online, interaktive Karte mit möglichen Zielen und Aktivitäten; dazugehörige App (℡ 212-581-3380)

Allgemeine Reisetipps A–Z

In jedem Nationalpark gibt es eine oder mehrere Zufahrten, an der die Gebühr kassiert wird und an der man ein Faltblatt mit Basisinfos zum betreffenden Park erhält. Zusätzlich befindet sich fast immer in der Nähe der Zufahrt ein **visitor center** (Besucherzentrum), in dem **Park Ranger** über Programme, Angebote, Besonderheiten sowie Unterkunfts- und Wandermöglichkeiten im Park informieren. Zu den VCs gehören häufig **Ausstellungen** bzw. sogar **Museen mit Filmvorführung** und/oder Diashows zur spezifischen Flora und Fauna, Geologie und Geografie, Geschichte oder anderen Besonderheiten des jeweiligen Parks. Meist gibt es auch einen Shop oder Verkaufsstand mit weiterführender Literatur, Karten und Souvenirs.

Eintritt

Der Eintritt wird im Allgemeinen pro Fahrzeug berechnet, im Regelfall inklusive vier Insassen. Die Gebühr liegt bei $ 10–35 je nach Park, und mit dem erhaltenen Kassenbon an der Windschutzscheibe darf man im Allgemeinen sieben Tage im Park bleiben bzw. beliebig ein- und ausfahren. Wer mehrere Parks besuchen möchte, sollte einen **America the Beautiful (Annual) Pass** kaufen. Er kostet derzeit $ 80 und gilt ein ganzes Jahr in allen amerikanischen Nationalparks u. a. staatlichen Naturschutzgebieten für drei Insassen eines Fahrzeugs über 16 Jahren; Kinder unter 15 sind gratis. Der Pass kann im Internet unter https://store.usgs.gov/pass erworben werden.

Unterkünfte

Die Unterkünfte in den (großen) Parks werden meist – ebenso wie Läden, Tourveranstalter, Busbetreiber u. a. – von Privatunternehmen wie Xanterra Parks & Resorts oder Aramark verwaltet. Bei Weitem nicht alle Parks verfügen über Herbergen, doch sofern solche oft rustikalen Unterkünfte (*lodges*) vorhanden sind, müssen sie langfristig vorher gebucht werden. Darüber hinaus bieten sich meist preiswertere Unterkünfte in den in Parknähe gelegenen Orten an.

- Infos zu Unterkünften in den Parks finden sich im Reiseteil unter den einzelnen Parks und unter **www.nps.gov**.
- **www.nationalparkreservations.com**, ☏ 855-260-1738 – privates Reservierungssystem, dem viele NPs angeschlossen sind; erhebt Gebühren.
- **www.nationalparkhotelguide.com** – Auflistung mit Suchfunktion und Sofortbuchungsmöglichkeit; vorwiegend Hotels und Motels in Randgemeinden.

Notfall & Notruf

siehe auch „Auto fahren", „Botschaften und diplomatische Vertretungen", „Geldangelegenheiten", „Gesundheit", „Sicherheit und Verhaltensregeln" und „Versicherung"

Im Notfall, egal welcher Art, helfen ein **Polizist** (*cop*), das nächste **Polizeirevier (Operator 0)**, die gebührenfreie **Notrufnummer 911** (Notrufzentrale) oder die deutschsprachige Notfall-Telefonnummer des ADAC: **01149-89-222-222**. Bei **Diebstahl oder Verbrechen** ist im nächsten Polizeirevier Anzeige zu erstatten, denn nur bei Vorlage eines Polizeiprotokolls ersetzen Versicherungen den erlittenen Verlust. Ebenfalls zu melden ist der Vorfall bei der betreffenden Stelle wie Fluggesellschaft oder Bank, möglichst mit Nummern bzw. Kopien der entsprechenden Papiere. Bei Verlust der Kreditkarte oder der Reiseschecks muss umge-

Allgemeine Reisetipps A–Z

hend die Sperrung unter der auf der Kartenrückseite angegebenen Rufnummer oder dem **Sperr-Notruf (01149-30-4050-4050)** veranlasst werden (siehe *„Geldangelegenheiten"*). Eine Ersatzkarte wird normalerweise innerhalb von 24 Stunden zur Verfügung gestellt. Bei Schecks sind die Vorlage des Kaufnachweises und die Nummern der ausgegebenen Schecks nötig.

Im Notfall hilft dank ihres Verfügungsrahmens und des schnellen Ersatzes die Kreditkarte weiter, wobei allerdings mit dieser pro Transaktion bzw. Woche nur ein eingeschränkter Höchstbetrag bar abgehoben werden kann. Je nach ausgebender Bank und Art der Karte bzw. Konditionen gilt ein Tageslimit von ca. 500–1.000 €, so lange, bis der vorgegebene Kreditrahmen ausgeschöpft ist.

Wer dringend größere Geldsummen benötigt, kann sich weltweit über **Western Union** Geld von zu Hause schicken lassen. Der Sender muss dazu bei einer Western Union-Vertretung – z. B. Postbank (vom Girokonto) oder ReiseBank (an vielen Bahnhöfen, Flughäfen etc.) – ein Formular ausfüllen und den Code der Transaktion telefonisch oder elektronisch in die USA übermitteln. Mit dieser Nummer und dem Reisepass erhält man in einer beliebigen Vertretung von Western Union nach Ausfüllen eines Formulars das Geld binnen Minuten ausgezahlt (www.westernunion.com, ☎ 0800-181-1797).

Bei schwerer Erkrankung, Unfall oder schwerwiegenden Verbrechen sind außerdem der Notfallservice der Versicherung und ggf. Botschaften bzw. Konsulate (s. S. 86) zu informieren. Sie stellen bei Passverlust nach Klärung der Identität ein Ersatzdokument aus und sind auch sonst vermittelnd behilflich.

Checkliste für die Reise

- Kreditkarte und Dollars dabei? Sämtliche Notrufnummern notiert bzw. gespeichert? Genügend Geld auf dem Kreditkarten-Konto deponiert?
- Versicherungen, vor allem Auslandsreise-Krankenversicherung, abgeschlossen?
- Kopien bzw. Scans aller wichtigen Dokumente (Pass, Versicherungsscheine, Führerschein etc.) mit Nummern und Telefonnummern dabei?

Öffnungszeiten

In den USA gibt es **kein verbindliches Ladenschlussgesetz**, und vielfach gilt sogar „24/7", d. h. Betrieb rund um die Uhr an sieben Wochentagen. Selbst an Sonn- und Feiertagen sind viele Läden, vor allem Supermärkte, Einkaufszentren und touristische Shops geöffnet. Geschäfte sind je nach Art und Größe sowie Stadt bzw. Viertel von 9/10 bis mind. 18 Uhr, oft länger, geöffnet. V. a. Buch- und Musikläden sowie Souvenirshops und Läden in touristischen Arealen sind häufig länger offen. An Sonntagen haben kleinere Geschäfte oftmals geschlossen, und in kleineren Orten sind zumeist die folgenden Öffnungszeiten üblich:

- **Läden:** 9/10–18/19 Uhr
- **Kaufhäuser/Malls:** 10–19/20 Uhr, So 11/12–18/19 Uhr
- **Restaurants:** 12–14 und 18–21 Uhr warmes Essen

Offen und ehrliche Öffnungszeiten

- **Supermärkte** mind. 8–20 Uhr, manchmal 24 Std.
- **Bürozeiten**: Mo–Fr 9–17 Uhr
- **Banken**: werktags 10–14/15 Uhr
- **Postämter**: Mo–Fr 8/9–17 Uhr, Sa bis 13/14 Uhr
- **Tankstellen und Fast-Food-Ketten**: mind. 8–20 Uhr, oft bis Mitternacht oder sogar 24 Std.
- **Museen und Sehenswürdigkeiten** 10–17 Uhr (häufig Mo geschlossen)

Genaue Öffnungszeiten finden sich in den jeweiligen Kapiteln im Routenteil. Bei Angabe mehrerer Öffnungszeiten bezieht sich der längere angegebene Zeitraum auf die HS von Memorial Day (letzter Mo im Mai) bis Labor Day (1. Mo im Sept.), der kürzere auf die NS.

Post

Postämter sind nicht immer leicht zu finden, aber man benötigt sie normalerweise auch nur einmal zum Kauf von **Briefmarken**. Ein Brief oder eine Karte nach Europa ist im Schnitt eine Woche unterwegs. Standardsendungen (First-Class Mail) sind preiswerter als die schnellere Priority Mail oder Express. Bei **amerikanischen Adressangaben** müssen Bundesstaat sowie die Postleitzahl *hinter* dem Ortsnamen angegeben werden; die Hausnummer wiederum steht *vor* dem Straßennamen. Briefkästen sind blau-rot mit der Aufschrift „US MAIL".

Postgebühren (Stand: 2020)

- **Europa**: Karten und Briefe bis 1 oz (28 g) $ 1,15 (jedes weitere oz etwa $ 0,98)
- **Inland** (Standard oder First-Class): Briefe bis 1 oz (28 g) 50 c, jedes zusätzliche oz kostet weitere 21 c; Karten 35 c

Rauchen

Raucher haben in Amerika kein leichtes Leben. Das Rauchen ist auf den meisten öffentlichen Plätzen, in öffentlichen Gebäuden und Einrichtungen, in Nahverkehrsmitteln, Zügen, Taxis und Flugzeugen, in Büros, Geschäften, Theatern, Museen und Kinos, aber auch in Restaurants und Bars verboten und unter Strafe gestellt. Selbst in offenen Sportstadien und manchen Parks ist Rauchen, wenn überhaupt, nur in markierten Arealen (**designated areas**) erlaubt. Hotels sind häufig 100 % *non-smoking*, und Inns oder B&Bs erlauben Rauchen nur im Freien. Es gibt jedoch oft Raucherlounges, Clubs oder Bars mit Patios, auf denen Rauchen erlaubt ist. Außerdem ist zu beachten, dass in einigen Staaten des Nordostens (z. B. Massachusetts) der Verkauf von **E-Zigaretten** und deren Zubehör derzeit verboten ist.

Reisezeit

siehe auch „Land und Leute, Geografischer Überblick"

Pauschal kann gesagt werden, dass für den Nordosten (nördlich von Washington), wo ein **ähnliches Klima** herrscht wie hierzulande, als Reisezeit die Monate Mai bis Oktober die geeignetsten sind, wobei gerade die Naturregionen im Herbst das prächtigste Farbspiel (**Indian Summer**) bieten. Übersichtliche Auskunft zur Laubfärbung in einzelnen Regionen gibt die Website *http://leafpeepers.com*. Allerdings können auch die Wintermonate mit viel Schnee ihren eigenen Reiz haben. Das Frühjahr gebärdet sich häufig launischer als der Herbst, für den längere Schönwetterperioden und höhere Wassertemperaturen sprechen, andererseits die Anzahl der Tageslichtstunden geringer ist.

Je weiter man nach Norden vorstößt, umso häufiger kommt es vor, dass von Mitte Oktober bis Ende April/Mai viele Sehenswürdigkeiten und sogar Hotels geschlossen sind. Im Winter liegt nördlich von Boston meist viel Schnee, auch New York kann sich diesbezüglich selten beklagen. Allerdings ist in Städten schlechtes Wetter meist leichter erträglich ist als in Naturregionen.

Eine Rolle bei der Zeitplanung spielt auch die **Art des Reisens**: Wer zeltet oder im Camper unterwegs ist, wird anders planen als ein Hotelgast, der vor allem Städte besucht. Gleiches gilt für sportlich Aktive, für Wanderer und Wassersportler, Kletterer oder Golfer. Zu bedenken ist überdies, dass in der NS Flüge, Leihwagen und Camper preiswerter sind und dass **in der HS** als auch über lange Wochenenden Hotels, Strände, Campingplätze, Naturparks und andere Sehenswürdigkeiten häufig überfüllt sind.

Es empfiehlt sich, pflegeleichte **Kleidung** mitzunehmen und diese ggf. in Schichten übereinander zu tragen. Hut oder Mütze und Sonnenbrille, festes, bequemes Schuhwerk und Regen-

Allgemeine Reisetipps A–Z

schutz, aber auch warme Pullover bzw. Anoraks sind unabdingbar, ggf. auch Insektenschutzmittel (*bug repellent*) und Sonnenschutzmittel. Freizeitkleidung und -schuhe aller Art lassen sich jedoch auch preiswert in den USA kaufen.

Sicherheit und Verhaltensregeln

siehe auch „Notfall, Notruf"

Die USA sind **nicht notwendigerweise kriminalitätsgefährdeter als jede andere Reiseregion**. Locker baumelnde Handtaschen und teure Fotoausrüstungen, dicke Brieftaschen, Geldbeutel oder Mobiltelefone in Gesäßtaschen, wertvoller Schmuck sowie unbeaufsichtigtes Reisegepäck stellen in den USA wie überall auf der Welt für Diebe ein verlockendes Ziel dar.

Es empfiehlt sich, nur eine **kleine Bargeldmenge** mit sich herumzutragen. Sinnvoll ist es auch, **Kopien bzw. Scans aller wichtigen Dokumente** (Pass, Versicherungsscheine, Führerschein etc.) anzufertigen und sämtliche Nummern und Telefonnummern in einer Art „Notfall-Pass" abzuspeichern. Originaldokumente und Wertsachen sollten dicht am Körper getragen oder, wenn möglich, im Hotelsafe deponiert werden.

Bei **Massenveranstaltungen**, Menschenaufläufen oder in öffentlichen Verkehrsmitteln ist Taschendiebstahl (*pickpocketing*) ein häufiges Delikt. Mit vollgepacktem **Mietwagen** (auf geschlossenen Kofferraum und nicht sichtbares Gepäck achten!) sollte man möglichst überwachte Parkplätze bzw. Parkgaragen aufsuchen; bei langsamer Fahrt, speziell bei Nacht, ist es ratsam, die Türen des Wagens zu verriegeln und die Fenster zu schließen. GPS-gestützte Navigation bzw. gutes Kartenmaterial und dessen Studium *vor* der Abfahrt sollten selbstverständlich sein.

In **Motels/Hotels** sollte man Spione, Mehrfachverriegelungen, verschließbare Verbindungstüren sowie das Angebot, Wertgegenstände im Safe zu deponieren, nutzen. Serviceschilder wie *„Room service please"* besser nicht an die Türklinke hängen, da sie lediglich anzeigen, dass niemand im Zimmer ist.

„**Bad neighborhoods**" erkennt man an leeren Straßen, verfallenen Häusern, Schrottautos und dubiosen Gestalten. Solche Viertel, die im Reiseteil auch gar nicht beschrieben werden, sollte man meiden. Falls man sich verirrt hat, ist es geboten weiterzugehen, bis man wieder in ein belebteres Areal kommt, und ggf. in einem Laden o. Ä. nachzufragen. Auch Parks, dunkle Parkgaragen und Unterführungen sollte man **nach Einbruch der Dunkelheit** (besonders allein) meiden und lieber Umwege oder Taxikosten in Kauf nehmen. In U-Bahn-Stationen gibt es meist gesondert gekennzeichnete und kameraüberwachte Sicherheitsbereiche (*off-hours waiting areas*), und die Zugbegleiter (*attendants*) haben eigene Kabinen in der Mitte des Zuges.

Sport und Freizeit

siehe auch „Land und Leute, Gesellschaftlicher Überblick"

Sportfans kommen im amerikanischen Nordosten voll auf ihre Kosten – von Wassersport und Angeln über Wandern und Biking, Skifahren und Langlauf bis hin zu Reiten, Golf und Tennis

Im Nordosten besonders beliebt: Eishockey

wird alles geboten. Ein besonderes Erlebnis stellt der Besuch einer großen Sportveranstaltung dar, und auch da ist die Palette breit.

Zuschauersport

In den Metropolen gibt es Profiteams der vier „Nationalsportarten" – American Football, Baseball, Basketball und Eishockey – außerdem *college sport* und natürlich auch viel Fußball (*soccer*). Der Besuch einer Sportveranstaltung bedeutet Spaß für die ganze Familie, mehrere Stunden Unterhaltung und Show mit Wettbewerben und Verlosungen, Musik, Tanz, *tailgate parties*, Hot Dogs und BBQ.

- **American Football**: Profiteams der **NFL** (National Football League, www.nfl.com) spielen sonntags zwischen September und Dezember in Boston, New York (zwei Teams), Philadelphia, Baltimore, Washington und Buffalo.
- **Baseball**: Profiteams der beiden Ligen (**AL** – American League und **NL** – National League) des **MLB** (Major League Baseball, www.mlb.com) tragen ihre Spiele zwischen April und Anfang Oktober in Boston, New York (zwei Teams), Philadelphia, Baltimore und Washington aus. Außerdem lohnt ein Besuch bei einer der zahlreichen Minor-League-Mannschaften (Nachwuchs-Profiteams) der drei Klassen A, AA und AAA, die es fast in jeder größeren Stadt gibt.
- **Basketball**: Profiteams der **NBA** (National Basketball Association, www.nba.com) spielen zwischen Ende Oktober und April in Boston, New York (zwei Teams), Philadelphia und Washington.

- **Eishockey**: die Profiteams der **NHL** (National Hockey League, www.nhl.com) kann man zwischen Oktober und April in Boston, New York (zwei Teams), New Jersey, Philadelphia, Washington und Buffalo sehen.
- **Soccer**: Profiteams der **MLS** (Major League Soccer, www.mlssoccer.com) spielen zwischen Mai und Oktober in Boston, New York (zwei Teams), Philadelphia und Washington.

Sport aktiv

Über die unzähligen **Wanderwege** in den Appalachen und den berühmten Appalachian Trail informiert z. B. der Appalachian Mountain Club, www.outdoors.org.

In den Neuenglandstaaten kommen **Skifreunde** auf ihre Kosten, Hauptzentren liegen im Staat Vermont – speziell Stowe, Mount Snow, Smugglers' Notch, Stratton oder Killington. Sugarloaf im Carrabassett Valley und Sunday River in Bethel (beide Maine) oder Loon Mountain in Lincoln und das Waterville Valley (beide New Hampshire) sind weitere beliebte Skigebiete. Mehr Infos dazu unter www.alpinezone.com oder www.onthesnow.com/new-england/ski-resorts.html.

Der Nordosten ist auch ein Paradies für **Segler** und solche, die sich einmal den Wind um die Ohren wehen lassen möchten. Für Erfahrene gibt es vor allem in Neuengland Gelegenheit, sich eine Yacht zu mieten. Außerdem werden auch für Ungeübte vielerlei Segeltörns angeboten (siehe z. B. www.visitnewengland.com/all/charters-and-cruises).

Sprache und Verständigung

Es dürfte schwierig sein, in den USA ganz ohne Englisch auszukommen, doch vermutlich ist eine Verständigung dort eher möglich als an vielen anderen Orten Europas. Die Fremdsprachenkenntnisse der Amerikaner sind gering, dafür sind Geduld und Freude über selbst rudimentäre Englischkenntnisse stark ausgeprägt.

Das **Amerikanische** weicht in mehreren Punkten vom Schulenglisch ab; es gibt **Unterschiede in Wortschatz, Grammatik und Aussprache**. In der Schriftsprache ist vor allem auffällig, dass viele Substantive auf -re (wie *centre* oder *theatre*) im Amerikanischen auf -er enden (*center, theater*) und *ou* zu *o* wird (*color, harbor*). Doppellaute (*travelling*) werden im Amerikanischen vereinzelt (*traveling*). Oft wird die Schreibweise vereinfacht, z. B. *nite* für *night*. Wo möglich, wird abgekürzt, z. B. *Xmas* (*Christmas*), *Xing* (*Crossing*), *u* (*you*) oder *4* (*for*). Außerdem unterscheiden sich bestimmte Vokabeln vom britischen Englisch, z. B. wird das britische *baggage* zu *luggage* (Gepäck), die *bill* zum *check* (Rechnung), *autumn* zu *fall* (Herbst), der *ground floor* zum *first floor* (Erdgeschoss), *petrol* zu *gas* (Benzin), *trousers* zu *pants* (Hosen) oder *holidays* zu *vacation* (Ferien, Urlaub).

Es gibt gewisse **Universalfloskeln**, die man sich angewöhnen sollte, da sie zum guten Ton gehören: „**How are you (doing)?**" ist üblicherweise nicht die Frage nach dem Befinden, sondern zuvorderst eine Begrüßungsformel, auf die ein „*fine*" oder „*good*" genügt. Wer höflich ist, stellt die Gegenfrage. „**I would appreciate it**" meint Bitte und Aufforderung zugleich, während man sich mit „**I (really) appreciate it**" für einen Gefallen bedankt. „**Have a nice day/trip**" dient der Verabschiedung, ebenso wie „**It was a pleasure to meet you**"; „**see you**" hingegen ist ein legerer Abschiedsgruß.

Small Talk stellt einen beliebten Zeitvertreib dar. Man beginnt eine Unterhaltung zumeist über das Wetter, über die letzten Sportergebnisse oder über Herkunft und Reisen. Europäer sind ungeachtet aller Kontroversen in den letzten Jahren beliebt; „*good old Europe*" ist ein (selten realisiertes) Traumziel vieler Amerikaner.

Was die **Anrede** betrifft, sind viele Amerikaner sehr altmodisch: Frau Miller wird möglicherweise nach der Heirat offiziell mit Vor- und Nachnamen ihres Mannes „*Mrs Edwin L. Miller*" angesprochen, wenngleich der eigene Vorname der Frau gebräuchlicher ist. Für verheiratete Frauen ist *Mrs* gebräuchlich, für unverheiratete *Miss* (mit scharfem „s"); ist der Familienstand unbekannt, wird *Ms* (ausgesprochen wie *Miss*, aber mit weichem „s") benutzt. In zunehmendem Maße wird gerade in informellen Begegnungen und bei jüngeren Frauen *Ms* oftmals ungeachtet des Familienstandes bevorzugt. In Groß- und besonders Universitätsstädten häufen sich zudem Bemühungen um genderneutrale Sprache und Anredeformen.

Buchtipp
Im Reise Know-How Verlag (www.reise-know-how.de) gibt es in der Reihe „Kauderwelsch" zahlreiche Sprachführer Amerikanisch (auch digital und mit Aussprachetrainer).

Strom

Der amerikanische Haushaltsstrom hat eine Wechselspannung von **110–115 V** (60 Hz). Daher müssen mitgebrachte Geräte umstellbar sein. Die besondere Form amerikanischer Steckdosen erfordert zudem einen **Adapter**, den man am besten schon von zu Hause mitbringt.

Telefon und Internet

Das Telefonwesen ist in den USA in den Händen privater Gesellschaften, und das Telefonnetz ist das dichteste der Welt. Öffentliche Apparate sind mittlerweile selten geworden; es lässt sich also entweder vom Hotel aus (mit Kreditkarte und Vorwahl einer 9 oder 8 um eine Außenleitung zu bekommen) oder per Handy (*mobile/cell phone*) telefonieren, wobei aber bei letzterem sehr genau auf die Roaming-Gebühren des eigenen Anbieters geachtet werden muss.

Local calls (Ortsgespräche) sind in Hotels häufig gratis. Gebührenfrei, aber regional (oft auf den Bundesstaat) begrenzt sind 1-800-, 1-822-, 1-833-, 1-844-, 1-855-, 1-866-, 1-877- und 1-888-Nummern. Diese können auch von Deutschland aus gewählt werden, dann allerdings kostenpflichtig. Von Hotels aus kosten auch diese höchstens so viel wie ein Ortsgespräch.

Amerikanische Telefonnummern bestehen aus einem dreistelligen *area code*, der in manchen Bundesstaaten einheitlich ist, dann die normalerweise siebenstellige Rufnummer, manchmal als leichter zu merkende Vanitynummer, bei der Buchstaben die Zahlen wie folgt ersetzen:

2 – ABC	3 – DEF	4 – GHI	5 – JKL
6 – MNO	7 – PQRS	8 – TUV	9 – WXYZ

Telefonkarten sind bezüglich ihrer Kosten, Gültigkeit und Bedingungen oft schwer durchschaubar. Grundsätzlich wird zwischen *calling cards* und *prepaid* oder *phone cards* unterschieden; bei den meisten handelt es sich um wiederaufladbare Karten. Sie können gegen Belastung der Kreditkarte über eine Hotline nachgeladen werden. Mittels persönlicher Geheimnummer (PIN) und Einwahlnummer (USA: 1-800-… kostenfrei) lässt es sich einfach von jedem Apparat aus telefonieren. Eine Übersicht zu verschiedenen Karten findet sich z. B. unter www.callingcard.com.

Zusätzlich gibt es **Telefonkarten** auch in Supermärkten oder Tankstellen zu kaufen. Bedingungen und Einsatzmöglichkeiten unterscheiden sich jedoch gravierend, und viele sind für Überseegespräche ungeeignet.

Ob man in den USA auch mit dem eigenen **Mobiltelefon** Gespräche führen kann, hängt vom abgedeckten Frequenzbereich ab. Aufgrund der amerikanischen Standards von GSM 850 bzw. 1900 muss es hier entweder ein Triband- oder ein Quadband-Gerät sein; Dualband-Geräte können nicht zum Einsatz kommen. Wegen der **Roaming-Gebühren** im nicht-europäischen Ausland können außerdem beim Telefonieren wie auch bei der Nutzung einer mobilen Datenverbindung hohe Kosten anfallen. Daher sollte man vor der Reise bei seinem Netzbetreiber Informationen über evtl. günstigere Auslandspakete einholen oder zumindest die Mobile-Daten-Option deaktivieren und nur über kostenlose WLAN-Netze online gehen.

Bei **Verlust** oder Diebstahl des Mobiltelefons sollte man die Nutzung der SIM sofort beim Provider bzw. über die **allgemeine Sperrnummer** (01149-30-4050-4050) sperren lassen.

WLAN (WiFi) ist in Hotels üblich und oft gratis. Kostenlose Internetverbindung mit dem eigenen Gerät findet man häufig auf öffentlichen Plätzen, in öffentlichen Gebäuden (wie Bibliotheken oder Museen), in Bahnhöfen, Nahverkehrsmitteln und natürlich in Cafés und Lokalen sowie Geschäften.

Wichtige Telefonnummern

- nach D: 01149 + Ortsvorwahl (ohne 0) + Teilnehmernummer
- nach Österreich: Ländervorwahl 01143 + Ortsvorwahl (ohne 0) + Teilnehmernummer
- in die Schweiz: Ländervorwahl 01141 + Ortsvorwahl (ohne 0) + Teilnehmernummer
- in die USA: 001 + Ortsvorwahl (dreistellig) + Teilnehmernummer (siebenstellig)

Trinkgeld

Trinkgeld – *tip* oder *gratuity* – ist in den USA nicht inklusive. Da die Löhne der Beschäftigten im Dienstleistungsgewerbe extrem niedrig sind, sind diese auf Trinkgelder angewiesen. Amerikaner achten genau auf die korrekte Höhe von **mindestens 15 %, eher 20 %**, die man bei Restaurantbeträgen zu der Gesamtsumme ohne Steuer addiert. Etwa denselben Bonus erwarten Taxifahrer; *bellboys* in Hotels bekommen $ 1–2 pro transportiertem Gepäckstück. Für das Bereitstellen des Pkw in Hotels ist ebenfalls ein Trinkgeld fällig, genauso wie an der Bar und für das Zimmermädchen (ca. $ 2–3 pro Tag).

Umgangsformen

siehe auch „Sprache und Verständigung"

Schlüsseleigenschaften der Amerikaner im Allgemeinen sind Freundlichkeit, Hilfsbereitschaft, Toleranz, Aufgeschlossenheit und Kontaktfreudigkeit. Man stellt sich ordentlich an, ist rücksichtsvoll und lässt anderen den Vortritt oder die Vorfahrt, wartet geduldig und gibt hilfsbereit Auskunft. Freundliche Gesichter in Läden sind für uns ungewohnt, aber ehrlich gemeint – in den USA ist der Kunde König, und wenn auch ein paar freundliche Worte nur Floskeln sind, machen sie in jedem Fall das Klima angenehmer und erleichtern den Umgang. **Händeschütteln** ist weniger üblich, dafür werden gleich die Vornamen benutzt.

Die **amerikanische Art zu Essen** unterscheidet sich von unserer: Amerikaner schneiden mit dem Messer portionsweise vor und benutzen dann nur noch die Gabel. Statt beidhändig „europäisch" zu essen, bleibt eine Hand unter dem Tisch. Andererseits würde es keinem Amerikaner einfallen, Pizza oder Meeresfrüchte mit Messer und Gabel zu essen, nicht einmal in einem Top-Restaurant, wo man zudem seine Essensreste ohne schiefe Blicke einpacken lassen und ausschließlich Leitungswasser trinken kann. Alkohol in der Öffentlichkeit zu konsumieren, und sei es auch nur eine Dose Bier, ist in weiten Teilen der USA verboten.

Bei Einladungen und in Restaurants achtet man streng auf **Kleidervorschriften** – *formal* (elegant), *smart/business casual* (ordentlich mit Hemd/Sakko) oder *casual* (leger) – und genau nimmt man es auch mit dem Trinkgeld, das meist auf den Cent genau berechnet wird: Rund 15–20 % auf den Nettopreis sind üblich. Gibt es in einem Museum eine *suggested admission* (einen vorgeschlagenen Eintrittspreis), würde kaum ein Amerikaner es wagen, weniger zu bezahlen.

Unterkunft

In bestimmten Fällen kann es von Vorteil sein, ein Zimmer **im Voraus**, z. B. im Internet, **zu buchen**: bei später Ankunft in einer Stadt, während Großveranstaltungen, Messen oder an Feiertagen, im Umkreis von Top-Attraktionen und besonders in Nationalparks während der HS. Da sich zudem das Angebot der Reiseveranstalter auf Mittelklasse bis gehobene Kategorie konzentriert, mit Schwerpunkt Standard- und Kettenhotels/-motels, sollte man diese Alternative nur in obengenannten Fällen wählen. Preiswerter und flexibler ist zumeist die Buchung bei Internetbrokern bzw. auf den Websites der Hotels selbst.

Zimmersuche vor Ort

Im Normalfall gibt es kaum Probleme, spontan ein Zimmer zu finden. Zum einen häufen sich an den Ausfallstraßen von Städten oder in der Nähe von Flughäfen die Leuchtreklamen und Plakate von Motels und Hotels unterschiedlichster Kategorien (das Schild *Vacancy* bedeutet, dass es noch freie Zimmer gibt), zum anderen helfen die Unterkunftslisten in den *AAA Tour-Books* weiter – manche Häuser gewähren sogar Vergünstigungen für Autoclub-Mitglieder. Auf alle Fälle lohnt es sich, nach *special rates* (z. B. für Senioren) zu fragen.

Auch in *welcome* oder *visitor centers* gibt es manchmal noch Hotellisten oder Broschüren. Ideal für Sparsame sind die dort gelegentlich ausliegenden **Couponhefte** (wobei die gleichen Angebote auch im Internet gemacht werden). Man muss lediglich vorher telefonisch mit Hinweis auf den Coupon anfragen und Glück haben.

Wer **telefonisch im Voraus** ein Zimmer reservieren möchte, muss häufig die Kreditkarte bereithalten. Sie garantiert dem Gast das Zimmer und dem M/Hotel das Geld. Bei Nichterscheinen wird der Zimmerpreis abgezogen. Eine Ankunft nach 18 Uhr (*late arrival*) sollte man ankündigen, ansonsten wird das Zimmer evtl. weitervergeben. Ohne Kreditkarten-Garantie verfällt eine **Reservierung** meist nach 18 Uhr.

Die **Übernachtungspreise** schwanken naturgemäß je nach Lage, Ort und Qualität der Unterkunft. Auch saisonale Unterschiede – lokal unterschiedlich und auch von Veranstaltungen abhängig – können enorm sein.

Unterkunfts-Know-how

Die Übergänge zwischen den einzelnen **Herbergstypen** sind fließend und eine Kategorisierung nach Bezeichnungen ist kaum möglich. Motels und *motor inns* sind im Allgemeinen preiswerter (aber schlichter) als Hotels oder Inns. Zahlreiche Hotels verfügen über eine eigene Gastronomie und Extras wie Fitnesscenter, Wäscherei/Reinigung, Tageszeitung, eine größere Zahl an TV-Programmen, ggf. kostenlose Flughafentransfer etc.

Guter Tipp: das Giacomo Hotel in Niagara Falls (NY)

Zum **Grundpreis**, der sich in Motels (nicht in Hotels!) häufig auf eine Person bezieht (geringer Aufpreis für die zweite und weitere), kommt die **tax** (Steuer) hinzu. Ein Zimmer darf mit maximal vier Personen belegt werden; Kinder und Jugendliche bis zu einem gewissen Alter können gratis im Elternzimmer übernachten. Bei Motels ist **Check-in** ganztags möglich, wohingegen in Hotels die Zimmer häufig erst ab 15 Uhr freigeben und in B&Bs von etwa 16 bis 20 Uhr eingecheckt werden kann. **Check-out** ist normalerweise am Mittag. Im Motel muss in der Regel gleich beim Einchecken, nach Ausfüllen des Anmeldebogens, bezahlt werden, im Hotel wird die Kreditkarte gespeichert und bei Abreise die entsprechende Summe inklusive eventueller Extras abgerechnet.

Für relativ wenig Geld bekommt man in den USA im Allgemeinen ein **sauberes und großes**, wenn auch (v. a. in Motels) **uniform, funktional-schlicht ausgestattetes Zimmer** mit Badezimmer (meist Dusche), genügend Handtüchern, mehr oder weniger lauter Klimaanlage, Telefon und TV sowie oft einem (kleinen) Swimmingpool. In Motels mit Außenkorridoren kann man zwischen *first* und *second floor* wählen, wobei das Erdgeschoss zwar weniger Ge-

Allgemeine Reisetipps A–Z

päckschlepperei bedeutet, aber andererseits auch lauter ist, da sich die Parkplätze direkt vor der Tür befinden. Man bekommt meist zum gleichen Preis *one bed* (*king size*, 1,95 m breit) oder *two beds* (*queen size*, 1,50 m breit). Bei nur einem Bett bleibt meist Platz für Tisch und Stühle oder Couch.

In vielen Kettenmotels/-hotels gibt es mittlerweile ein kostenloses kleines **Frühstück** mit Kaffee und Gebäck (*continental breakfast*); manchmal handelt es sich auch um ein richtiges Frühstücksbuffet. **Local calls** sind häufig ebenfalls gratis.

Kettenmotels und -hotels

Die **Qualität** der M/Hotels kann selbst innerhalb derselben Kette schwanken, abhängig vom Alter des Hauses bzw. vom Engagement des Pächters, je nach Ort und Zustand auch preislich. Im Allgemeinen sind billige Kettenhotels den unabhängigen, superbilligen Einzelmotels vorzuziehen. Die **Verteilung und Verbreitungsdichte** von Hotels und Motels verschiedener Ketten ist ebenfalls unterschiedlich.

Überall anzutreffen sind z. B. die folgenden Mittelklasse-Motels/-hotels:
- **Days Inn** (www.wyndhamhotels.com/days-inn)
- **Comfort Inn, EconoLodge, Sleep Inn, Quality** (www.choicehotels.com)
- **Howard Johnson** (www.wyndhamhotels.com/hojo)
- **Ramada** (www.wyndhamhotels.com/ramada)
- **Best Western** (www.bestwestern.com)
- **Travelodge** (www.wyndhamhotels.com/travelodge)
- **Radisson** (www.radisson.com)
- **Holiday Inn** (www.ihg.com)

Zur preiswerten Motelkategorie zu rechnen sind z. B.:
- **Motel 6** (www.motel6.com)
- **Red Roof Inn** (www.redroof.com)
- **Microtel Inn** (www.wyndhamhotels.com/microtel)
- **Super 8** (www.wyndhamhotels.com/super-8)

Inns und Lodges

Historic inns bzw. **country inns** sowie **Historic Hotels** (www.historichotels.org) sind Hotels bzw. ehemalige Gasthäuser mit Geschichte. **Lodges**, meist malerisch in der Natur gelegene Hotelanlagen oder Resorts (mit Wellness-/Sportangebot), können preislich nicht pauschaliert werden. Eine **Übersicht** gibt es z. B. unter:
- www.selectregistry.com – Hotels, die der Independent Innkeeper's Association angegliedert sind
- www.newenglandinnsandresorts.com – Luxusunterkünfte, Hotels, Inns bzw. B&Bs in Neuengland

Bed & Breakfast

Eine Alternative zu den oft sehr uniformen M/Hotels ist **Bed & Breakfast (B&B)** englischen Stils, allerdings in den USA wesentlich komfortabler. Die „Betten mit Frühstück" haben persönlichen Touch und sind oft liebevoll mit Antiquitäten und Dekorationen ausgestattet. Das Spektrum reicht von historischen und modernen Privathäusern mit zwei oder drei Gästezimmern bis hin zu *B&B inns* mit bis zu zehn Zimmern, von einfachen Häusern mit Familienanschluss bis hin zu intimen Luxus-Inns und aufwendig restaurierten *historic homes*.

B&Bs sind teurer als Motels, bieten neben individuellem Service aber persönlichen Umgang, denn die Besitzer sind meist Vermieter aus Passion und daher sehr kontaktfreudig und ortskundig. Ein üppiges Frühstück, manchmal auch Extras wie Nachmittagstee, freie Getränke, Kekse, Betthupferl, Abendhäppchen und Wein sind üblich, ebenso die Nutzung von Gemeinschaftseinrichtungen wie Bibliothek, Musikzimmer o. Ä. Manchmal fehlen hingegen ein Fernsehgerät und ein Telefon im Zimmer, und kleine Kinder werden meist nicht aufgenommen.

- **www.abba.com** (*American Bed&Breakfast Association*) – B&Bs nach Staaten, Orten und Zusammenschlüssen sortiert
- **www.bedandbreakfast.com** – umfassende Listen nach Staaten und Regionen mit Sofortbuchungsmöglichkeit

Jugendherbergen u. Ä.

Ein internationaler Jugendherbergsausweis macht sich auch in American Youth Hostels, Mitglied von **Hostelling International** (HI, www.hiusa.org), bezahlt. Dabei können nicht nur Jugendliche die Herbergen nutzen, und es werden nicht nur Schlafsäle mit Stockbetten, son-

Hipper Tipp für New York: das NU Hotel in Brooklyn

dern auch kleinere Zimmer angeboten. **YMCA/YWCA** – kurz „The Y" genannt – ist eine weitere Alternative (www.ymca.net bzw. www.ywca.org).

Eine ausführliche Liste von Hostels und sonstigen Billigunterkünften mit Beschreibungen, Wertungen und Sofortbuchungsmöglichkeit findet sich unter **www.hostels.com**.

Hotelvermittlungen
Am günstigsten ist meist eine Hotelbuchung im Internet, z. B. bei:
- www.expedia.de/hotels
- https://de.hotels.com
- www.booking.com
- www.hrs.de

Selbstverständlich ist auch AirBnB in den USA eine allgegenwärtige Alternative: **https://www.airbnb.com**.

Klassifizierung der Unterkünfte

Die Preiskategorien der im Reiseteil empfohlenen Unterkünfte verstehen sich, sofern nicht anders angegeben, pro Standard-Doppelzimmer (DZ) ohne (oder mit kleinem) Frühstück und Steuer. An Wochenenden, Feiertagen, in der Nebensaison, bei Sonderaktionen etc. können z. T. erheblich abweichende Tarife gelten.

$	unter $ 100 (einfacher Standard)
$$	$ 100–150 (Mittelklasse)
$$$	$ 150–200 (gehobene Mittelklasse)
$$$$	über $ 200 (gehobene Kategorie)
$$$$$	über $ 300 (Luxushotel)

Versicherung

siehe auch „Gesundheit"

Am unkompliziertesten, wenn auch nicht am billigsten, ist es, gleich bei Reisebuchung oder über das Internet eines der angebotenen **Versicherungspakete** abzuschließen, das Kranken-, Unfall-, Gepäck- und Haftpflicht-, manchmal auch Reiserücktrittsversicherungen einschließt. Für Leute, die viel reisen, gibt es **Jahresversicherungen**, für Familien auch preiswertere Familienvarianten. Gold-Kreditkarten-Besitzer sollten Bedingungen und Leistungsumfang der in der Karte enthaltenen Versicherungen prüfen.

Fest steht, dass der gezielte **Abschluss einzelner Policen**, z. B. bei Banken, freien Versicherungsmaklern oder dem ADAC, günstiger ist. Nicht immer sind nämlich alle Versicherungen auch wirklich nötig und sinnvoll, und oft sind beispielsweise **Unfall- und Haftpflicht** schon durch bestehende Versicherungen abgedeckt. Eine **Gepäckversicherung** hat viele Haken, so sind z. B. „Sonderausstattung" (Laptop, Foto-, Sportgeräte etc.) oder Campinggeräte im Allgemeinen nicht versichert, und eine Mitschuld beim Verlust muss ausgeschlossen sein. Auch bei **Reiserücktrittsversicherungen** gibt es viele Einschränkungen. Diese lohnt sich ohnehin zumeist nur bei Buchung mehrerer (teurer) Leistungen.

Die einzige Versicherung, auf die man auf keinen Fall verzichten sollte, ist die **Reisekrankenversicherung**. Banken, vor allem aber Privatversicherer bieten günstige Tarife, wobei auf Vollschutz ohne Summenbegrenzung, Verlängerung der Versicherung im Krankheitsfall und ggf. Rücktransport zu achten ist. Europäische Krankenkassen – mit Ausnahme einiger Privatversicherer – übernehmen die hohen medizinischen Kosten in den USA nicht. Krankenversicherungen erstatten hingegen gegen Vorlage ausführlicher Bescheinigungen und Quittungen (mit Datum, Namen, Bericht über Art/Umfang der Behandlung, Medikamente etc.) zu Hause die Kosten. Einen Überblick gibt es auf www.reiseversicherung.com.

Tipp
Für alle abgeschlossenen Versicherungen Nummern, auch Notfall-Telefonnummer, notieren!

Zeit und Zeitzonen

Im gesamten Nordosten gilt **Eastern Time**, d. h. **sechs Stunden Zeitverschiebung** zu Deutschland. Ist es am Reiseziel 12 Uhr mittags, zeigt die Uhr zu Hause also bereits 18 Uhr. Auch in den USA gibt es die Umstellung auf Sommerzeit, **Daylight Saving Time (DST)**, allerdings dauert sie länger: vom 2. Sonntag im März bis zum 1. Sonntag im November.

In den USA werden die **Stunden** nicht bis 24 durchgezählt, sondern in *a.m.* (*ante meridiem*; vormittags) und *p.m.* (*post meridiem*; nachmittags) unterteilt. So entspricht 6 a.m. bei uns morgens 6 Uhr, und 6 p.m. entspricht 18 Uhr am Abend. 12 Uhr mittags heißt *noon* (12 p.m.), wohingegen 0 Uhr *midnight* (12 a.m.) genannt wird.

Das **Datum** wird in der Reihenfolge Monat–Tag–Jahr angegeben, also z. B. „Jan 22, 2020" oder kurz „1/22/2020".

Bei sechs Stunden Zeitgewinn erreicht man den Nordosten der USA meist am Nachmittag oder frühen Abend, und der **Jetlag** spielt kaum eine Rolle, sofern man die innere Uhr gleich an die Ortszeit anpasst. Schwieriger ist es beim Rückflug, da man nach meist durchwachter, unbequemer Nacht in der „Holzklasse" am Morgen oder Vormittag in Deutschland ankommt.

Zoll

Einreise in die USA

Im Flugzeug schon muss pro Familie ein weißes Zollformular – die **Customs Declaration** – ausgefüllt werden. Auf diesem sind ggf. über die Richtwerte hinaus eingeführte Waren und Devisen anzugeben. Wer an ESTA teilgenommen hat und an einem Flughafen mit Automated Passport Control (APC) einreist, muss kein Formular ausfüllen.

Streng **verboten** ist die Einfuhr von gewissen Frischprodukten (Obst, Gemüse, Weichkäse), Fleisch in jeglicher Form (auch in Tütensuppen) und Waffen. Rezeptpflichtige Medikamente sollten nur in tatsächlich benötigten Mengen mitgenommen werden; ein englischsprachiges ärztliches Erklärungsschreiben kann die Einreise erleichtern.

Eine **Devisenbeschränkung** gibt es bei Einreise nicht, lediglich Summen über $ 10.000 müssen deklariert werden. Die Einfuhr von Alkohol und Tabak ist wie folgt begrenzt: 1 l Alkohol bzw. 200 Zigaretten oder 100 Zigarren (keine kubanischen), Geschenke im Wert bis $ 100.

Details finden sich unter:
- **Einfuhrbestimmungen für Alkohol und Tabak**: www.cbp.gov/travel/international-visitors/kbyg/customs-duty-info
- **Verbotene und eingeschränkte Gegenstände**: www.cbp.gov/travel/us-citizens/know-before-you-go/prohibited-and-restricted-items

Einfuhr nach D, AU, CH

Bei der Rückreise nach Europa dürfen folgende Waren zum persönlichen Ge- oder Verbrauch zollfrei eingeführt werden:
- **Tabakwaren** (über 17-Jährige): (D und A) 200 Zigaretten/Tabaksticks oder 100 Zigarillos oder 50 Zigarren oder 250 g Tabak; (CH) 250 Stück Tabakfabrikate oder 250 g Tabak
- **Alkohol** (über 17-Jährige): (D und A) 1 l über 22 Vol.-% oder 2 l bis 22 Vol.-% und zusätzlich 4 l nichtschäumende Weine und 16 l Bier; (CH) 5 l bis 18 Vol.-% und 1 l über 18 Vol.-%
- **Geschenke** und Waren für den persönlichen Gebrauch (über 15-Jährige in EU Länder) dürfen bis 430 € zollfrei mitgebracht werden. In die Schweiz liegt die Grenze altersunabhängig bei einem Wert von CHF 300. Wird der Warenwert überschritten, werden in allen drei Ländern Einfuhrabgaben auf den Gesamtwert der Ware erhoben.

Einfuhrbeschränkungen bestehen z. B. für Tiere, Pflanzen, Arzneimittel, Betäubungsmittel, explosive Materialien, Lebensmittel, Raubkopien, bestimmte Schriften (Hetzschriften, Pornografie etc.), Waffen und Munition; in Österreich auch für Rohgold und in der Schweiz für CB-Funkgeräte.

Nähere Informationen liefern folgende Websites:
- Deutschland: www.zoll.de
- Österreich: www.bmf.gv.at
- Schweiz: www.ezv.admin.ch

Das kostet Sie das Reisen im Nordosten der USA

Stand: Anfang 2020

Die „Grünen Seiten" geben einen **groben Anhaltspunkt** für die Kosten einer Reise im Nordosten der USA. Die Angaben sind als **Orientierungshilfen** zu verstehen, erheben keinerlei Anspruch auf Aktualität oder Vollständigkeit und unterscheiden sich selbstverständlich von Reisendem zu Reisendem.

Es sollte bedacht werden, dass, obzwar der Labor Day Anfang September in den USA als Ende der Reisesaison gilt, die HS sich gerade in den Nordoststaaten – u. a. aufgrund des Indian Summer – bis Mitte Oktober erstrecken kann. So ist es in der Zeit von September bis Mitte Oktober möglich, dass die Preise für Unterkünfte gerade am Wochenende deutlich ansteigen.

Unterkünfte, Restaurants, Touren und Eintritte liegen im Durchschnitt etwa gleich bzw. etwas unter europäischem Preisniveau; Ausnahme sind Großstädte wie New York, Boston oder Washington. Die Flugpreise steigen in den letzten Jahren wieder, zudem wurde die Tarifstruktur bei einigen Fluggesellschaften so verändert, dass Gepäck separat bezahlt werden muss oder auf einen vorgeblich günstigen Tarif plötzlich ein Zuschlag kommt.

Generell wird in den USA auf alle Waren und Dienstleistungen Mehrwertsteuer (*sales tax*) aufgeschlagen, die je nach Staat zwischen 4 und 13,5 % liegt. Die einzige Ausnahme im Reisegebiet bildet New Hampshire, wo es diese Steuer – außer auf zubereitete Speisen – nicht gibt. Hotels können zusätzliche Steuern (*room tax*) erheben und manchmal gibt es neuerdings eine *resort fee*.

Der aktuelle Wechselkurs findet sich unter https://bankenverband.de/service/waehrungsrechner.

BEFÖRDERUNG

Flüge
siehe Gelbe Seiten, Allgemeine Reisetipps A–Z, „Flüge"
Das Angebot an Transatlantikflügen ist nahezu unüberschaubar. Als Richtlinie kann gelten, dass während der Hauptsaison je nach Routenführung und Zeit die Preise nach Boston, New York, Philadelphia oder Washington bei ca. 700–1.200 € liegen. Während der Zwischensaison und besonders in der Nebensaison kann man Flüge für um 600 € bekommen.

Spartipp
Sondertarife sind das ganze Jahr über erhältlich, oft auf den Websites der Fluggesellschaften oder per Zeitungsannonce. Sie sind allerdings unterschiedlich in Kontingentierung und Bedingungen (meist knapper Buchungs- und Flugantrittszeitraum). Vor allem in der NS bieten Fluggesellschaften günstige Tickets an.

Inlandsflüge
Auch hier gilt es auf Sondertarife zu achten, die sich täglich ändern können. Günstiger ist es vielfach von vornherein Gabelflüge und Stopovers einzuplanen, was auf Transatlantikflügen in unterschiedlichem Umfang umsonst oder gegen Aufschlag möglich ist. Ansonsten ist die Buchung von Inlandsflügen über das Internet, z. B. bei Alaska Airlines oder Southwest Airlines, eine gute Option.

Mietwagen
siehe Gelbe Seiten, Allgemeine Reisetipps A–Z, „Mietwagen"
Einen Mietwagen schon zu Hause im Internet bzw. im Reisebüro bei einem der überregionalen großen Anbieter wie Avis, Alamo, Hertz oder Budget zu buchen, ist bei einer Mietdauer von einer Woche und länger im Allgemeinen wesentlich günstiger als vor Ort, v. a., weil diese Angebote zumeist Inklusivpreise (inkl. Versicherungen, Steuern etc.) darstellen. Zu prüfen sind ferner die Tarife von Mietwagen-Vermittlungen wie die ADAC Autovermietung, Holiday Autos, Sunny Cars, FTI, TUI oder DERTOURCars. Mitunter ist es vorteilhaft, Flug und Mietwagen als Kombination (*fly & drive*) zu buchen.
Im Gegensatz dazu kann die Direktbuchung vor Ort teuer werden, da meist Versicherungen, Steuern und manchmal auch Meilen gesondert berechnet werden. Das lohnt sich nur bei kurzfristigem Entschluss und kurzzeitiger Buchung. Doch selbst bei nur ein paar Tagen sollte man im Internet bei renommierten Firmen die Preise prüfen.
Die Kosten für einen Mittelklassewagen (*compact/midsize*) liegen bei 250–300 € pro Woche im Sparpaket, die Kosten für einen Minivan belaufen sich auf etwa 450–500€. Bei Abgabe des Fahrzeugs an einem anderen Ort als dem Abholort können Rückführungsgebühren anfallen. Diese liegen distanz- und firmenabhängig meist zwischen $ 100 und $ 500.

Camper
Generell sprechen die komplizierten Miet-, Versicherungs- und Haftungsbedingungen für eine Buchung von zu Hause aus. Wohnmobile oder RVs kosten je nach Größe, Ausstattung und Saison ca. 80–250 €/Tag. Der Preis ist abhängig von den Modellen (*motorhome*, *van* und *pick-up*- bzw. *truck camper*), ein wenig auch von den Anbietern (wie El Monte, Cruise America) und insbesondere von der Saison. HS ist im Allgemeinen die Zeit von Anfang Juli bis Mitte August; am preiswertesten sind die Fahrzeuge von November bis März.
Zum Grundpreis addieren sich beträchtliche Nebenkosten: für Zusatzausstattung, Endreinigung und gelegentlich Übergabe; ggf. fallen außerdem Zusatzversicherungen, Wochenendzuschläge und meist auch Gebühren für gefahrene Meilen (meist ist nur eine begrenzte Zahl inklusive) an. Für ein Campmobil inklusive zwei Personen sind außerdem mindestens $ 35 für den Stellplatz zu entrichten. Eine Kostenersparnis gegenüber einem normalen Mietwagen und Übernachtungen in Motels ergibt sich kaum; dazu sind Camper in dichtbesiedelten Regionen und Städten des Nordostens eher hinderlich.

Eisenbahn
siehe Gelbe Seiten, Allgemeine Reisetipps A–Z, „Eisenbahn"
Günstige Preise erhält man bei Benutzung eines USA Rail Pass, der für einen Zeitraum von 15, 30 oder 45 Tagen gültig ist. Die Railpässe kosten z. B. für 15 Tage (8 Abschnitte) $ 459 und werden nur außerhalb der USA verkauft. Ein Reiseabschnitt beginnt mit dem Einstieg in einen Zug und endet mit dem Aussteigen, unabhängig von der Reisedauer. Lange Strecken sollten im Voraus reserviert werden; für Kinder gelten eigene Konditionen.
An der Ostküste sind die Züge von Amtrak eine ernstzunehmende Alternative, gerade zwischen den Metropolen Boston, New York und Washington. Hier braucht man nicht lange im Voraus zu buchen; Tickets gibt es auch tagesaktuell zu günstigen Preisen vor Ort.
Zur Orientierung: Washington, D.C. nach Boston, Economy, 1 Erw., NS kostet etwa $ 85 bei einer Reisezeit von ca. 8 Stunden.

Bus
siehe Gelbe Seiten, Allgemeine Reisetipps A–Z, „Busse"
Neben dem altbekannten Busunternehmen Greyhound (www.greyhound.com) gibt es mittlerweile zahlreiche konkurrierende, teils regionale Busgesellschaften wie Megabus (https://us.

megabus.com), Peter Pan (https://peterpanbus.com) oder Boltbus (www.boltbus.com). Diese verbinden viele Städte an der Ostküste zu günstigen Preisen. Im Allgemeinen sind Tickets für Frühbucher billiger.
Zur Orientierung: Washington, D.C. nach Boston, Economy, 1 Erw., NS kostet etwa $ 35 bei einer Reisezeit von ca. 9,5 Stunden.

AUFENTHALTSKOSTEN

Unterkunft
siehe Gelbe Seiten, Allgemeine Reisetipps A–Z „Unterkunft"
Es ist schwierig, exakte Übernachtungspreise anzugeben, denn vor Ort bestimmen Angebot und Nachfrage, Saison und Wochentag, Lage bzw. Stadtnähe, Specials und gewährte Rabatte die Preise. Hotels und Motels verschiedener Kategorien versuchen mit „Specials" (Sonderangeboten, auch im Internet) Kunden zu ködern. Generell wird in den USA der Preis für das Zimmer berechnet, unabhängig von der Belegung bzw. bei nur geringem Aufpreis für mehr als zwei Personen.
In den großen Städten ist für ein gutes **Hotelzimmer** mit rund $ 200 aufwärts zu rechnen (besonders in New York). Dafür gibt es in abgelegeneren Regionen durchaus gute Unterkünfte, in denen man für unter $ 150 schlafen kann. Wer die preiswerte Kategorie bekannter **Motelketten** (wie Budget Inn, Red Roof Inn, Comfort Inn oder Motel 6) wählt, kann schon ab rund $ 80 fürs Doppelzimmer, oft sogar inklusive kleinem Frühstück, nächtigen. In der Mittelklasse (z. B. Days Inn, Howard Johnson, Holiday Inn, Best Western, Hampton) beginnen die Preise je nach Lage bei etwa $ 120.
Vorab zu buchen, im Internet oder im Reisebüro, lohnt nur in Ausnahmefällen, wie ev. am Ankunfts- bzw. Abflugtag sowie in Nationalparks bzw. im Umkreis vielbesuchter Attraktionen und in großen Metropolen wie Boston, New York, Philadelphia oder Washington, D.C.

Verpflegung
Generell liegt das **Preislevel für Lebensmittel** in etwa auf europäischem Niveau. (Ausländische) Feinkost und gutes Bier sind teurer, Fertigkost aller Art, Fleisch und Fisch, teils auch Obst und Gemüse, Softdrinks und Drogerieartikel meist preiswerter. Fast Food ist erheblich günstiger zu bekommen als in Europa.
Die untere und mittlere Restaurantkategorie entspricht trotz addierter *taxes* (Steuern) und Trinkgeld in etwa der unsrigen (wobei Qualität und Service meist besser und die Portionen größer sind); durchschnittlich dürften mit Getränk ca. $ 30–50 p. P. zusammenkommen. In Toplokalen und in den Großstädten ist mit wesentlich mehr zu rechnen.

Benzin
Normalbenzin (*regular*) genügt für die meisten Mietwagen und kostet – abhängig von der Region – pro Gallone (3,8 l) im Nordosten der USA zwischen $ 2,40 und $ 3.

Parken
Auch die Parkgebühren, die häufig bei Attraktionen ($ 10–15), aber auch in Großstädten anfallen, können sich zu einer beträchtlichen Summe addieren. So zahlt man in Stadthotels oft $ 30–70 pro Tag nur fürs Parken.

Eintritte
siehe Gelbe Seiten, Allgemeine Reisetipps A–Z, „Eintritt" und „Natur- und Nationalparks"
Wer an Kultur und Geschichte interessiert ist und sich viel anschauen möchte – gerade die Metropolen bieten eine breite Palette an außergewöhnlichen Museen und Attraktionen –, sollte

Das kostet Sie das Reisen im Nordosten der USA

genügend Geld für Eintritte einplanen. Speziell Zoos, Aquarien, Vergnügungsparks, Freilicht- und andere spektakuläre Museen, aber auch manche Historic Homes sind teuer. In Einrichtungen des National Park Service wird der Eintritt im Allgemeinen pro Fahrzeug berechnet, im Regelfall inklusive vier Insassen, wobei zwischen $ 10–35 anfallen. Wer nicht nur im Nordosten reist, sondern im Jahresverlauf mehrere Parks zu besuchen plant, ist mit dem **America the Beautiful (Annual) Pass** gut beraten. Er kostet $ 80 und gilt ein ganzes Jahr in allen amerikanischen Nationalparks u. a. staatlichen Naturschutzgebieten für drei Insassen eines Fahrzeugs über 16 Jahren; Kinder unter 16 werden gratis eingelassen.

> **Hinweis**
> *Alle im Reiseteil genannten Eintrittspreise beziehen sich auf den Preis für einen Erwachsenen. Kinder- und Seniorenermäßigungen sind die Regel; oft gibt es auch Kombitickets für mehrere Attraktionen.*

GESAMTKOSTENPLANUNG

Die Kostenplanung, die mehr oder weniger alle anfallenden Reisekosten für eine Reise zusammenfasst, ist für 2 Personen bzw. eine 3-köpfige Familie kalkuliert, die zwei bzw. drei Wochen in der NS unterwegs sind und bei den Übernachtungen auf günstige Mittelklasse-Motels zurückgreifen.
Die Angaben sind in € und gerundet für 14 bzw. 21 Tage. Nicht berücksichtigt wurden hier Kosten für Versicherungen, Parken und Trinkgelder, Extragetränke und andere persönliche Zusatzausgaben und Einkäufe.

Aufenthalt:	2 Wochen	3 Wochen
Flugtickets	1.700	1.700
Mietwagen Standardpaket, Mittelgröße	500	750
Benzin (2.000 bzw. 3.000 km)	80	120
Unterkunft (Mittelklasse, durchschn. $ 140/DZ, 13/20 Nächte)	1.600	2.500
Verpflegung – Sparversion mit Selbstverpflegung, Fast food (pro Tag/Pers. $ 40)	1.000	1.400
Verpflegung mit regelmäßigen Restaurantbesuchen (pro Tag/Pers. $ 70)	1.700	2.500
Eintritte (geschätzt, stark variabel)	150	200
Gesamt (2 Personen, je nach Verpflegung**):**	**ca. 5.030–5.730**	**ca. 6.670–7.770**
Für ein **Kind** im Alter von unter 11 Jahren kämen noch folgende Kosten hinzu (Übernachtung im Zimmer der Eltern):		
Flugticket (65 % des Normalpreises)	1.100	1.100
Unterkunft (zusätzlich $ 20/Tag)	230	360
Verpflegung (Sparversion)	250	350
Verpflegung (bessere Version)	400	600
Eintritte (geschätzt, stark variabel)	60	100
Gesamt (je nach Verpflegung):	**ca. 1.640–1.790**	**ca. 1.910–2.160**
Gesamt (Eltern mit Kind, je nach Verpflegung**):**	**ca. 6.670–7.520**	**ca. 8.580–9.930**

3. REISEN IM NORDOSTEN DER USA

Routenvorschläge

Neben den **sechs Neuengland-Staaten** – Connecticut, Rhode Island, Massachusetts, New Hampshire, Vermont und Maine – wurden in dieses Reisehandbuch USA-Nordosten auch der **Bundesstaat New York** mit der Metropole New York City sowie **die nahen Großstädte** Washington, D.C., Baltimore und Philadelphia aufgenommen.

Obwohl der Nordosten relativ überschaubar ist, bietet er eine Fülle an Sehenswürdigkeiten und Attraktionen, vor allem aber auch eine große Vielfalt an Landschaften. Im Folgenden werden vier **Routenvorschläge** vorgestellt, die je nach individuellen Interessen und Möglichkeiten verkürzt oder verlängert oder miteinander kombiniert werden können. Da die meisten europäischen Besucher, die den Nordosten der USA bereisen, nach **New York City** oder **Boston** fliegen, wurden diese beiden Städte als wichtigste **Ausgangsorte** für die nachfolgenden Rundreisevorschläge gewählt. Sollte man planen, mehrere Metropolen an der Ostküste zu besuchen, lohnt auch **Washington, D.C.** als Ausgangsort.

Genauere Angaben zu den möglichen Routenverläufen und einzelnen Attraktionen, aber auch praktische Tipps zu den Reisezielen, darunter Übernachtungsvorschläge, finden sich in den entsprechenden Kapiteln im Reiseteil.

Routenvorschlag 1: Neuengland zum Kennenlernen
Dauer: 2 Wochen · **Gesamtumfang:** ca. 1.300 mi/2.100 km · **Routenverlauf:** Boston – Salem – Portsmouth (NH) – Portland (ME) – Acadia National Park – Bangor (ME) – White Mountains – Concord (NH) – Manchester (NH) – Hartford (CT) – Newport (RI) – New Bedford – Cape Cod – Plymouth – Boston

Diese Rundfahrt gibt einen guten Einblick in die Besonderheiten Neuenglands. Ausgangs- und Endpunkt ist Boston. Weiter geht es entlang der Atlantikküste über Salem, Portsmouth (NH) und Portland (ME) zum Acadia National Park. Von dort führt die Fahrt ins Landesinnere, vorbei an Bangor (ME) hinein die White Mountains und zum höchsten Berg dort, dem Mount Washington. Dann geht es südwärts über Concord (NH), Manchester (NH) und Hartford (CT) wieder an die Atlantikküste. Mit Stopps in dem sehenswerten Hafenstädtchen Newport mit seinen prächtigen Herrenhäusern und in dem einst als Walfangzentrum berühmten New Bedford (MA) gelangt man zum Ferienidyll Cape Cod mit seinen langen Sandstränden. Über Plymouth, wo die erste britische Kolonie entstand, geht es zurück nach Boston.

Routenvorschlag 2: Neuengland für Fortgeschrittene
Dauer: 3–4 Wochen · **Gesamtumfang:** ca. 1.600 mi/2.600 km · **Routenverlauf:** Boston – Salem – Portsmouth (NH) – Portland (NH) – Acadia National Park – Bangor (ME) – Baxter State Park – Augusta – White Mountains – Montpelier (VT) – Stowe (VT) – Burlington (VT) (Lake Champlain) – Green Mountains (VT) (Middlebury, Rutland, Bennington) – Berkshire Hills – Hartford (CT) – New Haven (CT) – Mystic (CT) – Newport (RI) – New Bedford – Martha's Vineyard – Cape Cod – Plymouth – Boston

Die hier vorgeschlagene Route entspricht im Kern der Route 1, bietet jedoch einige interessante Abstecher und Umwege. Nach der Fahrt entlang der Küste von Boston zum Acadia National Park lässt sich von Bangor aus gut das Hinterland Maines um den Baxter State Park mit dem mächtigen Mount Katahdin erkunden. Nach den White Mountains geht es westwärts durch das Bergland der Green Mountains nach Vermont und zum Lake Champlain. In Richtung Süden folgen typisch neuenglische Dörfer und entlang des Connecticut River führt der Weg bis zu seiner Mündung in den Atlantik. Wie bei Route 1 geht es über Newport, New Bedford, Cape Cod und Plymouth zurück nach Boston. Dabei bietet sich unterwegs Gelegenheit, eine der Inseln Martha's Vineyard oder Nantucket zu besuchen, wo die Zeit stehen geblieben zu sein scheint.

Routenvorschlag 3: Neuengland und die Metropolen der Ostküste

Dauer: *3–4 Wochen* · **Gesamtumfang:** *ca. 1.700 mi/2.750 km* · **Routenverlauf:** *Washington, D.C. – Baltimore – Philadelphia – New York City – New Haven (CT) – Newport (RI) – Providence (RI) – New Bedford – Plymouth – Boston – Portland (ME) – Acadia National Park – White Mountains – Concord (NH) – Manchester (NH) – Hartford (CT) – New York City*

Auf dieser Rundfahrt lernt man zunächst die unterschiedlichen Metropolen kennen: Die Hauptstadt Washington, D.C. mit dem White House, dem Senat und vielen sehenswerten Museen und Monumenten, die alte Hafenstadt Baltimore, das geschichtsträchtige Philadelphia und die pulsierende Weltmetropole New York City. Danach schließt sich eine Rundfahrt durch Neuengland an, die im Kern der Route 1 entspricht.

Routenvorschlag 4: große Rundreise durch den Nordosten der USA

Dauer: *4–5 Wochen* · **Gesamtumfang:** *ca. 2.400 mi/3.860 km* · **Routenverlauf:** *New York City – New Haven (CT) – Newport (RI) – Cape Cod – Boston – Portland (ME) – Acadia National Park – Bangor (ME) – White Mountains – Montpelier (VT) – Stowe (VT) (Green Mountains) – Burlington (VT) (Lake Champlain) – Adirondacks (NY) – Syracuse (NY) – Rochester (NY) – Niagara Falls – Finger Lakes (NY) – Hudson River (NY) – Philadelphia – Baltimore – Washington, D.C.*

Diese Route führt von New York City an der Ostküste entlang über New Haven und Newport nach Boston und weiter nach Norden bis Portland und zum Acadia National Park. Von dort geht es landeinwärts zu den Höhenzügen der White Mountains in New Hampshire und weiter westwärts nach Vermont zum Lake Champlain, der die Grenze zum Bundesstaat New York bildet.
Nun führt die Route durch die Adirondacks, die waldreiche Hügel- und Berglandschaft im Nordosten des New York State, wo sich der bekannte Lake Placid befindet. Die Route führt weiter zum Saint Lawrence River und bis zu seinem Ausfluss aus dem Lake Ontario. Über die beschaulichen Städte Syracuse und Rochester erreicht man die weltberühmten Niagarafälle.
Die Rückfahrt nach New York City führt vorbei an Buffalo durch malerische Agrarlandschaften und das Weingebiet um die sogenannten Finger Lakes. Bei Albany, der Hauptstadt des Bundesstaats New York, erreicht man das Hudson River Valley, mit

Weinanbau und anderen landwirtschaftlichen Produkten, herrschaftlichen Sommerhäusern und beschaulichen Ortschaften wie Rheinbeck oder Hyde Park, die einen Halt lohnen. Anschließend stehen wie auf Route 3 die Metropolen der Ostküste Philadelphia, Baltimore und Washington, D.C. auf dem Programm.

Zeiteinteilung und touristische Interessen

Gebiet	Unternehmungen/ Ausflugsziele	Tage	ca. km	Touristische Interessen
New York City (ab S. 136)	Stadtrundgänge, Museen, Theater, weltbekannte Attraktionen, Stadtviertel	2–3		Stadterlebnis, moderne Architektur, Museen, Einkaufen, Restaurantbesuche, ethnische Vielfalt
New York City – Mystic (ab S. 210)	Westport, Bridgeport, New Haven, Hartford, Mystic	3–5	180	Stadterlebnis, historische Häfen, Indianermuseen, State Parks
Mystic – Boston (ab S. 244)	Newport, Providence, Cape Cod, Plymouth	3	170	Geschichte, Architektur, Inselleben
Boston (ab S. 291)	Stadtrundgänge, Freedom Trail, Museen, Cambridge (Harvard University)	3–5		Stadtleben, Geschichte, Architektur, Kunst
Boston – Acadia National Park (ab S. 341)	Lexington, Concord, Salem, Kennebunkport, Portland, Freeport, Boothbay Harbor, Rockland, Bar Harbor	3–5	500	Geschichte, Strandleben, Hummerfang und Walbeobachtung, Desert of Maine, Einkaufen
Acadia National Park (ab S. 381)	Rundfahrt, Aussicht vom Champlain Mountain	2–4	100	Naturerlebnis, Wandern, Wassersport, Tierbeobachtung, Laubfärbung im Herbst
Acadia National Park – Baxter State Park (ab S. 386)	Naturerlebnis, Wandern, Wassersport, Tierbeobachtung, Laubfärbung im Herbst	2–4	185	Naturerlebnis, Wandern, Wassersport, Tierbeobachtung, Laubfärbung im Herbst
Baxter State Park – White Mountains (ab S. 397)	Kancamagus-Highway, Mount Washington, Bretton Woods, Franconia Notch State Park	1–2	385	Naturerlebnis, Wanderungen
White Mountains/NH (ab S. 403)	White Mountains National Forest, Mount Washington, Kancamagus-Highway	3–5		Naturerlebnis, Wandern, Wassersport, Tier- und Pflanzenwelt, Laubfärbung im Herbst
White Mountains – Burlington (ab S. 429)	Montpelier, Stowe, Burlington, Long Trail, Green Mountains	3–5	200	Stadtrundgänge, Wandern, Laubfärbung, Wintersport, Naturerlebnis
Burlington – Niagara Falls (ab S. 466)	Lake George, Adirondack Mountains, St.-Lorenz-Strom, Syracuse, Rochester, Lockport, Fort Niagara	5–8	600	Naturerlebnis, Laubfärbung im Herbst, Wandern, Wassersport, Architektur, Geschichte, Kulinarisches, Stadtrundgänge
Niagara Falls (ab S. 498)	Wasserfälle, Stadtbesichtigung	2–3		Wasserfälle, Bootsfahrt, Museen, Naturerlebnis
Niagara Falls – Hudson River (ab S. 509)	Buffalo, Finger Lakes, Corning, Cooperstown, Catskills, Hudson River	2–3	450	Museen, Geschichte, Wassersport, Naturerlebnis, Weinprobe, Kulinarisches, Sport (Baseball)
Washington, D.C. (ab S. 533)	Stadtrundgänge, weltberühmte Museen, Ausflüge nach Georgetown und Arlington	2–3		Stadtleben, Museen, Geschichte, Politik, Kunst
Baltimore und **Philadelphia** (ab S. 564 u. 575)	Stadtrundgänge in Baltimore, Philadelphia	3	160	Stadtleben, Geschichte, Kunst

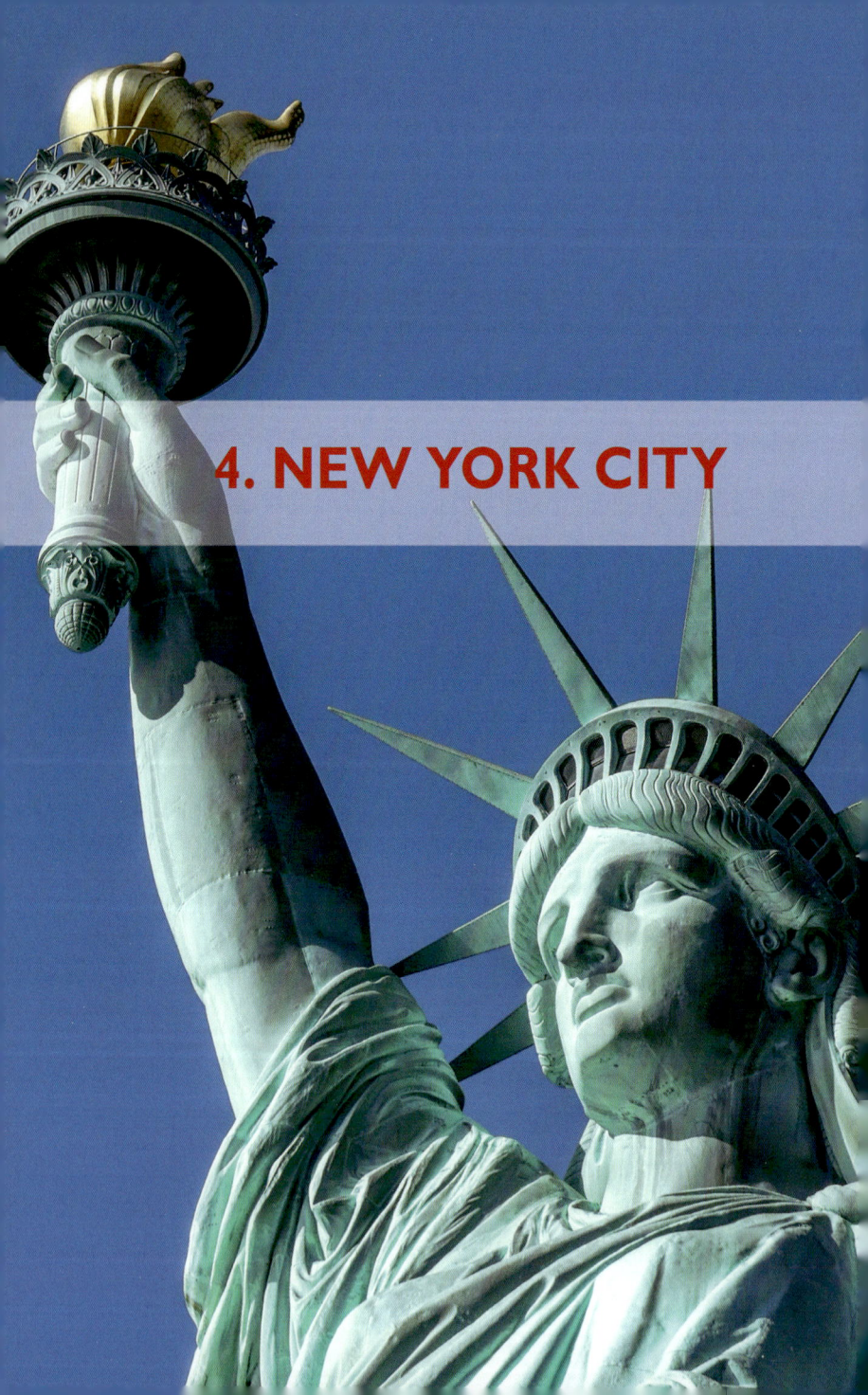

4. NEW YORK CITY

Überblick

New York City („NYC"), die größte nordamerikanische Stadt, liegt an der Mündung des Hudson River in den Atlantik, auf ähnlicher Breite wie Neapel, allerdings ohne dasselbe mediterrane Klima. Durch atlantische Einflüsse herrscht **gemäßigtes Kontinentalklima** mit sehr heißen Sommern und kalten Wintern mit Schnee und Blizzards.

New York City ist mit knapp 800 km² Fläche und rund 8,5 Mio. Menschen Heimat von etwa 45 % der Bewohner des Bundesstaates New York, dessen Hauptstadt Albany etwa 250 km weiter flussaufwärts am Hudson River liegt. Die Metropole New York besteht aus **fünf Bezirken** (*boroughs*): dem relativ kleinen Manhattan (1,6 Mio. EW), Queens (2,2 Mio.), Staten Island (0,5 Mio.), Brooklyn (über 2,5 Mio.) und der Bronx (1,4 Mio.), alles Städte für sich. Nur die Bronx ist Teil des Festlands, während Staten Island ebenso wie Manhattan eine Insel ist und Brooklyn und Queens beide auf Long Island liegen.

Inbegriff New Yorks ist das knapp 90 km² große **Manhattan**, eine 21,6 km lange und 1,3 bis 3,7 km breite Insel, die durch Hudson, East und Harlem River vom Festland abgetrennt ist. Manhattans unverwechselbare Skyline gilt als Wahrzeichen der Weltmetropole. Hier befinden sich die meisten Sehenswürdigkeiten und touristischen Einrichtungen; hier spielt sich der Großteil des kulturellen Lebens ab.

NYC ist eine **Kulturstadt**, die ihren unverwechselbaren Charakter durch ihre ethnische Vielfalt erhält. Kaum irgendwo sonst auf der Welt findet man so viele unterschiedliche Hautfarben, Sprachen, Kulturen und Lebensphilosophien. New York ist seit jeher eine **Immigrantenstadt**, in der die einzelnen Ethnien Enklaven mit eigener Infrastruktur und spezifischem Charakter bilden. Die bekanntesten **ethnischen Stadtviertel** sind Chinatown, Little Italy und Harlem in Manhattan. Doch vor allem in Queens und Brooklyn wächst die Zahl der Enklaven ständig. Nahezu alle **Religionen** sind in New York vertreten.

NYC ist außerdem die **Finanzhauptstadt der Welt**, Sitz zahlreicher Banken und Versicherungsunternehmen, des legendären New York Stock Exchange (NYSE), der Amerikanischen Aktienbörse NASDAQ sowie zahlreicher Produktbörsen. Wichtigstes wirtschaftliches Standbein und Hauptarbeitgeber ist jedoch das Dienstleistungsgewerbe, vor allem Einzelhandel und **Tourismus**. New York ist die unangefochtene Nummer 1 als Reiseziel in den USA. Immerhin warten auf die Besucher – die Zahlen sind konstant steigend und liegen derzeit bei knapp 67 Mio. jährlich – mehr als

150 Museen, über 5.000 Straßenfeste im Jahr, an die 300 Theater, 200 öffentliche Bibliotheken, unzählbare Läden und Lokale jeglicher Couleur und mit dem Central Park eine 340 ha große Grünfläche im Zentrum. Welche andere Stadt kann das schon bieten?

„Gebrauchsanweisung" NYC

Der „**Big Apple**" ist so groß, dass es unmöglich ist, ihn in wenigen Tagen umfassend zu erkunden. Die minimale Aufenthaltsdauer liegt bei drei bis vier Tagen. Die nachfolgend aufgelisteten Viertel und Sehenswürdigkeiten sind als Vorschläge zu verstehen, und je nach Interessenslage und Besichtigungstempo des Reisenden sollte eine Auswahl getroffen werden.
- **Lower Manhattan**: 9/11 Memorial & Museum und One World Observatory, The Battery und Castle Clinton, South Street Seaport, Wall Street, SoHo und Greenwich Village, Meatpacking District mit High Line Park und Whitney Museum of Modern Art, Chinatown und Little Italy
- **Midtown**: Hudson Yards, Times Square mit Broadway und Theater District, Aussichtsdeck des Empire State Building, Radio City Music Hall, St. Patrick's Church und 5th Avenue, Grand Central Terminal, MoMA, Morgan Library
- **Uptown & Upper Manhattan**: Central Park, Museum Mile mit Frick Collection, Metropolitan, Guggenheim, Cooper Hewitt, Museum of the City of New York oder Neue Galerie, Natural History Museum, Harlem um den Martin Luther King Blvd./125th St. und Malcolm X Blvd.
- **Brooklyn Bridge und Brooklyn Heights**: Spaziergang über die Brooklyn Bridge zur Promenade und/oder zum neuen Brooklyn Bridge Park (Erholungs- und Spielflächen); ev. weiter zur Atlantic Ave. und nach Downtown Brooklyn
- **Coney Island/Brighton Beach**: Strandleben, Aquarium und ein sehenswertes russisches Viertel in Brooklyn
- **Yankee Stadium** (Bronx), eines der berühmtesten Sportstadien der Welt
- **Ellis und Liberty Island**, leicht mit der Fähre erreichbar, aber etwas zeitaufwendig (mindestens einen halben Tag einplanen)
- **Governors Island**, gut und schnell erreichbares „unbekanntes Juwel" mit Ausblick, derzeit nur Mai-Okt. geöffnet
- **The Met Cloisters**, die ungewöhnliche „Mittelalter-Filiale" des Metropolitan Museum an der Nordspitze Manhattans
- **Brooklyn**: z. B. Williamsburg, ein angesagtes und hippes Viertel, DUMBO oder Downtown erkunden (z. B. mit einer „Made in Brooklyn"-Tour)

Historischer Überblick

- 1524 berichtete **Giovanni da Verrazano**, ein Italiener in französischen Diensten, als erster Europäer von der Insel Manhattan.
- 1609 setzte mit **Henry Hudson** erstmals ein Brite seinen Fuß auf New Yorker Boden. Er suchte im Auftrag der holländischen Ostindien-Gesellschaft nach einer Nord-West-Passage nach China.
- 1626 gelang es Peter Minuit (oder Minnewit) aus Wesel Canarsee-Indianern die Insel (*manaháhtaan*) zu einem unrechtmäßig niedrigen Preis abzukaufen. Der kleine Ort mit ein paar Hundert holländischen Siedlern wurde **Nieuw Amsterdam** getauft. Dank der Ostindien-Gesellschaft blühte das Gemeinwesen binnen kürzester Zeit um einen alten Indianerpfad, den heutigen Broadway, auf.

Historischer Überblick

- 1647–64 expandierte der teils despotisch agierende Gouverneur **Peter Stuyvesant** die Stadt und ließ eine Mauer entlang der heutigen Wall Street zum Schutz gegen Indianer und Engländer bauen.
- 1664 musste sich Stuyvesant dem englischen König Charles II. beugen, die Stadt wurde britisch und zu Ehren des Herzogs von York, Bruder des englischen Königs, in „**New York**" umgetauft.
- Mitte des 18. Jh. erlebte die Stadt eine kulturelle Blüte, u. a. öffnete 1732 das **erste Theater** und wurde 1754 das King's College, die spätere **Columbia University**, gegründet.
- 1776–83 **George Washington** machte 1776 New York kurzzeitig zum Hauptquartier seiner Truppen. Nach der Niederlage in der Schlacht von Long Island Ende August desselben Jahres fiel die Stadt an die **Engländer**, die sie erst 1783 wieder räumten.
- 1789 Am 30. April wurde George Washington im New Yorker Rathaus als **erster US-Präsident** vereidigt.
- 1810 war New York mit knapp 120.000 EW die größte Stadt in den USA.
- 1811 wurde wegen der Zuwanderung aus Europa eine **gezielte Stadtplanung** in Angriff genommen: Die Straßen nördlich der Houston St. wurden nach einem Rasterprinzip angelegt und durchnummeriert.
- 1851 Gründung der **New York Times**
- 1858 Eröffnung des **Central Park**
- 1872 Eröffnung des **Metropolitan Museum of Art**
- 1883 Einweihung der **Brooklyn Bridge** über den East River
- 1886 wurde die **Freiheitsstatue** zum neuen New Yorker Symbol.
- 1898 entstand **Greater New York** aus dem Zusammenschluss der vormals unabhängigen Städte bzw. Landkreise Manhattan, Brooklyn, Bronx, Queens und Staten Island. Zu Beginn des 20. Jh. lebten hier gut 3,5 Mio. Menschen.
- 1904 Eröffnung der **U-Bahn**
- Am 24. Okt. 1929 markierte der „**Schwarze Donnerstag**" an der New Yorker Börse den Beginn der Weltwirtschaftskrise.
- 1932 Bürgermeister **Fiorello H. La Guardia** sorgte für Verbesserungen in der Stadt und initiierte einen neuen Bauboom.
- 1949 wurde New York Sitz der **UN**, die **1952** den Gebäudekomplex am East River bezog.
- 1978–89 Ära des populären demokratischen Bürgermeisters **Ed Koch**
- 19. Okt. 1987 Der Börsensturz am „**Black Monday**" verstärkte die sozialen Konflikte erneut und ließ die Kriminalität aufblühen.

Redaktionstipps

Sehens- und Erlebenswertes
▶ **Museen** wie das Metropolitan (S. 175), Guggenheim (S. 177), das neue MoMA (S. 168) oder das American Museum of Natural History (S. 180) muss man gesehen haben, allerdings sollte man Museen wie das Whitney Museum of American Art (S. 161) oder das Lower East Side Tenement Museum (S. 154) ebenfalls nicht versäumen. Die *to-see*-Liste ist lang in NYC!
▶ Die **Aussichtsplattformen** One World Observatory (S. 143), Top of the Rock (S. 168) und Edge (S. 165) bieten aufregende, komplett unterschiedliche Perspektiven.
▶ Ein Muss: das **National September 11 Memorial & Museum** (S. 142)!
▶ Nach dem Spaziergang über die **Brooklyn Bridge** (S. 152) kann man sich im Brooklyn Bridge Park erholen und Manhattans Skyline betrachten.
▶ Aus luftiger Höhe erkundet man New York im **High Line Park** (S. 160) und kann dort sowie in den **Hudson Yards** (S. 165) die Architektur studieren.
▶ Auf **Coney Island** (S. 190) genießt man das Strandleben.
▶ Im Sommer taucht man auf **Governors Island** (S. 148) in eine andere Welt ein.
▶ Auf New Yorks **Wochenmärkten** (S. 202) wie jenen am Union Square, im Essex Street Market, im Chelsea Market und bei Smorgasburg kann man wunderbar einkaufen und essen.

Einkaufen
▶ Schräges und Ausgeflipptes findet man in den Boutiquen entlang des Broadway in **So-Ho**, in der **Lower East Side/Bowery** sind Schnäppchen zu machen, im **Village** finden sich Boutiquen, Galerien und Kurioses, entlang der **5th Ave.** (51st–59th St.) exklusive Shops.

Restaurants
▶ Keine Stadt hat so viele ausgezeichnete Restaurants wie New York (S. 198). Auch wer es preiswerter mag, kann aus einem breiten Spektrum wählen und findet **Delis**, **food trucks** und **food halls**, aber auch **Märkte**. Lokale wie **P.S. Kitchen** (vegan), **Aburiya** (edles Izakaya mit echt japanischer Küche), **Soogil** (koreanisch) oder **Butcher & Banker** (delektable Steaks) spiegeln das breite Spektrum in NYC wider. **Archer & Goat** und das **Brooklyn Cider House** lohnen allein wegen ihrer Getränke.

Übernachten
▶ Statt in einem der (meist teuren) Hotels kann man angenehmer und mit Familienanschluss in einem B&B nächtigen, z. B. im **Easyliving Harlem** (S. 197). Wer Luxus in zentraler Lage sucht, ist z. B. im **Millennium Hilton** (S. 197) gut aufgehoben; wer hippes Leben genießen möchte, geht nach Brooklyn, z. B. ins **Nu Hotel** (S. 198).

- 1994 begann **Bürgermeister Rudolph Giuliani**, mit eiserner Hand gegen Kriminalität und Missstände vorzugehen.
- 11. Sept. 2001 **Terroranschlag** auf das World Trade Center, der etwa 3.000 Menschen das Leben kostete.
- 2002 trat **Michael Bloomberg** das schwere Erbe von Bürgermeister Giuliani an, der sich mit seinem besonnenen Auftreten während der Rettungsarbeiten einen Namen gemacht hatte.
- 2009 High Line Park, Hudson River Park Promenade und neue Fußgängerzonen entlang des Broadway bildeten die ersten Schritte zur **„grünen" Stadt**.
- 11. Sept. 2011 Das **National September 11 Memorial** wurde zum 10. Jahrestag eingeweiht.
- 29. Okt. 2012 **Hurrikan Sandy** richtete große Verwüstungen in New York an.
- 5. Nov. 2013 Mit überwältigender Mehrheit wurde der Demokrat **Bill de Blasio** zum neuen Bürgermeister gewählt. 2017 wurde er im Amt bestätigt.
- 2014 Eröffnung des **9/11 Museum** sowie des **One World Trade Center**
- 2015 Eröffnung des neuen **Whitney Museum of American Art** und des **One World Observatory**
- 2018 wurde NYC von über 65 Mio. Menschen besucht.
- Frühjahr/Sommer 2019 Eröffnung der **Hudson Yards** im März, der **Empire Outlets NYC** auf Staten Island sowie des neuen **Statue of Liberty Museum**
- Juni 2019 **WorldPride** in NYC, außerdem feiert man 50 Jahre „Stonewall Riots"
- Okt. 2019 Eröffnung des **New MoMA**
- März 2020 Die neue Aussichtsplattform **The Edge**, Teil der Hudson Yards, empfängt ihre ersten Besucher.

Manhattans Skyline, von Governors Island aus betrachtet

> **Achtung!**
>
> Die in den Reisekapiteln zu einzelnen Sehenswürdigkeiten/Museen angegebenen Zeiten und Preise sind schnell veränderlich und entsprechen dem Stand vor Drucklegung dieser Auflage (Anfang 2020).

Sehenswürdigkeiten in Manhattan

Manhattan lässt sich grob in vier Hauptabschnitte aufteilen:
- **Downtown oder Lower Manhattan** (s. S. 141) – der Südteil der Insel, der historische Kern plus das nördlich angrenzende Gebiet bis zum Union Square an der 14th St. Hierzu gehören Quartiere wie das Bankenviertel um die Wall St., SoHo, Greenwich Village, Chinatown und Little Italy.
- **Midtown** (s. S. 161) – bezeichnet die Gegend zwischen Union Square und Central Park (14th–59th St.), mit der legendären 5th Ave., dem Times Square und dem Theaterviertel; Madison Square Garden, Empire State Building und UN-Gebäudekomplex gehören ebenfalls dazu.
- **Uptown** (s. S. 172) – umfasst die Region um den Central Park, Upper East und Upper West Side sowie die Museum Mile an der 5th Ave.
- **Upper Manhattan** (s. S. 181) – wird der nördlichste Teil Manhattans genannt, der hinauf bis zum Harlem River reicht. Dazu gehören Harlem, East Harlem, das Areal um die Columbia University und The Met Cloisters (eine Filiale des Metropolitan Museum).

> **Orientierung in Manhattan**
>
> Die Orientierung in Manhattan ist durch das **Rastersystem** der Straßen einfach – abgesehen von der Südspitze, wo das Straßennetz unregelmäßig wird. Ansonsten verlaufen **Streets** (St.) in **Ost-West-Richtung** und sind ab der 1st St. südlich des Washington Square nach Norden durchnummeriert; **Avenues** (Ave.) in **Nord-Süd-Richtung** sind von Ost nach West nummeriert, von der 1st Ave. am East River bis zur 11th Ave. am Hudson River. Einige Avenues tragen eigene bzw. zusätzliche Namen: York Ave., Lexington Ave., Park Ave., Madison Ave., Avenue of the Americas (6th Ave.), Columbus Ave., Amsterdam Ave., West End Ave. sowie in Harlem z. B. Frederick Douglass Blvd. (8th Ave.) und Lenox Ave. (7th Ave.). Die **5th Avenue** bildet die Zentralachse und unterteilt Manhattan in East und West. Der **Broadway**, ein ehemaliger Indianerpfad, durchschneidet die Insel als einzige Ausnahme diagonal.

Lower Manhattan – die Südspitze

Die Südspitze Manhattans umfasst den historischen Kern New Yorks mit Baudenkmälern aus der frühen Kolonialzeit. Daneben fungiert es aber auch als weltgrößtes Finanzzentrum, weist die höchsten Wolkenkratzer der Stadt auf und gibt den Blick frei auf den Hafen. Hier befindet sich auch das 9/11 Memorial & Museum sowie 1 WTC mit dem neuen One World Observatory – ideale Ausgangspunkte für eine Stadtbesichtigung.

National September 11 Memorial

National September 11 Memorial & Museum (1)

Als das 1973 erbaute Wahrzeichen der Stadt, die beiden Türme des **World Trade Center**, am 11. September 2001 von Terroristen komplett in Schutt und Asche gelegt wurde und Tausende von Menschen unter sich begrub, war New York (und die ganze Welt) in Schockstarre versetzt. Inzwischen ist auf der sogenannten World Trade Center Site ein neues Bau-Ensemble entstanden, dessen Herz das gratis zugängliche **9/11 Memorial** ist.

Ruhepol zum Gedenken Dieser von Arad und Walker geplante Erinnerungspark ist eine Ruheoase im hektischen Manhattan, mit Park und Eichenhain sowie zwei Wasserbecken mit den größten menschengemachten Wasserfällen Nordamerikas in den Footsteps (dem Grundriss) der beiden Türme. Rund um diese Becken sind auf Marmorplatten die Namen der fast 3.000 Opfer aus New York, des Anschlags auf das Pentagon, des in Pennsylvania abgestürzten United-Airlines-Flugs 93 sowie des Bombenanschlags von 1993 eingraviert. Das Memorial wurde zum 10. Jahrestag des Attentats, am 11. September 2011, eingeweiht; das Museum folgte im Mai 2014.

Die eindrucksvolle, höchst emotionale Ausstellung des **9/11 Museum** (Architekt: Davis Bond) befindet sich unter einem auffälligen Glaspavillon, geplant vom norwegischen Architekturbüro Snøhetta. Mittelpunkt der riesigen Halle sind ein Teil der Flutmauer, die dem Wasser des Hudson River standhielt, und die Last Column, der letzte Stahlträger der WTC-Türme. Ein beschädigter Feuerwehrwagen, Besitztümer der Opfer und die „Fluchttreppe" sind zu sehen, dazu eine künstlerisch gestaltete „Memory Wall" und eine Kunstausstellung. Die South Tower Gallery unter dem South Pool, wo zuvor der südliche Tower stand, erinnert vor allem an die Opfer, die North Tower Gallery an die Stunden und Tage nach dem Unglück.

National September 11 Memorial & Museum, *180 Greenwich/Fulton St. (WTC Site), www.911memorial.org, tgl. 7.30–21 Uhr, Eintritt frei; Museum So–Do 9–20, Fr/Sa 9–21 Uhr (letzter Einlass 2 Std. vor Schließung), $ 26 (Di 17–20 Uhr frei, Tickets ab 16 Uhr erhältlich), auch im CityPass (s. S. 207) enthalten.*

World Trade Center Site und One World Observatory (2)

Das zwischen 1968 und 1987 nach Plänen des Japaners Yamasaki erbaute und am 11. September 2001 zerstörte **World Trade Center** umfasste insgesamt sieben Gebäude und galt mit seinen zwei markanten Türmen als ein Wahrzeichen New Yorks. „9/11", der terroristische Anschlag, hatte ein riesiges Trümmerfeld hinterlassen; die Neubebauung des Areals mit mehreren Wolkenkratzern zog sich endlos hin und ist noch immer nicht abgeschlossen.

Ehemaliges Wahrzeichen

2006 wurde als erster Bau 7 WTC (*Vesey St./Greenwich St.*) fertig, 2013 folgte 4 WTC. Der eher unspektakuläre Hauptbau, **1 WTC**, vom Reißbrett der Firma SOM (David Childs), eröffnete im November 2014, die zugehörige Aussichtsplattform, **One World Observatory (OWO)**, folgte 2015. Für den hohen Eintrittspreis und stets großen Andrang entschädigt der Ausblick vom 100. Stock, denn die Perspektive hier an der Südspitze, auf Inselwelt und Wasser, ist anders als der Blick von anderen Aussichtsplattformen.

2018 wurde **3 WTC**, ein relativ niedriger, unspektakulärer Bau eröffnet. Das **2 WTC** ist noch im Bau. Im Sommer 2016 wurde am Südende des Grundstücks der **Liberty Park** fertiggestellt, erhöht gelegen und mit Ausblick auf das Memorial. Im August 2017 wurde hier die Skulptur **The Sphere** („Große Kugelkaryatide") wieder aufgestellt. Dieses Stahl-Bronze-Kunstwerk mit 5 m Durchmesser und über 20 t Gewicht war von dem bayerischen Künstler Fritz Koenig (1924–2017) 1971 als Symbol für freien Handel und Ideenaustausch geschaffen und zwischen den beiden Tür-

One World Observatory und der Oculus

Lower Manhattan – die Südspitze

men des World Trade Center aufgestellt worden. Dort überstand es den Einsturz der Gebäude 2001 mit lediglich ein paar Dellen.

Der an der Ostseite des Parks geplante **St. Nicholas National Church and Shrine** nach Plänen von Santiago Calatrava ist wegen finanzieller Probleme derzeit noch unvollendet; die Kirche soll aber zum 20. Jahrestag des Anschlags wieder seine Pforten öffnen.

Calatrava war auch für den 2016 eröffneten, architektonisch beeindruckenden **WTC Transportation Hub** verantwortlich. Dieser Nahverkehrsbahnhof mit spektakulärem, flügelartigem Dach, wegen seiner Konstruktionsweise auch „Oculus" (latein. „Auge") genannt, beherbergt die **Westfield WTC Mall** und ist unterirdisch

1 9/11 Memorial & Museum
2 One World Observatory
3 Brookfield Place
4 Museum of Jewish Heritage
5 Castle Clinton NM
6 Whitehall Ferry Terminal
7 Seton Shrine of Mother Seton
8 Fraunces Tavern
9 India House
10 National Museum of the American Indian
11 Trinity Church
12 Federal Hall
13 New York Stock Exchange
14 South Street Seaport Historic District
15 Titanic Memorial
16 St. Paul's Chapel
17 Woolworth Building
18 City Hall
19 Columbus Park
20 Museum of Chinese in America
21 Lower East Side Tenement Museum
22 New Museum
23 Old St. Patrick's Cathedral
24 Bayard-Condict Building
25 New York University
26 Cooper Union Building
27 St. Mark's Church in-the-Bowery
28 Grace Church
29 Brooklyn Heights Promenade

mit Brookfield Place (s. u.) und dem Fulton Center (dem Subway-Knotenpunkt einen Block weiter östlich) verbunden.
One World Observatory, *117 West Street, https://oneworldobservatory.com, Jan.–April 9–21, Mai–Sept. 8–22, Sept.–Okt. 9–21, Okt.–Dez. 8–21, Dez.–Jan. 8–22 Uhr, $ 35 (zeitgebunden; besser vorab online kaufen).*
WTC Site: *https://www.panynj.gov (Baufortschritt), www.renewnyc.com (Viertel).*

Brookfield Place (3) und Battery Park City

Westlich der WTC Site, am Hudson River, erhebt sich das frühere **World Financial Center**, jetzt **Brookfield Place** genannt. Der Komplex entstand 1982 bis 1988 nach Plänen des Argentiniers César Pelli auf einem 90.000 m² großen Gelände. Sehenswert im Inneren sind der Wintergarten und das exklusive Einkaufszentrum (*https://bfplny.com*) mit zwei Imbissarealen, Hudson Eats und Le District. Rafael Pelli, Sohn des ursprünglichen Planers, zeichnet für die Shoppingmall und den markanten Glaspavillon an der West Street verantwortlich. Der neue Teil ist mit der WTC-Site und der PATH-Station durch einen unterirdischen Fußgängertunnel verbunden.

Noble Mall

Battery Park City bildet auf dem aufgeschütteten Aushub vom World Trade Center eine eigene „Stadt" – mit Apartmentblöcken, Yachthafen, Promenade und Grünanlagen. Von der Esplanade mit ihren Parkbänken bietet sich ein fantastischer Ausblick auf den Hudson River, auf Ellis und Liberty Island und hinüber nach New Jersey. Die Promenade führt vorbei am **Museum of Jewish Heritage (4)** im Wagner Park – das mittels verschiedenster Medien eindrucksvoll die Geschichte der Juden ab 1880 schildert – zu The Battery. Hier bietet sich ein Abstecher zum **Skyscraper Museum** im Bau des Ritz Carlton Hotel an der West St. an.
Museum of Jewish Heritage, *Edmond J. Safra Plaza, 36 Battery Pl., https://mjhnyc.org, April–Okt. So–Do 10–21, Fr 10–17, Nov.–März Mo/Di/Do/So 10–18, Mi 10–21, Fr 10–15 Uhr, $ 8 (Eintritt frei Mi/Do 16–20 Uhr), Sonderausstellungen kosten extra.*
Skyscraper Museum, *39 Battery Place, www.skyscraper.org, Mi–So 12–18 Uhr, $ 5, v. a. Wechselausstellungen, aber auch interessante Stadtmodelle.*

The Battery und Castle Clinton

Vor der beeindruckenden Wolkenkratzerkulisse des Financial District liegt das seit der Jahrtausendwende komplett neu gestaltete **The Battery** (ehemals „Battery Park"; *http://thebattery.org*) mit Gärten, Plätzen, Promenaden sowie zahlreichen Skulpturen zur Erinnerung an historische Ereignisse, wichtige Persönlichkeiten, bedeutende Denker, Dichter und Immigranten(gruppen). Im Park liegen auch die **Urban Farm**, die v. a. Kinder zu gesünderer Ernährung erziehen und mit der Natur vertraut machen soll, und das **SeaGlass Carousel**. **Pier A** (*www.piera.com*), eine historische Schiffsanlegestelle, wurde vor ein paar Jahren zum Restaurantkomplex mit Oyster House und BlackTail umgestaltet.

Historische Befestigungsanlage

Ebenfalls in The Battery – benannt nach einer hier ehemals aufgestellten Geschützreihe – fällt der massige, runde Ziegelkomplex des **Castle Clinton National Monument (5)** ins Auge. In der Nähe des ehemaligen holländischen Fort Amsterdam und durch eine Zugbrücke mit dem Ufer verbunden, entstand es als eine von mehreren Be-

Lower Manhattan – die Südspitze

festigungsanlagen zur Sicherung des Hafens während des britisch-amerikanischen Krieges 1812. 1824 wurde daraus der Vergnügungspark Castle Garden. 1855 bis 1892 fungierte das mittlerweile mit dem Festland verbundene Fort als Vorgängerin des berühmteren Ellis Island. Nach weiteren 45 Jahren als Heimat des New Yorker Aquariums drohte 1941 der Abriss, doch zum Glück erfolgte fünf Jahre später die Ausweisung als nationale Gedenkstätte. Abgesehen von kleineren Ausstellungen gibt es Informationsstände der Parkverwaltung und Ticketverkaufsstände für die Fähren nach Liberty und Ellis Island.
Castle Clinton NM, *The Battery, www.nps.gov/cacl, 8–17 Uhr, frei.*

Liberty Island und die Statue of Liberty

Die **Statue of Liberty** war ein Geschenk des französischen Volkes an die Amerikaner. Das Kunstwerk sollte an die Waffenbrüderschaft in der Zeit der Revolution erinnern und an deren vornehmstes Symbol, die *Liberté*. Gleichzeitig diente der erhobene Arm der Figur mit der Fackel der Freiheit als Leuchtturm und fungierte als neuzeitliches Pendant zum antiken Koloss von Rhodos. Die Statue besteht aus gehämmerten Kupferplatten und ist ein Werk des Bildhauers **Frédéric-Auguste Bartholdi** unter Mithilfe von **Gustave Eiffel**, der für das tragende Eisengerüst zuständig war. Der Kopf der viel bewunderten Figur wurde auf der Pariser Weltausstellung 1878 ausgestellt. Nach ihrer Vollendung 1884 wurde die 46 m hohe und 204 t schwere Statue zerlegt und in einer spektakulären Aktion über den Atlantik nach New York gebracht. Am 28. Oktober 1886 wurde das Monument feierlich eröffnet.

Geschenk Frankreichs

Seit Mai 2019 ersetzt ein **neues Museum** an der Nordwestspitze der Insel die bisher im Sockel der Statue befindliche Ausstellung. In einem umweltfreundlichen, energieeffizienten, hellen Glasbau mit begrüntem Dach und Aussichtsplattform befinden sich drei Galerien: ein Multimedia- Erlebnis zu Geschichte und Bedeutung der Statue, ein Blick in die „Werkstatt von Frédéric-Auguste Bartholdi" und eine „Inspiration Gallery" mit der Original-Fackel und einem Modell des Gesichts der Statue zum Anfassen.
Statue of Liberty & Statue of Liberty Museum, *Liberty Island, Fähren ab Castle Clinton/The Battery, www.nps.gov/stli, https://libertyellisfoundation.org, Details zu Anfahrt und Tickets s. Infokasten.*

Ellis Island

Während die Freiheitsstatue die Einwanderer verheißungsvoll begrüßte, bedeutete die kleine Insel Ellis Island für viele zunächst einmal langes Warten. Fast drei Viertel aller US-Einwanderer passierten ab 1892 diesen Nachfolger von Castle Clinton, und die rund 12 Mio. Menschen, die bis 1954 durchgeschleust wurden – bis zu 5.000 täglich –, durchliefen hier eine gründliche Befragung und Inspektion. Vielfach dauerte das Verfahren mehrere Tage bis Wochen, und etwa 350.000 Personen wurden wieder abgeschoben. Für „politisch oder moralisch Fragwürdige", aber auch für viele andere wurde Ellis Island – insbesondere während der beiden Weltkriege – zur „Träneninsel".

Schleuse nach Amerika

Seit 1965 Nationalpark, sind nur wenige der insgesamt rund 35 Gebäude zu besichtigen. Für die Zukunft ist die Renovierung und Eröffnung weiterer Bauten im Hospitaltrakt geplant; derzeit finden Spezialtouren mit Helm statt. Im Hauptbau mit der **Great**

Hall, der Ankunftshalle, dem Fährbüro, Gepäckraum, Schlafsälen, Krankenstation und Speisesaal befindet sich das sehenswerte **Immigration Museum** mit dem Peopling of America Center. Auf dem Freigelände befindet sich die **Wall of Honor** mit den Namen von über 700.000 Immigranten; außerdem gibt es eine große Forschungsbibliothek sowie ein Archiv.
Ellis Island Immigration Museum, *Ellis Island, www.nps.gov/elis, mit Café, Details s. Infokasten.*

Liberty und Ellis Island Ticket-Know-how

Ab Castle Clinton/The Battery verkehren saisonal unterschiedlich häufig (8.30–15.30 Uhr, mind. alle 30 Min.) Fähren von **Statue Cruises** für derzeit $ 18,50 nach Liberty und Ellis Island. Um lange Wartezeiten zu vermeiden, sollte man Tickets im Internet kaufen; es bilden sich nämlich oft schon um 8 Uhr morgens Schlangen vor den Schaltern. Auch wer einen CityPass (s. S. 207) hat, muss sich anstellen und ggf. ein Ticket für Sockel bzw. Krone besorgen. Ellis Island ist im Fährticket automatisch enthalten, doch nach 14 Uhr lohnt es sich nicht mehr, an beiden Inseln auszusteigen. Zudem sollte man wegen der Sicherheitskontrollen vor dem Einsteigen (keine Taschenmesser o. Ä.!) genügend Zeit einplanen: Die Gesamttour dauert mindestens vier bis fünf Stunden.

Es gibt für die Statue of Liberty **vier Ticketvarianten** (Stand Anf. 2020):
Reserve Ticket ($ 19,25): Zugang zu beiden Inseln, Audio-Tour, Rangertouren, Museum; auch im NY CityPass (s. S. 207) enthalten.
Pedestal Reserve Ticket ($ 18,50): zusätzlich Zugang in den Sockel der Statue mit Observation Deck; Tickets im Internet und auf „first-come, first-served"-Basis in begrenzter Zahl vor Ort.
Crown Reserve Ticket ($ 22,25): zusätzlich Zugang zur Krone über 162 Stufen (Personen über 1,20 m); Ticket muss Monate im Voraus per Internet bestellt werden.
Hard Hat Tour of Ellis Island ($ 58,50): kein Zugang zur Statue, aber Besuch des unrenovierten Hospitaltrakts; ab 13 Jahre, nicht barrierefrei.
Infos/Reservierung: ☏ 877-523-9849, www.statuecruises.com.

Governors Island

Ehemalige Festungsinsel

Ein paar Schritte ostwärts vom **Whitehall Ferry Terminal (6)**, wo die Schiffe nach Staten Island (s. S. 207) ablegen, liegt das **Battery Maritime Building** von 1909, das als Anlegestelle der Fähre nach Governors Island fungiert. Innerhalb weniger Minuten gelangt man von dort auf die alte Festungsinsel, von deren Uferpromenade sich ein ungewöhnlicher Ausblick auf Stadt, Freiheitsstatue, Ellis Island, Hafen und East River bietet.

Governors Island war während der Kolonialzeit im 18. Jh. im Privatbesitz des britischen Gouverneurs, dann Festung zum Schutz der Hafeneinfahrt und zuletzt Sitz der Küstenwache. Aus dem frühen 19. Jh. sind die Festungen **Fort Jay** und **Castle Williams** erhalten, dazu die **Colonels Row** und der **Parade Ground**. Da die Insel als Nationalpark ausgewiesen ist, bieten Parkranger Touren an, und es wird kontinuierlich gebaut und verschönert: Liggett Terrace, Hammock Grove und Play Lawns, The Hills (Aussichtshügel) und South Battery (Promenade) sind Anziehungspunkte der Insel. Im

Governors Island ist eine idyllische Ruheinsel mit viel Geschichte

Süden sind renaturierte Ufer- und Marschlandschaften geplant, ebenso wie die sinnvolle Umnutzung vieler historischer Bauten.
Governors Island, www.govisland.com, Mai–Okt., Mo–Fr 10–18, Sa/So 10–19 Uhr. Fähren im 20- bis 60-Minuten-Takt ab Battery Maritime Building, 10 South/Whitehall St. und ab Pier 6, Brooklyn Bridge Park (nur Sa/So), $ 3 (Sa/So vor 12 Uhr kostenlos). Zahlreiche Veranstaltungen, Fahrradverleih, Touren sowie Ausstellungen.

Das „alte" New York

Vorbei an der Our Lady of the Rosary Church mit dem **Seton Shrine (7)** an der State St. – Wohn- und Wirkungsort der Ordensschwester Elizabeth Ann Seton (1774–1821), die 1975 als erste Amerikanerin heiliggesprochen wurde – geht es in den **Fraunces Tavern Historic District**, ein original erhaltener Straßenblock aus dem 18. Jh. Bei der **Fraunces Tavern (8)** an der Ecke Pearl/Broad St. handelt es sich um eines der ältesten Privathäuser des Viertels, 1719 erbaut und bis heute ein Restaurant. Von hier aus geht es weiter auf der Pearl St. zum Hanover Square und zum **India House (9)** von 1837 im Barockstil, einst Sitz der Baumwollbörse.

Historischer Straßenblock

Bowling Green und Trinity Church

Vom Hanover Square ist es nicht weit zu **The Battery** (via Beaver St.) und **Bowling Green**, am spitz zulaufenden Kopfende des Parks. Der Platz markiert jene Stelle, wo 1626 Peter Minuit, ein Deutscher in holländischen Diensten, den Indianern ihre Insel abgekauft haben soll. Später fanden hier Viehmärkte und Paraden statt und eine Bowlingbahn entstand, die dem Platz seinen Namen gab.

Seine Nordspitze markiert ein **bronzener Stier** – Symbol für eine florierende Wirtschaft – vor der repräsentativen Kulisse des **US Custom House** aus dem Jahr 1907. Der vormalige Zollbau zeigt im Inneren Wandmalereien mit Hafenszenen des amerikanischen Malers Reginald Marsh (1898–1954) und beherbergt das **National Museum of the American Indian (10)**, einen Ableger der Washingtoner Smithsonian Institution.
National Museum of the American Indian (NMAI), *George Gustav Heye Center – US Custom House, 1 Bowling Green, http://nmai.si.edu/visit/newyork, Fr–Mi 10–17, Do 10–20 Uhr, Eintritt frei, Wechselausstellungen.*

Ein Stückchen den Broadway nordwärts fällt zwischen modernen Wolkenkratzern, teils mit sehenswerter Bauplastik, an der Ecke Broadway/Wall St. die **Trinity Church (11)** ins Auge. Ihr 86 m hoher Turm hat bis Mitte des 19. Jh. das Viertel überragt. Die Kirche war Ende des 17. Jh. vom englischen König William III. gestiftet worden. Das heutige Gotteshaus stammt aus dem Jahr 1846. Auf dem **Friedhof** aus der Gründungszeit finden sich sehenswerte alte Grabmäler, u. a. die letzte Ruhestätte von Alexander Hamilton, dem ersten Finanzminister der USA. In das Innere der neogotischen Kirche mit ihren (deutschen) Buntglasfenstern gelangt man durch Bronzeportale nach dem Vorbild der Florentiner Paradiestür des Renaissance-Künstlers Lorenzo Ghiberti.

Hamiltons Grab

Das Finanzviertel

Die **Wall Street** markierte einst wie eine Mauer die nördliche Stadtgrenze der holländischen Siedlung; heute ist sie das Herz des Finanzviertels. Die Stufen der **Federal Hall (12)** sind zur Lunchpause im Sommer beliebt. Von hier bietet sich ein guter Blick auf das hektische Treiben. Bei dem Gebäude selbst handelt es sich um das alte Zollhaus (1842); vorher befanden sich hier das alte Rathaus der Stadt, die City Hall (1703), und die Federal Hall (1789), die für ein Jahr als erstes Kapitol der Vereinigten Staaten fungierte. 1789 hatte der erste Präsident der USA, George Washington, hier seinen Amtseid abgelegt; seit 1883 erinnert an nämlicher Stelle eine Bronzestatue an ihn.

Den Kern der Federal Hall bildet eine Rotunde im Stil des römischen Pantheons, wohingegen die Front sich am Athener Parthenon orientiert. Im Inneren informieren eine Ausstellung mit Originaldokumenten und Memorabilien sowie ein Film über George Washington und seine Zeit.
Federal Hall, *26 Wall St., www.nps.gov/feha, Mo–Fr 9–17 Uhr, Eintritt frei, mit Ausstellungen, Ranger-Touren und Informationsstelle.*

Zentrum des Geldmarkts

Schräg gegenüber, an der Broad St., versteckt sich hinter einer klassisch-römischen Tempelfassade von 1903 die berühmte Wertpapierbörse **New York Stock Exchange (13)**, in der die Aktien der mehr als 1.500 mächtigsten Firmen der Welt gehandelt werden. Ihre Besuchergalerie ist seit dem 11. September 2001 geschlossen.
Wall Street Walks, *Rundgänge durch die Hauptstadt der Finanzwelt und Ground Zero; Infos, Termine und Preise: https://wallstreetwalks.com.*

South Street Seaport

Der **South Street Seaport Historic District (14)**, der von der Water bis zur South St. und in Nord-Süd-Richtung von Pier 14 bis Pier 17/18 bzw. von der Dover bis

Pier 17, South Street Seaport

zur John St. reicht, erinnert an das alte Hafenviertel New Yorks, das in den 1970er- und 1980er-Jahren nur knapp vor dem Verfall gerettet werden konnte. In die alten Häuser, die im 19. Jh. noch hauptsächlich als Lagerhäuser fungierten, zogen ausgehend von Schermerhorn Row *(Fulton zwischen South und Front St.)* Cafés, Lokale und Läden ein. — *Renovierte Lagerhäuser*

Schlendert man heute durch die alten Gassen – den Kern bilden die vier Häuserblocks zwischen Beekman und John, Water und South St. –, so stößt man z. B. auf das **Titanic Memorial (15)** *(Fulton/Water St.)* in Form eines kleinen Leuchtturms und auf das alte **Meyer's Hotel** von 1873 (auf dem Peck Slip). Die sehenswerten Galerien des **Seaport Museum** *(12 Fulton St.)* in einer historischen Seefahrerherberge im Schermerhorn Row Block sind seit Hurrikan Sandy im Okt. 2012 noch teilweise geschlossen. Es gibt interessante Wechselausstellungen im Erdgeschoss, und auch die an Pier 16 befindlichen historischen Museumsschiffe können besichtigt werden.
South Street Seaport, *Fulton/South St. (Pier 17), www.seaportdistrict.nyc.*
South Street Seaport Museum, *12 Fulton St., https://southstreetseaportmuseum.org, Mi-So 11–17 Uhr, $ 20 (inklusive Schiffsbesichtigung an Pier 16).*
Bowne & Co., Printing Office, *207–211 Water St., 11–19 Uhr, Eintritt frei, Kurse.*

Unlängst neu gestaltet wurde **Pier 17** *(www.pier17ny.com)*, ein Dining-, Shopping- und Vergnügungskomplex mit Lokalen, Bars, *food market* und einer Dachterrasse für Kino und Konzerte. Auch der vorgelagerte **Seaport Cultural District** ist mit dem historischen **Fulton Market Building** und dessen großem Angebot an Shops und Lokalen attraktiver geworden. — *Entertainmentareal*

Miteinander verbunden werden die Piers durch die **East River Waterfront Esplanade**, von der aus sich tolle Ausblicke auf den East River und Brooklyn bieten. Die Promenade zieht sich vom Battery Maritime Building über den **Manhattan Heliport** zur Wall Street (mit Pier 11 als wichtige Fähranlegestelle) und Maiden Lane, weiter zur Montgomery Street mit den neu gestalteten Piers 15, 16 und 17. Aussichtspunkte, eine Stufenkonstruktion zum Wasser, bequeme Liegen, Bänke und Barhocker sowie ein beliebter Hundepark sind Bestandteile. Die Promenade soll von der Brooklyn Bridge bis zur E 38th Street nordwärts fortgeführt werden.

Historische Schiffe An **Pier 16** liegen die zum South Street Seaport Museum (s. o.) gehörigen historischen Schiffe vor Anker, z. B. das Feuerschiff Ambrose (1908), der Schlepper W.O. Decker (1930) und der Großsegler Wavertree (1885).

Von der City Hall zu The Battery

Vom South Street Seaport führt die Fulton St. zurück zum Broadway. Hier liegt mit der **St. Paul's Chapel (16)** das älteste erhaltene Gotteshaus in Manhattan. Ihr konnte nicht einmal der Einsturz des nahen World Trade Center am 11. September 2001 etwas anhaben. Im Gegenteil, die Kirche wurde für acht Monate zum Ruhepol und Ort des Trostes für Rettungskräfte, Polizisten und Bauarbeiter.

Wenige Schritte nordwärts erhebt sich am Broadway das berühmte und allein wegen der Fassadendetails höchst sehenswerte **Woolworth Building (17)**. 1913 von Präsident Wilson als damals höchstes Gebäude der Welt (241 m) eröffnet, hielt die Zentra-
Erfindung des Wühltisches le des Kaufhauskonzerns den Rekord bis 1930, dem Jahr der Fertigstellung des Chrysler Building (319 m). 1879 hatte Frank W. Woolworth mit der Idee, Waren für fünf Cent zu verkaufen und das Sortiment den Kunden direkt auf Tischen – und nicht erst auf Nachfrage – anzubieten, die Konsumwelt erobert.
Woolworth Building, *233 Broadway/Barclay St., Touren: https://woolworthtours.com.*

Viele sind erstaunt über die Bescheidenheit des New Yorker Rathauses, das den Kern des heutigen Civic Center District bildet. Als es zu Anfang des 19. Jh. im klassizistischen Stil errichtet wurde, war es für die 60.000-Einwohner-Metropole groß genug. Damals lag die **City Hall (18)** noch am nördlichen Stadtrand und der heutige Park war ein offenes Feld, auf dem es während der Revolution zu mehreren Schlachten gekommen war. 1776 soll General Washington hier vor seinen Truppen die Unabhängigkeitserklärung verlesen haben.

Brooklyn Bridge

Vom South Street Seaport aus bietet sich, besonders bei Sonnenuntergang, ein Spaziergang über die Brooklyn Bridge zum **Brooklyn Bridge Park** bzw. zur **Brooklyn Heights Promenade** (s. S. 188) **(29)** an. Etwa 60 Brücken verbinden in New York die einzelnen Boroughs miteinander – die Brooklyn Bridge ist eine der ältesten und zweifellos die schönste. 1867 hatte der deutsche Einwanderer John A. Roebling mit dieser kühnen Ingenieurleistung begonnen: 84 m hohe gotische Doppelbögen als Hauptpfeiler, an deren Ankerplatten die Hauptstahlseile befestigt wurden, die wiederum durch Stahlseile verstrebt waren. Der Thüringer Ingenieur, der als „Erfinder des

Ein Wahrzeichen und „Balsam für die Seele": die Brooklyn Bridge

Stahlseils" galt, starb bereits drei Wochen nach Baubeginn. Roeblings Sohn Washington und später dann dessen Frau Emily vollendeten die **Brooklyn Bridge** im Jahr 1883. Damals war sie nicht nur die erste Hängebrücke New Yorks, sondern mit einer Höhe von 41 m über dem East River und einer Länge von über 1 km (ohne Rampen) auch die längste weltweit. Diesen Titel hielt sie bis zur Fertigstellung der Williamsburg Bridge im Jahr 1903.

Deutscher Ingenieur

Brooklyn Bridge, *Zugang zum Fußweg an der Ostseite der City Hall, Park Row, eine Treppe führt vom Drumgoole Plaza (Gold/Frankfort St.) hinauf zum Fußweg der Brücke. Zurück geht es auch per Subway (Linie A/C High St.), von der Promenade Linie 2/3 Clark St. oder per Fähre ab Pier 1, unterhalb der Brücke.*

Lower Manhattan – zwischen Lower East Side und Village

Bei den Stadtvierteln im Bereich zwischen Rathaus und 14th St. verwischen oft die Grenzen, beispielsweise zwischen Little Italy und Chinatown, wo die Asiaten die Italiener mehr und mehr ablösen. **SoHo** steht hingegen für *cast-iron buildings*, schicke Lofts, exklusive Boutiquen und ungewöhnliche Galerien. Das südlich anschließende **TriBeCa** repräsentiert ein ehemaliges Industrie- und Lagerhausviertel im Wandel.

Die **Bowery**, vormals ein irisches Viertel voller Bordelle und billiger Offiziersunterkünfte, sowie das westlich angrenzend **NoLIta** („North of Little Italy") sind im Begriff aufzuholen. Die **Lower East Side** (LES) ist längst zum schicken Bummelareal geworden, dem der frühere deutsche bzw. jüdische Charakter weitgehend abhandengekommen ist. Das nördlich angrenzende **East Village** liegt als Künstler-, Kneipen- und Nightlife-Viertel voll im Trend und schließt weiter zu seinem berühmten westlichen Nachbarn, dem **Greenwich Village**, auf.

Künstlerviertel

Chinatown

Obwohl die meisten der nach Amerika eingewanderten Chinesen ihre Gemeinden an der Westküste, in San Francisco und Vancouver gründeten, ist auch das New Yorker Chinesenviertel dicht besiedelt und unverkennbar ostasiatisch, allerdings vergleichsweise wenig touristisch geprägt. Es erstreckt sich im Areal von Canal St., Broadway und Bowery St., und die Hauptachsen sind Mott und Grand Street.

Bummel durch den Osten im Westen: Chinatown

Über die Canal Street, Lebensachse von Lower Manhattan, und die Mulberry St. geht es zum **Columbus Park (19)**, dem Zentrum Chinatowns. Die parallel im Osten verlaufende **Mott Street** ist die Hauptstraße des Viertels mit zahlreichen chinesischen Restaurants und Shops. Über die Amerikaner mit chinesischen Wurzeln informiert auch das architektonisch sehenswerte **Museum of Chinese in America (20)**.
Museum of Chinese in America, 215 Centre St., www.mocanyc.org, Di–So 11–18, Do bis 21 Uhr, $ 12 (freier Eintritt jeden ersten Donnerstag des Monats).

Lower East Side

Die **Canal St.** führt ostwärts in die Lower East Side (LES), zu der offiziell auch Chinatown, Little Italy und die Bowery gehören. Früher war die LES einmal fest in deutscher Hand, und Anfang des 20. Jh. befand sich hier ein Zentrum der New Yorker Juden. An der Orchard St. mit vielerlei Shops liegt der **Lower East Side Historic District**, und an der Ecke zur Delancey St. lädt das interessante **Lower East Side Tenement Museum (21)** zu einer Tour durch einige der Apartments früherer Bewohner im Haus Nr. 97 und 103 Orchard St. ein. Zuvor bietet das Besucherzentrum einen Film und im Shop interessante Bücher und Souvenirs. Während der Gebäude- und Walkingtouren durchs Viertel wird eindrucksvoll über das Leben der verschiedenen Einwanderergruppen um 1900 informiert.

Zeichen des Wandels in der LES ist seit 2007 das **New Museum (22)** in der Bowery. Die einstige Skid Row (das „Penner-Quartier") mit Obdachlosenheimen und Suppenküchen weicht zunehmend Boutiquen, schicken Hotels und Restaurants. Allein der ungewöhnliche Bau dieses Museums für zeitgenössische Kunst ragt optisch aus dem Umfeld der alten Backsteinbauten heraus: Es ist ein fensterloser, kubischer, weißer Bau vom Reißbrett der japanischen Architekten Sejima/Nishizawa (SANAA).
Lower East Side Tenement Museum, *VC: 103 Orchard/Delancey St., www.tenement. org, Shop & VC So–Mi+Fr 10–18.30, Do 10–20.30, Sa bis 19 Uhr, Touren 10.30–17.15 Uhr, Tickets im VC/Shop.*
New Museum of Contemporary Art, *235 Bowery, www.newmuseum.org, Di–So 11–18, Do bis 21 Uhr, $ 18 (Do 19–21 Uhr beliebiger Eintrittspreis); Dachterrasse mit Ausblick (Sky Room) nur Sa/So.*

Little Italy

Die Grand St. ist eine der Lebensadern der LES. An ihrer Kreuzung mit der Mulberry St. schlägt das Herz von Little Italy, des alten Italienerviertels von Manhattan. Statt Dim-Sum gibt es hier Pasta und Pizza, anstelle buddhistischer und taoistischer Tempel römisch-katholische Kirchen wie **Old St. Patrick's Cathedral (23)** (260 Mulberry St.). *Bella Italia*

Das kleine italienische Zentrum mit dem (derzeit wegen Renovierung geschlossenen) **Italian American Museum** (www.italianamericanmuseum.org) drängt sich um die touristische Mulberry Street (Canal–Broome St.); hier findet auch das Hauptfest, die **Festa di San Gennaro** statt. Italienisch einkaufen und speisen lässt sich heute noch bei Di Palo's, der Alleva Dairy, Ferrara Bakery oder bei Lombardi's.

Ein wenig nördlich davon steht das **Bayard-Condict Building (24)** von 1899 (65 Bleecker St.), ein Werk des berühmten Architekten Louis Sullivan, der in Chicago als Wegbereiter der modernen Hochhausarchitektur berühmt wurde.

SoHo

1848 kam in Amerika erstmals Gusseisen bei der Konstruktion von Häusern zum Einsatz; in der zweiten Jahrhunderthälfte wurde diese Bauweise dann populär. Die meisten und schönsten der noch erhaltenen *cast-iron*-Bauten befinden sich in SoHo, kurz für „South of Houston". Das Viertel trägt den Beinamen **Cast-Iron Historic District** und steht unter Denkmalschutz. Da die stabile Konstruktionsweise mit einem Skelett aus Eisenträgern, zwischen die gusseiserne, vorfabrizierte Fassadenteile geschoben wurden, keine Stützwände benötigte, sind viele und hohe Fenster typisch für die meist fünf- bis achtstöckigen Gebäude. Die früheren *sweat shops*, Fabrikhallen der Leder- und v. a. Textilindustrie in den oberen Etagen, fungieren heute als schicke **Lofts**. Unten sind Künstlerateliers und Galerien, Boutiquen und Cafés eingezogen. Inzwischen haben gestiegene Mietpreise mehr und mehr Bewohner ins angrenzende **TriBeCa** *(triangle below Canal Street)* abwandern lassen, das im Begriff ist, sich zum neuen Szeneviertel zu entwickeln. *„Gusseisernes Viertel"*

Einen **Rundgang durch SoHo**, auch ideal zum Shopping, startet man am besten an der Kreuzung Prince St./Broadway. Einen Block weiter, am Broadway, befinden sich einige der sehenswerten *cast-iron*-Bauten wie das **New Era Building** (*495 Broadway*) und, daneben, das **E.V. Haughwout Building**, in dem 1857 der erste dampfbetriebene Fahrstuhl in Betrieb genommen wurde. Über die Broome St. gelangt man zur Greene St. und nordwärts, Richtung Houston St., reihen sich die schönsten Beispiele von *cast-iron*-Architektur aneinander.

Im „Village"

Das „Village", wie das Areal zwischen Houston und 14th St. von seinen Bewohnern kurz genannt wird, besteht aus zwei Teilen: westlich vom Broadway das **Greenwich Village**, östlich davon das **East Village**. Wo schon im 18. Jh. Engländer ihre Gutshöfe bauten und sich im 19. Jh. Afroamerikaner sowie irische und italienische Einwanderer niederließen, blühte um 1900 das kulturelle Leben. Im Laufe der Jahrzehnte entwickelte sich das Areal zum Zentrum der Boheme, zum Treff von Homosexuellen, Dichtern und Künstlern. Heute ist das Village v. a. ein Wohnort der Besserverdienenden.

Künstlerzentrum

Der **Washington Square** ist der größte Platz in Lower Manhattan und ein beliebter Treff. Früher war er Richtstätte, Armenfriedhof, Exerzierplatz und ab 1827 öffentlicher Park. Der auffällige Triumphbogen von 1892 ist ein Denkmal für George Washington und heißt deshalb auch **Washington's Arch**. Östlich des stets belebten Platzes (im Sommer Konzerte und andere Shows) residiert in mehreren Gebäuden die **New York University (25)**. 1831 gegründet, ist sie eine der größten Privatuniversitäten der USA.

Ein **Rundgang im Greenwich Village** führt vom Washington Square über die W 4th St. mit Cafés, Buchläden und Galerien. Sie stößt auf die 6th Ave. (Avenue of the Americas), wobei sich im Bereich zwischen 6th und 7th Ave. ebenfalls Boutiquen und Shops, aber auch Lokale und Kneipen – wie der legendäre Club 55 oder das **Stonewall Inn** – aufreihen. Bleibt man auf der 4th St., erreicht man in nordwestlicher Richtung den **Sheridan Square** und die 7th Ave. Der Platz, an dem das **Jefferson Market Courthouse** von 1877 steht, ist das lebhafte Zentrum des Viertels. Hier kreuzt die Christopher St., die wegen der **Christopher Street Day Parade** im Juni berühmt ist. Sie stellt wie die Bleecker St. eine wichtige Lebensachse des Viertels dar.

LGBTQ-Szene

Östlich des Washington Square liegt **Astor Place**, ein idealer Ausgangspunkt für einen Rundgang durch das **East Village**. Dieses Viertel wandelte sich in den frühen 1980er-Jahren vom Slum zum Künstlerzentrum. Der Astor Place geht östlich in den **Cooper Square** mit dem **Cooper Union Building (26)** über. Von hier führt die 8th St., die jetzt **St. Marks Place** heißt und reichlich Bars, ausgefallene Läden, Cafés und Kneipen aufweist, direkt zum lebhaften **Tompkins Square**, einem beliebten Demonstrationsort der Flower-Power-Generation.

An der Ecke 2nd Ave./10th St. steht mit der **St. Mark's Church in-the-Bowery (27)** von 1799 eine der ältesten Kirchen der Stadt. Turm und Vorhalle stammen aus dem 19. Jh. Sie geht auf die Hauskapelle des Holländers Peter Stuyvesant zurück, der auf dem zugehörigen Friedhof beigesetzt ist. Ganz in der Nähe (*802 Broadway*) lohnt ein Blick in die neogotische **Grace Church (28)** aus dem Jahr 1847.

Zwischen Lower Manhattan und Midtown

Die Abgrenzung von Downtown und Midtown erfolgt durch zwei „Pufferzonen" zwischen der 14th und der 34th St.: **Gramercy** im Osten, Richtung East River, und **Chelsea** im Westen, Richtung Hudson River. Mit dem **Flatiron District** südlich des gleichnamigen Gebäudes und der **Fashion Row** an der 23rd St. verfügen beide Viertel über Bummel- und Vergnügungszonen.

Union Square und Gramercy

Der Union Square liegt am Übergang vom Village zu Gramercy. Er gilt seit 1839 als Ort von Versammlungen und Demonstrationen. Das Viertel ringsum wurde von Künstlern und Aussteigern besiedelt, und sogar Andy Warhol unterhielt hier ein Atelier. Renoviert und verschönert ist der Platz heute beliebter Treff und Standort des besten Wochenmarkts der Stadt, des **Union Square Greenmarket** (*14th St./Broadway, Mo/Mi/Fr/Sa 8–18 Uhr*).

Ort für Demos

Ein Stückchen weiter östlich (via 14th St.) befindet sich mit dem **Stuyvesant Square (1)** ein weiterer markanter Platz auf ehemaligem Farmland Stuyvesants. Eingerahmt wird er u. a. vom Versammlungshaus der Quäker und Mennoniten, dem Friends Meeting House (1861) und von der St. George's Episcopal Church.

Über den Irving Place, wo sich die älteste Kneipe New Yorks, **Pete's Tavern (2)**, befindet, gelangt man zum **Gramercy Park (3)**. Das 1840 angelegte Grünareal für die Reichen und Schönen ist noch heute der einzige Privatpark Manhattans. Umgeben von vornehmen Clubs, liegt es nur einen Steinwurf vom **Geburtshaus Theodore Roosevelts (4)**, des 26. US-Präsidenten (1901–09), entfernt.
Theodore Roosevelt Birthplace, *28 E 20th St., www.nps.gov/thrb, Mi–Sa 9–17 Uhr, Eintritt frei.*

Ebenfalls vornehm gibt sich der nördlich, am Kreuzpunkt von Broadway und 5th St. gelegene **Madison Square Park**. An der Südwestecke des Platzes (*Broadway/23rd St.*) sorgte 1902 das erste Hochhaus von New York für Aufsehen: das **Flatiron Building (5)** von Daniel Hudson Burnham. Die hier angewandte Konstruktionsweise erwies sich

Architektonisch auffällig und als Filmkulisse beliebt: das Flatiron Building

158 Sehenswürdigkeiten in Manhattan

als bahnbrechend für die weitere Entwicklung der Hochhausarchitektur. Ungewöhnlich war schon allein der dreieckige Grundriss des 20-stöckigen Gebäudes, der den vorn nur 2 m breiten Bau wie ein riesiges Bügeleisen aussehen ließ. Im Umkreis, an der 5th Ave., entwickelte sich der lebhafte **Flatiron District**, der heute ein Revival als Shoppingadresse erlebt. An der Ecke 5th Ave./27th St. befindet sich das auf seine Art einzigartige **Museum of Sex (6)**.

Museum of Sex, 233 5th Ave./27th St., So–Do 11–23, Fr/Sa 11–0 Uhr, $ 20,50, www.museumofsex.com; Dauer- und Wechselausstellungen in einem ungewöhnlichen, etwas teuren Museum, mit Cocktailbar und Shop.

1	Stuyvesant Square
2	Pete's Tavern
3	Gramercy Park
4	Theodore Roosevelt Birthplace
5	Flatiron Building
6	Museum of Sex
7	Chelsea Savoy Hotel
8	Chelsea Historic District
9	High Line Park
10	Whitney Museum
11	Macy's
12	Madison Square Garden
13	Empire State Building
14	Morgan Library & Museum
15	New York Public Library
16	Intrepid Sea, Air & Space Museum
17	Jacob K. Javits Convention Center
18	Chrysler Building
19	Tudor City
20	United Nations
21	Radio City Music Hall
22	Rockefeller Center
23	St. Patrick's Cathedral
24	Museum of Modern Art (MoMA)
25	Trump Tower
26	Citigroup Center
27	Waldorf Astoria Hotel
28	Seagram Building
29	The Plaza
30	Hudson Yards

Chelsea und Meatpacking District

Folgt man der 23rd St. Richtung Westen, taucht man in das Wohnviertel Chelsea ein. An der Hauptachse, der 23rd St., auch „Fashion Row" genannt, steht zwischen 7th und 8th Ave. das legendäre **Chelsea Hotel (7)**, das schon zahlreiche prominente Gäste wie Ernest Hemingway, Bob Dylan oder Jack Kerouac beherbergte. Außer für alteingesessene Mieter schloss es 2011, und seine Zukunft ist ungewiss.

Ostwärts, bis zur 9th Ave., erstreckt sich rings um den Chelsea Square der **Chelsea Historic District (8)** mit schönen alten Backsteinhäuschen. Am Hudson River befand sich bis vor einigen Jahren außer einer Müllverbrennungshalle, dem Fleischmarkt und stillgelegten Docks und Lagerhäusern nicht viel. Wo einst die großen Ozeandampfer anlegten, entstanden in den späten 1990er-Jahren zuerst die **Chelsea Piers** (Zugang: 16th oder 23rd St./West Side Hwy.), ein vielseitiger Sportkomplex.

Viel Sport„platz"

Sie sind Teil des **Hudson River Park** (https://hudsonriverpark.org), wo alte Piers zu Parks, Liege- und Spielwiesen, Skaterbahnen, Sportflächen, Restaurants und Bars, Bootsanlegern und Open-Air-Bühnen umgestaltet wurden (s. S. 164).

Zwischen West Chelsea und Greenwich Village (12th–14th St.), Hudson St. und Hudson River liegt der **Meatpacking District**. Ehemalige Fleischhallen und Kühlhäuser, in die schicke Boutiquen, Galerien und Cafés eingezogen sind, erinnern noch an die einstige Zweckbestimmung des Areals, das bis in die 1990er-Jahre auch als Rotlichtviertel verrufen war. Heute zählt das ehemalige „Bermuda Triangle" zu den In-Vierteln Manhattans, was vor allem **High Line Park** und **Whitney Museum** zu verdanken ist.

High Line Park (9)

Der erste Abschnitt des **High Line Park** wurde 2009 eröffnet und erfreute sich direkt großer Beliebtheit. Eine 1929 bis 1934 als Stahlviadukt erbaute Hochbahntrasse der Eisenbahn, die einst das Viertel zwischen der 34th St. und Gansevoort St. im Meatpacking District auf rund 2,5 km Länge durchschnitt, war einer neuen Bestimmung zugeführt wor-

Spaziergang auf der High Line

den: Die 1980 stillgelegte Trasse wurde bis 2014 abschnittsweise in eine attraktive, mit heimischen Pflanzen begrünte Promenade mit Bänken und Sonnenliegen, Aussichtspunkten und Kunstinstallationen, Bühnen und Ausstellungsflächen umgewandelt.

Trasse zum Verweilen

Zeichen des Wandels sind auch die neu entstandene und entstehende grandiose Architektur im Umkreis der High Line, wie der HL23 Tower (*W 23rd St.*), Frank Gehrys IAC Headquarters (*West Side Hwy./18th St.*) oder das Whitney Museum, an dem der Park beginnt. Er endet ebenso spektakulär an der 34th St./Javits Convention Center, wo ein architektonisch spannendes Viertel über ehemaligen Eisenbahnanlagen – die **Hudson Yards** (s. S. 165) – entstanden ist. Außerdem eröffnete dort vor ein paar Jahren ein neuer U-Bahnhof: „34 Street–Hudson Yards" (Linie 7).
High Line Park, www.thehighline.org, Dez.–März 7–19, April–Mai und Okt.–Nov. 7–22, Juni–Sept. 7–23 Uhr, mehrere (teils barrierefreie) Zugänge, im Süden: Gansevoort/Washington St., dann alle zwei Straßenblocks bis 34th St./12th Ave., Aufzüge, Verkaufsstände, Ausstellungen, WCs.

Whitney Museum of American Art (10)

Das „Whitney" wurde an prominenter Stelle – an High Line Park und Hudson River – 2015 neu eröffnet. Der Bau stammt vom Reißbrett des italienischen Stararchitekten Renzo Piano, der sich in New York bereits mit dem New York Times Building und dem Anbau an die Morgan Library verewigt hat. Das Whitney beinhaltet den größten Ausstellungsraum ohne Stützen in NYC. Es gibt eine frei zugängliche Lobby, zwei Etagen für Dauerausstellungen und eine (im obersten Stock) für Wechselausstellungen. Am Museumseingang an der Gansevoort St. befindet sich auch der Südzugang zum High Line Park und hier hat Piano einen großen **öffentlichen Platz** als Treff und Kommunikationszentrum geschaffen. Besonders schön sind die Terrassen zum Hudson River hin, die einen grandiosen Ausblick über Meatpacking District, High Line und Chelsea bieten.

Der Neubau erlaubt erstmals eine umfassende Präsentation der Sammlung, die seit der Gründung durch die Bildhauerin Gertrude Vanderbilt Whitney 1931 zu den renommiertesten modernen Kunstsammlungen – vor allem amerikanischer Gegenwartskunst einschließlich Film- und Videokunst – weltweit zählt. Ihr ist auch das seit 1932 veranstaltete Whitney Biennal (in geraden Jahren) zu verdanken, das jungen und weniger bekannten Künstlern Gelegenheit gibt, sich vorzustellen.

Amerikanische Gegenwartskunst

Whitney Museum of American Art, *99 Gansevoort St., http://whitney.org, Mi–Mo 10.30–18, Fr 10.30–22 Uhr, Juli/Aug. auch Di geöffnet, $ 25 (Fr 19–21.30 Uhr beliebiger Eintrittspreis), Tickets (mit Zeitbindung) online vorbestellen.*

Midtown

Midtown, wie das große Areal von der **34th St. nordwärts bis zum Central Park** genannt wird, verfügt über die dichteste Konzentration an Wolkenkratzern, darunter so weltberühmte wie das Empire State und das Chrysler Building. Aber auch der Theaterdistrikt und der schillernde Times Square, der riesige Komplex des Rockefeller Center, das Hauptquartier der Vereinten Nationen, Kaufhäuser, Hotelpaläste, Museen, interessante Plätze, der berühmte Madison Square Garden und elegante Einkaufsstraßen machen diesen Teil Manhattans zum meistbesuchten Viertel der Stadt.

Garment District und Murray Hill

Das Zentrum des südlichen Teils von Midtown, das die Viertel Garment District und Murray Hill umfasst, ist der **Herald Square**. Der Platz an der Kreuzung von 34th St., 6th Ave. (Avenue of the Americas) und Broadway ist benannt nach der Tageszeitung New York Herald, deren Hauptquartier einst hier stand. Um den Beginn des 20. Jh. befand sich hier ein legendäres Rotlichtviertel; schließlich gab aber das an der 34th St. befindliche Kaufhaus **Macy's (11)** den Anstoß zur Sanierung. Als kleiner Laden an der W 14th St. 1858 gegründet, entstand 1902 das nach eigenen Angaben größte Kaufhaus der Welt. Macy's ist vor allem bekannt für die 4th of July Fireworks und eine große Thanksgiving Parade, die seit 1927 auf Betreiben der Firmenangestellten stattfindet.

Berühmte Sportstätte Vom Herald Square lohnt ein Abstecher zum **Madison Square Garden (12)**, die bekannteste Eventhalle der Welt, in der regelmäßig große Sport-, Musik- und sonstige Veranstaltungen stattfinden. Besonders wenn die einheimischen Profi-Sportteams – die Rangers (Eishockey) oder Knicks (Basketball) – zu Hause spielen, sollte man sich das nicht entgehen lassen. Unter der Sporthalle befindet sich der zweite große Bahnhof der Stadt, die **Penn Station**, von der aus Amtrak- und Nahverkehrszüge fahren. Derzeit wird der Bahnhof mit dem Untergeschoss des Postamts zur **Empire Station** verbunden.

An der Ecke 5th Ave./34th St. ragt das **Empire State Building (13)** auf. Nachdem das Gebäude durch *King Kong* 1933 berühmt geworden war, strömen heute um die vier Millionen Besucher jährlich auf das Aussichtsplateau, nachdem sie vorher strenge *Aussichtsplattform* Sicherheitskontrollen durchlaufen und die multimediale Ausstellung zur Erbauung und zum Empire State Building als Filmkulisse (2nd Floor Museum) angesehen haben. Mit 102 Stockwerken und einer Höhe von 381 m (mit Antenne 443 m) galt das Gebäude von seiner Fertigstellung 1931 bis zur Eröffnung des World Trade Center im Jahr 1973 als das höchste der Welt.
Empire State Building, *350 5th Ave./34th St., www.esbnyc.com, 8–2 Uhr (letzter Aufzug 1.15 Uhr), $ 42 (Aussichtsplateau auf dem 86th Floor) bzw. $ 72 (Top Deck, 102nd Floor) (Internettickets; Preise vor Ort geringfügig höher), auch teurere Kombi-, Express- und Ausstellungstickets, Eintritt ist im CityPass (s. S. 207) enthalten; mit* **34th Street VC**.

Richtung Norden wird die 5th Ave. vornehmer. Auf Höhe der 36th St./Madison Ave. – bereits im Stadtviertel Murray Hill – kann man einen Blick in die prachtvoll ausgestattete **Morgan Library & Museum (14)** werfen, die eine beachtliche Sammlung alter Bücher und Manuskripte in sehenswertem Ambiente, u. a. in einem modernen Anbau von Renzo Piano, zeigt.
Morgan Library & Museum, *225 Madison Ave., www.themorgan.org, Di–Do 10.30–17, Fr 10.30–21, Sa 10–18, So 11–18 Uhr, $ 22 (freier Eintritt Fr 19–21 Uhr).*

Weiter im Norden, wo die 5th auf die 40th St. stößt, rückt die **New York Public Library (15)** ins Blickfeld. Nach Westen hin schließt sich der **Bryant Park** an, eine

Oase der Ruhe im geschäftigen Midtown. Dieses Überbleibsel der Weltausstellung von 1853 wird heute für verschiedenste Veranstaltungen genutzt. Gerahmt wird der Park von der lebhaften 42nd St. mit dem auffälligen, als „grün" zertifizierten **Bank of America Tower** (*42nd St./6th Ave.*).

Times Square und Theater District

Seinen Namen erhielt der **Times Square** vom Verlagshaus der **New York Times**, die von 1904 bis 2007 hier ihr Hauptquartier hatte. Inzwischen ist sie in einen umwelt- und energiefreundlichen Neubau von Renzo Piano an der Ecke 42nd St./8th Ave. umgezogen. Blickfang des 111 m hohen Times Tower (*1 Times Sq.*) ist der 1928 angebrachte **Ticker**, bekannt als „The Zipper". Berühmt ist der Platz auch wegen des 1,80 m messenden **Alu-Glitzerballs** auf dem Dach des Gebäudes, der an Silvester pünktlich um Mitternacht einen Fahnenmast auf dem Dach des Gebäudes hinabfährt. In Ripley's Believe it or Not! (s. S. 164) ist die Kugel ausgestellt, die von 2007 bis 2014 benutzt wurde.

„Ball Drop"

Eigentlich handelt es sich um zwei Plätze, die in den Dreiecken am Schnittpunkt von Broadway und 7th Ave. entstanden: der Times Square im Süden und der **Duffy Square** im Norden. 2009 wurde im Zuge einer Verkehrsberuhigung der Broadway zwischen 42nd und 47th St. zur **Fußgängerzone** und zur Ruheinsel mitten im geschäftigen Midtown. Rings um den Platz entstand ein attraktives Viertel voller Kinokomplexe und Theater, Hotels und Läden, besonders entlang der **New 42nd Street** (*https://new42.org*).

Um den Times Square schlägt auch das Herz des **Theater District**, des Viertels zwischen 7th und 9th Ave., 42nd und 57th St., das mit seinen knapp 40 Broadway-Theatern und weiteren Off- und Off-off-Broadway-Bühnen weltberühmt ist. Schon ab dem späten 19. Jh. waren hier, im Rotlichtviertel um 42nd St. und Broadway, Theater- und Vergnügungsetablissements, Clubs und Bars entstanden.

Der **Broadway** gilt als Symbol für Glanz und Glitzer, erlebte allerdings

Am Times Square schlägt das Herz von New York City

schon mehrere Tiefschläge, z. B. im Zweiten Weltkrieg und während des „Theatersterbens" in den 1980ern. Zwischen 42nd und 45th St. konzentrieren sich besonders viele Theater, z. B. das New Victory (*209 W 42nd St./7–8th Ave.*) als eines der ältesten, das Jugendstiltheater New Amsterdam (*214 W 42nd St.*) und in der Shubert Alley (*44–45th St.*) Booth und Shubert Theatres. Die W 45th St. wird „**Theater Row**" genannt: u. a. sind hier Bernard B. Jacobs, Golden und Lyceum Theatre zu finden.

> ### Attraktionen um den Times Square
>
> In den letzten Jahren wurde der Times Square um mehrere Attraktionen reicher:
> - In **Gulliver's Gate** (*216 W 44th St., https://gulliversgate.com*) sind Miniaturstädte und Sehenswürdigkeiten aus aller Welt (einschl. NYC) nachgebaut.
> - **National Geographic Encounter: Ocean Odyssey** (*226 W 44th St., https://natgeoencounter.com*) führt Besucher auf eine interaktive Reise durch die Tiefsee.
> - Ebenfalls eine Familienattraktion ist **Ripley's Believe it or Not!** (*234 W 42nd St., https://ripleysnewyork.com*).

Abstecher zum Hudson River

Die 42nd St. führt zum Ufer des Hudson River, wobei sich in ihrem Verlauf das Stadtbild ändert: Von den Wolkenkratzern im Zentrum geht es zu den Mietskasernen der Westside, einst das Irenviertel **Hell's Kitchen**, das im Musical *West Side Story* verewigt wurde. Auf Höhe der 8th Ave. passiert man den **Port Authority Bus Terminal**, einen der größten Busbahnhöfe der Welt. Nach dem Überqueren des 12th Ave. und des West Side Hwy. steht man vor den Schiffsanlegestellen am Hudson River. Vor allem an den nördlichen Piers 88 bis 94 legten früher die transatlantischen Passagierdampfer an, heute noch gelegentlich Kreuzfahrtschiffe.

ÖPNV-Knotenpunkt

Hier am Hudson River bekommt man auch einen Eindruck von der neuen Hinwendung der Stadt zum Wasser. Vom Financial Center nordwärts entlang des **Hudson River Greenway** reihen sich Grünanlagen und Spielflächen, Liege- und Spielwiesen, Skaterbahnen, Sportflächen, Restaurants und Bars, Bootsanleger und Open-Air-Bühnen aneinander. Für Fußgänger und Radfahrer angelegt, führt der Greenway über knapp 18 km von The Battery im Süden hinauf zum Little Red Lighthouse unter der George Washington Bridge.

Im Rahmen des **„Hudson River Park"-Projektes** (*https://hudsonriverpark.org*) werden derzeit alte Piers von Pier 25 im Süden bis Pier 99 an der 59th Street wiederbelebt. Der Park bzw. die Promenade zieht sich durch verschiedene Stadtviertel, beginnt nördlich Brookfield Place (S. 146) und soll schlussendlich als kontinuierliche Grünanlage, Freizeit- und Erholungsareal fungieren. Schon jetzt lädt der Christopher Street Pier zum Sonnenbaden und Chillen ein, im Meatpacking District entsteht gerade auf Pier 57 ein „SuperPier" mit Markthalle, Clubs, Bars und Restaurants. Die Piers 59 bis 62 sind Sitz des **Chelsea Piers Sports & Entertainment Complex**. An den Piers 79, 81, 83 und 84 legen Ausflugsboote und Fähren an, während die Piers 88 bis 92 als **New York Passenger Ship Terminal** dienen.

Erholungsareal

Auf Höhe der 45th–46th St. liegt an **Pier 86** der ausrangierte Flugzeugträger USS Intrepid, um den herum das **Intrepid Sea**, **Air & Space Museum** (16) entstanden ist. Neben vielen Kriegsflugzeugen gibt es eine Concorde zu bewundern, dazu das U-Boot Growler sowie in einem eigenen Pavillon ein Space Shuttle. Drei Straßen weiter süd-

Neues Stadtviertel: Hudson Yards (30)

An der 34th Street ist ein architektonisch sehenswertes, neues Viertel mit eigener Skyline entstanden: die **Hudson Yards** (*www.hudsonyardsnewyork.com*). Der Ostteil wurde Anfang 2019 eröffnet. Abgesehen von mehreren neuen Wolkenkratzern von weltberühmten Architekten gibt es eine sehenswerte Parkanlage, Kunst und Kultur sowie Gelegenheit zu Shopping und Dining.

Geniale Perspektivenwechsel vom „Vessel"

Der höchste Bau des Komplexes, **30 Hudson Yards**, wird bei 395 m Höhe bis 2020 zusätzlich mit der höchsten Aussichtsplattform von NYC, **The Edge**, versehen. Ein besonderer Eyecatcher und dazu viel diskutiert ist das mit dem Arbeitstitel **Vessel** („Gefäß/Schiff") versehene, begehbare Kunstwerk des britischen Designers Thomas Heatherwick. Es besteht aus 154 Treppen mit 2.500 Stufen, die über 80 Plattformen 15 Stockwerke nach oben führen. Die Ausblicke und Perspektivenwechsel von dem bienenstockartigen Gebilde lohnen den Aufstieg und das Anstehen. An der Ecke W 34th St. gibt es einen direkten Zugang zur High Line (s. S. 160).

Benachbart wurde im April 2019 in zeltartiger Konstruktion, gegenwärtig noch mit **The Shed** (*https://theshed.org*) als „Schuppen" bezeichnet, ein Kulturzentrum mit Ausstellungs- und Veranstaltungsflächen sowie Bühne eröffnet. **The Shops & Restaurants at Hudson Yards** (30 und 10 Hudson Yards) bieten Luxus-Shopping auf sieben Etagen, u. a. einen Neiman Marcus Store, eine spanische *food hall* und rund 25 Restaurants.

lich fällt das **Jacob K. Javits Convention Center (17)** ins Auge, das aus ineinander geschachtelten, verspiegelten Kuben besteht.
Intrepid Sea, **Air & Space Museum**, *Pier 86/W 46th St./12th Ave., www.intrepid museum.org, April–Okt. Mo–Fr 10–17, Sa/So 10–18 Uhr, Nov.–März 10–17 Uhr, $ 33.*

Grand Central Terminal

Prächtiger Bahnhof

Den östlichen Teil der 42nd St. dominiert eine prächtige „Eisenbahn-Kathedrale", der **Grand Central Terminal**. Wo ab 1913 die Fernzüge hielten, verkehren heute nur noch Nahverkehrszüge in den Norden des Staates New York. Der zentrale **Grand Concourse**, die prunkvolle Empfangshalle, gilt als einer der größten überdachten Räume der Welt. Neben der altehrwürdigen Grand Central Oyster Bar, der Laden- und Imbiss-Passage Grand Central Market sowie der Great Northern Food Hall mit skandinavischer Gastronomie, lohnt vor allem die Zweigstelle des **New York Transit Museum** zur Geschichte des New Yorker Schienenverkehrs einen Besuch.
Grand Central Terminal, *89 E 42nd St., Touren: www.grandcentralterminal.com/info/tours; Museum: www.nytransitmuseum.org.*

Hinter dem Terminal fällt der Blick auf einen gut 260 m hohen architektonischen Meilenstein: Das ehemalige Pan Am Building, von Walter Gropius 1963 erbaut, wurde nach dem Besitzer, der Versicherungsgesellschaft Metropolitan Life Insurance Company, umbenannt in **MetLife Building** (*200 Park Ave.*).

Auf der 42nd St. ostwärts folgt an der Adresse 405 Lexington Ave. ein architektonisches Highlight im Art-déco-Stil: das **Chrysler Building (18)**. Walter P. Chrysler, der 1925 die gleichnamige Autofirma gründete, wollte mit dem 1930 eröffneten Gebäude das goldene Zeitalter des Autos symbolisieren und verwendete entsprechende Mate-

Hier verbringt man die Wartezeit zumindest in pompösem Ambiente

rialien, z. B. rostfreien Stahl, und Formen wie Kühlerhauben und -figuren. Die gestaffelte Turmspitze mit ihren Bögen und pfeilförmigen Fenstern ist nachts beleuchtet; sehenswert ist auch die Lobby mit ihren 18 Fahrstühlen und aufwändigen Holzschnitzereien. Mit 319 m Höhe ohne Antenne galt das Chrysler bis zur Fertigstellung des Empire State Building 1931 als höchster Bau der Welt.

Prunkvolle Lobby

Fast schon am East River fällt ein hufeisenförmiger Baukomplex ins Auge: die 1929 errichtete, städtebaulich wegweisende Wohnsiedlung **Tudor City (19)**, benannt nach dem englischen Architekturstil. Die beiden Teile dieser höher gelegten „Stadt in der Stadt" sind durch eine Brücke über die 42nd St. miteinander verbunden.

United Nations

Von Tudor City ist es nur ein Steinwurf zum Sitz der **United Nations (20)**, ein Areal bestehend aus mehreren Gebäuden, Straßen, Plätzen und Parks. Die meisten Staaten der Welt sind Mitglied dieser Organisation, die aus verschiedenen Ausschüssen und Abteilungen wie Vollversammlung, Sicherheitsrat, UNESCO, UNICEF u. a. besteht. Landesflaggen markieren das Areal, das formal weder zu New York noch zu den USA gehört, sondern im Besitz der Staatengemeinschaft ist.

1952 bezog man den 73.000 m² großen Komplex, der von den Architekten Niemeyer (Brasilien) und Le Corbusier (Schweiz) geplant worden war. Am markantesten sind das 39 Stockwerke hohe, grüne Glashochhaus der Verwaltung, das Secretarial Building, und das geschwungene General Assembly Building mit dem Saal der Vollversammlung. **UN General Assembly Building**, *1st Ave./46th St., http://visit.un.org, Touren: Mo–Fr 9–16.45 Uhr, $ 22, Tickets online, Besucher müssen ca. 1 Std. vor Tourbeginn (frühestens 9 Uhr) zum Visitors' Check-in (801 1st Ave./45th St.)*

Upper Midtown – zwischen Rockefeller Center und 5th Avenue

Idealer Ausgangspunkt für einen Rundgang durch die Upper Midtown ist die **Radio City Music Hall (21)**. Das im Art-déco-Stil erbaute Theater wird auch als „Showplace of the Nation" bezeichnet. 1932 eröffnet, wurde hier Musikgeschichte geschrieben, und es finden auch weiterhin Konzerte und Galaveranstaltungen statt. Legendär ist in der Weihnachtszeit das **Radio City Christmas Spectacular** *(www.rockettes.com/christmas)* mit der Showtanzgruppe Rockettes. Zusätzlich gibt es die Möglichkeit, die Music Hall außerhalb einer Veranstaltung zu besuchen *(www.msg.com/venue-tours/radio-city-music-hall)*.

„Showplace of the Nation"

Das sich anschließende **Rockefeller Center (22)** besteht aus 19 miteinander verbundenen Gebäuden, die ab 1929 auf Initiative von John D. Rockefeller geplant wurden und täglich von rund einer Viertelmillion Menschen frequentiert werden. Ihre zentrale Achse bildet eine Promenade mit Flaggengalerie. Von hier aus blickt man auf die tiefer gelegene **Lower Plaza** – mit Eisbahn im Winter, im Sommer für Veranstaltungen genutzt – und, darüber, vor dem **International Building** *(630 5th Ave.)*, auf die Statue des Atlas, der den Globus schultert. In der Vorweihnachtszeit wird hier ein über 20 m hoher Christbaum aufgestellt.

Glamouröse Bar

Das älteste Gebäude ist das **Comcast Building**, in dessen 65. Stock sich der legendäre *Rainbow Room* (https://rainbowroom.com) befindet, der seit Oktober 2014 wieder als Bar SixtyFive in Betrieb ist. Im 70. Stock lädt die offene Aussichtsplattform im Stil eines Kreuzfahrtschiffes der 1930er-Jahre mit Art-déco-Details ein. Vor den Fenstern des im Erdgeschoss befindlichen Fernsehstudios der NBC scharen sich jeden Morgen Menschenmengen, um in der *NBC Today Show* gezeigt zu werden. Einen Block weiter südlich (W 47th St./5th–6th Ave.) befindet sich die **Diamond Row**, das Zentrum des New Yorker Diamantenhandels.

Top of the Rock, *Zugang: W 50th St./5th–6th Ave., www.topoftherocknyc.com, zeitgebundene Tickets für Aussichtsplattform $ 38 (zzgl. $ 10 während Sonnenuntergang; Online-Reservierung mgl.), 8–24 Uhr (letzter Aufzug: 23 Uhr), auch Kombitickets mit Rockefeller Center/MoMA erhältlich, im CityPass (s. S. 207) enthalten.*

Rockefeller Center/NBC Studios, *30 Rockefeller Plaza, www.rockefellercenter.com und www.nbcstudiotour.com, NBC Studio Tour alle 20 Minuten Mo–Do 8.20–14.20, Fr 8.20–17, ausgewählte Sa/So 8.20–18 Uhr, $ 33, Kombiticket „Rock Pass" inkl. Aussichtsplattform $ 52, Ticketinfo unter www.topoftherocknyc.com/plan-your-visit/tickets/pricing; Ende Mai–Anfang Sept. Freitag morgens NBC Today Show Concert Series auf der Rockefeller Center Stage (49th St.).*

5th Avenue

Entlang der Luxusmeile 5th Avenue reihen sich die teuersten und elitärsten Läden wie Chanel, Tiffany, Ralph Lauren oder Bergdorf Goodman auf. Daneben gibt es renommierte Spezialgeschäfte, die potenzielle Kunden nur nach Klingeln und Gesichtskontrolle einlassen, sowie bekannte Marken-Kettenläden.

Wie ein Fels in der Brandung behauptet sich zwischen Shoppingpalästen die **Cathedral of St. Patrick (23)**, die in interessantem Kontrast zur modernen Hochhausarchitektur ringsum steht. An der neogotischen Kirche, die von Anfang an als Bischofskirche und Zentrum des New Yorker Katholizismus fungierte, wurde ab 1858 gearbeitet. 1879 erfolgte die Einweihung, 1888 waren auch die beiden 100 m hohen Westtürme fertiggestellt. Im Jahr 1906 kam die östliche Marienkapelle hinzu.

Dort, wo die 5th Ave. auf die 53rd St. stößt, ist der Stopp am **Museum of Modern Art (24)**, kurz MoMA genannt, verpflichtend. Diese weltweit bedeutendste Sammlung moderner Kunst von 1880 bis zur Gegenwart befindet sich in einem architektonisch interessanten, von Philip Johnson entworfenen sowie mehrmals umgebauten und erweiterten Gebäudekomplex.

MoMA in neuem Glanz

Erst im Oktober 2019 wurde das Museum nach umfangreicher Expansion und mit neuem Konzept wiedereröffnet. Die Anordnung der Kunstwerke in den einzelnen, fließend ineinander übergehenden Sälen – darunter Meisterwerke des Impressionismus, Expressionismus, Kubismus, Fauvismus und der amerikanischen, abstrakten Kunst und Pop-Art, aber auch eine beeindruckende Sammlung an Fotos und Drucken – ist jetzt wesentlich abwechslungsreicher geworden. Statt nach rein chronologischen Gesichtspunkten wurde eher thematisch strukturiert, mit Gegenüberstellungen von Werken verschiedener Herkunft, Genres und Zeiten. Es gibt jetzt mehr öffentliche Flächen im Museum um zu verschnaufen und die Aussicht zu genießen. Die

MoMA – ganz neu, ganz aufregend

frei zugängliche Lobby wurde ebenso wie der zugehörige Sculpture Court neu gestaltet.

MoMA, *11 W 53rd St./5th–6th Ave., www.moma.org, 10–17.30, Fr & erster Do im Monat 10–21 Uhr, $ 25 (Fr 17.30–21 Uhr frei) inkl. Eintritt Zweigstelle „MoMA PS1" in Queens; Restaurants, Café, Shops und „People's Studio".*

Zurück auf der 5th Ave. fällt als nächstes der Blick auf das **Sony Building** (*550 Madison Ave.*), dem ehemaligen AT&T Building, einem Musterbeispiel des postmodernen Stils aus rosafarbenem Granit, mit sechsstöckigem Portal und Chippendale-Giebel von Philip Johnson (1984). Der **Trump Tower (25)** an der Ecke zur 56th St. mit 58 Stockwerken war 1983 als exklusiver Büro- und Wohnturm sowie Luxuseinkaufszentrum vom späteren US-Präsidenten privat finanziert worden. In nächster Nachbarschaft erhebt sich 41 Stockwerke hoch das **IBM Building** (*590 Madison Ave./57th St.*), ein weiteres Beispiel moderner Hochhausarchitektur (1983).

Wie die 5th oder Madison Ave. ist auch die **Park Avenue**, einen Block östlich des IBM Building, als exklusiver Boulevard, als Flanier- und Einkaufsstraße, bekannt. Parallel verläuft die Lexington Ave. und an der Ecke mit der 53rd St. fällt das über 300 m hohe **Citigroup Center (26)** aus den Jahren 1974–76 aufgrund seines abgeschrägten Dachs ins Auge. Nicht minder auffällig ist das **Lipstick Building** (*855 3rd Ave./53rd St.*) dahinter, ein postmoderner Bau in Form eines Lippenstiftes vom Reißbrett von John Burgee und Philip Johnson.

Postmoderne Architektur

Südlich vom Citigroup Center erreicht man auf der 50th St., im Block zwischen Lexington und Park Ave., das weltberühmte **Waldorf Astoria Hotel (27)** in einem der schönsten Art-déco-Bauten der Stadt. Der Name geht zurück auf die Familie des deutschen Einwanderers Jacob Astor aus Walldorf, der 1890 als einer der reichsten Männer New Yorks gestorben war. Bis voraussichtlich 2021 ist das Hotel wegen umfangreicher Renovierungsarbeiten geschlossen.

Moderne Architektur am High Line Park

Weiter nördlich an der Park Ave., zwischen 52nd/53rd St., folgt mit dem **Seagram Building (28)** ein weiterer architektonischer Meilenstein. Der sich über einer Granit-Plaza erhebende 157 m hohe Bau gilt als Paradebeispiel des International style und wurde 1958 unter Leitung von Mies van der Rohe und dessen Schüler Philip Johnson errichtet.

Himmelwärts – New Yorks Wolkenkratzer

Nieuw Amsterdam, die erste Siedlung Manhattans, hatte sich ab dem zweiten Viertel des 17. Jh. noch weitgehend planlos entwickelt. Erst 1811 schlug Stadtbaumeister John Randall ein Rastersystem und Planquadrate vor und ließ die Straßen durchnummerieren. Als Gusseisen aufkam, waren dem Bauen in die Höhe keine Grenzen mehr gesetzt. Nachdem William LeBaron Jenney erstmals 1884 in Chicago Gusseisenträger eingesetzt und das erste Hochhaus errichtet hatte, entstanden in SoHo Ende des 19. Jh. die ersten **cast-iron buildings**.

1902 realisierte der Chicagoer Architekt Daniel H. Burnham 21 Stockwerke beim **Flatiron Building**, doch erst das sechs Jahre später fertiggestellte **Singer Building** ging **als erster Wolkenkratzer** in die Annalen ein. Anfang des 20. Jh. entstanden repräsentative Bauten im klassizistischen bzw. anderen historisierenden Stilen – Public Library, Grand Central Terminal, Morgan Library und Farley Building. Die maßgeblichen Architekturbüros hießen Carrère & Hastings sowie McKim, Mead & White und Cass Gilbert. Das **Woolworth Building** (1912) belegt, wie freimütig man mit historischen Zitaten umging. Nachdem 1915 das **Equitable Building** fertiggestellt worden war, wurden Bauvorschriften erlassen, die zu enges und zu hohes Bauen untersagten. Anfang der 1930er-Jahre feilschte man dann beim **Chrys-**

ler und **Empire State Building** um Höhenmeter. Beide Bauten sind dazu Musterbeispiele für den Art-déco-Stil.

Die zwei New Yorker Architekten Philip Johnson und Henry-Russell Hitchcock begründeten in den 1930ern den **International style**. Bauhaus-Anhänger wie Gropius, Le Corbusier oder Mies van der Rohe trugen dazu bei, dass dieser erste eigenständige Stil in den USA Verbreitung fand: Die 1950er und 1960er waren geprägt von stromlinienförmigen Glaspalästen, funktional und von eleganter Schlichtheit.

Johnsons 1958 in Zusammenarbeit mit van der Rohe fertiggestelltes **Seagram Building** machte ihn weltweit bekannt. SOM und Eero Saarinen verewigten sich mit dem **TWA Flight Center** (1962) und dem **CBS Building** (1965); Le Corbusier wiederum war am **UN-Hauptquartier** (1952) beteiligt und Gropius schuf das **Pan Am Building** (1963). Ein Baugesetz regelte 1961 erneut die zulässige Gebäudehöhe und schrieb Rücksprünge sowie das Vorhandensein öffentlicher Plätze vor.

Neue Impulse erhielt die moderne Architektur in den 1970ern von Baumeistern wie Robert Venturi oder Charles Moore. Als Vertreter der postmodernen Richtung bedienten sie sich aus dem großen Repertoire vergangener Stile. Die Architektengruppe der **New York Five**, mit Peter Eisenman, Michael Graves, John Hejduk, Richard Meier und Charles Gwathmey, die sich 1972 formierte, sorgte ebenfalls für Aufsehen. Selbst Johnson ließ sich beeinflussen und schuf mit dem **Sony Building** 1984 den ersten postmodernen Bau der Welt, gefolgt vom symbolträchtigen **Lipstick Building** (1986).

In den 1980ern und 1990ern entstandene spät- oder nachmoderne Bauten, teils ohne viel Dekor und eher unauffällig. Dazu zählen beispielsweise das **Javits Center** von I. M. Pei, das **World Financial Center** von Cesar Pelli oder das **Citigroup Building**. Wichtige städtebauliche Projekte waren **Battery Park City, Times Square, Columbus Circle** und natürlich, ab 2001, die **World Trade Center Site**.

Beispiele für umweltfreundliches und energiesparendes „grünes" Bauen sind das **Bank of America Building** in Midtown (*Bryant Park*), das **Cooper Union Building** (*41 Cooper Sq.*) im East Village oder **New York by Gehry** (*8 Spruce St.*) nahe der Brooklyn Bridge. Neue spektakuläre Einzelbauten entstanden entlang des High Line Park – z. B. Frank Gehrys **IAC Building** in Chelsea – und ganz besonders im neuen Viertel **Hudson Yards** (s. S. 165).

Außerdem wird heftig an der **Central Park Skyline** gebaut, schwerpunktmäßig an der 57th Street, wo mehrere bleistiftschlanke Hochhäuser, z. B. One57 (*157 W 57th St.*) – das höchste Stahlbeton-Gebäude der Stadt – oder 111 West 57th Street (Steinway Tower), entstanden sind. 220 Central Park South an der SW-Ecke des Parks und 432 Park Avenue (Rafael Viñoly) – das höchste Wohngebäude in der westlichen Hemisphäre – im Osten sind weitere Beispiele. Ebenfalls hoch und auffällig ragt an der Manhattan Bridge **1 Manhattan Square** heraus.

Bernard Tschumis **Blue Condominium** (*105 Norfolk St.*) in der Lower East Side fällt trotz geringer Höhe auf, ebenso **VIA 57 West** in Hell's Kitchen. Sehenswert ist auch der **HL23 Tower** (*515–517 W 23rd St.*) in Chelsea von Neil Denari, ein luxuriöser Apartmentkomplex nahe der High Line, entlang der überhaupt viel beachtliche Architektur entstanden ist. Ungewöhnlich sind die von ShoP entworfenen, gewundenen Zwillings-Wolkenkratzer **American Copper Buildings** (*626 1st Ave.*), zwischen denen sich in luftiger Höhe die sogenannte „Skybridge" spannt, sowie das derzeit nahe dem Grand Central Terminal entstehende **One Vanderbilt** (Kohn Pedersen Fox), das bei rund 400 m Höhe auch eine Aussichtsplattform bekommen soll.

Bevor der Central Park ins Blickfeld tritt, geht es noch vorbei am renommierten **The Plaza (29)**, der 1907 errichteten Grande Dame unter den New Yorker Hotels. Einst legendär, mittlerweile „geschrumpft", waren in dem 5-Sterne-Hotel v. a. Oak Room & Bar sowie Palm Court (letzterer noch in Betrieb) beliebte Treffs. Neu dazugekommen ist die Todd English Food Hall.

Uptown und Central Park

Zentraler Anziehungspunkt in Uptown ist die sogenannte **Museum Mile**, der Abschnitt der 5th Ave. von der 82nd zur 105th St., an der sich mehrere bedeutende Museen aneinanderreihen. Sie liegen in der Upper East Side (UES), einem der Nobelwohnviertel Manhattans.

Central Park

New Yorks Grüne Lunge

So angenehm erholsam und grün der **Central Park** auch ist, es lohnt sich kaum, ihn in seiner gesamten Nord-Süd-Ausdehnung zu durchwandern. Am schönsten ist ein Besuch an einem sonnigen Sonntagnachmittag, wenn die New Yorker selbst ihre grüne Oase genießen und überall etwas zu sehen ist. Empfehlenswert ist besonders der Teil südlich des großen Sees (Jacqueline Kennedy Onassis Reservoir) vor majestätischer Wolkenkratzerkulisse. Als Erstes sollte man **The Dairy (1)**, wo früher Kühe und Schafe Milch für Kinder spendeten, im westlichen Teil des Parks nahe der 64th St. aufsuchen, da sich hier ein Besucherzentrum befindet.

Die „gute Stube" der Stadt ist der Central Park

Uptown und Central Park

Die bereits zwischen 1857 und 1876 am nördlichen Stadtrand vom renommierten Landschaftsarchitekten **Frederick Law Olmsted** angelegte Grünanlage war groß proportioniert: Zwischen der 59th (Central Park South) und 110th St. und zwischen 5th und 8th Ave. (Central Park West) misst der Park rund 4 km in der Länge und 800 m in der Breite und bedeckt damit ein Zwanzigstel der gesamten Bodenfläche Manhattans.

Als „Grüne Lunge" und „Gute Stube" New Yorks bekannt, als kühle Ruheoase im Sommer, als Ort sportlicher Betätigung und für Picknicks geschätzt, bietet er u. a. drei Seen und mehrere Teiche, einen Zoo, eine Eislaufbahn (Wollman Rink), einen Pool für Modellboote (Conservatory Water), verschiedene Sport- und Spielplätze (Heckscher Playground), das Restaurant Tavern on the Green (*W 67th St.*), Open-Air-Bühnen, auf denen im Sommer **Gratis-Konzerte und -Aufführungen** stattfinden (z. B. SummerStage auf dem Rumsey Playfield, Delacorte Theater u. a.), Zoo und botanischer Garten (Conservatory Garden), Picknickplätze, Aussichtspunkte, Liegewiesen, Springbrunnen und Statuen, Sport- und Spielflächen, Rad- und Fußwege. Die wenigen Autostraßen (transverse roads), die den Park queren, sind an Wochenenden für den Autoverkehr gesperrt und werden dann zum Eldorado für Jogger, Radfahrer und Skater. *Vielfältiges Sportangebot*

Central Park, www.centralpark.com und www.centralparknyc.org, jeweils mit Rubrik „Events" zu aktuellen Veranstaltungen sowie Infos zu Aktivitäten wie Radfahren, Kutschfahrten oder Bootsverleih.

Museum Mile (Upper East Side)

Im Südosten des Central Park, wo 5th Ave. und 59th St. aufeinandertreffen, am Anfang der **Museum Mile**, verkörpert Manhattan vielleicht am deutlichsten die „Große Welt": Besucher besteigen Pferdekutschen, Straßenmusikanten und Künstler unterhalten ihr Publikum, und Diener in Livree bewachen die Hauseingänge mächtiger Apartmentgebäude. Erster auffälliger Bau an der Museum Mile ist die Synagoge **Temple Emanu-El (2)**. Sie stammt aus dem Jahr 1929 und ist Sitz der reichsten jüdischen Gemeinde von New York. Mit 2.500 Plätzen ist sie nicht nur eines der größten Gotteshäuser der Stadt, sondern auch eine der größten Synagogen der Welt. *Synagoge mit 2.500 Plätzen*

Temple Emanu-El & Bernard Museum of Judaica, *1 E 65th St., www.emanuelnyc.org, So–Do 10–16 Uhr, Eintritt frei, auch Veranstaltungen.*

Weiter nördlich befindet sich in einem Beaux-Arts-Gebäude die **Frick Collection (3)**. Der dem Central Park zugewandte Bau mit Terrasse, Freitreppe und kleiner Grünfläche entstand zwischen 1913 und 1914 für den Stahlindustriellen Henry C. Frick und ist nicht nur ein Museum, sondern vielmehr ein Gesamtkunstwerk. Im Inneren birgt der prunkvolle Stadtpalast eine großartige Sammlung von 130 Gemälden alter Meister, exquisite Möblierung und elegante Innenarchitektur. Kaum anderswo kommt die Stimmung der Gründerzeit mit ihrem am klassischen Europa orientierten Geschmack so deutlich zum Tragen wie hier. Während der geplanten Renovierung des Gebäudes wird die Sammlung – voraussichtlich ab Mitte 2020 – im Breuer Building des Metropolitan Museum untergebracht.

Frick Collection, *1 E 70th St., www.frick.org, Di–Sa 10–18, So 11–17, erster Freitag im Monat 18–21 Uhr, $ 22 (Mi 14–18 Uhr beliebiger Eintrittspreis).*

Uptown und Central Park **175**

1 The Dairy
2 Temple Emanu-El
3 Frick Collection
4 Metropolitan Museum of Art (The Met 5th Avenue)
5 Yorkville
6 Neue Galerie, Museum for German and Austrian Art
7 Guggenheim Museum
8 Cooper-Hewitt, Smithsonian Design Museum
9 Jewish Museum
10 Museum of the City of New York
11 Museo del Barrio
12 Museum of Arts & Design
13 Time Warner Center
14 Hearst Tower
15 Lincoln Center
16 The Dakota
17 New-York Historical Society
18 American Museum of Natural History

The Met Fifth Avenue (4)

Als einziges Museum steht das Hauptgebäude des **Metropolitan Museum of Art** im Park und nicht am Parkrand. Nähert man sich von der Parkseite, präsentiert sich das Museum als moderner Glaskomplex; zur 5th Ave. hin liegt dagegen der Haupteingang im historisierenden Stil. Die Wurzeln des Museums reichen ins Jahr 1870 und die Eigeninitiative einer Künstlergruppe zurück. Der Kernbau entstand ab 1880, die monumentale Eingangsfassade Anfang des 20. Jh., und der **David H. Koch Plaza**, der Eingangsbereich zur 5th Ave. hin, mit Brunnen, Bepflanzung und Sitzgelegenheiten, folgte 2014. Auch bei den Ausstellungsflügeln wurde und wird nach und nach hinzugefügt, renoviert und modernisiert.

Das Museum, das derzeit zwei weitere Zweigstellen unterhält, nämlich **Met Breuer** (S. 178; noch bis 2020, dann Teil der Frick Collec-

Das Metropolitan Museum of Art, Kunsttempel der Extraklasse

tion) und **Met Cloisters** (S. 184), birgt die größte Kunstsammlung der westlichen Welt. Zusammen beherbergen die Gebäude rund 2 Mio. Kunstobjekte aus 5.000 Jahren Kulturgeschichte und allen Kontinenten. Hinzu kommen ständig mehrere Wechselausstellungen. Es gilt, je nach Interesse und Kondition auszuwählen. Besonders sehenswert sind zum Beispiel die ägyptische Abteilung mit dem komplett nachgebauten Tempel von Dendur, der American Wing mit amerikanischen Meisterwerken und die Abteilungen zu griechischer und römischer Kunst sowie zum Mittelalter.

Nachgebauter Tempel

Metropolitan Museum of Art, *1000 5th Ave., www.metmuseum.org, So–Do 10–17.30, Fr/Sa 10–21 Uhr, $ 25 (inkl. Met Breuer und Met Cloisters sowie inkl. Sonderausstellungen; im CityPass (s. S. 207) enthalten).*

Abstecher nach Yorkville (5) und Roosevelt Island

Östlich der 5th Ave. erstreckt sich von der Lexington Ave. bis zum East River, zwischen 71st und 96th St., **Yorkville**, das einst als deutsches bzw. jüdisches Viertel bekannt war – die 86th St. galt als **German Broadway**. Viel ist davon nicht geblieben, sieht man von der Metzgerei Schaller & Weber oder dem Heidelberg Restaurant ab.

Neben der Queensboro Bridge liegt die Endstation des **Roosevelt Island Tramway**, einer Seilbahn, die auf die gut 3 km lange, nur ca. 250 m breite **Roosevelt Island** (*https://rioc.ny.gov*) im East River führt. Diese hat eine bewegte und interessierte Geschichte hinter sich, die sich von der Familie Blackwell über den Ruf als „Welfare Island" bis zum „architektonischen Experimentierfeld" spannt. Sehenswert ist der

Southpoint Park – mit grandiosem Ausblick und Promenade – und der **Franklin D. Roosevelt Four Freedoms Park**. Im Süden der Insel ist ein neuer Universitätscampus der **Cornell Tech** mit beeindruckender Architektur entstanden.

Neue Galerie (6)

Etwa auf halbem Weg auf der 5th Ave. zwischen Metropolitan und Guggenheim Museum findet sich in einem nicht allzu auffälligen Beaux-Arts-Gebäude von 1914 die **Neue Galerie, Museum for German and Austrian Art**. Diese Sammlung entstand auf Initiative des deutschen Kunsthändlers Serge Sabarsky und zeigt deutsche und österreichische Kunst aller Genres aus der ersten Hälfte des 20. Jh., darunter Werke von Schiele, Klimt und Klee.

Deutsche Kunst

Neue Galerie, *1048 5th Ave., www.neuegalerie.org, Do–Mo 11–18, erster Freitag im Monat 11–20 Uhr, $ 25 (freier Eintritt erster Freitag im Monat 17–20 Uhr), Café Sabarsky und Café Fledermaus im Kaffeehausstil, Cabaret-Veranstaltungen.*

Guggenheim Museum (7)

Allein der Bau, ein Meisterwerk des weltberühmten Architekten Frank Lloyd Wright, lohnt den Weg zum **Guggenheim Museum**. Wright hatte 1943 von dem Industriellen Solomon Guggenheim den Auftrag erhalten, eine Heimstatt für seine Kunstsammlung zu entwerfen. Es sollten 16 Jahre bis zur Fertigstellung vergehen; Wright selbst erlebte die Eröffnung nicht mehr. Der an eine Zikkurat erinnernde Rundbau besteht im Kern aus einer 432 m langen Spirale, die nach außen fensterlos ist und sich um einen tiefen Innenraum legt. Inzwischen sind mehrere Anbauten hinzugekommen, doch das Raumerlebnis und die thematischen Schwerpunkte sind dieselben geblieben: moderne Kunst und spektakuläre Wechselausstellungen.

Guggenheim Museum, *1071 5th Ave., www.guggenheim.org, So/Mo+Mi–Fr 10–17.30, Di/Sa 10–20 Uhr, $ 25 (Sa 17–20 Uhr beliebiger Eintrittspreis), mit Restaurant The Wright.*

Weitere Museen an der Museum Mile

Vorbei am **Cooper Hewitt**, **Smithsonian Design Museum (8)** – für Design-Interessierte durchaus sehenswert! – im alten Carnegie-Palast von 1902, umgeben von einer schönen Gartenanlage (Arthur Ross Terrace & Garden), und am **Jewish Museum (9)** geht es weiter nordwärts.

Wer sich für die wechselvolle Geschichte der Stadt New York interessiert, darf das **Museum of the City of New York (10)** nicht versäumen. Dieses am nordöstlichen Rand des Central Park gelegene, nicht allzu große Museum zeigt auf fünf Stockwerken Exponate aus einem Fundus von ca. 1,5 Mio. Objekten – alte Stadtansichten, Kostüme, Fahrzeuge, Schaufenster, Inneneinrichtungen, Spielsachen – von der Kolonialzeit bis heute. Dazu gibt es immer wieder sehenswerte Wechselausstellungen. In nächster Nähe liegt **El Museo del Barrio (11)**, eine modern aufgemachte Ausstellung zu lateinamerikanischer, puerto-ricanischer und karibischer Kunst und Kultur, mit Theater und Wechselausstellungen.

Stadtgeschichte NYC

Cooper Hewitt, *2 E 91st St./5th Ave., www.cooperhewitt.org, So–Fr 10–18, Sa 10–21 Uhr, $ 16 (online) bzw. $ 18 (Sa 18–21 Uhr beliebiger Eintritt), mit Café und Shop.*

Sehenswürdigkeiten in Manhattan

Jewish Museum, 1109 5th Ave./92nd St., https://thejewishmuseum.org, Fr–Mi 11–17.45, Do 11–20 Uhr, $ 18 (Sa Eintritt frei), mit Russ & Daughters Restaurant.
Museum of the City of New York, 1220 5th Ave./103rd St., www.mcny.org, 10–18 Uhr, $ 20 (inkl. El Museo del Barrio), mit Café und Shop.
El Museo del Barrio, 1230 5th Ave./104th St., www.elmuseo.org, Mi–Sa 11–18, So 12–17 Uhr, $ 9 (inkl. Museum of the City of New York), mit Restaurant und Shop.

Madison Avenue / Met Breuer

Der Rundgang durch die Upper East Side wäre nicht komplett ohne einen Bummel auf der **Madison Avenue**. New Yorker gehen vor allem wegen der Galerien hierher, aber auch wegen der Designerboutiquen und exklusiven Shops. Im März 2016 zog das **Met Breuer** als Zweigstelle des Metropolitan Museum in das architektonisch wegweisende Gebäude des Bauhaus-Architekten Marcel Breuer ein und veranstaltet dort Wechselausstellungen sowie moderne und zeitgenössische Kunstprogramme und Events. Für Mitte 2020 ist geplant, das Gebäude für eine temporäre Verlagerung der Frick Collection freizugeben.

Met Breuer, 945 Madison Ave./75th St., www.metmuseum.org/visit/plan-your-visit/met-breuer, Di–Do/So 10–17.30, Fr/Sa 10–21 Uhr, $ 25, gültig für alle zum Met gehörigen Museen.

Columbus Circle und Upper West Side

Der **Columbus Circle** an der südwestlichen Ecke des Central Park wird durch einen überdimensionierten, versilberten Erdball markiert. Es handelt sich um einen weiteren wichtigen Verkehrsknotenpunkt Manhattans, an dem Broadway, 8th Ave. und 59th St. (Central Park South) zusammentreffen. Ein monumentales Denkmal ist Christoph Kolumbus gewidmet. Architektonisch auffallend ist das von SOM geplante **Time Warner Center (13)**, das zudem die **Shops at Columbus Circle** und Lokale bietet. Interessant sind aber auch das **Trump International Hotel & Tower** von 1970 und der neue Wolkenkratzer 432 Park Ave., das derzeit höchste Wohngebäude in der westlichen Hemisphäre (426 m).

Höchstes Wohngebäude

In einem auffälligen Bau an der Südseite des Platzes befindet sich das **Museum of Arts & Design (MAD) (12)**. Auf einer Fläche von 5.000 m² und auf sechs Etagen werden Kunsthandwerk und Designgeschichte höchst anschaulich präsentiert und die Verbindung von Handwerk, Kunst und Design thematisiert.

Museum of Arts & Design, 2 Columbus Circle, www.madmuseum.org, Di–So 10–18, Do bis 21 Uhr, $ 18 (Do 18–21 Uhr beliebiger Eintrittspreis), mit Laden und Café.

Etwas zurückversetzt an der 8th Ave./57th St. tritt ein von Sir Norman Foster 2006 vollendeter Wolkenkratzer aus auffälligen Kuben und weißen Verstrebungen ins Blickfeld: der **Hearst Tower (14)**. Das Besondere an dem 182 m hohen Glas-Stahl-Bau sind weder Höhe noch Architektur, sondern die Tatsache, dass zum einen der alte Bau von 1928 als Sockel verwendet wurde und es sich zum anderen um das erste nachhaltig konzipierte Gebäude in New York handelt. Nicht weit entfernt: die **Carnegie Hall** (Ecke 7th Ave.), jener weltberühmte Konzertsaal, der 1891 im Neorenaissance-Stil eröffnet wurde und wohl schon Tausende von Berühmtheiten gesehen hat.

New Yorks erstes „grünes" Gebäude

Carnegie Hall, *57th St./7th Ave., www.carnegiehall.org, Touren zu ausgewählten Terminen, meist 11.30/12.30 Uhr, $ 19.*

Lincoln Center

Nur wenige Schritte vom Columbus Circle entfernt liegt das **Lincoln Center for the Performing Arts (15)**. Zwischen 1959 und 1969 erbaut, umfasst dieser Komplex Musikschulen, mehrere Theater und Bühnen, Proberäume, Bibliotheken und ein Opernhaus. Die Hauptbauten gruppieren sich um den **Josie Robertson Plaza** mit Brunnen und der *Reclining Figure* von Henry Moore. Am Kopfende steht das Metropolitan Opera House, die berühmte Met. Südlich grenzt der **Damrosch Park** mit Open-Air-Bühne (Guggenheim Bandshell) an.

Den südlichen Flügel des Platzes nimmt das **David H. Koch Theater** ein, Sitz des New York City Ballet. Die 1962 erbaute **David Geffen Hall** (vormals Avery Fisher Hall) an der Nordflanke ist die Heimat des New York Philharmonic Orchestra, das 1842 gegründete, älteste Orchester der USA. An der Nordwestecke

The Shops at Columbus Circle

des Komplexes schließt sich das **Lincoln Center Theater** mit Beaumont, Newhouse und Tow Theater an. Im Norden, zwischen W 65th und 66th St., folgen Alice Tully Hall, Juilliard School, Walter Reade Theater und Rose Building. Das **David Rubenstein Atrium** sollte der erste Anlaufpunkt sein: Hier gibt es Informationen, Tickets, ein Café und – vielfach kostenlose – Veranstaltungen.

Orchester und Theater

Lincoln Center, *70 Lincoln Center Plaza, www.lincolncenter.org, Touren Mo–Sa 11.30/13 Uhr, So 13 Uhr, $ 25, zahlreiche Veranstaltungen, auch open air.*
David Rubenstein Atrium, *61 W 62 St. (Broadway/62nd–63rd St.), www.lincolncenter.org/atrium, Mo–Fr 8–22, Sa/So 9–22 Uhr, Sitzgelegenheit und Café, Gratis-WLAN, Startpunkt von Lincoln-Center-Touren, Discount-Tickets sowie regelmäßig Konzerte, Lesungen u. Ä.*

Central Park West

Ab dem Columbus Circle heißt die 8th Ave. „Central Park West", und das Nobelviertel **Upper West Side** (UWS) schließt sich Richtung Westen an. Das gesamte Areal zwischen der 71st und 84th St., vor allem zwischen Columbus Ave. und Broadway, gilt als Shoppingparadies. In den hoch aufragenden, klotzig wirkenden Wohnanlagen mit livrierten Türstehern und überdachten Zugängen befinden sich die wohl teuersten Apartments der Stadt.

Ideal zum Bummeln

Von besonderem Interesse sind Häuser wie das 1931 errichtete **Century** (*62nd–63rd St.*) oder das **Hotel des Artistes** (*1 W 67th St.*) von 1917. Am bekanntesten dürfte jedoch das **Dakota (16)** (*1 W 72nd St.*) sein, das 1884 als erstes Luxusapartmentgebäude im historisierenden Stil erbaut wurde und bis heute bei den Topstars aus Film und Showbusiness beliebt ist. Der Bau war Drehort von Roman Polanskis *Rosemary's Baby*, wurde aber vor allem durch John Lennon berühmt, der hier wohnte und am 8. Dezember 1980 vor der Tür ermordet wurde.

Wenig bekannt, doch interessant ist das stadtälteste Museum, die **New-York Historical Society (17)**. Es wurde 1804 gegründet und informiert, ähnlich wie das Museum of the City of New York (s. o.), umfassend und sehr anschaulich über die Geschichte der Stadt.
New-York Historical Society, *170 Central Park W., www.nyhistory.org, Di–Do/Sa 10–18, Fr 10–20, So 11–17 Uhr, $ 22 (Fr 18–20 Uhr beliebiger Eintrittspreis).*

American Museum of Natural History (18)

Riesiges Naturkundemuseum

Das **American Museum of Natural History** zählt zu den ältesten Museen der USA und zu den größten Naturkundemuseen der Welt. Der ursprüngliche Kernbau von 1877 erfuhr im Laufe der Zeit zahlreiche An- und Umbauten und Modernisierungen. Vor dem Museumseingang erinnert ein Reiterstandbild an Theodore Roosevelt, der sich der Natur besonders verpflichtet fühlte.

Zu den wichtigsten Abteilungen gehören jene mit spektakulären Dinosauriern, in Originalgröße rekonstruiert, sowie die Hall of Human Biology and Evolution. Die Hall

Vergnügliche Wissensvermittlung für die ganze Familie im American Museum of Natural History

of Northwest Coast Indians zeigt u. a. ein etwa 20 m langes Boot der Nordwestküstenindianer, gefertigt aus einem einzigen Zedernstamm. Je nach Interesse lohnen außer den Cultural Halls auch die **Fossil Halls** oder jene zu Biodiversity oder Ocean Life.

Faszinierende Themenräume

Zum Komplex gehört außerdem das **Rose Center for Earth and Space**. In einer Art Glaskubus mit einem hochmodernen, multimedialen Konzept leitet es Besucher gezielt durch die Phasen der Entstehung des Universums. Zugehörig ist auch das **Hayden Planetarium**, in dem Interessierte ein Modell des Sonnensystems, Meteoriten, Filme, eine Space-Show sowie Modelle der Erde, der Planeten und des Mondes sehen können.
American Museum of Natural History, *Central Park W./79th St., www.amnh.org, 10–17.45 Uhr, $ 23 (inkl. Rose Center), div. Kombitickets mit Space Show, Filmen und Sonderausstellungen; wird derzeit ausgebaut.*

Upper Manhattan

In Upper Manhattan reicht die Bandbreite vom afroamerikanischen Harlem über die größte neogotische Kirche der Welt und ein monumentales Mausoleum bis zur angesehenen Columbia University und einem ungewöhnlichen Kloster.

Rundgang durch Harlem

Die 125th St., auch Martin Luther King Blvd. genannt, bildet das Herz von Harlem, einem Viertel, das in den letzten Jahrzehnten einen enormen Wandel zum Positiven durchgemacht hat. Zu Harlem wird offiziell das Areal von der Nordgrenze des Central Park (*110th St.*) bis zur 155th St. im Norden und von der 8th Ave. im Westen bis zur Madison Ave. im Osten gerechnet. Östlich schließt sich **East oder Spanish Harlem** an, schwerpunktmäßig das Viertel der Puerto Ricaner.

Der Name „Harlem" stammt aus der Kolonialzeit, als sich hier ein holländisches Dorf befand. In den 1920er-Jahren waren gehäuft Afroamerikaner zugewandert und Harlem hatte sich zum *black capital* der westlichen Welt entwickelt. Die Künstler- und Literatenbewegung **Harlem Renaissance** kam auf, und die Roaring Twenties, das Aufblühen von Jazz, Bebop, Blues und Soul, sorgten für weltweites Interesse. So kamen das afroamerikanische Viertel und vor allem die Etablissements entlang der 125th St. wie das legendäre Apollo Theater oder der Cotton Club ins Gespräch.

„Black Capital

Das **Apollo Theater (1)** (*253 W 125th St., www.apollotheater.org, auch Touren*) ist beliebt wegen seiner „Amateur Nights" und ebenso eine Legende wie **Sylvia's Harlem Restaurant** (*328 Malcolm X Blvd./W 126th St.*). Das **Studio Museum of Harlem** (*144 W 125th St., www.studiomuseum.org*) widmet sich zeitgenössischer afrikanischer Kunst, ist aber derzeit geschlossen. Ein Neubau soll 2021 eröffnen.

Das südlich angrenzende Areal zwischen W 119th und 124th St. heißt **Mount Morris Historical District (2)** – ein attraktives Viertel mit viktorianischen Reihenhäuschen aus dem späten 19. Jh. und Kirchenbauten an jeder Straßenecke. Ein Stück weiter nörd-

Sehenswürdigkeiten in Manhattan

lich, an der Lenox Ave./135th St., befindet sich das **Schomburg Center (3)**, Museum und Forschungsstätte für afroamerikanische Kultur.

Die weiter nördlich gelegene **Abyssinian Baptist Church** (*132 W 138th St.*) ist eine der ältesten „schwarzen" Kirchen New Yorks und eine Touristenattraktion. Sie liegt im historischen **St. Nicholas Historic District (4)** (*W 138–139th St.*), mit Reihenhäuschen aus dem späten 19. Jh. Neuestes Museum in Harlem ist das **National Jazz Museum**, das zur Smithsonian Institution gehört und abgesehen von Hörproben und Ausstellungen auch Veranstaltungen und Konzerte anbietet.

Historisches Wohnviertel

Schomburg Center for Research in Black Culture, *515 Malcolm X Blvd./135th St., www.nypl.org/locations/schomburg, Mo/Do/Fr/Sa 10–18, Di/Mi 10–20 Uhr, Eintritt frei, Ausstellungen und Veranstaltungen sowie Forschungsbibliothek.*
National Jazz Museum Harlem, *58 W 129th St., http://jazzmuseuminharlem.org, Do–Mo 11–17 Uhr, $ 10 (suggested donation).*

> **Tipp: Übernachten in Harlem**
> *In einem ruhigen, architektonisch sehenswerten Teil von Harlem befindet sich **Easyliving Harlem** (s. S. 197). Hier können Gäste günstig und in angenehmer Atmosphäre in vier Zimmern, zwei davon mit eigenem Bad, in einem historischen, toprenovierten Brownstone-Reihenhaus nächtigen. Es gibt eine gemütliche Gemeinschaftsküche, in der sich Gäste und Gastgeber zum Essen, Kochen und Plaudern treffen, sowie einen kleinen Garten. Die Besitzer sind sehr hilfsbereit und ortskundig, und Subway-Stationen liegen nur ein paar Blocks entfernt.*

Columbia University (5)

Westlich von Harlem, im Viertel **Washington Heights**, erstreckt sich der Campus der privaten **Columbia University**. Mit über 30.000 Studenten ist sie die bekannteste und älteste städtische Institution und genießt einen guten Ruf. Sie war 1754 vom englischen König George II. als „King's College" gegründet worden. Mitten auf dem Campus liegt die **Low Memorial Library** (mit VC) von 1897. Neben diesem Bau finden sich die heutige Zentralbibliothek, die **Butler Library** und die renommierte, von Joseph Pulitzer gegründete **School of Journalism**. Die **St. Paul's Chapel** an der Nordostecke wurde 1907 erbaut.

St. John the Divine (6)

Läuft man von der Columbia University über die Amsterdam Ave. ein Stück in südliche Richtung, kann man den Bau der Kathedrale **St. John the Divine** nicht übersehen. 1892 begonnen, ist das „größte gotische Gotteshaus der Welt" mit 42 m Höhe, 71 m Breite und 183 m Länge bis heute nicht vollendet. Das Vorbild ist die Kathedrale Notre-Dame in Paris, deren Erbauung sich ebenfalls lange hinzog (12.–14. Jh.). Man finanziert sich in New York heute allein aus Spenden und setzt auf die authentisch mittelalterliche Bauweise, was sehr zeitaufwendig ist. Dennoch wird der neogotische Bau mit kleinem Kirchenmuseum und Garten bereits seit vielen Jahren genutzt.

Seit über 125 Jahren im Bau

Cathedral of St. John the Divine, *1047 Amsterdam Ave./110–113th St., www.stjohndivine.org, 9–17 Uhr, $ 10, verschiedene Führungen ($ 14–20), darunter Vertical Tour (Dachstuhlbesteigung), aufgrund von Renovierungsarbeiten nach einem Feuer im April 2019 begrenzter Zutritt (s. Website, „limited access").*

Sehenswürdigkeiten in Manhattan

Riverside Church (7) und General Grant NM

Auf der 120th St. westwärts erreicht man nach der Kreuzung mit dem Broadway den Riverside Drive am gleichnamigen Park. Richtung Norden fällt der Blick auf den imposanten Turm der **Riverside Church**. Von John D. Rockefeller gestiftet, wurde die Kirche mit ihrer gotischen Chartres-Fassade im Jahr 1930 fertiggestellt. Im Inneren sind europäische Glasmalereien des 16. Jh. zu sehen. Das eigentlich Ungewöhnliche ist aber der zwölfstöckige Turm, in dem ein Glockenspiel mit 74 Glocken an Rockefellers Mutter erinnert.

Glockenspiel zu Mutters Ehren

Riverside Church, *490 Riverside Dr., www.trcnyc.org, Führung nach dem Sonntagsgottesdienst ab Balkon, 12.15 Uhr, Eintritt frei, Ausstellung und Konzerte.*

Vis-à-vis der Kirche, an exponierter Stelle im Riverside Park, ragt Grant's Tomb, das Ehrengrabmal des Bürgerkriegsgenerals und 18. US-Präsidenten Ulysses S. Grant (1869–77) am Hochufer des Hudson River. Der mächtige Zentralbau, der sich an antiken Vorbildern orientiert, wurde 1897 nach sechsjähriger Arbeit vollendet. Das **General Grant National Monument (8)**, wie es offiziell heißt, birgt in der Krypta die Sarkophage Grants (1822–85) und seiner Frau.

General Grant NM, *W 122nd St./Riverside Dr., www.nps.gov/gegr, VC: Mi–So 9–17 Uhr, Mausoleum ab 10 Uhr, auch Touren, Eintritt frei.*

Washington Heights und Fort Tryon Park

Washington Heights, das Viertel nördlich der 155th St. und südlich der Hillside Ave., wurde als Endstation der von Duke Ellington besungenen „‚A' Train" bekannt. Zahlreiche deutsche Emigranten hatten sich in der ersten Hälfte des 20. Jh. hier angesiedelt, wobei in den 1940er-Jahren die deutschstämmigen Juden in der Überzahl waren. Auch Oskar Maria Graf lebte hier mit seiner jüdischen Frau Mirjam.

Direkt am Hudson River liegt der **Fort Tryon Park** mit Manhattans höchstem natürlichem Punkt (76 m ü. d. M.). Der Blick fällt von hier über den Hudson River auf das gegenüberliegende Ufer, aber auch auf die weiter südlich gelegene **George Washington Bridge**, eine der längsten Brücken New Yorks. 1931 als achtspurige Hängebrücke mit 1.450 m Länge vollendet, war ihre Kapazität bereits in den 1950er-Jahren erschöpft und man zog in einem komplizierten Verfahren ein zusätzliches, sechsspuriges Deck ein.

In erster Linie fährt man jedoch wegen **The Met Cloisters (9)** hierher, einem ungewöhnlichen Museum in idyllischer Umgebung, das den Eindruck vermittelt, man befinde sich irgendwo in Spanien oder Italien. Diese Dependance des Metropolitan Museum widmet sich der mittelalterlichen Sakralkunst. Obwohl der Bau selbst neuzeitlich (1934–38) ist, wirkt der Komplex wie ein mittelalterliches Klostergebäude. Das liegt vor allem an den vielen authentischen Architektur- und Ausstattungsteilen, die man aus den verschiedensten französischen, italienischen, spanischen, englischen und deutschen Kirchen, Kapellen und Klöstern zusammengetragen hat. Zu sehen gibt es von ganzen Kapellen über einzelne Bauteile und Skulpturen, Glaskunst und Gobelins auch wertvolle Schätze der Sakralkunst.

Mittelalterliche Sakralkunst

The Met Cloisters, *99 Margaret Corbin Dr., Fort Tryon Park, www.metmuseum.org, März–Okt. 10–17.15, Nov.–Feb. 10–16.45 Uhr, $ 25 (inkl. Met 5th Ave & Met Breuer).*

Sehenswertes in den New Yorker Boroughs

1898 war ein einschneidendes Jahr für New York: Damals wurden die Bronx, Queens, Brooklyn und Richmond – Letzteres 1975 in „Staten Island" umbenannt – in die vormals nur aus der Insel Manhattan bestehende New York City eingemeindet. Zugegeben: schon Manhattan allein sorgt für ein volles Besichtigungsprogramm, doch ohne einen Abstecher in zumindest einen der vier anderen Boroughs wäre eine New-York-Reise unvollständig.

> **Buchtipp**
> Über die New Yorker Boroughs informieren die Autoren dieses Iwanowski-Bandes, Margit Brinke und Peter Kränzle, in dem regelmäßig aktualisierten Städteführer **CityTrip PLUS New York City** *(ISBN: 978-3-8317-3283-8).*

Brooklyn

Brooklyn ist für sich genommen die viertgrößte Stadt der USA. 1646 von Holländern gegründet, galt es lange Zeit als der wenig beachtete „Hinterhof" New Yorks, doch seit den späten 1990er-Jahren erlebt der Stadtteil eine bis heute ungebremste Aufbruchsstimmung.

Brooklyn Heights machte den Anfang; inzwischen sind auch **DUMBO**, direkt unterhalb der Brooklyn Bridge, **Williamsburg** und **Greenpoint** zu neuen Bohèmevierteln, zu hippen und lebhaften Multikultizentren geworden. Auch das einstige Hafenviertel **Red Hook** und **Bushwick** – mit seinen zahlreichen Wandmalereien – sind beispielsweise gefragt, und **Downtown Brooklyn** hat enorm an Attraktivität zugelegt; perfekt zum Bummeln ist v. a. die **Atlantic Avenue**. Dort befindet sich auch das **Bar-**

Weiterhin „hip & hot"

Amerikas Nationaldichter Walt Whitman

Obwohl Walt Whitman im ländlichen Long Island 1819 das Licht der Welt erblickt hat, war er eher in Brooklyn und Manhattan zu Hause. Whitman arbeitete als Zimmermann, Makler, Sekretär, Lehrer und Journalist. Berühmt wurde der „Donnerer von Manhattan" – so Thomas Mann – mit seiner ab 1855 in regelmäßigen Abständen publizierten und erweiterten Gedichte-Sammlung **Leaves of Grass**. Das Werk wuchs von anfangs 12 auf fast 400 Gedichte in der letzten Ausgabe kurz vor seinem Tod 1892 an.

In dieser literarischen Form brachte Whitman nicht nur seine Eindrücke, sondern auch politische Vorstellungen und menschliche Gefühle zum Ausdruck. Den Bürgerkrieg, den er als Helfer im Lazarett erlebt hatte, thematisiert er ebenso wie die Ermordung Abraham Lincolns und die Ausdehnung der USA Richtung Westen. Bis heute strahlen seine Gedichte eine ungeheure Kraft aus; sie feiern die Demokratie und die Schönheit des Kontinents, aber auch den menschlichen, ganz besonders den männlichen Körper (s. Literaturtipps S. 602).

clays Center, eine Sport-/Eventhalle und Heimat der Nets (NBA) und auch der Islanders (NHL). Benachbart residiert die renommierte Kulturinstitution **Brooklyn Academy of Music**. Weiter im Nordwesten, Richtung Borough Hall, lohnt die **Fulton Street Mall** zum Bummeln und Einkaufen.

Brooklyn entdecken

Dom Gervasi – Brooklynite mit italienischen Vorfahren – gewährt bei seinen interessanten, dreistündigen „Made in Brooklyn"-Walkingtouren (*www.madeinbrooklyntours.com,* ☎ *917-747-1911*) Einblick in Teile seines Boroughs. Er führt durch Viertel wie DUMBO, Red Hook und Williamsburg und bietet zudem eine „Made in Industry City Tour" sowie andere Spezialtouren an. Die stets kleinen Besuchergruppen genießen einen Mix aus Behind-the-Scenes-, Unternehmens- und Sightseeingtouren, gepaart mit Infos zur Geschichte und zu Besonderheiten des Viertels. Im Mittelpunkt stehen kreative Köpfe, die für die Kunst und das Kunsthandwerk Brooklyns repräsentativ sind. Der Treffpunkt ist von Manhattan aus immer günstig mit dem öffentlichen Nahverkehr erreichbar.

Dom Gervasis Touren, hier in Industry City, sind alles andere als langweilig

Industry City

Zu den derzeit interessantesten Stadtentwicklungsprojekten gehört **Industry City** (IC), im Brooklyner Stadtviertel Sunset Park. Hier wurden mehrere Fabrikbauten des ehemaligen **Bush Terminal** – einem Industrieviertel am früheren Hafen – renoviert, und kleine Firmen, Studios und Werkstätten, Ateliers, Büros, Läden und Lokale zogen ein. Um 1900 hatte Irving T. Bush die Bush Terminal Company gegründet, woraufhin

Umgenutzte Fabrikhallen

an dieser Stelle große Lager- und Fabrikgebäude entstanden, die an etwa 100 Firmen vermietet wurden und über 35.000 Menschen Arbeit boten.

1974 wurde der Komplex geschlossen und der Verfall drohte, dann erwarb ihn die Stadt und konnte einen Teil der alten Bauten als „Industry City" wiederbeleben. Wer einen kompletten Überblick mit viel Hintergrundwissen bekommen möchte, sollte sich einer „Behind-the-Scenes"-Tour von **Made in Brooklyn** anschließen (s. o.), denn viele Künstlerwerkstätten, Galerien und Ateliers im Obergeschoss sind nicht öffentlich zugänglich. Im Erdgeschoss befinden sich hingegen Läden und Lokale; dazu gibt es zwischen den Gebäuden eine **Innovation Alley** mit Park, Kiosken, Spielplätzen und Erholungsarealen. **The Landing** ist eine Art großes Wohnzimmer, in dem sich Besucher entspannen und den Blick auf Hafen und Manhattan genießen können.

Ungewöhnliche Läden befinden sich beispielsweise, zusammengefasst zur Maker's Guild, in Building 5, darunter Bee Raw (Honig aus Brooklyn und ganz USA) oder Brooklyn Candle (Duftkerzen), beide Produktionsstätten und Shops in einem. In einem anderen Bau hat der legendäre orientalische Delikatessenhändler Sahadi's neu eröffnet, und auch Li-Lac Chocolates produziert vor Ort seine süßen Waren. Lokale konzentrieren sich besonders in der *food hall* in Building 1; dazu kommen ein „Japanese Village" und Hometown BBQ, eine kleine Brauerei und eine Sake-Brauerei. Die berühmtesten Mieter auf dem Areal sind allerdings die Basketballer der Brooklyn Nets, die oben in Building 19 ihre Trainingseinrichtungen unterhalten.

Exquisites & Handgemachtes

In der Nähe befindet sich mit dem **Bush Terminal Park** (*43rd St.*), ein neuer Stadtpark, der auf den ehemaligen Hafenpiers des Terminals entstanden ist. Den Reiz der

Die Künstlerin Joann Amitrano in ihrer Werkstatt in der Industry City

Gegend macht die eigenwillige Mischung aus Verfall, Revitalisierung und zahlreichen Kleinfirmen aus. Hier kann man noch ein wenig das alte Brooklyn kennenlernen, das dabei ist neue, interessante Wege zu gehen.

Info: *Industry City, 36th St./3rd Ave., Sunset Park (Brooklyn), Subway: 36th Station, D/N/R Train, www.industrycity.com.*

Tipp: Made in Industry City Tour *von Dom Gervasi (Made in Brooklyn Tours, s. S. 186, https://madeinindustrycity.brownpapertickets.com).*

Brooklyn Bridge Park und Brooklyn Heights

Über die Brooklyn Bridge gelangt man in das Stadtviertel **Brooklyn Heights**, den ersten Historic District New Yorks von 1965. Hier entstanden nach der Einrichtung der Fährverbindung mit Manhattan (1814) elegante Ein- und Mehrfamilienhäuser in unterschiedlichen historisierenden Stilen. Die gegenüberliegende Hochhauskulisse Lower Manhattans kann am besten von der **Brooklyn Heights Promenade** (**29**, Karte „NY – Lower Manhattan", S. 144f) – bevorzugt bei Sonnenuntergang – bewundert werden. Die Promenade soll allerdings wegen einer nötigen Erneuerung am Brooklyn-Queens-Expressway, der Hauptstraße unter der Promenade, 2020 oder 2021 für mehrere Jahre gesperrt werden.

An der Manhattan Bridge beginnt der **Brooklyn Bridge Park** (Karte „NY – Lower Manhattan", S. 144f). Die in den letzten Jahren entstandene Parkanlage zieht sich

Grüner Streifen mit großem Freizeitangebot: der Brooklyn Bridge Park

rund 2 km südwärts entlang des Flusses, unter der Brooklyn Bridge hindurch bis zur Atlantic Ave., durch die Stadtviertel DUMBO und Brooklyn Heights. Die alten Hafenpiers wurden zu Park- und Sportflächen umfunktioniert, und der Ausblick auf die Kulisse von Manhattan ist atemberaubend. Nahe **Fulton Ferry Landing** in DUMBO lädt z. B. das historische Jane's Carousel v. a. Familien ein. **Pier 1** bietet einen Park nebst Spielplatz und grandiosem Ausblick auf die Brooklyn Bridge. **Pier 2** ist dem Freizeitsport gewidmet, die **Piers 3** und **4** mit Strand dienen insbesondere im Sommer der Erholung. **Pier 5** hat neben einem Picknickareal mehrere Fußballfelder zu bieten, **Pier 6** am Fuße der Atlantic Ave. Sport- und Spielplätze, eine Aussichtsplattform und ein Lokal. *Antikes Karussell*
Brooklyn Bridge Park, *www.brooklynbridgepark.org, vielerlei Veranstaltungen wie Open-Air-Kino, Touren und Feste etc.; Fähre bzw. Subway-Linien A/C.*

Brooklyn-Spaziergang

Von der Promenade entlang der Montague Street durch Brooklyn Heights stößt man auf die **Borough Hall**, das Rathaus von Brooklyn in Downtown. Die **Fulton Mall** ist hier eine beliebte Bummelmeile mit Läden. Sie endet an der vielbefahrenen Flatbush Ave., die zur Brooklyn Academy of Music (BAM), zum Bahnhof Atlantic Ave. und zum Barclays Center führt.

Entlang der **Atlantic Avenue** könnte man den Spaziergang Richtung East River fortsetzen und eventuell Abstecher zum **New York Transit Museum** oder einen Bummel auf der Smith Street einplanen. Folgt man der Atlantic Avenue bis zum Ende, stößt man auf den **Brooklyn Bridge Park** und könnte auf der Promenade zur Brooklyn Bridge zurücklaufen.

Brooklyn Museum of Art

Im Zentrum Brooklyns liegt der große **Prospect Park**, in dem sich der 1910 eröffnete **Brooklyn Botanic Garden** und das **Brooklyn Museum** befinden. Die Grünanlage war vom Planer des Central Park, Frederic Law Olmsted, als Ort der Erholung, der körperlichen Ertüchtigung und der Geselligkeit, aber auch als Stätte der kulturellen Erbauung angelegt worden.

Am Nordostrand des Parks erhebt sich ein Museum, das mit seinen bedeutenden kulturhistorischen Sammlungen zu den wichtigsten in den USA gehört. In dem grandiosen Beaux-Arts-Bau (1897), der 2004 um einen modernen Glaspavillon und dann um eine Lobby erweitert wurde, sind auf fünf Stockwerken völkerkundliche Exponate (Amerika, Afrika, Naher und Ferner Osten, Ozeanien), antike Kunst, eine der größten ägyptischen Sammlungen der Welt, europäische Malerei und neuzeitliche Architektur ausgestellt. *Beaux-Arts-Architektur*
Brooklyn Museum, *200 Eastern Parkway, www.brooklynmuseum.org, Mi/Fr–So 11–18, Do bis 22 Uhr, $ 16, während Sonderausstellg. $ 20–25, Kombiticket mit Botanic Garden: $ 25.*
Brooklyn Botanic Garden, *Zugänge: 455 Flatbush Ave. und 990 Washington Ave., www.bbg.org, Di–Fr 8–18, Sa/So 10–18 Uhr, $ 15 (freier Eintritt: Fr 8–12 Uhr, Dez.–Feb. wochentags) $ 30 während Festivals, VC und schöner Shop am Zugang 990 Washington Ave.*

Williamsburg

Williamsburg gehört zu den In-Vierteln und ist bekannt für eine lebhafte Künstlerszene. Als 1903 die Williamsburg Bridge eröffnet wurde, zogen besonders die jüdischen Familien hierher, die es sich leisten konnten. Heute ist Williamsburg trotz der ca. 70.000 bevorzugt in South Williamsburg lebenden streng orthodoxen Juden ein buntes, multiethnisches Viertel mit regem Nachtleben und angesagten Klubs. Das Zentrum bildet die **Bedford Avenue** mit zahlreichen ausgefallenen Läden und Lokalen.

Coney Island

Klassisches Ausflugsziel

Im äußersten Süden von Brooklyn liegt New Yorks Sommerfrische Coney Island (*www.coneyisland.com*). Seit 1920 mit Manhattan verbunden, war es bis zum Zweiten Weltkrieg das heißgeliebte Ausflugsziel der New Yorker, nicht nur wegen des Strands, sondern vor allem wegen des **riesigen Vergnügungsparks**. Überlebt aus den alten Zeiten haben z. B. der legendäre Cyclone Rollercoaster aus dem nicht mehr existenten Astroland Amusement Park oder Deno's Wonder Wheel Amusement Park mit Riesenrad. Der Fallschirmturm der Weltausstellung 1940, der Parachute Jump, ist nicht mehr in Betrieb, markiert aber das Gelände und ist zum Wahrzeichen Coney Islands geworden. Vergnügungen wie der Luna Park von 2010 (*https://lunaparknyc.com*) sind dazugekommen.

Nahe der modernen Subway-Endstation an der Stillwell Avenue steht das kleine **Baseballstadion** MCU Park. Der Spaziergang über den 4 km langen **Riegelmann Board-**

Der Boardwalk in Coney Island

walk, eine hölzerne Strandpromenade, führt vorbei am **New York Aquarium** nach **Brighton Beach**, in das ukrainisch-russische Viertel mit der Brighton Beach Ave. als Hauptachse.
New York Aquarium, *602 Surf Ave., https://nyaquarium.com, 10–mind. 15.30 Uhr, in der HS bis 16 (Mo–Fr) bzw. 16.30 Uhr (Sa/So), $ 25 (NS/HS Mo–Fr) bzw. $ 30 (HS Sa/So).*

Staten Island

Grandioser Ausblick von Staten Island

Ein modernes Gebäude im Süden von Castle Clinton (s. S. 146), das **Whitehall Ferry Terminal (6)**, fungiert als Fährbahnhof (mit Shops u. a. Service-Einrichtungen) der **Staten Island Ferry**. Von hier verkehren rund um die Uhr regelmäßig kostenlose Boote nach Staten Island. Die Fahrt zum St. George Terminal auf Staten Island – mit grandiosen Ausblicken! – dauert eine knappe halbe Stunde.

Direkt neben dem **St. George Ferry Terminal** befindet sich das **Baseballstadion** der Staten Island Yankees, und daneben eröffneten im Mai 2019 die **Empire Outlets**. Dieses einzige Outlet-Shoppingcenter in NYC – architektonisch interessant, mit vielen Freiflächen und guten Ausblicken – soll zukünftig über 100 Shops und einen *food court* beinhalten. Bis dato (Anfang 2020) ist der Komplex etwa zur Hälfte mit Läden (u. a. Columbia, Levis, Jockey, GAP, Nordstrom Rack, die durchaus Schnäppchen bieten) und einigen wenigen Lokalen belegt. „MRKTPL", ein Imbissareal im Freien, ein Park sowie ein Hotel sollen sich ebenfalls noch hinzugesellen.

Das Stadtzentrum von St. George befindet sich im Süden des Fährhafens und lohnt einen Bummel, z. B. um sich das **National Lighthouse Museum** (*http://lighthousemuseum.org*) anzusehen, das insofern einmalig ist, dass von diesem einst mehrteiligen Komplex aus der Coast Guard seit 1939 die Leuchttürme in ganz USA mit Linsen, Öl und allem anderen versorgte. Berichtet wird von der Geschichte und Gegenwart von Leuchttürmen, und ausgestellt sind zahlreiche Modelle, Fresnel-Linsen, alte Fotos und Relikte. — Leuchtturm-Museum

Das 1929 eröffnete **St. George Theatre** (*https://stgeorgetheatre.com*) ist ein Juwel im spanisch-italienischen Neobarock-Stil, das erst für Filme, dann für Vaudeville-Shows genutzt wurde. Ab den 1970ern diente es dann verschiedenen anderen, nicht immer passenden Zwecken und sollte schließlich abgerissen werden. Dank des mutigen Einsatzes von Rosemary Cappozalo und ihrer Töchter konnte der Bau gerettet und renoviert werden. Heute bietet das St. George Theatre eine gute Alternative zu den eher teuren Bühnen auf Manhattan, vor allem im Hinblick auf Konzerte großer Stars.

Eine weitere Hauptsehenswürdigkeit der Insel ist das **Snug Harbor Cultural Center** (https://snug-harbor.org), bestehend aus verschiedenen, teils historischen Gebäuden, in denen mehrere Museen zu Hause sind und Konzerte, Ausstellungen und Kurse stattfinden. Schön ist der **Botanical Garden** mit seinem chinesischen Garten. In die Historie eintauchen lässt sich z. B. in **Fort Wadsworth** und **Historic Richmond Town** (www.historicrichmondtown.org).
Info: http://visitstatenisland.com.
Whitehall Ferry Terminal, 4 Whitehall St., www.siferry.com, rund um die Uhr, gratis.

Queens

Die meisten Besucher betreten in Queens erstmals New Yorker Boden, nämlich auf dem **John F. Kennedy International Airport**. In Queens werden aber auch die US Open (Tennis) ausgetragen. Der „**International Express**", die Subway-Linie 7, erlaubt es, unkompliziert auf Weltreise zu gehen und die bunten, multiethnischen Viertel des Bezirks zwischen der 34th St. und dem Endpunkt in Flushing zu entdecken. Zentrum von Queens ist **Long Island City**, wo sich das **MoMA PS1** befindet, das die allerneuesten, nicht immer leicht verständlichen Kunstentwicklungen präsentiert.
MoMA PS1, 22–25 Jackson Ave., http://momaps1.org, Do–Mo 12–18 Uhr, im Sommer Fr bis 20 Uhr (Fr 16–20 Uhr frei), $ 10 bzw. im regulären MoMA-Ticket enthalten.

Historische Werbeschilder

Im Westen vom PS1, am East River, liegt der **Gantry Plaza State Park** (https://parks.ny.gov/parks/149/details.aspx). Vier Piers weisen noch darauf hin, dass sich hier einmal die Hafendocks befanden. Im Norden ist ein altes Pepsi-Cola-Schild mit einem roten Neonschriftzug von 1936 von Artkraft Strauss aufgestellt – eines der wenigen noch erhaltenen derartigen Werbeschilder. In den letzten Jahren sind hier Apartmenttürme wie Pilze aus dem Boden geschossen.

Im ehemaligen „Griechen-Viertel" **Astoria**, heute ein multikulturelles Viertel, lohnt der Bummel schon allein wegen der kulinarischen Vielfalt, aber auch wegen des sehenswerten **Museum of the Moving Image**, in dem es um alle Aspekte von Film und Kino – Kunst, Geschichte, Technik – geht.
Museum of the Moving Image, 36-01 35th Ave./37th St., www.movingimage.us, Mi/Do 10.30–17, Fr 10.30–20, Sa/So 10.30–18 Uhr, $ 15 (Fr 16–20 Uhr frei), mit Café und Shop.

Austragungsort der US Open

Im **Flushing Meadows-Corona Park**, wo alljährlich das Tennisturnier US Open stattfindet und wo die New York Mets im Citi Field Baseball spielen, befindet sich auch das **Queens Museum**. Es ist Teil des ehemaligen Weltausstellungsgeländes und wurde 1939 errichtet und auch 1964/65 neben der Unisphere genutzt. Der Besuch lohnt sich vor allem wegen des weltgrößten Architekturmodells von New York.
Queens Museum, Flushing Meadows-Corona Park, 111th St./49th Ave., www.queensmuseum.org, Mi–So 11–17 Uhr, $ 8 (suggested donation).

Bronx

Die Bronx, nördlich des Harlem River gelegen, ist mit knapp 1,5 Mio. Einwohnern der einzige der fünf New Yorker „boroughs", der auf dem Festland liegt. Verschiedenste Ethnien – Iren, Deutsche, Juden, Polen und Italiener – siedelten sich hier Anfang des 20. Jh. an. Das Yankee-Stadium wurde gebaut, und der **Grand Concourse** als New Yorker „Champs-Élysées" entworfen. Nach dem Zweiten Weltkrieg zogen viele Afroamerikaner ins Viertel, und uniforme Wohnblöcke entstanden. In den 1960er-Jahren kam die Bronx wegen herrschender Unruhen und Kriminalität in Verruf; anschließend sorgten Hip-Hop- und Graffitikünstler für eine höchst kreative Szene. Mittlerweile sind viele soziale Brennpunkte entschärft, und die Bronx ist salonfähig geworden.

Yankee Stadium und SoBro

Das **Yankee Stadium**, das 2009 im postmodernen (Retro-)Stil neu eröffnet wurde, ist die Heimat der New York Yankees, der berühmtesten Baseballmannschaft der Welt. Im ursprünglichen, inzwischen abgerissenen *ballpark* von 1923 schrieben einst die legendären „Bronx Bombers" und Spieler wie Babe Ruth, Lou Gehrig, Joe DiMaggio, Yogi Berra oder Reggie Jackson Baseballgeschichte. *Weltbekanntes Baseballstadion*

New Yankee Stadium, *1 E 161st St./River Ave., www.mlb.com/yankees, Touren (vorab reservieren!) meist tgl. 11–13.40 Uhr alle 20 Min., $ 20 online, $ 25 vor Ort, großer Souvenirshop.*

Das legendäre Yankee Stadium in der Bronx

In Verbindung mit dem Neubau des Stadions hat sich die benachbarte South Bronx zum neuen Trendviertel **SoBro** entwickelt. Nicht weit vom Yankee Stadium entfernt, residiert am Grand Concourse das **Bronx Museum**, eine ungewöhnliche Sammlung zeitgenössischer Kunst. Dort befindet sich ebenfalls das 1812 erbaute **Edgar Allan Poe Cottage**, in dem der Autor die letzten Jahre seines Lebens verbrachte.
Bronx Museum, *1040 Grand Concourse, www.bronxmuseum.org, Mi/Do/Sa/So 11–18, Fr bis 20 Uhr, Eintritt frei.*
Edgar Allan Poe Cottage, *2640 Grand Concourse, http://bronxhistoricalsociety.org/poe-cottage, Do/Fr 10–15, Sa 10–16, So 13–17 Uhr, $ 5.*

Bronx Park

Größter städtischer Zoo

Für einen Ausflug in den **Bronx Park** sollte man mindestens einen halben Tag einplanen. Den südlichen Teil umfasst der **Bronx Zoo**, der größte Tiergarten der Welt innerhalb eines Stadtgebiets, 1899 gegründet. Er beherbergt heute mehr als 6.000 Tiere aus über 700 Arten, darunter zahlreiche gefährdete. Im nördlichen Parkteil befindet sich der **New York Botanical Garden**, ebenfalls zu den ältesten und größten botanischen Gärten der USA zählend (1891). Besonders sehenswert ist das **Enid A. Haupt Conservatory**, ein viktorianisches Glashaus mit 27 m hoher Kuppel.
Bronx Zoo, *2300 Southern Blvd., https://bronxzoo.com, Nov.–März 10–16.30, April–Okt. Mo–Fr 10–17, Sa/So 10–17.30 Uhr, $ 40 (HS)/$ 36 (NS), Anfahrt: Subway-Linie 2 bis Pelham Pkwy.*
New York Botanical Garden, *2900 Southern Blvd., www.nybg.org, Di–So 10–18 (HS), 10–17 Uhr (NS), $ 23 (Mo–Fr), $ 28 (Sa/So), Anfahrt: Linien 2 oder 5 bis Pelham Pkwy.*

Little Italy in the Bronx

Durch den Bronx Park führt die East Fordham Road zum Campus der altehrwürdigen **Fordham University**. Hier beginnt auch die **Arthur Avenue**, die Hauptachse von „Little Italy in the Bronx". Mehr als in Manhattan bestimmen hier noch italienischstämmige New Yorker das Bild und reihen sich italienische Cafés, Lebensmittelgeschäfte, Bäckereien und Restaurants aneinander. Das Zentrum bildet der **Arthur Avenue Market**, eine Halle mit italienischen Spezialitäten und mit der für ihr Bier bekannten Bronx Beer Hall.
Little Italy in the Bronx, *Arthur Ave., E 181st–188th St., www.arthuravenuebronx.com, Anfahrt: Subway B oder D bis Fordham Rd.*

Hinweis

Eine gute Möglichkeit, die Bronx kennenzulernen, bieten **Veranstaltungen** (*www.ilovethebronx.com*, Link „Happenings") wie Anfang Mai die **Bronx Week** oder auch die **Tour de Bronx** Ende Oktober, eine Radrundfahrt für Jedermann/-frau durch den Stadtbezirk.

Reisepraktische Informationen New York City

ℹ Information
NYC & Company, www.nycgo.com, mit Info Center @ Macy's Herald Square, 151 W 34th St., tgl. 10–22, So bis 21 Uhr.
Downtown Alliance, www.downtownny.com, betreibt auch mehrere Informationskiosks, z. B. am 7 WTC oder am Bowling Green Park.
Federal Hall NM, 26 Wall St., ① 212-825-6990, Mo–Sa 9–17 Uhr, Informationsstelle v. a. zu National Parks etc. in NYC.
www.nycgovparks.org – Infos zu allen der Parkverwaltung unterstehenden Sehenswürdigkeiten, z. B. Ellis Island.
www.mta.info, Infos zum Nahverkehr, u. a. zur New York Subway mit MTA Map und Route Planner, auch Apps.
Boroughs und Umgebung: https://explorebk.com (Brooklyn), www.ilovethebronx.com (Bronx), https://itsinqueens.com (Queens), http://visitstatenisland.com (Staten Island).

Buchtipp

Im Detail über New York City informiert **Iwanowski's Reisehandbuch New York**. Von den Autoren des vorliegenden Bandes, Margit Brinke und Peter Kränzle, erscheinen regelmäßig aktualisiert die Städteführer **CityTrip New York** und **CityTrip PLUS New York City**.

@ Internetnutzung
WLAN-Hotspots sind in New York verbreitet, z. B. in Parks und auf Plätzen wie Times Square, Bowling Green Park, Bryant Park, City Hall Park Pier 17 (South Street Seaport), Union Square Park, World Financial Center und Winter Garden. Dazu gibt es Internet in Museen, Subway-Stationen und Zügen.
Alte Telefonsäulen wurden zu „**LinkNYC**"-Terminals umfunktioniert, die freies WLAN, Gratis-Telefonate innerhalb der USA, ein Tablet für Informationen und Ladestationen für Smartphones bieten (www.link.nyc).

✚ Notfälle
Notruf (Polizei, Notarzt, Feuerwehr): ① 911
City MD, über 25 Anlaufstellen in NYC, www.citymd.com.
travelMD, 952 5th Ave./76th–77th St., ① 212-737-1212, http://travelmd.com; rund-um-die-Uhr Arztbesuche sowie medical center.
Duane Reade, Arztservice in Drogeriemärkten, ohne Voranmeldung, mehrere Filialen (www.walgreens.com, „Find a Store").
Emergency Dentist NYC, 100 E 12th St., ① 646-336-8478, http://emergencydentistnyc.com, 24-Stunden Notfallservice.

👁 Touren
Bustouren (v. a. in Doppeldeckerbussen) veranstalten z. B. **Gray Line** (https://graylinenewyork.com) oder **City Sights New York** (www.citysightsny.com). Außerdem kann man nach Anmeldung an Führungen der **Big Apple Greeter** teilnehmen, durchgeführt von New Yorkern durch ihre jeweiligen Wohnviertel (https://bigapplegreeter.org, kostenlos, aber

Online-Spende möglich). Bei den **Free Tours by Foot** (https://freetoursbyfoot.com/new-york-tours) gilt „pay-what-you-wish".
Kostenpflichtige Touren gibt es zuhauf, eine Übersicht bietet:
www.nycgo.com/things-to-do/tours-in-nyc.
Turnstile Tours (https://turnstiletours.com, ☎ 347-903-8687) veranstaltet Führungen zu sonst wenig beachteten Sehenswürdigkeiten bzw. Vierteln in Brooklyn, z. B. zur Brooklyn Navy Yard, einst Schiffswerft, heute ein ökologisch wegweisender, städtischer Industriepark, oder zum Brooklyn Army Terminal. Zweiter Schwerpunkt sind food cart tours im Financial District und in Midtown – Spaziergänge mit Kostproben.
Made in Brooklyn Tours (www.madeinbrooklyntours.com, ☎ 917-747-1911; s. S. 186) bietet grandiose Walkingtouren durch verschiedene Viertel Brooklyns mit Fokus auf Handwerk, Wirtschaft, Geschichte.

Unterkunft

Der offizielle Durchschnittspreis liegt zwar bei rund **$ 260** (plus knapp 15 % Steuern), doch über Buchungsportale oder Sonderangebote, die die Hotels vielfach selbst anbieten, kann man das Bett auch günstiger bekommen. **Vorausbuchung** ist in New York das ganze Jahr über empfehlenswert. Einen guten Überblick gibt
https://de.nycgo.com/plan-your-trip/%20hotels-in-nyc.

Hinweis

Mehr und mehr Hotels erheben eine sog. *resort* oder *facility fee* zwischen ca. $ 20 und $ 30 pro Tag/Zimmer, die oft erst am Ende der Buchung ausgewiesen wird.

HOSTELS UND HOTELS DER UNTEREN KATEGORIE
Eine Übersicht über erschwingliche Herbergen/Hostels gibt es auf **www.hostels.com/new-york/usa**. Günstig sind auch die Hotels der Choice-Kette: **www.choicehotels.com/new-york/new-york/hotels**.
Preiswert sind z. B.:
YMCA Vanderbilt Hostel (9), 224 E 47th St., ☎ 212-912-2504, https://ymcanyc.org; Herberge im UN-Viertel, 360 kleine Zimmer mit TV und Kühlschrank; Gemeinschaftsbäder und -küche, zwei Pools und Fitnesscenter.
Jazz on the Park Hostel (12), 36 W 106th St., ☎ 212-932-1600, www.jazzhostels.com; günstige Lage, inkl. WLAN, Frühstück und mit max. acht Betten pro Zimmer, auch DZ/Familienzimmer; Bett ab $ 50; weitere Filiale: **Jazz on Columbus Circle**, 940 8th Ave., ☎ 646-876-9282.

MITTELKLASSE-HOTELS
Washington Square Hotel (2), 103 Waverly Place, ☎ 212-777-9515, https://washingtonsquarehotel.com; mit Frühstück; besonders obere Etagen empfehlenswert.
Hotel 50 Bowery (4), 50 Bowery, ☎ 212-508-8000, www.jdvhotels.com/hotels/new-york/nyc/hotel-50-bowery-nyc; gute Location in Chinatown; schicke Zimmer und Dachterrasse mit Bar.
Pod 51 Hotel (5), 230 E 51st St., ☎ 844-769-7666, www.thepodhotel.com; Midtown-Hotel mit gut ausgestatteten, wenn auch winzigen Zimmern; Freiluftterrasse für Gäste

> **Extratipp: Guesthouse mit Geschichte**
>
> Vier moderne, schöne Gästezimmer werden in einem historischen *brownstone house* in einem ruhigen Harlem-Wohnviertel nahe zwei Subway-Stationen vermietet. Gemeinschaftsküche mit Frühstücksutensilien und Garten stehen allen Gästen zur Verfügung; es gibt Gratis-WLAN, Kaffee, Tee und Obst. Die Besitzerin Heidi spricht Deutsch und ist wie ihr Mann Tom überaus hilfsbereit.
> **Easyliving Harlem (13)**, 214 W 137th St., email @easylivingharlem.com, http://easylivingharlem.com, $ 150 (keine tax!).

und Dachterrasse; weitere Filialen: **Murray Hill** und **Times Square**.
The Belvedere (6), 319 W 48th St., ☎ 212-245-7000, www.belvederehotelnyc.com; Art-déco-Bau im Theater District; große Zimmer mit Kitchenette.
YOTEL (7), 570 10th Ave., ☎ 646-449-7700, www.yotel.com/en/hotels/yotel-new-york; nahe Times Square; sehr hip, doch eher teuer; verschiedene „cabins" und Dachterrasse.
Chelsea Savoy Hotel (8), 204 W 23rd St., ☎ 212-929-9353, www.chelseasavoynyc.com; funktionale, kleine und saubere Zimmer zu günstigen Preisen mitten in Chelsea; inkl. kleinem Frühstück.
Sohotel (14), 341 Broome St., ☎ 212-226-1482, http://thesohotel.com; erschwingliches, gemütliches Boutique-Hotel in einem historischen Haus in der Bowery/NoLIta; unterschiedlich große Zimmer, auch für Familien; kein Aufzug.

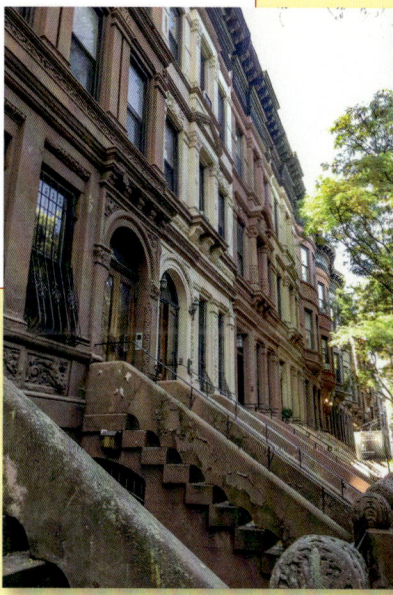

Easyliving Harlem – Übernachten mal anders!

TOPHOTELS

Millennium Hilton (1), 55 Church St., ☎ 212-693-2001, www3.hilton.com; direkt am 9/11 Memorial, mit tollem Ausblick aus den oberen Etagen des Wolkenkratzers; große, schöne Zimmer (bes. Eckzimmer); Pool, Lokal und Bar.
Andaz Wall Street (3), 75 Wall St., ☎ 212-590-1234, www.hyatt.com/en-US/hotel/new-york/andaz-wall-street/nycaw; moderne Zimmer mit vielen Extras; weitere Filiale: **Andaz 5th Ave**. **(11)**, 485 5th Ave., www.hyatt.com/en-US/hotel/new-york/andaz-5th-avenue/nycam, gegenüber der New York Public Library.
Hotel Gansevoort (10), 18 9th Ave., ☎ 212-206-6700, www.gansevoorthotelgroup.com/hotels/gansevoort-meatpacking-nyc; luxuriöses Designer-Hotel (187 Zimmer) im trendigen Meatpacking District; Pool auf dem Dach, Spa und Restaurant.
TWA Hotel, 1 Idlewild Drv., JFK International Airport, ☎ 212-806-9000, www.twahotel.com; neu und historisch zugleich; am Flughafen-Rollfeld; über 500 schicke Zimmer; Aussichtsplattform, Museum und Dachterrassenpool; das alte TWA Flight Center von Stararchitekt Eero Saarinen fungiert als Lobby.

ÜBERNACHTEN IN DEN NEIGHBORHOODS

In den letzten Jahren sind in **Brooklyn** Hotels aller Kategorien aus dem Boden geschossen, somit ist die Auswahl groß und oft noch preiswerter als in Manhattan. Gute Tipps sind z. B. das hippe **Nu Hotel** (85 Smith St., ☏ 718-852-8585, www.nuhotelbrooklyn.com; tolle Lage in Downtown Brooklyn und gutes Preis-Leistungs-Verhältnis) und das günstige **Condor Hotel** (56 Franklin Ave., ☏ 718-526-6367, https://condorny.com; interessantes, jüdisch-orthodoxes Viertel Williamsburg).

In der **Bronx** empfehlen sich z. B. das **Opera House Hotel** (436 E 149th St., ☏ 718-407-2800, www.operahousehotel.com; geschmackvoll eingerichtetes Boutique-Hotel nahe So-Bro) und **Mi Casa Tu Casa** (143 E 150th St., ☏ 718-402-9310; familiäres B&B am Grand Concourse, mit Garten).

Restaurants

In New York ist die ganze Welt auf engstem Raum kulinarisch vertreten. Zum Preis auf der Speisekarte kommen 8,875 % tax sowie tip oder gratuity (Trinkgeld) von in der Regel 20 %. Während der **Winter** bzw. **Summer Restaurant Week** (www.nycgo.com/restaurant-week) im Jan./Feb. bzw. Juli/Aug. bieten ausgewählte Restaurants Menüs zu festen Preisen an. Bei der Suche nach bestimmten Lokalen helfen z. B. www.timeout.com/newyork/restaurants und https://ny.eater.com.

IMBISS

Neben mobilen Imbissständen (**food carts**), die z. B. pretzels, Hotdogs sowie Bagels und Kaffee anbieten), gibt es **food trucks**, die multiethnische Küche, teils Haute Cuisine, vom Kleinlaster frisch zubereitet servieren. Während der **Turnstile Food Cart Tours** (s. o.) wird man gezielt auf Entdeckungsreise geschickt.

Food halls – mehrere Imbissstationen unter einem Dach – werden ebenfalls immer beliebter, im Grand Central Terminal z. B. die Great Northern Food Hall, im nahen Urbanspace Vanderbilt oder auch im **Brookfield Place (7)**. Eine Mischung aus (Imbiss-)Lokalen und Ständen ist der **Chelsea Market (21)**, 75 9th Ave., www.chelseamarket.com, sowie **Eataly (12)**, 200 5th Ave. sowie 4 World Trade Center, 101 Liberty St., eine italienische Markthalle mit diversen Abteilungen.

AUSGEWÄHLTE IMBISSLOKALE

Gourmet Garage (1), 489 Broome St., ☏ 212-941-5850, www.gourmetgarage.com; Deli-Shop mit großzügiger Auswahl.

E.A.K. Ramen (14), 469 Ave. of the Americas (6th Ave.) sowie **E.A.K. Hell's Kitchen (20)**, 360 W 46th St., https://eakramen.com; 11–mind. 23 Uhr; Ramen, d. h. japanische Nudelsuppe mit versch. Beilagen wie Spinat, Nori-Algen, mariniertem Ei oder gerolltem Schweinefleisch; japanisches Bier (auch Matcha-Bier), Sake und Sake- bzw. Soju-Cocktails.

Katz's Delicatessen (3), 205 E Houston St., ☏ 212-254-2246, https://katzsdelicatessen.com; Sandwiches mit Pastrami oder Roastbeef u. a.; am Tresen bestellen.

MakiMaki (15), 1369 6th Ave., ☏ 212-245-4550, www.makimaki.nyc; superfrisch zubereitete sushi rolls; preiswerte Gourmetkost zum Mitnehmen, z. B. Spicy Tuna, Salmon Avocado oder Shrimp Tempura; Mo–Fr 11–20, Sa 12–19 Uhr; zweite Filiale: 360 Lexington Ave., Mo–Do 11–20, Fr 11–17 Uhr.

Michaeli Bakery (4), 115a Division St., ☏ 646-360-2284, www.michaelibakery.com; Bäckerei eines jungen Israeli, in der man Pizza, bureka, rugelach, Challah, Biscuit-Baiser-Rollen und Kaffee bekommt.

Schütze und Steinbock

Archer & Goat könnte man fast übersehen, doch das wäre ein Fehler, denn das neue Lokal im Souterrain eines *brownstone*-Hauses an der Lenox Avenue, in Harlems **Mount Morris Park Historic District** ist eine Bereicherung für die ganze Gegend. Das Lokal ist winzig, mit Bar vorn und offener Küche hinten. Die Atmosphäre ist gemütlich und multikulturell – wie die Besitzer. Alex Guzman ist Schütze (*archer*) und Jenifar Chowdhury Steinbock (*goat*), seine Wurzeln sind südamerikanisch, ihre südasiatisch. Was das Lokal besonders auszeichnet, sind Auswahl und Qualität der Gerichte, besonders der Gemüsesorten, sowie die Bierkarte. Diverse *arepas*, Enten- und Lammgerichte sowie Gemüse (z. B. *crispy Brussels sprouts!*) und ein genialer A&G Burger stehen auf der kleinen Karte. Alles ist höchst kreativ und schmackhaft zubereitet und preislich vernünftig. Wer möchte, kann statt Bier auch einen der interessanten Cocktails wählen.
Archer & Goat (22), *187 Lenox Ave./119th–120th St. W (Harlem), www.archerandgoat.com; Di–So Dinner, Sa/So auch Brunch; Happy Hour Di–Fr 17–19, Sa–So 16–19 Uhr.*

Verwöhnprogramm für Gaumen und Auge im Archer & Goat

P.S. Kitchen (13), *246 W 48th St., ☏ 212-651-7247, www.ps-kitchen.com; Mo–Fr Lunch, Mo–So Dinner, Wochenende Brunch; veganes Restaurant, das mit seinem vollständigen Gewinn soziale Projekte fördert; vorwiegend saisonale, hochwertige Zutaten aus der Region; Genuss für alle Sinne.*
Russ & Daughters (2), *179 E Houston St., ☏ 212-475-4880, www.russanddaughters.com; legendärer appetizer store von 1914 mit riesiger Auswahl an jüdischen Spezialitäten wie Räucherfisch, Lachs, Kaviar und Bagels mit Aufstrichen; außerdem Café: 127 Orchard St.*

Zabar's (16), 2245 Broadway, ☎ 212-496-1234, www.zabars.com; Top-Gourmettempel mit allen erdenklichen Delikatessen zum direkten Verzehr oder Mitnehmen; Küchenaccessoires; ähnlich: **2nd Avenue Deli (11)**, 162 E 33rd St./3rd Ave.

LOKALE

Aburiya Kinnosuke (8), 213 E 45th St., ☎ 212-867-5454, http://aburiyakinnosuke.com; Mo–Fr Lunch, tgl. Dinner. Fine-Dining Izakaya Restaurant, in dem authentische japanische Küche in höchster Vollendung zelebriert wird; viel frischer Fisch (u. a. als Sashimi) sowie Wagyu-Rindflleisch vom Robata Grill; große Sake- und Shochu-Auswahl.

Altesi Downtown (6), 200 Spring St., ☎ 212-431-1212, www.altesinyc.com; tgl. L/D, Brunch Sa/So; italienische (toskanische) Küche; Standardgerichte mit Sorgfalt und Kreativität zubereitet, viele ungewöhnliche Antipasti, Salate, Nudelgerichte, dazu Fleisch und Fisch, aber auch Panini und (ovale) Pizzen aus dem Holzofen; Aperitifs sowie Prix-Fixe-Lunch; weitere Filiale: **Altesi Madison (17)**, 26 E 64th St. (nahe Central Park), ☎ 212-759-8900.

Brooklyn Cider House, 1100 Flushing Ave. (nahe Subway-Stop „Jefferson Street", L-Line), ☎ 347-295-0308, www.brooklynciderhouse.com; Di–So Dinner, Sa./So auch Brunch; unzählige Cidre-Varianten, großteils aus eigenen Äpfeln aus Upstate New York hergestellt; rustikal-gemütliche Bierhallen-Atmosphäre (mit Terrasse und schicker Bar), beim „Menú de Sidrería" kann man sich beim „Fangen" des „raw cider" an riesigen spanischen Holzfässern beweisen und isst zwischendurch Deftiges wie tortilla de bacalao und rib-eye steak.

Butcher & Banker (10), 481 8th Ave., ☎ 212-268-8455, www.butcherandbankernyc.com; Steakhaus in einem massiven Bank-Tresorraum im Keller des New Yorker Hotel im Artdéco-Stil; Steaks aller Art und andere delikate Fleisch- und Fischgerichte wie Pork Kan-Kan; Barbetrieb mit Cocktails.

Green Fig (9), 570 10th Ave., www.onfournyc.com/green-fig.html; im **YOTEL** (s. S. 197), ☎ 646-449-7790; tgl. Dinner, Sa/So Brunch; mediterran-israelische Gerichte in ungewöhnlichen Kombinationen und mit viel Gemüse; Mezze, Hauptgerichte und preiswerte Weine; angrenzende Dachterrasse mit Ausblick.

Peter Luger Steak House (5), 178 Broadway, ☎ 718-378-7400, https://peterluger.com; für ein Steak in dieser 1887 gegründeten Institution nehmen New Yorker trotz Reservierung und der fehlenden Möglichkeit zur Kreditkartenzahlung Wartezeiten in Kauf.

Pilar, 397 Greene Ave., ☎ 718-623-2822, www.pilarny.com; kleines, kubanisches Lokal in Bed-Stuy Brooklyn; Empanadas und Klassiker wie Cuban Sandwiches, Mojo und Sofrito; von der Bar empfehlen sich besonders die Rum-Cocktails; mit eigener Bäckerei.

Soogil (19), 108 E 4th St., ☎ 646-838-5524, www.soogil.com; Di–So Dinner; der südkoreanische Chefkoch Soogil Lim hat bei Daniel Boulud gelernt und kombiniert gekonnt und kreativ französische Techniken mit koreanischer Tradition; besonders empfehlenswert: „Chef's Tasting Menu", zu dem sich die tollen Weine auf der Karte empfehlen.

Yatenga Bistro (18), 2269 Powell Blvd., ☎ 212-690-0699, http://yatengabistro.com; das neben dem legendären Jazz- und Musikclub **Shrine** (2271 7th Ave., www.shrinenyc.com) gelegene Lokal bietet in rustikal-gemütlicher Atmosphäre französisch-afrikanisch angehauchte Gerichte.

Nachtleben

Das Nachtleben im Big Apple ist legendär und vielseitig und konzentriert sich auf die Lower East Side, auf East und Greenwich Village, auf Chelsea und TriBeCa sowie, was Jazz und Gospel angeht, auf Harlem. Neue und schicke **nightspots** befinden sich in Chelsea (W 27th St., 10th–11th Ave.) und im Meatpacking District sowie zwischen Bowery und East

Village, um Houston St. und Lafayette Ave. sowie um Tompkins Square und 6th St. Angesagt sind **Cocktailbars** und Dachbars, vielfach Teil schicker Boutiquehotels. Gut aufgehoben sind Nachteulen auch in Brooklyn, vor allem in Williamsburg (Bedford Ave.) und Greenpoint. **Infos** z. B. auf: www.nycgo.com/things-to-do/nightlife und https://joonbug.com/newyork.

Analogue, 19 W 8th St., ① 212-432-0200, www.analoguenyc.com; Mo–Mi Livemusik; gemütliche Bar im Bistrostil mit tollen Cocktails sowie großer Whiskey-Karte und Bar-Food.
Birdland, 315 W 44th St., ① 212-581-3080, https://birdlandjazz.com; benannt nach Charlie „Bird" Parker, in dessen Fußstapfen heute andere Topstars treten; progressiver Jazz und dazu südamerikanische Küche.
Blue Note, 131 W 3rd St., ① 212-475-8592, www.bluenotejazz.com; wechselnde Bands (Jazz, R&B, Soul, Blues u. a.); hier traten schon Dizzy Gillespie, Ray Charles und B. B. King auf.
Brooklyn Winery Wine Bar, 213 N 8th St., ① 347-763-1506, https://bkwinery.com; die Brooklyn Winery produziert seit 2010 Wein in Williamsburg; Touren und Tastings sowie kleine Gerichte und Antipasti; lohnend ist die Happy Hour (Mo ganzer Abend, Di–Fr 17–20 Uhr).
Village Vanguard, 178 7th Ave., ① 212-255-4037, https://villagevanguard.com; einer der ältesten Jazzkeller der Stadt mit hochkarätigem Programm.
55 Bar, 55 Christopher St., ① 212-929-9883, www.55bar.com; tgl. Liveblues und -jazz im Village, seit 1919; daneben liegt die legendäre, historische Bar **Stonewall Inn**.

Einkaufen

Die **sales tax** (Mehrwertsteuer) beträgt in New York City **8,875 %**. Für Kleidung und Schuhe gilt eine Sonderregelung: Unter $ 110 Warenwert (pro einzelnem Stück) fallen keine Steuern an, darüber wie bei allen anderen Artikeln 8,875 %.
In einem Einkaufsparadies wie New York ist es fast unmöglich, einzelne Läden hervorzuheben, deshalb nachfolgend nur ein paar ausgewählte Tipps. Zur Orientierung hilft auch folgende Website weiter: **www.nycgo.com/things-to-do/shopping-fashion**.

KAUFHÄUSER/EINKAUFSZENTREN

Empire Outlet, 55 Richmond Terrace, www.empireoutletsnyc.com. Einziges Outlet-Shoppingcenter in NYC, am Staten Island Ferry Terminal. Schöne Anlage, die bis 2020 komplett mit Läden belegt sein soll; derzeit z. B. Brooks Brothers, Levi's, Nordstrom Rack, Columbia und Jockey; food court, Restaurants und ein Hotel mit Rooftop Lounge sollen in Kürze folgen.
Bloomingdale's, 1000 3rd Ave. & 504 Broadway & 2085 Broadway; Kaufhaus mit Tradition und klangvollem Namen.
Macy's, 151 W 34th St.; eines der weltgrößten Kaufhäuser.
Brookfield Place, 230 Vesey St., https://bfplny.com; Mo–Sa 10–20, So 11–18 Uhr (Läden); Einkaufszentrum im ehemaligen World Financial Center, mit Läden wie Saks Fifth Avenue, Michael Kors und J. Crew u. a.; Restaurants und vielseitige food halls.
Westfield World Trade Center, 185 Greenwich St.; Mall im WTC-Bahnhof und unterirdisch zwischen den WTC-Türmen, Brookfield Place und Fulton Center; rund 100 Läden, u. a. Apple und Eataly.

> ### Shopping-Tipp
>
> Die **Neighborhood Women's Collective Inc.** (*2494 Frederick Douglass Blvd., www.neighborhoodwomenscollective.org*) ist ein kleiner Laden in Harlem mit Vintage- und Secondhand-Ware, vor allem Kleidung und Accessoires. Die Einnahmen fließen komplett in Projekte und Workshops, die Frauen bei der Unternehmensgründung unterstützen.

MÄRKTE

In New York findet in den Sommermonaten fast täglich irgendwo ein **Farmers'** *oder* **Greenmarket** *statt (www.grownyc.org). Der größte, ganzjährig stattfindende Markt ist jener auf dem* **Union Square** *(Mo/Mi/Fr/Sa 8–18 Uhr). Als „Gourmetmarkt" gilt* **Smorgasburg** *(www.smorgasburg.com), der von April–Okt. von Fr–Sa an verschiedenen Orten in Brooklyn (und Manhattan) stattfindet. Anfang Nov.–Ende März ist er Teil von Brooklyn Flea (Sa/So; http://brooklynflea.com) und findet überdacht statt.*

Der **Essex Street Market** *(88 Essex/Delancey St., mind. Mo–Sa 8–20, So 10–18 Uhr, www.essexmarket.nyc) wurde 2019 neu eröffnet und bietet nun attraktive Stände mit Frischwaren, Käse und Lebensmitteln aller Art, Feinkost und Delikatessen sowie diversen Lokalen und Cafés.*

Einkaufen auf dem Union Square Market

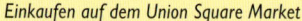

Feste und Veranstaltungen

Aktuelle Termine und Informationen zu Events findet man z. B. unter www.nycgo.com/things-to-do/events-in-nyc und www.timeout.com/newyork.

Gratiskonzerte finden den ganzen Sommer über statt, z. B. im Central Park (www.centralparknyc.org/events). Hauptbühne ist dort die SummerStage (https://cityparksfoundation.org/summerstage) auf dem Rumsey Playfield (Zugang: E 69th St./5th Ave.). Hinzu kommen Open-Air-Kino und diverse Filmfestivals.
Weitere **Infos** unter: http://freeconcertsnyc.com.

Große Feste im New Yorker Jahreskalender

1. Vollmond nach dem 19. Jan.: **Chinese New Years Celebration**, 10-tägiges Neujahrsfest um die Mott St. mit Umzug, Feuerwerk u. a. Events (www2.chinatown-online.com).
17. März: **St. Patrick's Day**, Parade auf der 5th Ave. und irisches Fest mit viel Grünem, Guinness und Whiskey (www.nycstpatricksparade.org).
2. Juni-Hälfte: **NYC Pride**, Greenwich Village, mit Parade u. a. Events (https://2019-worldpride-stonewall50.nycpride.org).
4. Juli: **Independence Day**, amerikanischer Nationalfeiertag mit Parade u. a. Veranstaltungen, v. a. großes Feuerwerk über East River (www.macys.com/social/fireworks).
3. Wochenende im Sept.: **Steuben Parade**, deutsch-amerikanische Parade auf der 5th Ave. in Erinnerung an General Friedrich Wilhelm von Steuben (http://germanparadenyc.org).
31. Okt.: **Village Halloween Parade** (6th Ave./SoHo–21st St.), viel Spaß, Musik und Unterhaltung (http://halloween-nyc.com).
1. So im Nov.: **New York City Marathon** mit etwa 50.000 Profi- und Freizeitläufern (www.tcsnycmarathon.org).
Letzter Do im Nov.: **Macy's Thanksgiving Day Parade**, vom Central Park West über die 6th Ave. zu Macy's am Herald Square (www.macys.com/social/parade).
Vorweihnachtszeit (nach Thanksgiving): **Tree Lighting Celebrations**, z. B. am Lincoln und am Rockefeller Center, außerdem **Weihnachtsmärkte** u. a. im Grand Central Terminal, Bryant Park, Columbus Circle und auf dem Union Square.
31. Dez., New Year's Eve: **Times Square Ball Drop** – große Silvesterparty am Times Square (http://timessquareball.net).

Unterhaltung

Die meisten **großen Theater** konzentrieren sich um Broadway und Times Square; dazu kommen kleinere Off- und Off-off-Broadway-Theater, verteilt über die ganze Stadt. Sonstige **bedeutende Veranstaltungsorte** sind die Carnegie Hall (www.carnegiehall.org), das Lincoln Center for the Performing Arts (www.lincolncenter.org), Jazz at Lincoln Center (www.jazz.org), der Madison Square Garden (www.thegarden.com), die Radio City Music Hall (www.radiocity.com) oder die Brooklyn Academy of Music (www.bam.org).

Infos zum Theaterprogramm

www.nycgo.com/broadway – das aktuelle Programm, zusammengestellt von NYC & Company
www.theatermania.com – Reviews, Neuigkeiten und Programme
https://broadwaydirect.com, **www.broadway.com** und **www.broadway.org** – aktuelle Broadway-Shows
www.newyorkcitytheatre.com – aktuelles Programm der New Yorker Theater sowie Übersicht über Bühnen

Günstige Tickets

Während der **NYC Broadway** und der **Off-Broadway Week** (Sept./Anfang Okt. und Ende Jan./Anfang Feb.) gibt es verbilligte Tickets für Broadway-Shows (*www.nycgo.com/broadway-week* bzw. *www.nycgo.com/off-broadway-week*).

Bei **TKTS** am Times/Duffy Sq., am South Street Seaport sowie am Lincoln Center (David Rubenstein Atrium) gibt es reguläre und verbilligte Theater- und Konzertkarten für Veranstaltungen am selben Tag (*www.tdf.org/nyc/7/TKTS-ticket-booths*).

Die **Broadway Collection** (*www.broadwaycollection.com*) verkauft Tickets für ca. 30 Topshows im Internet, aber auch vorab bei Reisebüros und -veranstaltern.

Zuschauersport
Es gibt mehrere Profi-Sportteams in NYC, und es lohnt sich ein Spiel zu besuchen:
New York Yankees *(MLB – Baseball)*, www.mlb.com/yankees, Yankee Stadium.
New York Mets *(MLB – Baseball)*, www.mlb.com/mets, Citi Field.
New York Rangers *(NHL – Eishockey)*, www.nhl.com/rangers, Madison Square Garden.

Das Profi-Eishockeyteam New York Islanders

New York Knicks *(NBA – Basketball), www.nba.com/knicks, Madison Square Garden.*
New York Giants *(NFL – American Football), www.giants.com, MetLife Stadium im Meadowlands Sports Complex, New Jersey.*
New York Jets *(NFL), www.newyorkjets.com, MetLife Stadium im Meadowlands Sports Complex, New Jersey.*
New Jersey Devils *(NHL), www.nhl.com/devils, Prudential Center, Newark.*
Brooklyn Nets *(NBA), www.nba.com/nets, Barclays Center.*
New York Islanders *(NHL), www.nhl.com/islanders, Barclays Center und Nassau Veterans Memorial Coliseum.*
New York Red Bull *(MLS – Fußball), www.newyorkredbulls.com, Red Bull Arena, New Jersey.*
New York City FC *(MLS), www.nycfc.com, Yankee Stadium.*

Freizeitsport
Im **Central Park** *(ebenso in Brooklyns Project Park) sind die verschiedensten Freizeitbeschäftigungen möglich.* **Infos** *unter: www.centralparknyc.org/activities und www.centralpark.com/things-to-do/activities.*
Radfahren
Citi Bike *ist ein Bike-Sharing-Projekt mit solarbetriebenen Docking-Stationen in Manhattan, Queens und Brooklyn, an denen blaue Leihfahrräder zur Verfügung stehen (www.citibikenyc.com).*
Infos und Routen *unter: www.ridethecity.com/nyc und www1.nyc.gov/html/dot/html/bicyclists/bicyclists.shtml.*
Der Manhattan Waterfront Greenway, *ein Bike Trail, lädt v. a. auf der West Side zwischen The Battery und George Washington Bridge am Ufer des Hudson River zur Radtour ein: www.nycbikemaps.com/maps/manhattan-waterfront-greenway-bike-map.*

✈ Flughäfen und Anfahrt
Es gibt drei New Yorker Flughäfen: **John F. Kennedy International (JFK)** *(www.jfkairport.com),* **Newark Liberty International (EWR)** *(https://www.newarkairport.com) und* **La Guardia Airport (LGA)**, *nur inneramerikanischer Flugverkehr, http://laguardiaairport.com).*
Infos: *www.panynj.gov/airports.*

JFK *liegt etwa 20 km bzw. eine gute Fahrtstunde von Manhattan entfernt. Die günstigste, aber auch zeitaufwändigste Variante, in die Stadt zu kommen, ist die Fahrt mit der* **Subway**. *Die Subway-Station „Howard Beach" erreicht man mit der AirTrain von jedem Flughafenterminal aus, und von dort geht es mit der Linie A („Far Rockaway") in 70–90 Min. nach Manhattan. Diese Variante ist wegen eventuell nötigen Umsteigens nur etwas für Leute mit leichtem Gepäck.*
Infos: *www.jfkairport.com/to-from-airport/public-transportation und http://web.mta.info/nyct/service/airport.htm#JFK.*

Eine **Taxifahrt** *von JFK nach Manhattan und umgekehrt kostet derzeit $ 52 bzw. $ 56,50 (16–20 Uhr) plus Brückenzoll und Trinkgeld, bei 45–60 Min. Fahrtdauer.*
Shuttlebusse *verschiedener Unternehmen wie GO Airlink (www.goairlinkshuttle.com) fahren für etwa $ 16–25 pro Strecke/Person nach Manhattan. Im* **Airport Ground Transportation Center** *in jedem Terminal des JFK können Auskünfte über Preise, Abfahrtszei-*

ten und Haltestellen eingeholt und Tickets gekauft werden. Je nach Verkehr, Zahl der Fahrgäste bzw. Haltepunkte sind mind. 60 Min. Fahrtdauer zu rechnen.
Infos: www.jfkairport.com/to-from-airport/taxi-car-and-van-service.
Der **NYC Airporter** (www.nycairporter.com) kostet einfach $ 19, fährt ab an jedem JFK-Terminal und hält an Grand Central Terminal, Penn Station, Times Square und Port Authority.

Der **Newark Liberty International Airport** (**EWR**), 26 km südwestlich von Manhattan in New Jersey gelegen, ist per AirTrain (zwischen Newark Liberty International Airport Station und Airport) und Zügen von NJ Transit oder Amtrak via Newark Penn Station mit der Penn Station/Manhattan (5–2 Uhr, ca. $ 15, www.njtransit.com) angebunden.
Es gibt keinen Taxi-Festpreis (Fahrpreis $ 50–70), und es verkehren ebenfalls Shuttlebusse.
Infos: www.airport-ewr.com/transportation.php.

Taxi

New Yorks legendäre **gelbe Taxis** sind unübersehbar. Es ist üblich, ein Taxi auf der Straße anzuhalten, wobei ein erleuchtetes Schild auf dem Dach zeigt, dass es frei ist. Es werden auch mehrere nicht zusammengehörige Passagiere in die gleiche Fahrtrichtung befördert, wobei jeder für sich zahlt. Man sitzt immer auf der Rückbank, die von den Vordersitzen durch Plexiglas abgetrennt ist. In den Boroughs (und häufig auch in Harlem) verkehren **apfelgrüne Taxis**.
Taxipreise: Grundgebühr: $ 2,50 plus $ 0,50 für jede zusätzliche 1/5 mi (ca. 300 m) bzw. pro Min. Wartezeit. Aufschläge können nachts, zu Stoßzeiten, für Brückenzoll, bei viel Gepäck oder für besondere Fahrten anfallen. Dazu addieren sollte man ein Trinkgeld von ca. 15 %.
Beschwerden & Fundstelle: ① 311 bzw. https://portal.311.nyc.gov.

Nahverkehr

Der öffentliche Nahverkehr, d. h. Busse und Subways, unterstehen in New York City der **MTA** (Metropolitan Transit Authority). **U-Bahnen/Subway** („trains") fahren in Manhattan entweder „Uptown" (nach Norden) oder „Downtown" (Süden) und sind mit Buchstaben oder Nummern sowie mit der Endstation gekennzeichnet. **Busse** (vorn Angabe der Endhaltestelle) sind wesentlich stärker verkehrsabhängig und erfordern mehr Zeit und bessere Ortskenntnis.

Fahrpreise: Eine Einzelfahrt („Single-Ride") kostet $ 3 bzw. $ 6,50 für Expressbusse. Bis zu drei Kinder unter 1,11 m Größe fahren gratis, wenn sie von einem zahlenden Erwachsenen begleitet werden. Bei Bezahlung bar im Bus oder mit einer **aufladbaren MetroCard** („Regular"/„Pay-Per-Ride") sind nur $ 2,75 fällig. Mit einer MetroCard darf auch pro Fahrt einmal kostenlos von Bus auf Bus oder von einer U-Bahn auf einen Bus umgestiegen werden. MetroCards sind an Automaten ($ 1 extra für eine neue Karte) und Schaltern erhältlich. Der Fahrpreis wird an einer Schranke automatisch abgebucht. Die Karte kann von mehreren Personen gleichzeitig benutzt werden. Derzeit in Planung ist die neue OMNY-Technologie, bei der mit Mobilgeräten an der Schranke bezahlt wird.
Für Besucher empfehlenswert ist die **Wochenkarte** („Unlimited Ride MetroCard") für beliebig viele Fahrten zu derzeit $ 33.
Infos: MTA, ① 511 (mehrsprachig), https://new.mta.info (mit Fahrplänen und Karten).

Fährverkehr

Die **Hauptanlegestellen** für Fähren in New York City sind: Pier 11/Wall St., Whitehall St. (nach Staten Island), The Battery (nach Liberty Island), Brookfield Pl./World Financial Center, Pier 83 (Circle Line) und Battery Maritime Building (nach Governors Island).
Hauptunternehmen ist **NYC Ferry** (www.ferry.nyc), das mehrere Routen auf dem East River mit Stopps in Manhattan, der Bronx, Queens, Brooklyn und Governors Island bedient. Abfahrt z. B. von Pier 11/Wall St. oder E 34th St.; $ 2,75.
NY Waterway (www.nywaterway.com) ist für die Fähren auf Hudson und East River (Pier 11/79/The Battery) zuständig und **NY Water Taxi** (www.nywatertaxi.com) bedient ebenfalls mehrere Anlegestellen.

Bahn und Bus

Die zwei größten Bahnhöfe der Stadt heißen **Grand Central Terminal** (Park Ave./42nd St., Metro North Railroad, Nahverkehrszüge Richtung NY State und Connecticut) und **Penn Station** (7th Ave./33rd St./Madison Square Garden, Amtrak-Fernzüge, PATH-, LIRR-, NJ-Transit-Nahverkehrszüge nach New Jersey, Long Island).
PATH stellt die Verbindung nach Newark, New Jersey her. Ein zweiter PATH-Bahnhof befindet sich an der World Trade Center Site. **LIRR** frequentiert 130 Stationen auf Long Island.
Infos: www.mta.info/mnr, www.panynj.gov/path, www.njtransit.com, www.mta.info/lirr.

Die (halbstaatliche) **Eisenbahngesellschaft Amtrak** bietet sich dank der Acela-Express-Züge und Metroliner für Städtetrips entlang der Ostküste zwischen Boston, New York, Philadelphia und Washington an. Es verkehren auch Züge nach Chicago (und weiter an die Westküste) sowie nach Atlanta, New Orleans und Florida.
Infos: www.amtrak.com.

Der **Greyhound-Busbahnhof** (www.greyhound.com) befindet sich am **Port Authority Bus Terminal** (625 8th Ave./W 40th St.). Außerdem gibt es lokale Busgesellschaften wie Megabus (http://us.megabus.com), Boltbus (www.boltbus.com) und Goto Bus (www.gotobus.com), die ebenfalls die großen Ostküstenstädte preiswert miteinander verbinden.

Spartipp Sehenswürdigkeiten

Der **CityPass New York** (https://de.citypass.com/new-york) bietet einen deutlich ermäßigten Eintritt zu Top-Sehenswürdigkeiten. Inbegriffen sind das Empire State Building, das American Museum of Natural History und das MoMA. Außerdem haben Passinhaber jeweils die Wahl zwischen Top of the Rock oder dem Guggenheim Museum, der Freiheitsstatue oder einer Bootsrundfahrt mit der Circle Line sowie dem 9/11 Museum oder dem Intrepid Sea, Air & Space Museum. Der Pass ist an neun aufeinanderfolgenden Tagen gültig und erlaubt außerdem teilweise einen schnelleren Eintritt. Er kostet $ 132 für Erwachsene und $ 108 für Kinder (Stand: Anf. 2020).

Reisepraktische Informationen

209

5. ROUTEN DURCH DIE NEUENGLAND-STAATEN

„Neuengland ist mehr als eine geografische Einheit, es ist ein Geisteszustand", so beschrieb einmal der Journalist Michael Walsh den Nordteil der Ostküste, von New York bis hinauf zur kanadischen Grenze.

Sechs **Bundesstaaten**, zwischen der Atlantikküste und der Bergkette der Appalachen, im Nordosten der USA, bilden **New England**. Geografisch gesehen handelt es sich um einen nur kleinen Teil Amerikas, vor allem wenn man bedenkt, dass die Region größentechnisch in fast jeden Bundesstaat westlich des Mississippi hineinpassen würde. **Kulturell und historisch** betrachtet ist New England jedoch sehr bedeutend. Was die Mentalität der Bewohner, was Traditionen und Gebräuche angeht, steht die Region dem „Alten Europa" näher als andere Teile der USA. Die *New Englander* gelten als *quite sophisticated*, um nicht zu sagen, als etwas arrogant, sie sind gebildet und umweltbewusst, aber auch introvertiert und ein bisschen wortkarg.

Bezug zu Europa

Neuengland ist besonders im **Indian Summer**, d. h. im Herbst, wenn die ausgedehnten Laubwälder in allen Farben leuchten, ein beliebtes Reiseziel. Doch ist die Nordostküste nicht nur dann eine Reise wert – hier präsentieren sich die USA nämlich immer erfrischend anders: Kleine Dörfer schmiegen sich um schlichte, weiß getünchte Holzkirchen, umgeben von sattgrünen Wäldern. Schmale, kurvige Landstraßen verbinden malerische Städtchen miteinander, führen vorbei an Farmständen am Straßenrand, an Antiquitätenläden, Scheunen und Flohmarktbuden.

New England bildet jedoch **keine homogene Einheit** wie beispielsweise der „Alte Süden", sondern fügt sich scheinbar aus Gegensätzen zusammen: Die geschäftige, intellektuelle „Vielvölkerstadt" Boston z. B. hat wenig gemeinsam mit dem kleinen Montpelier in Vermont – außer der Tatasache, dass beide Hauptstädte sind. Mehr Unterschiede als Gemeinsamkeiten fallen einem auch zwischen dem abseits gelegenen Naturidyll Maine, dem „Bauernstaat" Vermont oder New Hampshire mit seiner langen Industriegeschichte ein. Selbst innerhalb mancher Bundesstaaten – z. B. in Maine oder New Hampshire – präsentieren sich die Städte und Dörfer im Landesinneren komplett anders als die Fischerdörfer an der Küste.

Viel Abwechslung

Die Amerikaner blicken seit jeher mit Stolz auf diesen Teil ihres Landes, gilt Neuengland doch als **Wiege der Nation** und **Geburtsstätte der modernen Demokratie**. Hier wurde die Amerikanische Revolution nicht nur entfacht, sondern blutig zu Ende gefochten. Dass sich diese angeborene Beharrlichkeit und die teils strenge Moral auch ins Gegenteil verkehren können, zeigten andererseits die Hexenverfolgungen von 1692 in Salem.

Amerikanische Revolution

Obgleich längst andere Regionen in den USA wirtschaftlich das Kommando übernommen haben, wird New England immer noch als das **„Ruder der Nation"** betrachtet. Nicht ohne Grund beginnen die Vorwahlen zur Präsidentschaft stets in New Hampshire. **Individualismus** ist ein ausgeprägter Charakterzug und man ist stolz auf einen traditionellen Hang zur Autarkie, wie auch das Motto auf dem Kfz-Kennzeichen New Hampshires belegt: „Live free or die".

„Live free or die"

Von New York nach Boston

Connecticuts Gold Coast: von New York nach New Haven

Der breite Connecticut River, der **Connecticut** von Norden nach Süden durchzieht, gab dem Land nach dem indianischen Wort „Quinnehtukqut" – „an dem langen Fluss, der dem Wechsel der Gezeiten unterworfen ist" – seinen Namen. 1633 entstand eine holländische Handelsniederlassung, im Frühjahr 1636 gründeten englische Siedler hier eine britische Kolonie. Sie gaben sich 1639 eine erste Verfassung, die **Fundamental Orders of Connecticut**, die als erste schriftliche Verfassung Amerikas gilt und Connecticut zu dem Spitznamen **Constitution State** verhalf.

Mit dem Namen des Staates ist eine bis in die Gegenwart für die amerikanische Verfassung gültige Entscheidung verbunden: Der **Connecticut-Kompromiss**, 1787 von C. Roger Sherman vorgeschlagen, sicherte die Interessen der kleineren Bundesstaaten. Auf diesen Beschluss geht die Unterteilung des Kongresses in den Senat, in dem alle Staaten mit gleicher Stimmenzahl vertreten sind, und das Repräsentantenhaus, in dem die Bundesstaaten im Verhältnis zur Bevölkerungszahl vertreten sind, zurück.

Da die Entfernung zwischen New York City und beispielsweise New Haven nur rund 130 km beträgt, wählen immer mehr Menschen ihren Wohnsitz im westlichen Con-

Connecticut/CT – The Constitution State	
Gründung	3. März 1636 (Colony of Connecticut)
Beitritt zur Union	9. Januar 1788 als 5. Staat
Staatsmotto	Qui transtulit sustinet – Wer (uns) herübergebracht, wird (uns) erhalten
Staatsbaum	Charter Oak (Weißeiche)
Staatsblume	Mountain Laurel (Berglorbeer)
Staatsvogel	American Robin (Wanderdrossel)
Staatstier	Sperm Whale (Pottwal)
Höchster Punkt	Mt. Frissell (725 m)
Hauptstadt	Hartford

Connecticuts Gold Coast: von New York nach New Haven

necticut, arbeiten jedoch in New York. Das Gebiet zwischen New York City und New Haven gehört zu den **begehrtesten Wohnadressen Neuenglands** und Connecticut gilt als *Bedroom Community of New York*.

Der ca. 100 km lange Küstenabschnitt zwischen den beiden Städten wird auch **Gold Coast** genannt, da seit jeher vermögende New Yorker hier Ferien- und Wochenendhäuser besitzen.

Routenhinweise

Durch Connecticut bieten sich mehrere Routen Richtung Boston an:
- Die Autobahnen I-95, I-91, I-84 und I-90 verbinden New York und Boston direkt (ca. 215 mi/350 km).
- Die Autobahn I-95 verläuft nahe der Küste (ca. 230 mi/370 km) und dann weiter hinauf nach Maine. Eilige Reisende bringt sie nach Boston, wobei sich der eine oder andere Stopp an der Küste empfiehlt.
- Der US Hwy. 1 folgt der Kontur der Atlantikküste von Florida bis hinauf nach Maine und ist eine empfehlenswerte Strecke. Vom US 1 aus sind sowohl Abstecher an die Küste als auch ins Inland möglich (S. 222).
- Die Alternative über Hartford (US Hwy. 5) nach Mystic (CT 2 und 201) empfiehlt sich ab New Haven, sofern man auch etwas vom Landesinneren von Connecticut sehen möchte (S. 230).

Greenwich

Erste Siedler ließen sich bereits 1614 in **Greenwich** nieder. Heute ist die Stadt ein Mix aus einer modernen Wohnsiedlung für wohlhabende New Yorker und einem alten, restaurierten Stadtkern. Sehenswürdigkeiten sind das **Bruce Museum of Arts and Science**, das in einem ehemaligen Landgut Gemälde amerikanischer Künstler, indianische Keramik und Textilien sowie naturgeschichtliche Exponate ausstellt, und das **Bush Holley House**, das um 1732 von dem wohlhabenden Mühlenbesitzer David Bush gebaut wurde und impressionistische Kunst und Möbel des 18. Jh. zeigt.

Bruce Museum of Arts and Science, *1 Museum Dr., Greenwich, http://brucemuseum.org, Di–So 10–17 Uhr, $ 10*.
Bush Holley House, *47 Strickland Rd., Cos Cob, https://greenwichhistory.org, Mi–So 12–16 Uhr, $ 10 (inkl. Führung)*.

Das **Audubon Center of Greenwich** ist ein weitläufiges Parkgelände mit schönen Wanderwegen, einem Besucherzentrum (**Kimberlin Nature Education Center**) sowie Souvenir- und Buchladen. In der **Oppenheimer Gallery at Audubon Greenwich** sind Wechselausstellungen zu naturgeschichtlicher

Redaktionstipps

Sehens- und Erlebenswertes
▶ Die ehrwürdige **Yale-Universität** (S. 219) in New Haven mit eindrucksvoller Architektur und sehenswerten Museen.
▶ In **Mystic Seaport** (S. 229) das Leben in einer Hafenstadt im 19. Jh. erleben.
▶ In der Hauptstadt **Hartford** (S. 233) die Autoren Mark Twain und Harriet Beecher Stowe kennenlernen.
▶ Im **Mashantucket Pequot Museum** (S. 242) auf eindrucksvolle Weise über das Schicksal der Indianer Neuenglands erfahren.

Kunst, vor allem Werke des Ornithologen und Zeichners John James Audubon (1785–1851), zu sehen.

Audubon Center of Greenwich, *613 Riversville Rd., Greenwich, http://greenwich.audubon.org, Center Di–So 10–16 Uhr, Gelände tgl. Sonnenauf- bis -untergang, $ 6.*

Stamford

Neuenglische Farm

1640 erwarben Siedler Land von den hier ansässigen Indianern und begannen, ein Dorf zu erbauen. Sehenswert ist die **First Presbyterian Church** (*1101 Bedford St., www.fishchurch.org*) mit kurios-fischförmigem Grundriss und der größten mechanischen Orgel in Connecticut. Das **Stamford Museum & Nature Center** bietet vielseitiges Vergnügen: Die Heckscher Farm bildet einen historischen Bauernhof nach, es gibt ein Kunstmuseum, ein Nature Center, ein Observatory & Planetarium und die Bendel Mansion – die Villa des Designers und Unternehmers Henri Willis Bendel (1868–1936).

Stamford Museum & Nature Center, *39 Scofieldtown Rd., 6,5 km nördl. am CT 137, www.stamfordmuseum.org, tgl. 9–17, NS bis 16 Uhr, Museum & Mansion Mo–Sa 9–17, So 11–17 Uhr, $ 12.*

Einen Ausflug lohnt **The Bartlett Arboretum & Gardens**, eine große Garten- und Parkanlage, die vor allem wegen ihrer unzähligen Rhododendren, Azaleen und Wildblumen gern besucht wird. Interessant für Pflanzenliebhaber sind auch die Gewächshäuser.
The Bartlett Arboretum and Gardens, *151 Brookdale Rd., http://bartlettarboretum.org, tgl. Sonnenauf- bis -untergang, frei.*

Gärten und Gewächshäuser

Norwalk

Nur wenige Jahre später, um 1650, beginnt auch die Geschichte von **Norwalk**. Das Hafenareal in **South Norwalk**, das in Anlehnung an den New Yorker Stadtteil SoHo „SoNo" genannt wird, wurde im Stil des 19. Jh. restauriert und bietet, vor allem entlang der Washington Street, eine bunte Vielzahl an Galerien, Boutiquen, Restaurants und Bars. Der **Mill Hill Historic Park** ruft hingegen die Vergangenheit wach und besteht aus mehreren historischen Gebäuden, z. B. dem Norwalk Town House (ca. 1835), dem Governor Thomas Fitch Law Office (ca. 1740) oder dem Downtown District Schoolhouse (1826); dazu gibt es einen Friedhof, den Mill Hill Burying Ground.
Mill Hill Historic Park, *2 E Wall St., https://norwalkhistoricalsociety.org/visit/mill-hill-historic-park, tgl. Sonnenauf- bis -untergang, frei.*
Norwalk Historical Society Museum, *Norwalk City Hall, 125 East Ave., Mi–Sa 12–16 Uhr, $ 5.*

Das **Maritime Aquarium** beschäftigt sich mit dem Leben im Long Island Sound. Ein Rundgang durch das Aquarium führt vom flachen Salz-Marschland in immer tiefere Gewässer. Vor allem eine Familienattraktion ist das sechs Stockwerke hohe **IMAX-Theater**. Reizvoll sind die angebotenen Schiffsfahrten, „Marine Life Encounter Cruises" genannt, z. B. nach **Sheffield Island** (https://seaport.org/Sheffield-Island). Bei den zweistündigen Rundfahrten geht es durch den Long Island Sound, mit Stopp auf der Insel um z. B. den vierstöckigen Leuchtturm aus dem Jahr 1868 zu besichtigen.
The Maritime Aquarium at Norwalk, *10 N Water St., www.maritimeaquarium.org, tgl. 10–17, Sommer bis 18 Uhr, $ 24,95 (mit IMAX), Bootstouren ab Maritime Aquarium, Sheffield Island Dock, 4 N Water St.*

Zweistündige Schiffstour

Westport

Die Strände wie jene im **Sherwood Island State Park** (http://friendsofsherwoodisland.org) sind die eigentliche Hauptattraktion der kleinen Stadt. Da viele New Yorker hier wohnen, wurde zur Erinnerung an das Attentat am 11. September 2001 im State Park ein Denkmal aus Granit für die Opfer errichtet. **Earthplace** ist ein großes Wald- und Wiesengelände – ein sogenanntes Wildlife Sanctuary –, mit Freigehegen, Trails und einem naturwissenschaftlichen Museum. Außer mit Flora und Fauna beschäftigt man sich auch mit Fragen des Umweltschutzes.
Earthplace, The Nature Discovery Center, *10 Woodside Lane, http://earthplace.org, Gelände tgl. Sonnenauf- bis -untergang, frei; Museum Mo–Sa 9–17, So 13–16 Uhr, $ 7.*

Schöne Strände

Downtown Bridgeport mit dem Barnum Museum

Bridgeport

Einkaufsbummel

Größte Stadt der Region ist **Bridgeport**, 1639 gegründet und heute eine moderne Industriestadt mit gut 150.000 Einwohnern. An der Promenade am historischen **Black Rock Harbor** lockt der Gebäudekomplex **Captain's Cove Seaport** (*1 Bostwick Ave., www.captainscoveseaport.com*) mit Souvenirs und Kunsthandwerk, Boutiquen u. a. Shops, Cafés, Restaurants und Fischmarkt.

Hauptattraktion des Ortes ist das zurzeit in Mitleidenschaft gezogene **Barnum Museum**, das dem berühmten Zirkusgründer gewidmet ist. In dem historischen Gebäude, das durch einen spektakulären Neubau von Richard Meier erweitert wurde, erfuhr man alles über Phineas Taylor Barnum (s. u.), der zunächst mit Zirkus wenig am Hut hatte. Zwischen 2010 und 2012 wurde der Bau dreimal durch Hurricanes schwer beschädigt und ist seither geschlossen. Die Ausstellung ist übergangsweise in der angrenzenden United Bank Gallery zu sehen.
Barnum Museum, *820 Main St., https://barnum-museum.org, Do/Fr 11–15 Uhr, frei.*

Bridgeport war zugleich die Heimat eines fränkischen Einwanderers, der in der Geschichte des Motorflugs eine Rolle spielte: **Gustav Weisskopf**. „*Whitehead*", wie er sich in den USA nannte, soll noch vor den Gebrüdern Wright im August 1901 mit einem selbst gebastelten Motorfluggerät abgehoben sein. Das behaupteten zumindest Zeitzeugen und die Lokalzeitung. Fotos und andere Beweise fehlen bis dato jedoch.

König Humbug

1810 wurde in der kleinen Stadt Bethel/CT ein Junge geboren, der später als „Showman" bekannt wurde und unter dem Spitznamen „König Humbug" Weltruhm erlangte: **Phineas Taylor Barnum** (1810–1891) hatte mit Zirkus zunächst wenig am Hut. Er gründete jedoch das erste **Kuriositätenkabinett** in New York, das „American Museum", und spezialisierte sich auf ausgefallene Tier- und Menschenshows – z. B. wurden Albinos, Siamesische Zwillinge und andere menschliche Abnormitäten gezeigt. Ein Wanderzirkus entstand 1851, legendär wurde jedoch Barnums folgende zweijährige Konzerttour mit der „schwedischen Nachtigall", der Sängerin Jenny Lind (1820–87).

1871 gründete er einen **mobilen Zirkus** mit Jumbo, dem König der Elefanten, aus dem Londoner Zoo. 1885 folgte die Fusion mit James A. Bailey zu **„Barnum & Bailey: The Greatest Show on Earth"**, mit einer umstrittenen Tierausstellung, 1907 folgte der Zusammenschluss mit Zirkus *Ringling Brothers*. Barnum war bereits 1891 in Bridgeport verstorben. Ihm zu Ehren findet in jedem Jahr Ende Juni, Anfang Juli das **Barnum Festival** (*http://barnumfestival.com*) mit Parade, Konzerten und Shows statt.

Büste von Phineas Taylor Barnum

Stratford

Die 1639 gegründete Ortschaft erhielt ihren Namen in Erinnerung an Shakespeares Geburtsort. Um dessen Dramen aufführen zu können, wurde in der Elm Street eine originalgetreue **Nachbildung des Globe Theatre** in London errichtet, das 2019 bei einem Brand vollständig zerstört wurde. Die Shakespeare Academy Stratford (*1850 Elm St.*) hält ihr Bühnenprogramm dennoch aufrecht (Programm: *www.shakespeareacademystratford.org*).

In dem um 1750 errichteten Captain **David Judson House** befinden sich ein Museum mit Relikten aus der Kolonialzeit und eine Bibliothek zur Ahnenforschung. Im **Boothe Memorial Park & Museum** wurden hingegen mehrere historische Gebäude, z. B. eine Schmiede und ein Uhrenturm, auf dem ehemaligen Land der Familie Boothe zum Openair-Museum umgestaltet. Landwirtschaftliche Geräte, Kutschen und Fahrzeuge komplettieren das Erlebnis. Angeblich soll das 1840 erbaute Wohnhaus von Boothe einen 1663 errichteten Vorgänger abgelöst haben – was es demnach zum „Oldest Homestead in America" macht.

Freilichtmuseum

David Judson House, *967 Academy Hill, www.stratfordhistoricalsociety.org, Juni–Okt. So 12–16 Uhr, $ 7, auch Touren.*
Boothe Memorial Park & Museum, *5800 Main St., Park: tgl. 9–17 Uhr, Museum: Juni–Okt. Di–Fr 11–13 Uhr, Sa/So 13–16 Uhr, frei.*

Reisepraktische Informationen Connecticuts Gold Coast

Information
Stamford: www.choosestamford.com/visit sowie http://stamford-downtown.com
Norwalk: www.norwalkct.org sowie https://discovernorwalk.com
Connecticut Welcome Center, Gatehouse of Lockwood Mathews Mansion, 297 West St., Norwalk, Do–So 10–14 Uhr.

Unterkunft
Norwalk Inn $$, 99 East Ave., Norwalk, ① 203-838-2000, https://norwalkinn.com; günstig im Zentrum befindliche Unterkunft mit über 110 Zimmern und Suiten; freundlicher Service. Zugehörig ist Adam's Rib Restaurant mit Lounge.
Courtyard Stamford Downtown $$$, 275 Summer St., Stamford, ① 203-358-8822, www.marriott.com/hotels/travel/stfcy-courtyard-stamford-downtown; in Downtown, in einem historischen Bau, gelegenes Hotel.

Restaurants
Adam's Rib Restaurant, im Norwalk Inn, s. o.
Brewport, 225 S Frontage St., Bridgeport, ① 203-612-4438, www.brewportct.com; nicht nur gutes, hausgebrautes Bier, sondern auch legendäre New Haven Style Pizza.
Cask Republic, 191 Summer St., Stamford, ① 203-348-2275, http://caskrepublic.com; die ganze Summer Street gilt als „Stamford's Restaurant Row". Gemütliche Taverne mit großer Bierauswahl und vielseitiger amerikanischer Küche. Auch in New Haven, 179 Crown St.

New Haven

Stadt der Wissenschaft

Das 1638 von Puritanern gegründete New Haven ist berühmt für seine Erfinder und Ingenieure, vor allem aber für die **Yale University**. Wichtige historische Epochen sind die Jahre zwischen 1701 und 1873, als die Stadt zusammen mit Hartford **Hauptstadt des Bundesstaats Connecticut** war, und die Zeit zwischen 1765 und 1860, in die die großen Erfindungen fallen (s. Infokasten S. 219).

Das renovierte und wiederbelebte alte Stadtzentrum breitet sich um **New Haven Green**, eine Parkanlage, die durch Elm, Church, Chapel und College St. begrenzt wird, aus. An dieser Stelle waren 1638 die ersten Häuser nach einheitlichem Plan entstanden; New Haven gilt deshalb als die **erste Planstadt** in den USA.

Meisterwerke des Georgian style

Sehenswert sind drei historische Kirchen: Die **Center Church on the Green** (1812) verfügt über eine Krypta mit Grabstätten, die bis in das Jahr 1687 zurückreichen. Die **Trinity Episcopal** (1816) und besonders die aus dem Jahr 1813 stammende **United Congregational Church** können als Meisterwerke des *Georgian style* in Amerika angesehen werden. Am Südostende des Greens steht die **Town Hall** von 1861 mit einem Stadtmodell im Inneren.

Nordöstlich vom „Green" liegen im **Grove Street Cemetery** (*Grove/Prospect St.*), einem historischen Friedhof, bekannte Erfinder wie Noah Webster, Charles Goodyear

Erfinder amerikanischer Technologien

Eli Whitney wurde 1765 in Westborough/MA geboren und verstarb 1825 in New Haven/CT. 1793 erfand er die Baumwollentkörnungsmaschine, die weitreichende Veränderungen für die Baumwollwirtschaft der Südstaaten nach sich zog. Das bahnbrechend Neue seiner Erfindung war weniger die Maschine selbst, als vielmehr die Einführung von Serienherstellung und Arbeitsteilung. Gleichartige Einzelteile einer Maschine konnten im Bedarfsfall jederzeit und beliebig oft ausgetauscht werden.

Samuel Colt (1814–62, Hartford/CT) entwickelte 1835 eine Repetierschusswaffe, die in den folgenden Jahren unter seinem Namen weltberühmt wurde. 1853 gründete Colt in Hartford die Waffenfabrik „Colts Armory". Auch hier wurde weitgehend das Prinzip der Austauschbarkeit von Einzelteilen angewandt.

Charles Goodyear (1800 New Haven/CT–1860 New York) gelang es 1839, Kautschuk zu vulkanisieren, d. h. in Gummi umzuwandeln. Die erstmalige Herstellung von Hartgummi im Jahr 1852 machte ihn zum Begründer der modernen Kautschukindustrie.

---

oder Eli Whitney begraben. Westlich davon erstreckt sich der Campus der **Yale University**. Sie zählt zu den ältesten, berühmtesten und besten Universitäten in den USA. 1701 in Old Saybrook als Collegiate School gegründet, wurde sie 1716 nach New Haven verlegt. Von dem Mäzen Elihu Yale zur Verfügung gestellte Geldmittel ermöglichten den Ausbau des Colleges, das 1887 zur Universität erklärt wurde.

Rundgang über das Universitätsgelände

Die **Connecticut Hall** aus dem Jahr 1752, im *Georgian style*, ist das älteste Gebäude New Havens. Das **Yale Center for British Art (1)** wurde wie die *Yale Art Gallery* von dem bekannten Architekten Louis Kahn entworfen. Hier sind britische Kunstwerke vom 16. Jh. und Elisabeth I. bis zur Gegenwart ausgestellt (*1080 Chapel St., http://britishart.yale.edu, Di–Sa 10–17, So 12–17 Uhr, Eintritt frei*).

Die **Yale University Art Gallery (2)** wurde von dem amerikanischen Maler John Trumbull gegründet. Das Museum besitzt wertvolle Stücke europäischer Malerei aus dem 13.–20. Jh., zeigt amerikanische und asiatische Kunst und daneben afrikanische Skulpturen (*1111 Chapel St., http://artgallery.yale.edu, Di–Fr 10–17, Do bis 20, Sa/So 11–17 Uhr, frei*).

Die Dwight Hall von 1886 auf dem Old Campus der Yale University in New Haven

Im **Yale Peabody Museum of Natural History** (3) werden Besucher anhand von Dioramen in die Flora und Fauna Neuenglands eingeführt. Bekannt ist das Museum für seine Fossilien- und Dinosauriersammlung (*170 Whitney Ave., http://peabody.yale.edu, Di–Sa 10–17, So 12–17 Uhr, $ 13*). Die **Yale Collection of Musical Instruments** (4) zeigt historische Musikinstrumente, dazu finden Konzerte, Lesungen und Sonderausstellungen statt (*15 Hillhouse Ave., www.yale.edu/musicalinstruments; Sept.– Juni Di–Fr 13–16, So 13–17 Uhr, frei*).

Der Bestand der **Beinecke Rare Book & Manuscript Library** (5) soll eine halbe Million Bücher und über eine Million Manuskripte umfassen. Zu den wertvollsten Aus-

Sehenswürdigkeiten
1. Yale Center for British Art
2. Yale Art Gallery
3. Peabody Museum of Natural History
4. Yale Collection of Musical Instruments
5. Beinecke Rare Book and Manuscript Library

Hotels
1. Courtyard New Haven
2. The Study at Yale
3. New Haven Hotel
4. Omni New Haven Hotel at Yale

Restaurants
1. Claire's Corner Copia
2. Union League Café
3. John Davenport's
4. ZINC

stellungsstücken gehören illustrierte mittelalterliche Handschriften und eine Gutenberg-Bibel. Sehenswert sind auch die Architektur und die Innenausstattung der 1963 gebauten Bibliothek: Zum Schutz der Bücher vor Sonneneinstrahlung wurde das Gebäude fensterlos errichtet und mit durchscheinenden Alabasterplatten verkleidet, was ein besonders warmes Licht zur Folge hat (*121 Wall St., http://beinecke.library.yale.edu, geöffnet während Ausstellungen Mo 10–19, Di–Do 9–19, Sa 12–17, So 12–16 Uhr, frei*).

In **East Haven** laden im **Shore Line Trolley Museum** mehr als hundert Straßenbahnen aus den Jahren von 1878 bis 1939 zur Besichtigung von außen und teils auch innen ein. Außerdem kann man in historischen Wagen eine beschauliche, ca. 3 km lange Fahrt über das Gelände machen. Die 1900 eröffnete Strecke gilt als die älteste noch immer betriebene Vorort-Straßenbahnlinie der USA.

Shore Line Trolley Museum, *17 River St., I-95/Exit 51, www.shorelinetrolley.com, Ende Mai–Anfang Sept. Di–Sa 10.30–16.30 Uhr, Touren 11–16 Uhr, $ 10 (inkl. Fahrt).*

Reisepraktische Informationen New Haven

Information
Visit New Haven, *5 Science Park, www.visitnewhaven.com, Infos zur Region.*
Info New Haven VC, *1000 Chapel/College St. (Downtown), www.infonewhaven.com.*
Yale University VC, *149 Elm St., www.yale.edu/visitor, Mo–Fr 9–16.30, Sa/So 11–16 Uhr; Ausgangspunkt für kostenlose Touren (s. u.), Infos auch zu Veranstaltungen auf den renommierten Uni-Bühnen (Long Wharf, Shubert oder Yale Repertory Theatre) sowie zu den Uni-Sportteams.*

Unterkunft
Courtyard New Haven at Yale $$ (1), *30 Whalley Ave., ☏ 203-777-6221, www.marriott.com; Mittelklassehotel mit 160 Zimmern, Swimmingpool und Restaurant, ganz in der Nähe der Yale-Universität.*
The Study at Yale $$ (2), *1157 Chapel St., ☏ 203-503-3900, www.studyatyale.com; zentral am Campus gelegenes Hotel mit Restaurant und 86 komfortabel eingerichteten Zimmern auf fünf Etagen.*
New Haven Hotel $$$ (3), *229 George St., ☏ 203-498-3100, www.newhavenhotel.com; zentral in der Innenstadt gelegenes, historisches Hotel mit 92 gut ausgestatteten Zimmern und Swimmingpool.*
Omni New Haven Hotel at Yale $$$–$$$$ (4), *155 Temple St., ☏ 203-772-6664, www.omnihotels.com/hotels/new-haven-yale; nur wenige Schritte von New Haven Green und Yale entfernt gelegenes großes, luxuriöses Hotel mit gutem Service und modernen Zimmern.*

Restaurants
Claire's Corner Copia (1), *1000 Chapel St., ☏ 203-562-3888, www.clairescornercopia.com; legendäres, seit 1975 bestehendes vegetarisches Restaurant gegenüber der Universität.*
Union League Café (2), *1032 Chapel St., ☏ 203-562-4299, http://unionleaguecafe.com; stilvolles Bistro, mit sehr guter kreativer französischer Küche aus überwiegend regionalen Produkten.*

John Davenport's (3), 155 Temple St., ✆ 203-974-6858, www.johndavenports.com; das Restaurant liegt im 19. Stockwerk des Omni New Haven Hotel und bietet gute Fleisch- und Seafood-Gerichte, dazu schöner Panoramablick auf New Haven und Long Island Sound.
ZINC (4), 964 Chapel St., ✆ 203-624-0507, www.zincfood.com; Chefköchin Denise Appel setzt auf regionale, saisonale Bioprodukte und steht für kreative, moderne amerikanische Küche.

Einkaufen
The Yale Bookstore, 77 Broadway; Buchhandlung und Souvenirladen der Yale University.

Touren
Yale University VC, 149 Elm St., www.yale.edu/visitor, kostenlose Führungen Mo–Fr 10.30/14, Sa/So 13.30 Uhr.

Route 1: entlang der Atlantikküste von New Haven nach Mystic

Hinweis zur Route

Die schnellste Verbindung von New Haven nach Mystic ist die Autobahn I-95 (ca. 60 mi/100 km). Schöner ist die Fahrt auf dem US Hwy. 1, der teilweise nah an der Küste verläuft und von dem die sogenannten *shunpikes* abzweigen, Nebenstraßen, die direkt ans Meer führen.

Beaches und State Parks

Abseits der Route

Die Fahrt von New York entlang der Atlantikküste nach Norden gehört zu den schönsten Küstenstrecken in den Neuengland-Staaten. In Connecticut führt die „U.S. Route 1" durch malerische Ortschaften und ermöglicht Abstecher zu State Parks und Stränden direkt am Wasser. Der größte Park, der **Hammonasset Beach SP** (2 mi/ 3,2 km östlich von Madison, 1288 Boston Post Rd., http://hammonasset.org), liegt am Long Island Sound und bietet einen endlosen Sandstrand. Der **Rocky Neck SP** (6 mi/9,6 km östlich von Old Lyme, 244 W Main St./Rte. 156, www.ct.gov/deep/rockyneck) wird geschätzt wegen seiner guten Gegebenheiten für Schwimmer und Taucher. Ebenfalls einen langen, sauberen, allerdings auch viel besuchten Strand, großes Wassersportangebot und Picknickplätze bietet der **Ocean Beach Park** (3 mi/4,8 km südlich von New London, 98 Neptune Ave., http://ocean-beach-park.com).

Saltbox Houses

Wer sich für Architektur und Geschichte interessiert, findet in den drei Ortschaften **Guilford**, **Madison** und **Clinton**, die zwischen New Haven und Old Lyme liegen, einige interessante Beispiele für „**Saltbox Houses**" (s. u.). Diese Gebäude sind typisch für die Architektur der Kolonialzeit: Fachwerkhäuser mit asymmetrischem Satteldach, das auf der längeren Hinterseite steil abfällt.

Beispiele sind das renovierte **Hyland House** aus dem Jahr 1660, eingerichtet mit zeitgenössischem Mobiliar (*84 Boston St., Guilford, https://hylandhouse.org, Juni–Sept. Fr/Sa 11–16, So 12–16 Uhr, frei*) oder, im gleichen Ort, das 1639 erbaute **Henry Whitfield House**. Es gilt als das älteste Steinhaus in Neuengland (*248 Old Whitfield St., Guilford, Mai–Okt. Mi–So 10–16.30 Uhr, $ 8*). Ein wirklich gutes Exempel für ein traditionelles „saltbox house" ist das **Thomas Griswold House Museum** (*171 Boston St., Guilford,*

Das Thomas Griswold House Museum in Guilford/CT

Das „Saltbox House"

Die „Saltbox" war die typische Architektur der ersten Siedlerhäuser in Neuengland im 17. Jh. Sie entstand nach dem Vorbild und in der Tradition der Bauernhäuser in der alten Heimat, jedoch komplett aus Holz. Es gab ein Fachwerk aus Rahmengerüst mit zwischengeschobenen Holzlamellen. Charakteristisch war das steile, asymmetrische Giebeldach.

Im Zentrum des Hauses befand sich eine offene Feuerstelle mit großem, hohem Kamin, der das obere Stockwerk mitheizte. Wenn die Familie wuchs und mehr Raum benötigt wurde, zimmerte man einen niedrigeren Anbau an die Rückseite des Hauses. Um die Sonnenwärme zu nutzen, waren die Häuser immer mit der Front nach Süden ausgerichtet. Ihren Namen verdanken die „Saltbox Houses" ihrer Bauweise, die an die damals gebräuchlichen Holzkisten mit Klappdeckel, in denen Salz aufbewahrt wurde, erinnert.

www.guilfordkeepingsociety.com, Juli/Aug. Mi–Sa 11–16, So 12–16 Uhr, Juni/Sept. Fr/Sa 11–16 Uhr, $ 5).

Historische Häuser
Das **Allis-Bushnell House** entstand im Jahr 1785. Interessant ist die „Arztpraxis" mit Inventar und medizinischen Instrumenten der Zeit *(853 Boston Post Rd., Madison, www.madisonhistory.org/allis-bushnell-house, Juni–Okt. Mi–Fr 9–13 Uhr, frei).* Das **Deacon John Grave House** ist ein Wohnhaus aus dem Jahr 1675, im Besitz der Familie Grave. Es wurde im Laufe der Zeit zu unterschiedlichen Zwecken genutzt *(Academy/School St., Madison, https://deaconjohngrave.org, Juni–Okt. Fr/Sa 13–16 Uhr, $ 2).* Zu dem 1789 gebauten Adam **Stanton House & General Store** gehörte einst ein Laden, dessen Einrichtung noch original vorhanden ist *(63 E Main St., Clinton, www.adamstantonhouse.org).*

Old Saybrook und Old Lyme

Puritanische Siedler errichteten 1635 ein Fort, um die Einfahrt in den Connecticut River zu überwachen: **Old Saybrook**. Bedeutung erlangte der Ort durch Schiffsbau und Seehandel und davon zeugen noch einige Häuser an der Main Street. Das 1767 gebaute **General William Hart House** zeigt innenarchitektonisch reizvolle Details, z. B. die bemalten Ofenkacheln und die Original-Wandvertäfelungen. Sehenswert ist auch der nach alten Plänen angelegte Kräutergarten.
Hart House, *350 Main St., https://saybrookhistory.org/hart-house, Mitte Juni–Ende Aug. Sa/So 13–15 Uhr, $ 5.*

In Old Saybrook stand das erste Gebäude des Yale College, bevor dieses 1716 nach New Haven umzog. Heute ist der Ort an der Mündung des Connecticut River ein beliebter Ferienort mit vielseitigem Sport- und Unterhaltungsangebot.

Seit der Wende zum 20. Jh. ist der jenseits des Flusses gelegene Nachbarort Old Lyme eine vor allem von Künstlern geschätzte Kleinstadt. Das 1817 im schlicht geometrischen *Georgian style* erbaute **Florence Griswold Museum** stellt Werke dieser „Künstlerkolonie" aus, die vor allem impressionistische Gemälde schuf.
Florence Griswold Museum, *96 Lyme St., http://florencegriswoldmuseum.org, April–Okt. Di–So 10–17 Uhr, Nov.–März Di–Sa 10–17, So 13–17 Uhr, $ 10.*

Abstecher zum Gillette Castle

Von Old Lyme bzw. Old Saybrook lässt sich gut ein Abstecher zu einer kuriosen Sight unternehmen. Zunächst geht es jedoch auf der Rte. 9 nach **Essex** (ca. 6 mi/10 km), wo die Möglichkeit besteht, mit einem Dampfzug (s. u.) zu fahren und sich das in einem Lagerhaus aus dem Jahr 1878 untergebrachte **Connecticut River Museum** anzusehen. Höchst informativ erklärt sich anhand von Gemälden, Fotografien und Modellen die ehemalige Bedeutung des Flusses –, der die Verbindung zwischen New York und Hartford herstellte.
Connecticut River Museum, *67 Main St., www.ctrivermuseum.org, Di–So 10–17 Uhr, im Sommer tgl., $ 10.*

Das **Gillette Castle** in East Haddam/Hadlyme (ab Essex Rte. 9 und 154, dann an das Ostufer via Rte. 148 und per Fähre, ca. 8 mi/13 km) ist eine amerikanische Kuriosität:

In einem großen Park am Ostufer des Connecticut River erhebt sich ein Schloss, das auf den ersten Blick an rheinische Burgen erinnert. Der amerikanische Schauspieler William Gillette (1853–1937), der aus Hartford stammte, ließ sich diese Villa mit 42 Zimmern in den Jahren 1914–19 aus Feldsteinen erbauen.
Gillette Castle State Park, *67 River Rd., East Haddam, www.ct.gov/deep/gillettecastle, Park ganzjährig ab 8 Uhr, Haus Ende Mai–Mitte Okt. tgl. 10–17 Uhr, $ 6.*

Zurück nach Old Lyme geht es auf der Rte. 148 und 165 (13 mi/21 km).

Reisepraktische Informationen Old Saybrook und Old Lyme

Information
Old Saybrook: *www.oldsaybrookct.gov/economic-development*
Historische Sehenswürdigkeiten: *https://saybrookhistory.org*
Old Lyme: *https://visitoldlyme.com*

Unterkunft
Deacon Timothy Pratt B&B $$$, *325 Main St., Old Saybrook, ☏ 860-395-1229, https://thedeaconbnb.com; im Zentrum von Saybrook gelegenes Haus von 1746 mit neun Zimmern und Suiten und persönlicher Betreuung; inkl. Frühstück und Afternoon Tea.*
Saybrook Point Inn & Spa $$$$, *2 Bridge St., Old Saybrook, ☏ 860-395-2000, www.saybrook.com; schön gelegenes Resorthotel mit Zimmern, Villen und Guesthouses, meist mit Balkon. Zugehörig sind ein mehrfach ausgezeichnetes Restaurant, Innen- und Außenpool, Sauna, Fitnessraum, Tennisplätze und Marina.*

Touren
In Essex (3 mi/4,8 km nördlich von Old Saybrook) beginnt eine ca. zweistündige Dampfzugfahrt durch das Connecticut-Tal nach Deep River/Chester. Dort kann man an Bord eines alten Flussbootes eine einstündige Fahrt über den Connecticut River machen (Wanderung zum Gillette Castle möglich!). Anschließend geht es mit dem Zug wieder zurück.
Essex Steam Train & Riverboat, *1 Railroad Ave., Essex (Rte. 9/Exit 3); Mai–Okt., Termine: siehe www.essexsteamtrain.com, $ 30*

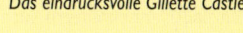
Das eindrucksvolle Gillette Castle

New London und Groton

New London ist bis heute die wichtigste Hafenstadt Connecticuts. Sie wurde seit ihrer Gründung im Jahr 1646 von Seeleuten und Fischern wegen ihrer tiefen Hafen-

Von New York nach Boston

New London Historic Waterfront District

becken geschätzt. Vor allem verdankt die Stadt ihren Reichtum jedoch der großen Walfangflotte, die Mitte des 19. Jh. nur von jener in New Bedford in Massachusetts übertroffen wurde. Noch heute zeugen Herrenhäuser entlang der **Whale Oil Row** (*105–119 Huntington St.*), die nur von außen angeschaut werden können, vom Wohlstand jener, die am Walfang beteiligt waren.

Denkmalgeschütztes Viertel
Im Hafen von New London gibt es neben Fischkuttern, Segeljachten, Kreuzfahrtschiffen und Marinekreuzern auch Fähren. Sie verkehren von hier nach Orient Point auf Long Island (s. S. 228). Schön zum Bummeln ist der **New London Historic Waterfront District** um die State Street und den Waterfront Park. In diesem unter Denkmalschutz stehenden Viertel befinden sich zahlreiche historische Bauten, die heute Läden und Lokale, Cafés und Bars beherbergen.

Zu den historischen Häusern in Downtown gehören das **Joshua Hempsted House** als ältestes, 1678 erbautes Wohnhaus der Stadt, und das **Nathaniel Hempsted House** aus dem Jahr 1759 auf demselben Grundstück. Eine weitere Attraktion ist die 1650 gebaute, 1981 restaurierte Mühle, die **Old Town Mill**, auch bekannt als Winthrop Mill. Diese wasserbetriebene Getreidemühle (*8 Mill St./State Pier*) liegt unter der **Gold Star Memorial Bridge**, auf der man von New London den Weg fortsetzt nach Groton.
Hempsted Houses, *11 Hempstead St., www.ctlandmarks.org/hempsted, Mai–Okt. Sa/So 13–16 Uhr, $ 12.*

Südlich der Innenstadt liegt der **Fort Trumbull State Park**. Diese Befestigungsanlage aus dem Jahre 1852 wurde zum Schutz der Küste und des Thames River errichtet. Eine Ausstellung und ein Rundgang über das Gelände geben Einblick in die Geschichte des Forts und der Stadt.
Fort Trumbull SP, *90 Walbach St., www.ct.gov/deep/forttrumbull, Außengelände tgl. bis zur Dämmerung geöffnet, Fort und VC Mai–Okt. Mi–So 9–17 Uhr, $ 6.*

Route 1: entlang der Atlantikküste von New Haven nach Mystic

In dem weiter südlich gelegenen **Monte Cristo Cottage** (um 1840) verbrachte Eugene O'Neill während seiner Kindheit die Sommermonate. Das als **Eugene O'Neill Summer House** bekannte Gebäude gehörte seinem Vater, dem Schauspieler James O'Neill (1847–1920). Eugene O'Neills Leben wird in dem Haus mittels Bücher, Fotos und anderer Relikte illustriert. Das Haus gehört zu dem Gesamtkomplex **Eugene O'Neill Theater Center** *(305 Great Neck Rd., 3 mi/5 km südlich in Waterford, www. theoneill.org).* Vor allem in den Sommermonaten gibt es zahlreiche Aufführungen – Stücke des Autors, aber auch Musicals, Puppentheater und Kabarett.
Monte Cristo Cottage, *325 Pequot Ave., www.theoneill.org/mcc, Ende Mai–Aug. Mi–So 11–16 Uhr, $ 10, auch Theateraufführung „Long Day's Journey Into Night".*

Eugene O'Neill

info

Eugene O'Neill wurde 1888 in New York geboren. Nach seinem Studium in Princeton schlug er eine Karriere als Kaufmann ein und arbeitete dann als Goldgräber, Matrose, Journalist und Schauspieler. 1913 wurde er literarisch tätig und schloss sich bald der Künstlerkolonie in Provincetown/Cape Cod an.

Für die „Provincetown Players" schrieb er Einakter wie *Unter dem karibischen Mond*. Seine nachfolgenden Dramen brachten ihm internationale Anerkennung, er wurde Direktor der „Provincetown Players" und gründete die „Theatre Guild", die seine späteren Stücke aufführte. Einige seiner Dramen tragen autobiografische Züge und so wird am Originalschauplatz, im Monte Cristo Cottage (s. o.), beispielsweise das Stück *Eines langen Tages Reise in die Nacht* aufgeführt.

Höhepunkt seines künstlerischen Schaffens ist die Trilogie *Trauer muss Elektra tragen*, eine Übertragung des griechischen Schicksalsdramas in die Gegenwart. Nach dem Pulitzer-Preis erhielt O'Neill 1936 auch den Nobelpreis für Literatur. Er starb 1953 in Boston.

Die meistbesuchte Sehenswürdigkeit von New London ist die **US Coast Guard Academy**, eine der fünf militärischen Akademien der USA, 1876 gegründet. Die anderen Abteilungen sind die US Air Force Academy (Colorado Springs/CO), US Military Academy (West Point/NY), US Naval Academy (Annapolis/MD) und die US Merchant Marine Academy (Kings Point/NY). Gut tausend Kadetten werden hier am Westufer des Thames River ausgebildet. Man kann den Campus besichtigen und erhält Informationen zur Einheit, die eigentliche Attraktion wird jedoch das neue **National Coast Guard Museum** werden, das sich derzeit noch im Planungsstadium befindet.

Militärische Akademie

Schräg gegenüber der Akademie liegt der Eingang zum **Lyman Allyn Art Museum**. Schwerpunkte der Dauerausstellung sind amerikanische Malerei von der Kolonialzeit bis ins 20. Jh. sowie der Glaskünstler Louis Comfort Tiffany, der in Connecticut Familie hatte und die Region oft besuchte.
US Coast Guard Academy, *31 Mohegan Ave., 1 mi/1,6 km nördlich I-95/Exit 83, Touren: www.uscga.edu, neues Museum: www.coastguardmuseum.org.*
Lyman Allyn Art Museum, *625 Williams St., www.lymanallyn.org, Di–Sa 10–17, So 13–17 Uhr, $ 12.*

Von New York nach Boston

U-Boot-Basis **Groton** liegt gegenüber von New London am Ostufer des Thames River und ist Heimatort einer U-Boot-Basis der Navy. Schiffsbau und Marine haben in Groton lange Tradition: Schon 1912 wurde hier in einer privaten Werft das erste dieselbetriebene U-Boot gebaut. 1955 sorgte das erste nukleargetriebene U-Boot, die „USS Nautilus", für Aufsehen. Das modern gestaltete **U.S. Submarine Force Museum** liegt nördlich der Innenstadt am Thames River, wo die **USS Nautilus** vom Stapel lief. In einer großen Ausstellungshalle geht es um die Geschichte der Navy und das U-Boot kann besichtigt werden.

Submarine Force Museum/Nautilus, *1 Crystal Lake Rd., Groton, www.ussnautilus.org, Mai–Sept. tgl. außer Di 9–17, im Winter nur bis 16 Uhr, frei.*

Reisepraktische Informationen New London und Groton

Information
New London: www.ctvisit.com/listings/city-new-london
Groton: http://cityofgroton.com, www.ctvisit.com/listings/city-groton

Unterkunft
Thames Inn & Marina $$, *193 Thames St., Groton, ☎ 860-445-8111, http://thamesinn.net; günstiges Motel, neu renoviert, mit 32 Zimmern.*
Holiday Inn New London North $$$, *35 Governor Winthrop Blvd., New London, ☎ 860-443-7000; www.ihg.com/holidayinn; zentral gelegenes Hotel am Hafen mit 120 geräumigen Zimmern, Restaurant und Pool.*

Restaurants
Entlang New Londons State Street (www.newlondonmainstreet.org), an der Waterfront, gibt es ein breites Spektrum an Lokalen und Läden sowie Unterhaltung.
Captain Scott's Lobster Dock, *80 Hamilton St., New London, www.captscottsnl.com; bekanntes Lokal im Freien (nur im Sommer geöffnet!) mit Blick auf Stadt und Hafen. Bekannt für frischesten Fisch und Meeresfrüchte.*

Fähren & Touren
Cross Sound Ferry Services, *2 Ferry St., New London, ☎ 860-443-5281, www.longislandferry.com. Verbindungen u. a. ganzjährig nach Orient Point/NY (Long Island) und Mitte Juni–Mitte Sept. nach Block Island/RI.*
Project Oceanology, *1084 Shennecossett Rd., University of Connecticut Avery Point Campus, www.oceanology.org, Juli–Aug.* **Oceanographic Cruises**, *Schifffahrten mit der „Enviro-Lab" unter sachkundiger Leitung.*

Mystic

Mystic war vom 17. bis zum 19. Jh. eine bedeutende Schiffsbauer-, Walfänger- und Hafenstadt. Besonders der Schiffsbau hat Tradition: Nach den Goldfunden 1849 in Kalifornien erlebte dieser Industriezweig eine Blüte und die Bootsbauer wetteiferten darum, wer den schnellsten Segler bauen könne. Der 1860 in Mystic zu Wasser gelassene

Route 1: entlang der Atlantikküste von New Haven nach Mystic

Abendstimmung am Mystic Seaport

Schnellsegler „Andrew Jackson" legte die Strecke um das Kap Horn nach San Francisco in der damaligen Weltrekordzeit von 89 Tagen und vier Stunden zurück.

An jene Blütezeiten erinnert die Hauptattraktion der Stadt: **Mystic Seaport**. Es handelt sich um die exakte Nachbildung einer Hafenstadt aus der großen Zeit der Segelschifffahrt im 19. Jh. Auf einem Gelände von rund sieben Hektar wurden seit 1929 über 60 Gebäude errichtet, ein Hafen angelegt und eine alte Schiffswerft wiederbelebt. Highlight unter den vor Anker liegenden Segelschiffen ist die **Charles W. Morgan**, ein Original aus dem Jahr 1841 und damit das letzte erhaltene Schiff der amerikanischen Walfänger-Flotte des 19. Jh.

Hafenstadt des 19. Jh.

In den Häusern der nachgebauten Hafenstadt befinden sich Läden und Werkstätten, und in einigen führen Handwerker vor, wie man im 18. und 19. Jh. Boote gebaut, Galionsfiguren geschnitzt oder Möbel geschreinert hat. Zudem gibt es Ausstellungen zu wechselnden maritimen Themen.
Mystic Seaport, *75 Greenmanville Ave., I-95/Exit 90, www.mysticseaport.org, HS tgl. 9–17, im Winter Do–So 10–16 Uhr, $ 29, mit Restaurant und Shop.*

Auch die zweite Attraktion der Stadt hat mit dem Meer zu tun: das **Mystic Aquarium**. Becken und Freigehege erlauben das „Abtauchen" in die Unterwasserwelt des Atlantiks. Sehenswert ist z. B. die arktische Abteilung mit den Beluga-Walen; zudem ist man aktiv an Forschungs- und Rettungsprogrammen beteiligt.
Mystic Aquarium, *55 Coogan Blvd., I-95/Exit 90, www.mysticaquarium.org, HS tgl. 9–18 Uhr, sonst 10–17 Uhr, $ 37 (3 Tage gültig), Kombiticket mit 4D-Theater $ 43, Kombiticket mit Mystic Seaport $ 59.*

Reisepraktische Informationen Mystic

ℹ Information
Mystic & Shoreline Visitor Information Center, im Olde Mistick Village, 27 Coogan Blvd., www.ctvisit.com/mystic bzw. http://mysticinfocenter.com, Mo–Sa 10–17, So 11–16 Uhr.
Welcome Center Greater Mystic Visitors Bureau, 62 Greenmanville Ave., ① 860-572-9578, www.mysticchamber.org, https://thisismystic.com, Mo–Fr 9–17 Uhr.

Unterkunft
The Whaler's Inn $$$, 20 E Main St., ① 860-536-1506, www.whalersinnmystic.com; Boutique-Hotel in fünf historischen Gebäuden im Stadtzentrum. Elegante Zimmer und Suiten sowie Restaurant.
Inn At Mystic $$$–$$$$, 3 Williams Ave., ① 860-536-9604, www.innatmystic.com; elegantes Inn mit stilvoll eingerichteten Zimmern in verschiedenen Gebäuden. In Strandnähe und mit schönem Blick auf Hafen und Long Island Sound. Frühstück und Nachmittagstee inklusive, Tennis und Wassersportangebot, mit Restaurant.
Steamboat Inn $$$–$$$$, 75 Steamboat Wharf, ① 860-536-8300, www.steamboatinnmystic.com; am Mystic River gelegenes kleines Inn mit luxuriös ausgestatteten Zimmern, einige mit Jacuzzi und Kamin. Direkt am Hafen von Mystic im Historic District; Frühstück inklusive.

Restaurants
Captain Daniel Packer Inne, 32 Water St., ① 860-536-3555, http://danielpacker.com; in einem historischen Haus aus dem Jahr 1754 befindet sich dieses Fine-Dining-Lokal mit viel Seafood auf der Karte. Wartezeiten kann man gut an der Bar überbrücken.
Rocks 21 Restaurant & Bar, 3 Williams Ave., Inn at Mystic (s. o.), ① 860-536-8140, https://rocks21.com; mit Blick auf den Mystic River kann man hier den Nachmittagstee oder am Abend Spezialitäten wie „New England Clam Chowder", aber auch Pizza, Salat oder Steak genießen. Auch zum Frühstück geöffnet!

Einkaufen
Olde Mistick Village, 27 Coogan Blvd., www.oldemistickvillage.com; ein im Kolonialstil des frühen 18. Jh. nachgebautes Dorf, historisch interessant und mit über 60 Geschäften, Boutiquen, Kunstgewerbeläden, Souvenirshops und Restaurants, auch sonst lohnend.

Touren
Argia Mystic Cruises, Schooner Wharf, 12 Steamboat Wharf, www.argiamystic.com; auf einem alten Segelschiff werden von Mai–Okt. tgl. zwei- bis dreistündige Fahrten angeboten, $ 52 (Sunset Sail $ 55).

Route 2:
von New Haven über Hartford nach Mystic

Eine Alternativroute zur Fahrt auf I-95 oder Hwy. 1 von New Haven nach Mystic geht durch das Landesinnere über Hartford und Norwich. Die Hauptstadt Hartford ist unbedingt einen Besuch wert: Hier lebte Mark Twain. Auf der Weiterfahrt Richtung

Route 2: von New Haven über Hartford nach Mystic

Mystic sollte man in Foxwood stoppen, um dort das Mashantucket Pequot Museum zu besichtigen.

> **Hinweis zur Route**
>
> Von **New Haven** geht es auf der Autobahn I-91 direkt nach **Hartford**, idyllischer und ruhiger ist jedoch die Fahrt auf dem US Hwy. 5 (ca. 40 mi/65 km). Von Hartford geht es dann weiter auf der CT Rte. 2 nach **Norwich** (40 mi/65 km) und **Foxwood** (8 mi/13 km). Von dort ist es ein Katzensprung nach **Mystic** (10 mi/16 km, CT Rte. 214 und 27).

Von New Haven nach Hartford

Am Connecticut River, auf halber Strecke zwischen New Haven und Hartford, liegt **Middletown** (www.cityofmiddletown.com), Sitz der **Wesleyan University** (www.wesleyan.edu). Diese Hochschule mit rund 3.000 Studenten wurde 1831 von dem Gründer der Methodistenkirche, John Wesley, ins Leben gerufen und ist bekannt für ihre liberale Geisteshaltung. Vor allem aber tat sich die Uni dadurch hervor, dass sie bereits 1872 Frauen aufnahm und 1911 das „Connecticut College for Women" ins Leben rlef. Auf dem Campus dominieren herrschaftliche Bauten aus dem frühen 19. Jh., ein Rundgang lohnt. Danach lädt der **Harbor Park**, nordöstlich der Uni, zum Bummel am Fluss oder zum Päuschen ein. Hier legen Boote zu Fahrten auf dem Connecticut River ab (www.ctrivercruise.com).

Liberale Universität

New Britain kann auf eine lange Tradition der Eisenwarenherstellung und Metallverarbeitung zurückblicken. Mehr darüber erfährt man im **New Britain Industrial Museum**. Das **New Britain Museum of American Art** beherbergt hingegen einen lehrreichen Querschnitt amerikanischer Kunst. Von Porträts der Kolonialzeit über Stillleben des 19. Jh. und Impressionisten bis hin zu Kunst des 20. und 21. Jh. wird viel geboten. Das fünfteilige Wandbild von Thomas Hart Benton, *The Arts of Life in America* (1932), sollte man nicht auslassen.
New Britain Industrial Museum, *59 W Main St., https://nbindustrial.org, Mi 12–16, Do/Fr 14–16, Sa 10–16 Uhr, $ 5 (Sa 10–12, frei).*
New Britain Museum of American Art, *56 Lexington St., www.nbmaa.org, Mo/Di/Mi/Fr/So 11–17, Do 11–20, Sa 10–17 Uhr, $ 15, Café und Shop.*

Berühmtes Wandbild

Seit 1790 ist **Bristol** (https://bristolallheart.com) dank Gideon Roberts (1749–1813), der hier erste Uhrwerke herstellte, als „Uhrenstadt" bekannt. Sehenswert ist das **American Clock and Watch Museum** in einem historischen Gebäude von 1801. Die umfangreiche Ausstellung zeigt mehr als 5.000 Uhren verschiedenster Modelle und gibt damit einen guten Überblick über die Herstellung der Zeitmesser in Vergangenheit und Gegenwart. Interessant ist auch der Garten mit verschiedenen Sonnenuhren.
American Clock and Watch Museum, *100 Maple St., www.clockandwatchmuseum.org, April–Nov. tgl. 10–17 Uhr, sonst nur Fr–So, $ 6.*

„Uhrenstadt"

Etwa eine Meile südlich liegt das **New England Carousel Museum**, ein weiteres ungewöhnliches Museum, diesmal mit historischen Karussells und -figuren. Dazu gehört

das im Freien befindliche Bushnell Park Carousel von 1914 (Fr/Sa 11–17 Uhr, $ 2) sowie das **Museum of Fire History**.
New England Carousel Museum, 95 Riverside Ave., www.thecarouselmuseum.org, Museum im Sommer Mi–Sa 10–17, So 12–17 Uhr, $ 8, Karussellfahrten kosten extra.

Fahrt mit der Museumsbahn

Etwa 8 mi/13 km westlich von Bristol ist der Bahnhof von **Thomaston** Ausgangspunkt für Fahrten mit der Museumsbahn **Naugatuck Railroad**. Die Route führt durch den **Black Rock State Park** nach **Waterville**. Besonders lohnend ist die Tour im Herbst während der Laubfärbung. Als Besonderheit werden Weinproben an Bord des Zuges angeboten. Der Bahnhof von Thomaston beherbergt zugleich ein Eisenbahnmuseum.
Railroad Museum of New England, 242 E Main St., Thomaston, Details zu Fahrten und Terminen s. www.rmne.org, Tickets ab $ 15.

Das nahe gelegene **Farmington** hat wiederum einige sehenswerte historische Gebäude zu bieten: Das **Stanley-Whitman-House** beispielsweise stammt von 1720, Kräuter- und Blumengarten sind im Stil des 17. und 18. Jh. angelegt. Das **Hill-Stead Museum** zeigt eine Sammlung französischer und amerikanischer Impressionisten. Es befindet sich in der 1898–1901 im Colonial-Revival-Stil erbauten Villa des Industriellen Alfred A. Pope (1842–1913).
Stanley-Whitman-House, 37 High St., www.stanleywhitman.org, Di–So 12–16 Uhr, $ 7.
Hill-Stead Museum, 35 Mountain Rd., www.hillstead.org, Di–So 10–16 Uhr, $ 20.

Wethersfield (6 mi/10 km südlich) ist mit Hartford eine der beiden ältesten Siedlungen in Connecticut – gegründet 1634. Mehr als 100 Gebäude, die vor 1840 errichtet wurden, bilden diesen großen historischen Bezirk. Die Häuser, von denen das Buttolph-Williams House (1692) und das Webb Deane Stevens Museum (1752) besonders sehenswert sind, zeugen zugleich vom einstigen Wohlstand des Ortes.

Dino-Fußstapfen

Ein Abstecher von ca. 3 mi/5 km nach Süden bringt Dinosaurier-Fans nach **Rocky Hill**, zum **Dinosaur State Park**. Ein Viertel der insgesamt 2.000 zwischen 25 und 40 cm großen Fußabdrücke von Dinosauriern, die vor etwa 200 Mio. Jahren hier lebten, kann man u. a. studieren, oder das Modell eines prähistorischen Tieres in Originalgröße betrachten.
Dinosaur SP, 400 West St., www.dinosaurstatepark.org, Gelände tgl. 9–16.30, Ausstellung Di–So 9–16.30 Uhr, $ 6.

Ökosystem studieren

Glastonbury ist seit 1693 eine selbstständige Ortschaft. Seit Mitte des 17. Jh. ist sie durch eine (Fußgänger-)Fähre mit Rocky Hill auf der anderen Seite des Connecticut River verbunden. Sie gilt als die älteste kontinuierlich betriebene Fähre in den USA. Mit dem Auto dauert die Fahrt wegen des nötigen Umwegs nach Norden viel länger. In Glastonbury liegt das **Connecticut Audubon Center** mit großem Freiluftgelände am Connecticut River. Vielerlei Infos zur Natur und den einheimischen Tieren, insbesondere Vögeln, sowie zu Veranstaltungen bietet hier die Non-Profit-Umweltschutzorganisation Audubon Society.
Connecticut Audubon Center, 1361 Main St., www.ctaudubon.org/glastonbury-home, Mo–Do 10–16.30, Fr/Sa 10–15 Uhr, Programme & Touren.

Hartford, Connecticuts Hauptstadt

Die Hauptstadt des Staates Connecticut entwickelte sich aus einer **holländischen Poststation**, die 1633 eingerichtet worden war. Nur zwei Jahre später ließen sich ringsrum angelsächsische Siedler nieder. Einer von ihnen war ein gewisser Samuel Stone, der aus Hartford in England stammte und den neuen Ort nach seiner Heimat benannte.

Wegen der Lage am schiffbaren Connecticut River spielte die Stadt stets eine wichtige Rolle bei der politischen, wirtschaftlichen und sozialen Entwicklung der Region. 1662 vereinte eine königliche Charta die Kolonien Hartford und New Haven und garantierte ihnen Unabhängigkeit. Sir Edmund Andros, 1687 als neuer Gouverneur eingesetzt, ließ diese Charta widerrufen, doch ein gewisser John Wadsworth aus Hartford raubte das Dokument und versteckte es im Stamm einer Eiche. Nach der Thronbesteigung Williams III. erlangte die zurückgeholte Urkunde erneut Gültigkeit. Die Eiche, die zum Staatsbaum von Connecticut, zur **„Charter Oak"** wurde, fiel 1855 einem Sturm zum Opfer. Die Charta befindet sich heute im Historischen Museum der Stadt.

Eiche als Versteck

Bekanntheit erlangte die Stadt auch durch Samuel Colt (1814–1862), der den „Colt 45" erfand (s. S. 219). Diese Handfeuerwaffe wurde bekannt als „The Gun That Won the West". Ebenfalls in Hartford geboren wurde 1758 der Lexikograf und Grammatiker Noah Webster, der 1828 das berühmte „American Dictionary of the English Language" herausgab, das seither, ähnlich wie der „Duden", laufend neu bearbeitet wird. 1764

Hartfords Kinder

Das State Capitol in Hartford

erschien zum ersten Mal die lokale Zeitung, der **„Hartford Courant"**, die noch heute existiert. Gegen Ende des 19. Jh. zählte Hartford zu den wohlhabendsten Städten der USA und war zugleich Heimat vieler Schriftsteller und Künstler, unter ihnen **Mark Twain** und **Harriet Beecher Stowe**.

Imposante Skyline Hartford präsentiert sich heute modern und geschäftig mit imposanter Skyline. Als **Versicherungshauptstadt der USA** unterhalten etliche große Firmen hier ihren Hauptsitz. Das Versicherungsgeschäft hier hat Tradition: Die erste Police wurde im 18. Jh. für ein Handelsschiff ausgestellt. Infolge konzentrierte man sich vor allem auf den Seehandel. Seit dem Großbrand 1835 in New York („Great Fire of New York") und weiteren in Boston und Chicago sowie dem Erdbeben 1906 in San Francisco wurden verstärkt die Belange Feuer und Unfall abgesichert.

Einen kurzen Rundgang (Parken an Parkuhren möglich) beginnt man am besten am **Old State House (7)**, zumal sich hier auch die Informationsstelle (s. u.) der Stadt befindet. Das Old State House von 1796 gilt als ältestes Parlamentsgebäude der USA und war der erste öffentliche Auftrag, den Architekt Charles Bulfinch (1763–1844), der u. a. das Capitol in Washington erbaute, übernahm.
Connecticut's Old State House, *800 Main St., www.ctosh.org, HS Di–Sa 10–17, NS Mo–Fr 10–17 Uhr, $ 6 (Touren).*

Ältestes Museum der USA Kunstgenuss erster Güte bietet das südlich gelegene **Wadsworth Atheneum (3)**. Der Hauptbau entstand im *Gothic Revival style* und beherbergt das älteste kontinuierlich betriebene öffentliche Kunstmuseum der USA. 1842 als Bibliothek und Galerie errichtet, finden sich heute, auf fünf Gebäude verteilt, hochkarätige Beispiele europäischer Kunst. Außerdem gibt es eine breite Palette an amerikanischer Malerei. Besonders sehenswert ist die Abteilung moderner Kunst in einem Bau von 1934, der ein frühes Beispiel des *Internationalen Stils* in den USA darstellt.
Wadsworth Atheneum, *600 Main St., www.thewadsworth.org, Mi–Fr 11–17, Sa/So 10–17 Uhr, $ 15.*

Schräg gegenüber dem Museum liegt die **Center Church** (First Church of Christ) mit dem **Ancient Burial Ground (4)**, auf dem viele wichtige Persönlichkeiten der Stadt ihre letzte Ruhe fanden. Gegenüber befindet sich auch der **Travelers Tower (6)** *(Main/Prospect St.)*. Mit Aufzügen und über 70 Stufen erreicht man die Aussichtsplattform dieses historischen Versicherungsgebäudes von 1919. Aus 160 m Höhe eröffnet
Luftige Höhe sich ein weiter Blick über die Stadt Hartford und das Tal des Connecticut River *(Mai–Okt. wochentags, frei)*.

Westlich der Main St. erstreckt sich der **Bushnell Park (5)** *(www.bushnellpark.org)*, der vom **Connecticut State Capitol (1)**, 1879 im gotisierenden Stil erbaut, dominiert wird. Dahinter lohnt die **State Library** *(231 Capitol Ave.)* einen Besuch, da sie das **Museum of Connecticut History (2)** beherbergt. Wertvollstes Stück hier ist das Original der Charta von 1662.
Connecticut State Capitol, *Capitol Ave./Trinity St., https://wp.cga.ct.gov/CapitolTours, Touren stdl. Mo–Fr 9.15–13.15, sowie 14.15 Uhr im Juli/Aug., frei.*
Museum of Connecticut History, *231 Capitol Ave., https://museumofcthistory.org, Mo–Fr 9–16, Sa 10–14 Uhr, frei.*

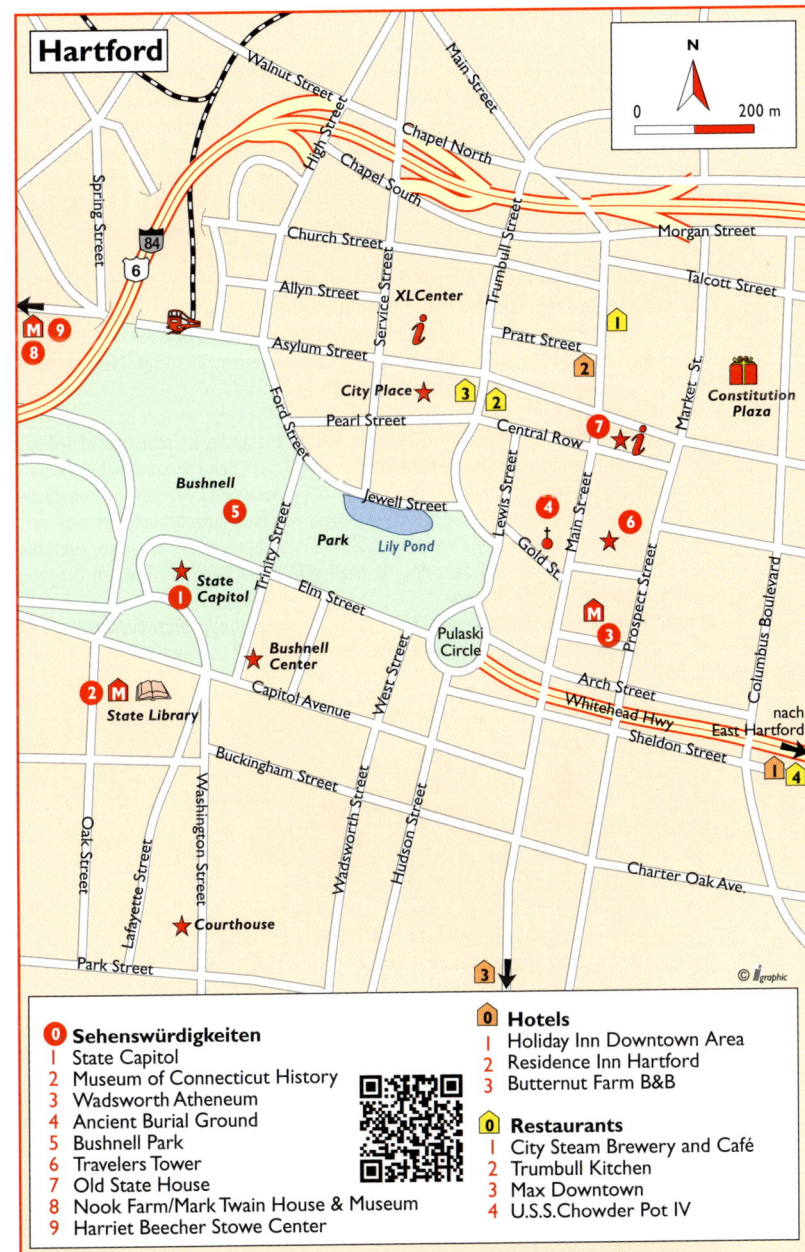

Um das ehemalige Wohnhaus von Mark Twain (1835–1910), dem berühmtesten Einwohner der Stadt, zu besichtigen, muss man ins Auto steigen. Das **Mark Twain House & Museum (8)** liegt im Stadtteil **Nook Farm**, rund 3,5 km westlich Downtown. Das VC mit Theatersaal, Ausstellungsräumen (auch Wechselausstellungen) und Shop informiert über Haus und Erbauer, ehe man sich einer Haustour anschließt. Der ehemalige Besitzer der Nook Farm hatte sein Land in einzelne Parzellen aufgeteilt und verkauft. Dass ausgerechnet hier ein intellektuelles Zentrum entstand, lag vor allem an der Rolle der Stadt als Verlagsmetropole in den 1860er- bis 1890er-Jahren. Damals hatten sich zahlreiche Autoren, Verleger und Schauspieler hier niedergelassen.

Intellektuelles Zentrum

Mark Twains Haus wurde ab 1874 im viktorianischen Stil erbaut. Manche sagen, es erinnere an einen Mississippidampfer, in Wirklichkeit aber war es das ungewöhnliche Haus eines ungewöhnlichen Mannes. Dessen einzige Vorgabe an den Architekten war: „Bau ein rotes Haus!", und so entstand eine kuriose, etwas kitschige Mischung aus Steamboat, mittelalterlichem Schloss und Kuckucksuhr.

Für die Innenausstattung war Louis Comfort Tiffany zuständig. Er arbeitete allerdings nicht mit Glas, sondern schuf vielmehr kostbare Holzvertäfelungen und Schnitzarbeiten. Twains Ideen und Vorstellungen von einem angemessenen Lebensstil waren ebenso grandios wie kostenaufwendig. Sein Vermögen war bald aufgebraucht, er war verschuldet und musste das Haus verkaufen. Zum Glück blieb vieles erhalten, auch die Bibliothek mit etwa 250 Bänden, die, da prall gefüllt mit handschriftlichen Notizen Twains, besonders wertvoll sind.

Mark Twain House & Museum, *351 Farmington Ave., https://marktwainhouse.org, tgl. 9.30–17.30 Uhr (letzte Tour 16.15 Uhr), Haus-Touren $ 20, mit Laden und Café.*

Hauptsache rot: das nicht ganz alltägliche Wohnhaus Mark Twains in Hartford

Route 2: von New Haven über Hartford nach Mystic

Mark Twain – Humorist, Gesellschaftskritiker und Volksschriftsteller

Tom Sawyer und *Huckleberry Finn* kennt jedes Kind. Wer weiß aber schon, dass hinter dem Künstlernamen Mark Twain eigentlich Samuel Langhorne Clemens steckte? Man kennt ihn von Fotos als gutmütig blickenden, älteren Herrn im zumeist weißen Leinenanzug, mit wirrer weißer Haarmähne und Schnurrbart.

Mark Twain – diesen Spitznamen hatte er während seiner Ausbildung zum Mississippi-Lotsen nach einer Maßbezeichnung beim Loten der Flusstiefe erhalten. Geboren am 30.11.1835 in Florida, Missouri, kam er in jungen Jahren nach Hannibal, Mississippi, und absolvierte dort eine Ausbildung zum Drucker. Schon als Jugendlicher verfasste er unter dem Pseudonym „W. Epaminondas Adrastus Blab" politische Satiren für die Lokalzeitung. Seine Ausbildung zum **Mississippi-Lotsen** von 1857 bis 1859 war ein wichtiger Lebensabschnitt und seine Erfahrungen hielt er in dem lesenswerten Bericht *Leben auf dem Mississippi* (1883) fest.

Twain hielt es nie lange an einem Ort oder in einer Stellung aus. So zog er 1861 nach Nevada (Virginia City), wo er zunächst dem Traum von Gold und Geld anhing. Seine **Zeit unter Gold- und Silbersuchern** schilderte er in der Erzählung *Roughing It* von 1872 (Titel der deutschen Übersetzung: *Durch Dick und Dünn*). Die Suche nach dem Edelmetall war jedoch ebenso wenig erfolgreich wie seine Versuche als Immobilienspekulant und Erfinder.

Pro memoria: Mark Twain

Reporter war die nächste Berufsbezeichnung. In Virginia City und anschließend in San Francisco schrieb er teils groteske, teils mythische Wildwest-Erzählungen, Reiseberichte – u. a. aus Hawaii – und politische Satiren, ohne zunächst groß beachtet zu werden. Erst 1865 verhalf ihm **„Der berühmte Springfrosch von Calaveras"** zu überregionalem Ansehen. Von da an wurde sein volkstümlicher Erzählstil von den Renner. Einer ersten Einladung nach Europa folgte er 1867, ging fortan häufig auf **Vortragsreisen** und hielt die im Ausland gewonnenen Eindrücke und Erlebnisse in **humoristischen Reisebüchern** mit sozialkritischem Unterton fest, zum Beispiel in *The Innocents Abroad* (1869) oder *A Tramp Abroad* (1880).

Die Heirat mit **Olivia Langdon** 1870 brachte eine Wende. Seine Frau sorgte fortan für Ordnung, lektorierte seine Schriften und kultivierte seine „Vulgärsprache". Und sie hatte Geld. Mit dem Umzug zog nach Hartfort ein Jahr nach der Hochzeit begannen die eigentlich **goldenen Jahre** des Autors. Die (Jugend-)Romane *Die Abenteuer von Tom Sawyer* (1876) und die *Die Abenteuer von Huckleberry Finn* von 1884 verhalfen ihm zu ungeahnter **Popularität**. Aufgrund der scharfen Gesellschaftssatire und der gelungenen Charakterdarstellungen, vor allem des dunkelhäutigen Jim, gilt „Huck Finn" als das **literarische Meisterwerk** Twains.

In den 1880er-Jahren konzentrierte sich der Autor auf **historische Romane**. Sein wohl berühmtestes Buch aus dieser Zeit ist *Ein Yankee aus Connecticut an König Arthurs Hof* (1889). In *Wilson, der Spinner* (*Puddn'head Wilson*, 1894) prangerte er die Sklavenhaltung an.

1895 zwang seine hohe Verschuldung durch **Fehlinvestitionen** – wie in die Paige-Schriftsetzmaschine oder der Gründung eines Verlags – den inzwischen 60-jährigen Twain zu einer 13-monatigen **Vortragsreise** durch Neuseeland, Aus-

Von New York nach Boston

info

tralien, Indien und Südafrika. Während dieser wurde er frenetisch gefeiert. Diese Erlebnisse hielt er im Reisetagebuch *Dem Äquator nach* (1897) fest.

Die letzten zehn Jahre seines Lebens waren trotz der Verleihung von gleich drei Ehrendoktortiteln seine schwersten: Erst starb seine 14-jährige Tochter, ein Jahr später, 1904, seine Frau. Kurz vor seinem eigenen Tod verschied auch noch seine zweite Tochter Jean. Twain starb als verbitterter, resignierter Einzelgänger und Pessimist am 21. April 1910. Mit ihm trat eine Legende ab, die weit mehr war als nur Humorist oder Kinderbuchautor.

> **Lesetipp**
> Im Aufbau-Verlag ist die lesenswerte Autobiografie Mark Twains, die erst 100 Jahre nach seinem Tode veröffentlicht werden durfte, in mehreren Bänden erschienen. Details s. Literaturliste im Anhang sowie www.aufbau-verlag.de.

Neben dem Haus von Mark Twain liegen das **Harriet Beecher Stowe Center (9)** und das Wohnhaus *(71 Forest St.)* von Harriet Beecher Stowe (1811–1896), Autorin des weltberühmten Romans **Onkel Toms Hütte**. Beecher Stowe stammte aus einer sehr religiösen Familie: Ihr Vater, Lyman Beecher, war als Prediger schon zu Lebzeiten legendär und ihr Ehemann Calvin Stowe (1802–1886) war ebenfalls Priester.

Literarischer Angriff gegen die Sklaverei

1857 veröffentlichte sie in einer Zeitung die Fortsetzungsgeschichte *Onkel Toms Hütte* (*Uncle Tom's Cabin or Life among the lowly*), die schon im folgenden Jahr als Buch erschien. Der Roman ist ein scharfer Angriff gegen die Sklaverei und sorgte im amerikanischen Bürgerkrieg (1861–65) für viel Aufsehen. Er wurde weltbekannt und in 37 Sprachen übersetzt. Auch in ihren weiteren Schriften setzte Beecher Stowe sich immer wieder für die Befreiung der Sklaven und für die Emanzipation der Frauen ein.

Ein Rundgang durch ihr Haus zeigt den Haushalt einer Priesterfamilie, die zu Geld gekommen war. Ab den 1860ern verdiente Harriet dank ihrer 31 Bücher recht gut und besaß zusätzlich ein Ferienhaus in Florida. Im benachbarten **Day House**, 1884 im *Queen Anne style* erbaut, befindet sich eine Ausstellung zu Werk und Leben der Autorin. **Harriet Beecher Stowe Center**, *77 Forest St., www.harrietbeecherstowecenter.org, Touren Mo–Sa 9.30–17, So 12–17 Uhr (letzte 16.30 Uhr), $ 16.*

Ausflug nach Litchfield

Von Hartford aus bietet sich ein Ausflug in den Nordwesten Connecticuts an. Auf der Fahrt nach **Litchfield** lernt man den Charme der neuenglischen Dörfer kennen, die mit gepflegten *commons* (Plätzen), alten Häusern und den für Neuengland typischen weißen Kirchtürmen in sanftes Hügelland eingebettet sind. In Litchfield, einem 1719 gegründeten Ort mit vielen Häusern aus der Kolonialzeit, wurde Freiheitskämpfer **Ethan Allen** geboren (s. S. 438) und **Harriet Beecher Stowe**, die Verfasserin von *Onkel Toms Hütte*, verbrachte hier ihre Kindheit (s. S. 238).

Unverkennbar Neuengland

Heute ist Litchfield ein beliebter Ausflugsort mit breitem Angebot an Boutiquen, Antiquitätengeschäften, Galerien und Restaurants. Die Ortsmitte mit der weißen **Con-**

Route 2: von New Haven über Hartford nach Mystic

gregational Church auf dem weitläufigen Rasen und den alten Bäumen ist ein beliebtes Fotomotiv. Die **Litchfield Historical Society** informiert im History Museum und im Tapping Reeve House über die Geschichte der Stadt und der Region vom 18. Jh. bis zur Gegenwart.
Litchfield Historical Society Museum, 7 South St., www.litchfieldhistoricalsociety. org, Mitte April–Nov. Di–Sa 11–17, So 13–17 Uhr, frei.

Reisepraktische Informationen Hartford

Information
Hartford Visitor Information Center: Old State House, 800 Main St., http://hartford.com, Mo–Sa 10–17, So 12–17 Uhr.
Litchfield Hills/NW Connecticut: www.litchfieldhills.com

Unterkunft
Holiday Inn Downtown Area $$–$$$ **(1)**, 100 E River Dr., ☎ 860-528-9703, www.ihg.com; modernes, achtstöckiges Hotel mit 215 gut ausgestatteten Zimmern in Innenstadt-Nähe.
The Litchfield Inn $$$, 432 Bantam Rd. (Rt. 202), Litchfield, ☎ 860-567-4503, www.litchfieldinnct.com; kleines Inn mit 32 unterschiedlich eingerichteten Zimmern und gutem Restaurant „**Tavern Off the Green**".
Residence Inn Hartford $$$ **(2)**, 942 Main St., ☎ 860-524-5550, www.marriott.de/hotels/travel/bdlri-residence-inn-hartford-downtown; Hotel im Zentrum der Stadt in einem historischen Gebäude aus den 1870er-Jahren mit gut ausgetatteten Studios und Suiten.
Inn at Middletown $$$–$$$$, 70 Main St., Middletown (ca. 27 km südl. Hartford, Hwy. 9), ☎ 860-854-6300, www.innatmiddletown.com; schönes historisches Boutique-Hotel mit gemütlichen, modern ausgestatteten Zimmern und eigenem Restaurant.
Butternut Farm B&B $$$$ **(3)**, 1654 Main St., Glastonbury, ☎ 860-633-7197, www.butternutfarmbandb.com; das 1720 gebaute und mit Antiquitäten ausgestattete Haus mit fünf Zimmern liegt im Vorort Glastonbury. Gute Betreuung durch den Besitzer, ausgezeichnetes Frühstück und erholsamer Garten.

Restaurants
Trumbull Kitchen (2), 150 Trumbull St., ☎ 860-493-7412, www.maxrestaurantgroup.com/trumbull; außer So (nur abends) auch zum Lunch geöffnetes Restaurant mit kreativer Speisekarte.
Max Downtown (3), 185 Asylum St., ☎ 860-522-2530, https://maxdowntown.com; gegenüber dem Civic Center gelegenes Lokal mit innovativer amerikanischer Küche. Tgl. Dinner, Mo–Fr Lunch, dazu gut sortierte Bar.
U.S.S. Chowder Pot IV (4), 165 Brainard Rd., ☎ 860-244-3311, www.chowderpothartford.com; außerhalb des Zentrums gelegenes, alteingesessenes Seafood-Restaurant mit „nautischem" Dekor. Fischgerichte und Seafood wie lobster bisque.
2 Hopewell American Bistro & Bar, 2 Hopewell Rd., Glastonbury, ☎ 860-633-9600, www.2hopewell.com; nettes Restaurants in einem historischen Gebäude.
Brewpubs: In Hartford und Umgebung gibt es eine Reihe guter Craft Breweries mit Pubs, u. a. **Thomas Hooker Brewery at Colt** (140 Huyshope Ave., https://hookerbeer.com/colt), **City Steam Brewery and Café (1)** (942 Main St., https://citysteam.biz) oder **Hog River Brewing Co.** (1429 Park St., www.hogriverbrewing.com).

Einkaufen

The Shops at Marlborough Barn, Marlborough, 45 N Main St., Di–Sa 11–17, So 11–16 Uhr; südöstlich von Hartford gelegenes „Shopping Village" mit alten Scheunen und Häusern und großer Auswahl an rustikalen Möbeln, Wohnaccessoires, Stoffen, Lampen und diversem Schnickschnack. Außerdem gehören ein „Christmas Shop" und ein Restaurant dazu.
Billings Forge Community Works Farmers Market, 559 Broad St., https://billingsforgeworks.org/farmers-market; ganzjährig geöffneter Markt mit Imbissgelegenheiten in historischer Fabrik, Do 11–14 Uhr.
Haight-Brown Vineyard & Winery, 29 Chestnut Hill Rd., Litchfield, http://haightvineyards.com; 1975 gegründetes Weingut, das Führungen und Weinproben anbietet.

Flughafen

Bradley International Airport, ☏ 860-292-2000, https://bradleyairport.com, ca. 20 km nördlich Hartford in Windsor Locks (Bus-Service); Flugverbindungen u. a. nach New York, Boston, Washington, Providence sowie Toronto und Montréal und Dublin/Irland (Aer Lingus).

Nahverkehr

CTTransit, www.cttransit.com, umfangreiches Busnetz im Großraum Hartford; Tagesticket $ 3,50, 3-Tage-Ticket $ 8,75.
In Downtown verkehrt zudem der kostenlose **Dash Shuttle** (werktags 7–19 Uhr, bei Events auch am Wochenende).

Eisenbahn/Fernbus

Union Station Transportation Center, 1 Union Place, www.hartfordtransit.org/unionstation.html; Amtrak-Bahnhof und Haltestelle innerstädtischer Buslinien. Amtrak-Züge Richtung New Haven (weiter Richtung New York) und Springfield.
Außerdem Fernbusse zwischen Hartford und New York, Washington, Boston etc. Infos z. B. unter https://us.megabus.com oder www.greyhound.com.

Weiterfahrt nach Mystic

Norwich

Norwich (40.000 EW), 1659 gegründet, zählt zu den ältesten Städten in Connecticut und liegt an den beiden Flüssen Yantic und Shetucket, die sich im Stadtgebiet zum **Thames River** vereinigen. Der Dichter James Lloyd Greene nannte die Stadt „die Rose Neuenglands", da die umgebenden Hügel die Form einer Rosenblüte haben sollen. Im 18. Jh. wurde die Stadt durch technische Neuerungen bekannt: 1766 ging hier die erste Papiermühle Connecticuts in Betrieb, 1772 wurden die ersten Nägel maschinell gefertigt, und 1790 begann man mit der Baumwollspinnerei.

Form einer Rosenblüte

Einladend im Stadtzentrum ist der **Howard Brown Park** (Chelsea Harbor Dr.) an der Hafenfront am Thames River. Hier gibt es Einkaufsmöglichkeiten, Restaurants und eine Bootsanlegestelle, dazu finden ganzjährig Konzerte und Straßenveranstaltungen statt.

Ein Stück nördlich, auf dem Campus der **Norwich Free Academy**, der 1854 gegründeten Highschool der Stadt, befindet sich das **Slater Memorial Museum**. Ausge-

Route 2: von New Haven über Hartford nach Mystic

stellt ist amerikanische Kunst des 17.–20. Jh. sowie indianische Gebrauchsgegenstände. Noch weiter nordwärts folgt das **Leftingwell House**. Es stammt aus dem Jahr 1675 und befand sich im Besitz von Thomas Leftingwell, einem Anführer der Unabhängigkeitsbewegung. Die Ausstellungsstücke im zugehörigen Museum erinnern an die hier einst abgehaltenen Versammlungen.
Leffingwell House Museum, *348 Washington St., www.leffingwellhousemuseum.org, Mai–Okt. Sa 11–16 Uhr, $ 5.*
Slater Memorial Museum, *108 Crescent St., www.slatermuseum.org, Di–Fr 9–16, Sa/So 13–16 Uhr, $ 3.*

Mit Leben, Kultur und Geschichte der einstmals hier ansässigen Indianerstämme beschäftigen sich im Umkreis von Norwich gleich mehrere Einrichtungen: **Indian Leap**, an den Wasserfällen des Yantic River (*Sachen St.*) gelegen, war ein bei den Mohegan-Indianern beliebter Rastplatz. Nach einem Kampf mit den Narragansett im Jahr 1643 flohen die Mohegan vor ihren Verfolgern zum Fluss. Um sich zu retten, mussten sie von den Klippen in die tiefer liegende Schlucht springen – daher der Name „Indian Leap".

Das Slater Memorial Museum in Norwich/CT

Nicht weit entfernt, befindet sich auf den **Indian Burial Grounds** (*24 Sachem St.*) das Grab und ein Monument für **Uncas**, jener Anführer der Mohegan-Indianer, der den ersten Siedlern in der Umgebung von Norwich indianisches Land zum Siedeln überlassen hatte. Auch das nur etwa 5 mi/8 km südlich von Norwich (Rte. 32) gelegene **Mohegan Sun Casino** in **Uncasville** erinnert an den Chief, der jedoch nichts mit der gleichnamigen Figur in James Fenimore Coopers Romanen zu tun hat. Wie ihre Nachbarn, die im Osten lebenden **Pequot** (s. u.), verdienen auch die Mohegan mit dem in ihrem Besitz befindlichen Casino/Hotel/Resort-Komplex Geld. Sie investierten ihre Gewinne u. a. in eine beliebte Sport- und Konzerthalle und betreiben eine Frauen-Profibasketball-Mannschaft, die Connecticut Sun (*www.wnba.com/sun*).

Das kleine **Tantaquidgeon Indian Museum** (*1819 Rte. 32, Norwich-New London Turnpike, Uncasville, www.mohegan.nsn.us, Mai–Okt. Mi–Sa 10–16 Uhr, Spende*) wurde 1931 gegründet und informiert über die Geschichte der Mohegan-Indianer.

Von wegen „letzte Mohikaner"

Die heute im Osten von Connecticut lebenden **Mohegan** dürfen nicht verwechselt werden mit den im oberen Hudson-Tal beheimateten **Mahican**, bei James Fenimore Cooper als „letzte Mohikaner" bezeichnet, oder mit den **Mohawk**, einem Stamm des Irokesen-Bundes. Wie die Mahicans gehören jedoch auch die Mohegan der **Sprachgruppe der Algonkin** an. Bis 1631 waren sie Teil der **Pequot**, ehe sie sich unter dem Sachem („Häuptling") Uncas, der sich mit dem Ober-Sachen der Pequot, Sassacus, zerstritten hatte, abspalteten und sich seither „Mohegan" nannten.

Von New York nach Boston

Als sich die **Pequot-Indianer** gegen den Landraub durch weiße Siedler widersetzten, schlugen sich die Mohegan auf die Seite der Neusiedler. Überfälle der Kolonisten auf die größte Siedlung der Pequot im Jahr 1637 und verlustreiche Kämpfe dezimierten ihren Stamm bis aufs Äußerste. Die wenigen Überlebenden flüchteten zu anderen Stämmen und erhielten 1655 eine kleine Reservation zugeteilt. Heute gibt es wieder etwa 1.000 bis 1.500 Pequot. Das große, moderne Foxwood-Casino verhalf dem Stamm zu mehr Ansehen und Wohlstand.

Die **Mohegan** waren um 1700 das letzte größere Indianervolk in dieser Region. Durch die fortschreitende Ausbreitung der weißen Siedler verloren aber auch sie mehr und mehr ihre Lebensgrundlage. Ihre Zahl ging zurück auf gegenwärtig rund 1.500 Mohikaner, die schwerpunktmäßig in einem Reservat in Uncasville südlich von Norwich leben.

Reisepraktische Informationen Norwich

Information
City of Norwich/CT: www.norwichct.org/9/Visitors

Unterkunft/Restaurant
Mohegan Sun Hotel $$–$$$$, 1 Mohegan Sun Blvd., I-395 Exit 79A, Uncasville, ✆ 1-888-777-7922, https://mohegansun.com/hotel-spa-and-golf.html; *riesiger Hotelkomplex mit allem Komfort und mehreren Restaurants, Casino und großer Veranstaltungshalle.*
The Spa at Norwich Inn $$$, 607 W Thames St., ✆ 860-425-3500, www.thespaatnorwichinn.com; *um 1930 gebautes Historic Hotel of America, mit Nebengebäuden auf großem Gelände mit verschiedenen Wohneinheiten. Swimmingpool, Tennis, Wanderwege und Joggingpfade, Golfplatz und ausgezeichnete Lokale:* **Kensington's Restaurant** *sowie* **Ascot's Pub**.

Riesiges Casino

Nur etwa 8 mi/13 km östlich von Norwich (Rte. 2), in der Nähe von Ledyard, liegt im Mashantucket Pequot Reservat das **Foxwoods Casino**, eines der größten Casino-Hotels weltweit. In dem Riesenkomplex mit Ladenpassagen, Restaurants, Hotel, Spa und Spielhallen werden vielerlei Aktivitäten, Konzerte, Freizeit- und Wellnessprogramme sowie Golfkurse angeboten. Die Einnahmen aus dem Casino fließen direkt in die Kasse des **Pequot-Stammes**, der gut tausend Mitglieder zählt.

Auch das **Mashantucket Pequot Museum and Research Center** profitiert davon. Es zählt zu den **größten und ungewöhnlichsten Indianermuseen**. Im Foyer des schlichten, riesigen Baus mit Aussichtsturm blickt man durch eine Glaswand auf dichten Wald. Hier finden Veranstaltungen statt, zudem gibt es ein Restaurant und einen Laden. Sehenswert ist neben den Ausstellungsbereichen mit detailgetreuen 1:1-Nachbauten der Einführungsfilm, der die dramatischen Ereignisse während des **Massakers 1637** schildert.

Gefürchtet von benachbarten Stämmen und mit ihren Verwandten, den Mohegan, zerstritten, wurde der mächtigste Indianerstamm in Neuengland, die Pequot, von weißen Kolonisten ausgeschaltet. Wie fast 40 Jahre später die Narragansett und Wampanoag, weigerten sich die Pequot zunächst, Land an die Weißen abzutreten und wehrten sich

Route 2: von New Haven über Hartford nach Mystic

Beeindruckende Architektur und interessante Ausstellung: das Mashantucket Pequot Museum

gegen die Neusiedler. Am 26. Mai 1637 überfielen diese nachts das größte Pequot-Dorf bei Mystic, zerstörten es und massakrierten fast alle Bewohner. Trotz der anschließenden Jagd auf Überlebende wurde der Stamm nicht komplett ausgerottet – einige Pequot hatten Unterschlupf bei anderen Gruppen gefunden.

Heute treten deren Nachkommen wieder selbst- und traditionsbewusst auf, allerdings ist eine gewisse Animosität gegenüber den Mohegan geblieben. Das Museum mit dem angeschlossenen Forschungszentrum hilft den Pequot, sich wieder auf ihre Wurzeln zu besinnen. 1983 erkannte die Regierung sie offiziell als Stamm an, 1992 eröffneten sie das Casino und 1998 das Museum.

Offizielle Anerkennung der Pequot 1983

Mashantucket Pequot Museum & Research Center, 110 Pequot Trail, ab Hwy. 2 ausgeschildert, www.pequotmuseum.org, April–Okt. Mi–Sa 9–17, Nov. Di–Sa 9–17 Uhr, $ 20.
Foxwoods Resort & Casino, CT-2, von Norwich Rte. 2 Richtung Pawcatuck (ausgeschildert), ☎ 1-800-369-9663, www.foxwoods.com; gigantisches Casino mit großem Hotel.

Von Foxwood sind es nur rund 15 km (CT 214 und 27) an die Küste zur legendären Schiffsbauer-, Walfänger- und Hafenstadt **Mystic** (s. S. 228).

Hinweis zur Route

Zwei Hauptstraßen durchziehen den an Connecticut im Osten angrenzenden Bundesstaat **Rhode Island**: zum einen die Autobahn I-95, die, von Connecticut kommend, Rhode Island durchquert, zur Hauptstadt Providence und weiter nach Boston/MA führt; zum anderen der US Hwy. 1, der zunächst der Küstenlinie folgt, dann in die Narragansett Bay hineinläuft, ehe er Providence erreicht und weiter nach Massachusetts führt.

Von **Mystic/CT** wählt man am besten den US Hwy. 1 und wechselt nach rund 36 mi/58 km auf die Rte. 138, um zum nächsten Ziel, nach **Newport** (etwa 50 mi/80 km), zu gelangen.

Rhode Island – von Mystic nach Newport

Etwa 5 km östlich von Mystic liegt zunächst das beschauliche **Stonington**, Heimathafen der letzten nennenswerten Fischereiflotte Connecticuts. Ein Spaziergang entlang Main und Water Street lohnt den Stopp. Im alten Leuchtturm befindet sich das **Old Lighthouse Museum**. Der Turm wurde 1823 errichtet, aber bereits 1840 wegen Erosionsgefahr ein Stück landeinwärts versetzt. Bei schönem Wetter bietet sich ein Ausblick auf drei Bundesstaaten und den Long Island Sound.

Eine Zeitreise in die Ära der geografischen Entdeckungsfahrten ermöglicht hingegen das **Captain Nathaniel Palmer House**. Palmer wurde berühmt durch die Entdeckung des antarktischen Kontinents im Jahr 1820.

Old Lighthouse Museum, 7 Water St., http://stoningtonhistory.org, Mai–Okt. Do–Di 10–17 Uhr, $ 10.

Captain Nathaniel Palmer House, 40 Palmer St., http://stoningtonhistory.org, Mai–Okt. Fr–Mo Touren 13, 14, 15 und 16 Uhr, $ 10 (einschl. Lighthouse Museum).

Rhode Island ist zwar der **kleinste der 50 US-Bundesstaaten**, was aber Wohlstand und Einfluss anbelangt, ist er ganz groß, ebenso was den offiziellen Namen betrifft: **„Colony of Rhode Island and Providence Plantations"**. Er wurde 1663 vom englischen König Charles II. verliehen. Die Verbundenheit mit dem Meer legte die Basis für den Reichtum: Erst brachten Schiffseigner und Kapitäne Geld ins Land, später Millionäre aus dem Süden, die hier ihre Sommervillen bauen ließen.

Rhode Island/RI – State of Rhode Island and Providence Plantanions	
„Little Rhody" – „The Ocean State"	
Gründung	1636
Beitritt zur Union	29. Mai 1790
Staatsmotto	Hope (Hoffnung)
Staatsbaum	Rot-Ahorn
Staatsblume	Veilchen
Staatstier	Rhodeländer Huhn (Rhode Island Red Chicken)
Höchster Punkt	Jerimoth Hill (247 m)
Hauptstadt	Providence

Rhode Island – von Mystic nach Newport

Bezüglich der **Herkunft des Namens** kursieren zwei Varianten: Die erste geht auf den Seefahrer Giovanni da Verrazzano zurück, der 1524 durch die Narragansett Bay segelte. Er soll sich beim Anblick der Insel ans griechische Rhodos erinnert gefühlt haben. Die zweite Version bezieht sich auf den Holländer Adriaen Block, der 1614 die Insel erkundete und ihr wegen der rötlichen Färbung des Bodens und der Felsen die holländische Bezeichnung „Roodt Eyland", „rotes Eiland", verliehen haben soll.

Die Besiedlung von Rhode Island begann 1636 und ist eng verbunden mit den Namen **Roger Williams** und **Anne Hutchinson**. Beide waren Freidenker und gerieten mit der Obrigkeit im strenggläubigen, puritanischen Massachusetts in Konflikt. Um einer Verhaftung und einem Prozess als Ketzer zu entgehen, flohen sie nach Rhode Island. Williams fand Zuflucht auf dem Gebiet der Narragansett-Indianer, mit denen er sich anfreundete und die ihm Land überließen. Er gründete daraufhin 1636 die Stadt **Providence**, die heutige Hauptstadt von Rhode Island. 1643 reiste er nach London, um durch eine Charta des britischen Parlaments eine Rechtsgrundlage für die neuen Siedlungen und eine Bestätigung ihrer Religionsfreiheit zu erwirken.

„**Rhode Island and Providence Plantations**" wurde zur Zufluchtsstätte und neuen Heimat für Freigeister und Anhänger verfolgter Sekten und Religionen aller Art, z. B. Quäker, Juden aus Holland und Portugal; dazu kamen Einwanderer aus der ganzen Welt. Wie groß die Toleranz war, belegt auch die Tatsache, dass 1652 hier das erste Gesetz gegen Sklaverei in Nordamerika erlassen wurde.

Redaktionstipps

Sehens- und Erlebenswertes

▶ Das **Admiral Dewey Inn** (S. 248) in Wakefield ist eine ideale Standbasis für die Erkundung Newports.

▶ Neben Newports prächtigen **Mansions** (S. 254) auch das **Museum of Newport History** (S. 251) und die **International Tennis Hall of Fame** (S. 253) besichtigen.

▶ Ein Spaziergang auf dem **Cliff Walk** oder eine Fahrt entlang dem **Ocean Drive** in Newport (S. 253).

▶ Im **Red Stripe** in East Greenwich kreative Küche in gemütlicher Atmosphäre genießen (S. 263).

▶ Staunend in den Gärten von **Blithewold** in Bristol wandeln (S. 258).

▶ In Providence das **WaterFire-Spektakel** erleben und die **RISD** nicht versäumen (S. 260).

▶ Sich an den Stränden von **South County RI** erholen und die Vögel studieren (S. 245).

Das beherrschende geografische Merkmal von Rhode Island ist die **Narragansett Bay**. Diese Küstenlinie sieht beinahe so aus, als hätte ein mächtiger Wal ein Stück aus dem Festland herausgebissen. Im Vergleich zur Staatsfläche fällt die Küste mit 644 Kilometern dafür extrem lang aus. Rhode Island, das man wegen seiner engen Verbindung zum Meer auch „Ocean State" und aufgrund seiner geringen Größe „Little Rhody" nennt, ist nur rund 80 km lang und etwa 60 km breit.

South County Rhode Island

Die Grenze zwischen Connecticut und Rhode Island markiert der **Pawcatuck River**, mit etwa 55 km der längste Fluss im Staat. **South County Rhode Island** (www.southcountyri.com), die Region im Süden, ist noch so etwas wie ein Geheimtipp, dabei liegt sie kaum 130 km südlich von Boston und nur etwa 260 km nordöstlich von New York City.

Wenig überlaufen

Der wunderschöne Küstenabschnitt im Süden Rhode Islands ist nicht nur ideal für einen Strandurlaub am Atlantik, sondern auch unter Vogel- und Tierfreunden beliebt.

Von New York nach Boston

Dazu sind die Gewässer vor der Küste ideal zur Walbeobachtung. Insgesamt verfügt die Region über 20 geschützte Strände – u. a. Misquamicut State Beach, East Matunuck State Beach, Roger Wheeler State Beach, Galilee State Beach (Salty Brine State Beach), Fisherman's Memorial State Park oder Scarborough State Beach mit dem nahe gelegenen **Point Judith Lighthouse** (*1460 Ocean Rd.*) aus dem Jahre 1816 – und über fast 30 unter Naturschutz stehende Wälder und andere Naturareale. Ornithologen finden sich gern im **Ninigret National Wildlife Refuge** (*www.fws.gov/refuge/ninigret*) ein, Astronomie-Interessierte studieren nachts den Sternenhimmel im nahen **Frosty Drew Observatory & Sky Theatre** (*https://frostydrew.org/observatory*). Besuchenswert ist auch das **Kimball Wildlife Sanctuary** (*nahe Charlestown, https://asri.org*), ein Vogel- und Wildlife Habitat.

Walbeobachtung

Westerly ist der erste Ort, den man in Rhode Island passiert, gefolgt von **Charlestown** und **Matunuck**, heute beliebte Urlaubsdestinationen. Nördlich Charlestown liegt die Narragansett Indian Church und der Royal Indian Burial Ground (*Pow Wow Rd., ab BIA Rte. 401.1*), eine Begräbnisstätte von Familien und Häuptlingen der Narragansett.

Indianischer Friedhof

Narragansett

Zu Ehren der Indianer wurde auch im folgenden größeren Ort **Narragansett** das **Narragansett Indian Monument** (*Kingstown Rd./Strathmore St.*) aufgestellt. Der Künstler *Peter Toth* schnitzte in eine Douglastanne Szenen aus der Geschichte dieser Indianer.

Der Ort liegt an der Westseite des Zugangs zur gleichnamigen Bucht. Ende des 19. Jh. konkurrierte er mit Newport um die Stellung des führenden Seebadeortes. Ein Feuer zerstörte jedoch 1900 das beliebte **Narragansett Pier Casino** und damit die Hauptattraktion. Der Komplex war 1883–86 im viktorianischen Stil von dem Architekturunternehmen *McKim, Mead, and White* erbaut worden und bot eine Vielzahl an Vergnügungen: Tennis, Kegeln, Bootsfahrten, Schießen; es gab Leseräume, Läden, ein Theater und natürlich viel Strand. Heute befindet sich in den erhaltenen und unter Denkmalschutz stehenden Türmen des Kasinos das Tourismusamt. Der Ortskern um den Narragansett Pier wirkt recht beschaulich und lohnt einen Bummel. Das **South County Museum** informiert über die Ortsgeschichte und gibt Einblick in das mondäne Leben der Gegend von 1800 bis 1940. **South County Museum**, *Strathmore St., https://southcountymuseum.org, Juli/Aug. Di–Sa 10–16, Mai/Juni/Sept. Fr/Sa 10–16 Uhr, $ 12.*

Nächste Station auf der Fahrt Richtung Newport ist **Wickford**, 1641 gegründet und traditionell ein beliebter Ferienort. Sehenswert ist **Smith's Castle**, ein 1638 von

Segeln in der Narragansett Bay

dem Händler *Richard Smith* als Trading Post errichtetes Gebäude. Es wurde 1740 in eine der größten Plantagen von Rhode Island umgewandelt. Einen weiteren Stopp lohnt **East Greenwich** (1677) (www.eastgreenwichri.com) mit kleinem Hafen sowie Läden und Lokalen an Main und Water Street. Schön ist auch der Spaziergang entlang **Greenwich Cove**.

Smith's Castle, 55 Richard Smith Dr., North Kingstown, www.smithscastle.org, Haustouren stdl. Mai–Mitte Okt. Fr–So 12–15 Uhr, Juni–Aug. auch Do, $ 10.

Reisepraktische Informationen South County Rhode Island

Information
Zur Region: www.southcountyri.com
Narragansett VC, The Towers, 36 Ocean Rd., Mai–Aug. Mo–Sa 9–17, Sept.–Dez. Do–Sa 11.30–15 Uhr, www.narragansettri.gov/9/Visitors, www.thetowersri.com.

Unterkunft
EXTRATIPP: Admiral Dewey Inn $$$, 668 Matunuck Beach Rd., Wakefield (Matunuck), ① 401-783-2090, www.admiraldeweyinn.com, April–Dez.; 1898 als „The Dewey Cottage" mit 15 Zimmern entstanden, seit 2012 von dem engagierten Gastgeber Levon Kasparian übernommen. Komplett modernisierte, elegant möblierte Zimmer, Garten und Strandnähe. Eine günstige Alternative zum teuren Newport!
The Atlantic House at Narragansett Pier $$$, 85 Ocean Rd., Narragansett, ① 401-783-6400, www.theatlantichouse.com; historisches Hotel mit 62 komfortablen Zimmern und Swimmingpool. Im 19. Jh. erbaut und nur durch eine Straße vom Stadtstrand getrennt.

Restaurant
Red Stripe, 455 Main St., East Greenwich, ① 401-398-2900, http://redstripe restaurants.com, tgl. ab 16 Uhr, Sa/So Brunch 10–15 Uhr sowie Dinner; Filiale in Providence, RI. Eigenes Kindermenü und täglich Specials, gut sortierte Bar. „Comfort Food" mit französischem Einschlag – so könnte man die Küche von Rachel Klein in den beiden Red Stripe Restaurants bezeichnen.

Touren
Frances Fleet Whale Watching, 33 State St., www.francesfleet.com, Juli–Aug.; Walbeobachtungstouren ab Port of Galilee, Di/Do/Fr/Sa 13 Uhr, $ 50. Auch Angelausflüge.
Rhode Island Bay Cruises, 1347 Roger Williams Way, North Kingstown; auf der 90-minütigen Tour geht es vorbei an den zehn schönsten Leuchttürmen von RI. Termine & Preise: www.rhodeislandbaycruises.com.

Ausflug nach Block Island

Das 11 km lange und 5 km breite **Block Island** liegt etwa 19 km vor der Küste Rhode Islands. Der Name der Insel geht auf den holländischen Seefahrer **Adriaen Block** zurück, der als erster Weißer 1614 die Insel entdeckte. Die hier ursprünglich lebenden Narraganset-Indianer nannten die Insel „Manisses" – „Manitus kleine Insel".

Ausflug nach Block Island

Mohegan Bluffs auf Block Island

Eine Besiedelung der Insel erfolgte jedoch erst ab 1661 und als das **Spring House Hotel**, in dem u. a. Ulysses S. Grant, Mark Twain oder Billy Joel nächtigten, 1842 eröffnete, wurde es richtig lebhaft. Die Sandbänke und Untiefen rund um „The Block" waren berüchtigt und unzählige Kapitäne gerieten hier in Seenot. Die Plünderung der gestrandeten oder untergegangenen Schiffe entwickelte sich zum lukrativen Geschäft für die Inselbewohner, und gerüchtehalber soll es auch irreführende Laternen und Leuchtfeuer gegeben haben.

Prominente Gäste

Heute leben das ganze Jahr über gerade einmal tausend Menschen auf der Insel, die besonders wegen ihres **angenehmen Klimas** geschätzt wird. Die Zahl steigt im Sommer um das 15-Fache an. Allerdings wehrt man sich erfolgreich gegen zu viel Trubel und Fortschritt: Zelte und Wohnmobile sind nicht erlaubt, ein nächtliches Fahrverbot wurde verhängt, Verkehrsampeln gibt es ebenso wenig wie Fast-Food-Restaurants und Kettenhotels.

Keine Ampeln, kein Fast Food

Vor allem der größte Ort, **Old Harbor**, konnte sich seinen kolonialen viktorianischen Charme bewahren. Der Autoverkehr ist überschaubar geblieben und Fahrräder und Fußgänger dominieren das Bild. Die exorbitanten Grundstückspreise limitieren die Zahl der Ferienhäuser, wobei Stararchitekt Robert Venturi (1925–2018) mehrere mustergültig in die Landschaft eingepasste Holzhäuser auf Block Island erbaute.

Es soll auf der Insel **365 Seen und Teiche** geben, daneben Marsch- und Grasland. Wer Ruhe und Abgeschiedenheit sucht, ist hier bestens aufgehoben. Während die

Sandstrände an der Ostküste – wie der längste **Crescent Beach**, der „Hausstrand" von Old Harbor – windgeschützter, aber überfüllter sind, gibt sich der Westen rauer, ist dafür aber weit weniger besucht. Man könnte einen Tag in New Harbor, am Great Salt Pond im Nordwesten, mit Angeln verbringen. Von diesem größten Jachthafen startet jeden Juni auch die **Block Island Race Week**, eine bekannte Segelregatta. Nach Wildblumen Ausschau halten, lohnt auf einer Wanderung zu den zwei historischen Leuchttürmen, **Southeast Lighthouse** (1875) – unmittelbar an der Kante der **Mohegan Bluffs**, einer steilen Klippe, die 65 m senkrecht zum Meer abfällt – und **Block Island North Light** (1829). **Settlers Rock** ist eine Erinnerungsstätte für die ersten holländischen Siedler, und **Rodman's Hollow**, eine in der Eiszeit entstandene Schlucht, fungiert jetzt als Vogelreservat.

Reisepraktische Informationen Block Island

Information
Block Island Tourism Council, 40 Center Rd., ☏ 401-466-2474, www.blockislandinfo.com; www.blockisland.com.

Fähren
In den Sommermonaten besteht reger Schiffsverkehr zwischen dem Festland und der Insel. Abfahrtshäfen sind Providence, Newport und Point Judith in Rhode Island sowie New London/CT. Rechtzeitige Buchung ist nötig.
Details auf: www.blockislandferry.com, www.goblockisland.com oder www.vikingfleet.com.

Unterkunft/Restaurants
1661 Inn $$$, *1 Spring St., ☏ 401 466-2421 oder 1-800-626-4773, http://blockislandresorts.com; schönes, viktorianisches Gebäude mit elegant eingerichteten Zimmern. Zum Komplex gehören auch Cottages, insgesamt 73 Zimmer/Suiten und Restaurant.*
Hotel Manisses $$$, *251 Spring St., ☏ 401-466-9898, https://hotelmanisses.com; luxuriöses Boutique-Hotel wenige Schritte vom Fährhafen entfernt. Zimmer mit allem Komfort, ausgezeichnetes Restaurant & Bar.*
The Blue Dory Inn $$$–$$$$, *61 Dodge St., ☏ 401-466-5891, https://blockislandinns.com/blue-dory; freundliches, gut eingerichtetes viktorianisches B&B mit elf geräumigen Zimmern oder gemütliche Cottages direkt am Strand; inkl. Frühstücksbuffet.*

Newport/RI

Wie Providence, die Hauptstadt des kleinsten US-Bundesstaats Rhode Island, wurde auch **Newport** von Gefolgsleuten des Freidenkers Roger Williams gegründet. Das war 1639, und wie in vielen anderen Hafenstädten Neuenglands waren auch hier zunächst Schiffsbau und Fischfang bestimmend. Doch bereits vor dem Bürgerkrieg in den 1860er-Jahren entwickelte sich der von drei Seiten vom Wasser umgebene Ort zur beliebten **Sommerfrische** wohlhabender Plantagenbesitzer aus dem Süden. Als sich in der zweiten Hälfte des 19. Jh. vermehrt reiche Industrielle aus dem Norden – wie die Familien Astor, Morgan oder Vanderbilt – für den Ort zu interessieren begannen, entwickelte sich Newport zu „**America's First Resort**".

Bauten des 18. und 19. Jh.

Beliebter Startpunkt für Segeltörns: Bowen's Wharf am Hafen von Newport

Rund 70 Prachtbauten sind erhalten, daneben existieren im Städtchen über 200 Bauten aus der Zeit vor 1800 – die **größte Ansammlung kolonialer Bauten** in den USA. Viele der Sommersitze, die eher „Paläste" als „Ferienhäuser" sind, können heute besichtigt werden. Sie werden überwiegend von großzügigen Gartenanlagen umgeben, sind von außen kaum einsehbar und liegen an der **Bellevue Avenue** oder am **Ocean Drive**. Zwei oder drei dieser grandiosen Häuser sollte man unbedingt besichtigen, das volle Programm ist nur für wahre „Fans" mit großem Geldbeutel zu empfehlen.

Downtown Newport

Erster Anlaufpunkt sollte das **Newport Visitor Center (1)** (*23 America's Cup Ave./ Long Wharf*) sein, das zugleich als Busbahnhof fungiert und zahlreiche Serviceeinrichtungen unter einem Dach vereint. Es gibt Informationen aller Art und Tickets für die Villen sowie für Trolley- und andere Touren. Ein kurzer Spaziergang durch die Innenstadt, die prall gefüllt ist mit historischen Bauten und Kirchen, führt in der Thames St. zum **Museum of Newport History (2)** im **Brick Market**. Diese Ausstellung gibt eine ausführliche und anschauliche Einführung zur Geschichte der Region und der Stadt.
Museum of Newport History, *127 Thames St., https://newporthistory.org, tgl. 10– 17 Uhr, $ 5.*

Als Amerikas ältestes jüdisches Gotteshaus gilt die **Touro Synagogue (3)**, 1763 im *Georgian style* erbaut. Roger Williams Vorstellungen von Toleranz und Religionsfreiheit ist es zu verdanken, dass sich in Newport schon um 1658 jüdische Familien aus Holland ansiedelten und die zweite jüdische Gemeinde nach New York entstehen konnte. Zugehörig ist das **Loeb Visitors Center**, in dem „Religious Freedom" und die Trennung von Kirche und Staat im Mittelpunkt stehen. Es geht um die Grundfesten der USA, de-

Alte Synagoge

Newport/RI

Hotels/Restaurants
1. The Chanler at Cliff Walk mit Rest. Cara
2. Castle Hill Inn & Resort
3. Hilltop Inn
4. Artful Lodger
5. Diego's

Sehenswürdigkeiten
1. Newport Visitor Center
2. Museum of Newport History
3. Touro Synagogue
4. Trinity Church
5. Redwood Library and Athenaeum
6. Newport Art Museum
7. International Tennis Hall of Fame

Mansions
8. Beechwood Mansion
9. Belcourt Castle
10. Rough Point Museum
11. Kingscote
12. Isaac Bell House
13. The Elms
14. Chepstow
15. Château-sur-Mer
16. The Breakers
17. Rosecliff
18. Marble House

ren Ideale und wichtige Präsidenten. Ausgestellt ist auch ein Brief George Washingtons an die Juden in Newport.
Touro Synagogue, *85 Touro St., www.tourosynagogue.org, Tickets: Loeb VC, 52 Spring St., $ 12, meist tgl. außer Sa bis früher Nachmittag (Details s. Website).*
Loeb VC, *52 Spring St., www.loebvisitors.org, Zeiten wie Synagoge (s. Website).*

Das weithin sichtbare Wahrzeichen der Stadt ist die 1726 am Queen Anne Square nach Plänen Christopher Wrens erbaute **Trinity Church (4)**, ein Relikt aus Newports Kolonialzeit. Im nahen Touro Park fällt die **Old Stone Mill** (Mill St.), auch **Touro Tower** genannt, auf, angeblich eine der ältesten Steinbauten Amerikas aus dem 17. Jh.

Am Anfang der Bellevue Avenue geht es vorbei an der **Redwood Library and Athenaeum (5)** – zwischen 1748 und 1750 erbaut und damit der älteste noch benutzte Bibliotheksbau in den USA – und am **Newport Art Museum (6)**. In diesem 1862 von *Richard Morris Hunt* erbauten Herrenhaus werden neben Werken von Künstlern wie Winslow Homer, Fritz Henry Lane oder George Inness Wechselausstellungen gezeigt.
Newport Art Museum, *76 Bellevue Ave., https://newportartmuseum.org, Di–Sa 10–17, Do 10–19, So 12–17 Uhr, $ 15.*

Interessant für Tennisfans ist die **International Tennis Hall of Fame (7)**, die im ehemaligen *Newport Casino* untergebracht ist. Zur Zeit seiner Erbauung 1880 galt das Casino als exklusiver „Country Club". Auf dem immer noch benutzten Grün wurde 1881 das erste Turnier des amerikanischen Tennisverbands ausgetragen.
International Tennis Hall of Fame, *194 Bellevue Ave., www.tennisfame.com, tgl. 10–17/18 Uhr, $ 15.*

Neben der Tennis Hall of Fame befindet sich das **Audrain Automobile Museum** in einem Bau von 1904. Drei Sammler stellen hier wechselweise eine Auswahl ihrer etwa 230 Automobile aus. Autoliebhaber können zusätzlich das **Newport Car Museum** außerhalb der Stadt besichtigen.
Audrain Automobile Museum, *222 Bellevue Ave., http://audrainautomuseum.org, tgl. 10–16 Uhr, $ 15.*
Newport Car Museum, *1947 W Main Rd. (SR 114), Portsmouth, https://newportcarmuseum.org, tgl. 10–17 Uhr, $ 18.*

Cliff Walk und Ten Mile Ocean Drive

Einen ersten Eindruck von der Pracht der Villen an der Bellevue Ave. erhält man, wenn man sich quasi von der Rückseite dem **Cliff Walk** (*www.cliffwalk.com*) nähert. Dieser Pfad folgt ab dem Memorial Boulevard (*Easton's Beach*) bis Lands End, ganz im Süden, der Küstenlinie und gibt auf 5,5 km bzw. rund eineinhalb Stunden Wegstrecke Gelegenheit, in die Hinterhöfe der Villen zu blicken, aber auch traumhafte Ausblicke auf den **Rhode Island Sound** zu genießen. Wer nicht die ganze Strecke ablaufen möchte, beginnt den Cliff Walk am Ende der Narragansett Ave. über die **Forty Steps**.

Empfehlenswerter Spaziergang

Nach Besichtigung einiger Villen (s. u.) kann man sich mit einer Fahrt über den **Ten Mile Ocean Drive** (*www.oceandrivenewport.com*) von Newport verabschieden. Man passiert auf der Fahrt nach Westen erneut prächtige Mansions, großteils in Privatbesitz und bewohnt, Jachtclubs sowie private Badeanstalten, entlang der Küste bieten sich atemberaubende Ausblicke. Ein günstiger Startpunkt dafür ist Kingscote (s. u.), wo man der Bellevue Avenue folgt, die in den Ocean Drive übergeht.

Auf dem **Ocean Drive** geht die Fahrt vorbei an der **Hammersmith Farm**, die 1887 an der Westseite Newports zur Narragansett Bay hin erbaut wurde und einst den Kennedys gehörte. Der folgende **Fort Adams State Park** (*Harrison Ave., www.riparks.com/Locations/LocationFortAdams.html*) ist ein Naturschutzgebiet mit der 1842–57

Spaziergang über den Cliff Walk

errichteten Befestigungsanlage im Zentrum, dazu gibt es Strand und Picknickplätze. Auf der Landspitze befindet sich das **Eisenhower Summerhouse** sowie **Sail Newport** (*72 Fort Adams Dr., https://sailnewport.org*), der öffentliche Segelclub.

Newport wird auch **Segelhauptstadt der Welt** genannt und war bereits Schauplatz zahlreicher hochkarätiger Regatten. Zwölfmal wurde hier z. B. zwischen 1930 und 1983 der berühmte, 1851 ins Leben gerufene America's Cup ausgetragen. Am Ende führt der Ten Mile Drive über die Wellington Ave. wieder zurück ins Stadtzentrum.

Newports Mansions

Die Villen im Kurzporträt

Beechwood Mansion (8): Erbaut für Caroline Schermerhorn Astor, die „Queen of American Society" und Mutter von John Jacob Astor IV, der bei dem Untergang der Titanic umkam. In Privatbesitz, daher keine Touren.

Belcourt Castle (9): 1894 von Richard Morris Hunt erbautes „Jagdschloss" im Stil Louis XIII. und Versailles für Oliver Hazard Perry Belmont, den Sohn von August Belmont von der Rothschild-Bank. Sie ist bewohnt (Tinney-Familie) und ausgestattet mit einer exquisiten Kunstsammlung. Viel Holz, Waffen, Pferdemotive etc. in den 60 Zimmern. Wird derzeit renoviert, Touren sind jedoch möglich.

The Breakers (16) (*Orchre Point Ave.*): Nach dem Vorbild eines italienischen Renaissance-Palastes in nur zwei Jahren Bauzeit von Richard Hunt 1895 für Cornelius Vanderbilt II., Sohn des Eisenbahnmagnaten, fertiggestellt. Prächtige Ausstattung

> ### Besuchs-Know-how
>
> Neun Villen und ein Garten unterstehen der **Preservation Society of Newport County** (*424 Bellevue Ave., www.newportmansions.org*). Die Öffnungszeiten sind unterschiedlich (meist 10–17 Uhr) und nicht alle Sights sind täglich zu besichtigen. Tickets und Informationen gibt es im **Newport VC** (s. u.). **Einzeltickets** kosten $ 18, The Breakers $ 26, das Kombiticket **Newport Mansions Experience** für fünf Häuser $ 38. Es gibt weitere Ticketvarianten, diverse Veranstaltungen und Spezialtouren. Separat verwaltet werden **Belcourt Castle** (*www.belcourt.com, Touren $ 17,50*) und **Rough Point Museum** (*www.newport restoration.org/roughpoint, $ 20*).
> Besonders zu empfehlen sind Rough Point, The Elms, Château-sur-Mer, The Breakers und Marble House. Autos dürfen nur auf ausgewiesenen Parkplätzen abgestellt werden. Die Häuser reihen sich an der Bellevue Ave. auf, von Kingscote im Norden bis Marble House im Süden. Sie liegen fußläufig maximal eine knappe Stunde auseinander, es gibt jedoch auch einen Shuttlebus ab VC, der an allen Mansions hält.

mit viel Marmor, Alabaster, Vergoldungen, Mosaiken, Kristall und Buntglas in 70 extravaganten Räumen.

Benachbart liegt der gepflegte, grüne Campus der **Salve Regina University**. Nur etwa 2.600 Studenten sind an dieser katholischen Privatuni, 1934 von den Barmherzigen Schwestern gegründet und seit 1947 in Newport zu Hause, eingeschrieben.

Château-sur-Mer (15): Das wohl auffälligste Gebäude – im viktorianischen Stil mit verschwenderischen architektonischen Details, Turm, Vorsprüngen und Erkern. 1852 für William S. Wetmore, tätig im Chinahandel, erbaut und 1862 von Hunt umfassend renoviert.

Chepstow (14) (*120 Narragansett Ave.*): 1860 erbaute Residenz von Edmund Schermerhorn. Bis 1986 in Familienbesitz und sehr geschmackvoll, u. a. mit Morris-Gallatin-Möbeln, ausgestattet.

The Elms (13): 1898–1901 von Horace Trumbauer für den Kohlemagnaten Edward Julius Berwind (Besitzer der Berwind-White Coal Mining Co. in Winberg/PA) erbautes Haus im Stil eines französischen Loire-Schlosses, das genau genommen verschiedene architektonische Stile vereint.

Isaac Bell House (12) (*70 Perry St.*): Eher schlichtes Haus, wegweisende Architektur von McKim, Mead and White (New York), 1883 für den Baumwollhändler und Investor Isaac Bell erbaut.

Kingscote (11): 1841 im Gothic-Revival-Stil für einen Plantagenbesitzer aus Georgia als eines der ersten Ferienhäuser in Newport eröffnet. Gelungenes Design mit interessanten Asymmetrien und Materialkombinationen, viel dunkles Holz im Inneren, elegante Möbel und sehenswerte chinesische Porzellansammlung.

Marble House (18): Nach Plänen Hunts 1892 für William K. Vanderbilt, den ältesten Sohn des Eisenbahnmagnaten, erbaut. Strahlend weiß mit dominantem Eingangsportikus, innen üppig mit mythologischen Szenen ausgemalt.

Rosecliff (17): 1902 für die durch Silber reich gewordene Mrs. Hermann Oelrichs von Stararchitekt Stanford White mit einer Kopie des Versailler Spiegelsaals erbaut. Auffällig weißer Bau mit vorspringenden Seitenflügeln in formaler Gartenanlage mit Brunnen.

Versailles als Vorbild

The Breakers, eine der zahlreichen prächtigen Mansions in Newport

Rough Point (10): Diese Villa gehörte Doris Duke, Tochter des Tabak-Magnaten aus North Carolina (Touren ab VC in eigenem Shuttle). Duke verbrachte bis zu ihrem Tod 1993 hier viel Zeit und gründete 1968 mit Jackie Kennedy Onassis die Newport Restoration Foundation, die über 400 der kolonialen Häuser der Stadt vor dem Verfall rettete. 1887 war die Villa für Frederik Vanderbilt erbaut und 1925 von James Duke gekauft worden. Er beauftragte den an The Elms tätigen Architekten aus Philadelphia, Horace Trumbauer, mit einschneidenden Umbauten.

Reisepraktische Informationen Newport/RI

Information
Newport Visitor Information Center (1), 23 America's Cup Ave., www.discovernewport.org, tgl. 9–17/18 Uhr; Infos, Karten, Tickets, Café, WCs, Busbahnhof und Parkplätze.

Unterkunft
Neben **B&Bs** lohnen besonders verschiedene luxuriöse **Inns** im Stadtgebiet. Bei der Planung hilft außerdem **www.InnsofNewport.com**.
Artful Lodger (4) $$–$$$, 503 Spring St., www.artfullodgerinn.com; günstiges B&B, nahe den Mansions, mit fünf unterschiedlichen und schönen Zimmern.
Castle Hill Inn & Resort (2) $$$$$ (inkl. Frühstück), 590 Ocean Dr., ① 410-849-3800, www.castlehillinn.com; kleines Hotel (25 Zimmer), romantisch und in spektakulärer Lage, in einem viktorianischen Haus von 1825. Mit Privatstrand, Whirlpools, Kaminen u. a. Komfort, dazu eigenes Restaurant.
The Chanler at Cliff Walk (1) $$$$$, 117 Memorial Blvd., ① 401-847-1300, www.thechanler.com; edles Luxushotel am Nordende des Cliff Walk, im ersten hier entstandenen Sommerhaus von 1865. 14 unterschiedlich ausgestattete Zimmer im Haupthaus und sechs Villen, alle höchst luxuriös; dazu gehört das Restaurant **Cara**.

EXTRATIPP

Hilltop Inn (3) $$$$, 2 Kay St., ① 401-619-0054, www.hilltopnewport.com; höchst stilvolles und gemütliches Inn, mitten in Downtown und dennoch ruhig. Das Haus erinnert an Architektur von F. L. Wright, die Zimmer sind groß und geschmackvoll eingerichtet, ein kleiner Garten und ein großes Frühstück sowie ein Abendsnack/-drink gehören dazu.

Restaurants

Castle Hill Inn Restaurant, im gleichnamigen Inn (s. o.), ① 401-849-3800; kreative Gerichte aus frischesten Zutaten, dazu Blick auf die Narragansett Bay.
Pica Restaurant, im Chanler Hotel, s. o., ① 401-847-2244; bekannt für innovative Gerichte und gut sortierten Weinkeller.
Diego's (5), 11 Bowen's Wharf; authentische mexikanische Küche in New England! Große, schmackhafte Portionen zu günstigen Preisen. Viel Andrang, da Reservierung nicht möglich.
Newport Storm Brewery & Distilling Co., 293 JT Connel Rd., http://newportstorm.com bzw. http://thomastewrums.com; neben ausgezeichnetem Bier kann man hier Rum verkosten und kaufen. Mit der 2006 gegründeten Destillerie knüpft man an die Vergangenheit der Stadt als Hochburg der Rumbrennerei an.

Einkaufen

Bannister's Wharf, America's Cup Ave., www.bannistersnewport.com; ca. 20 kleine Souvenirläden, Lokale und Galerien am alten Hafen.
Bowen's Wharf, Fortsetzung der Bannister's Wharf, https://bowenswharf.com; hier legen auch Boote zu Segeltörns in die Bucht ab (Infos: s. u.).
Thames Street: unzählige Läden (viel Vintage/Retro) sowie Lokale wie **Benjamin's Restaurant & Raw Bar** (# 254) oder **Gary's Hundy Lunch** (# 462).
Newport Vineyards, 909 E Main (Hwy. 138), Middletown, www.newportvineyards.com; einer der kleinen Winzer Rhode Islands, mit Laden. Die Weinberge grenzen ans Weingut an, man ist bekannt für den Eiswein.

Touren

Classic Cruises of Newport, www.cruisenewport.com, ① 401-847-0298, ab Bannister's Wharf; besonders schön sind die Sunset-Segeltörns mit dem klassischen Schooner Madeleine (90 Min.). Zu weiteren Touren und Booten s. Website.
Viking Trolley Tours, https://vikingtoursnewport.com; Trolleytouren VC – gut für den ersten Überblick!

Von Newport nach Providence

Von Newport geht es auf der Rte. 114 schnell nach East Providence und von dort auf der I-195 und über die Washington Bridge ins Zentrum von Providence (30 mi/48 km). Unterwegs lohnen einige Stopps: Gartenliebhaber sollten zunächst in **Portsmouth** die **Green Animals Topiary Garden** nicht versäumen. Der Landsitz war 1872 von Thomas E. Brayton gekauft worden, die Gartenanlage wurde ab Anfang des 20. Jh. von Joseph Carreiro angelegt. Er und später sein Schwiegersohn schufen 80 Kunstwerke:

Pflanzen geschnitten in die Form von Tieren und Vögeln, geometrischen Formen und Ornamenten. Braytons Tochter lebte hier von 1939 bis zu ihrem Tod 1972, sie überließ es dann der Preservation Society of Newport County. Außerdem gibt es einen Rosengarten, ein viktorianisches Gewächshaus, Obst- und Gemüsegärten.
Green Animals Topiary Garden, *380 Cory's Lane, am RI-114, https://www.newportmansions.org/explore/green-animals-topiary-garden, Juni–Anfang Okt. tgl. 10–18 Uhr, $ 18.*

Die kleine Hafenstadt **Bristol** ist mit etwa 23.000 Einwohner der Hauptort an der östlichen Narragansett-Bucht. Im 18. und 19. Jh. war der Hafen ein wichtiger Umschlagplatz für den Handel mit Sklaven und Rum; das einträgliche Geschäft verhalf den Bürgern zu einigem Wohlstand, was noch heute an den stattlichen Häusern am Hafen erkennbar ist.

Attraktion des Orts ist **Blithewold**, das frühere Sommerhaus des Kohleindustriellen Augustus van Wickle, das 1908 mit 45 Zimmern nach dem Vorbild eines englischen Herrenhauses des 17. Jh. erbaut wurde. Wickle ließ zudem eine der ersten Gartenanlagen in den USA anlegen – mit 50.000 Tulpen, einem japanischen Garten, dem größten *giant sequoia* (Riesenmammutbaum) östlich der Rocky Mountains und mit herrlichen Ausblicken auf die Narragansett Bay.
Blithewold Mansion & Gardens, *101 Ferry Rd., Hwy. 114, www.blithewold.org, April–Sept. Di–Sa 10–16, So 10–15 Uhr, Gärten ganzjährig Mo–Sa 10–17, So bis 15 Uhr, $ 15.*

Linden Place, zweite Attraktion in Bristol, ist ein typisches *Greek-Revival*-Haus, wie man es aus den Südstaaten kennt. George DeWolf hatte die Villa 1810 in Auftrag gegeben. Als er seine Schulden bezahlen sollte, setzte er sich 1825 nach Kuba ab. Das Haus wurde von Gläubigern geplündert und obwohl schließlich ein Onkel für ihn bezahlte, stand es 1865 zum Verkauf. Ein Erbe der legendären Waffenfirma Colt erwarb den Bau, der 1988 dann in die Hände des Staates gelangte. Bekannt wurde das Haus als Drehort von *The Great Gatsby* mit Robert Redford und Mia Farrow.
Linden Place, *500 Hope St./Hwy. 114, www.lindenplace.org, Jan.–April/Nov. Di–Fr 10–16 Uhr, Mai–Okt./Dez. Di–Sa 10–16, So 12–16 Uhr, $ 12.*

Great-Gatsby-Drehort

Providence und Umgebung

Providence liegt am nördlichen Ausläufer der Narragansett Bay. Die Stadt wurde 1636 von Roger Williams, einem Vorkämpfer für Religionsfreiheit und der Trennung von Kirche und Staat, gegründet. Man verdiente im 18. Jh. besonders am „**Triangle Trade**" (Dreieckshandel): Rum aus Rhode Island wurde nach Afrika verschifft und dort gegen Sklaven eingetauscht. Diese gelangten von Rhode Island in die Karibik und wurden dort verkauft. Der Gewinn floss wieder in die Rumherstellung. Die Blüte dieses Dreiecksgeschäfts fiel in die Zeit zwischen den 1730ern und der offiziellen Ächtung des Sklavenhandels 1807. Danach wandte man sich verstärkt dem Handel mit China zu und ab Beginn des 19. Jh. begann mit der Eröffnung der **Slater Mill** im benachbarten **Pawtucket** der Aufstieg der Textilindustrie.

Heute ist Providence mit rund 180.000 Einwohnern die **drittgrößte Stadt Neuenglands** und zugleich der führende Wirtschaftsstandort von Rhode Island. Wie Rom wurde Providence **auf sieben Hügeln errichtet**. Unübersehbar sind Federal und Constitution Hill, wo neben dem State Capitol weitere Verwaltungsbauten aufragen, sowie College Hill, auf dem die Brown University thront. Die anderen vier Erhebungen zeichnen sich heute kaum mehr ab. Die Stadt zieht sich entlang den Ufern von Moshassuck und Woonasquatucket River, die sich im Zentrum zum **Providence River** vereinen.

Stadtrundgang Providence

Ein Stadtrundgang beginnt am besten am **Rhode Island State House**. Das State House, das zu den schönsten in den USA zählt, wurde von 1891 bis 1904 gebaut. Auffallendes Merkmal ist die große Marmorkuppel des Kapitols; nur die Kuppeln des Petersdoms in Rom, des State House in Minnesota und des Taj Mahal in Indien sind größer! Ihre Spitze bildet eine 3 m hohe vergoldete Bronzestatue, die den „unabhängigen Menschen" („Independent Man") symbolisiert. Ein Highlight unter den Ausstellungsstücken im Inneren ist die **Royal Charter of 1663** – jenes Dokument, mit dem Charles II. den Status von Rhode Island als königliche Kolonie bestätigte.

Besonderes State House

Ein Stückchen südlich befindet sich die **Providence Union Station** (*100 Gaspee St.*), der Bahnhof für Fernzüge und Nahverkehr. Er wurde 1847 eröffnet und kürzlich renoviert. Jenseits des Moshassuck River erinnert dann das **Roger Williams National Memorial** (*282 Main St.*) an die Stelle der ersten Besiedlung und an den Gründer der Stadt, der hier auch begraben liegt. Zugehörig ist ein Park VC, in dem es Informationen, Ausstellungen, Film und Shop gibt.

Gründer- Denkmal

Rhode Island State House, *82 Smith St., Mo–Fr 8.30–16.30 Uhr, Touren stdl. Mo–Fr 9–15 Uhr, frei.*
Roger Williams NM, *282 Main St., www.nps.gov/rowi/index.htm, VC tgl. 9–17, im Winter Mo/Di geschlossen.*

Im **Old State House** (*150 Benefit St., Mo–Fr 8.30–16.30 Uhr, frei*) rief am 4. Mai 1776 die Versammlung von Rhode Island ihre Unabhängigkeit aus, zwei Monate vor der Unterzeichnung der *Declaration of Independence* in Philadelphia!

WaterFire, ein sommerliches Schauspiel in Providence

Das Athenaeum in Providence ist mehr als nur eine Bibliothek

Die auf der East Side gelegene Benefit Street samt Seitengassen wird **Mile of History** genannt. Über 200 restaurierte Gebäude aus dem 18. und 19. Jh. erinnern an die Blüte der Stadt und an den Wohlstand der Kapitäne und Händler. Wer vom Old State House in südliche Richtung läuft, stößt bald auf den Canal Walk und die Gabelung des Providence River. Hier findet zu bestimmten Terminen abends ein einzigartiges Schauspiel statt: **WaterFire** (*https://waterfire.org*) – Feuerskulpturen auf dem Fluss. Der **Canal Walk** führt weiter zum **Memorial Park** mit Holocaust Memorial.

Spektakel am Fluss

Als viertälteste Bibliothek der USA gilt das 1836 gegründete **Providence Athenaeum** (*251 Benefit St., https://providenceathenaeum.org*), das aus der bereits 1753 gegründeten Providence Library Company hervorging. Es birgt in beeindruckender tempelartiger *Greek Revival*-Architektur aus den 1830ern eine ungewöhnliche Sammlung seltener Bücher, Drucke und Gemälde.

Quasi um die Ecke liegt das **Museum of Art der Rhode Island School of Design** (RISD). 1877, nach der Weltausstellung von Philadelphia, war die Designschule (mit Museum) als erste derartige Einrichtung in den USA eröffnet worden. RISD ist stolz auf ihre umfangreiche Sammlung amerikanischer und europäischer, orientalischer und antiker Kunst in 45 Galerien. Teil des Museums ist das **Pendleton House**. Charles Leonard Pendleton (1846–1904) hatte die wertvolle Ausstattung seines Domizils dem Museum unter der Prämisse, diese in einer adäquaten Kopie seines Hauses auszustellen, vermacht. Ein moderner Museumsanbau von 2008 stammt vom *Jose Rafael Moneo* – das sogenannte Chace Center ist durch eine Glasbrücke verbunden.

45 Galerien

RISD Museum mit Chace Center Galleries, *20 N. Main und 224 Benefit St., http://risdmuseum.org, Di–So 10–17, dritter Do im Monat bis 21 Uhr, $ 15 (So frei), schöner Laden!*

Providence und Umgebung

Am Westufer des Flusses, über die Washington St. erreichbar, erstreckt sich das moderne **Downtown**. Sehenswert ist an der **Kennedy Plaza** das Industrial National Bank Building, ein Hochhaus im Art-déco-Stil. Wegen seiner Ähnlichkeit zum aus der Comicreihe um *Clark Kent* alias *Superman* bekannten *Daily Planet Headquarter* wird es auch „**Superman Building**" genannt. Ebenfalls architektonische Marksteine sind das **Turk's Head Building** (1913) und das **Customhouse** von 1856. Die Laterne auf der Kuppel hieß früher einmal aus China heimkehrende Schiffe willkommen. Fast altmodisch mutet, in nächster Nähe, das erste Einkaufszentrum Amerikas an: die 1828 im Greek-Revival-Stil erbaute **Arcade** (*Weybosset St.*).

Brown University

Die **Brown University** (*www.brown.edu*) wurde 1764 als „Rhode Island College" in Warren/RI, im Süden, gegründet, zog aber 1770 nach Providence um und wurde aufgrund von Geldspenden nach John Brown benannt. Die Uni ist Mitglied der renommierten **Ivy League**, zu der auch Harvard oder Princeton gehören. *Prestigeträchtige Uni*

Das älteste Gebäude ist die University Hall von 1770. Der Unicampus nimmt den Ostteil von Providence (Hauptzugang über *College St.*) ein und zieht sich über den College Hill hin. Zentrale Achse auf dem Campus ist die Thayer Street. Das **Haffenreffer Museum of Anthropology** informiert über die Geschichte und Kultur der Indianer in Nord- und Südamerika.
Haffenreffer Museum of Anthropology, *21 Prospect St., www.brown.edu/research/facilities/haffenreffer-museum, Di–So 10–16 Uhr, frei.*

Am Südwestrand des Campus liegt, unter Ägide des RISD, das **John Brown House**, 1788 für einen der reichsten Kaufleute in der Geschichte der Stadt erbaut. John Quincy Adams, der sechste US-Präsident (1825–1829), beschrieb das Haus einmal als „prachtvollstes und elegantestes Herrenhaus, das ich je auf diesem Kontinent gesehen habe". Es ist noch heute mit kostbaren Möbeln, Gemälden, Zinngeschirr, Silberwaren, Porzellan und Handelswaren ausgestattet.
John Brown House Museum, *52 Power St., www.rihs.org/museums/john-brown-house, April–Nov. Di–Fr 13–16, Sa 10–16 Uhr, Dez.–März Sa 10–16 Uhr, auch Touren, $ 10.*

Pawtucket und das Blackstone River Valley

Im Nachbarort **Pawtucket**, der als Geburtsstätte der Industriellen Revolution in Amerika gilt, befindet sich die **Slater Mill Historic Site**. Die Slater Mill war 1793 die erste mit Wasserkraft betriebene Baumwollspinnerei der USA und ist heute ein Museum und Teil des John H. Chafee Blackstone River Valley National Heritage Corridor (s. u.). Durch Ausstellungen, Modelle und Vorführungen werden die Anfänge des Industriezeitalters in drei restaurierten Gebäuden lebendig. *Beginn technisierter Baumwollspinnerei*
Old Slater Mill, *67 Roosevelt Ave./Main St., https://www.facebook.com/slater.mill, März–Nov. Sa/So 11–15 Uhr, Mai/Juni/Sept./Okt. Mi–So 10–16 Uhr, Juli/Aug. Mi–Mo 10–16 Uhr, $ 12.*

Auf dem Gelände des **Pawtucket's Hope Artiste Village** (einer Kunstgalerie) wurde 2013 die **Rhode Island Musical Hall of Fame** eröffnet, in der an Musiker, Pro-

Die historische Slater Mill in Pawtucket

duzenten, Komponisten oder andere für die Musik bedeutende Persönlichkeiten aus Rhode Island erinnert wird.
Rhode Island Musical Hall of Fame, *999 Main St., www.rhodeislandmusichallof fame.com, tgl. 8–20 Uhr, frei.*

Bootstour durchs Blackstone Valley

Der **John H. Chafee Blackstone River Valley National Heritage Corridor** zieht sich von Pawtucket bis Worcester in Massachusetts. Die Rte. 122 folgt dem Tal in vielen Kurven und gibt immer wieder den Blick frei auf typische Neuengland-Dörfer, Kolonialhäuser, Farmen, Wälder und den Blackstone River. Wer möchte, kann eine Fluss- oder eine Trolleyfahrt mit Blackstone Valley Explorer (s. u.) unternehmen.
John H. Chafee Blackstone River Valley National Heritage Corridor, *VC Slater Mill, www.nps.gov/blac, tgl. 9–17 Uhr, frei.*

Reisepraktische Informationen Providence

Information
Main Visitor Information Center, *1 Sabin St., Mo–Sa 9–17 Uhr;* **Blackstone Valley**: *www.blackstonevalley.org, www.tourblackstone.com*

Unterkunft
Courtyard Downtown Providence $$$, *32 Exchange Terrace, ☎ 401-272-1191, www.marriott.com;* das Haus mit 216 großen Zimmern liegt in der historischen Union Station Plaza, angrenzend ist die Providence River Mall. Mit Swimmingpool und Fitnesscenter.
Old Court B&B $$$, *144 Benefit St., ☎ 401-751-2002, www.oldcourt.com;* mit antiken Möbeln und Dekor ausgestattetes Haus von 1863 mit zehn Zimmern, zentral gelegen in historischem Viertel. Freundliche Gastgeber, gutes Frühstück inklusive.

Renaissance Providence Downtown Hotel $$$$, *5 Avenue of the Arts,* ① *401-919-5000, www.marriott.com; im 1929 erbauten und renovierten Masonic Temple gegenüber dem State House stehen rund 270 luxuriös und elegant-modern gestaltete Zimmer zur Verfügung; Restaurant* **Public Kitchen & Bar**.

Restaurants

Union Station Brewery, *36 Exchange Terrace, www.johnharvards.com/locations/providence-ri; Brewpub in der renovierten* **Union Station**, *dem ehemaligen Bahnhof von 1898.*

Red Stripe, *465 Angell St.,* ① *401-437-6950, http://redstriperestaurants.com; Küchenchefin Rachel Klein bereitet innovative, regional-französisch angehauchte Gerichte zu. Berühmt wurden ihre „moules & frites" und die Bouillabaisse. Tolle Weinauswahl. Filiale im South County (s. S. 248).*

Einkaufen

The Westminster Arcade, *65 Weybosset St., Mo–Fr 10–17, Sa 11–16 Uhr; das älteste Einkaufszentrum der USA.*

Little Italy, *auf Federal Hill westlich der Innenstadt entlang der* **Atwells Ave.**, *lohnt u. a. wegen der italienischen Feinkostläden/Restaurants wie* **Costantino's Venda Ravioli** *(Nr. 275),* **Tony's Colonial Food Store** *(Nr. 311),* **Roma** *(Nr. 310),* **Scialo Bros. Bakery** *(Nr. 257),* **Gasbarro's Wines** *(Nr. 361) oder* **Angelo's** *(Nr. 141).*

Touren

Walking Tours of Providence, *veranstaltet von der RI Historical Society, www.rihs.org/walking-tours, Juni–Okt. Mo–Sa 10 Uhr, $ 15.*

Blackstone Valley Explorer, *www.rivertourblackstone.com, u. a. Riverboat-Touren im Blackstone River Valley.*

Von Newport über New Bedford nach Cape Cod

Hinweis zur Route

Es ist möglich, von Providence aus Boston schnell über die Autobahn I-95 (50 mi/81 km) zu erreichen. Allerdings gibt es schönere Routen: z. B. entlang der Küste von Providence über New Bedford nach Cape Cod, weiter über Plymouth nach Boston (ca. 245 mi/395 km).

Auf dem **US Hwy. 6** geht es dabei von Providence nach Fall River (18 mi/29 km) und von dort weiter nach New Bedford (14 mi/23 km). Nächster Stopp (ca. 100 mi/160 km) ist Provincetown auf Cape Cod. Ab hier erreicht man auf Hwy. 6 und dann Rte. 3A entlang der Küste nordwärts über Plymouth Boston (123 mi/198 km).

Der Name Massachusetts ist indianischen Ursprungs und bedeutet in der gleichnamigen Sprache so viel wie „bei den großen Hügeln". Die Stämme der Massachusett bewohnten einst die südlichen Neuenglandstaaten. Obwohl bereits während des 16. Jh. europäische Abenteurer und Fischer an den Küsten Neuenglands und Neufundlands auf der Suche nach der Nordwestpassage entlang gesegelt waren, begann die Geschichte von Massachusetts erst mit der Gründung der ersten Siedlungen in **Plymouth** (1620) und **Salem** (1626). Weitere folgten rasch.

1632 wurde **Boston** Hauptstadt der streng theokratisch regierten „**Massachusetts Bay Colony**". Nach dem blutigen Indianerkrieg 1675–76 („King Philip's War") und nach einem Zerwürfnis mit dem Mutterland wurde die Kolonie 1686 mit den Nachbarkolonien und New York zum **Commonwealth of New England** vereinigt. 1691 erhielt Massachusetts einen neuen Freibrief, der die Theokratie abschaffte und dem „**Commonwealth of Massachusetts**" Selbstständigkeit unter einem königlichen Gouverneur gewährte.

Ein florierender Handel im 18. Jh. schuf viele Berührungspunkte mit dem Mutterland, doch dessen Handels- und Steuerpolitik wurde von den Einwohnern zunehmend als Unterdrückung empfunden; deshalb entwickelte Massachusetts sich zum **Vorkämpfer in der Unabhängigkeitsbewegung**. Im 19. Jh. kam es im Zuge der **Industrialisierung** zum wirtschaftlichen Aufschwung und gleichzeitig errang der Staat als Ausgangspunkt der Anti-Sklavereibewegung politische Bedeutung und entwickelte sich auch zum **kulturellen Mittelpunkt** Neuenglands.

Massachusetts/MA – Commonwealth of Massachusetts	
u. a. „The Pilgrim State", „The Puritan State", „The Baked Bean State"	
Gründung	1620 (Plimouth Colony)
Beitritt zur Union	6. Februar 1788
Staatsmotto	Ense petit placidam sub libertate quietem – Mit dem Schwert suchen wir Frieden in Freiheit
Staatsbaum	Amerikanische Ulme (American elm)
Staatsblume	Maiblume (Mayflower, Epigaea repens)
Staatsvogel	Schwarzkopfmeise (black-capped chickadee)
Staatstier	Morgan Horse
Höchster Punkt	Mt. Greylock (1.063 m)
Hauptstadt	Boston

Von Newport über New Bedford nach Cape Cod

Fall River

Rund 20 mi/32 km nördlich von Newport erreicht man Fall River (*http://visitsemass.com; www.fallriverma.org*), das bereits in Massachusetts, an der Mount Hope Bay, in die der Taunton River mündet, liegt. Die ganze Region vermarktet sich als **„Southeastern Massachusetts"** und ist stolz auf Strände und Naturareale an der südöstlich gelegenen Buzzards Bay. Z. B. befindet sich rund 27 km (17 mi) entfernt der Horseneck Beach. Die Region bietet gleichermaßen ein großes Angebot für Wassersportfreunde und Sehenswertes für historisch Interessierte.

Hauptsehenswürdigkeit in Fall River ist das Schiffsmuseum **Battleship Cove**. U-Boote und Kriegsschiffe des 20. Jh. sind hier zu besichtigen, darunter das U-Boot „Lionfish", das Schlachtschiff „U.S.S. Massachusetts" aus dem Zweiten Weltkrieg sowie Zerstörer aus dem Korea- und dem Vietnamkrieg. Im nahen **Maritime Museum** gibt es Ausstellungen zur Geschichte der Dampfschifffahrt und zur *Titanic*, u. a. mit einem 8,5 m langen Modell des Schiffes. Kinder freuen sich über das historische **Fall River Carousel**, das ganz nah beim Battleship Cove steht. Es ist ein restauriertes Karussell aus dem Jahr 1920 mit 48 handgeschnitzten und bemalten Karussellpferden und zwei Kutschen.

Battleship Cove America's Fleet Museum, *5 Water St., www.battleshipcove.org, tgl. 9–17 (im Winter 16) Uhr, $ 20 inkl. Museum.*
Maritime Museum at Battleship Cove, *70 Water St., https://battleshipcove.org/maritime-museum, Mi–Sa 11–15 Uhr, Okt.–April geschl., kombiniert mit Battleship Cove $ 20.*

New Bedford

Von Fall River ist es eine kurze Fahrt (ca. 20 Min.) nach **New Bedford**. Die 1640 gegründete Stadt war bis Mitte des 19. Jh. der **bedeutendste Walfanghafen der Welt**. Übrig geblieben sind aus jener Zeit zahlreiche historische Bauten und backsteingepflasterte Gassen im Zentrum. Unweit des attraktiven Stadtkerns – zusammengefasst zum **New Bedford Whaling National Historical Park** – mit dem hervorragenden **Wal-Museum** im Zentrum, fällt der Blick an der Waterfront auf einen der wichtigsten aktiven Fischereihäfen (Jakobsmuscheln, Hummer etc.) in den USA. Fähren legen u. a. nach Martha's Vineyard ab.

Die Innenstadt mit dem **Seaport Cultural District** (*http://destinationnewbedford.org/seaport-cultural-district*) präsentiert sich bunt und vielseitig mit lebhafter Kunst- und Kulturszene, mit vielen Antiquitätenläden, mit kreativem **Art Museum** (v. a. Wech-

Kunst und Kultur

Redaktionstipps

Sehens- und Erlebenswertes
▸ Auf dem **Freedom Trail** (S. 293) die historische und moderne Stadt **Boston** kennenlernen.
▸ **Cape Cod** (S. 269) mit dem Fahrrad erkunden und die langen Sandstrände genießen.
▸ Mit der Fähre nach **Martha's Vineyard** (S. 278) oder **Nantucket Island** (S. 283) übersetzen und eine andere Welt erleben.
▸ In **Plimoth Plantation** (S. 288) und **Plymouth** (S. 286) in den Fußstapfen der Pilgerväter wandeln.
▸ Die **Harvard University** und das **M.I.T.** in **Cambridge** (S. 317) besuchen.
▸ In **Salem** (S. 341) nicht nur auf „Hexenjagd" gehen, sondern v. a. das **Peabody Essex Museum** besichtigen.
▸ Im **Old Sturbridge Village** (S. 329) das Leben im 18. und 19. Jh. erfahren.
▸ In **Stockbridge** das Norman Rockwell Museum (S. 333) besuchen.
▸ Einem Konzert der Bostoner Symphoniker in **Tanglewood** beiwohnen (S. 334).

Essen und Trinken
▸ **Clam Chowder** in Bostons Faneuil Hall Marketplace probieren (S. 316).
▸ Im ältesten Restaurant von Boston, dem **Ye Olde Union Oyster House** (S. 315), frischen Fisch genießen.

selausstellungen und Kunstaktionen), Bühnen, Seaport Art Walk und Musikfestivals. New Bedfords Downtown präsentiert sich mit Restaurants, Cafés und Pubs in Hülle und Fülle, wobei die Lokale für Fisch und Meeresfrüchte bekannt sind.
New Bedford Art Museum/Art Works!, *608 Pleasant St., http://newbedfordart.org, Mi–So 12–17, Do bis 21 Uhr, $ 5.*

Nach Film und Einführung im Infozentrum des New Bedford Whaling NHP sind das **US Custom House** (William St.), die **Public Library** mit der **Whaleman Statue** (William St./Pleasant St.) sowie die Kirche **Seamen's Bethel** und das **Mariner's Home** (Johnny Cake Hill) absolut sehenswert; man schließt sich am besten einer Ranger-Tour an. Herman Melvilles Roman **Moby-Dick** kommt einem bei diesem Spaziergang wieder ins Gedächtnis und es scheint, als ob sich die Altstadt seither kaum verändert hat.

Sehenswertes Wal-Museum
Den Eingangsbereich des lehrreichen **New Bedford Whaling Museum** dominiert ein riesiges Walskelett. In mehreren Abteilungen ringsum erhält man eine anschauliche Einführung in das Leben der Walfänger und Fischer sowie in die Geschichte der Stadt und des Walfangs. Highlight ist die „**Lagoda**", die 1916 erbaute Replik eines Walfangbootes von 1826 in halber Originalgröße. Außergewöhnlich sind die in großer Zahl ausgestellten *scrimshaws* (Walknochen-Schnitzereien), die aufwendigen Schiffsmodelle, Galionsfiguren und andere maritime Gegenstände. Das Augenmerk gilt nicht nur dem Walfang und dem Handel mit Walöl, auch die Bedrohung der riesigen Meeressäuger heutzutage kommt nicht zu kurz. Von der Dachterrasse des Museums bietet sich ein fotogener Ausblick auf die historische Innenstadt und den Fischer- und Fährhafen.
New Bedford Whaling NHP VC, *33 William St., www.nps.gov/nebe, tgl. 9–17 Uhr, frei; mit Buchladen und Ranger-Programmen, -Touren u. a.*
New Bedford Whaling Museum, *18 Johnny Cake Hill, www.whalingmuseum.org, April–Dez. tgl. 9–17, Jan.–März Di–Sa 9–16, So 11–16 Uhr, $ 17.*

Besuch im New Bedford Whaling Museum

Herman Melville und Moby-Dick

„Call me Ishmael – Nennt mich Ishmael" – mit diesen drei Worten beginnt der berühmte Roman *Moby-Dick*. Jeder glaubt, das Meisterwerk von Herman Melville aus zahlreichen deutschen Übersetzungen und durch die legendäre Verfilmung mit Gregory Peck als Kapitän Ahab zu kennen. Doch der „wahre Melville" ist noch gar nicht so alt: Erst 1988 erschien der vollständige und gesicherte Urtext in englischer Fassung, herausgegeben von Harrison Hayford, Hershel Parker und G. Thomas Tanselle in der Northwestern-Newberry Edition.

Herman Melville kam 1819 in New York City zur Welt. Nach dem frühen Tod seines Vaters 1832 übte er diverse Jobs aus, ehe er 1841 in Nantucket auf einem Walfänger anheuerte. Ein Jahr später schon desertierte er in der Südsee von dem Schiff. Ende 1844 kehrte er nach mehreren Abenteuern und als Matrose auf verschiedenen Schiffen in der Südsee wieder in seine Heimat zurück.

Es folgten erste Gehversuche als freier Schriftsteller und 1847 die Hochzeit mit Elisabeth Shaw. Bis 1863 lebte die Familie auf einem kleinen Bauernhof in Pittsfield/MA, dann kehrten die Melvilles nach New York City zurück. Dort arbeitete Melville ab 1866 als Zollinspektor – das Schreiben war nicht einträglich genug. Er starb dort, vereinsamt und arm, im Jahr 1891; sein Opus magnum blieb zu Lebzeiten nämlich unbeachtet.

Die Erlebnisse seiner Seefahrten und Abenteuer in der Südsee stellen die Grundlage seines dichterischen Werkes dar. Zunächst waren die beiden ersten „Südsee-Romane" – *Typee* (1846) und *Omoo* (1847) – große Erfolge. Doch schon seinen dritten Roman *Mardi* verstanden die Leser nicht mehr. Dieser stellte eine Vorstufe zu Melvilles Hauptwerk *Moby-Dick* dar und erschien 2019 endlich auch in einer grandiosen deutschen Übersetzung bei Manesse. Ein weiteres Meisterwerk von 1853 wurde erst posthum zum Bestseller: *Bartleby, der Schreiber* – die absurd-komische Geschichte eines Angestellten einer New Yorker Rechtsanwaltskanzlei.

Moby-Dick ist ein Abenteuer im doppelten Sinn: Mit seiner Geschichte vom fanatischen Kapitän Ahab und dessen Jagd nach einem weißen Wal erzählt Melville eine der packendsten Geschichten der Weltliteratur. Die Erzähltechnik ist spannend: In wechselnden Tonlagen, mit exzessiver Rhetorik und einer bildhaft bombastischen Sprache beschreibt er die Höhen und Tiefen des mythischen Kampfes, bei dem der Mensch von seiner eigenen Hybris eingeholt wird.

Homogenität und geschliffener Stil fehlen dem sperrigen Original des viel gereisten Genies Melville. Bisher scheiterten deshalb auch die Übersetzer daran, diese Eigenart wiederzugeben. Stattdessen wurde geglättet und verbessert. Erst die deutsche Übersetzung von Friedhelm Rathjen hält sich streng an die Vorlage und liefert ein Ergebnis, das sich ungewohnt liest, aber dem Original nahekommt.

Lesetipps
- *Herman Melville, Moby-Dick oder: Der Wal, Jung und Jung Verlag (Salzburg, 2016)*
- *Christophe Chabouté/U. Pröfrock, Moby Dick Graphic Novel, Egmont Graphic Novel (Stuttgart 2015).*
- *Herman Melville, Mardi und eine Reise dorthin, Manesse Verlag (München 2019).*

Wandmalerei zu Frederick Douglass' Kampf für die Freiheit der Schwarzen

New Bedford hat auch in anderer Hinsicht historische Bedeutung: Die Stadt war eine bedeutende Station an der **Underground Railroad**, dem landesweiten Hilfsnetz für entflohene Sklaven. Einer davon war *Frederick Douglass* (1818–1895), der ab 1838 in New Bedford lebte und wirkte. Dank des liberalen Klimas konnte in New Bedford schon Mitte des 19. Jh. ein afroamerikanisches Viertel mit hübschen Reihenhäuschen, die **Abolition Row** (*7th St.*), entstehen.

Lesetipp
Colson Whiteheads Roman Underground Railroad, 2017 mit dem Pulitzer-Preis ausgezeichnet, beschreibt historisch-fiktiv die Geschichte der Sklaverei im Amerika des 19. Jh. und die Flucht vieler Sklaven nach Norden.
• *Colson Whitehead, Underground Railroad, Fischer Taschenbuch 2019.*

Zum Verweilen und Picknicken lädt **New Bedfords South End** ein, die Südspitze der Halbinsel, auch als **Clark's Point** bezeichnet, die sich in die Buzzards Bay hineinschiebt. Hier befindet sich der **Fort Taber/Fort Rodman Park** (*http://forttaber.org*): einst Befestigungsanlage aus der Mitte des 19. Jh. zum Schutz des Hafens, heute vor allem ein Naherholungsgebiet.

Alte Befestigungsanlage

Die Promenade, der **Cove Walk**, ergänzt den **Waterfront Path** entlang am Hafen und ist ideal zum Radfahren oder Spazierengehen. Der Weg verläuft auf dem Scheitel eines Dammes, der 1966 eingeweiht wurde. Er soll Hafen und Stadt vor *Hurricanes* schützen. Da er komplett geschlossen werden kann, bietet New Bedford damit einen sicheren Zufluchtsort für das ganze Umland.

Ausgeklügelter Hurrikan-Schutz

Reisepraktische Informationen New Bedford & Umgebung

Information
New Bedford Waterfront VC, 52 Fisherman's Wharf, Pier 3, http://destination newbedford.org, Mo–Fr 8–16 Uhr, in der HS auch Sa/So 9/10–15/16 Uhr.
New Bedford Whaling NHP VC, s. o.

Unterkunft
Fairfield Inn & Suites by Marriott $$$, 185 MacArthur Dr., ① 774-634-2000, www.marriott.de; direkt am Hafen gelegenes neues Hotel mit geräumigen, modernen Zimmern (mit Ausblick), inkl. Frühstück.
The Orchard Street Manor $$$, 139 Orchard St., ① 508-984-3475, www.theorchard-street-manor.com; restauriertes Kapitänshaus aus dem Jahr 1845 mit fünf liebevoll mit Antiquitäten eingerichteten Zimmern, jeweils eigenes Bad vorhanden. Nicht weit vom Wal-Museum entfernt.

Restaurants
Moby Dick Brewing Co., 16 S Water St., www.mobydickbrewing.com; die hausgebrauten Ales und Lagers sind das perfekte Getränk zu Fish & Chips oder lokalen scallops (Jakobsmuscheln).
Tia Maria's European Café, 42 N Water St.; mehr als nur eine Bäckerei, ideal zum Frühstück oder Lunch. An Wochenenden wird auch Dinner serviert, v. a. portugiesische Gerichte. Mehr Spezialitäten aus Portugal gibt es im **North End**, entlang der Acushnet Ave.

Shopping
Matouk Factory Store, 925 Airport Rd., Fall River, www.matouk.com/insidematouk/factory-store; führt die Textiltradition der Region fort mit qualitätvoller Bettwäsche, Decken, Handtüchern, Tischdecken u. Ä. zu Schnäppchenpreisen.
New Bedford Antiques at the Cove, 127 Rodney French Blvd., New Bedford; ist auf Möbel und Wohn-Accessoires spezialisiert.
Circa Vintage Wear, 204 Court St., New Bedford, www.circavintage1986.com; Vintage-Kleidung und modische Accessoires.

Fähren
Vom **Seastreak Ferry Terminal** (49 State Pier) geht es in knapp einer Stunde per Schiff von New Bedford nach Martha's Vineyard (https://seastreak.com), s. S. 278.

Cape Cod/MA

Von New Bedford führt der US Hwy. 6 ostwärts nach **Cape Cod** (45 mi/72 km), ans „Ende der Welt", wie man früher sagte. Heute kann man sich das kaum mehr vorstellen, schon gar nicht im Sommer. Die 100 km lange (Halb-)Insel ist das wohl beliebteste **Ferien- und Naherholungsziel** südlich von Boston.

Schon Anfang des 17. Jh. wussten europäische Seeleute vom **Fischreichtum** des Atlantiks in dieser Region, speziell von den großen Mengen an Kabeljau (cod). Sie waren

Cape-Cod-Rundfahrt

Der US Hwy. 6 quert Cape Cod und stellt die schnellste Verbindung dar. Abwechslungsreicher ist die Fahrt von **Sagamore** auf dem Hwy. MA 6A an der Nordküste entlang bis **Orleans**. Um nach Provincetown, am Nordzipfel der Insel gelegen, zu gelangen, wechselt man auf den US Hwy. 6. Der Rückweg ist von Orleans auf der MA 28 entlang der Südküste durch die Ortschaften Chatham, Hyannis und Falmouth möglich. Bei Bourne trifft man dann wieder auf den direkt nach Sagamore führenden US Hwy. 6.

es auch, die Cape Cod seinen Namen gaben. 1620 legten die Pilgrims zunächst beim heutigen Provincetown an, entschlossen sich dann aber, auf die andere Seite der Bucht zu wechseln, um dort die Plimoth Plantation (s. S. 288) zu gründen. Daher siedelten auf Cape Cod lange Zeit nur Fischer; erst um 1900 sorgte der Tourismus für einschneidende Veränderungen.

Cape Cod gleicht einem angewinkelten Arm mit angespanntem Bizeps. Etwa 50 km ragt die Insel zunächst nach Osten in den Atlantik hinein, dann noch einmal die gleiche Strecke nordwärts. Die so entstandene **Cape Cod Bay** ist bekannt für ihre warmen und strömungsfreien Gewässer – weit angenehmer als die kalten Fluten und Strömungen auf der gegenüberliegenden Atlantikseite. Um das gefährliche Umschiffen der Halbinsel zu vermeiden, wurde 1914 ein Kanal konstruiert, der die Halbinsel Cape Cod zu einer Insel machte.

Ursprünglich keine Insel

Hauptanziehungspunkt sind die kilometerlangen, sauberen Sandstrände (v. a. Race Point Beach, Ridgevale Beach, Surfside Beach/Nantucket), außerdem wurde 1961 ein 11.000 ha großes Naturschutzgebiet als **Cape Cod National Seashore** unter Schutz gestellt.

Cape Cod geografisch

Cape Cod gliedert sich in drei Teile:
❶ Das **Upper Cape** erstreckt sich vom Cape Cod Canal bis nach Woods Hole und Falmouth. Hier finden sich in kleinen Buchten versteckte Strände, Naturreservate, historische Dörfer und die Anlegestellen der Fähren nach Martha's Vineyard und Nantucket.
❷ Das **Mid Cape** mit dem Barnstable County und den Ortschaften Hyannis, Yarmouth, Dennis und Harwich ist der wohl meistbesuchte Teil, mit Stränden an der Cape Cod Bay im Norden und am Nantucket Sound im Süden.
❸ Zum **Lower Cape**, im „Ellenbogen", gehört die Cape Cod National Seashore mit endlosen Stränden und Wander- und Radwegen. Dem Lower Cape zugerechnet werden Chatham, Orleans, Brewster, Eastham, Wellfleet, Truro und Provincetown.

Mid Cape

Erste Station auf Cape Cod ist **Sandwich**. 1637 als erster Ort auf Cape Cod gegründet, war Sandwich einst bekannt für seine florierende Glasindustrie. Von 1825 bis 1888

Ausstellungsstücke im Sandwich Glass Museum

prosperierte hier die Glashütte **Cape Cod Glass Works**. Über diesen wichtigen Industriezweig informiert das **Sandwich Glass Museum**, das etwa 5.000 grandiose Glasprodukte ausstellt. Regelmäßig finden außerdem sehenswerte Vorführungen von Glasbläsern statt.
Sandwich Glass Museum, *126 Main St., https://sandwichglassmuseum.org, April–Dez. tgl. 9.30–17 Uhr, Feb.–März Mi–So 9.30–16 Uhr, $ 10, mit Shop.*

Oldtimer, Kunst und Karussell

Sehenswert sind am südlichen Ortsrand auch die **Heritage Museums and Gardens**, ein mehrteiliger, familienfreundlicher Komplex aus historischen Bauten und Botanischem Garten. Es gibt beispielsweise eine Nachbildung der *Round Stone Barn* der Shaker. Im Inneren befindet sich eine ungewöhnliche **Sammlung alter Autos** aus den Jahren 1899 bis 1962 von Josiah K. Lilly III, der das Areal 1964 erworben hatte. Daneben gibt es eine Galerie mit Wechselausstellungen sowie **American folk art und die Heritage Collection**, zudem ein historisches Karussell und einen großen Spielplatz. Hauptattraktion ist jedoch die **Gartenanlage** selbst, die einen der größten Rhododendrongärten der Welt birgt. In den 1920ern von Charles Owen Dexter gegründet, finden sich hier neben Rhododendren und Azaleen über 1.000 Taglilien- und Hosta-Sorten und dazu Prachtexemplare von Hortensien.
Heritage Museums and Gardens, *67 Grove St., Sandwich, www.heritagemuseumsandgardens.org, Mitte April–Mitte Okt. tgl. 10–17 Uhr, sonst nur an ausgewählten Wochenenden, $ 20, Café und Shop.*

Auf der Weiterfahrt nach Osten passiert man mehrere kleine Fischerorte, z. B. **Barnstable** und **West Barnstable** mit dem 1717 gebauten **West Parish Meetinghouse**

(*2049 Meetinghouse Way*), einer der ältesten Kirchen, die mit einer Glocke von Paul Revere (s. S. 302) versehen ist. **Yarmouth Port** hat mehrere historische Häuser, wie das **Winslow Crocker House** (*250 Hwy. 6A*) oder das **Edward Gorey House** (*8 Strawberry Lane*), eine Postkutschenstation und ein alter Drugstore aus dem Jahr 1899, zu bieten.

In **Dennis** befindet sich mit dem **Cape Playhouse** das seit 1927 kontinuierlich betriebene Sommertheater, und in **Brewster** lohnt das **Cape Cod Museum of Natural History** (*869 MA 6A, www.ccmnh.org*).

Orleans schließlich ist berühmt für seine Sandstrände, beispielsweise **Nauset Beach**. Der Ort wurde 1797 nach dem Duke of Orleans, dem späteren König von Frankreich, benannt. Berühmtheit erlangte er, als hier 1879 eine Telegrafenlinie nach Brest eingerichtet wurde. Das kleine **French Cable Station Museum** (*41 S Orleans Rd./MA 28, www.frenchcablestationmuseum.org*) informiert über dieses wegweisende Ereignis.

Guglielmo Marconi und das Telegramm

Guglielmo Marconi, 1874 in Bologna geboren, war ein italienischer Funktechniker. 1895 erfand er die geerdete Senderantenne, mit der ihm Anfang 1896 die Übertragung drahtloser Signale über fast drei Kilometer gelang. Er zog 1896 nach England, um seine Erfindung weiterzuentwickeln und erhielt das britische Patent für die drahtlose Übertragung von elektrischen Impulsen und Signalen. Im Mai 1897 funktionierte das Senden schon auf eine Entfernung von 14,5 km und im Dezember desselben Jahres waren es 29 km.

Die Übertragungstechnik entwickelte sich fortan rasant: 1899 konnte auf 52 km zwischen England und Frankreich übertragen werden, 1901 auf 3.600 km zwischen England und Neufundland. 1902 gelang es Marconi dann, von der Stelle der heutigen **Marconi-Station** die ersten telegrafischen Nachrichten über den Atlantik zu senden. 1909 erhielt er zusammen mit Karl Ferdinand Braun den Nobelpreis für Physik. Er starb 1937 in Rom.

Lower Cape

In Orleans trifft die Nebenstrecke (*MA 6A*) wieder auf den US Hwy. 6, der hinauf nach **Provincetown** führt. Hier dominiert die **Cape Cod National Seashore** das Bild. Während Sandstrände und hohe Dünen die östliche Atlantikküste kennzeichnen, sind es im Westen, zur Bucht hin, ausgedehnte Marschrouten. Das Naturschutzgebiet gliedert sich in **vier sehenswerte Abschnitte**, wobei erster Anlaufpunkt das **Salt Pond VC** bei Eastham sein sollte. Hier erhält man Infos und lernt anhand eines Films und mittels Ausstellungen die lokalen ökologischen Gegebenheiten kennen.

Vom Besucherzentrum in Eastham führt eine Straße nach Osten, direkt zum **Nauset Light Beach** mit dem gleichnamigen **Leuchtturm**. Auch in der nördlich anschließenden **Marconi Wireless Station Site** erstreckt sich ein beliebter Badestrand. Außerdem bietet sich der **Atlantic White Cedar Swamp Trail** zum Wandern an. Die Ortschaft **Wellfleet** liegt schön in einer Bucht im Nordwesten und ist berühmt für

ihre Austernzucht. Ein Stück weiter nördlich folgt **North Truro** mit dem **Highland Light**, einem weiteren fotogenen Leuchtturm.
Cape Cod National Seashore, www.nps.gov/caco, $ 20; **Salt Pond VC**, *50 Nauset Rd./Rte. 6, Eastham, HS tgl. 9–17 Uhr, sonst nur an Wochenenden.*
Province Lands VC, *171 Race Point Rd., Provincetown, Mitte April–Mitte Okt. tgl. 9–17 Uhr, mit Race Point Beach.*
Highland Light, *27 Highland Rd. (ab Hwy. 6), North Truro, www.highlandlighthouse.org, Mai–Okt. tgl. 10–17 Uhr, April–Mai 12–16 Uhr, Museum & Lighthouse-Touren $ 6.*

Ein attraktiver Ort auf Cape Cod ist das kleine Hafenstädtchen **Provincetown**, von wo aus im Sommer Fähren nach Plymouth und Boston ablegen. Das einst verschlafene Nest haben erst Künstler, und ab den 1970er-Jahren Homosexuelle für sich entdeckt. Ein Ferienort entstand, dem eine heitere, tolerante und bunte Atmosphäre eigen ist. „**P'town**" war aufgrund seines geschützten Hafens bei Fischern beliebt und auch heute noch spielt der Fischfang eine Rolle.

Toller Ausblick

Hauptachse des Ortes ist die **Commercial Street**, die an Hafen und Strand vorbeiführt. Hier reihen sich kleine, teilweise ausgefallene Läden, Cafés, Imbissbuden und Restaurants auf. Das **Pilgrim Memorial**, Anfang des 20. Jh. als Erinnerungsmal errichtet, überragt den Ort und gewährt tollen Ausblick aus 77 m Höhe. Informative Ausstellungen gibt es dann im **Provincetown Museum** zu Füßen des Memorials. Kunstfreunde sollten sich das **Provincetown Art Association & Museum** (kurz „PAAM") nicht entgehen lassen. Neben Wechselausstellungen sind vor allem Kunstwerke regional tätiger Künstler zu sehen.
Pilgrim Memorial/Provincetown Museum, *1 High Pole Hill Rd., April–Ende Nov. tgl. 9–17 Uhr, HS bis 19 Uhr, $ 14, www.pilgrim-monument.org.*
PAAM, *460 Commercial St., www.paam.org, Juli–Sept. tgl. 11–mind. 17, Okt.–Mai Do–So 12–17 Uhr, $ 12.*

Zurück in Mid Cape

Von Orleans aus geht die Rückfahrt weiter auf der MA 28 an die **Südküste** von Cape Cod. Zwischen Chatham und Hyannis reihen sich zahlreiche Ferienorte aneinander; sehenswert sind die Leuchttürme, z. B. das **Old Bass River Lighthouse** (*West Dennis, jetzt mit Motel von Mai bis Sept., www.lighthouseinn.com*) oder das **Chatham Lighthouse** (*Coast Guard Station, www.historic-chatham.org/lighthouse.html, gelegentlich Touren*).

Aus dem kleinen alten Fischerdorf **Chatham** mit seinem *Fishing Pier* hat sich ein beliebter Ferienort mit Boutiquen, Restaurants und Cafés entwickelt. Der besondere Reiz liegt an Chathams Lage sowohl am Nantucket Sound als auch am Atlantischen Ozean. Einen Besuch wert ist das **Railroad Museum**, das früher einmal eine Eisenbahnstation war. Sehenswert ist zudem das historische **Atwood House Museum** der Chatham Historical Society mit einer beeindruckenden Sammlung regionaler Kunst verschiedener Genres, von Fotos und Dokumenten bis hin zu Bildern und Skulpturen.
Chatham Railroad Museum, *Depot Rd., www.chathamrailroadmuseum.com, Mitte Juni–Mitte Sept. Di–Sa 10–16 Uhr, Spende.*

Chatham Lighthouse

Atwood House Museum, *347 Stage Harbor Rd., https://chathamhistoricalsociety.org, Ende Mai–Ende Juni u. Sept. Di–Sa 13–17, Juli–Anfang Sept. Di–Sa 10–17, Dez. Fr/Sa 13–16 Uhr, $ 10.*

Hyannis ist mit etwa 15.000 Einwohnern der Hauptort der Insel und ein Verkehrsknotenpunkt. Es gibt Museen, Galerien, Theater, Antiquitätengeschäfte und Boutiquen, aber auch Golf- und Tennisplätze sowie schöne Strände; **Craigville Beach** zählt zu den beliebtesten. Im Hafen **Hyannis Port** liegen elegante Jachten neben Fischerbooten und den Fähren nach Martha's Vineyard und Nantucket.

Hauptachse ist die **Main Street** an der Waterfront (*www.hyannismainstreet.com*) mit Geschäften, Lokalen, Bars und Cafés. Sehenswert ist das **John F. Kennedy Memorial** (*Ocean St.*), das an den Präsidenten der Vereinigten Staaten erinnert, der in der Nähe aufwuchs. Noch heute unterhält die Familie ein (nicht öffentlich zugängliches) Anwesen, bestehend aus mehreren Ferienhäusern, das „Kennedy Compound". Im Alten Rathaus wurde ein **Museum** eingerichtet, das mit Fotos, Ausstellungen und einem Film über die Kennedy-Familie informiert.
John F. Kennedy Hyannis Museum, *397 Main St., https://jfkhyannismuseum.org, Juni–Okt. Mo–Sa 9–17, So 12–17 Uhr, Mitte April–Mai/Nov. Mo–Sa 10–16, So 12–16 Uhr, Dez.–Mitte April Do–Sa 10–16 Uhr, $ 13.*

Besuch im John F. Kennedy Hyannis Museum

Upper Cape

Westlich von Hyannis gewinnt die Natur wieder die Oberhand. Bei **Mashpee** befindet sich ein Reservat der **Wampanoag-Indianer** (https://mashpeewampanoagtribe-nsn.gov). Das **Old Indian Meeting House** (410 Meetinghouse Rd.) von 1684 ist die älteste erhaltene Kirche – eine Art Versammlungshaus – für Indianer.

Die ehemalige Quäkersiedlung **Falmouth** stellte im 19. Jh. ein wichtiges Zentrum der Glasindustrie und des Walfangs dar. Heute handelt es sich um einen beliebten Ferienort und Fährhafen für Schiffe nach Martha's Vineyard und in der Hochsaison auch nach Nantucket. Die historischen Häuser, die die **Falmouth Museums on the Green** bilden, geben einen guten Einblick ins Leben im 18. Jh. und informieren über die Stadtgeschichte.
Falmouth Museums on the Green, *55/65 Palmer Ave., http://museumsonthegreen.org, Touren $ 10, mit* **Hallet Barn VC**.

Fährverbindungen

Woods Hole, an der südwestlichen Spitze von Cape Cod, ist ein wichtiger Hafen mit ganzjährigen Fährverbindungen nach Martha's Vineyard. Überregionale Bedeutung hat das **Ozeanografische Forschungszentrum**, das Ausstellungen und Infos bietet.
Woods Hole Oceanographic Institution VC, *93 Water St., www.whoi.edu, Mo–Fr 8–16 Uhr, frei.*
Ocean Science Discovery Center, *15 School St., saisonal unterschiedl. Öffnungszeiten, meist Mo–Sa 10–16.30 Uhr, frei.*

Die Rundfahrt führt weiter auf dem Hwy. MA 28 an der buchtenreichen Westküste entlang nach **Bourne**, wo sich südlich der Bourne Canal Bridge die **Aptucxet Trading Post** befindet. Es ist eine Nachbildung des wahrscheinlich ersten Handelsplatzes in Nordamerika aus dem Jahr 1627. Sehenswert ist ein Felsbrocken mit eingravierten Zeichen, die, unterschiedlichen Theorien zufolge, entweder von den Wikingern (um das Jahr 1000) oder von den Phöniziern (um 400 v. Chr.) stammen sollen.
Aptucxet Trading Post, *24 Aptucxet Rd., www.bournehistoricalsociety.org/aptucxet-museum, Ende Mai–Anfang Okt. Di–So 10–16 Uhr, $ 6.*

Reisepraktische Informationen Cape Cod/MA

Information
Visit Cape Cod: www.capecodchamber.org sowie www.visitcapecod.com
Cape Cod Welcome Center, *5 Patti Page Way (Hwy. 6/MA 132), Centerville, Mo–Sa 10–mind. 14 Uhr, im Sommer längere Öffnungszeiten;* außerdem: **Route 3 VC**, *Rte. 3, Plymouth (Exit 3).*
Hyannis VC, *397 Main St., Hyannis, HS tgl. 10–16, NS Mi–Sa 10–16 Uhr, Infostand auch im John F. Kennedy Museum, https://www.hyannis.com/visitor-center.*

Unterkunft
Die Übernachtungsmöglichkeiten konzentrieren sich entlang der Südküste an der Rte. 28 zwischen Falmouth und Chatham sowie im Nordteil zwischen Eastham und Wellfleet nahe dem US 6 und in Provincetown am US 6A. Neben Kettenhotels und -motels gibt es eine

Vielzahl privat geführter Häuser. Die Preise sind vergleichsweise hoch und rechtzeitige Zimmerreservierung ist empfehlenswert, z. B. unter: www.bookcapecod.com oder www.capecod hotelsandmotels.com.

In **Provincetown**, entlang Bradford und Commercial St. (Hwy. 6A) reihen sich mehrere kleine Inns/Hotels wie das **Harbor Hotel Provincetown** $$ (698 Commercial St., ① 508-487-1711, www.harborhotelptown.com) oder das **Surfside Hotel** $$ (543 Commercial St., ① 508-487-1726, www.surfsideinn.cc) auf. Besonders empfehlenswert sind:

ShoreWay Acres Resort Inn $$–$$$, 59 Shore St., Falmouth, ① 508-540-3000, www.shorewayacresinn.com; 80 Zimmer – B&B oder im Motel – schön im Grünen gelegen. Günstig nahe Strand und Ortskern, mit Pools, Sauna und Freizeitangeboten.

Hyannis Harbor Hotel $$$, 213 Ocean St., Hyannis, ① 508-775-4420, www.hyannis harborhotel.com; direkt am Hafen gelegenes Mittelklasse-Hotel mit 136 Zimmern und Suiten, dazu Restaurant „Bluewater Grille".

Viking Shores Motor Inn $$$, 5200 Rte. 6, Eastham, ① 508-255-3200, www.viking shores.com; Motor Inn mit 40 freundlich eingerichteten Zimmern, nicht weit von der National Seashore entfernt, gleich hinter dem Haus verläuft der Cape Cod Rail Trail (Fahrradverleih im Haus).

Brass Key Guesthouse $$$–$$$$, 67 Bradford St., Provincetown, ① 508-276-7165, https://brasskey.com; Boutique-Hotel, bestehend aus mehreren Cottages mit luxuriösen Zimmern um einen idyllischen Innenhof mit Pool.

Chatham Bars Inn $$$–$$$$, 297 Shore Rd., Chatham, ① 508-945-0096, www.chathambarsinn.com; seit 1914 existierendes, historisches Inn in Superlage am Atlantik und mit höchstem Komfort. Resort mit großem Freizeit- und Sportangebot, insgesamt 177 Zimmer/Suiten, umgeben von einer Parkanlage; mehrere Lokale und Spa.

Restaurants/Einkaufen

Entlang der **Commercial St.**, nahe Hafen und Strand, finden sich in **Provincetown** Läden und Lokale aller Art. Besondere Tipps sind:

Cape Cod Beer, 1336 Phinney's Lane, Hyannis, https://capecodbeer.com, Mo–Fr 10–18, Sa 11–15, Touren Mo–Sa 11 Uhr, Tastings und Shop.

Spanky's Clam Shack, 138 Ocean St., Hyannis; preiswerter Seafood-Imbiss am Wasser.

Trails & Touren

Cape Flyer, Zug zwischen Boston (South Station) und Hyannis, im Sommer Fr–So, Infos: http://capeflyer.com.

Whalewatch-Touren gibt es ab Barnstable Harbor und Provincetown, z. B. www.whales. net, http://whalewatch.com.

Cape Cod Rail Trail: Wanderer und Radfahrer können auf dem 25 mi/40 km langen Pfad, der einer alten Eisenbahntrasse folgt, die Insel erkunden. Infos: www.capecodbikebook. com oder www.capecodchamber.org/bike-paths. Fahrräder mieten kann man u. a. in South Dennis bei Barb's Dennis Shop (430 Rte. 134, www.barbsbikeshop.com) oder in vielen Hotels.

Massachusetts Cranberry Trail

Cape Cod und die anschließende Region gelten als Hochburg des Cranberry-Anbaus. Wer während der Erntezeit von Mitte Sept.–Nov. in der Region unterwegs ist, sollte Station an einigen der Farmen (meist mit Shop) machen. Infos unter: www.cranberries.org.

Fähren

Infos zu Fährlinien und Abfahrtszeiten unter: **www.capecodchamber.org/cape-cod-islands-ferry-schedules**, z. B.:
Martha's Vineyard, 2–4-mal tgl., Fahrzeit ca. 1½ Std.; außerdem gibt es Tagesausflüge mit 4-stündigem Aufenthalt auf der Insel.
Nantucket Island, 3–5-mal tgl., Fahrzeit ca. 2 Std.; außerdem Tagesausflüge mit 3- bis 4-stündigem Inselaufenthalt.
Fährunternehmen sind z. B.:
Hy-Line Cruises, Hyannis, Pier 1/Ocean Street Dock, https://hylinecruises.com; Schnell- und reguläre Fähren nach Nantucket Island und Martha's Vineyard, keine Beförderung von Autos.
The Steamship Authority, www.steamshipauthority.com; Fähren von Woods Hole/Cape Cod nach Martha's Vineyard, von Hyannis/Cape Cod nach Nantucket Island, auch Autofähren.
Island Queen, Falmouth, https://islandqueen.com, Ende Mai–Anfang Okt. Überfahrt nach Martha's Vineyard für Fußgänger.

Buchtipp

Michael Cunningham, Land's End. Ein Spaziergang in Provincetown (2003). Der Autor des Romans The Hours, Cunningham, schrieb über jenen Ort der Halbinsel, dessen Atmosphäre, Geschichte und Besonderheiten er vor mehr als 40 Jahren kennen- und lieben lernte.

Martha's Vineyard

Vor der Küste Cape Cods liegen in der Brandung des Atlantiks zwei Inseln, die dank Herman Melvilles 1851 erschienenem Epos *Moby-Dick* als Walfängerinseln weltbekannt geworden sind: **Nantucket** und westlich davon **Martha's Vineyard**.

Als 1602 Bartholomew Gosnold, ein britischer Forscher, Abenteurer und Mitgründer der Virginia Company, erstmals die Insel vor der Südküste Cape Cods im heutigen Bundesstaat Massachusetts betrat, fiel ihm der wild wachsende Wein auf. Also nannte er die Insel „Martha's Vineyard", nach seiner Tochter oder Schwiegermutter, genau weiß man es nicht.

„MV" oder „Vineyard", wie man die Insel kurz nennt, ist bis heute Heimat der **Wampanoag-Indianer**, die die Insel „**Noepe**" – „Land zwischen den Fluten" – nennen. 1642 entstand die erste europäische Siedlung, das heutige **Edgartown**, und seither lebten Siedler und Indianer friedlich nebeneinander.

Wohlstand dank Walfang
Der Walfang sicherte den Wohlstand der Bewohner, der noch heute an den prächtigen Herrenhäusern der Kapitäne in Vineyard Haven und Edgartown erkennbar ist. Unter den Siedlern waren im 18. und 19. Jh. auch Einwanderer aus England, die aufgrund einer genetischen Eigenart einen hohen Anteil an Gehörlosen zur Welt brachten. Deshalb entstand hier schon in der ersten Hälfte des 19. Jh. eine spezielle **Gehörlosensprache**, die als *Martha's Vineyard Sign Language* bekannt wurde – die erste Form einer Gebärdensprache, die später zur Grundlage der heute gebräuchlichen amerikanischen Gebärdensprache (ASL) wurde.

Martha's Vineyard

Die Insel war stets eine beliebte „Sommerfrische". Im Laufe des 20. Jh. mauserte sich „Vineyard" zur Sommerkolonie und **Urlaubsdestination**. Die Popularität nahm weiter zu, als hier 1974 Steven Spielberg *Der weiße Hai* drehte. Heute liegt die permanente Einwohnerzahl bei gut 16.500, im Sommer tummeln sich jedoch gut über 100.000 Menschen auf der Insel.

Der weiße Hai

Um herumzukommen, braucht man kein Auto: Einerseits gibt es ein gut ausgebautes Fahrradwegenetz, dazu Verleihstationen, andererseits ein dichtes öffentliches Bussystem.

Angekommen in **Oak Bluffs**, dem saisonal bedienten Fährhafen für Auto- und Schnellfähren – das benachbarte **Vineyard Haven** wird ganzjährig von einer Autofähre angelaufen –, glaubt man, in eine andere Welt einzutauchen. Die Insel besticht mit einer eher robusten, natürlichen Schönheit und gibt sich wenig elitär oder *snobbish*. Dabei war und ist „MV" ein Anziehungspunkt für Reiche und Politiker – sogar die Kennedys, Clintons oder Obamas besitzen hier Häuser. Auch Musiker, Schauspieler und Künstler halten sich hier gerne auf.

Es gibt drei Küstenorte auf der Insel – **Oak Bluffs, Vineyard Haven** und **Edgartown** –, drei Inlandsgemeinden und drei erhaltene historische Leuchttürme, endlose Strände und mehrere Fischerei- und Jachthäfen. Über ein Drittel der Insel ist gesetzlich vor Bebauung als „State Forest" geschützt. Zur Einsamkeit und Ruhe trägt bei, dass ein Großteil der luxuriösen Stadthäuser mit prächtigen Gärten oder der in den Wäldern verborgenen Villen als klassische „Summer Homes" nur einen Teil des Jahres bewohnt sind.

Kaum Neubauten

Edgartown, der älteste Ort auf der Insel Martha's Vineyard

Gingerbread Cottages in Oak Bluffs/Martha's Vineyard

Oak Bluffs ist eine Künstlerkommune und bekannt für die bunten **Gingerbread Cottages**, Holzhäuschen im verspielten viktorianischen Stil, die rings um einen Versammlungsplatz angeordnet sind. Diese Siedlung, „The Campground", offiziell „**Wesleyan Grove**" genannt, war zunächst als Treff der Methodisten im Sommer für Openair-Meetings mit Zeltlager entstanden. Im Laufe der Zeit wurde daraus eine feste Siedlung mit dem *Tabernacle* im Zentrum und allseitig kleinen Hütten. Die Cottages sind heute als Immobilien hochbegehrt, ein Teil davon wird im Sommer an Gäste vermietet.

Historisches Karussell

Circuit Avenue heißt die umtriebige Hauptstraße, wo sich wie am Hafen das Leben abspielt. Das beliebte historische Karussell, das **Oak Bluffs Flying Horses Carousel**, liegt auf halber Strecke zwischen Fährhafen und Oak Bluffs Marina. Noch eine Besonderheit zeichnet Oak Bluffs aus: Schon seit dem frühen 20. Jh. an existierten hier Schwarze und weiße Gesellschaft freundschaftlich nebeneinander und mit dem großen portugiesischen Bevölkerungsteil gab es eine fruchtbare Symbiose. Noch heute ist man auf die **ethnische Diversität** und tolerante Haltung der Ortschaft stolz.

Tisbury nennt man den Großraum zwischen Oak Bluffs und dem benachbarten **Vineyard Haven**, das ganzjährig als Hafen für Personen- und Frachtschiffe fungiert. „Holmes Hole" hieß die kleine Hafenstadt einst, 1875 entschied man sich für das positiver klingende „Vineyard Haven" als Namen.

„VH" gilt als besonders familienfreundlich und ist zudem Heimat des modernen Wahrzeichens der Insel, des „**Black Dog**". Dieser geht auf die gleichnamige Taverne, direkt am Hafen, zurück, die das erste ganzjährig geöffnete Lokal im Ort war. Der schwarze Labrador des Wirts, *Captain Robert Douglas*, schaffte es nicht nur zum Maskottchen der 1971 eröffneten Kneipe, der Hund ziert als Logo inzwischen T-Shirts, Taschen, Tassen, Jacken u. v. m.! Dazugekommen sind Cafés, eine Bakery und ein Souvenirshop gleichen Namens und es gibt sogar Kinder- und Kochbücher des Black Dog.

Nicht versäumen sollte man das neue **Martha's Vineyard Museum** in einem alten Marine-Hospital (1895). Die umfangreichen Ausstellungen erzählen von der Geschichte der Insel unter verschiedenen Aspekten – vom Walfang über Leuchttürme bis zur Seefahrtsgeschichte –, zeigen Schiffe und Teile davon, Relikte, Fotos und Dokumente, Karten und Nachbauten.
MV Museum, *151 Lagoon Pond Rd., Vineyard Haven, https://mvmuseum.org, saisonal unterschiedl. Zeiten, März–Dez. Di–So 10–16 Uhr, $ 18.*

Im Westen der Insel liegen **West Tisbury**, das landwirtschaftliche Zentrum, sowie die Gemeinde **Chilmark** mit weitläufig verstreuten, kaum einsehbaren Häusern. Teil der Gemeinde ist das Fischerdorf **Menemsha**, direkt am Atlantik, mit kleinen Märkten in rustikalen Hütten, in denen es Frischfisch und Meeresfrüchte roh zum Kauf oder auch als Imbiss gibt, den man im Freien, auf alten Lobsterkäfigen sitzend, genießt. Hier befindet sich zugleich der einzige Strand an der Westküste, wo man einen Sonnenuntergang über dem Atlantik erleben kann. Das **Gay Head Lighthouse** (*http://gayheadlight.org*) von 1856 markiert die äußerste Westspitze der Insel. Der **Wampanoag Tribe** ist hier zuhause und betreibt im Ort **Aquinnah** am Gay Head ein kleines Kulturzentrum.

Märkte nahe dem Strand

Hauptort mit etwa 4.000 Einwohnern und zugleich älteste Gemeinde der Insel ist **Edgartown** im Ostteil der Insel. 1642 gegründet, ist der Ort bekannt für seine Walfangtradition. Heute hat er auch kulturell einiges zu bieten: zum Beispiel sehenswerte historische Gebäude, wie die *Old Whaling Church,* oder prächtige Privathäuser mit schönen Gärten von einstigen Walfänger-Kapitänen und Händlern.

Hauptort im Osten

Um den kleinen Hafen spielt sich das Leben ab, hier laden Geschäfte und Lokale zum Bummeln ein. Eine kleine Fähre bringt Autos, Radler und Fußgänger die wenigen Meter hinüber zum benachbarten „**Chappy**", wie die Einheimischen das kleine **Chappaquiddick Island** östlich der Stadt nennen. Heute leben dort nur etwa 170 Menschen. Traurige Berühmtheit erlangte das Inselchen durch den Verkehrsunfall von Edward Kennedy 1969, bei dem eine Frau ums Leben kam.

Reisepraktische Informationen Martha's Vineyard/MA

Information
Martha's Vineyard Chamber of Commerce, *24 Beach St., www.mvy.com,* ☎ *508-693-0085 oder 1-800-505-4815.*

Unterkunft
Hotels gibt es in Vineyard Haven, Oak Bluffs, Edgartown und Menemsha; die Übernachtungspreise sind in der HS sehr hoch, rechtzeitige Reservierung ist zu empfehlen. Infos unter: **www.mvy.com/stay.html**.

1720 House $$$, 152 Main St., Vineyard Haven, ℐ 508-693-6407, www.1720house.com; historisches B&B-Haus in nächster Nähe zu Strand, Fähranleger und Ort. Die Zimmer sind liebevoll eingerichtet, inkl. Frühstück, Fahrrad-Verleih.

The Dockside Inn $$$, 9 Circuit Ave., Oak Bluffs, ℐ 1-800-245-5979, www.vineyardinns.com; nur wenige Schritte von der Anlegestelle der Fähren entfernt. Die 17 Zimmer sind unterschiedlich groß, einige verfügen über eine eigene Küchenzeile, inkl. Frühstück.

Hob Knob Boutique Hotel $$$$, 128 Main St., Edgartown, ℐ 508-627-9510, www.hobknob.com; ein ganz besonderer Tipp! Gemütliches Luxus-Inn mit perfektem Service und geräumigen Zimmern sowie Porch; es gibt „Afternoon Tea" mit Käse und Portwein und ein Gourmet-Frühstück à la carte.

Isabelle's Beach House $$$$, 83 Seaview Ave., Oak Bluffs, ℐ 508-693-3955, https://isabellesbeachhouse.com; gemütliches B&B mit elf maritim inspirierten Zimmern und Frühstück, von der Veranda hat man einen schönen Blick auf das Meer.

Vineyard Square Hotel & Suites $$$$, 38 N Water St., Edgartown, ℐ 508-627-4711, www.vineyardsquarehotel.com; das traditionsreiche, 1911 als „Colonial Inn" eröffnete Haus mit 43 Zimmern liegt im historischen Distrikt.

Restaurants

Bad Martha Farmer's Brewery, 270 Upper Main St., Edgartown, www.badmarthabeer.com; kleine Brauerei mit Ausschank, ausgezeichnete Biere, dazu kleine Gerichte, mit Biergarten, saisonal geöffnet.

Offshore Ale Co. Brew-Pub, 30 Kennebec Ave., Oak Bluffs, http://offshoreale.com; eine weitere ausgezeichnete Kleinbrauerei, mit Pub und gutem, reichlichem Essen. Ein Treff der Einheimischen.

Frisch gezapft in Bad Martha Farmer's Brewery

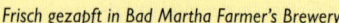

The Black Dog Tavern, 20 Beach St., www.theblackdog.com, Vineyard Haven; alteingesessene Kneipe am Hafen mit museumsartiger Einrichtung. Gute Speisekarte, auch Frühstück.
Menemsha, direkt am Atlantik gibt es Stände mit Frischfisch und Meeresfrüchten der Saison zum Kauf oder als Imbiss.

Fähren
Hy-Line Cruises, Hyannis, Pier 1/220 Ocean St., http://hylinecruises.com; High-Speed- und reguläre Fähren zwischen Cape Cod und Nantucket bzw. MV.
The Steamship Authority, www.steamshipauthority.com; High-Speed- u. a. Fähren von Cape Cod/Woods Hole nach MV und von Hyannis/Cape Cod nach Nantucket.
Seastreak Ferries, https://seastreak.com; Schnellfähren zwischen New Beford und MV.

Nantucket Island

Der Name Nantucket ist indianischen Ursprungs und bedeutet „Land in weiter Ferne". Die Insel ist seit 1659 auch von Weißen besiedelt und war zwischen 1726 und Mitte des 19. Jh. das **Walfangzentrum der Welt**. Angeblich soll schon vor 1672 der erste Grauwal von Siedlern getötet worden sein. In seinem Roman **Moby-Dick** schreibt Herman Melville: „*Nantucket! Holt eure Landkarte hervor und schaut es euch an [...] zwei Drittel dieses aus Land und Wasser gefügten Erdballs gehören dem Nantucketer. Denn das Meer ist sein; er besitzt es, wie die Kaiser Kaiserreiche besitzen; während andere Seefahrer nur ein Wegerecht hindurch haben.*" Die Hauptcharaktere *Ahab* und *Starbuck* stammen denn auch von dort.

Die ca. 23 km lange Insel liegt rund 30 mi/50 km südlich von Cape Cod und verfügt über eine geschützte Bucht mit dem **Brant Point Lighthouse**. Der Hauptort Nantucket liegt am Westende des **Nantucket Harbor**, der sich zum **Nantucket Sound** öffnet. Andere, kleinere Ansiedlungen sind *Madaket, Surfside, Polpis, Wauwinet, Miacomet* und *Siasconset* (kurz *Sconset*). Zusammen mit den beiden kleinen Inseln Tuckernuck und Muskeget im Westen bildet die Hauptinsel die **Town of Nantucket**, seit 1966 ein *National Historic Landmark District* wegen seiner sehenswerten Architektur aus dem späten 18./frühen 19. Jh.

Brant Point Lighthouse auf Nantucket

Bei der **Nantucket Historical Association** gibt es Karten und Infos über einen Rundgang durch den *Historic District* in Downtown Nantucket mit altem Kopfsteinpflaster auf der Main Street. Dort befinden sich noch rund 800 Häuser aus dem 18. und 19. Jh. (auch Touren). Nahe liegt der alte Hafen, die **Waterfront** mit einem alten **Hafenpier** von 1846.

Prächtige Villen
Obwohl die Insel sichelförmig weit ins Meer hineinragt und dadurch den Stürmen im Atlantik voll ausgesetzt ist, ließen sich Kapitäne, Seeleute, Schiffseigner und Händler hier prächtige Villen errichten. Beispiele sind das **Hawden House** im *Greek Revival*-Stil von 1846 oder das **Thomas Macy House** von ca. 1800. Es gibt ein **Oldest House** (1686), eine **Old Mill** (ca. 1746), ein **Old Gaol** (Jail/Gefängnis, 1805) und ein **Quaker Meeting House** (1838).

Greater Light war das aus einer Scheune 1790 entstandene Sommerhaus und Studio der Schwestern Gertrude und Hanna Monaghan, Quäker aus Philadelphia. Während erstere als Künstlerin tätig war, kannte man die andere als Schauspielerin und Autorin. Bereits Anfang des 20. Jh. hatte sich in Nantucket eine Künstlerkolonie herausgebildet, die **Nantucket Art Colony**. Das **Nantucket Atheneum** schließlich ist eine altehrwürdige Bibliothek im *Greek Revival*-Stil, die bereits in den 1820ern aus der Taufe gehoben worden war und seit 1834 als „Nantucket Atheneum" Bibliophile begeistert (*www.nantucketatheneum.org*).
Nantucket Historical Association, *15 Broad St., www.nha.org, Ende Mai–Ende Okt. tgl. 10–17 Uhr, sonst Sa/So 11–16 Uhr, Eintritt für mehrere historische Häuser $ 15, inkl. Whaling Museum $ 20, Walking Tour $ 15.*

Dornröschenschlaf
Ab den 1850er-Jahren begann der Abstieg der Walfangindustrie, der letzte Walfänger wurde 1869 gesichtet. Neues Zentrum war fortan New Bedford (s. S. 265), als Standort vor allem wegen der Eisenbahn, die den Transport auf dem Festland vereinfachte, geeignet. Ein **großer Brand 1846** zerstörte Teile Nantuckets, außerdem versandete der Hafen. Die Insel fiel bis in die 1950er-Jahre in einen Dornröschenschlaf, bis viele der erhaltenen Gebäude aus der Zeit vor dem Bürgerkrieg (1861–1865) restauriert und von reichen Amerikanern erworben wurden.

Nantucket entwickelte sich zur typischen **New England Seaport Town**, Haupteinnahmequelle ist der Tourismus. Jeden Sommer übersteigt die Zahl der Feriengäste die der rund 11.000 Insulaner um das Vier- bis Fünffache. **Schöne Badestrände** und zum Segeln und Surfen geeignete Küstenabschnitte, Rad- und Wanderwege – Aktivurlauber finden ein großes Angebot vor. Gleiches gilt für das **kulturelle Leben**, mit Theater, Konzerten, Galerien und Museen. Zum **Einkaufsbummel** locken Antiquitätenläden, Kunstgewerbe-, Schmuckgeschäfte sowie Souvenirshops. Typisch sind z. B. holzgeschnitzte Vögel oder *lightship baskets* – Deckelkörbe mit schönen Verzierungen.

Museum zum Walfang
Wer mehr über Geschichte und Bedeutung des Walfangs in Nantucket erfahren möchte, sollte das **Whaling Museum** nicht versäumen. Es befindet sich in einer ehemaligen Fabrik, der *Hadwen & Barney Oil and Candle Factory*. In neun Abteilungen erzählen Kunstwerke wie Scrimshaws (Walknochen-Schnitzereien) und maritime Gemälde, Werkzeuge (Speere u. a. zum Walfang), Fotos, Karten und Filme von der spannenden Geschichte der Insel über vier Jahrhunderte hinweg. Highlights sind das Skelett eines

gut 15 m langen Pottwals und eine Fresnel-(Leuchtturm-)Linse, Teile der alten Kerzenfabrik wurden sehenswert nachgebaut. Einen Topausblick hat man von der Dachterrasse, *Tucker's Roofwalk*. Für Kinder interessant ist das neue *Discovery Center*.
Whaling Museum, *13 Broad St., https://nha.org/visit/museums-and-tours/whaling-museum, Ende Mai–Mitte Okt. tgl. 9–17 Uhr, Mitte Okt.–Dez. tgl. 10–16 Uhr, $ 20, mit Shop!*

Im **Nantucket Shipwreck & Lifesaving Museum** des *Egan Maritime Institute* kann man sich über die riskante Arbeit der Lebensretter verschiedener Organisationen und Gruppen informieren, die vor der gefährlichen Küste im Einsatz waren. Über 700 Wracks sollen vor Nantucket auf Grund liegen, weswegen man auch vom „**Graveyard of the Atlantic**" spricht.
Shipwreck & Lifesaving Museum, *158 Polpis Rd., https://eganmaritime.org, HS Mo–Sa 10–17, So 12–17 Uhr, $ 10.*

Reisepraktische Informationen Nantucket/MA

Information
www.nantucket-ma.gov, www.nantucketchamber.org
Nantucket Island Visitor Services & Information Bureau, *25 Federal St., ① 508-228-0925, Mo–Sa 9–17 Uhr, im Sommer länger und auch So.* Außerdem **Info-Kiosks** *am Fähranleger „Steamboat Wharf" und „Straight Wharf".*

Unterkunft
Hotels gibt es v. a. im Hauptort Nantucket und Umgebung. Die Preise sind hoch und rechtzeitige Reservierungen sinnvoll, z. B. unter **https://nantucket.net/lodging**.
Nantucket Island Resorts, *www.nantucketislandresorts.com; breites Angebot an Unterkünften in verschiedenen Kategorien, z. B.* **White Elephant Hotel** *oder* **The Cottages at the Boat Basin**.
Seven Sea Street Inn $$$, *7 Sea St., ① 508-228-3577, www.sevenseastreetinn.com; das Haus mit 15 behaglichen Zimmern und schönem Garten liegt in einer ruhigen Straße, nur wenige Schritte von Main St., Strand und Hafen entfernt. Frühstück inklusive.*
Sherburne Inn $$$, *10 Gay St., ① 508-228-4425, https://sherburneinn.com; das 1835 gebaute Haus liegt ruhig im historischen Bezirk. Es verfügt über acht mit Antiquitäten eingerichtete Zimmer, zwei schöne Aufenthaltsräume mit Kamin, kleiner Garten. Frühstück inklusive.*
The Carriage House $$$, *5 Ray's Court, ① 508-228-0326, http://carriagehousenantucket.com; das alte, sehr ruhig gelegene Kutscherhaus von1865 bietet sieben Zimmer (inkl. Frühstück), mit Bad, und schönem Gäste-Wohnzimmer; nicht weit vom Zentrum entfernt.*

Fähren
Siehe Martha's Vineyard, S. 283.

Von Cape Cod über Plymouth nach Boston

> ### Hinweis zur Route
>
> Von Sagamore/Cape Cod aus empfiehlt es sich, nicht der zur Schnellstraße ausgebauten MA 3 zu folgen, sondern die reizvollere Küstenstraße MA 3A bis Plimoth Plantation bzw. nach **Plymouth** (18 mi/29 km) zu wählen. Von dort geht es weiter auf dem MA 3A (oder dem schnelleren MA 3) nordwärts bis zur Autobahn I-93, die ins Zentrum von **Boston** führt.

Plymouth – „America's Hometown"

Nach der Überquerung des Cape Cod Canal geht es an der Küste entlang, wobei sich schöne Ausblicke auf die weite, sichelförmige Bucht von Cape Cod bieten. Da Plimoth Plantation, die Hauptattraktion der Region, nur rund 3 mi/5 km südlich der Stadt liegt, empfiehlt es sich, zunächst in die Stadt zu fahren und erst anschließend den Nachbau der ersten Siedlung ausgiebig zu besichtigen.

Erste Kolonie in der Neuen Welt

Plymouth ist die älteste Siedlung Nordamerikas nördlich von Virginia (Jamestown) – und bezeichnet sich deshalb heute auch als „**America's Hometown**". Das moderne Plymouth präsentiert sich als einladende kleine Hafenstadt. An der Hafenpromenade, dort wo 1620 die Pilgrims am **Plymouth Rock**, einem an sich unscheinbaren Felsen, anlandeten, befindet sich heute der **Pilgrim Memorial State Park** mit jenem Plymouth Rock. Über ihm wurde 1921, zum 300. Jahrestag, ein an einen griechischen Tempel erinnerndes Gebäude errichtet.

Auf dem Hügel oberhalb von Plymouth Rock befindet sich **Cole's Hill**, die Begräbnisstätte der im ersten Winter verstorbenen Siedler. An der **Waterfront** erinnern weitere Denkmäler an jene ersten Siedler. Die **Massasoit Statue** ehrt hingegen den Indianerhäuptling Massasoit, der 1621 den ersten Friedensvertrag mit den Pilgervätern abschloss.

Hauptattraktion des Pilgrim Memorial SP ist jedoch die **Mayflower II** (*74 Water St./State Pier*), der Nachbau jenes Schiffs, auf dem die ersten Siedler angekommen waren. In den 1950er-Jahren wurde das Segelschiff nach alten Beschreibungen und Bildern von Booten jener Zeit in England originalgetreu nachgebaut. Vom 20. April bis zum 13. Juni 1957 segelte es dann von Plymouth in Großbritannien nach Plymouth in der „neuen Welt". Man kann an Bord des Schiffes gehen und dort einem eindrucksvollen Schauspiel beiwohnen: In zeitgenössischen Kostümen berichten Passagiere und Besatzungsmitglieder in der Sprache des 17. Jh. von ihren Wünschen, Hoffnungen, Erfahrungen und Entbehrungen. Zum 400. Jahrestag wurde das Schiff restauriert und ist deshalb erst ab Mai 2020 wieder zu besichtigen.

400. Jahrestag

Die **Plimoth Plantation Waterfront Experience** am Hafen, gleich nebenan, gibt ebenfalls eine (interaktive) Einführung in das Leben eines Pilgrims oder Seefahrers. Etwas weiter im Landesinneren liegt die Plimoth Grist Mill, die Reproduktion einer Maismühle von 1636. Anhand von Tafeln und Vorführungen wird aufgezeigt, wie die von den ersten Siedlern gebaute Mühle das Leben vereinfachte. Dazu gehört ein Shop mit Maismehlprodukten u. a.

Mayflower II, *State Pier/77 Water St., www.plimoth.org, nach einer Renovierung ab Frühjahr 2020 wieder zu besichtigen.*
Waterfront Experience, *Water St., www.plimoth.org, HS tgl. 9–17 Uhr, $ 8.*
Plimoth Grist Mill, *6 Spring Ln., www.plimoth.org, HS tgl. 9–17 Uhr, $ 8.*

Detaillierte Informationen zur ersten Siedlung und zu den Indianern bietet das **Pilgrim Hall Museum**. Zur 200-Jahr-Feier 1820 gegründet und seit 1824 in einem prächtigen Greek Revival-Bau im Zentrum der Stadt untergebracht, steht in der *Main Hall* das Bild der ersten Siedler im Laufe der frühen US-Geschichte im Mittelpunkt. Interessant ist die *Lower Hall*, wo es einen historischen Überblick und dazu einige Originalstücke (!) von der Überfahrt bzw. von den ersten Siedlern gibt.

Pilgrim Hall Museum, *75 Court St., https://pilgrimhall.org, Feb.–Dez. tgl. 9.30–16.30 Uhr, $ 12.*

Lesetipp
Nathaniel Philbrick hat mit seinem Buch **Mayflower** *(Blessing Verlag 2006) eine lesenswerte Darstellung der ersten europäischen Siedler in Neuengland und der hier lebenden Indianer geschaffen. Anfangs lebten beide Gruppen in friedlicher Nachbarschaft, bis in der zweiten Generation die Konflikte – ausgelöst auch vom religiösen Eifer der Puritaner – ausbrachen.*

Nicht nur die Hafenpromenade mit dem **Village Landing Marketplace** lohnt einen Bummel, sondern auch die **Main Street** im Städtchen. Hier finden sich zahlreiche Lokale, Cafés und Läden, die u. a. Produkte aus Cranberries – eine regionale Spezialität – anbieten. Die Region zwischen Plymouth, Cape Cod und New Bedford gilt als Zentrum der **Cranberry-Produktion** (www.cranberries.org). Wer mehr erfahren möchte, kann an einer Führung von *Cranberry Bog Tours* (www.admakepeace.com) teilnehmen oder die *Flax Pond Farm* (www.flaxpondfarms.com) besichtigen.

Regionale Spezialität: Preiselbeeren

Reisepraktische Informationen Plymouth/MA

Information
Plymouth Waterfront VC, *130 Water St., Ende Mai–Anfang Sept. tgl. 8–20 Uhr, sonst tgl. 9–17 Uhr, www.SeePlymouth.com.*
Zur 400-Jahr-Feier 2020: *www.plymouth400inc.org*

Unterkunft
Hotel 1620 Plymouth Harbor $$$–$$$$, *180 Water St., ☎ 508-747-4900, www.hotel1620.com; modernes Hotel, ruhig und zentral gelegen, mit geräumigen Zimmern, Lokal und Bar.*
Mirbeau Inn & Spa $$$$–$$$$$, *35 Landmark Dr., ☎ 508-209-2626, http://plymouth.mirbeau.com; dieses an ein Schloss erinnerndes, von prächtigen Gärten umgebenes grandioses Hotel mit Lokal und Spa, versteckt sich in den Kiefernwäldern südlich der Stadt. Ein Geheimtipp!*

Restaurants

Rye Tavern, 517 Old Sandwich Rd., ☏ 508-747-0100, www.ryetavern.org; eines der besten Lokale der Gegend, regionale Produkte werden hier zu kreativen Gerichten verarbeitet. **The Tasty**, 42 Court St., http://thetastyplymouth.com; mitten im Zentrum gelegenes, gemütliches Lokal mit regionalen Spezialitäten, Craft Beers und Cocktails.

Plimoth Plantation

Eigentlich sollten die „**Pilgrims**" in Virginia, wo 1607 mit Jamestown die erste dauerhafte britische Kolonie entstanden war, eine weitere Siedlung gründen, doch eine Atlantiküberquerung glich im 17. Jh. noch einem Lotteriespiel. So landete die berühmt gewordene „**Mayflower**" mit 102 Siedlern und etwa 30 Mann Besatzung unter Kapitän Christopher Jones Anfang November 1620 nach wochenlanger, beschwerlicher Schiffsreise weiter nördlich, auf Cape Cod. Zunächst entschloss man zu bleiben, doch die heute beliebte Sommerfrische erwies sich nicht als ideal, zumal die hier lebenden Indianer den Neuankömmlingen aus dem Weg gingen.

Deshalb segelten die „Pilgrims" weiter, zur westlichen Seite der Bucht von Cape Cod. Dort gingen sie am 21. Dezember 1620 von Bord und ließen sich in der aufgelassenen

Zu Besuch auf der historischen Plimoth Plantation

mühle von 1636. Anhand von Tafeln und Vorführungen wird aufgezeigt, wie die von den ersten Siedlern gebaute Mühle das Leben vereinfachte. Dazu gehört ein Shop mit Maismehlprodukten u. a.
Mayflower II, *State Pier/77 Water St., www.plimoth.org, nach einer Renovierung ab Frühjahr 2020 wieder zu besichtigen.*
Waterfront Experience, *Water St., www.plimoth.org, HS tgl. 9–17 Uhr, $ 8.*
Plimoth Grist Mill, *6 Spring Ln., www.plimoth.org, HS tgl. 9–17 Uhr, $ 8.*

Detaillierte Informationen zur ersten Siedlung und zu den Indianern bietet das **Pilgrim Hall Museum**. Zur 200-Jahr-Feier 1820 gegründet und seit 1824 in einem prächtigen Greek Revival-Bau im Zentrum der Stadt untergebracht, steht in der *Main Hall* das Bild der ersten Siedler im Laufe der frühen US-Geschichte im Mittelpunkt. Interessant ist die *Lower Hall*, wo es einen historischen Überblick und dazu einige Originalstücke (!) von der Überfahrt bzw. von den ersten Siedlern gibt.
Pilgrim Hall Museum, *75 Court St., https://pilgrimhall.org, Feb.–Dez. tgl. 9.30–16.30 Uhr, $ 12.*

Lesetipp
*Nathaniel Philbrick hat mit seinem Buch **Mayflower** (Blessing Verlag 2006) eine lesenswerte Darstellung der ersten europäischen Siedler in Neuengland und der hier lebenden Indianer geschaffen. Anfangs lebten beide Gruppen in friedlicher Nachbarschaft, bis in der zweiten Generation die Konflikte – ausgelöst auch vom religiösen Eifer der Puritaner – ausbrachen.*

Nicht nur die Hafenpromenade mit dem **Village Landing Marketplace** lohnt einen Bummel, sondern auch die **Main Street** im Städtchen. Hier finden sich zahlreiche Lokale, Cafés und Läden, die u. a. Produkte aus Cranberries – eine regionale Spezialität – anbieten. Die Region zwischen Plymouth, Cape Cod und New Bedford gilt als Zentrum der **Cranberry-Produktion** (www.cranberries.org). Wer mehr erfahren möchte, kann an einer Führung von *Cranberry Bog Tours* (www.admakepeace.com) teilnehmen oder die *Flax Pond Farm* (www.flaxpondfarms.com) besichtigen.

Regionale Spezialität: Preiselbeeren

Reisepraktische Informationen Plymouth/MA

Information
Plymouth Waterfront VC, *130 Water St., Ende Mai–Anfang Sept. tgl. 8–20 Uhr, sonst tgl. 9–17 Uhr, www.SeePlymouth.com.*
Zur 400-Jahr-Feier 2020: *www.plymouth400inc.org*

Unterkunft
Hotel 1620 Plymouth Harbor $$$–$$$$, *180 Water St., ☎ 508-747-4900, www.hotel1620.com; modernes Hotel, ruhig und zentral gelegen, mit geräumigen Zimmern, Lokal und Bar.*
Mirbeau Inn & Spa $$$$–$$$$$, *35 Landmark Dr., ☎ 508-209-2626, http://plymouth.mirbeau.com; dieses an ein Schloss erinnerndes, von prächtigen Gärten umgebenes grandioses Hotel mit Lokal und Spa, versteckt sich in den Kiefernwäldern südlich der Stadt. Ein Geheimtipp!*

Von New York nach Boston

	Restaurants
	Rye Tavern, *517 Old Sandwich Rd.*, ☏ *508-747-0100, www.ryetavern.org; eines der besten Lokale der Gegend, regionale Produkte werden hier zu kreativen Gerichten verarbeitet.* **The Tasty**, *42 Court St., http://thetastyplymouth.com; mitten im Zentrum gelegenes, gemütliches Lokal mit regionalen Spezialitäten, Craft Beers und Cocktails.*

Plimoth Plantation

Eigentlich sollten die „**Pilgrims**" in Virginia, wo 1607 mit Jamestown die erste dauerhafte britische Kolonie entstanden war, eine weitere Siedlung gründen, doch eine Atlantiküberquerung glich im 17. Jh. noch einem Lotteriespiel. So landete die berühmt gewordene „**Mayflower**" mit 102 Siedlern und etwa 30 Mann Besatzung unter Kapitän Christopher Jones Anfang November 1620 nach wochenlanger, beschwerlicher Schiffsreise weiter nördlich, auf Cape Cod. Zunächst entschloss man zu bleiben, doch die heute beliebte Sommerfrische erwies sich nicht als ideal, zumal die hier lebenden Indianer den Neuankömmlingen aus dem Weg gingen.

Deshalb segelten die „Pilgrims" weiter, zur westlichen Seite der Bucht von Cape Cod. Dort gingen sie am 21. Dezember 1620 von Bord und ließen sich in der aufgelassenen

Zu Besuch auf der historischen Plimoth Plantation

Indianersiedlung **Patuxet** nieder. Hier hatten vormals etwa 2.000 Wampanoag-Indianer gelebt, sie waren jedoch nur wenige Jahre vor Ankunft der Pilgrims durch von europäischen Fischern eingeschleppte Seuchen fast ausgerottet worden. In Erinnerung an den letzten britischen Hafen, von dem aus die „Mayflower" Richtung Neue Welt in See gestochen war, nannten die „Pilgrims" ihre neue Siedlung „Plimoth Plantation".

Von der ursprünglichen Siedlung ist nichts mehr erhalten. Dafür wurde mit der **Plimoth Plantation**, 5 km südlich von Plymouth, eine authentische Rekonstruktion des ersten Dorfes anhand von Beschreibungen der ersten Siedler und Grabungsfunden errichtet. Es ist ein **Musterbeispiel für ein Living History Museum** mit „Akteuren", Veranstaltungen, Demonstrationen und Programmen. Man hat beim Bau nicht nur auf historische Genauigkeit geachtet, sondern lässt es auch von Darstellern originalgetreu „bewohnen", um das Alltagsleben damaliger Zeit zu veranschaulichen.

Authentische Rekonstruktion

„Willkommen im 17. Jahrhundert" lädt ein Schild am Eingang des Museumsdorfes ein, und tatsächlich fühlt man sich bei einem Rundgang durch das Museumsdorf rasch in diese Zeit zurückversetzt. Der Komplex besteht aus dem Besucherzentrum, dem **Pilgrim Village** und der Siedlung der **Wampanoag-Indianer**. Inzwischen werden die Indianer verstärkt in das Museumskonzept miteinbezogen und Nachfahren präsentieren heute ihre Seite der Geschichte. Denn die Wampanoag waren nicht nur die ursprünglichen Bewohner der Region, sondern ihrer Gastfreundschaft und Hilfe war es auch zu verdanken, dass die Siedlung Bestand hatte.

Das **Pilgrim Village** ist die von Palisaden umgebene Nachbildung des ersten Dorfes mit einem befestigten Versammlungsgebäude und 15 Häusern. In der **Wampanoag Homesite**, die nachgebaute Siedlung der Wampanoag-Indianer, erläutern Indianer Besuchern ihre Traditionen, Handwerkskünste und Kultur. Abgesehen von „Schauspielern", die das Dorf bewohnen, erklären normale Guides die Hintergründe, Schautafeln und Multimedia-Angebote vertiefen das Gelernte.

Lebendige Geschichte

Erste Anlaufstelle ist das **Besucherzentrum**, dem ein großer Laden angeschlossen ist und zu dem ein Kino mit Einführungsfilm gehört. Im **Plentiful Café** gibt es neben den üblichen Snacks auch historische und indianische Gerichte wie *Peascod* (Chicken Pie), *Succotash* (Turkey Stew) oder *Nausamp* (Cornmeal Pudding).
Plimoth Plantation, *137 Warren Ave. (Rte. 3/Exit 4), www.plimoth.org, Mitte März–Nov. tgl. 9–17 Uhr, $ 30; Heritage Pass (Kombiticket mit Plimoth Plantation, Waterfront Experience und Grist Mill) $ 38.*

The Chosen People – Neuenglands puritanisches Erbe

Sie selbst nannten sich *The Chosen People*, die „Auserwählten", die im *Promised Land* Nordamerika ein „neues Jerusalem" bauen wollten. 1536 war das Hauptwerk von Johann Calvin (1509-64) in Genf entstanden, auf das sich nicht nur die reformierte Kirche und die Hugenotten stützten, sondern auch die sogenannten **Puritaner**. Das war eine Gruppe, die sich in England in den 1560er-Jahren herausgebildet hatte. Sie lehnte die von König Heinrich VIII. 1534 gegründete *Church of England* vehement ab und forderte die Einhaltung strenger Regeln und die Reinigung der Kirche von „weltlichem Tand", eine „puristische" Religion.

Von New York nach Boston

info

Dass sich die Separatisten, die nach ihrem führenden Prediger Robert Browne (1550 bis vmtl. 1633) zunächst **Brownists** genannt wurden, nicht beliebt machten, liegt auf der Hand. Nachdem sie sich von der englischen Staatskirche gelöst hatten, fanden sie im toleranten niederländischen Leiden um 1600 eine neue Bleibe. Als sie dort von den Vorbereitungen zu einer Kolonie-Gründung in Nordamerika hörten, entschloss sich 1617 ein Teil unter Führung von William Brewster (1566 bis vmtl. 1644), in die Neue Welt auszuwandern.

Schnell wurden sich einige puritanische Familien mit der **Plymouth Company** handelseinig. Auf zwei Schiffen stachen die Separatisten vom englischen Southampton in See. Eines der Boote erwies sich jedoch als untauglich für die lange Reise, es kehrte ins englische Hafenstädtchen Plymouth zurück. Dort entschied man sich, zunächst nur einen Teil der Siedler auf der „**Mayflower**" loszuschicken: 102 Menschen, zwei Hunde und etwa 30 Mann Besatzung unter Kapitän Christopher Jones waren an Bord. Darunter befanden sich etwa 50 Separatisten – 28 Männer, der Rest Frauen und Kinder. Einer davon war William Bradford (1590–1657), der später als erster Gouverneur fungierte und eine detaillierte Geschichte der Kolonie hinterließ. Die Gruppe bezeichnete sich selbst als „**Saints**", während die anderen Mitfahrer, großteils ebenfalls religiöse Flüchtlinge, „**Strangers**" genannt wurden. Erst Mitte des 19. Jh. wurde die Bezeichnung „**Pilgerväter**" **(Pilgrims)** gebräuchlich.

Der Versuch, das geplante Reiseziel in Virginia zu erreichen, scheiterte und so blieben die „Pilgrims" zunächst auf Cape Cod, nahe dem heutigen Provincetown, hängen. Hier verfassten sie den **Mayflower-Vertrag**, der als frühestes Dokument amerikanischer Selbstverwaltung gilt. Am 21. Dezember 1620 ging man nahe der aufgelassenen Indianersiedlung **Patuxet** von Bord und nannte die Siedlung in Erinnerung an den letzten britischen Hafen „**Plimoth Plantation**". Die Kolonie wuchs mit Unterstützung der Indianer und durch den beständigen Zuzug neuer Siedler heran.

1628 erhielten weitere Puritaner um den charismatischen John Winthrop einen königlichen Freibrief als **Company of the Massachusetts Bay in New England**. Ein Jahr darauf gründeten diese Salem und 1630 schließlich Boston. Bis 1637 kamen jährlich etwa 2.000 neue Anhänger nach Neuengland. Angeführt von Winthrop, startete ein religiöses Experiment: Als auserwähltes Volk wollte man in Boston „A City upon a Hill", eine Stadt auf dem Hügel, errichten, auf die sich die ganze Aufmerksamkeit richten sollte. Ein Ausspruch, den sich seither viele Amerikaner, selbst Präsidenten, immer wieder zu eigen machten, wenn es um die Rolle der USA als „auserwählte Nation" ging. Obwohl die puritanische Religion als solche längst nicht mehr existiert, findet man immer noch die entsprechende **Geisteshaltung** und „puritanisches Gedankengut" vor.

Die puritanische Gemeinde berief sich auf den *Covenant*, eine Art Vertrag zwischen Gott und und den puritanischen Anhängern. Das **Wohl der Community** stand über persönlichem Wohlergehen, der Vertrag zwang die einzelnen Mitglieder zur Übernahme von Pflichten und Verantwortung, zur Untergebenheit gegenüber Gott und der Regierung. Einerseits waren Tugendhaftigkeit, Fleiß, Familie und Bildung – die Puritaner gründeten 1636 die erste Lateinschule, aus der sich die Harvard University entwickelte – wichtige Elemente. Andererseits war das angeblich „puritanische Leben" so puritanisch auch wieder nicht. Man legte, wenn auch maßvoll, Wert auf gute Kleidung, auf gutes Essen und Trinken. Wissenschaft und Bildung, Freiheitsliebe, Moral und Frömmigkeit zeichneten die Puritaner aus. Es sind heute Eigenschaften, die das **puritanische Erbe Neuenglands** ausmachen und dafür gesorgt haben, dass ausgerechnet hier demokratische Ideen aufkeimten und die Industrialisierung Nordamerikas ihren Anfang nahm.

Boston – die „Grand Old Lady"

„Diese Stadt hat Geschichte … sie ist kein Zufallsprodukt, keine Windmühle, kein Bahnhof und keine Durchgangsstation, sondern ein Ort der Menschlichkeit, das Zuhause von Menschen mit Prinzipien, die ihren Gefühlen gehorchen und sie umsetzen". Mit diesen Worten beschrieb der berühmte Literat und Philosoph Ralph Waldo Emerson (1803–82) einmal seine Heimatstadt Boston.

Die **Metropole Neuenglands** ist eine ungewöhnliche amerikanische Stadt. Mit fast britischem Understatement wird sie „**The Hub**" (Drehscheibe oder Mittelpunkt) genannt und das nicht ganz zu Unrecht: Keine andere US-Stadt kann auf eine ähnlich lange Tradition zurückblicken, keine andere hat sich ihren europäischen Charme so gut bewahrt. Oliver Wendell Holmes (1809–94), durch Gedichte wie „Old Ironside" berühmt geworden, ging sogar so weit, zu behaupten: „Ich nehme für Boston in Anspruch, dass es das geistige Zentrum des Kontinents und damit unserer Erde ist."

In der Tat avancierte die Stadt im 19. Jh. dank ihrer Verlagshäuser, Universitäten (v. a. Harvard) und literarischen Salons zum „**Athen Amerikas**", zum intellektuellen Zentrum. Damals lebten hier Literaten wie Ralph Waldo Emerson, Henry Wadsworth Longfellow, Henry David Thoreau oder Nathaniel Hawthorne, es entstanden bis heute angesehene Institutionen wie die Public Library, das Massachusetts Institute of Technology (M.I.T.) oder das weltberühmte Symphony Orchestra.

In Boston wurden historische Bauten nie ganz verdrängt, was rein äußerlich zu einem faszinierenden **Reichtum an Kontrasten** geführt hat: hier das altehrwürdige Viertel Beacon Hill, daneben die protzige Goldkuppel des State House, dort die Natur und Ruhe des Boston Common, in unmittelbarer Nachbarschaft moderne Glaspaläste mit pulsierenden Malls. Während andere Orte die Vergangenheit häufig in *Living History Museums* oder Vergnügungsparks verbannen, schlängelt sich hier der **Freedom Trail** unspektakulär vorbei an den historischen Stätten des Freiheitskampfes durch das bunte Treiben der geschäftigen Innenstadt.

Es gibt keine andere amerikanische Stadt, in der Alt und Neu, Tradition und Innovation eine derartig **spannende Symbiose** eingehen: Steht man vor der neoromanischen Trinity Church, die sich in der Glasfassade des modernen John Hancock Tower spie-

Redaktionstipps

Sehens- und Erlebenswertes

▶ Den **Freedom Trail** (S. 293) ablaufen und sich mittags im **Faneuil Hall Marketplace** (S. 316) stärken.

▶ Einen Spaziergang über den **Beacon Hill** (S. 304) und einen Bummel durch das In-Viertel **South End** (S. 308) oder das italienische **North End** (S. 300) machen.

▶ Nicht versäumen: das **Boston Tea Party Ships & Museum** (S. 300).

▶ Das **Museum of Fine Arts** (S. 309) und das **Isabella Stewart Gardner Museum** (S. 310) besichtigen.

▶ Ein Baseball-Spiel der Boston Red Sox im **Fenway Park** (S. 311) anschauen.

▶ Die **Harvard University** und ihre **Museen** erkunden (S. 318).

▶ In der Dichterstadt **Concord** (S. 323) auf den Spuren der Transzendentalisten wandeln und anschließend im **Colonial Inn** (S. 326) einkehren.

▶ Im **InterContinental Boston** (S. 314) höchsten Luxus zu erschwinglichen Preisen erleben (mit Restaurants, Spa, großen Zimmern und Ausblick aufs Wasser).

gelt, beginnt man dem Charme der **Grand Old Lady der Neuen Welt** zu begreifen. Und man versteht diejenigen, die Boston mit London vergleichen: Viel erinnert in der Tat an die alte Hauptstadt des Commonwealth, beispielsweise Beacon Hill mit seinem Kopfsteinpflaster und den alten Laternen, Pubs und Reihenhäuschen oder die Prachtstraßen wie die Commonwealth Avenue in der Back Bay. Auf der anderen Seite ist Boston aber auch eine typische amerikanische Stadt und wie New York ein **ethnischer Flickenteppich**: Das italienische North Bay, Chinatown, die irischen Viertel Charlestown und South Boston oder das afroamerikanische Roxbury sind nur ein paar davon.

Historischer Überblick

Boston geht auf eine **Gründung** von John Winthrop zurück, den die Puritaner 1630 aus Salem hergeschickt hatten, um in der geschützten Bucht einen neuen Hafen anzulegen. Diesem war es zu verdanken, dass Boston rasch aufblühte: Um 1700 lag hier die drittgrößte Fischereiflotte der englischsprachigen Welt und die Stadt selbst entwickelte sich, nach Philadelphia, zur dichtest besiedelten in Nordamerika.

Loslösung der Kolonien

Gerade der **wirtschaftliche Aufschwung** Bostons und anderer Städte in Neuengland brachte die englische Krone um 1750 auf die Idee, mit strengeren Steuergesetzen höhere Einnahmen zu erzielen. Doch in Boston regte sich sofort Widerstand. Das **Boston Massacre** von 1770, eine Demonstration, bei der fünf Bürger von britischen Soldaten erschossen worden waren, und besonders die **Boston Tea Party** 1773 leiteten die Loslösung der Kolonien vom englischen Mutterland ein.

Der Bostoner Seehandel setzte nach dem Unabhängigkeitskrieg wieder da ein, wo er unterbrochen worden war. Die „Kabeljau-Aristokratie", die sich zwischen 1789 und 1810 auch in Boston etabliert hatte, und die *Brahmins*, wie sich die Mitglieder der rei-

Boston: attraktive Metropole mit langer Geschichte

chen Händlerfamilien bezeichneten, entwickelten sich in jenen Tagen zur bis heute dominierenden „Aristokratie" der Stadt. **Handel** und **Fischfang** waren aber nur eine Seite der Erfolgsmedaille. Im 19. Jh. hatte Boston erheblichen Anteil am **Beginn des Industriezeitalters**. Reiche Kaufleute der Stadt investierten z. B. in Textilfabriken, wie jene von Manchester (NH). Gleichzeitig mauserte sich die Stadt zum **Zentrum des intellektuellen Amerika**.

Mitte des 19. Jh. erfasste ein Wandel die puritanische „Stadt auf dem Hügel": Eine Hungersnot in Irland zwischen 1845 und 1849 trieb Tausende verarmter Iren in die Stadt; im späten 19. Jh. folgten Einwanderer aus Italien, Polen und Russland. Um 1900 war Boston eine **Vielvölkerstadt** und die Zuwanderung osteuropäischer Juden um 1910 verstärkte das noch. Zehn Jahre später stellten die Juden ein Zehntel der Gesamtbevölkerung und 1948 gründete die jüdische Gemeinde in Waltham bei Boston die *Brandeis University* – die erste überkonfessionelle jüdische Universität der westlichen Welt.

Für die politische Bedeutung der **irischen Bevölkerung** steht Joseph Kennedy, Vater des späteren Präsidenten **John F. Kennedy** (1917–63), der den alteingesessenen Bostoner Brahmins als erster Ire das Bostoner Finanzmonopol streitig machte. Politisch hatte JFKs Großvater „Honey-Fitz" den Kennedy-Klan etabliert, nachdem er 1905 zum Bürgermeister von Boston gewählt worden war. *Kennedy-Klan*

Boston, einst der Mittelpunkt der amerikanischen Welt, verlor im Laufe des 20. Jh. etwas an Einfluss und wurde zu einer „gewöhnlichen" US-Metropole. Die drei renommierten Universitäten, Harvard, M.I.T. und Boston University, trugen zu einer „**Verjüngungskur**" der Stadt bei. Der **Big Dig**, die große Baugrube, die über Jahre das Stadtzentrum verschandelte und die Verlegung der Autobahn I-93 in den Untergrund zum Ergebnis hatte, ist verschwunden. Darüber entstand zwischen North End und Chinatown ein attraktiver Grünstreifen, der **Rose Kennedy Greenway**, der dem Zentrum zu einer grünen Lunge verhalf und nun als Erholungsoase und Veranstaltungsort dient. Manches ist in der alten Metropole allerdings doch in die Jahre gekommen: z. B. die **Green Line**, die älteste noch rollende U-/Tram-Bahn der USA. *Operation Gestaltwandel*

Sehenswertes in Boston

Der Freedom Trail

Am Anfang steht der **Freedom Trail**, eine rund 4 km lange Strecke, die perfekt in die Geschichte Bostons und der Unabhängigkeitsbewegung in den Kolonien einführt und dabei gleichzeitig die moderne Stadt zeigt. Die 1958 ausgewiesene Route mit roter Markierung auf den Gehwegen – teils aufgemalt, teils in Gestalt von eingelassenen Ziegeln – passiert 16 historische Plätze und Bauten, die allesamt im Zusammenhang mit dem Kampf um die Unabhängigkeit stehen und durch Hinweisschilder und Info-Tafeln gekennzeichnet sind. *Rote Markierung*
Freedom Trail, www.thefreedomtrail.org (mit Links zu einzelnen Attraktionen) oder www.nps.gov/bost, auch Touren.
Boston Common Visitor Information Center, *139 Tremont St. (T-Station „Park Street"), Mo–Fr 8.30–17, Sa/So 9–17 Uhr, Pläne, Infos und Souvenirs.*

Orientierung und Zeitplanung

Boston kann man leicht ohne eigenes Auto erkunden. Das Zentrum ist **überschaubar**, fast alles Sehenswerte konzentriert sich auf ein Gebiet von drei Quadratkilometern, und der Nahverkehr ist gut ausgebaut.

Das Herz der Stadt schlägt im **Boston Common**: Die Grünfläche ist nicht nur eine willkommene Ruheoase, hier kann auch die Stadtbesichtigung beginnen, und zwar an der Informationsstelle, die zugleich Startpunkt des **Freedom Trail** ist. Diese auf dem Boden rot markierte Route führt vom Common nach Osten durch den **Financial District** zum **North End**, dem ehemaligen Hafenareal, und über die Charlestown Bridge nach **Charlestown**.

Wie Charlestown liegt das **West End** am **Charles River**, während sich zwischen North End und Financial District die Waterfront erstreckt. Südlich davon – am Fort Point Channel – hat das alte Hafenviertel **South Boston** ebenfalls ein Revival erlebt. Nördlich des Common und südlich von West End erhebt sich der berühmte **Beacon Hill**, während sich westlich des Common die **Back Bay** ausbreitet. Im Süden des Boston Common schließt sich **South End** an, das derzeit wohl beliebteste Viertel der Stadt, außerdem liegen hier der **Theater District** und das kleine **Chinatown**.

Für die Besichtigung Bostons wären **drei Tage** ideal: am ersten Tag Freedom Trail, Charlestown und die Waterfront, am zweiten ein Rundgang über Beacon Hill, durch den Boston Common, die Back Bay und das South End und am dritten Tag dann Museen und ein Besuch in Cambridge, Sitz der Harvard University. Wer die Schnellbahn „**The Subway**" zwischendurch benutzt, erspart sich müde Beine.

Erste Station ist das **Massachusetts State House** mit seiner auffälligen goldenen Kuppel. Der älteste Bau auf dem Beacon Hill wurde zwischen 1795 und 1798 nach Plänen des Architekten Charles Bulfinch (s. u.) erbaut. Im Laufe der Zeit wurde es nach und nach erweitert: 1890 kam auf der Rückseite ein klotziger Anbau in manieristisch-barockisierenden Stil hinzu, 1914 zwei Seitenflügel. Das *State House* ist heute Sitz der Regierung und Verwaltung des Bundesstaats Massachusetts.

Vor dem Bau, noch im Park, erinnert das **Shaw-Denkmal (1)** an das *54th Massachusetts Regiment*, das im Bürgerkrieg als erste Einheit ausschließlich aus

Sehenswürdigkeiten

1. Shaw-Denkmal/State House
2. Park Street Church und Granary Burying Ground
3. King's Chapel und Burying Ground
4. Old City Hall
5. Old Corner Book Store
6. Old South Meeting House
7. Old State House
8. Custom House Tower
9. Rose Kennedy Greenway
10. Boston Tea Party Ships & Museum
11. Institute of Contemporary Art (ICA)
12. New England Holocaust Memorial
13. Paul Revere House
14. Old North Church
15. USS Constitution Museum
16. African Meeting House/ Museum of African American History
17. Charles Street Meeting House
18. Nichols House

Restaurants

1. Figs
2. Artú
3. Mike's Pastry
4. Ye Olde Union Oyster House
5. Bruegger's Bagel Bakery

Sehenswertes in Boston

afroamerikanischen Soldaten bestand und von dem weißen Colonel Robert Gould Shaw befehligt wurde.
Massachusetts State House, 24 Beacon St., https://www.thefreedomtrail.org/trail-sites/massachusetts-state-house, Mo–Fr 9–17 Uhr, Touren 10–15.30 Uhr, frei.

Ein Meister seines Fachs: Charles Bulfinch

Der **Federal style**, ein von etwa dem letzten Viertel des 18. bis zum ersten Viertel des 19. Jh. beliebter Architekturstil, ist eng verbunden mit dem Namen **Charles Bulfinch** (1763–1844). Dank ihm erlebte der Stil einen Höhepunkt, doch die Anfänge gehen zurück auf **Thomas Jefferson** (1743–1826). Er hatte den von englischen Baumeistern und Traktaten geprägten strengen und nüchternen **Georgian style** durch vermehrten Einsatz klassizistischer bzw. antikisierender Elemente belebt und damit der amerikanischen Architektur zu mehr Eigenständigkeit verholfen – erst in der repräsentativen Architektur, dann im Wohnhausbau.

Charles Bulfinch stammte aus wohlhabender Bostoner Familie und erwarb in Harvard einen Abschluss in Mathematik. Auf seinen Reisen durch Europa in den Jahren 1785 bis 1787 studierte er die europäische Baukunst und richtete nach seiner Rückkehr in Boston ein Architekturbüro ein. Ein Meisterwerk schuf Bulfinch mit dem **Massachusetts State House**. Andere erhaltene Arbeiten sind die **Harvard University Hall** in Cambridge (1799), der Umbau der **Faneuil Hall** (1805), das **Massachusetts General Hospital** (1815) oder das **Meeting House** in Lancaster (1815–17).

Ein Meisterwerk von Charles Bulfinch ist das Massachusetts State House

1818 zog Bulfinch nach Washington, um die Nachfolge Benjamin Henry Latrobes als Architekt des **US Capitol** anzutreten, das 1814 abgebrannt war. Die Bauarbeiten dort sollten ihn bis 1830 beschäftigen. Bulfinch war einer der ersten namhaften Architekten, die dem privaten Wohnungsbau ähnlich viel Aufmerksamkeit zuteilwerden ließen wie dem öffentlichen. Auf dem **Beacon Hill** baute der Architekt z. B. für Harrison Gray Otis zwischen 1796 und 1806 gleich drei Häuser.

Der Freedom Trail führt vom **State House** durch den Park parallel zur Park St. weiter zur **Park Street Church (2)**. 1809 erbaut, wirkt die Kirche mit ihrem weißen Turm optisch eher wie eine Dorfkirche inmitten einer pulsierenden Großstadt. Ihre historische Bedeutung geht auf das Jahr 1829 zurück, als William Lloyd Garrison hier die erste Rede gegen die Sklaverei hielt. Der angrenzende **Granary Burying Ground**, dessen Name auf den hier einst befindlichen Kornspeicher zurückgeht, ist der älteste Friedhof der Stadt (von 1660) und Ruhestätte großer Persönlichkeiten. Beerdigt sind u. a. der Unterzeichner der Unabhängigkeitserklärung, John Hancock, der Innenarchitekt Samuel Adams, der Politiker Robert Treat Paine, aber auch Paul Revere (s. u.), Peter Faneuil und die Opfer des Boston Massacre 1770.

Park Street Church, *1 Park St., www.park street.org, HS Di–Sa 9.30–15 Uhr, sonst nur zu Gottesdiensten geöffnet, Friedhof tgl. 9–17, im Winter –15 Uhr, frei.*

Hinter dem Friedhof erhebt sich das **Boston Athenaeum** (*Zugang: 10A Beacon St., Touren siehe www.bostonathenaeum.org/visit/take-tour*), eine altehrwürdige Bibliothek, die im 19. Jh. als kultureller Treff diente. Gegenüber der Park Street Church führt die Winter St. zum **Downtown Crossing**, an der Kreuzung mit der Washington St. In dieser Fußgängerzone gibt es eine Vielzahl von Einkaufsmöglichkeiten. Zudem liegt hier in den Gassen zwischen Tremont und Washington St. der **Ladder District**, eines der angesagten „Hipster"-Viertel der Stadt mit kleinen Läden, Boutique-Hotels, Cafés und Restaurants (*www.downtownboston. org*).

Nächste Station auf dem Freedom Trail ist die altehrwürdige **King's Chapel (3)** und der zugehörige **King's Chapel Burying Ground**. 1687 als erstes anglikanisches Gotteshaus Neuenglands gebaut, wurde sie im Laufe der Zeit von Königen mit verschiedenem, wertvollem Inventar versehen – daher der Name. Der

Eine Station des Boston Freedom Trail ist das Paul Revere House

heutige Bau stammt aus dem Jahr 1754. Seit 1785 hat hier die First Unitarian Church der USA ihren Sitz. Auf dem zugehörigen Friedhof liegen ebenfalls wichtige Personen aus der Kolonialzeit wie *John Winthrop*, der erste Gouverneur der Kolonie, begraben. **King's Chapel**, *Tremont/School St., www.kings-chapel.org, Mo–Sa 10–17, So 13.30– 16 Uhr, im Winter unregelmäßig geöffnet, Friedhof tgl. 9–mind. 15 Uhr, $ 2 (Spende).*

Nur wenige Schritte von der King's Chapel entfernt liegt, umgeben von einem kleinen Park, die **Old City Hall (4)**, ein Bau im Second-Empire-Stil. Sie diente zwischen 1865 und 1969 als Rathaus, heute sind Büros und ein Lokal eingezogen. Davor steht eine **Statue von Benjamin Franklin**, der in Boston geboren wurde. Ebenfalls auf dem Grundstück befand sich einmal die 1635 gegründete erste Schule der Stadt (Site of First Public School).

Der **Old Corner Book Store (5)** (*Washington/School St.*) war 1712 als Wohnhaus entstanden, 1828 zog eine Buchhandlung ein, die auch als eine Art Clubhaus und Treff für berühmte Literaten fungierte. Schräg gegenüber steht das **Old South Meeting House (6)**, 1729 als Kirche erbaut. Da der Bau der größte weit und breit war, wurde er als Alternative zur kleineren Faneuil Hall auch zu Bürgerversammlungen genutzt. Am 16. Dezember 1773 drängelten sich hier an die 7.000 Menschen, um gegen die vom Mutterland neu erhobene Teesteuer zu demonstrieren. Nach der Versammlung zogen

60 als Indianer verkleidete Bostonians, mit Kriegsgeheul zur Griffin's Wharf und veranstalteten die legendäre **Tea Party**. Im Inneren des Gebäudes befindet sich ein kleines Museum mit einem interessanten Modell der Stadt im Jahr 1773.
Old South Meeting House, *310 Washington St., www.oldsouthmeetinghouse.org, tgl. 9.30–17, im Winter 10–16 Uhr, $ 6.*

Zu den ältesten öffentlichen Gebäuden der USA zählt das **Old State House (7)** von 1713. Hier war nicht nur die Kolonialregierung zu Hause, hier befand sich auch das Zentrum des öffentlichen Lebens. Heute ist in die altehrwürdigen Gemäuer das **Museum der Bostonian Society** eingezogen. Der Anwalt und Politiker James Otis hatte 1761 an gleicher Stelle seine Rede gegen die britischen Zollgesetze gehalten, die John Adams, der zweite US-Präsident, als „die Geburtsstunde der Unabhängigkeitsbestrebungen" bezeichnete. Vor dem Old State House wurden am 5. März 1770 fünf demonstrierende Bürger von britischen Soldaten erschossen. Die Stelle wird heute **Boston Massacre Site** genannt. Am 18. Juli 1776 bejubelte eine begeisterte Menge erst die vorgelesene **Declaration of Independence**, um danach zwei Relikte der britischen Macht, Löwe und Einhorn, vom Dach des State Houses zu werfen und sie zu verbrennen.

Fall von Löwe und Einhorn

Old State House, *206 Washington St., www.bostonhistory.org, tgl. 9–17/18 Uhr, $ 12.*

Umgeben von modernen Bauten und dem unübersehbaren **Custom House Tower (8)** (*State St.*), einem Glockenturm von 1915, der lange Zeit als Bostons höchstes Gebäude galt – er stand direkt neben dem alten Zollhaus von 1847 – liegt das Herz der Stadt. Wenige Schritte vom Old State House erreicht man über die Congress St. den **Faneuil Hall Marketplace** (*https://faneuilhallmarketplace.com*) – ein Shopping- und Bummelareal – mit dem **Quincy Market** und der **Faneuil Hall**, in deren Obergeschoss sich ein historischer **Meeting Room** befindet (*tgl. 9.30–16.30 Uhr, frei*).

Die Halle war von dem hugenottischen Händler Peter Faneuil 1742 gestiftet und 1805 von Charles Bulfinch umgebaut worden. Sie gilt als **„Wiege der Freiheit"**, wie James Otis einmal schrieb, da hier die meisten Versammlungen stattfanden. Im Erdgeschoss befanden sich schon immer Läden und verschiedenste Imbissstände. Die Faneuil Hall und der angrenzende **Quincy Market**, gerahmt von **South** (v. a. Gastronomie) und **North Market** (v. a. Einkaufsläden), gelten als gelungene Beispiele für die Altstadtsanierung (1976) und sind heute ein touristischer Anziehungspunkt. Zur Pause lädt jedoch auch der nur wenige Schritte entfernte, neuere **Boston Public Market** (s. S. 315) mit regionalen Produkten und Imbissständen ein.

Faneuil Hall *mit* **Boston National Historical Park VC**, *1 Faneuil Hall Sq., www.nps.gov/bost, tgl. 9–17/18 Uhr, frei.*

Der Quincy Market

Gute Stube und grüne Lunge der Stadt ist der Rose Kennedy Greenway

Rose Kennedy Greenway, Harbor Walk und South Boston

Am Quincy Market bietet sich nicht nur Gelegenheit zur Pause, sondern auch die Möglichkeit zu einem Abstecher in den **Wharf District** an der Waterfront und einem Spaziergang über den **Rose Kennedy Greenway (9)** (*www.rosekennedygreenway.org*). Dieser Parkstreifen (s. u.) fungiert als vielseitige Erholungsoase, als Spiel- und Marktplatz sowie als Veranstaltungsort mit Konzerten, Ausstellungen, Imbiss- und Picknickplätzen. Nach wenigen Schritten auf dem **Walk to the Sea** (*www.walktothesea.com*), einer Promenade, die zwischen City Hall, Quincy Market und Aquarium verläuft, erreicht man den **Columbus Park** und die benachbarte **Long Wharf**. Von hier starten Ausflugsboote zu Hafenrundfahrten oder Inseltrips sowie Fähren, u. a. zur Museum Wharf oder nach Charlestown.

Grün satt

An der südlich angrenzenden **Central Wharf** stellt das **New England Aquarium**, mit dem rund 800.000 l Wasser fassenden Becken für Seewasserfische, einen Anziehungspunkt dar. Es erstreckt sich über drei Stockwerke und wird über eine Spiralrampe erschlossen.
New England Aquarium, *www.neaq.org, Mo–Fr 9–17/18, Sa/So–18/19 Uhr, $ 31, IMAX $ 10, Kombiticket $ 36; Whale-Watch-Touren für $ 55 (mit Aquarium $ 76) zur* **Stellwagen Bank National Marine Sanctuary**, *einer nährstoffreichen Region vor der Bucht, die ganzjährig Wale anlockt (http://stellwagen.noaa.gov).*

Lange Jahre verunstaltete eine Autobahn die Innenstadt Bostons, dann beherrschte für Jahre der „Big Dip", eine Riesenbaustelle, das Bild. Heute ist die Straße in den Untergrund verlegt. Dafür befindet sich hier nun ein **Grünstreifen** – der „**Rose Kennedy**

Greenway" –, der von den North End Parks über den Wharf District und den Dewey Square Park (nahe Bahnhof South Station) bis hin zum Chinatown Park mit dem **Chinatown Gate** reicht. Er besteht aus einer Kette von unterschiedlich gestalteten Grünanlagen mit Brunnen und Kunstwerken, Veranstaltungsflächen, Food Trucks, Karussell, und historischen Markern.

Südlich des Dewey Square und nahe der South Station liegt die **Museum Wharf** *(Fort Point Channel/Ende Congress St.)*. Die Hauptattraktion hier ist das **Boston Tea Party Ships & Museum (10)**. Besucher können vom Deck der „Beaver II." – einem Nachbau des Originalschiffs – Tee ins Wasser werfen („dump the tea"), ein zweites nachgebautes Schiff namens „Eleanor" besichtigen und und eine Art moderne Multimedia-Show mit Reenactments erleben. Dazu gibt es historische Führungen, ein Kino, einen Shop und Abigail's Tea Room.
Boston Tea Party Ship, *Congress Street Bridge, www.bostonteapartyship.com, $ 30 (nur Touren), tgl. 10–17 Uhr, mit Shop und „Teestube".*

Hafenbummel Geht man auf dem **Harbor Walk** – der dem Hafenverlauf von North End nach South Boston folgt – über die Congress Street Bridge auf die Südseite des Fort Point Channel, befindet man sich in **South Boston**. Hier kann man in einem renovierten Lagerhaus das **Children's Museum** nicht übersehen. Weiter auf der Promenade um das **John Joseph Moakley United States Courthouse** stößt man auf Infotafeln zur Entwicklung des Hafens, ehe schließlich der moderne Bau des **Institute of Contemporary Art (ICA) (11)**, der teilweise über dem Hafen zu schweben scheint, ins Blickfeld rückt. Im sehenswerten Innern werden immer wieder provokante Wechselausstellungen und verschiedenste Veranstaltungen angeboten.
Children's Museum, *308 Congress St., www.bostonchildrensmuseum.org, Sa–Do 10–17, Fr 10–21 Uhr, $ 18.*
Institute of Contemporary Art, *25 Harbor Shore Dr., www.icaboston.org, Di/Mi/Sa/So 10–17, Do/Fr 10–21 Uhr, $ 15, mit Water Café (Wiedereröffnung: Juni 2020).*

Südlich des Museums liegen das **Seaport World Trade Center** und, unübersehbar, das **Convention & Exhibition Center**. Letzteres verdeutlicht den Wandel von **South Boston** vom alten Arbeiter- und Hafenviertel zum neuen Szene-Viertel. Die Veränderung spürt man auch nebenan am **Boston Fish Pier**, wo Fischhändler schicken Lokalen Platz gemacht haben.

Auf dem Freedom Trail durch das North End

Bostons ältester Stadtteil Der zweite Teil des Freedom Trail führt ins **North End**, ins älteste Stadtviertel Bostons. Vom Marktareal geht es vorbei am schräg gegenüberliegenden **Government Center** *(Congress St.)*, ein Verwaltungskomplex, der in den 1960er-Jahren nach Plänen des berühmten Architekten I. M. Pei († 2019) entstanden ist. Die eher unansehnliche City Hall aus den 1960ern bezeichnen Einheimische als „Aztekentempel in der Ziegelwüste".

Der Trail folgt der Union St. – parallel zur Congress St. – und passiert dabei die sechs Glastürme des **New England Holocaust Memorial (12)**. Die eingravierten Zahlenkolonnen erinnern an die sechs Millionen während des Zweiten Weltkrieges ermorde-

Sehenswertes in Boston

Besuch im Boston Public Market

ten Juden. Gegenüber befindet sich in einem Büro-/Parkgaragenbau der **Boston Public Market** (s. S. 315). Neben regionalen Produkten und Kunsthandwerk gibt es Imbisse und Getränke, wie Bier und Wein aus Neuengland.

Erneut den Rose Kennedy Greenway querend, gelangt man ins **North End**, wo nicht nur Geschichtsinteressierte auf ihre Kosten kommen, hier schlägt auch das ethnische Herz Bostons. Das Viertel war zunächst irisch, dann jüdisch und ist nun italienisch geprägt – letzteres vor allem rund um die **Hanover St.** mit Bäckereien, Cafés und italienischen Lokalen. *Italienisches Viertel*

Hauptattraktion in North End ist das **Paul Revere House (13)**. Paul Revere (1735–1818), der hier mit seiner Familie wohnte, gilt als der erste Held der Nation (s. u.). 1680 erbaut, ist das kleine Gebäude das älteste erhaltene Haus der Stadt. Es ist eng und verschachtelt, neben etlichen ausgestellten Gegenständen aus dem Besitz Reveres ist das Haus im Stil des 17. und 18. Jh. ausgestattet. *Nationalheld*

Paul Revere House, 19 North Square, www.paulreverehouse.org, tgl. 9.30–17.15/16.15 Uhr, $ 4, Jan.–März Mo geschl., $ 5.

Der Freedom Trail führt zurück zur Hanover St., an deren Ende die **Paul Revere Mall** liegt, eine Grünanlage mit dem Reiterstandbild Paul Reveres von 1940. Überragt wird der Platz von Bostons ältester Kirche, der **Old North Church (14)**, auch „Christ Church" genannt. Sie war 1723 nach Plänen von Sir Christopher Wren erbaut worden. Ihr 53 m hoher weißer Kirchturm dominierte einst das Stadtbild und ist wegen seiner acht Glocken bekannt; die größte wiegt 700 kg, die kleinste 280 kg. Sie wurden

Paul Revere – vom Silberschmied zum Nationalhelden

„One if by land, Two if by sea" – diesen Vers aus Henry Wadsworth Longfellows Gedicht „Paul Revere's Ride" von 1861 kennt in den USA jedes Kind. Damit wird an jene Nacht vom 18. auf den 19. April 1775 erinnert, in der Laternen im Turm der Old North Church den Unabhängigkeitsfreunden signalisieren sollte, ob die britischen Truppen auf dem direkten Landweg (eine brennende Laterne) oder von Süden über den Fluss (zwei Laternen) nach Lexington und Concord marschierten. Die Briten wollten dort die Waffenlager der Miliz unter Beschlag nehmen und die Rädelsführer verhaften um die explosive Stimmung in der Kolonie zu entschärfen.

Der Bostoner Silberschmied **Paul Revere** hatte zusammen mit Freunden in Charlestown auf das Signal gewartet und war in jener Nacht losgeritten, um die Anführer der Unabhängigkeitsbewegung, Samuel Adams und John Hancock, zu warnen. Es gelang Revere tatsächlich, vor den Briten in Lexington anzukommen, doch auf dem Weg nach Concord wurde er geschnappt und nach Boston zurückgeschickt. Zum Glück war einem Begleiter die Flucht gelungen und so wusste man in Concord über den Vormarsch der Briten Bescheid.

Paul Revere Statue und die Old North Church

Revere wäre eigentlich nur einer von vielen Helden des Unabhängigkeitskrieges gewesen. Doch 1861 machte der Dichter **Henry Wadsworth Longfellow** (1807–82) mit seinem Gedicht „Paul Revere's Ride" den Handwerker nicht nur unsterblich, sondern erhob ihn zum Nationalhelden. Revere selbst hatte sich als einer unter vielen gesehen, die einen gerechten Kampf um die Freiheit führten, und war bescheiden geblieben. Er lebte bis 1800 zusammen mit seiner Frau und 16 Kindern in häuslich beengten Verhältnissen in North End (s. o.), ehe er sich etwas Besseres leisten konnte. Sein Geld verdiente er vor allem als Gold- und Silberschmied – und hierin war er Meister, wie einige seiner Stücke im Haus und in verschiedenen Museen, wie dem Museum of Fine Arts, belegen. Nebenbei arbeitete er auch als Glockengießer, Kaufmann, Künstler und Erfinder.

„Königliches Geläut" genannt und tragen die Inschrift „Wir sind das erste Läutwerk, das für das britische Empire in Nordamerika gegossen wurde, anno 1774". Berühmt ist der Kirchturm jedoch im Freiheitskrieg geworden: Von hier signalisierten Laternen am Vorabend des Krieges den Revolutionären, dass die britischen Truppen Boston Richtung Lexington verlassen hatten.

Hinter der Kirche, zwischen Hull und Charter St., liegt **Copp's Hill Burying Ground** von 1659. Auf diesem zweitältesten Friedhof der Stadt hatten während der Schlacht von Bunker Hill die Briten ihre Geschütze in Stellung gebracht.

Old North Historic Site/Christ Church, *193 Salem St., http://oldnorth.com, HS tgl. 9–18 Uhr, NS tgl. 10–16 Uhr, $ 8.*

Charlestown – Endpunkt des Freedom Trail

Hinter dem Friedhof führt der Trail zur Charleston Bridge und über den Charles River in das irisch geprägte **Charlestown**, wo die historische Besichtigungstour endet. Zunächst geht es aber noch hinauf zum **Bunker Hill Monument** und dem dort befindlichen, sehenswerten **Battle of Bunker Hill Museum**. Der 67 m hohe Granitobelisk erinnert an die erste große Schlacht im Unabhängigkeitskrieg, die *Battle of Bunker Hill* am 17. Juni 1775. Zwar gewannen die Briten aufgrund besserer Ausrüstung und Ausbildung die Schlacht, hatten jedoch nicht mit dem erbitterten Widerstand der Freischärler gerechnet. Die Verluste waren groß und der Pyrrhussieg für die „Rotröcke" ließ die Freiheitskämpfer neuen Mut schöpfen. Hat man die 294 Stufen zum Aussichtspunkt erklommen, bietet sich ein fantastischer Blick auf die Stadt.
Battle of Bunker Hill Museum, *43 Monument Sq. über Main St./Monument Ave., www.nps.gov/bost, tgl. 9–mind. 17 Uhr, frei.*

Endstation des Freedom Trail ist die **USS Constitution** und das zugehörige **USS Constitution Museum (15)** auf dem Boden des historischen **Charlestown Navy Yard** von 1800. Noch heute

Bunker Hill Monument

steht die 1797 vom Stapel gelaufene Fregatte im Dienst der Navy und nimmt einmal jährlich, am 4. Juli, an einer Parade teil. Sie gilt als das älteste noch im Einsatz befindliche Kriegsschiff der Welt und war an 33 Seeschlachten (stets siegreich) beteiligt. Ihren Spitznamen „**Old Ironside**" erhielt sie während des **War of 1812** gegen die Briten.
USS Constitution Museum, *Charlestown Navy Yard, https://ussconstitutionmuseum.org, tgl. 9–18, Winter 10–17 Uhr, Spende ($ 10–15).*
USS Constitution, *Frühjahr/Sommer Di–So 10–18, Herbst/Winter Mi–So 10–16 Uhr, frei.*

West End

Zurück in die Innenstadt gelangt man zu Fuß, mit dem Water Shuttle (Stop „Long Wharf") oder per U-Bahn (T Green/Orange Line, „North Station"). Die **North Station** ist nicht nur eine U-Bahn-Station, sondern zugleich Nahverkehrsbahnhof für Züge in Richtung Norden. Der Bahnhof befindet sich in **West End**, dem Viertel zwischen der Cambridge St. und dem Charles River.

Über dem Bahnhof erhebt sich der **TD Garden**, die Sporthalle, die seit 1995 den legendären alten *Boston Garden* ersetzt. Die moderne Arena mit einem Fassungsvermögen von über 18.000 Zuschauern liegt zwischen Charles River Dam und einer neuen

Heimarena der Celtics und Bruins Hängebrücke, auf der die Autobahn I-93 verläuft. In der Halle tragen die **Boston Celtics**, die erfolgreichste Mannschaft der *National Basketball Association* (NBA), und die **Boston Bruins**, die beliebte Eishockey-Profimannschaft (NHL), ihre Heimspiele aus.

Eine Attraktion für die ganze Familie befindet sich ebenfalls in West End: das direkt am Charles River Dam gelegene **Museum of Science**, das eine interessante Einführung in Naturwissenschaften und Technik, vom Dinosaurier bis zum Raumschiff, gibt sowie ein Kino und ein Planetarium bietet. Jüngste Erweiterung ist die **Yawkey Gallery** am Charles River, genutzt für Ausstellungen und als Eventfläche, mit 4-D-Theater.
Museum of Science, *Charles River Dam/ 1 Science Park, T Green Line „Science Park", www.mos.org, Sa–Do 9–17, Fr 9–21 Uhr, $ 29, Ausstellungen extra, Planetarium $ 10, Kino $ 10.*

Beacon Hill

Günstiger Ausgangspunkt für die Besichtigung von **Beacon Hill** ist die Beacon Street am State House (T Red Line „Park Street"). Weit über die Grenzen Bostons hinaus ist dieser Stadtteil nördlich des Boston Common als **Viertel der High Society** bekannt. Rote Backsteinbauten, zumeist in der ersten Hälfte des 19. Jh. im *Federal* oder *Greek Revival style* entstanden, kopfsteingepflastergepflasterte Gassen und alte Gaslaternen verleihen dem unter **Denkmalschutz** stehenden Bezirk seinen Reiz.

Die Anfänge waren weniger elitär: Beacon Hill war vor dem Bau des State House noch unbesiedelt. Wegen seiner drei Kuppen hieß die Gegend auch „Trimount" und der

Historischer Spaziergang auf dem Beacon Hill

westliche Hügel galt als besonders verrufen: Hinter vorgehaltener Hand sprach man von „Mount Whoredome", dem „Hurenhügel". Mit dem Bau des State House 1798 änderte sich das und es entstand ein Viertel für wohlhabende Bürger. Auch **Künstler und Schriftsteller** sowie **aus der Versklavung entlassene Afroamerikaner** siedelten sich hier an.

In der **Charles Street** mit Cafés, Galerien, Antiquitäten- und Buchläden sowie kleinen *Delis* schlägt das Herz des Viertels. Die schönsten Häuser gruppieren sich um die Mount Vernon Street und den Louisbourg Square. Mit einem Rundgang über den Beacon Hill kann man sozusagen gleich zwei Fliegen mit einer Klappe schlagen: ein altes Wohnviertel kennenlernen und dem **Black Heritage Trail** folgen.

Entlang diesem Trail erfährt man mehr über die **afroamerikanische Geschichte** der Stadt. An der Nordflanke des Beacon Hill war nämlich im 19. Jh. eine schwarze Gemeinde zu Hause. 1796 war die *African Society* als Nachbarschaftshilfe- und Wohltätigkeitsorganisation gegründet worden; es gab von Afroamerikanern selbstverwaltete Läden und Kirchen, deren Pfarrer als Wortführer im Kampf gegen die Sklaverei fungierten. In Massachusetts war man führend in der Sklavenbefreiung, 1850 gab es bereits eine *Abolitionist Free Soil Party*.

Pioniere der Sklavenbefreiung

Black Heritage Trail & Boston African American NHS

Der Trail (s. hintere Umschlagklappe) durch das „schwarze Boston", am Nordabhang des Beacon Hill, führt vorbei an 14 Stationen, die mit afroamerikanischer Geschichte verknüpft sind: z. B. das **Museum of African American History** (*46 Joy St., www.maah.org, Mo–Sa 10–16 Uhr, $ 10*). Eine Rundgang-Broschüre ist im Museum, VC oder bei **Boston African America NHS** (*14 Beacon St., www.nps.gov/boaf*) erhältlich, es werden auch Touren angeboten.

In der vom Massachusetts State House westwärts abgehenden **Beacon Street** liegen die ersten sehenswerten Häuser: Nr. 40 (1818, *Greek Revival style*), Nr. 43 (1819) oder Nr. 45 (1805 als drittes Haus für Harrison Gray Otis von Bulfinch erbaut). Hinauf geht es dann auf der Joy Street, vorbei am **George Middleton House** (*5 Pinckney St.*), dem ältesten noch existierenden Haus eines Afroamerikaners aus dem Jahr 1797. Das **African Meeting House (16)** (*46 Joy St./Smith Court*) von 1806 mit dem **Museum of African American History** gilt hingegen als die älteste existierende Kirche einer schwarzen Gemeinde.

Zu den wenigen auch von innen zu besichtigenden Häusern im Viertel gehört das **Otis House Museum**, 1795 nach Plänen von Bulfinch errichtet. Das **Coburn Gaming House** (*Phillips/Irving St.*) von 1844 diente wohlhabenden Afroamerikanern als Treff, während das am anderen Ende der Phillips St. gelegene **Lewis & Harriet Hayden House** als eine Anlaufstelle der *Underground Railroad* – ein Hilfsnetzwerk für geflohene Sklaven – galt.
Otis House Museum, *141 Cambridge St., www.historicnewengland.org/property/otis-house, April–Nov. Mi 11–19.30, Do–So 11–16.30 Uhr, Touren, $ 10, Bibliothek und Shop.*

In der Charles St. (*Ecke Mount Vernon St.*) steht das **Charles Street Meeting House (17)** von 1807. Die größte schwarze Gemeinde hatte es 1876 erworben und bis 1939 als Kirche genutzt. Die Mount Vernon St. führt weiter zum **Louisburg Square**, der um 1840 als Musterbeispiel gelungener Stadtplanung entstand. Besuchen kann man das **Nichols House (18)**, ein weiteres von Bulfinch erbautes Privathaus.
Nichols House, *55 Mount Vernon St., www.nicholshousemuseum.org, April–Okt. Di–Sa 11–15 Uhr, Nov.–März Do–Sa 11–15 Uhr, Touren, $ 10.*

Boston Common und Public Garden

Alte Parkanlage 1634 angelegt, gilt der **Boston Common** als ältester öffentlicher Park der USA. Die etwa 3,5 ha große Fläche gehörte einst einem der ersten weißen Siedler der Stadt, einem gewissen Reverend William Blaxton, der 1625 eine Farm aufgebaut hatte. Als Boston quasi ausgerechnet vor seiner Haustür gegründet wurde, verkaufte er sein Land für $ 150 und zog sich in die Wildnis zurück, da ihm der Trubel zu groß war. Das Land diente zunächst als Kuh- und Schafweide, fungierte aber auch als Exerzierplatz der Miliz und als Hinrichtungsstätte.

Bereits 1663 war in einem Bericht zu lesen, dass der Park den Bürgern mehr bedeutete, nämlich war er „*Stolz und Zierde der Stadt. Er stand für die schöneren Seiten des Lebens*". Heute ist er eine grüne **Ruhe-Oase** mitten in der Innenstadt mit verschlungenen Pfaden, Bänken, Bronzefiguren und Springbrunnen. Hier trifft man sich, treibt Sport auf den Wiesen, Kinder toben auf Spielplätzen, man sonnt sich, macht Picknick, füttert Enten oder schaut den Leuten zu.

Der Schwanensee im Boston Public Garden

Die westliche Grenze bildet die Charles St. und jenseits schließt sich der **Public Garden**, der älteste botanische Garten der USA, an. Bis hinein in die heutige Back Bay erstreckte sich einst ein Sumpf- und Überschwemmungsgebiet des Charles River. 1825 hatte die Stadt ein Areal von etwa 10 ha erworben, zwölf Jahre später wurde im östlichen Teil der botanische Garten eröffnet. 1867 erhielt der stets frei zugängliche *Public Garden* dann seine heutige Form als „formaler" Park im Gegensatz zum eher „urwüchsigen" Common. Am Parkeingang an der Commonwealth Ave. überragt ein bronzenes **Reiterstandbild von George Washington**, 1881 von Thomas Ball geschaffen, die Anlage und blickt Richtung Prachtallee.

Die Back Bay

Westlich des Public Garden beginnt die **Back Bay**, entlang dem Charles River bis hinunter zur Huntington Ave. Viele Ortsfremde halten dieses Viertel für „Old Boston", dabei entstand die Region, wie der Public Garden, auf Sumpfland. Noch 1849 warnte die städtische Gesundheitsbehörde vor diesem „anstößigen und gesundheitsgefährdenden" Areal. Dennoch begann man ab 1857 mit der Realisierung eines umfangreichen Bebauungsplans, errichtete elegante Reihenhäuser und einen Boulevard nach französischem Vorbild, mit breitem Grünstreifen in der Mitte. Bis in die 1880er-Jahre hinein wurden dem Sumpf der Back Bay nach und nach über 240 ha Bauland abgerungen.

Französisches Vorbild

Steht Beacon Hill für die Architektur der ersten Hälfte des 19. Jh., stammen die Bauten der Back Bay aus den Jahren 1850 bis 1900. Hauptachse ist die breite **Commonwealth Ave.** (*T-Station „Arlington"*), an der, nicht weit vom Public Garden entfernt, die **First Baptist Church** (*Ecke Clarendon St.*) hervorsticht. Ihren Turm schmücken die Statuen berühmter Persönlichkeiten aus der Zeit der Erbauung: Ralph Waldo Emerson, Nathaniel Hawthorne oder Henry W. Longfellow. Zwischen Clarendon und Dartmouth Street befindet sich der wohl repräsentativste Abschnitt der „Comm Ave.", mit noblen Geschäften, Cafés und Restaurants. Speziell dieser Teil hat dazu beigetragen, dass man sie auch als die „**amerikanische Champs-Élysées**" bezeichnet.

Flaniermeile

Statt ihr weiter bis zur Ecke an der Massachusetts Ave. zu folgen, sollte man auf die parallel im Süden verlaufenden beiden Straßen, die **Newbury St.** – auch als „**East Coast's Rodeo Drive**" bekannt – und die **Boylston St.**, wechseln. Auch hier reihen sich Designerboutiquen, Galerien, teure Restaurants und Cafés in feinen Stadthäusern aneinander.

Unübersehbar überragt der blaugrün schimmernde Glasturm des **John Hancock Tower**, nach Plänen des Architekten I. M. Pei 1976 erbaut, die Back Bay. Der Turm – offiziell heißt er „200 Clarendon" – gilt als der **höchste Bau Neuenglands** (241 m). Seine ungewöhnliche Glashaut stellte die damaligen Bauherren vor erhebliche technische Herausforderungen. Die 1877 erbaute neogotische **Trinity Church** spiegelt sich bei Sonnenschein besonders fotogen im Hancock Tower nebenan. Im Inneren ist die Kirche prächtig ausgestattet, mit Wandgemälden, Mosaiken, Holzschnitzereien und Buntglasfenstern.

Fotogenes Arrangement

Kontrastprogramm zur modernen „Skyscraper-Architektur" bietet die östlich des **Copley Square** gelegene altehrwürdige **Boston Public Library**, 1895 von Charles

McKim erbaut und 1972 von Philip Johnson erweitert. Mit rund 5 Mio. Bänden gehört sie zu den größten Bibliotheken der Welt, stellt aber auch andere Dokumente, Fotos und Kunstwerke aus.

Um den Copley Square herum befinden sich weitere bedeutende Bauten, z. B. **Copley Place**. Dieser riesige Komplex mit Kinos, Restaurants und Geschäften wurde über dem im Untergrund verlaufenden *Massachusetts Turnpike* angelegt und ist mit Bostons erstem Wolkenkratzer, dem **Prudential Center** (*800 Boylston St.*) aus den frühen 1960ern (Mitte der 1990er-Jahre renoviert), durch Passagen verbunden. „The Pru" umfasst auch das 1988 konzipierte **John B. Hynes Veterans Memorial Convention Center**, ein Hotel, Kaufhäuser sowie allerhand Geschäfte und Restaurants. Im 50. der insgesamt 52 Stockwerke des Prudential Tower laden eine Bar oder ein Restaurant ein, zugleich kann man vom **Skywalk Observatory** eine grandiose Aussicht genießen.
Skywalk Observatory, *http://skywalkboston.com*, *tgl. 10–20/22 Uhr, $ 21.*

Altes und Neues in Downtown Boston

Südwestlich des Prudential Center handelt es sich bei der **First Church of Christ, Scientist** (*175 Huntington Ave.*) um einen architektonisch interessanten Gebäudekomplex, bestehend aus der 1894 erbauten *Mother Church*, deren Erweiterung (1906) sowie der *Publishing Society* (1934). Erst später kamen weitere Anbauten nach Plänen von I. M. Pei dazu. Gegründet worden war die Religionsgemeinschaft 1879 von Mary Baker Eddy (1821–1910), die der Auffassung war, dass das ursprüngliche Christentum die „göttliche Wissenschaft vom wahren Sein ist, welche das Gesetz der universellen Harmonie darlegt". Für die Anhänger ist Gott das allmächtig Gute und damit verliert alles Böse seinen Schrecken. Heute existieren zahlreiche Gemeinden in aller Welt, auch in Deutschland („Christliche Wissenschaft").

Toller Glasglobus Sehenswert ist das zur **Mary Baker Eddy Library** gehörende **Mapparium**, ein überdimensionierter, von Ausstellungen umgebener Glasglobus.
The Mapparium/The Mary Baker Eddy Library, *200 Massachusetts Ave., www.marybakereddylibrary.org, tgl. 10–17 Uhr, $ 6.*

South End

An der Südseite der Huntington Ave. beginnt das **South End**, einst Viertel der armen Leute, dann Homosexuellen-Zentrum und heute gleichermaßen beliebt bei jungen Familien und der *Gay Community* Bostons. Das bunte Gemisch junger Menschen konnte den drohenden Stadtteil-Verfall abwenden. Zahlreiche viktorianische Reihenhäuser wurden renoviert, das Viertel zeichnet multikulturelles Flair aus, besonders um **Worcester** oder **Union Park Square**. Das kulturelle Herz schlägt im **Boston Center for the Arts** mit Künstlerateliers, Galerien wie der Mills Gallery, Kulturorganisationen, experimentellem Theater und Cyclorama in einem kuppelförmigen Bau von 1884, in dem zudem Antikmärkte, Ausstellungen und andere Veranstaltungen stattfinden.

Szeneviertel

BCA, *539 Tremont St., www.bcaonline.org, Cyclorama: Mo–Fr 9–17, Mills Galerie: Mi 12–17, Do–Sa 12–21, So 12–17 Uhr, frei.*

South-End-Bummel

In Bostons South End locken viele ausgefallene Läden und Boutiquen. Ein Ausflug (*Silver Line-Busse Richtung Dudley Square bis „Mass. Ave." oder Orange Line bis „Mass. Ave."*) lässt sich gut mit einem Essen in einem der zahlreichen Lokale verknüpfen. Hier ein paar Empfehlungen (s. Karte der hinteren Umschlagkarte):
Beehive Restaurant (9), *541 Tremont St., ☎ 617-423-0069; Bistro der lokalen Bohème-Szene, auch berühmt für Jazzkonzerte.*
The Butcher Shop (11), *552 Tremont St.; ☎ 617-423-4800; nicht nur eine Metzgerei mit tollen hausgemachten Würsten, sondern gleichzeitig eine Weinbar mit Appetizern und Wurstwaren.*
Franklin Café (13), *278 Shawmut Ave., ☎ 617-350-0010; Restaurant mit kleiner Bar, die berühmt für leckere Gerichte ist und daher von Locals viel frequentiert wird.*
Foodie's Urban Market (10), *1421 Washington St.; Supermarkt in Familienbesitz, vieles aus regionaler/lokaler Produktion und biologisch. Große Getränkeauswahl und kalte/heiße Theken für den Imbiss.*
Michele Mercado Jewelry, *276 Shawmut Ave.; Atelier und Laden einer bekannten Schmuckdesignerin.*
Picco (8), *513 Tremont St., ☎ 617-927-0066; tolle Pizzen sowie kreative Gerichte mit mediterran-italienischem Touch.*
Formaggio Kitchen (12), *268 Shawmut Ave., ☎ 617-350-6996; hier gibt es die beste Käseauswahl der Stadt, dazu internationale Feinkost und Sandwiches.*

Boston Museum of Fine Arts

Viele Besucher streifen South End auf dem Weg entlang der Huntington Ave. in südwestliche Richtung zu den großen Kunstinstitutionen Bostons, wie der **Symphony Hall** – Heimat der Symphoniker und des *Boston Pops Orchestra* – oder dem **Boston Museum of Fine Arts**. Das „**MFA**" wurde 1909 eröffnet und gilt als eines der angesehensten und umfassendsten Museen der USA. Besonders sehenswert sind die Sammlungen **amerikanischer Kunst des 18. und 19. Jh**. Abgesehen von Ausstellungsstücken aus dem Bereich der dekorativen Kunst (v. a. Möbel und Geschirr) sind die Gemälde von Künstlern wie John S. Sargent, Winslow Homer, der Hudson River School (u. a. Cole und Bierstadt), Fitz Hugh Lane oder J. Singleton Copley (von dem ein berühmtes Paul-Revere-Porträt stammt) sehenswert. Von Gilbert Stuart signiert ist das unvollendete Porträt George Washingtons, das der Ein-Dollar-Note als Vorlage diente, sowie das seiner Frau Martha. Charles Willson Peale ist ebenso vertreten wie Chester French, der das ausgestellte Modell des Lincoln Memorial in Washington schuf.

Museum der Extraklasse

Bummel in South End

Das MFA bietet noch weit mehr: eine exzellente **Sammlung antiker Kunst** (griechische und römische Keramik, Skulpturen sowie Kleinkunst), die beste Kollektion **ägyptischer Kunst** des Alten Reiches außerhalb Kairos und unzählige Objekte **asiatischer Kunst**. Nach dem Museumsbesuch, für den man zwei bis drei Stunden Zeit einplanen kann, lohnen ein Blick in den Museumsladen und eine Pause im Café oder Restaurant.

Kunst aller Kontinente

Boston Museum of Fine Arts, 465 Huntington Ave. (T Green Line „Museum"), www.mfa.org, Mo–Di und Sa–So 10–17, Mi–Fr 10–22 Uhr, $ 25.

Isabella Stewart Gardner Museum

Nur wenige Schritte vom MFA entfernt liegt das **Isabella Stewart Gardner Museum**, der ebenso fantasievolle wie prächtige Palast einer exzentrischen Millionärin gleichen Namens. Inspiriert von venezianischen Palazzi des 15. Jh., ließ Gardner 1899 ein mehrstöckiges Gebäude um einen glasüberdachten Innenhof errichten. In den Galerien ringsum ist auf drei Etagen ihre umfangreiche Sammlung von Kunstwerken verschiedenster Genres und Epochen ausgestellt: über 2.500 Bilder, Skulpturen, Wandbehänge, Möbelstücke, Manuskripte und seltene Briefe, Bücher und Beispiele der dekorativen Kunst. Der Schwerpunkt der Sammlung liegt auf **italienischer Renaissance-Malerei** und **amerikanischer Malerei des 19. Jh**.

Exzentrische Millionärin

Bei der prunkvollen Eröffnung des Museums am 1. Januar 1903 als „Fenway Court" mit einem Konzert des Boston Symphony Orchestra legte die Gründerin fest, dass das

Museum ein Ort der Inspiration für Künstler aller Genres sein solle. Seither gehören Konzerte und Veranstaltungen zum festen Programm, aber auch Stipendien werden vergeben.
Isabella Stewart Gardner Museum, *280 The Fenway (T Green Line „Museum"), www.gardnermuseum.org, Mi–Mo 11–17, Do bis 21 Uhr, $ 15; Sunday Concert Series, Jazz at the Gardner u. a. Veranstaltungen.*

Fenway Park

Nördlich des Museums breitet sich ein weiterer Park aus: **Back Bay Fens**, und dahinter liegt das Stadtviertel **Fenway** mit einem weiteren „heiligen Gral" der Bostonians: **Fenway Park**. In dem 1912 erbauten Stadion sind die **Boston Red Sox**, die legendäre Baseball-Mannschaft der Stadt, zu Hause.

„**Babe" Ruth**, der berühmteste Baseball-Spieler aller Zeiten, trug bis 1920 stolz das Trikot der Red Sox, dann wurde er an den Erzrivalen aus New York, die Yankees, verkauft. Von da an sprach man von einem Fluch, der auf der Mannschaft lag. Mit Ruth hatten die Red Sox 1918 noch die Meisterschaft geholt, doch dann verhinderte, der *Curse of the Bambino* – „Bambino" war der Spitzname von Ruth – weitere Titel: Erst als 2004 die Red Sox nach vielen unglücklichen Finalteilnahmen endlich wieder Meister wurden, war der Bann gebrochen. Das Team holte zur Freude der leidgeprüften, aber treuen Red Sox Nation anschließend weitere Titel: 2007, 2013 und zuletzt 2018.

86-Jahre-Fluch

Fenway Park, *4 Yawkey Way (T Green Line „Kenmore"), https://www.mlb.com/redsox/ballpark/tours, Touren tgl. 9–17 Uhr stdl. bzw. an Spieltagen bis 3 Std. vor Spielbeginn, $ 21.*

Fenway Park, das älteste Baseball-Stadion der Welt

Die „Red Sox" und das „Green Monster"

Das „**Green Monster**" kennt in Boston jedes Kind – ohne Angst davor zu haben. Schließlich bewegt es sich nicht einmal. Anders sehen dies manche gegnerische Baseballprofis, die beim Versuch den Ball nach einem Schlag zu fangen, unliebsame Bekanntschaft mit dem „grünen Monster" gemacht haben. Gemeint ist eine etwa 11 Meter hohe und 73 Meter lange Mauer, die seit 1934 die linke Außenwand des Outfields bildet.

Das *Green Monster* ist der bekannteste Teil des **Fenway Park**, des ältesten noch betriebenen Baseballstadions der Welt. Seit dem 20. April 1912 sind hier im Stadtviertel Fenway die **Boston Red Sox** zu Hause. Bei Heimspielen – während der Saison immerhin 82! – steigt schon Stunden vor Beginn in den Kneipen und Straßen im Umkreis die Partystimmung. Für viele Fans der **Red Sox Nation** kommt der Besuch dieses Stadions einer Pilgerreise gleich: Ehrfürchtig durchschreitet man die altehrwürdigen Umgänge und setzt sich auf einen der alten Holzklappstühle aus den 1930ern. Auch wenn Teile des Stadions modernisiert wurden und werden, sind viele Ecken des Baus noch original, wie zu Entstehungszeiten. Und hier stört es den wahren Baseballfan auch kaum, dass sich nicht selten Stützpfeiler im Blickfeld befinden – dazu ist die Stimmung viel zu gut: „Go Red Sox!"

Die „Roten Socken"

Fans und Spieler hängen am alten Stadion. Es gibt dort sogar noch eine handbetriebene Anzeigentafel. Eine weitere Besonderheit ist der „**Lone Red Seat**" (rechtes Outfield, Section 42, Row 37, Seat 21): Er markiert den Punkt, an dem der längste jemals im Fenway Park geschlagene Home Run aufschlug. Das Kunststück gelang Ted Williams am 9. Juni 1946: Er schlug den Ball 153 m weit in die Zuschauerränge hinein.

Seit der Fluch gebannt ist und die Red Sox 2004, 2007, 2013 und 2018 wieder siegten, sind die Fans aus dem Häuschen. Bei manchem Heimspiel, besonders gegen die New York Yankees, scheint das alte Stadion aus allen Fugen zu platzen. Und ist beliebter denn je: 2006 wurde der Fenway Park in die aktualisierte Ausgabe des Spiels *Monopoly* gewählt und ist nach dem New Yorker Times Square der zweitteuerste Platz!

Ausflug zur John F. Kennedy Library & Museum

Obwohl dieses Museum etwas abseits liegt, lohnt sich der Abstecher: Die **JFK Library & Museum** – im Süden der Stadt, wo auch die University of Massachusetts liegt – ist in einem großen modernen Bau untergebracht und zeigt Ausstellungen und rekon-

Sehenswertes in Boston

struierte Räume. Im Untergeschoss des „Presidential Museum" erfährt man Interessantes über Leben und Wirken des Präsidenten John F. Kennedy; alles ist sehr anschaulich und multimedial präsentiert man kann einen Film ansehen und nachgebaute Räume wie das Oval Office, die Kleidung der First Lady oder ein Bankett bewundern.
JFK Library & Museum, *Columbia Point (T Red Line „JFK/UMass", ab hier alle 20 Min. freier Shuttle-Bus), www.jfklibrary.org, tgl. 9–17 Uhr, $ 14.*

Reisepraktische Informationen Boston

Information

Greater Boston CVB *(www.bostonusa.com) betreibt zwei Besucherzentren:*
Boston Common Visitor Information Desk, *139 Tremont St., Mo–Fr 8.30–17, Sa/So 9–17 Uhr.*
Copley Place Visitor Information Center, *100 Huntington Ave., Mo–Fr 9–17, Sa/So 10–18 Uhr.*
Aktuelle Infos liefern die Tageszeitung „Boston Globe" (www.bostonglobe.com), das „Boston Magazine" (www.bostonmagazine.com) oder die deutsche Website: **www.massvacation. de/index.php/reiseziele/boston**.

Besucherpässe

Der **CityPASS Boston** *(http://de.citypass.com/boston, $ 64)* ist gut für vier Attraktionen (Aquarium, Museum of Science, Skywalk Observatory, Harvard Museum of Natural History oder Boston Harbor Cruises) und perfekt für Touristen.

Die **Go Boston Card** *(https://gocity.com/boston/en-us, ab $ 63)* ist erhältlich im Internet oder im Copley Place VC (s. o.) und bietet ein- bis siebentägige Pässe mit freiem Eintritt zu Attraktionen, Ermäßigungen in Shops und Restaurants.

Touren

Blue Bikes, *Fahrradverleih an rund 140 Stationen im Großraum, www.bluebikes. com, 30-minütige „Single Trips", 24- oder 72-Stunden-Pässe. Dank des gut ausgebauten Radwegenetzes eine Alternative zum ÖPNV.*
Boston By Foot, *77 N Washington St., http://bostonbyfoot.org; interessante Stadtführungen mit historischem und architektonischem Fokus (Details s. Website), ab $ 13.*
Boston Duck Tours, *https://bostonducktours.com, tgl. ab 9 Uhr halbstündig Touren, im Amphibienfahrzeug inklusive „Abtauchen" in den Charles River; Start und Ticketverkauf u. a. am Prudential Center (790 Boylston St.).*
Boston Harbor Cruises, *1 Long Wharf, www.bostonharborcruises.com; verschiedene Hafenrundfahrten, Whale Watching und andere Touren sowie regelmäßige Fährverbindungen, u. a. nach Salem.*
Old Town Trolley Tours of Boston, *380 Dorchester Ave., www.trolleytours.com/boston, tgl. 9–17 Uhr; 90-minütige Touren mit mehreren Stopps und beliebigen Unterbrechungen, Infokiosk vor dem New England Aquarium, $ 81 (1 Tag, günstiger online!).*
The Swan Boats of Boston, *Boston Public Garden, www.swanboats.com; seit 1877 bestehende Tradition: 15-min. Paddelbootfahrten für Familien, $ 3,50, im Sommer 10–17 Uhr.*

New England Aquarium Whale Watch, ab Central Wharf (New England Aquarium), www.neaq.org/exhibits/whale-watch; vom Aquarium veranstaltete und sachkundig kommentierte dreieinhalbstündiger Bootstrips, $ 55.

Boston Harbor Islands NP, Fähren, Touren und Infos: Long Wharf, www.bostonharborislands.org; Fähren $ 20, verschiedene Touren im Sommer. Die südöstlich von Boston, in der Massachusetts Bay, gelegenen Inseln – u. a. Long, Gallop's, Lovell's, George's und Peddock's Island – sind leicht erreichbar und bieten Naturerlebnis und Erholung, historische Forts und Leuchttürme.

Fähren von Boston nach **Provincetown** (Highspeed- und reguläre Boote) z. B. Bay State Cruise Company, https://baystatecruisecompany.com, bzw. nach **Salem** Boston Harbor Cruises, s. o.

Brauereitouren & Brewpubs

Samuel Adams Brewery

Harpoon Brewery, 306 Northern Ave., www.harpoonbrewery.com; Beer Hall tgl. ab 11 Uhr, Brauereibesichtigung, Brewery Store (Bierverkauf) und Veranstaltungen.

Samuel Adams Brewery (Boston Beer Company), 30 Germania St. (T Orange Line bis „Stoney Brook"), www.samueladams.com; Mo-Sa 11-17 Uhr Touren, mit Proben und Shop.

Trillium Brewing Co., 50 Thomson Pl. (Fort Point), www.trilliumbrewing.com; neuer Pub nahe Tea Party Ship, außerdem Biergartenbetrieb am Greenway im Sommer.

Democracy Brewing, 35 Temple Pl. (Downtown Crossing), www.democracybrewing.com; „Bierhalle" mit Restaurantbetrieb.

Unterkunft (→ Karte hintere Umschlagklappe)

Wie in den meisten Großstädten und speziell in Neuengland sind auch in Boston die Übernachtungspreise (und Parkgebühren) hoch. Wer sparen möchte, muss auf ein Kettenhotel, meist am Stadtrand (z. B. an der I-95), ausweichen.

B&B Agency of Boston, ☎ 617-720-3540, www.boston-bnbagency.com; Zimmervermittlung in etwa 150 B&Bs in Boston, DZ ab $ 120.

The Constitution Inn $$$ **(1)**, 150 Third Ave., ☎ 617-241-8400, www.constitutioninn.org; 147 Zimmer, teils mit Kitchenette, in Charlestown nahe Navy Yard. Günstige Preise bei guter Ausstattung.

FOUND Hotel Boston $$$ **(4)** 78 Charles/Stuart St., ☎ 617-426-6220, www.foundhotels.com/cities/boston; günstig nahe dem Boston Common in einem Brownstone-Haus gibt es versch. Zimmertypen (auch Schlafkompartimente in größeren Sälen) – für Bostoner Verhältnisse preiswert –, cool und modern, mit Lokal.

InterContinental Boston $$$–$$$$$ **(3)**, 510 Atlantic Ave., Boston/MA, ☎ 617-747-1000, www.intercontinentalboston.com; diverse Packages; spektakulärer Bau an der Water-

Reiseprahtische Informationen

front mit 424 geräumigen Zimmern und Suiten, geschmackvoll und modern eingerichtet mit großen Bädern. Spa mit Pool, Fitnessstudio sowie mehrere Restaurants und Bars vorhanden.
Kimpton Nine Zero Hotel $$$$$ **(2)**, 90 Tremont St., ✆ 617-772-5800, www.ninezero.com; luxuriöses Boutique-Hotel in ungewöhnlichem Design, mit Fitness-Center und High-Ball Lounge.
The Fairmont Copley Plaza Hotel Boston $$$$$ **(5)**, 138 St. James Ave., ✆ 617-267-5300, www.fairmont.com/copley-plaza-boston; am Copley Square gelegenes, alteingesessenes Top-Hotel, bekannt als „The Grande Dame of Boston".

Restaurants (→ Karten S. 295 und hintere Umschlagklappe)

„Up and coming" ist das **South End Bostons**, s. Tipps S. 309, ansonsten lohnen z. B.:
Artú (2), 6 Prince St., nahe Paul Revere House; kleine Trattoria, auch Gerichte zum Mitnehmen, günstig und schmackhaft.
Bruegger's Bagel Bakery (5), 7 School St., neben dem Old Corner Bookstore; preiswerte Bäckerei mit frischen Bagels mit diversen Cream Cheeses, auch Sandwiches, die auf Wunsch belegt werden, dazu Kaffee aus eigener Rösterei.
Cheers (6), 84 Beacon St., www.cheersboston.com; berühmt wegen der gleichnamigen TV-Sitcom, Super-Burger! Zweite Filiale im Faneuil Hall Marketplace.
Mike's Pastry (3), 300 Hanover St., tgl. 8–mind. 21 Uhr; italienische Spezialitäten, vor allem Süßes, im Haus gebacken.
Figs (1), 67 Main St., Charlestown, ✆ 617-242-2229, https://toddenglishfigs.com; Todd Englishs Restaurant gilt als eines der besten der Stadt (Pizza und andere mediterrane Gerichte).
UBurger (7), 636 Beacon St., Kenmore Square (nahe Fenway Park), weitere Filialen siehe https://uburger.com; hier steht man gern wegen der Hamburger, U-Dogs, Sandwiches, Salate oder Smoothies Schlange.
Ye Olde Union Oyster House (4), 41 Union St., ✆ 617-227-2750, www.unionoysterhouse.com; seit 1826 eine Bostoner Institution, berühmt für Fisch und Meeresfrüchte.
Boston Public Market, 100 Hanover St., https://bostonpublicmarket.org; Mischung aus Markthalle und Food Hall mit vielen kleinen Lokalen, ideal für einen Snack oder Drink!

Nachtleben

Clubs, Bars und Diskos finden sich gehäuft in Back Bay und um den Fenway Park, z. B. in der Lansdowne St., an der Commonwealth Ave., in South End (Tremont St., Shawmut, Washington Ave.) und in Cambridge:
Paradise Rock Club, 967 Commonwealth Ave., www.paradiserock.club; wechselndes Programm, Konzerte.
Weitere Tipps findet man unter: **www.bostonusa.com/things-to-do/nightlife**.

Einkaufen

Beliebte Shopping-Areale sind Newbury und Boylston St. in **Back Bay**, um **Downtown Crossing** (Winter/Washington St.) sowie – trendig und schick: **South End** (Tremont, Shawmut, Washington St.). Auch **Beacon Hill** (Charles St.), **North End** (v. a. Hanover und Salem St., viele Italiener) oder das Areal um den **Harvard Square** in Cambridge bieten sich an.
Copley Place, 100 Huntington Ave. (Back Bay), www.simon.com/mall/copley-place; zahlreiche Filialen bekannter Marken.

Faneuil Hall Marketplace, 4 South Market Building, https://faneuilhallmarketplace.com; bestehend aus North und South Market, Faneuil Hall, Quincy Market. Letzterer bietet eine Food Colonnnade mit Imbissständen aller Art. Legendär ist Salty Dog Seafood (www.saltydogboston.biz).

Haymarket, 100 Hanover St., nördlich Quincy North Market; Fr/Sa **Wochenmarkt** mit Obst, Gemüse, Fisch (auch Imbiss) sowie **South End Open Market** (www.newenglandopenmarkets.com), im Sommer Sa am Greenway und So in South End (Harrison Ave.) Markt (Flohmarkt, Kunsthandwerk und Imbiss).

The Shops at Prudential Center, 800 Boylston St., www.prudentialcenter.com; neben Kaufhäusern, Foodcourt, Supermarkt auch kleinere Läden und Lokale.

Veranstaltungen

Boston Harborfest, www.bostonharborfest.com; großes Stadtfest Anfang Juli, mit verschiedenen Veranstaltungen am Hafen und in der Innenstadt.

Boston Marathon, www.baa.org; der älteste Marathon der USA am Patriots' Day, Mitte April.

Gratiskonzerte auf der Esplanade, Mitte Juli–Ende Aug.: https://www.boston.com/tags/free-events.

Sommer-Gratis-Events an anderen Plätzen: www.thebostoncalendar.com/?tags[]=FREE

Unterhaltung

Boston bietet eine große Vielfalt an Theatervorstellungen und Konzerten; weltberühmt sind nicht nur das **Boston Symphony Orchestra**, sondern auch das **Boston Philharmonic Orchestra** und die **Kammermusikkonzerte** im Isabella Stewart Gardner Museum. Auch die Theaterszene ist vielseitig.

BosTix, ① 617-262-8632, http://artsboston.org, Infokiosk Copley Square (Mo–Sa 10–18, So 11–16 Uhr) oder neben der Faneuil Hall (Di–Sa 10–18, So 11–16 Uhr); verbilligte Tickets ab 11 Uhr des Veranstaltungstages.

Boston Symphony Orchestra/Boston Pops, Symphony Hall, 301 Massachusetts Ave., ① 617-266-1492, www.bso.org, Okt.–April Konzerte des weltberühmten Orchesters, im Sommer einige Auftritte der Boston Pops im Freien und in der Symphony Hall bzw. in Tanglewood/Berkshires.

Boston Center for the Arts, 539 Tremont St., ① 617-426-5000, www.bcaonline.org; in Bostons South End, s. o.

Loeb Drama Center/A.R.T., 64 Brattle St., Cambridge, ① 617-547-8300, https://americanrepertorytheater.org; Aufführungen des American Repertory Theatre.

Zuschauersport

Boston Bruins, www.nhl.com/bruins, die Eishockey-Profis der NHL spielen von Okt.–April im TD Garden, Causeway St. (T Green o. Orange Line „North Center").

Boston Celtics, www.nba.com/celtics, das legendäre NBA-Team trägt seine Basketballspiele ebenfalls im TD Garden von Nov.–April aus.

Boston Red Sox, www.mlb.com/redsox, die Baseballer (MLB/Major League Baseball), April–Okt. im historischen Fenway Park (4 Yawkey Way, T Green Line „Kenmore").

New England Patriots, www.patriots.com, American Football (NFL), Sept.–Dez. im Gillette Stadium im Vorort Foxboro (I–95, ca. 40 km südwestl. Richtung Providence/RI).

New England Revolution, www.revolutionsoccer.net, die Profi-Fußballer des MLS (Major League Soccer) treten in Foxborough (Gillette Stadium) von Mai–Okt. an.

✈ Flughafen
Boston Logan International Airport (BOS), www.massport.com/logan-airport, etwa 5 km östlich des Stadtzentrums; kostenlose Shuttle-Busse von und zu den einzelnen Terminals, zu Parkplätzen und T-Station sowie zum neuen Rental Car Center; außerdem Taxis (kein Festpreis!).
Blue Line ab T-Station „Airport" ins Stadtzentrum (Government Center), außerdem **Silver Line - SL1** (Bus, kostenlos) zu Bostons South Station (Bahnhof) sowie Shuttle ($ 5) zum Hynes Convention Center/Copley.
Kostenloser Shuttle-Bus von den Terminals zum **Water Shuttle** (werktags 8–18 Uhr alle 15 Min., So alle 30 Min.) zur Rowes Wharf/Harbor Front.

🚌 Nahverkehr
Boston verfügt über ein gut ausgebautes U-/S-Bahn-Netz, abgekürzt „**T**", unter der Ägide der Massachusetts Bay Transportation Authority (MBTA) stehend. Es gibt vier Linien auf Schienen – **Blue**, **Green**, **Red** und **Orange** – sowie die **Silver Line** (Bus), werktags 5–0.45, So ab 6 Uhr.
Infos: ☎ 617-222-3200, www.mbta.com.
Tickets: Ein CharlieTicket kostet im Stadtgebiet $ 2,90. Mit **CharlieCard**, einer wiederaufladbaren Wertkarte (am Automaten), sind pro Fahrt $ 2,40 fällig. **LinkPass** für Besucher: 1 Tag $ 12,75, 7 Tage $ 22,50 (in den Stationen Back Bay, Downtown Crossing, Harvard, North und South Station erhältlich).

🚆 Eisenbahn
South Station, Atlantic Ave./Summer St. (T Red Line „South Station"), www.amtrak.com; Amtrak-Bahnhof, stündlich Schnell-Service (Acela oder Metroliner) nach New York, Philadelphia und Washington sowie Richtung Chicago, außerdem Nahverkehrszüge nach Süden.
North Station, Causeway St. (T Green&Orange Line „North Station"), ab hier **Amtrak „Downeaster"** nach Brunswick/ME – viermal tgl., mehrere Stopps in MA, NH und ME, www.amtrakdowneaster.com; außerdem Nahverkehrszüge nach Norden (u. a. Salem und Newburyport).
Zwei weitere, kleinere Amtrak-Bahnhöfe (Züge Richtung New York) sind **Back Bay** und **Route 128 Station**.

🚌 Busse
South Station, 700 Atlantic Ave. (T Red Line „South Station"); zentraler Busbahnhof der Stadt (Greyhound, BoltBus, Megabus oder Peter Pan sowie lokale Busse).

Cambridge/MA

Von Bostons Innenstadt ist es ein Katzensprung per U-Bahn nach **Cambridge**, Heimat der berühmten **Harvard University**. Der Ort liegt am Nordufer des Charles River, gegenüber dem Bostoner Viertel Back Bay. Steigt man an der T Red Line Station „Harvard" aus, steht man mitten im Geschehen des Unistädtchens und versteht die Schriftstellerin Elizabeth Hardwick, die Boston und Cambridge einmal als die „zwei Enden eines Schnurrbarts" bezeichnete.

Es handelt sich tatsächlich trotz der Nähe um zwei höchst unterschiedliche Städte. Cambridge wurde 1630 wie Boston als **New Towne** gegründet. Die Harvard University entstand sechs Jahre später als Priesterseminar. Im Laufe der Zeit entwickelte sich daraus eine allgemeine Hochschule und Eliteuniversität mit heute über 36.000 Studenten und mehr als 2.400 Lehrkräften.

Weitere „Denkfabrik"

Schon immer galt Cambridge als das geistige Zentrum der USA, wobei Harvard nicht die einzige „Denkfabrik" ist: **M.I.T.**, das **Massachusetts Institute of Technology** (*77 Massachusetts Ave., T Red Line „Kendall"*), ist seit seiner Gründung 1861 Heimat vieler Wissenschaftseliten und ebenfalls hoch angesehen. Interessant auf dem M.I.T-Campus sind die Kapelle, das Kresge-Auditorium von *Eero Saarinen* mit charakteristischem Zeltdach und das Naturkundemuseum (*265 Massachusetts Ave.*). Im sehenswerten **MIT Museum** gibt es Ausstellungen zu wissenschaftlichen und technischen Themen sowie eine Nautical Gallery zu sehen.

MIT Museum, *265 Massachusetts Ave., http://mitmuseum.mit.edu, tgl. 10–17, $ 10.*

Old Cambridge

Am **Harvard Square** befinden sich nicht nur die U-Bahnstation und ein Info-Kiosk, sondern auch Läden und Kneipen. Besonders lohnt ein Blick ins **COOP**, ein Kaufhaus, das 1882 als Universitätsbuchhandlung gegründet wurde. Heute werden in mehreren Gebäuden und Abteilungen schwerpunktmäßig Universitätssouvenirs, Studienmaterial, Schreib- und Papierwaren, Computerausrüstung und Sport-/Freizeitkleidung verkauft.

Im Nordosten des Platzes beginnt der **alte Campus** der Harvard University. Westlich davon schließt sich **Cambridge Common**, der Stadtpark, an. Hier übernahm am 4. Juni 1775 George Washington das Kommando über die Continental Army. Drei Kanonen, die die Briten nach ihrem Rückzug 1776 zurückließen, sowie das Bronzedenkmal „Washington zu Pferde" erinnern an dieses Ereignis. An der Südseite des Parks erhebt sich die Christ Church von 1771, dahinter die **First Church** und der Eingang zum **Radcliffe College**. Einst eine reine Frauenhochschule, ist sie seit 1975 Teil von Harvard.

In der **Brattle Street** geben historische Häuser wie das **Henry Vassal House** (Nr. 94) eine Vorstellung davon, wie es in den Tagen des Unabhängigkeitskampfes hier aussah. Dieser Straßenzug war als **„Tory Row"** – als Wohnadresse der Königstreuen – bekannt. Literaturfreunde sollten das **Longfellow House** nicht versäumen. 1843 bekam es der Dichter Henry Wadsworth Longfellow (1807–1882) zur Hochzeit von seinem Schwiegervater geschenkt.

Longfellow House, *105 Brattle St., www.nps.gov/long, VC nur HS Mi–So 9.30–17 Uhr, Touren HS Mi–So stdl., frei.*

Die Eliteuniversität Harvard

Geistiges Zentrum

Die 1636 gegründete **Harvard University** gilt als die reichste (und als eine der renommiertesten) Hochschule(n) der Welt. Wer hier studiert, hat beste Chancen, in die Führungselite der USA aufzusteigen. Allein **acht US-Präsidenten** absolvierten ihr Studium, über 150 Nobelpreisträger waren immatrikuliert, forschten oder lehrten hier. Bei der Aufnahme kommt es weniger auf den Notendurchschnitt als auf Qualitäten, wie soziales Engagement, Führungsfähigkeiten, Charakterstärke und Reife, aber auch ehemalige Absolventen in der Familie *(Alumni)* an.

Die Atmosphäre auf dem Campus ist noch immer puritanisch geprägt. Die Devise lautet „harte Arbeit unter strenger Aufsicht". Man besucht einzelne „Schulen" (statt Fakultäten), Professoren werden „Lehrer" genannt und das Miteinander steht im Vordergrund. Das reicht vom gemeinsamen Essen in der *Annenberg Hall* bis zu den obligatorischen Vierer-Wohngemeinschaften auf dem Campus, zu denen Studienanfänger bunt zusammengewürfelt werden, um soziale Kompetenz und Integrationsbereitschaft zu fördern.

Direkt im Nordosten des **Harvard Square** beginnt der alte Campus. Den Mittelpunkt bildet der **Harvard Yard**, um den sich die altehrwürdigen Bauten gruppieren.

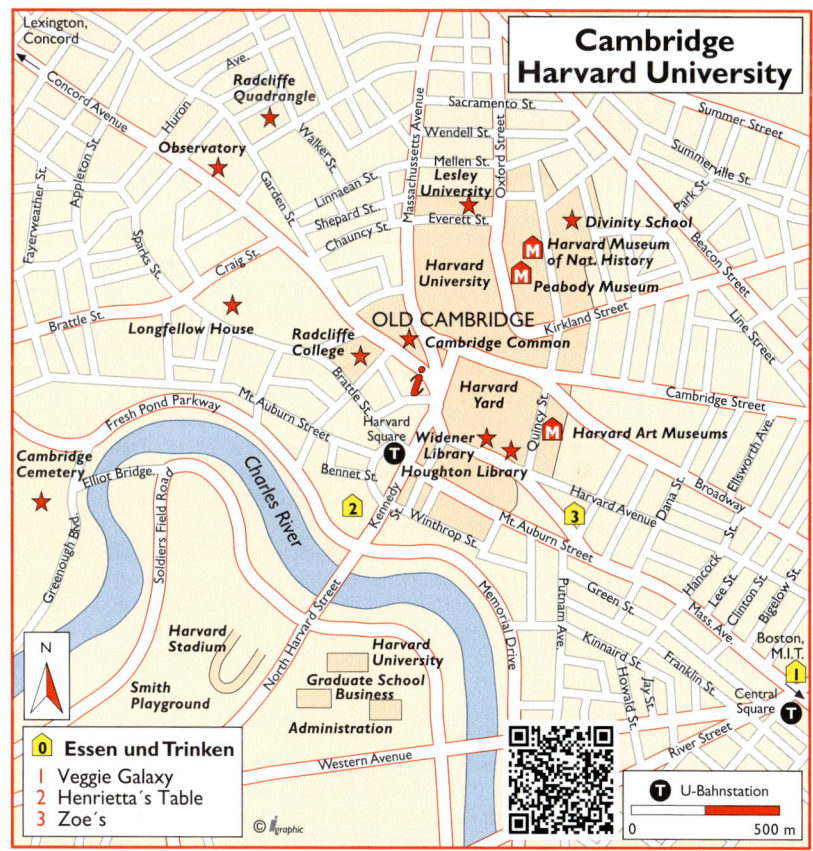

Auf dem Campus der Harvard University

Man betritt den Campus durch ein breites Eisentor, über dem eine Inschrift – *„Enter to grow in Wisdom"* – Besucher, Studenten und Professoren willkommen heißt.

Theologe als Namensgeber

Der älteste erhaltene Bau ist die **Massachusetts Hall** von 1720, zunächst Studentenheim, während des Unabhängigkeitskrieges Unterkunft der Milizen, anschließend Hörsaal und Theater und seit 1939 Sitz des Universitätspräsidenten. In unmittelbarer Nachbarschaft steht die **Holden Chapel** von 1744. Das Zentrum der Anlage bildet die 1815 von Charles Bulfinch aus weißem Granit erbaute **University Hall**, vor der ein Denkmal John Harvards steht, das der Bildhauer Daniel Chester French 1884 gefertigt hat. John Harvard, ein Geistlicher, hatte nach seinem Tod 1638 sein ganzes Vermögen der Uni vermacht, die daraufhin ihm zu Ehren umbenannt wurde.

Östlich der University Hall liegen die **H. H. Richardson's Sever Hall** (1880), die **Memorial Church** (1932) und die **Widener Library**, ein Geschenk der Mutter von Harry Elkins Widener, der beim Untergang der „Titanic" starb. Sie ist eine von mehreren Campus-Bibliotheken, die zusammen über 12 Mio. Bände beherbergen sollen.

Harvard-Museen

Harvard bietet mehrere hochkarätige Museen, zu zwei Komplexen zusammengefasst: Die **Havard Art Museums** befinden sich gegenüber dem „Hinterausgang" vom Harvard Yard an der Quincy St. Nach Renovierung der alten Bauten und Errichtung eines verbindenden Neubaus nach Plänen von Renzo Piano eröffnete der Museumskomplex 2014 neu.

Cambridge/MA

Zu den Harvard Art Museums gehören **Fogg Museum**, **Busch-Reisinger Museum** und **Arthur M. Sackler Museum**. Rund 150.000 Kunstwerke von der Antike bis zur Gegenwart und aus Europa, Nordamerika, Nordafrika, dem Mittleren Osten, Süd-, Ost- und Südostasien sind versammelt. Im Kunstmuseum Fogg liegt der Schwerpunkt auf europäischer und amerikanischer Kunst. Das Bush-Reisinger Museum widmet sich v. a. dem Design in Nordeuropa nach 1880 sowie dem deutschen Expressionismus. Das Arthur M. Sackler Museum schließlich beherbergt bedeutende Sammlungen römischer und griechischer Antike sowie islamische und orientalische Abteilungen. — *Kunstmuseen*
Harvard Art Museums, *32 Quincy St., www.harvardartmuseums.org, tgl. 10–17 Uhr, $ 20.*

Südlich vom Fogg Art Museum fällt ein ungewöhnlicher Bau ins Auge: das **Carpenter Center for the Visual Arts** (CCVA), das 1963 nach Plänen von *Le Corbusier* erbaut worden war.
CCVA, *24 Quincy St., https://carpenter.center, Di–So 12–17 Uhr, Eintritt frei. Ausstellungen und Filme im zugehörigen Harvard Film Archive.*

Weiter nordwärts folgt der zweite Museumskomplex bestehend aus **Harvard Museum of Natural History** und **Peabody Museum of Archeology and Ethnology**. Teile des Erstgenannten sind das **Botanical Museum** – mit naturgetreuen Nachbildungen von über 700 Pflanzenarten –, das **Museum of Comparative Zoology** sowie das **Mineralogical & Geological Museum**. Das Peabody stellt vor allem eine außergewöhnliche Sammlung von Alltags- und Kunstgegenständen der Indianer Amerikas aus – unbedingt sehenswert! Auch die afrikanischen und ozeanischen Abteilungen sind interessant. — *Naturkunde- und Archäologiemuseen*
Peabody Museum of Archeology & Ethnology, *11 Divinity Ave., www.peabody.harvard.edu, tgl. 9–17 Uhr, $ 15 (inkl. Museum of Natural History).*
Havard Museum of Natural History, *26 Oxford St., http://hmnh.harvard.edu, tgl. 9–17 Uhr, $ 15 (inkl. Peabody Museum).*

Reisepraktische Informationen Cambridge/MA

Information
Cambridge Office for Tourism Infokiosk, *0 Harvard Square (T Red Line „Harvard"), Mo–Fr 9–17, Sa/So 9–13 Uhr, www.cambridgeusa.org.*

Unterkunft
Kimpton Marlowe Hotel $$$$, *25 Edwin H. Land Blvd., ℡ 617-868-8000, www.hotelmarlowe.com;* günstig zu Bostons Innenstadt und der CambridgeSide (s. u.) am Charles River gelegenes Boutique-Hotel mit ungewöhnlich gestalteten, super-luxuriös ausgestatteten Zimmern. Abendliche Weinprobe, Fahrradverleih und Restaurant.

Restaurants
Rings um den Harvard Square gibt es mehrere Lokale, Imbisse und Cafés, z. B. **Zoe's (3)** *(1105 Massachusetts Ave.), ein 1950er-Jahre-Diner,* **Henrietta's Table (2)** *(1 Bennett St.) – regionale Bio-Küche – oder* **Veggie Galaxy (1)** *(450 Massachusetts Ave.), das als eines der besten vegetarischen Restaurants in Neuengland gilt.*

Einkaufen
Mehrere Buchläden und Shops findet man um den Harvard Square; zudem das **Harvard COOP** (https://store.thecoop.com), 1882 als Universitätsbuchhandlung gegründetes Uni-Kaufhaus mit drei Filialen.
CambridgeSide, 100 CambridgeSide Place, www.cambridgeside.com. Shopping Mall mit über 80 Shops und Lokalen.

Touren
Harvard Walking Tours, von Studenten geführte Spaziergänge über den Campus, www.harvard.edu/on-campus/visit-harvard/tours.

Die Wiege des Unabhängigkeitskampfes

Nur wenige Autominuten bzw. rund 15 km von Cambridge – vom Cambridge Common auf der Massachusetts Ave. Richtung Nordwesten auf der Landstraße MA 2A – erreicht man zwei historisch hochinteressante Städte: **Lexington** und **Concord**. Am 19. April 1775 war es hier zu den ersten militärischen Auseinandersetzungen zwischen den aufständischen Kolonisten und den britischen Ordnungskräften gekommen – hier begann der **Unabhängigkeitskrieg**. Concord sollte auch aus einem weiteren Grund auf dem Besuchsprogramm stehen: Hier lebten im 19. Jh. die **berühmtesten Literaten** der jungen Nation.

Lexington

Folgt man der sog. **Battle Road** (Massachusetts Ave. bzw. Hwy. 4/225), stößt man kurz vor Lexington auf die legendäre **Munroe Tavern** (Nr. 1332) von 1635. Der alte Gasthof diente während der militärischen Auseinandersetzungen am 19. April 1775 dem Kommandanten der „Rotröcke" (wegen ihrer Uniformjacken so genannt), dem englischen Brigadier General Earl Percy, als „Schaltzentrale".

Am **Battle Green** (Massachusetts Ave./Bedford St.) erinnert die Statue von Captain John Parker, dem Befehlshaber der „**Minute Men**", an den ersten Schuss, der am Morgen des 19. April 1775 fiel. Die amerikanische Bürgermiliz war dafür bekannt, sofort einsatzbereit zu sein, da ihre Mitglieder die Waffen im eigenen Haus aufbewahrten, daher der Name. Nun hatte, wohl versehentlich, ein nervöser Teenager beim Aufmarsch der britischen Truppen seine Flinte abgefeuert, was den Tod von acht Minute Men in der folgenden Schießerei nach sich zog.

Minute-Man-Monument in Lexington/MA

An der Ostseite des Battle Green steht die **Buckman Tavern** von 1690 (*1 Bedford St.*). Hier saß Parker mit 77 Freiwilligen am Abend vor dem Kampf beim Bier und wartete auf eine Meldung Paul Reveres, ob die Briten anrücken. John Hancock und Samuel Adams, beide engagierte, einflussreiche Kämpfer für die Unabhängigkeit, hatten sich in das nördlich gelegene **Hancock-Clarke House** (*36 Hancock St.*) zurückgezogen, bis auch sie vom britischen Vormarsch hörten.
Munroe Tavern, Buckman Tavern und Hancock-Clarke House werden verwaltet von der **Lexington Historical Society**, www.lexingtonhistory.org, $ 10 pro Haus, Kombiticket: $ 20.

Am westlichen Ortsrand von Lexington, jenseits der Autobahn I-95, erstreckt sich der **Minute Man National Historical Park**. Der durch den Park führende Battle Road Trail folgt der Marschroute der britischen Truppen, die am 19. April 1775 im Begriff waren, in Concord die Waffenlager der Aufständischen auszunehmen. Den rund 400 Rotröcken traten im Lauf der Ereignisse über 100 Freischärler entgegen. *Battle Road Trail*

Einen Überblick über die Geschehnisse des 19. April 1775, besonders zu dem für die britischen Truppen verlustreichen Rückzugsgefecht nach Boston, gibt das Besucherzentrum anhand eines Films und Ausstellungen sowie durch ein markiertes Stück Weg auf der originalen Straße. Ein zweiter Teil des Minute Man NHP, mit einem weiteren VC, befindet sich in der Ortschaft Concord (s. u.).
Minute Man NHP, *Minute Man VC, 250 North Great Rd., Lincoln, www.nps.gov/mima, April–Okt. tgl. 9–17 Uhr, frei.*

Concord, das „Weimar der Neuen Welt"

Concord ist eine beschauliche, wohlhabende kleine Stadt – New England wie aus dem Bilderbuch. Seine **Rolle im Unabhängigkeitskrieg**, aber auch seine **Bedeutung als Literaturzentrum** machen das Städtchen zu einem historisch und kulturell vielbesuchten Anziehungspunkt. Ein besonderes Pflaster war es schon immer: Freiheitsliebende Kolonisten, Literaten und Querdenker wie die Mitglieder der *Temperance Society* (Gegner des Alkoholkonsums) oder des *Anti Slavery Movements* waren hier zu Hause.

Heute steht Concord vor allem als „**Weimar der Neuen Welt**" im Mittelpunkt des Interesses. Der Ort war einst Zentrum des **Transzendentalismus**, der ersten amerikanischen Literaturbewegung, der zeitweise die bedeutendsten Schriftsteller der jungen Nation angehörten: Ralph Waldo Emerson, Henry David Thoreau, Nathaniel Hawthorne, Louisa May Alcott oder Margaret Fuller. *Erste amerikanische Literaturbewegung*

Erste Station, von Lexington kommend, ist **The Wayside**. Dieses Haus verbindet die Ereignisse am 19. April 1775 mit der Zeit der großen Literaten. In dem 1687 erbauten Haus lebte zunächst Samuel Whitney, ein Offizier der *Concord Milizia*. Später erwarb die Familie Alcott das Haus und lebte hier von 1845–48. Ab 1852 war Nathaniel Hawthorne hier daheim. Der Bostoner Verleger Daniel Lothrop richtete im späten 19. Jh. ein privates Hawthorne-Museum ein, ehe das Gebäude in den Besitz des National Park Service überging.
The Wayside, *455 Lexington Rd., Teil des Minute Man NHP, www.nps.gov/mima/planyourvisit/placestogo.htm, Juni–Ende Okt., Do–Mo 9.30–17.30 Uhr, $ 7.*

Die Wiege des Unabhängigkeitskampfes

„Betty und ihre Schwestern"

Direkt benachbart ist das **Orchard House**, ein weiteres von insgesamt sieben Häusern, die die Alcotts im Raum Concord bewohnten. In diesem Gebäude lebte die Familie am längsten, von 1858 bis 1877. In der dortigen Ruhe und Idylle verfasste **Louisa May Alcott** einige ihrer berühmten Romane, allen voran *Little Women* und *Little Men*; sie verhalfen der Familie zu Geld und Ansehen. Louisas Vater, Bronson Alcott, Teil der lokalen Literaturszene, gründete in einem Nebengebäude die **Concord School of Philosophy**, die bis zu seinem Tod 1888 bestand. Freunde und Familienmitglieder wandelten 1911 das Areal zum Museum um.
Orchard House, *399 Lexington Rd., https://louisamayalcott.org, Mo–Sa 10–16.30, So 11–16.30 Uhr, Nov.–März verkürzt, $ 10, Touren.*

Das **Concord Museum** ist zwar klein, aber sehenswert und bietet zudem einen guten Einstieg in die Geschichte der Stadt und die hier lebenden Literaten. 1635 war der Ort als erste Inlandssiedlung der *Massachusetts Bay Company* gegründet worden und hatte sich langsam zum wichtigen Verkehrsknotenpunkt der frühen Kolonie entwickelt. Hier liefen wichtige Überlandstraßen zusammen, und die Straße von Boston ging vorbei. An diesem strategisch wichtigen Punkt hatten die unzufriedenen Kolonisten 1775 Waffen und Munition versteckt und den damals rund 1.500 Einwohner zählenden Ort als **Kommandozentrale** genutzt.

Das Museum geht auf die Privatsammlung von Cummings E. Davis aus dem späten 19. Jh. zurück. Er hatte Sammlerstücke in einer Scheune auf dem Grund der Emersons zusammengetragen. Außerdem werden die lokalen Literaten gewürdigt und man kann beispielsweise einen Blick in das **Büro von Ralph Waldo Emerson** mit Originalausstattung werfen – der Raum selbst befindet sich in seinem Wohnhaus gegenüber – oder eine interessante Abteilung zu **Henry David Thoreau** mit Manuskripten, Publikationen und persönlichen Memorabilien studieren.
Concord Museum, *200 Lexington Rd., www.concordmuseum.org, Mitte Juni–Anfang Sept. tgl. 9–16, in der NS verkürzt, $ 5.*

Gegenüber dem Museum lohnt das **Ralph Waldo Emerson House**. Der Dichter, Lehrer und Philosoph lebte hier von seiner zweiten Heirat an im Jahre 1835 bis zu seinem Tod 1882. Beim Gang durch die Räume hat man das Gefühl, der Dichter sei nur eben kurz mit seinem Schüler und Freund Thoreau spazieren gegangen und käme gleich zurück. Bis 1919 lebte Emersons Tochter Ellen hier, dann wurde das Haus in ein Museum umgewandelt.
Ralph Waldo Emerson House, *28 Cambridge Turnpike, www.ralphwaldoemersonhouse.org, Ende April–Ende Okt. Do–Sa 10–16.30, So 13–16.30 Uhr, $ 10, Touren.*

Historische Häuser

Um den zentralen Platz in Concord, den **Concord Green**, gruppieren sich neben alten Bauten wie der **Wright Tavern** oder dem **Colonial Inn** – ein seit 1716 existierendes Gasthaus und Hotel – kleine Läden und Cafés. Beim Spaziergang über den ausgedehnten **Sleepy Hollow Cemetery** stößt man auf viele berühmte Autoren der Stadt, die hier ihre letzte Ruhe fanden.

Das letzte der Dichterhäuser, **The Old Manse**, befindet sich im zweiten Teil des *Minute Man NHP* im Norden der Stadt und verbindet erneut das Jahr 1775 mit der Tradition Concords als Dichterstadt. Um 1770 hatte Pfarrer William Emerson dieses Haus bauen lassen. Der Großvater Ralph Waldo Emersons galt als „Patriot Minister", da er sich aktiv am Unabhängigkeitskrieg beteiligte.

Ralph Waldo Emerson lebte um 1813 kurzzeitig mit seiner Mutter und seinen Brüdern hier und kehrte später, 1834/35, ins großväterliche Haus zurück, um seinen bis heute einflussreichen Essay „Nature" zu schreiben. Für die Zeit von 1842 bis 1845 mietete sich der frisch vermählte **Nathaniel Hawthorne** ein und verbrachte hier – gemäß seinem Tagebuch – die schönsten Jahre seines Lebens. Das Haus blieb bis 1939 im Besitz der Emersons, obwohl es ab 1893 nur noch als Sommerhaus genutzt wurde.
The Old Manse, *269 Monument St., www.thetrustees.org/places-to-visit/greater-boston/old-manse.html, HS: Mi–Mo 11–17 Uhr, NS: nur Sa/So 12–16 Uhr, $ 10, Grundstück frei zugänglich.*

Direkt neben der Old Manse befindet sich als Teil des **Minute Man NHP** (S. 323) ein Nachbau der **Old North Bridge**. Ein Obelisk vor der Brücke erinnert an den ersten gefallenen Briten im Unabhängigkeitskrieg. Auf der Suche nach den Waffenlagern der Aufständischen mussten die „Rotröcke" die enge Holzbrücke dicht gedrängt überqueren. Auf der anderen Seite erwarteten sie die *Minute Men*, die nach einem kurzen Feuergefecht die Briten in die Flucht schlugen. Beliebter Fotospot ist direkt vor der Brücke die Bronzestatue „**The Minute Man**" von Daniel Chester French, die anlässlich der Hundertjahrfeier der Schlacht 1875 aufgestellt wurde. Ein Pfad führt hinauf auf

Pfahlbrücke und Obelisk

Walden Pond in Concord war der Rückzugsort von Henry David Thoreau

Die Wiege des Unabhängigkeitskampfes

eine Anhöhe, zum **North Bridge Visitor Center**, in einem Ziegelhaus von 1911. Es gibt einen Kurzfilm und Ausstellungen sowie einen Shop.
North Bridge VC, *174 Liberty St., www.nps.gov/mima, April–Nov. 9–17 Uhr, frei.*

Besondere Hütte

Nicht nur für Literaturfreunde lohnt ein kurzer Abstecher in den Süden von Concord (Hwy. 126). Dort befindet sich mitten in einem Naturschutzgebiet der **Walden Pond** *(915 Walden St., Hwy. 126, Wandern, Baden und Bootsfahrten möglich)*. Hierher zog sich, inspiriert durch Emersons Essay „Nature", **Henry David Thoreau** 1845–47 für 26 Monate zurück und lebte in einer primitiv ausgestatteten Hütte. Ein Nachbau davon steht nahe dem Parkplatz.

Thoreau wollte im Selbstversuch die Überlebensfähigkeit des Menschen in der Wildnis studieren und den nahen Städten zeigen, wie man im Einklang mit der Natur leben kann. Nachzulesen sind seine Ideen und Erfahrungen in dem anschließend publizierten Buch **„Walden; or: Life in the Woods"**.

Reisepraktische Informationen Lexington und Concord/MA

Information
Lexington: *www.lexingtonchamber.org*
Concord: *http://concordchamberofcommerce.org*

Unterkunft
The Hawthorne Inn B&B $$$, *462 Lexington Rd., ☏ 978-369-5610, www.hawthorneinnconcord.com; das Haus von 1870 liegt auf historischem Gelände. Die sieben Gästezimmer sind mit antiken Möbeln und Erinnerungsstücken aus der Zeit des Unabhängigkeitskampfes eingerichtet; inkl. Frühstück.*
Colonial Inn $$$$, *48 Monument Sq., Concord, ☏ 978-369-9200, www.concordcolonialinn.com; über 50 schön und gemütlich ausgestattete Zimmer, vom einfachen DZ bis zur Suite, auf drei historische Bauten aus dem 18. Jh. verteilt, mit zwei Restaurants (s. u.).*

Restaurants
The Colonial Inn Restaurants, *☏ 1-800-370-9200, s. o. Die beiden Lokale **Liberty** und **Merchants Row Restaurant** sind berühmt für lokale Spezialitäten wie „Colonial Chicken Pot Pie" oder Fischgerichte.*
The Concord Cheese Shop, *29 Walden St., www.concordcheeseshop.com; vielseitiges Käse-, Brot- und Weinsortiment fürs Picknick. Man kann auch im kleinen Bistro essen. So geschlossen.*

Transzendentalismus und Neuenglands Literaten

Amerikas erste **Literaturbewegung** ist ohne vielfältige philosophische Einflüsse nicht denkbar. Zwischen 1836 und 1860 verschmolzen im „Dichterclub" von Concord philosophische und literarische Ideen zu einer Einheit, zu einer ästhetischen Weltanschauung, die sich **„Transzendentalismus"** nannte. Immanuel Kant, Platonismus und deutscher Idealismus flossen ebenso ein wie ostasiatische Philoso-

Concord, das „Weimar der Neuen Welt"

phien und mystische Vorstellungen. Die Bezeichnung „Transzendentalismus" geht auf Kant zurück, der davon ausging, dass es eine Art der Erkenntnis gibt, die nicht auf Erfahrungen durch die Sinnesorgane beruht, sondern darüber hinausgeht.

Die führenden Köpfe der Bewegung waren **Amos Bronson Alcott** (1799–1888), Vater von **Louisa May Alcott** (1832–1888), **Ralph Waldo Emerson** (1803–82) und **Henry David Thoreau** (1803–1862). Gerade Emersons Essay „**Nature**" von 1835 entwickelte sich zum Manifest der Transzendentalisten und schon bald diskutierte man auf dem Harvard Campus ebenso wie in den renommierten literarischen Zirkeln Bostons die neuen Ideen.

Zwischen 1841 und 1847 versuchten Anhänger nahe West Roxbury (MA) auf der „**Brook Farm**", sozialutopische Ideen in die Tat umzusetzen. Auch Thoreaus Rückzug an den Walden Pond 1845/46 muss in diesem Kontext gesehen werden. Emerson und seine Anhänger wandten sich gegen das traditionelle und rationalistische Denken in Staat, Kirche und in der (puritanischen) Gesellschaft. Dafür predigten sie **die Hinwendung zur Natur und Individualität**. Die Transzendentalisten glaubten an die Existenz einer die gesamte Schöpfung vereinenden „**Überseele**". Am Ende scheiterte das Experiment ebenso wie die Kommunen der Hippies in den 1970ern. Letzteren ist jedoch zu verdanken, dass Namen wie Emerson oder Thoreau wieder bekannt wurden.

Ralph Waldo Emerson, 1803 in Boston geboren, studierte zwischen 1814 und 1818 in Harvard, arbeitete dann als Lehrer, später als Pfarrer in Concord, wo er sich ab 1835 bis zu seinem Tod 1882 niederließ. Seine Persönlichkeit und seine Ideen machten ihn schon zu Lebzeiten zu einer einflussreichen und verehrten Legende.

Henry David Thoreau ging immer wieder bei den Emersons ein und aus und war für sie so etwas wie ein „Mädchen für alles". Thoreau war aber nicht nur ein „Selfmademan", seine Ideen waren zudem die radikalsten der ganzen Gruppe. Bis heute gilt beispielsweise sein Essay „**Civil Disobedience**" als eines der grandiosen politischen Manifeste für die Freiheit des Individuums. Es fordert jeden Bürger zum passiven Ungehorsam gegen den Staat auf, wenn dieser gegen den Willen der Bürger handelt. Dieses Werk hat Männer wie Mahatma Gandhi oder Martin Luther King Jr. beeinflusst.

Um die „wesentlichen Dinge des Lebens" zu erfahren, wohnte er zwei Jahre lang in einer selbst gebauten Blockhütte bei Concord am Walden Pond. In seinem Buch **„Walden. Oder das Leben in den Wäldern"** beschrieb er sein einfaches Leben am See und forderte: *„Wollt Ihr Euch wohl fühlen, dann achtet darauf, mit jeder Stimmung der Natur in Harmonie zu sein."* Bis zu seinem Tod wegen TBC 1862, blieb Thoreau eng mit Emerson verbunden.

Nach der Blütezeit der Transzendentalisten setzte vor allem **Nathaniel Hawthorne** (1804–1864), der den romantischen Optimismus der Gruppe nie geteilt hatte, die literarische Tradition Concords fort. In seinem Roman *The Scarlet Letter* thematisierte er den rigiden Puritanismus im damaligen Neuengland.

Auch der Dichter **Henry Wadsworth Longfellow** (1807–82) lebte einige Jahre in Concord und beeinflusste die amerikanische Literatur maßgeblich. Gedichte und Balladen von Longfellow wie Evangeline oder The Song of Hiawatha zählen bis heute zu den herausragenden Beispielen amerikanischer Literatur und Poesie.

Fahrt in die Berkshires

Hinweis zur Route

Eine Fahrt in die im Westen von Massachusetts gelegenen **Berkshire Mountains** ist besonders im Herbst reizvoll. Von Boston (MA 9) geht es zunächst über **Worcester** Richtung **Sturbridge** (US 20). Folgt man dem US Hwy. 20 weiter westwärts, erreicht man **Springfield**, die größte Stadt im Westen des Staates. Von hier ist es auf dem US 20 nicht mehr weit in die **Berkshires** (Gesamtstrecke ab Boston ca. 160 mi/258 km). Vom zentralen Ort **Pittsfield** geht es auf dem US Hwy. 7 nordwärts nach Williamstown. Von dort könnte man die MA Rte. 2 zurück nach Boston wählen. Dieser sog. **Mohawk Trail** (www.mohawktrail.com) ist vor allem im **Indian Summer**, während der **Laubfärbung**, ein besonderes Erlebnis (142 mi/229 km).

Im Westen von Massachusetts liegen die **Berkshires**, eine Hügelkette, die sich von Vermont bis Connecticut hinziehen. Die bis zu 866 m hohen Berge – offiziell Berkshire

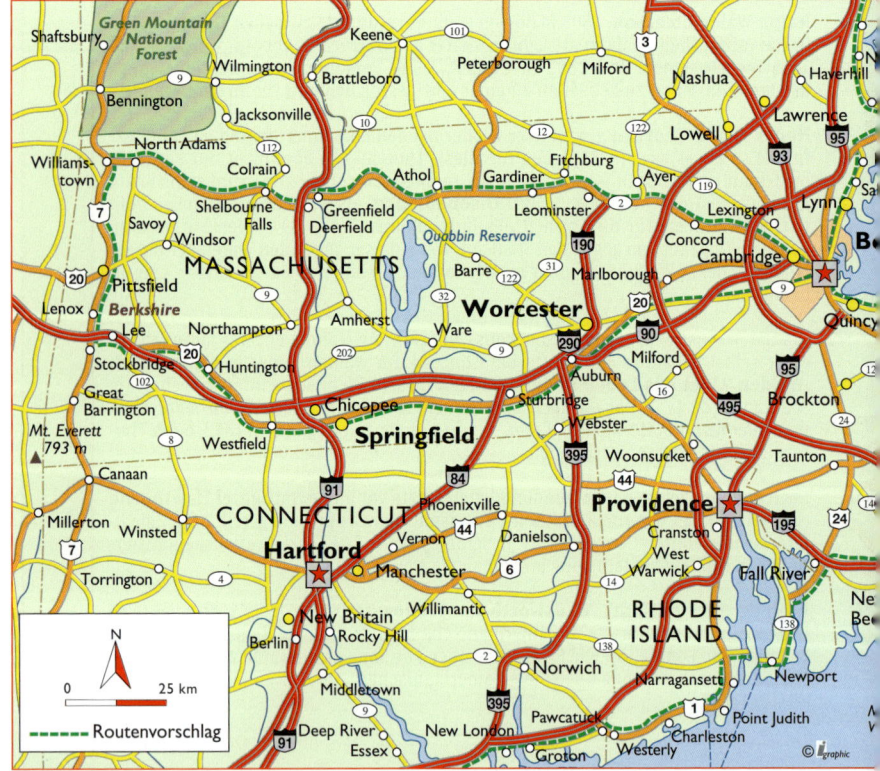

Hills oder Berkshire Mountains genannt – sind Teil der Appalachen. Mit dichten Wäldern, klaren Seen und Bächen, grünen Weiden und gemütlichen Ortschaften mit typischer Neuengland-Architektur, kleinen weißen Kirchen, alten Kolonialhäusern und grünen Dorfplätzen, verkörpert diese Region **Neuengland aus dem Bilderbuch**.

Worcester und Sturbridge

Die 1673 gegründete Stadt **Worcester** (www.discovercentralma.org), erreichbar von Boston auf der MA 9 (40 mi/64 km), ist die zweitgrößte Stadt Neuenglands, ein Industrie- und Handelsknotenpunkt. Neben dem **Worcester Art Museum** mit einer Sammlung ägyptischer Kunst und Werken der Impressionisten, ist das **Ecotarium** mit interaktiven Ausstellungen, einem Planetarium, Naturlehrpfaden und Tiergehegen einen Besuch wert.

Zweitgrößte Stadt Neuenglands

Die Präsenzbibliothek der **American Antiquarian Society** informiert in Sonderausstellungen schwerpunktmäßig über die ersten 250 Jahre der amerikanischen Geschichte.

Worcester Art Museum, *55 Salisbury St., www.worcesterart.org, Mi–So 10–16, dritter Do 10–20 Uhr, $ 18.*
Ecotarium, *222 Harrington Way, https://ecotarium.org, Di–Sa 10–17, So 11–16 Uhr, $ 18.*
American Antiquarian Society, *185 Salisbury St., www.americanantiquarian.org, Mo–Fr 10–17 Uhr, frei.*

Fahrt in die Berkshires/Massachusetts

Sturbridge (www.visitsturbridge.org) – mit rund 10.000 Einwohnern – wurde 1729 gegründet. Wichtigste Lebensgrundlage der Dorfbewohner war zunächst die Landwirtschaft, später verdienten sich einige Familien ihren Unterhalt in Getreide- und Sägemühlen. Vom Leben der ersten Siedler erzählt die Hauptattraktion der Region: das **Old Sturbridge Village**.

Dieses Museumsdorf spiegelt die Zeit von 1790 bis 1840 wider. Die einzelnen Gebäude stammen aus verschiedenen Gegenden Neuenglands; sie wurden umgesetzt und zum typischen Dorf arrrangiert, mit öffentlichen Gebäuden und privaten Wohnhäusern von Stadt- und Landbewohnern unterschiedlichen gesellschaftlichen Rangs. Bei einem Spaziergang durch das Dorf geht

Old Sturbridge Village

man auf Zeitreise in die Vergangenheit, erst recht, weil Museumsmitarbeiter das Leben in damaliger Zeit nachstellen.
Old Sturbridge Village, *1 Old Sturbridge Village Rd., www.osv.org, April–Okt. tgl. 9.30– 17 Uhr, sonst saisonal variabel (s. Website), $ 28, online günstiger.*

Springfield

Die Industriestadt **Springfield** (*https://explorewesternmass.com*) ist mit über 155.000 Einwohnern die drittgrößte Stadt in Massachusetts. Sie breitet sich an den Ufern des Connecticut River aus und geht auf einen alten Handelsposten aus dem Jahr 1636 zurück. Für Museumsfreunde lohnt das **Springfield Museum**, ein mehrteiliger Komplex mit dem Springfield Science Museum sowie dem sehenswerten **Lyman & Merrie Wood Museum of Springfield History**, zu dem eine Ausstellung zu den berühmten, ursprünglich hier hergestellten Indian-Motorrädern, das Indian Motorcycle Museum, und die Springfield History Library & Archives gehören.

Erster Motorradhersteller

Lyman & Merrie Wood Museum of Springfield History, *21 Edwards St., Mo–Sa 10–17, So 11–17 Uhr, $ 25 für alle Museen.*

In **West Springfield** erinnert das Freilichtmuseum **Storrowton Village** (*Eastern States Exposition, 1305 Memorial Ave., Mitte Juni–Ende Aug. Di–Sa 11–15 Uhr, frei*) mit sieben restaurierten Häusern an die Zeit zwischen 1767 und 1850. Wie im Old Sturbridge Village stammen auch diese Häuser ursprünglich von anderen Orten.

Springfield

Weltweit bekannt ist Springfield als **Geburtsstätte des Basketballspiels**. Der kanadische Lehrer **James Naismith** entwickelte 1891 an der Vorläuferschule des heutigen Springfield College dieses Spiel. Die Stadt ist eine Pilgerstätte für Basketballfans: Hier befindet sich mit der **Naismith Memorial Basketball Hall of Fame** die Ruhmeshalle dieser Sportart.

Wiege des Basketball-Spiels

Diese war 1959 war eingeweiht worden, doch erst der Neubau 2002 zieht jährlich Millionen von Besuchern an. In dem Gebäude geht es von oben nach unten über drei Stockwerke quer durch die Geschichte des Sports, im Zentrum blickt man von den Galerien aus auf riesige Bildschirme sowie auf ein Spielfeld.

Im **Honor Ring** (OG) werden die bedeutendsten Akteure und Persönlichkeiten des Basketballs vorgestellt. Neben dem „Erfinder" der Sportart, James Naismith, wird an legendäre Stars wie Bill Russell, Kareem Abdul-Jabbar, Magic Johnson, Larry Bird oder Michael Jordan erinnert. Jährlich wird von einem Gremium entschieden, welche Athleten, die sich um die Sportart verdient gemacht haben, neu aufgenommen werden.

Auf der nächsten Ebene sind unter dem Motto „**The Game, The Players, The Game through the Media, The Coaches, The Teams**" neben Gedenktafeln und Büsten, Fotos und Dokumenten auch Ausrüstungsgegenstände wie Schuhe und Trikots und andere Utensilien der Stars und Teams zu sehen. Im Erdgeschoss gibt es Gelegenheit, sich selbst als Akteur zu versuchen.

Naismith Memorial Basketball Hall of Fame, *1000 Hall of Fame Ave., I-91/ Exit 4 bzw. 7 (ausgeschildert), www.hoophall.com, HS tgl. 10–17 Uhr, sonst verkürzt (s. Website), $ 25, großer Shop und Café.*

Basketball Hall of Fame in Springfield/MA

In den Berkshires

Schon seit Beginn des 20. Jh. sind die Berkshires eine beliebte **Sommerfrische** für die Städter aus Boston oder New York. Nur knapp drei Autostunden entfernt, suchten und finden sie hier in idyllischer ländlicher Umgebung Ruhe und Erholung. Es entstanden Sommerunterkünfte und teils prächtige, von Parkanlagen umgebene Herrenhäuser.

Und weil sich die wohlhabenden Bürger auch auf dem Lande Kultur wünschten, luden sie das *Boston Symphony Orchestra* im August 1936 erstmals in die Berkshires ein. Gleich das erste Konzert war so erfolgreich, dass die Familien Gorham Brooks und Mary Aspinwall Tappan dem Orchester ihr Anwesen **Tanglewood** bei Lenox samt aller Gebäude und Ländereien überließen.

Stockbridge

Von Springfield geht es westwärts auf dem US Hwy. 20 Richtung **Stockbridge**, hinein ins sanfte Hügelland der **Berkshires**. Stockbridge wurde 1734 als Missionsstation für die Algonkin-Indianer ins Leben gerufen und ist heute mit knapp 2.000 Einwohnern ein beliebter Ferien- und Erholungsort, der mit dem Slogan „**The Best of New England**" wirbt. Historische Häuser mit kleinen Boutiquen, Galerien und Shops in der

Norman Rockwell Museum in Stockbridge/MA

Ortsmitte, das *Red Lion Inn*, eines der Traditionshotels in Neuengland, das *Norman Rockwell Museum*, das renommierte *Berkshire Theater Festival* und der Botanische Garten laden zum Besuch ein.

Ein absolutes Muss ist das **Norman Rockwell Museum at Stockbridge**. Das Museum, eingebettet in die Hügellandschaft mit Blick auf den Housatonic River, beherbergt die größte Sammlung von Illustrationen des beliebten Künstlers und erhielt 2016 von der George Lucas Familiy Foundation einen Zuschuss von $ 1,5 Mio. Rockwells Zeichnungen schmückten einst die Titelseiten der *Saturday Evening Post*. In fünf Abteilungen werden über 500 seiner Bilder und Zeichnungen gezeigt (s. Infokasten unten).

„Ein Muss"

Norman Rockwell Museum at Stockbridge, *9 Glendale Rd. (Rte. 183), Stockbridge, www.nrm.org, Mai–Okt. tgl. 10–17 Uhr, sonst Mo–Fr 10–16, Sa/So 10–17 Uhr, $ 20.*

Norman Rockwell, Zeichner einer heilen Welt

„Ich male das Leben so, wie ich es gerne hätte" – so hat Norman Rockwell, 1894 in New York geboren, einmal seine Bilder und Illustrationen charakterisiert. Von Jugend an hatte Rockwell den Wunsch, Grafiker zu werden. Schon mit 15 Jahren besuchte er die National Academy of Design, und bereits vor seinem 16. Geburtstag zeichnete er eine erste Serie mit Motiven für Weihnachtskarten. 1915 zog Rockwell nach New Rochelle, wo sich bereits andere namhafte Illustratoren niedergelassen hatten, und arbeitete für das bekannte Magazin *LIFE*. 1916 erschien sein erstes Titelbild für das Magazin *Saturday Evening Post*, für das er in den kommenden 47 Jahren 321 Titelblätter anfertigten sollte.

1939 ließ er sich mit seiner Familie in Arlington, Vermont, nieder und begann, das Leben in amerikanischen Kleinstädten zu beobachten und darzustellen. Wenig später schuf er eine Serie von vier Bildern, die auf Roosevelts „Vier Freiheiten" beruhte und sich mit der Rolle des Individuums in der amerikanischen Demokratie auseinandersetzte. 1953 zog die Familie Rockwell nach Stockbridge, wo Rockwells Frau 1959 starb. Ein Jahr darauf erschien seine Autobiografie *My Adventures as an Illustrator*, die er zusammen mit seinem Sohn verfasste und illustrierte.

1963 beendete Rockwell die Zusammenarbeit mit der *Saturday Evening Post* und trat in den nächsten zehn Jahren mit seinen Bildern für Bürgerrechte und den Kampf gegen die Armut ein. Von 1969 an wurden einige seiner Bilder im Old Corner House in Stockbridge ausgestellt, 1973 übergab Rockwell seine persönliche Bildersammlung dem Rockwell Art Collection Trust und vermachte 1976 sein Studio mitsamt Inventar der Stiftung. Er starb am 8. November 1978 in seinem Haus in Stockbridge.

Rockwell zeichnete ein Bild von Amerika und seinen Menschen, mit dem sich alle identifizieren konnten. Er zeigte die Probleme der Gegenwart auf, so wie sie dem Einzelnen im Alltag und in seiner Umwelt begegnen – nie ohne eine gewissen Ironie.

Sehenswert in Stockbridge ist auch das **Missionshaus** (*Main/Seargent St., www.thetrustees.org/places-to-visit/berkshires/mission-house.html*) aus dem Jahr 1742 mit Ausstellungen zur Geschichte der frühen Kolonialzeit und – da es sich um eine Missionsstation für die Mohican handelte – der hier ursprünglich lebenden Indianer.

Berkshire Botanical Garden schließlich ist ein erholsames, weitläufiges Parkgelände mit Rosen-, Stauden- und Kräutergärten, mit Weihern, Waldwegen und Picknickplätzen.
Berkshire Botanical Garden, *5 W Stockbridge Rd. (Rte. 102/183), Stockbrigde, www.berkshirebotanical.org, Ende Mai–Mitte Okt. tgl. 9–17 Uhr, $ 15.*

Skulpturengarten

In der Nähe der Ortschaft **Glendale** (2,5 mi/4 km westl. Stockbridge) befindet sich **Chesterwood**, Sommersitz und Studio des Bildhauers **Daniel Chester French** (1850–1931), der das Lincoln Memorial in Washington, die Statue des „Minute Man" in Concord und mehr als 100 weitere Skulpturen schuf. Chester lebte über 30 Jahre auf seinem Landsitz. In Erinnerung bleibt der Besuch im Atelier des Künstlers, da dort die Arbeitsatmosphäre noch lebendig wirkt. Zum Landsitz gehört ein schön angelegter Garten, in dem einige seiner Skulpturen ausgestellt sind.
Chesterwood, *4 Williamsville Rd., Stockbridge, http://chesterwood.org, Juni–Okt. tgl. 10–17 Uhr, $ 20.*

Great Barrington (7 mi/11 km südlich Stockbridge) wurde um 1725 gegründet und ist heute ein beliebter Ferienort. Der **Housatonic River Walk** verläuft am Westufer des Flusses und Wanderungen führen auf den Mount Everett, wo man den Blick auf die Berkshires und das Flusstal genießen kann, und zum Monument Mountain, wo sich 1850 Nathaniel Hawthorne und Herman Melville erstmals begegneten. Jeden Sommer treffen sich in Great Barrington Musikliebhaber zum **Aston Magna Festival**, dem ältesten Festival in Amerika für barocke, klassische und romantische Musik (s. u.).

Lenox und Tanglewood

Historische Eisenbahn

Lenox (ca. 7 mi/11 km) nördlich von Stockbridge ist ebenfalls ein beliebter Ferienort mit Wander- und anderen Freizeitmöglichkeiten. Eisenbahnfreunde sollten **Berkshire Scenic Railway and Museum**, auf dem Gelände eines restaurierten Bahnhofs aus dem Jahr 1902, nicht versäumen. Abgesehen von Ausstellungen, Modelleisenbahnen und Lokomotiven werden auch kurze Fahrten mit der historischen Eisenbahn angeboten.
Berkshire Scenic Railway and Museum, *10 Willow Creek Rd., Lenox, www.berkshirescenicrailroad.org, Ende Mai–Aug. an Wochenenden, frei, Details zu den Fahrten s. Website.*

Shakespeare in besonderem Ambiente

Lenox ist auch die Heimat von **Shakespeare & Company**, die vor allem Stücke von Shakespeare auf dem Gelände von „The Mount" aufführt (s. u.). **The Mount** war der historische Landsitz der Pulitzer-Preisträgerin **Edith Wharton**, den sie 1901 in Auftrag gab. Dabei war Whartons besonderes Anliegen, Architektur und Landschaft harmonisch zu vereinen. Die Räume wurden nach ästhetischen Prinzipien gestaltet und eingerichtet, genau so, wie sie es zuvor in ihrem Buch *The Decoration of Houses* dargelegt hatte.
The Mount, *2 Plunkett St., Lenox, www.edithwharton.org, Mai–Okt. tgl. 10–17, Touren ab 10.30 Uhr, Nov.–Feb. Sa/So 10.45–16 Uhr, $ 20, mit Café (ab Mai 2020).*

Eng mit Lenox verbunden ist der Name **Tanglewood**, denn seit 1936 treffen sich jeden Sommer in der ländlichen Idylle Klassikfans und Freunde des **Boston Symphony Orchestra**, das hier seine Sommerresidenz hat. Der große Landsitz mit Herrenhaus,

Edith Wharton, emanzipiert und reiselustig

Edith Newbold Jones, 1862 in New York geboren, stammte aus einer reichen, angesehenen Familie. Sie heiratete den Bankier Edward Wharton, verließ ihn aber bald, begann eine Liebschaft zu einem Journalisten und ließ sich 1913 scheiden. Das war in der damaligen Zeit alles andere als gewöhnlich und ließ sie zum Musterbeispiel für Emanzipation und sexuelle Befreiung werden.

Wharton verfasste zahlreiche Erzählungen, die in Zeitschriften veröffentlicht wurden, ehe 1905 ihr Roman *The House of Mirth* (*Das Haus der Freude*) erschien, der ihren Ruf als Schriftstellerin begründete. Sie schrieb in der Folgezeit weitere Romane, Reisebücher, Erzählungen und Gedichte; besonders bekannt wurden ihr satirischer Gesellschaftsroman *The Custom of the Country* (1913) und der später verfilmte Entwicklungsroman *The Age of Innocence* (1920), für den sie den Pulitzer-Preis erhielt.

Edith Wharton verbrachte ihr Leben in der Gesellschaft von Künstlern und Schriftstellern, zu denen Henry James, Aldous Huxley und André Gide gehörten. 1924 wurde ihr als erster Frau ein Ehrentitel der Yale-Universität verliehen. Sie besaß nicht nur ein Haus in den Berkshires (bis 1911 ihr Hauptwohnsitz), sondern auch „Land's End" in Newport/RI sowie zwei Villen in Frankreich. Sie genoss das Reisen: 60-mal soll sie den Atlantik überquert haben und sowohl Italien, Frankreich und England, aber auch Deutschland und Nordafrika besucht haben.

Edith Wharton, die 1937 an den Folgen eines Schlaganfalls starb, gilt als Vertreterin der realistisch-gesellschaftskritischen amerikanischen Literatur. Seit der Verfilmung ihres Romans *Zeit der Unschuld* durch Regisseur Martin Scorsese, 1993, stießen ihre Werke wieder auf mehr Interesse.

Cottage und Konzertsälen ist von Gärten und Rasenflächen umgeben. Das **Tanglewood Berkshire Music Festival** (s. u.) gehört zu den großen Open-Air-Events in den USA, dessen musikalisches Erlebnis durch die besondere Atmosphäre vertieft wird: Besucher können den Konzerten von den 5.000 Plätzen der überdachten, aber seitlich offenen Musikarena „Shed" lauschen, die auf Entwürfe des finnischen Architekten Eero Saarinen zurückgeht. Alternativ kann man sich auf der „Great Lawn", einer großen Rasenfläche, zum traditionellen Picknick niederlassen und dabei die Konzerte genießen.

Unvergessliches Konzerterlebnis

In Tanglewood, im **Little Red House**, lebte und arbeitete Nathaniel Hawthorne (S. 327) in den Jahren 1850/51. Er schrieb hier seine *TanglewoodTales*, Nacherzählungen griechischer Sagen für Kinder. Die Nachbildung seines Wohnhauses, in dem sich heute Musikstudios befinden, ist vor jedem Konzert für Besucher geöffnet.

Pittsfield

Das 1743 gegründete **Pittsfield** ist mit rund 43.000 Einwohnern der größte Ort und Zentrum der Berkshires. Das **Berkshire Museum** wurde 1903 gegründet; es vereint Galerien mit Gemälden des 15.–20. Jh., eine Skulpturensammlung, historische und naturwissenschaftliche Ausstellungen und ein Aquarium unter einem Dach, zudem finden interessante Sonderausstellungen statt.

Im 1790 erbauten **Arrowhead House** lebte 1850–63 Herman Melville und in der dortigen Bibliothek (heute als Schlafzimmer rekonstruiert) verfasste er seinen Bestseller, den Roman *Moby-Dick* (s. S.267). Das Haus ist Teil der Brewster Farm, die Melville 1850 erwarb. Abgesehen von zeitgenössischer Möblierung im Haus gibt es Erinnerungsstücke, Kostüme, Bilder und einen Film zu sehen.

Wer über Nacht bleibt, kann das aktuelle Programm des **Berkshire Public Theatre** im Ort checken (s. u.).
Berkshire Museum, *39 South St., Pittsfield, https://berkshiremuseum.org, Mo–Sa 10–17, So 12–17 Uhr, $ 13.*
Arrowhead House, *780 Holmes St., Pittsfield, www.mobydick.org, Touren Ende Mai–Okt. tgl. 10–16 Uhr, sonst nur an Wochenenden, $ 16.*

Abstecher von Pittsfield

Nordöstlich von Pittsfield liegt der kleine Ort **Dalton** mit Sitz der *Crane Paper Company*, die u. a. das Papier für die amerikanischen Banknoten herstellt. Im angeschlossenen Crane Museum of Papermaking wird eine Ausstellung zur Geschichte und Technik der Papierherstellung gezeigt.
Crane Museum of Papermaking, *32 Pioneer St., Dalton, nordöstl. Pittsfield (Rte. 9), https://cranemuseum.org, Juni–Okt. Mo–Fr 13–17, Sa 10–14 Uhr, NS verkürzt, frei.*

Pittsfield bietet sich auch als Ausgangsort für einen Abstecher in das 8 km westlich gelegene Museumsdorf **Hancock Shaker Village** an. Dort lebte von 1790 bis 1960 eine **Shaker-Gemeinde** (s. Infokasten S. 419), die ihr Dorf „Friedensdorf" nannte. Hancock war die dritte von insgesamt 18 amerikanischen Shaker-Gemeinden; um 1830 lebten hier etwa 300 Menschen. 1961 wurde das Hancock Shaker Village offiziell in ein Museumsdorf umgewandelt. In 20 restaurierten Häusern kann man sich über das Alltagsleben, die landwirtschaftliche Arbeit und das Handwerk der Shaker informieren.
Hancock Shaker Village, *1843 W Housatonic St., Pittsfield, www.hancocks-hakervillage.org, Mitte April–Okt. tgl. 10–16/17 Uhr, $ 20, mit Shop und Restaurant.*

Die berühmte Rundscheune im Hancock Shaker Village

Reisepraktische Informationen Berkshires

Information

Berkshires: https://berkshires.org
Housatonic Valley: https://housatonicheritage.org
Stockbridge: http://stockbridgechamber.org
Lenox VC, 4 Housatonic St., werktags 9–16, Sa/So 10–16 Uhr, https://lenox.org.
Discover Pittsfield VC, One Columbus Ave., Joseph Scelsi Intermodal Transportation Center, https://discoverpittsfield.com.

Unterkunft & Restaurants

Chocolate Springs Café, 55 Pittsfield Rd., Lenox, https://chocolatesprings.com; Trinkschokolade, köstliche Kuchen und Törtchen, Pralinen und andere Leckereien aus Schokolade.
The Morgan House $$, 33 Main St., Lee, ① 413-243-3661, http://morganhouseinn.com; preiswerte Übernachtungsmöglichkeit, v. a. aber empfehlenswertes **Restaurant**.
Best Western Plus Berkshire Hills Inn & Suites $$$, 1350 W Housatonic St., Pittsfield, ① 413-442-8714, www.bestwestern.com; gut geführtes Hotel mit geräumigen Zimmern und freundlichem Service, günstiger Ausgangspunkt für die Erkundung der Berkshires.
Chambéry Inn $$$, 199 Main St., Lee, ① 413-243-2221, www.chamberyinn.com; in dem ehemaligen Schulhaus aus dem Jahr 1885 gibt es neun Gästezimmer, mit Antiquitäten eingerichtet. Morgens wird das Frühstück auf dem Zimmer serviert; nur wenige Autominuten von Lenox/Tanglewood entfernt.
Federal House Inn $$$, 1560 Pleasant St., Stockbridge, South Lee, ① 413-243-1824, www.federalhouseinn.com; schönes, altes Haus von 1824, ca. 1,5 km vom Ort entfernt; neun Zimmer, z. T. mit Kamin, parkähnlicher Garten und Blick auf die Berge; Gourmet-Frühstück.
Gateways Inn & Restaurant $$$, 51 Walker St., Lenox, ① 413-637-2532, http://gatewaysinn.com; viktorianisches Haus mit B&B und Lokal. Große Auswahl an Fleisch- und Seafood-Gerichten.
Hampton Terrace B&B $$$, 91 Walker St., ① 413-637-1773, www.hamptonterrace.com; im ehemaligen Haus des Schmieds von Lenox gibt es 14 geschmackvoll eingerichtete Gästezimmer, verteilt auf Carriage House, Main Inn und King Suite Cottages. Die Unterkunft liegt nahe dem Ortszentrum.
The Inn at Stockbridge $$$, 30 East St., ca. 3 km nördl. US 7, ① 413-298-3337, www.stockbridgeinn.com; traditionsreiches Gästehaus aus dem Jahr 1906 mit mehreren Gebäuden. 16 liebevoll mit Antiquitäten eingerichtete Zimmer, teils mit Balkon, Terrasse und Kamin; reichhaltiges Frühstück.
The Red Lion Inn $$$, 30 Main St., Stockbridge, ① 413-298-5545, www.redlioninn.com; 1773 wurde das Haus als Postkutschenstation gebaut und später von dem berühmten Illustrator Norman Rockwell in seinem Bild „Mainstreet, Stockbridge" verewigt. Die 111 Zimmer des Haupthauses und der fünf Nebenhäuser sind mit Antiquitäten edel ausgestattet, das elegante **Restaurant** ist für seine Küche bekannt.
The Village Inn B&B $$$, 16 Church St., ① 413-881-4139, www.thevillageinnlenox.com; historisches Haus aus dem Jahr 1771 mit 32 unterschiedlich großen, mit antikem Mobiliar eingerichtete Gästezimmer in der Ortsmitte von Lenox; inkl. üppigem Frühstück.
Blantyre $$$$, 16 Blantyre Rd., Lenox, ① 413-637-3556, http://blantyre.com; großes Anwesen im Tudor-Stil aus dem Jahr 1902, von Wald und Wiesen umgeben, mit Himmelbetten,

stilvollen Möbeln, Kaminen und luxuriösen Bädern; zugehörig: ein ausgezeichnetes **Restaurant**.

Unterhaltung & Festivals

Aston Magna Festival, http://astonmagna.org; ältestes Festival Amerikas für barocke, klassische und romantische Musik, versch. Spielorte, u. a. Great Barrington.
Berkshire Theatre Group, www.berkshiretheatregroup.org; diese Truppe spielt auf mehreren Bühnen in der Region: Colonial Theatre (Pittsfield), Unicorn Theatre (Stockbridge) und Fitzpatrick Main Stage (Stockbridge).
Shakespeare & Company, www.shakespeare.org, Mai–Sept. Aufführungen auf dem Gelände von „The Mount" in Lenox.
Tanglewood Berkshire Music Festival, www.bso.org; Konzerte im „Music Shed" in Lenox; frühzeitige Kartenbestellung online oder unter ① 617-266-1200 ratsam.
Williamstown Theatre Festival, https://wtfestival.org, Ende Juni–Mitte Aug. auf mehreren Bühnen moderne Stücke.

Am Mohawk Trail

Der **Mohawk Trail** geht auf einen alten Handelspfad der Mohawk-Indianer zurück und führte von der Atlantikküste (Boston) ins Hinterland von New York State. 1914 wurde der Pfad geteert und damit zu einer der ersten Panoramastraßen der USA. An der Route sind es weniger besondere Sights als vielmehr endlose Wälder, die besonders im Herbst, im **Indian Summer**, während der **Laubfärbung**, fantastisch aussehen. Von Williamstown aus ist auf der MA 2 nach rund 142 mi/229 km Boston erreicht.

Williamstown und North Adams

Auf dem Weg von Pittsfield nach **Williamstown** (ca. 21 mi/34 km, I-7), in der Nordwest-Ecke von Massachusetts, passiert man zunächst **Mount Greylock**, den höchsten Berg von Massachusetts mit 1.064 m. Der Gipfel gehört nicht mehr zu den Berkshires, sondern zu den sich nördlich anschließenden **Taconic Mountains**.

Williamstown, eine kleine Universitätsstadt mit knapp 8.000 Einwohnern, lohnt besonders wegen des **Sterling and Francine Clark Art Institute**, kurz „**The Clark**", mit viel dekorativer Kunst, u. a. einer außergewöhnlichen Silbersammlung sowie einer beeindruckenden Impressionisten-Ausstellung mit Gemälden von Pierre-Auguste Renoir, Claude Monet und Edgar Degas sowie amerikanischen Kunstwerken von Malern wie Winslow Homer, Frederic Remington und John Singer Sargent. Außerdem findet seit 1955 in der Stadt jedes Jahr das bekannte **Williamstown Theatre Festival** (s. o.) statt.
Sterling and Francine Clark Art Institute, 225 South St., www.clarkart.edu, Juli/Aug. tgl. 10–17 Uhr, Sept.–Juni Di–So 10–17 Uhr, $ 20.

Im **Williams College Museum of Art** finden sich zeitgenössische Kunstwerke aller Genres. In der **Universitätsbibliothek** sind rare Bücher und historische Manuskripte zu sehen.

Williams College Museum of Art, *15 Lawrence Hall Dr., https://wcma.williams.edu, Di–Sa 10–17 Uhr, So 13–17 Uhr, frei.*

Einen Katzensprung östlich von Williamstown liegt am MA 2 (Mohawk Trail, s. o.) **North Adams**, wo ein weiteres Top-Sight wartet: das **MASS MoCA**, kurz für *Massachusetts Museum of Contemporary Art*. Dieses „Museum der Superlative" teilt sich auf 27 ehemalige Fabrikgebäude auf und zeigt in riesigen Galerien wechselnde Ausstellungen – Gemälde, Skulpturen, Installationen, aber auch Performances zeitgenössischer Künstler.

Museum der Superlative

MASS MoCA, *MA-2/Marshall St., https://massmoca.org, Juni–Okt. tgl. 10–18 Uhr, $ 20.*

Im Osten des Ortes liegt der **Natural Bridge State Park** (*McAuley Rd.*). Dort kann man eine Steinbrücke sehen, die am Ende der letzten Eiszeit durch Naturgewalten entstanden ist. Im **Western Gateway Heritage State Park** dagegen wurden sechs historische Gebäude restauriert, in denen sich jetzt Geschäfte, Ausstellungen und ein Restaurant befinden. Im ehemaligen Frachthaus informiert ein Museum über die Geschichte der Stadt und den Bau der Eisenbahn.

Naturbrücke

Western Gateway Heritage SP, *9 Furnace St., www.mass.gov/locations/western-gateway-heritage-state-park, Museum: Do–Mo 10–16 Uhr, frei.*

Shelburne Falls und Deerfield

27 mi/43 km sind es auf dem Hwy. 2 von North Adams nach **Shelburne Falls**, wo eine ehemalige Eisenbahnbrücke über den Deerfield River zur „**Bridge of Flowers**"

Indian Summer am Mohawk Trail nahe Deerfield

umgestaltet wurde. Beim Überqueren der Bogenbrücke, die an Sommerabenden beleuchtet wird, läuft man über eine schön angelegte, grüne Promenade mit über 500 verschiedenen Pflanzenarten.

Jahrtausendealte Schlaglöcher

In der Umgebung von Shelburne Falls gibt es am Fuße der Salmon Falls über 50 *Glacial Potholes*, kreisförmige Auswaschungen, die im Laufe von Jahrtausenden im Deerfield River entstanden sind. Im wenige Meilen östlich gelegenen **Greenfield** wurde Anfang des 19. Jh. die erste Messerschmiede Amerikas gegründet. Im saisonal geöffneten **Museum of Our Industrial Heritage** (http://industrialhistory.org) gibt es dazu Infos.

Das direkt südlich anschließende **Deerfield**, um 1600 gegründet, wurde nach zweimaliger Zerstörung während der Indianerkriege im 18. Jh. wiederaufgebaut. Deerfield ist heute einerseits ein Freiluftmuseum zur neuenglischen Geschichte, andererseits ein idyllischer Wohnort mit gepflegten Gärten. Aus der Frühzeit stammen einige der Kolonialhäuser an der **Old Deerfield Street**, die zu den schönsten historischen Straßen Amerikas zählt.

Akribische Restaurierung

Historic Deerfield umfasst zwölf historische Häuser, die in die Zeit zwischen 1730 und 1850 datieren. Sie wurden aufwendig restauriert und mit Möbeln, Gebrauchsgegenständen und Kunst der damaligen Zeit eingerichtet. Im **Flynt Center of Early New England Life** gibt es ergänzend dazu Ausstellungen. Sehenswert auf dem Gelände sind z. B. das Allen House (1702), die ehemalige Postkutschenstation Barnard Tavern, das Dwight House (um 1725) oder das Wright House (1824). Bei der Besichtigung bekommt man einen Eindruck vom Leben der Dorfbewohner in der Zeit zwischen etwa 1650 und 1850.
Historic Deerfield, *84B Old Main St., www.historic-deerfield.org, April–Dez. tgl. 9.30–16.30 Uhr, sonst nur Sa/So, $ 18 (im Winter $ 7); versch. Touren.*

Reisepraktische Informationen Mohawk Trail

Information
Mohawk Trail: *www.mohawktrail.com*
Williamstown: *https://destinationwilliamstown.org*
Shelburne Falls: *www.shelburnefalls.com*
Deerfield: *https://deerfieldattractions.com, www.historic-deerfield.org*
VC at Hall Tavern: *Historic Deerfield, tgl. 9.30–16.30 Uhr.*

Unterkunft/Restaurants
Holiday Inn Berkshires $$, *40 Main St., North Adams,* ☏ *413-663-6500; zentral gelegenes Hotel mit 89 Zimmern, nicht weit vom MASS MoCa entfernt.*
The Porches Inn at MASS MoCa $$$, *231 River St., North Adams,* ☏ *413-664-0400, www.porches.com; historisch eingerichtete Zimmer in mehreren renovierten Häusern im viktorianischen Stil; gutes Frühstück, Swimmingpool.*
Deerfield Inn $$$, *81 Old Main St.,* ☏ *413-774-5587, www.deerfieldinn.com; das 1884 gebaute Inn verfügt über 23 stilvoll eingerichtete Zimmer, inkl. Frühstück. Empfehlenswert ist das* **Champney's Restaurant & Tavern** *im Haus.*

Küstenroute von Boston nach Maine

> ### Hinweis zur Route
>
> Der direkte Weg entlang der Küste von Boston nach Maine und zum Acadia NP (ca. 300 mi/483 km) führt über den US Hwy. 1 bzw. den parallel durch Salem verlaufenden US Hwy. 1A. Allerdings lohnt auf dem ersten Abschnitt bis nach Newburyport der Umweg über Cape Ann (Hwy. 127).

Von Boston über Cape Ann nach Newburyport

North of Boston – Essex National Heritage Area

Unter dem Namen **Essex National Heritage Area** wurde die ganze Region nordöstlich von Boston bis hin zum Merrimack River bzw. bis zur Grenze des Bundesstaats New Hampshire zum Schutzgebiet für historische Denkmäler und Naturlandschaften erklärt. Das Areal erstreckt sich über fast 1.300 km² und schließt rund 34 Städte und Ortschaften im Essex County ein. Die Hauptinformationsstelle befindet sich in Salem, 18 mi/29 km von Boston entfernt.

Auf dem Weg dorthin sollte man zunächst nach gut 10 mi/16 km auf dem Hwy. 1 einen Stopp in der **Saugus Iron Works National Historic Site** einplanen. Bereits 1643 hatte John Winthrop die *Company of Undertakers of the Iron Works in New England* mit Schmelzöfen, Schmiede und anderen Werkstätten eröffnet. Er war mit dieser modernen Fabrik seiner Zeit weit voraus. Wohl zu weit, denn wegen der hohen Kosten und dem Mangel an Facharbeitern erwies sich das Unternehmen als wenig einträglich und musste schließen.

Saugus Iron Works NHS, *244 Central St., Saugus, ab US Hwy. 1, www.nps.gov/sair, tgl. 9–16/17 Uhr, frei.*

Salem/MA

Zentraler Teil der **Essex National Heritage Area** ist die Hafenstadt **Salem**, die in Bezug auf Besucheransturm und Infrastruktur eine Sonderstellung einnimmt. Wie in Boston sind auch hier die Attraktionen durch einen Pfad, den 2 km langen **Heritage Trail**, miteinander verbunden.

Hauptgrund für das Interesse sind die **Hexenprozesse von 1692**. Viele der historischen Stätten im

> ### Redaktionstipps
>
> ▶ **Salem** abseits der „Hexen" (S. 341) erleben und dem **PEM Peabody Essex Museum** (S. 343) einen ausgiebigen Besuch abstatten.
> ▶ Im **Strawbery Banke Museum** in Portsmouth (S. 352) ein einzigartiges Konglomerat von Häusern verschiedener Epochen kennenlernen.
> ▶ Im **Seashore Trolley Museum** (S. 359) bei Kennebunkport Bahnen aller Art sehen und an einem Wochenende an einer Trolleyfahrt teilnehmen.
> ▶ Unbedingt das **Maine Maritime Museum** in Bath (S. 369) besuchen und den Bootsbauern zusehen.
> ▶ Viel **Clam Chowder** oder **Lobster** (S. 351) essen!
> ▶ Ein Shoppingparadies für Freizeitkleidung, -schuhe und Sportzubehör: **L.L.Bean** in Freeport (S. 368). Hier, wie auch in Kittery oder North Conway, gibt es zahlreiche Outlets, in denen man Schnäppchen machen kann.

Küstenroute von Boston nach Maine

Ort befassen sich mit diesem dunklen Kapitel in der Geschichte. Modern und interaktiv aufgemachte Grusel- und Wachsfigurenkabinette, die nicht viel mit der Realität zu tun haben, locken Touristen an. Dabei sind die Hexenprozesse nur ein Aspekt, die

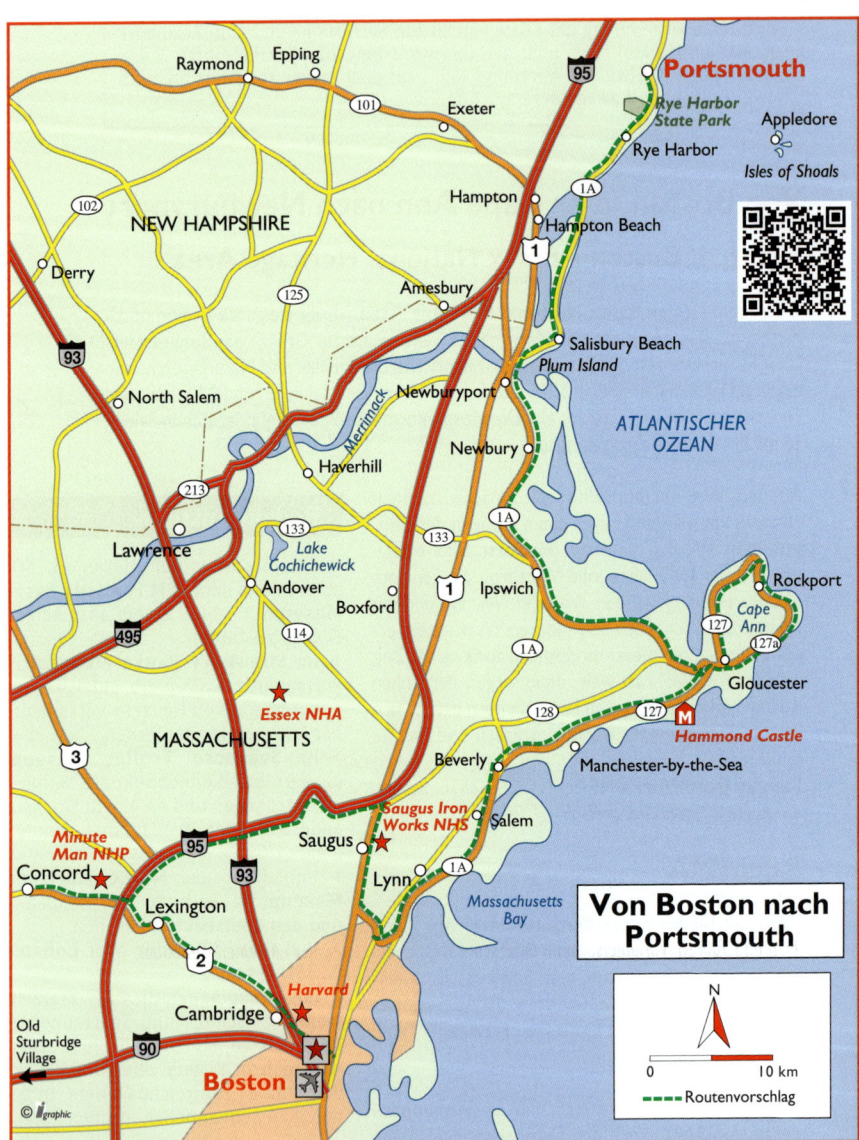

beiden wirklichen Hauptanziehungspunkte der Stadt haben nichts mit Hexen und Grusel zu tun: die **Salem Maritime NHS** und das **Peabody Essex Museum (PEM)** befassen sich mit der Geschichte der Stadt als Hafen- und Handelsmetropole zwischen den 1780ern und dem beginnenden 19. Jh.

Nachdem man das Auto auf einem der ausgewiesenen (kostenpflichtigen) Parkplätze im Umfeld der Congress oder Essex St. abgestellt hat, lohnt als erster Anlaufpunkt das **National Park Service Regional VC** (*2 New Liberty St.*), das nicht nur über die **Salem Maritime NHS** informiert, sondern zugleich als Infostelle der **Essex National Heritage Area** fungiert. Hier gibt es einen Einführungsfilm sowie Broschüren und einen Stadtplan.

Die Salem Maritime NHS umfasst eine Reihe besichtigbarer historischer Häuser, außerdem gehören drei Anlegestellen dazu: **Central** (1791), **Hatch's** (1819) und **Derby Wharf** (1762), letztere mit einer Replik der *Friendship of Salem*, eines Handelsseglers aus dem späten 18. Jh. Auffälligster Teil des Komplexes ist das **Custom House** (*Derby St.*) von 1819. In diesem Zollhaus, hinter dem sich weitere Lagerhäuser befanden bzw. befinden, arbeitete zeitweise Nathaniel Hawthorne. Er wohnte in einem kleinen Haus auf dem Grundstück seines Cousins an der Turner St., neben dem *House of the Seven Gables* (s. u.).

Über ein dunkles Geschichtskapitel informiert das Salem Witch Museum

In der Umgebung des Zollamts finden sich weitere historische Bauten, z. B. das **Hawkes House** von 1780, das vom Reißbrett des berühmtesten Architekten der Stadt, Samuel McIntire, stammt. Das **Derby House** wurde 1761 als erstes Ziegelhaus für den betuchten Händler Elias Hasket Derby erbaut.
Essex National Heritage Area, *10 Federal St., Salem, http://essexheritage.org/welcome; Info auch bei* **North of Boston**, *https://northofboston.org*.
Salem Maritime NHS Orientation Center/NPS Regional VC, *2 New Liberty St. sowie 193 Derby St., www.nps.gov/sama, HS tgl. 10–17 Uhr, sonst Mi–So 10–16 Uhr, frei, Film und Touren. Variable/saisonal unterschiedl. Öffnungszeiten der einzelnen Gebäude.*

Eine besondere Attraktion ist das **House of the Seven Gables**, auch als *Turner-Ingersoll Mansion* bekannt, in dem der berühmte gleichnamige Roman von Nathaniel Hawthorne spielt. Das Gebäude präsentiert sich als Mischung aus historischem Haus und dargelegter Romanfiktion. 1668 erbaut, erwarb es 1908 Caroline Osgood Emmerton und ließ es nach der Romanvorlage renovieren. Auf dem schön gestalteten Grundstück (mit Hafenblick) befinden sich weitere historische Bauten, z. B. der *Hawthorne*

Romanschauplatz

Birthplace von 1750, das *Hooper-Hathaway House* von 1682 oder das *Retire Beckett House* von 1655 (Laden).
House of the Seven Gables, *54 Turner St., https://7gables.org, tgl. 10–17/19 Uhr, $ 17.*

Die Hexenprozesse von 1692

In Salem begannen die Hexenverfolgungen 1691, als acht Mädchen an einem merkwürdigen Leiden erkrankten, das sich in seltsamen Bewegungen, wirrem Sprechen, Krämpfen und Halluzinationen ausdrückte. Als jede Behandlung fehlschlug, lautete die Diagnose: Diese Mädchen sind verhext! Schon bald wurden mehrere Frauen und auch Männer des Dorfes als Hexen angeklagt und ins Gefängnis geworfen; 19 vermeintliche Hexen (14 Frauen, fünf Männer) wurden gehängt, eine Verurteilte zu Tode gequetscht und mindestens fünf Angeklagte starben im Gefängnis.

Die Hexenprozesse in Salem gehören zu den am besten dokumentierten Prozessen in der Geschichte. Auf vielfältige Art und Weise sind die Ereignisse verarbeitet worden, literarisch von so unterschiedlichen Autoren wie Nathaniel Hawthorne, Arthur Miller, Lion Feuchtwanger oder Stephen King, historisch in den Museen Salems oder touristisch in Wachsfigurenkabinetten und dubiosen Hexen-Attraktionen.

Die Vorgänge können weder als kollektive Hysterie noch als purer religiöser Eifer abgetan werden. Eine nicht unerhebliche Rolle spielte die politische Situation: Die Verurteilungen erfolgten auf dem Höhepunkt scharfer Auseinandersetzungen zwischen der konservativen Oberschicht und einer Fraktion von Freidenkern. Die Richter – Repräsentanten der Oberschicht – benutzten dabei „bewährte" Methoden, um politische und gesellschaftliche Reformbestrebungen als moralische Fehlleistung zu diskreditieren. Auch die Stellung der Frau in der puritanischen Gesellschaft war eine andere – selbstbewusstes Auftreten wurde nicht gerne gesehen.

Der Spuk fand erst ein Ende, als die Frau des Gouverneurs Sir William Phips angeklagt wurde. Daraufhin sah sich dieser gezwungen, ein Machtwort zu sprechen und die Affäre zu beenden. 1711 wurden die meisten der Verurteilten posthum rehabilitiert, 1957 wurde die als Hexe gehängte Ann Pudeator für unschuldig erklärt und 2001 unterzeichnete die damalige Gouverneurin von Massachusetts die Unschuldserklärung für die fünf letzten getöteten Frauen.

Beim Stadtrundgang kommt man um die **Hexenverfolgungen von 1692** nicht herum. Im **Salem Witch Museum** lässt man die Ereignisse gemäß den Prozessakten durch 13 lebensgroße Wachsfiguren nachstellen und anhand einer audiovisuellen Show (auch auf Deutsch) sowie einer Ausstellung zum Thema „Hexen" (*Who are Witches*) Revue passieren. Das Museum befindet sich in der ehemaligen Second Church Unitarian von 1845. Sehenswert ist besonders die *Witch Hunt Wall*, eine Schautafel, die erklärt, wie es zu den Hetzjagden kommen konnte und dass sie immer wieder – auch heute noch – vorkommen.
Salem Witch Museum, *Washington Sq. N, www.salemwitchmuseum.com, tgl. 10–17, Juli/Aug. bis 19 Uhr, $ 13.*

Ergänzend zu diesem Museum sollte man sich das **Witch Trials Memorial** (*Charter St.*), einen am ehemaligen Gerichtshof angelegten kleinen Park mit Gedenktafeln, die an die Ermordeten erinnern, anschauen. Dieser grenzt an den **Charter Street Burying**

Von Boston über Cape Ann nach Newburyport

Nicht versäumen in Salem sollte man das PEM

Point an, den Friedhof, auf dem u. a. John Hawthorne, einer der Richter, der den Prozessen vorstand, begraben liegt. Er war ein Vorfahre des Dichters Nathaniel Hawthorne, der die Schuld seines Verwandten in seinem anklagenden Roman „Der scharlachrote Buchstabe" verarbeite. Historisch interessant und authentisch ist auch das **Witch House** *(310 1/2 Essex St., tgl. 10–17 Uhr, www.thewitchhouse.org)*, das einzig erhaltene Haus aus der Zeit der Prozesse.

Die Topsight der Stadt ist das **PEM – Peabody Essex Museum –**, ein Gebäudekomplex, der im Kern aus dem Jahr 1799 stammt. Damals hatten reiche Händler in der Stadt die *East India Marine Society* gegründet, die ihnen Platz gab, ihre von Reisen mitgebrachten „Schätze" zu präsentieren. Der Schwerpunkt des ungewöhnlichen Museums liegt daher auch auf **maritimer Kunst** und Kunst aus Neuengland.

Der angesehene Bostoner Architekt Moshe Safdie schuf 2003 einen architektonisch wegweisenden Neubau, der einige der alten Bauten, wie das Hauptgebäude der East India Marine Society oder ein chinesisches Haus der Yin-Yu-Tang-Dynastie (1644–1911), integrierte. Seit September 2019 ergänzt ein weiterer Anbau von *Ennead Architects*, New York, das Museum mit 13 neuen Galerien, in denen die Sammelstücke aus eigenen Beständen und Sonderausstellungen gebührend präsentiert werden.

Vielfältige Sammlung in einmaliger Architektur

Auf die verschiedenen Bauten verteilt sich eine hochkarätige Sammlung von Objekten, die mit der Seefahrt und dem Seehandel zu tun haben: von Galionsfiguren und Schiffsgemälden über Schiffsmodelle und -zubehör bis hin zu mitgebrachtem Porzellan und anderen Souvenirs, von *Maritime Art* über *Asian Export Art* bis zu *Fashion & Design*.

Abwechselung bietet die Kunstabteilung mit Gemälden und Kunsthandwerk aus Neuengland, aber auch mit afrikanischer, ozeanischer, asiatischer und indianischer Kunst.
PEM – Peabody Essex Museum, *East India Square, 161 Essex St., www.pem.org, Di–So 10–17 Uhr, $ 20, Shop & Atrium Café.*

Reisepraktische Informationen Salem/MA

Information
Salem Regional VC, *2 New Liberty St., tgl. 10–17 Uhr, www.salem.org.*

Unterkunft
Hawthorne Hotel *$$–$$$$, 18 Washington Sq., ☎ 978-744-4080, www.hawthornehotel.com;* legendäres Hotel von 1925 mit eigenem Restaurant (Nathaniel's, s. u.), Pub (Tavern on the Green) sowie dem Fidelia Bridges Guest House mit vier Zimmern und dem Charme vergangener Zeiten.
Amelia Payson House *$$$, 16 Winter St., ☎ 978-744-8304, https://ameliapaysonhouse.com;* wunderschönes B&B in Greek-Revival-Haus von 1845 mit historisch eingerichteten Zimmern, nur Mai–Okt. geöffnet.
The Salem Inn *$$$, 7 Summer St., ☎ 978-741-0680, https://saleminnma.com;* in drei zentral gelegenen Gebäuden aus der Mitte des 19. Jh. stehen 40 komfortable Gästezimmer, teilweise mit Kamin und Küchenzeile, zur Verfügung.
Stepping Stone Inn B&B *$$$, 19 Washington Sq., ☎ 978-741-8900, http://thesteppingstoneinn.com;* 1846 gebautes Haus in zentraler Lage mit acht Gästezimmern.

Restaurants
Turner's Seafood at Lyceum Hall, *43 Church St., ☎ 978-745-7665;* ausgezeichnetes Seafood, fangfrisch aus der Region.
Gulu Gulu Cafe, *247 Essex St., ☎ 978-740-8882;* gemütliches Lokal und Café, in dem es außer Frühstück auch Lunch und Dinner sowie Barbetrieb mit Livemusik gibt.
Notch Brewery Tap Room, *283 Derby St., ☎ 978-238-9060, www.notchbrewing.com;* hier werden die vor Ort gebrauten Biere frisch ausgeschenkt, dazu „Brotzeiten".
Nathaniel's Restaurant, *im Hawthorne Hotel (s. o.), ☎ 978-744-4080;* beliebtes Top-Restaurant der Stadt, mit traditioneller amerikanischer Küche.
Salem Beer Works, *278 Derby St., https://beerworks.net;* beliebter Brewpub mit vielerlei Sorten Bier vom Fass, dazu Burgern, Sandwiches, Salate u. a.

Einkaufen
Lohnend ist ein Bummel an der **Pickering Wharf Marina** (*www.pickeringwharfmarina.com*) und von **Essex** und **Derby St.** entlang dem Heritage Trail.

Nahverkehr/Touren
Salem Depot, *252 Bridge St., www.mbta.com;* Nahverkehrszüge nach Boston (North Station) und Newburyport sowie Rockport.
Salem Ferry, *10 Blaney St., www.bostonharborcruises.com/salem-ferry/salem-ferry;* tgl. Verbindungen nach Boston.
Salem Historical Tours, *8 Central St., www.salemhistoricaltours.com;* geführte Spaziergänge zu Themen wie Friedhöfe, Hexen, Geister und Geschichte.

Cape Ann

Auf der Halbinsel **Cape Ann** erhält man einen ersten Eindruck von der malerischen und zerklüfteten Küste Neuenglands. Auf dem Weg dorthin geht es vorbei an kleinen Ferienorten wie **Manchester-by-the-Sea**, berühmt für seinen „singenden" Strand. Schleift man mit den Füßen über den grobkörnigen Sand, hört man einen sirrenden Ton.

Malerische Küste

Auf halber Strecke zwischen Manchester und Gloucester passiert man **Hammond Castle**, das Traumschloss des Orgel-Erfinders John Hays Hammond Jr. aus den 1920er-Jahren. Das Haus ist prall mit wertvollen Kunstschätzen aus Europa gefüllt. Sogar eine mittelalterliche Hausfassade im Hallenbad, die um eine aus 8.200 Pfeifen bestehende Orgel herumgebaut wurde, gehört dazu.
Hammond Castle Museum, *80 Hesperus Ave., www.hammondcastle.org, Juni–Sept. tgl. 10–16 Uhr, $ 14.*

Zentraler Ort der Region ist **Gloucester**, eine der ältesten Hafenstädte Neuenglands, 1623 gegründet und noch heute ein wichtiger Fischereihafen. An die Seefahrertradition erinnert das Denkmal **Gloucester Fisherman** von Leonard Craske. Es ist denjenigen, „die in ihren Schiffen im Ozean untergehen", gewidmet. Über den Alltag der Fischer und die lokale Kunstszene erfährt man mehr im **Cape Ann Museum**.

Das **Sleeper-McCann House**, auch **„Beauport"** genannt, wurde 1907–1934 gebaut. Aus der Zusammenarbeit des Designers Henry Davis Sleeper mit dem aus Gloucester stammenden Architekten Halfdan Hanson entstand ein Museum mit 40 Räumen, von denen 26 besichtigt werden können. Sie sind ausgestattet mit antikem Mobiliar, kostbaren Teppichen und Tapeten und zeigen schwerpunktmäßig europäische und amerikanische Kunst vom 18. bis 20. Jh.

Antiquitäten

Cape Ann Museum, *27 Pleasant St., www.capeannmuseum.org, Di–Sa 10–17, So 13–16 Uhr, $ 12.*
The Sleeper-McCann House, *75 Eastern Point Blvd., www.historicnewengland.org/property/beauport-sleeper-mccann-house, Ende Mai–Mitte Okt. Di–Sa 10–16 Uhr, $ 20.*

Rockport, an der Spitze Cape Anns, hat ebenfalls als Fischerdorf begonnen, ist inzwischen jedoch zum viel besuchten Feriendomizil mutiert. Den Ruf als „Künstlerkolonie" hat der Ort dem Maler Winslow Homer (1836–1910) zu verdanken, der hier lebte und arbeitete. Wahrzeichen der Stadt ist eine rote Fischerhütte am Hafen, die als beliebtester Fotospot Neuenglands gilt. Die **Sandy Bay Historical Society** liefert im historischen Sewall-Scripture House (1832) sowie im Old Castle (1711) Informationen über die Geschichte des Fischfangs und die frühe amerikanische Geschichte der Region.

Beliebtes Fotomotiv

Sandy Bay Historical Society/Sewall-Scripture House, *40 King St., http://sandybayhistorical.org, Juni–Mitte Sept. Di/Fr/Sa 14–17 Uhr;* **Old Castle**, *Castle Lane, Juli/Aug. Sa 14–17 Uhr, $ 5 für beide Häuser.*

Ipswich

Der Hwy. 127/127A führt um das Cape herum und zurück nach Gloucester. Von dort geht es auf dem Hwy. 133 weiter Richtung Norden. Einen kurzen Stopp auf der Fahrt nordwärts lohnt **Ipswich**, dessen Innenstadt restaurierte Häuser aus dem 17. und

18. Jh. zieren. Fast 50 Gebäude sind rund um den Common, den Hauptplatz, erhalten. Zu besichtigen sind das **John Whipple House** (*1 S Village Green*) aus dem Jahr 1640 und das **John Heard House** (*54 S Main St.*) von 1795, mit kostbaren chinesischen Möbeln aus der Zeit des Chinahandels ausgestattet. Beide Häuser sind Teil des **Ipswich Museum**.
Ipswich Museum, 54 S Main St., https://ipswichmuseum.org, Mai–Okt. Do–Sa 10–16, So 13–16 Uhr, $ 15 (für beide Häuser und Museum).

Ungewöhnlich ist **The Crane Estate** mit **Castle Hill**, das der Papierfabrikant Richard T. Crane 1927 als Landhaus im englischen Stil mit 59 aufwendig ausgestatteten Zimmern errichten ließ. Zum unter Naturschutz stehenden Areal gehört die **Crane Beach Memorial Reservation**, ein 8 km langer Sandstrand, der zu den schönsten Neuenglands zählt.
The Crane Estate, 290 Argilla Rd./Hwy. 133, www.thetrustees.org/places-to-visit/northeast/castle-hill-crane.html, tgl. 8 Uhr–Sonnenuntergang, $ 15 für Park und EG des Hauses, versch. Touren ab $ 15.

Reisepraktische Informationen Cape Ann

Information

Cape Ann: *http://capeannvacations.com*, ☎ 978-283-1601, mit: Cape Ann Chamber Office, 33 Commercial St., Gloucester, Mai–Okt. Mo–Fr 9–17, Sa 10–17, So 11–16 Uhr, sonst Mo–Fr 9–17 Uhr.
Rockport Information Center, 170 Upper Main St. (Rte. 127), Rockport, ☎ 978-546-9372, https://rockportusa.com, Juli/Aug. tgl. 10–17 bzw. So 11–16 Uhr, sonst nur an Wochenenden.
Ipswich Visitor Center, 36 S Main St., Queens Park, Mai–Okt. tgl. 9–17 Uhr (Mai nur Sa/So), https://historicipswich.org/ipswich-visitor-center.

Unterkunft

Kaede B&B at Town Hill $$, 16 N Main St., Ipswich, ☎ 978-356-8000, https://kaedebb.com; ungewöhnliches B&B in historischem Haus mit zehn japanisch eingerichteten Zimmern im historischen Stadtzentrum.
Cape Ann's Marina Resort $$$, 75 Essex Ave., Gloucester, ☎ 978-283-2116, https://capeannmarina.com; traumhaft gelegenes Hotel mit 31 Zimmern mit Meerblick, Restaurant („Mile Marker One"), schöner Gartenanlage und Swimmingpool, Kanuverleih und Entertainment.
Ocean House Hotel at Bass Rocks $$$$, 107 Atlantic Rd., Gloucester, ☎ 978-283-7600, www.oceanhousegloucester.com; Hotel mit 51 geschmackvoll eingerichteten Zimmern, Pool und wunderschönem Ausblick aufs Meer, inkl. Frühstück.

Restaurants

Minglewood Harborside, 25 Rogers St., ☎ 978-281-0223, https://minglewoodharborside.com; Bar und Restaurant mit Hafenblick, Seafood-Gerichte, aber auch günstige Burger.
Top Dog of Rockport, 2 Doyles Cove Rd., Rockport, Tel: 978-546-0006, http://topdogofrockport.com; Eliza und Scott Lucas servieren hier ausgefallene Hot Dogs wie „Boston Terrier" oder „Italian Greyhound", außerdem gibt es „Fried Clams" (Muscheln), ab April.

Touren
Zahlreiche Unternehmen bieten in den Sommermonaten halb- oder ganztägige Walbeobachtungsfahrten an, z. B. in Gloucester:
Cape Ann Whale Watch, www.seethewhales.com
Captain Bill & Sons Whale Watch, www.captbillandsons.com
Seven Seas Whale Watch, www.7seaswhalewatch.com

Von Newburyport/MA über Portsmouth/NH nach Maine

Die „Clipper City" Newburyport/MA

Etwa 30 km nördlich von Salem (US Hwy. 1A) liegt die alte Hafenstadt **Newburyport**. Berühmt war der am Mündungsdelta des Merrimack River gelegene Ort wegen seiner florierenden Schiffswerften. Erst im späten 19. Jh. endete mit dem Aufkommen moderner Frachtschiffe die Blütezeit der „**Clipper City**", der „Stadt der Schnellsegler".

Bei einem Brand 1811 wurde ein Großteil der Altstadt zerstört, dennoch ist die kleine Innenstadt um die State Street heute noch attraktiv und dazu wenig überlaufen. Besonders das Areal um den Market Square lohnt wegen der Ansammlung an Läden und Res-

Die „Clipper City": Newburyport

taurants. Im **Custom House Maritime Museum**, im ehemaligen Zollhaus, erfährt man mehr über die Geschichte der Stadt und die Rolle der Schifffahrt.
Custom House Maritime Museum, *25 Water St., https://customhousemaritimemuseum.org; Mai–Dez. Di–Sa 10–16, So 12–16 Uhr, NS nur Sa/So 10/12–16 Uhr, $ 7.*

Handwerksarbeit

Dieses Museum untersteht, wie der **Lowell's Boat Shop** im Nachbarort Amesbury, am nördlichen Ufer des Merrimack River, der *Newbury Maritime Society*. In der seit 1793 kontinuierlich bis heute betriebenen Werkstatt geben Handwerker eine Vorstellung davon, wie viel Arbeit und manuelles Geschick für den Bau der begehrten kleinen Holzboote nötig sind.
Lowell's Boat Shop Museum, *459 Main St., Amesbury, http://lowellsboatshop.com, HS Di–Sa 11–15 Uhr, NS Sa geschl., $ 5 (Tour $ 8).*

An der **High Street** in Newburyport reihen sich die Villen der wohlhabenden Kapitäne im *Georgian* oder *Greek Revival style* auf. Zugänglich ist **Cushing House**, ein dreistöckiges Herrenhaus, das Caleb Cushing im 19. Jh. erbauen ließ. Er war zeitweilig Bürgermeister von Newburyport und zudem erster Botschafter der USA in China. Im Inneren ausgestellt ist ein Sammelsurium von Reisemitbringseln, wie exotische Teppiche und Möbel.
Museum of Old Newbury/Cushing House, *98 High St., www.newburyhistory.org/cushing-house, Juni–Okt. Mi–Fr 10–16, Sa/So 12–16 Uhr, Touren $ 5.*

Östlich von Newburyport breitet sich das Mündungsdelta des Merrimack River aus, eine ausgedehnte Marschlandschaft. Entlang der Küste südwärts schließt auf rund

Der „durstige Wal" in Newburyport

Von Newburyport/MA über Portsmouth/NH nach Maine

10 km Strecke das **Parker River National Wildlife Refuge** an, einer der wenigen „naturbelassenen" Strandabschnitte der östlichen USA, mit Sanddünen. Gegenüber liegt das Massachusetts **Audubon Society Joppa Flats Education Center** (www.massaudubon.org/get-outdoors/wildlife-sanctuaries/joppa-flats).
Parker River National Wildlife Refuge – VC, 6 Plum Island Turnpike, Newburyport, www.fws.gov/refuge/parker_river, Mo–Fr 8.30–16 Uhr, $ 2 Fußgänger und Fahrradfahrer, $ 5 Autofahrer.

Reisepraktische Informationen Newburyport

Information
Greater Newburyport Chamber of Commerce & Industry, 38R Merrimac St., www.newburyportchamber.org. Info-Kiosk am Waterfront Park/Merrimack St. im Sommer.

Unterkunft
Inn at Newburyport $$$, 32 Market St., ① 877-299-9316; schönes Haus aus dem späten 19. Jh. mit elf Suiten, nur wenige Schritte vom Zentrum entfernt.
Essex Street Inn & Suites $$$, 7 Essex St., ① 978 465-3148, www.essexstreetinn.com; komfortables Inn mitten in der historischen Altstadt mit 37 Zimmern/Suiten.

Restaurants/Einkaufen
Bob Lobster, 49 Plum Island Turnpike, ① 978-465-7100, https://boblobster.com; bei den Locals beliebter Fisch-/Lobster-Imbiss.
Michael's Harborside, 1 Tournament Wharf, www.michaelsharborside.com; ① 978-462-7785; das beste Fischlokal der Stadt, mit Terrasse direkt am Wasser.
Tannery Historic Marketplace, 75 Water St., ① 978-465-7047, www.tannerymarketplace.com; Shoppingkomplex in einer alten Fabrik mit zahlreichen Läden, Cafés, Kneipen sowie Wochenmarkt im Sommer.

Touren
Von Newburyport fahren von Mai–Okt. Ausflugsschiffe zur Walbeobachtung ab, z. B.:
Newburyport Whale Watch, 54 Merrimac St., www.discovernewengland.org/things-do/whale-watch-tours; ca. vierstündige Fahrten, $ 48.

Portsmouth/NH

Am schnellsten nordwärts ginge es auf der I-95, doch weit lohnender ist die Fahrt auf dem US Hwy.1, oder besser noch, auf der parallel und küstennah verlaufenden 1A. Auf beiden Routen erreicht man nach etwa 40 km das Städtchen **Portsmouth**, die größte Hafenstadt des Bundesstaates New Hampshire mit knapp 22.000 Einwohnern. Obwohl New Hampshire nicht einmal 30 km an Küste aufzuweisen hat, gibt es auf dem Weg einige schöne Strände und State Parks, beispielsweise **Hampton Beach** oder **Rye Harbor**.

Die frühere Bedeutung von Portsmouth als Hafenstadt belegen die stattlichen Häuser der Kapitäne und Händler, aber auch der liebevoll restaurierte **Old Harbor District**.

Nach Plymouth und Jamestown entstand 1623 hier am Piscataqua River die **drittälteste britische Siedlung Nordamerikas**. Der **Portsmouth Harbor Trail**, zu dem es im Infozentrum (*500 Market St.*) einen Plan mit Beschreibung gibt, führt an historischen Gebäuden vorbei, von denen einige zur Besichtigung offenstehen.

Museumsdorf entlang des Trails Highlight des Rundgangs ist jedoch das **Strawbery Banke Museum**. Der Name täuscht, es handelt sich nicht um ein gewöhnliches Museum, sondern um ein ganzes Museumsdorf. In der einst hier befindlichen, mittlerweile versandeten Bucht waren 1623 die ersten Siedler gelandet. Da das Flussufer dicht mit Erdbeersträuchern überwachsen war, nannte man die Niederlassung „*Strawbery Banke*" (Erdbeerufer, in alter Schreibung).

Heute hat man fast 40 Häuser und acht Gärten (von ursprünglich rund 100 Gebäuden), die meisten aus den 1840ern, an Ort und Stelle auf einer 4 ha großen Fläche restauriert. Eine Besonderheit ist, dass die rund 20 zu besichtigenden Häuser verschiedene Epochen der Stadtgeschichte, von den 1630ern bis in die 1950er, repräsentieren. Daher weisen sie völlig verschiedene Baustile und eine unterschiedliche Innenausstattung auf. Werkstätten und Läden, darunter einer der ältesten Bootsbaubetriebe der USA, vertiefen den Einblick in die frühe Besiedelung.
Strawbery Banke Museum *mit* **TYCO VC**, *14 Hancock/Marcy St., www.strawbery banke.org, Mai–Okt. tgl. 10–17 Uhr, $ 19,50.*

Etwas versteckt, im Südosten der Stadt, verbirgt sich in einem schönen State Park, eingefasst vom Piscataqua River, die **Wentworth-Coolidge Mansion**. In der angeschlossenen **Coolidge Center for the Arts Gallery** finden regelmäßig Kunstaus-

Freilichtmuseum: das Strawbery Banke Museum in Portsmouth

Von Newburyport/MA über Portsmouth/NH nach Maine

stellungen und Konzerte statt. Der alte Sitz des ersten Gouverneurs von New Hampshire liegt hingegen etwas abseits, direkt am Wasser.

Benning Wentworth (1696–1770) war 1741 vom englischen König zum Royal Governor ernannt worden und hatte dieses Amt bis 1767 inne. Der in Portsmouth geborene Wentworth war damit der am längsten aktive königliche Kolonieverwalter in der Geschichte. Da die Kolonie New Hampshire ihrem königlichen Verwalter einen Amtssitz verweigerte, bezog Wentworth 1753 den alten Familiensitz, wo sein Sohn eine Farm betrieb.

Nach dessen Tod ließ Wentworth verschiedene alte Nebengebäude zusammenfassen, weshalb das Haus heute so seltsam verschachtelt wirkt. Der Komplex setzt sich aus drei Teilen zusammen: dem Trakt für die Diener, dem zentralen Bereich für die Familie und dem offiziellen Teil mit Ballsaal und Empfangszimmer, in denen die wenigen erhaltenen originalen Möbel ausgestellt sind. 1886 hatte **J. Templeman Coolidge** das Anwesen als Sommerhaus erworben, 1954 vermachte Coolidges Witwe das Anwesen dem Staat New Hampshire.

Wentworth-Coolidge Mansion HS, *375 Little Harbor Rd., ab Hwy. 1A, http://wentworthcoolidge.org, Gelände tgl. Sonnenauf- bis -untergang, Touren Mai und Mitte Sept.–Okt. Fr–So, Ende Mai–Anfang Sept. Mi–So 10–16 Uhr (letzte Tour 15 Uhr), $ 5; mit Coolidge Center for the Arts Gallery (Eintritt frei).*

Wer Zeit hat, sollte bei schönem Wetter eine Überfahrt zu den **Isles of Shoals**, eine dem Festland etwa 10 km weit vorgelagerte Inselgruppe, im Mündungsgebiet des Piscataqua River in den Atlantik, erwägen. Als 1614 Captain John Smith hier vorbeisegelte, bezeichnete er die Inseln als „unfruchtbaren Felshaufen". Dieses Vorurteil nutzten Piraten, die die kleinen Inseln lange Zeit als geheime Schlupfwinkel aufsuchten. Der Dichterin Celia Thaxter ist es zu verdanken, dass um 1900 hier eine **Künstlerkolonie** entstand. Sie hat im Ort Appledore einen ungewöhnlichen Garten angelegt, der den amerikanischen Impressionisten Childe Hassam und andere Künstler inspirierte.

Inselausflug

Reisepraktische Informationen Portsmouth/NH

Information
Greater Portsmouth Chamber of Commerce VC, *500 Market St., ✆ 603-610-5510, www.goportsmouthnh.com, Mai–Okt. Mo–Fr 9–17, Sa/So 10–17 Uhr (NS nur Mo–Fr 9–17 Uhr); Infos und Plan vom Portsmouth Trail erhältlich. Am Market Square steht im Sommer zudem ein Visitor Information Kiosk (tgl. 10–17 Uhr).*

Unterkunft
The Port Inn $$, *am 505 US 1 Bypass/Portsmouth Circle, ✆ 603-436-4378, www.portinnportsmouth.com; schönes Hotel mit 56 Zimmern und Studios, einige mit Küchenzeile, Swimmingpool, inkl. Frühstück.*
The Hotel Portsmouth $$–$$$$, *40 Court St., ✆ 603-433-1200, www.thehotelportsmouth.com; mitten in der historischen Altstadt gelegenes Boutique-Hotel mit 34 geschmackvoll eingerichteten Zimmern.*
Wentworth by the Sea $$$$$, *588 Wentworth Rd., New Castle, ✆ 603-373-6552, www.marriott.com; auf einer Insel vor dem Hafen von Portsmouth gelegenes historisches Lu-*

xushotel von 1847. Über 160 komfortable Gästezimmer, Wellness-, Spa-Einrichtungen u. a. Aktivitäten, Restaurant.

Restaurants
Moe's Italian Sandwiches, 22 Daniel St., ℐ 603-436-2327; kleiner Imbiss, der bekannt ist für seine Sandwiches.
Portsmouth Brewery, 56 Market St., https://portsmouthbrewery.com; Kleinbrauerei mit süffigem Bier und guter, preiswerter Speisekarte mit „Pub-Kost" (Burger, Salate, Sandwiches u. a.).
Sanders Family Seafood Stores, 54 Pray St., mit **Sanders Fish Market**, 367 Marcy St., www.sandersfish.com; alteingesessener Familienbetrieb, berühmt für frischen Fisch und Meeresfrüchte, Laden und Imbiss.
The Oar House Restaurant, 55 Ceres St., ℐ 603-436-4025, www.portsmouthoarhouse.com; das Restaurant liegt in einem alten Speicherhaus direkt am Wasser. Es gibt Fisch- und Seafood-Gerichte, aber auch Steaks und Salate.

Touren
Isles of Shoals Steamship Co., 315 Market St./Barker's Wharf, https://islesofshoals.com, Rundfahrten und regelmäßiger Fährverkehr zur Inselgruppe, ab $ 28.
Portsmouth Harbor Cruises, 64 Ceres St., Ceres Street Dock, www.portsmouthharbor.com, ein- und zweistündige Bootsrundfahrten im Hafen und auf dem Piscataqua River bis zu den Inseln.

Von Portsmouth/NH nach Portland/ME

Hübsche Dörfer, endlose Sandstrände, malerische Buchten, Outlet Stores und Antiquitätenläden haben **Maines Südküste** zum viel besuchten **Shopping- und Freizeitparadies** gemacht. Wo man einst von Fischfang und Bootsbau lebte und in grauer Vergangenheit die Piraten untertauchten, wartet man heute zu Beginn der warmen Monate sehnsüchtig auf die „Summer People", die Urlauber. Die Küste und ihre Ferienorte locken mit schönen Stränden, mit dem Acadia National Park auf Mount Desert Island, dem Baxter State Park, mit Moosehead Lake, und eben auch mit zahlreichen „Factory Outlets".

Maine – The Pine Tree State	
Gründung	ab 1652 Teil des Commonwealth of Massachusetts (District of Maine)
Beitritt zur Union	15. März 1820
Staatsmotto	Dirigo (I direct)
Staatstier	Elch
Staatsbaum	Weißkiefer
Staatsblume	Kiefernzapfen
Staatsvogel	Schwarzmeise
Höchster Punkt	Mt. Katahdin (1.606 m)
Hauptstadt	Augusta

In den Weiten Maines finden stadtmüde Besucher Einsamkeit und fast **unberührte Natur**. Für Sportliche bieten sich Wandertrails und Skipisten, Kanu- und Kajakfahrten auf den teils wilden Flüssen oder Segeltörns entlang der Küste an. Diese misst rund 640 km Luftlinie, folgt man jedoch allen Buchten, Meeresarmen und Halbinseln kommt man auf **5.600 km**. Geologen bezeichnen sie als die „versunkene Küste", denn vor Jahrtausenden wurde sie überspült – Täler bildeten Fjorde, Berge Inseln – über 1.000 sollen im Atlantik liegen! Diese Inselkette reicht von der Grenze zu New Hampshire bis hinauf zum kanadischen New Brunswick.

Wald und Wasser sind die Charakteristika des nur dünn besiedelten Bundesstaats. Im Norden und Westen gibt es große Seengebiete und Bergzüge, bis zu 1.600 m hoch, im Süden und Osten finden sich breite Flusstäler und weites Hügelland. Fast 80 % der Staatsfläche, das entspricht etwa der doppelten Größe von Nordrhein-Westfalen, ist

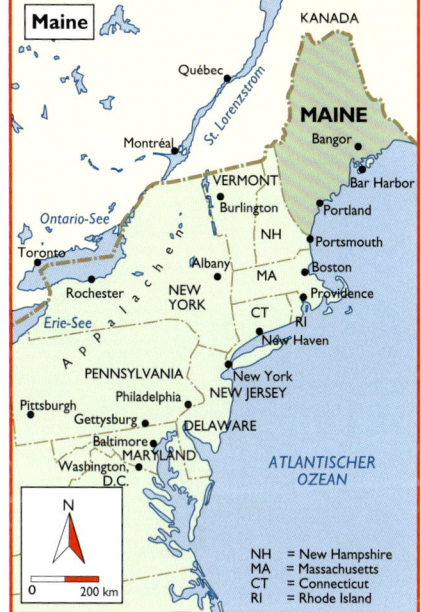

bewaldet, wobei Nadelbäume dominieren. Die Waldgebiete sind besonders dünn besiedelt und lediglich zu einem kleinen Teil durch Straßen erschlossen.

Maine gilt als eine Hochburg der *Craft Beer*-Szene und als **kulinarisches Paradies**, bekannt für Delikatessen wie Jakobsmuscheln, Shrimps, Krebse und natürlich Hummer.

Hinweis zur Route

Durch Maine ziehen sich u. a. der **US Hwy. 1** und die Autobahn **I-95**. Der US Hwy. 1 führt an der Atlantikküste entlang bis zur kanadischen Grenze und nach New Brunswick. Die nachfolgend vorgeschlagene Route passiert viele kleine Ortschaften und beliebte Feriengebiete, ist landschaftlich reizvoll und abwechslungsreich, nimmt jedoch entsprechend Zeit in Anspruch.

Die I-95 verläuft bis Portland parallel zum US 1, wendet dann aber ins Landesinnere ab und führt über die Hauptstadt Augusta in den Nordosten des Bundesstaates. Von beiden Hauptstraßen zweigen im südlichen Teil viele Nebenstraßen ab, im Norden hingegen wird das Straßennetz dünn.

Kittery

Verlässt man Portsmouth auf dem US Hwy. 1 Richtung Norden und quert den Piscataqua River, befindet man sich in Maine. Von nun an ist der „Einser" die einzige Route,

Küstenroute von Boston nach Maine

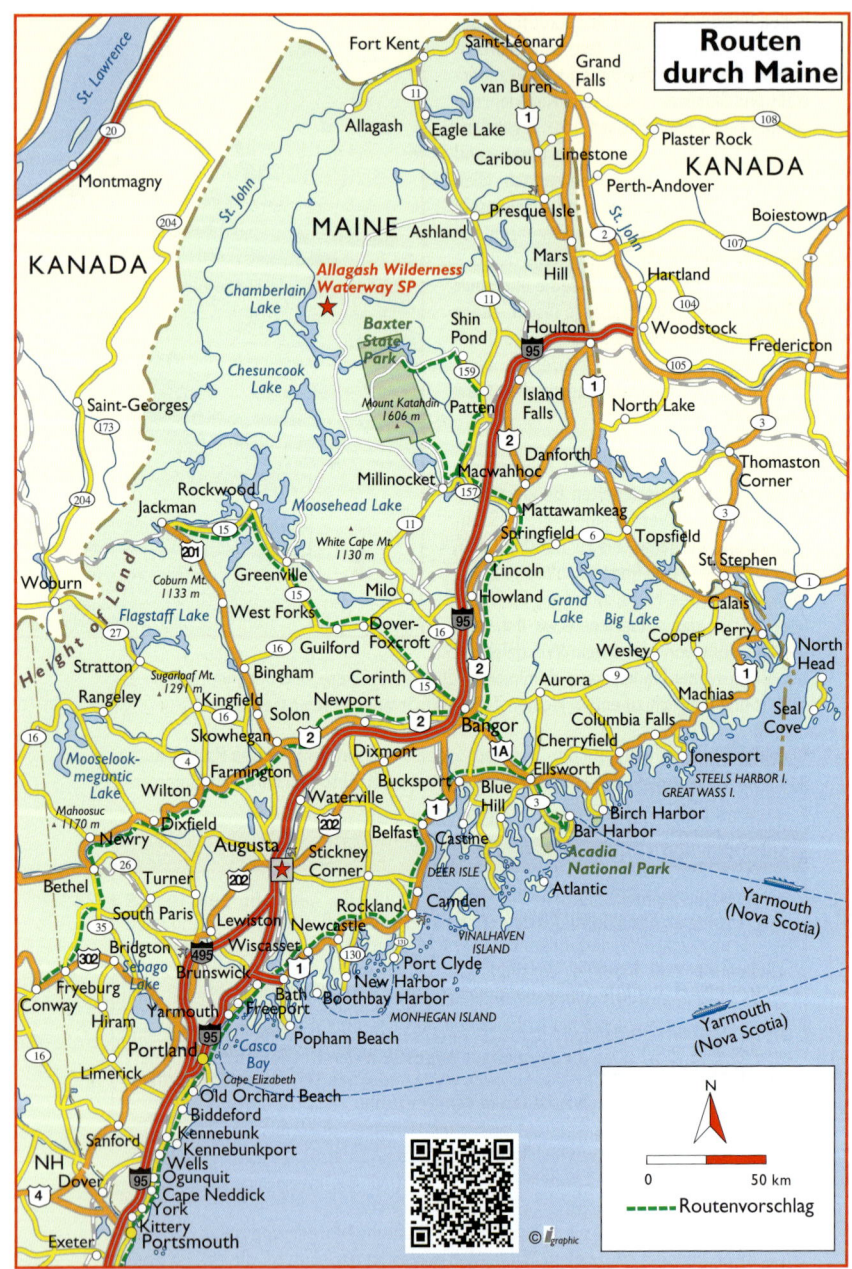

die sich entlang der Küste bis hinauf zum Acadia NP schlängelt. **Kittery**, gegründet 1623, ist der erste Ort in Maine, am nördlichen Ufer des Flusses, gegenüber von Portsmouth gelegen. Im Norden der Stadt, nahe einer Autobahnanschlussstelle, gelten die **Kittery Outlets** als Einkaufsparadies für Schnäppchenjäger (s. u.).

Ausstellungen zur mehr als 350-jährigen Geschichte und Seefahrt des Ortes zeigt das **Kittery Historical and Naval Museum**. Das restaurierte **Fort McClary** in Kittery Point an der Route 103 wurde im Jahr 1715 als Militärstützpunkt errichtet und war während mehrerer Kriege bemannt. Erhalten geblieben sind die Mole und ein sechseckiges Holzgebäude aus dem Jahr 1846. Das **John Paul Jones State Memorial** an der River Bank wurde zu Ehren der Seeleute und Soldaten von Maine errichtet.
Kittery Historical and Naval Museum, *200 Rogers Rd., www.kitterymuseum.com, Ende Mai–Anfang Okt. Mi–Sa 10–16, So 13–16 Uhr, April/Mai sowie Okt.–Anfang Nov. Mi/Sa 10–16 Uhr.*
Fort McClary State Historic Site, *Kittery Point, ME 103, www.maine.gov/cgi-bin/online/doc/parksearch/details.pl?park_id=38, Mitte Mai–Mitte Okt. tgl. 10 Uhr–Sonnenuntergang, $ 4.*

York

York, rund 8 mi/13 km nördlich, war während des Unabhängigkeitskrieges ein Widerstandsnest und veranstaltete 1774 eine eigene „**Tea Party**". Der Ort besteht heute aus vier Teilen: dem **York Village** aus der Kolonialzeit, **York Harbor**, **York Beach** und **Cape Neddick** mit dem 1879 erbauten **Nubble Light**, einem Leuchtturm. Bei einem Spaziergang durch die Altstadt (Plan und Infos bei der *Old York Historical Society*) kann man mehrere historische Gebäude besichtigen, darunter das John Hancock Warehouse, die Jefferds Tavern von 1759 oder Old Goal von 1719, eines der ältesten öffentlichen Gebäude der USA.

Einstmals Widerstandsnest

Nubble Light, *http://nubblelight.org, nicht zugänglich, nur Ausblick von Sohier Park/Nubble Rd. sowie Souvenirshop, Mai–Okt. 9–19 Uhr.*
Museums of Old York/Old York Historical Society, *207 York St., www.oldyork.org, HS Di–Sa 10–17, So 13–17 Uhr, Sept.–Okt. Do–Sa 10–17, So 13–17 Uhr, Kombiticket für mehrere Gebäude $ 10.*

Ogunquit

Vorbei an **Perkins Cove**, einem malerischen Fischerdorf, erreicht man in gut einer Viertelstunde **Ogunquit**, das in der Indianersprache „Schöner Platz am Meer" heißt. Dieses Bild bestätigt der 5 km lange Strand und der 1,6 km lange *Marginal Way*, ein Trail, der dicht entlang der Küste nach Perkins Cove führt. Landschaft und Atmosphäre des Ortes haben schon viele Künstler angelockt, z. B. die Maler Edward Hopper oder Reginald Marsh, deren Arbeiten in den Kunstgalerien und im **Ogunquit Museum of American Art** ausgestellt sind. Zum Museum gehört ein Skulpturengarten, von dem aus sich großartige Ausblicke auf den Ozean bieten.

Schöner Spaziergang

Ogunquit Museum of American Art, *543 Shore Rd., https://ogunquitmuseum.org, Mai–Okt. tgl. 10–17 Uhr, $ 10.*

Wells

Das 1643 gegründete **Wells** gehört zu den ältesten Siedlungen Maines. Landwirtschaft und Fischfang waren die wirtschaftlichen Standbeine der Bevölkerung, bevor der Fremdenverkehr zur wichtigsten Einnahmequelle wurde. Der beliebte Ferienort lockt mit kilometerlangen, feinen Sandstränden wie **Drakes Island Beach**, **Crescent Beach** oder **Wells Beach**.

Landeinwärts gibt es Naturschutzgebiete, wie zwischen Ogunquit und Wells, die **Wells National Estuarine Research Reserve** oder im Norden das **Rachel Carson National Wildlife Refuge**. Dieses Feuchtgebiet war 1966 zum Schutz der Salzwassermarsch und der dort lebenden Vögel eingerichtet worden. Der Park ist nach der Biologin Rachel Carson (1907–1964) benannt, die mit ihrem Buch *Der stumme Frühling* (1962) einen Grundstein für die weltweite Ökologie-Bewegung legte und Begriffe wie „Umwelt" und „Ökologie" erst allgemein bekannt machte.

Vogelschutzgebiet

Wells National Estuarine Research Reserve, *Zufahrt: 55 Skinner Mill Rd., $ 5, www.wellsreserve.org, VC mit Ausstellung Mo–Fr 10–16, in der HS auch Sa/So, Dez.–März geschl.*
Rachel Carson National Wildlife Refuge, *321 Port Rd., www.fws.gov/refuge/rachel_carson, tgl. bis Einbruch der Dämmerung geöffnet, Info-Kiosk: Mo–Fr 8–16.30 Uhr, frei.*

Kennebunk und Kennebunkport

Kennebunk, im Landesinneren, am US Hwy. 1 gelegen, und der zugehörige Hafen, **Kennebunkport** (ME 35), zieht nicht nur viele Sommergäste, sondern auch Maler, Schriftsteller und Politiker an. Wegen seiner Lage an der Mündung des Kennebunk River war Kennebunkport früher ein beliebter Ort für Schiffsbauer, Händler und Seeleute. Zentrum ist der **Dock Square** mit netten Geschäften, Galerien, Restaurants, Imbissen und Ständen, an denen „Lobster Rolls" abgeboten werden. Am Hafen liegen Ausflugs- und Fischerboote vor Anker, die mehrmals täglich zur Walbeobachtung, zum Hummerfang oder zum Segeln und Angeln in See stechen.

Beliebtes Seebad

In Kennebunk ist u. a. die **First Parish Unitarian Universalist Church** (*114 Main St., www.uukennebunk.org/p/prestigious-paul-revere-1803-bell*) sehenswert, die im Jahr 1772 erbaut wurde und auf eine von Paul Revere gegossene Glocke stolz ist. Das **Nott House** in Kennebunkport (*8 Maine St.*) wurde im *Greek Revival*-Stil erbaut. Zwischen beiden Orten steht am Hwy. 35 das sogenannte **Wedding Cake House**, ein reich verziertes Holzhaus aus dem Jahr 1846, das ein wohlhabender Kapitän seiner Frau zum Hochzeitsgeschenk gemacht hat (nicht zugänglich).

Über die ME 35 ist **Kennebunkport** rasch erreicht (4 mi/6 km). Ursprünglich ein Fischer- und Schiffsbauerdorf, entwickelte es sich zum beliebten Seebad und gilt heute als einer der teuersten Ferienorte im Nordosten. An der Küste, südlich Kennebunkport, erstrecken sich idyllische Strände wie **Kennebunk Beach** und **Gooch's Beach**. Der nahegelegene Küstenort **Cape Porpoise** ist wie Perkins Cove ein ganzjährig beliebtes Ausflugsziel. Cape Porpoise ist über einen Küstenweg, der schöne Ausblicke auf das Meer bietet, zu Fuß leicht erreichbar. Auch dort haben sich viele Künstler niedergelassen, die ihre Arbeiten in zahlreichen Galerien ausstellen.

Von Portsmouth/NH nach Portland/ME

Beliebter Urlaubsort an Maines Südküste: Kennebunkport

Nördlich von Kennebunkport – Richtung US Hwy. I – liegt die Hauptattraktion der Region: das **Seashore Trolley Museum**. Rund 200 alte Straßenbahnen aus aller Welt sind hier vereint. Sie wurden und werden liebevoll restauriert und fahrtüchtig gemacht. Etwa 30 befahren im Sommer regelmäßig eine 3 km lange Strecke. Einst verband eine ganze Reihe von Straßenbahnen die einzelnen Orte an der Südküste von Maine, doch die Zunahme des privaten Autoverkehrs bedeutete das Aus für die Schienenfahrzeuge in den 1970ern. Die Verschrottung der Bahnen drohte, doch eine Gruppe engagierter Fans war in der Lage, die Tradition hochzuhalten, die Bahnen zu restaurieren und dieses Freiluft-Museum einzurichten.

Alte Straßenbahnen

Seashore Trolley Museum, *195 Log Cabin Rd., Kennebunkport (nördlich, ab US Hwy. I), https://trolleymuseum.org, Mai–Okt. tgl. 10–17 Uhr, $ 12, regelmäßig Zugfahrten.*

Maine, die Heimat der Lobster

Homarus americanus – der **Amerikanische Hummer** – ist eine Spezialität Maines, ein teurer Leckerbissen, der einige Mühe beim Fangen und Geschick beim Essen erfordert. Es handelt sich bei der Spezies, die auch **Maine-Hummer** genannt wird, um jenes Krustentier, das von den Canadian Maritimes bis North Carolina gefangen wird und weltweit als Delikatesse gilt.

Diese Exemplare sind zwar mit dem europäischen *Homarus gammarus* verwandt, doch sind sie mit wesentlich stärkeren Fangscheren ausgestattet. Die großen Hummerscheren – bei Männchen größer als bei Weibchen – sind asymmetrisch: Die größere dient dazu, die Schalen der Nahrung aufzubrechen, die kleinere greift dann das weiche Fleisch der Beute.

Weltweit gibt es **56 Arten an Hummerartigen** (*Nephropidae* oder Zehnfußkrebse). Zur selben Familie wie die Hummer gehört die große Gruppe der Spinnenlobster

(*Panulirus argus*), mit z. B. Crayfish bzw. Crawfish, Langusten oder Rock Lobster. Anders als die eigentlichen Hummer haben sie keine Scheren, sondern lange Antennen.

Hummer sind **Krustentiere**, deren äußeres Skelett nicht wächst, weswegen sie die komplette harte Schale jedes Jahr abwerfen (und fressen), um innerhalb von vier bis sechs Wochen eine neue, größere auszubilden. Das geschieht meist bei sommerlichen Wassertemperaturen und birgt Vor- und Nachteile. Einerseits können dann die Soft Shell Lobster leichter gefangen werden, da sie, ihres „Panzers" beraubt, versuchen, ihren Hauptfeinden – Kabeljau und Hai – in küstennahen Gewässern aus dem Weg zu gehen. Andererseits liefert der **New Shell** oder **Soft Shell Lobster** im Unterschied zu den hartschaligen Exemplaren weniger Fleisch. Ist normalerweise ein Drittel des Tieres essbar, ist es dann nur ungefähr ein Viertel Fleisch.

Die farbenfrohen Holzbojen, die die **Hummerkäfige** markieren, begegnen einem an Maines Küste überall. Hier werden mehr Hummer gefangen und exportiert als in jedem anderen Gebiet. Man bekommt den Leckerbissen vor Ort an den Piers auch direkt aus dem heißen Seewasser in holzgefeuerten Fässern. Trotz steigender Absatzmengen ist der **Lobsterfang** keine große Industrie geworden, sondern „Handarbeit" geblieben. Noch heute fangen knapp 6.000 Fischer in Maine pro Jahr um die 54.000 Tonnen Lobster.

Hummerfischer fahren frühmorgens hinaus, um alle Fallen – es können mehrere 100 sein – zumindest einmal wöchentlich zu kontrollieren. Obwohl die Käfige in Küstennähe versenkt werden, ist das an den rauen Felsküsten Neuenglands nicht ungefährlich, vor allem nicht im Winter und bei hoher See.

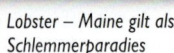
Lobster – Maine gilt als Schlemmerparadies

Ursprünglich war Lobster einmal eine „Armenspeise" und in Hülle und Fülle vorhanden. Mit steigender **Nachfrage** begann man von den 1840ern an den Hummer einzudosen. Die erste Konservenfabrik, die weltweit versandte, war **The Burnham & Morrill Company (B&M)** in Portland/Maine. In der zweiten Hälfte des 19. Jh. war Dosenware wichtiger geworden als lebendige Tiere und der Bedarf stieg bedrohlich. Heute sind **Fanggebiete** und **Quoten streng reglementiert**. Es gilt ein 3-mi-Radius für den Lobster-Fang und die Größe der gefangenen Tiere ist genauestens festgelegt. Eiertragende Weibchen müssen freigelassen werden, um die Nachzucht zu garantieren.

Old Orchard Beach

Bei Arundel geht es zurück auf den Hwy. 1 nach **Old Orchard Beach**. Zunächst führt der Weg durch **Saco** und **Biddeford**, beide im 17. Jh. gegründet und durch den Saco River voneinander getrennt. Da die Wasserkraft des Flusses schon früh genutzt wurde, entstand hier ein wichtiges Industriezentrum. 1630 gegründet, erlebte der bei Frankokanadiern beliebte Badeort **Old Orchard Beach** um 1900 eine Blüte. Noch

Von Portsmouth/NH nach Portland/ME

Portland Head Light auf Cape Elizabeth

heute zieht der 12 km lange Strand mit Motels und Apartments sowie Vergnügungs- und Wasserparks am **Ocean Pier** Touristen an.

Cape Elizabeth und Portland Head Light

Bevor man Portland, die größte Stadt Maines, nach rund 16 mi/26 km erreicht (Hwy. 1), lohnt ein Abstecher Richtung Osten (Hwy. 77), nach **Cape Elizabeth**. Hier befindet sich nämlich der älteste Leuchtturm der Ostküste: **Portland Head Light**, 1791 von Präsident George Washington in Auftrag gegeben. Ein Schiffsunglück vor der Küste im Jahr 1839 regte Henry Wadsworth Longfellow zu seinem Gedicht „Wreck of the Hesperus" an. Auch auf Gemälden von Edward Hopper ist dieser Leuchtturm dargestellt. **Portland Head Light**, 1000 Shore Rd./Fort Williams Park, https://portlandheadlight.com, mit Museum, Juni–Okt. 10–16 Uhr, Mai u. Nov. nur an Wochenenden, Park ganzjährig geöffnet, frei, Museum $ 2.

Ältester Leuchtturm der Ostküste

Reisepraktische Informationen Maines Südküste

Information
The Greater York Region: http://gatewaytomaine.org
Wells: www.wellschamber.org
Kennebunk/Kennebunkport Visitor Information Center, 1 Chase Hill, Lower Village, sowie 16 Water St., Kennebunk, ☎ 207-967-0857, www.gokennebunks.com.
Old Orchard Beach Chamber of Commerce & VC, 11 First St., ☎ 207-934-2500, https://oldorchardbeachmaine.com, tgl. 8.30–16.30 Uhr.

Unterkunft
Coachman Inn $$, 380 US Rte. 1, Kittery, ☎ 1-800-824-6183, www.coachman inn.net; kostengünstiges Motel mit 43 ordentlichen Zimmern, in der Nähe der Kittery Outlets.

The Beachmere Inn $$–$$$$, 62 Beachmere Pl., Ogunquit, ① 1-800-336-3983, www.beachmereinn.com; traumhaft am Meer gelegenes viktorianisches Inn, bestehend aus mehreren Bauten, mit verschiedenen Zimmern und Suiten.
The Lodge on the Cove $$$, 29 South Main St., Kennebunkport, ① 1-800-879-5778, www.lodgeonthecove.com; gemütliches, kleines Motel in historisierendem Stil, helle und geräumige Zimmer. Mai–Okt. geöffnet.
The Nonantum Resort $$$, 95 Ocean Ave., Kennbunkport, ① 207-967-4050, www.nonantumresort.com; im Jahr 1883 gebaute Hotelanlage am Kennebunk River; beliebtes Familienhotel mit Pools und sehr gutem Restaurant.
The Yachtsman Lodge & Marina $$$, 59 Ocean Ave., Kennebunkport, ① 207-967-2511, https://yachtsmanlodge.com; Motel mit 30 gemütlich und farbenfroh eingerichteten Zimmern direkt am Hafen, mit schönem Blick auf die Marina und den Kennebunk River.
Cape Arundel Inn & Resort $$$–$$$$, 208 Ocean Ave., Kennebunkport, ① 207-967-2125; https://capearundelinn.com; kleines elegantes Hotel mit 16 Zimmern. Tennisplatz und Pool, Meerblick und Frühstück inklusive.
English Meadows Inn $$$–$$$$, 141 Port Rd., Kennebunkport, ① 207-967-5766, https://englishmeadowsinn.com; ganzjährig geöffnetes viktorianisches Haus mit zehn stilvoll eingerichteten Zimmern; inkl. Frühstück.
White Barn Inn $$$$, 37 Beach Ave., Kennebunk Beach, ① 207-967-2321, https://aubergeresorts.com/whitebarninn; mit Antiquitäten und offenen Kaminen ausgestattetes Landhaus aus dem 19. Jh., mit elegant eingerichteten und komfortablen Zimmern und Cottages. Dazu gehört ein mehrfach ausgezeichnetes **Restaurant**.

Restaurants
Hurricane Restaurant, 29 Dock Square, Kennebunkport, ① 207-967-9111, www.hurricanerestaurant.com; gutes Seafood-Restaurant, empfehlenswert ist z. B. der Muscheleintopf, gute Weinkarte. Im hinteren Teil schöne Ausblicke auf den Kennebunk River.
Flo's Hot Dogs, 1359 Rte. 1, Cape Neddick, www.floshotdogs.com; seit 1947 berühmt für „Steamed Hot Dogs", wobei das Besondere die Sauce ist, die man auch in Flaschen kaufen kann.
White Barn Inn Restaurant, s. o.
The Lobster Shack at Two Lights, 225 Two Lights Rd., Cape Elizabeth, ① 207-799-1677, http://lobstershacktwolights.com; eine Institution in Maine: frischer Lobster in vielen Varianten; dazu liegt das Lokal traumhaft am Meer.

Einkaufen
Kittery Outlets, 306 US Hwy. 1, www.thekitteryoutlets.com, Mo–Sa 9–21, So 10–18 Uhr; mehr als 120 Outlet-Stores weltbekannter Marken mit Waren zu Schnäppchenpreisen.

Portland/ME und die Casco Bay

Mantra

Ganz Maine gleicht einem Dorf – ein Ort wie **Portland** mit gut 66.500 Einwohnern ist da eine wahre Metropole. Es ist die größte Stadt im Staat und alles andere als ein verschlafenes Provinznest. Die kulinarische und künstlerische Szene ist beachtlich und wie in Oregon gilt hier das Motto: „**Keep Portland Weird!**". Dabei ist es ein überschaubarer Ort, den man gut zu Fuß erkunden kann.

Portland/ME und die Casco Bay

Am Hafen von Portland/ME

Die Stadt liegt in der **Casco Bay**, einer Bucht mit vielen kleinen Inseln. 1631 als „Casco" gegründet, erlebte Portland eine wechselvolle Geschichte: 1675 wurde die Siedlung durch Indianer, 1775 durch die Briten zerstört, doch jedes Mal wiederaufgebaut. Von 1820 bis 1831 war Portland sogar die Hauptstadt von Maine. 1866 beschädigte ein großes Feuer den Ort erneut schwer. Mit den damaligen, zehn Jahre andauernden Reparaturen veränderte sich auch das Stadtbild und erhielt seinen besonderen Charme: Es wurden breite Alleen und Parkanlagen gestaltet und Häuser aus rotem Backstein im viktorianischen Stil erbaut. Nur im **Old Port Historic District** hat sich das Bild der Stadt von vor 1866 mit einem Gewirr aus Gassen mit Kopfsteinpflaster und alten Ziegelbauten erhalten.

Historisches Viertel

Da die Stadt näher zu Europa liegt als jeder andere Hafen in den USA, der noch dazu geschützt wird durch die Casco Bay, entwickelte sich hier ein bedeutendes Handelszentrum. In moderner Zeit spielen zusätzlich die Industrie (Nahrungsmittel, Holz, Papier sowie eine Ölpipeline nach Kanada), der Tourismus und Bank- und Finanzdienste eine große Rolle.

Spaziergänge

Als Ausgangspunkt für einen Spaziergang bietet sich das restaurierte **Hafenviertel – Old Port** – um die **Commerce Street** an, das mit viel Gastronomie und Vergnügungsangeboten aufwartet. Vorbei an Läden, Restaurants und Cafés geht es von hier die historischen Gassen hinauf zur zentralen **Congress Street**. Bevor man diese erreicht, passiert man eines der schönsten historischen Häuser der Stadt, die **Victoria Mansion**. 1858–60 im *Italianate style* aus rötlichem Sandstein erbaut, sind im Inneren

kostbare Fresken, zeitgenössisches Mobiliar und prachtvolle Deckengemälde zu bewundern.
Victoria Mansion, *109 Danforth St., https://victoriamansion.org, Mai–Okt. tgl. 10–15.45 Uhr, $ 16.*

An der Congress Street wartet dann als erstes Highlight das **Portland Museum of Art (PMA)**, geplant von keinem Geringeren als dem Stararchitekten I. M. Pei. Das Museum hat eine erstaunlich vielseitige und hochkarätige Sammlung zu bieten: Neben Werken amerikanischer Künstler – z. B. Winslow Homer, Marsden Hartley, Edward Hopper und Andrew Wyeth – sind Meisterwerke europäischer Künstler ausgestellt.
Portland Museum of Art, *7 Congress Sq., www.portlandmuseum.org, HS Mo–So 10–17, Do/Fr 10–20 Uhr, NS Mo/Di geschl. und verkürzte Zeiten, $ 18, mit Café, Laden und Veranstaltungsprogramm.*

Mit Meisterwerken

Nur wenige Schritte sind es von hier zum **Wadsworth-Longfellow House**, dem Geburtshaus des Dichters Henry Wadsworth Longfellow (1807–82). Es ist das früheste Ziegelgebäude in Maine, vom Großvater im Jahr 1785 erbaut. Seine Schlichtheit steht in interessantem Gegensatz zu verschnörkelt wirkenden viktorianischen Häusern wie der Victoria Mansion. Der dritte Stock, in dem Longfellow sein Zimmer hatte, wurde erst 1815 angebaut. Die Longfellows gehörten als Rechtsanwaltsfamilie zur gehobenen Mittelklasse und lebten einst am Stadtrand; heute hingegen befindet sich das Haus im Zentrum. Bis 1821 lebte der Dichter – berühmt und unsterblich geworden durch seine Balladen „The Wreck of the Hesperus", „Paul Revere's Ride", „The Song of Hiawatha" oder „Evangeline" – konstant hier, er kehrte jedoch auch später immer wieder zurück.
Wadsworth-Longfellow House & Museum, *489 Congress St., www.mainehistory.org/house_overview.shtml, Mai Mo–So 12–17, Juni–Okt. Mo–Sa 10–17, So 12–17 Uhr (Touren 10.30–16, So ab 12 Uhr), $ 15.*

Geburtshaus des großen Literaten

Ein zweiter Bummel – oder eine Fahrt mit dem Trolleybus – führt zur **Eastern Promenade** im **East End**. Man folgt dabei der Trasse einer historischen Schmalspurbahn und erreicht die Eastern Promenade, von wo aus sich spektakuläre Ausblicke auf die Casco Bay eröffnen. Das wohl beste Panorama bietet sich allerdings stadteinwärts von der Aussichtsplattform des **Portland Observatory**, einem Leuchtturm aus dem Jahre 1807. Das kleine Museum dort informiert außerdem über die historische Bedeutung des Lighthouse.
Portland Observatory, *138 Congress St., www.portlandlandmarks.org/observatory, Ende Mai–Mitte Okt. tgl. 10–16.30 Uhr (nur mit Tour), $ 10.*

Casco Islands

Der Küste Maines sollen angeblich insgesamt 4.613 Inseln vorgelagert sein, deren Umfang von ein paar Quadratmetern Fels bis zur Größe ganzer Siedlungen variiert. Trotz intensiver Suche hat allerdings noch niemand die kursierenden Gerüchte, auf den Inseln seien Piratenschätze versteckt, bestätigen können.

Vor den Toren Portlands, in der Casco Bay, liegen die **Casco Islands**, auch „Calendar Islands" genannt. John Smith, der zu Beginn des 17. Jh. hier vorbeisegelte, behauptete, es gäbe 365 Inseln, in Wahrheit sind es „nur" 136. Obwohl Portland von Wasser um-

Portland/ME und die Casco Bay

geben ist, existiert keine touristisch geprägte „Strandkommune", was die Fahrt zu den Inseln umso verlockender macht. „**On a mail boat run**" nennen die Einheimischen ihre Ausflüge dorthin. Vom Ferry Terminal am Maine State Pier verkehren regelmäßig kleine Fähren zu diesen Inseln (s. u.).

Reisepraktische Informationen Portland/ME

Information

Ocean Gateway Information Center, 14 Ocean Gateway Pier, www.visitportland.com, Mai Mo–Fr 9–16, Sa 10–15, Juni–Okt. Mo–Fr 9–17, Sa/So 9–16, Nov.–April Mo–Fr 10–15, Sa 10–15 Uhr.

Unterkunft

The Westin Portland Harborview $$$, 157 High St., ⓘ 207-775-5411, www.westinportlandharborview.com; zentral gelegenes Hotel mit komfortabel eingerichteten Zimmern und schönem Dachgartenrestaurant samt Panoramablick.

West End Inn $$$, 146 Pine St., ⓘ 207-772-1377, www.westendbb.com; elegantes, viktorianisches B&B-Haus an der Western Promenade mit sechs gut ausgestatteten Zimmern und Gourmet-Frühstück.

Best Western Merry Manor Inn $$$, 700 Main St., South Portland, ⓘ 207-774-6151, www.bestwestern.com; südlich der Stadt gelegenes, günstiges Motel mit geräumigen Zimmern. Ideal für Ausflüge ins Umland oder nach Cape Elizabeth.

Portland Regency Hotel $$$$, 20 Milk St., ⓘ 207-774-4200, www.historichotels.org/hotels-resorts/portland-regency-hotel-and-spa; im Stadtzentrum gelegenes, altehrwürdiges Hotel von 1895 mit geschmackvoll möblierten Zimmern, teils mit Balkonen. Spa, Restaurant und Lounge im Haus.

Restaurants

Back Bay Grill, 65 Portland St., ⓘ 207-772-8833, https://backbaygrill.com; gehobenes Fine-Dining-Restaurant mit täglich wechselnder Speisekarte und großer Weinauswahl.

DiMillo's On the Water, 25 Long Wharf, ⓘ 207-772-2216, www.dimillos.com; beliebt wegen der frischen Seafood- und Fischgerichte, aber auch wegen der Lage auf einer historischen Fähre.

Eventide Oyster Co., 86 Middle St., ⓘ 207-774-853, www.eventideoysterco.com; schickes kleines Seafood-Lokal – ein Paradies für Austern-Liebhaber!

Portland Lobster Company, 180 Commercial St., ⓘ 207-775-2112, http://portlandlobstercompany.com; schlicht und einfach am Hafen, mit Plätzen auf dem Deck und Gerichten zum Mitnehmen, vor allem Hummer (Lobster Rolls!) u. a. Meeresfrüchte. Mai–Okt.

EXTRATIPP Bier

Portland gilt als Zentrum der **Craft Beer-Szene** von Maine. Legendär ist die **Allagash Brewing Co.** (www.allagash.com), weitere empfehlenswerte Kleinbrauereien sind z. B. die **Lone Pine Brewing Co.** (http://lonepinebrewery.com) oder **Rising Tide Brewing** (https://risingtidebrewing.com). Die **Sebago Brewing Company** (www.sebagobrewing.com) betreibt in Portlands Hafenviertel einen gemütlichen Pub (211 Fore St.).

Street & Company, 33 Wharf St., ☏ 207-775-0887, www.streetandcompany.net; rustikales Lokal in historischem Haus mit frischem Seafood in Hülle und Fülle.
Public Market House, 28 Monument Sq., www.publicmarkethouse.com, Mo–Sa 8–19, So 10–17 Uhr; Markthalle zum Einkaufen mit verschiedenen Imbissmöglichkeiten.

Touren & Fähren

Breites Angebot von halb- und ganztägigen Schiffsausflügen durch die Casco Bay, zur Walbeobachtung und zum Hummer- oder Fischfang, Details unter: www.visitportland.com/things-to-do/cruises-tours/water.
Casco Bay Lines Ferry Service, 56 Commercial, www.cascobaylines.com; Boote zu den Casco Bay Islands; älteste aktive Fährlinie in den USA (seit 1845); auch verschiedenste Hafenrundfahrten.

Flughafen

Der **Portland International Jetport** (https://portlandjetport.org) liegt etwa 7 km westl. der Stadt. Flugverbindungen bestehen u. a. nach Boston, New York, Philadelphia oder Washington.

Zug & Bus

Der **Amtrak Downeaster** (https://amtrakdowneaster.com) verbindet ab Transportation Center (100 Thompson's Point Rd.) mehrmals am Tag Boston und Portland.
Greater Portland Metro Bus betreibt ein dichtes Busnetz in und um Portland: https://gpmetro.org.

Von Portland/ME entlang der Atlantikküste zum Acadia NP

Verlässt man Portland auf dem US Hwy. 1 Richtung Norden, beginnt die Küstenlandschaft genau so, wie man sie sich vorgestellt hat: wild zerklüftet mit Buchten und Sandstränden, Inseln und Fjorden, steilen Felsenklippen und dichtem Wald, der bis ans Wasser heranreicht. Dazwischen liegen Naturschutzgebiete und malerische kleine Orte mit Antiquitätengeschäften und Fischlokalen.

Hinweis zur Route
Von Portland folgt man bis Ellsworth dem US Hwy. 1 (145 mi/233 km). Wo der Hwy. weiter im Inland verläuft, führen immer wieder Stichstraßen an die Küste. Von Ellsworth ist es nur noch ein Katzensprung auf der ME 3 nach Bar Harbor (20 mi/32 km), dem zentralen Ort am Acadia NP.

Freeport

Yarmouth, 1636 gegründet und heute ein beliebtes Seebad, 15 km nördlich von Portland, hat einige sehenswerte historische Häuser zu bieten, außerdem eine Brücke, die

Von Portland/ME entlang der Atlantikküste zum Acadia NP

Yarmouth mit **Cousins Island** in der Casco Bay verbindet. Im **Yarmouth Historical Center** (*118 E Elm St., www.yarmouthmehistory.org, Di–Sa 10–17 Uhr*) kann man sich in die Geschichte des Ortes vertiefen.

Freeport spielte einmal eine wichtige historische Rolle: Hier wurde der Vertrag, der Maine als von Massachusetts unabhängige Kolonie bestätigte, unterzeichnet. Heute kommt man in erster Linie wegen der **Factory Outlets** hierher, der vielen günstigen Shoppingmalls, vor allem aber wegen **L.L.Bean**.

Leon Leonwood Bean wurde mit dem praktischen Allzweckstiefel „Duck Boots" berühmt. Nach und nach entstand ein ganzes Outdoor-Imperium, das allein in Freeport vier unterschiedlich spezialisierte Läden und einen Outlet Store (Fabrikverkauf) betreibt. Neben Outdoor-Bekleidung und -Zubehör aller Art werden auch Touren veranstaltet.

Ein besonderer Stiefel

Die zweite Attraktion ist die **Desert of Maine**, etwa 5 km westlich der Stadt. Am Ende der letzten Eiszeit kam es an dieser Stelle zu Sand- und Mineralienablagerungen, die im Laufe der Zeit mit Erde bedeckt wurden. Ausgerechnet hier hatte 1797 ein Herr namens William Tuttle eine Farm gegründet. Da er von Fruchtwechsel noch nichts gehört hatte, war der Boden schnell ausgelaugt, es setzte Versteppung ein und die eiszeitlichen Ablagerungen traten wieder an die Oberfläche und sind heute zu studieren. **Desert of Maine**, *95 Desert Rd., www.desertofmaine.com, Juni–Mitte Okt. 9–17 Uhr, $ 10 mit Farmmuseum, auch Touren*.

L.L. Bean – eine Erfolgsstory

info

1912 hatte Leon Leonwood Bean, der in Freeport zu Hause war und sich tagsüber bei Wind und Wetter viel im Freien aufhielt, die Idee, einen Stiefel mit einem wasserdichten unteren Teil aus Gummi und einem atmungsaktiven oberen Teil aus Leder herzustellen. Er wollte damit das Gewicht schwerer Lederstiefel verringern und sie wasserdicht machen. Nach mehreren Versuchen war der „**Duck Boot**" geboren und zunächst wurden 100 Stiefel hergestellt und ab 1917 in einem kleinen Laden an der Main St. sowie über den Versandhandel verkauft.

Als es ein Problem mit den Nähten der Stiefel gab, schickte Bean seinen Kunden ihr Geld zurück und fing noch einmal von vorn an – eine Entscheidung, auf der die Grundsätze des Unternehmens heute basieren: Ehrlichkeit, hohe Qualität und die inzwischen legendäre „L.L.-Bean-Garantie hundertprozentiger Zufriedenheit". Im Laufe der Jahre wurde das Warenangebot ständig erweitert und umfasst heute außer Schuhen Artikel für Camping, Jagen und Fischen, Freizeitkleidung und Sportausrüstungen. Dazu werden geführte Wanderungen und Kanutouren angeboten.

Reisepraktische Informationen Freeport/ME

Information
Freeport Information Center, *23 Depot St. (Hose Tower Building), www.freeportusa.com, tgl. 9–18.30 Uhr*.

🛏 Unterkunft

Best Western Freeport Inn $$, 31 U.S. Rte. 1, ① 207-865-3106, www.freeport inn.com; Haus mit 80 modern eingerichteten Zimmern, Swimmingpool, Spielplatz, Kanuverleih.
Brewster House B&B $$, 180 Main St., ① 207-865-4121, https://brewsterhouse.com; historisches Haus mit sieben geräumigen, mit Antiquitäten eingerichteten Zimmern inkl. Frühstück; Geschäfte und Outlet Center sind zu Fuß bequem erreichbar.
Candlebay Inn $$, 8 Maple Ave., ① 207-865-1868, http://candlebaymaine.com; ruhig gelegenes Haus von 1853 mit gemütlich eingerichteten Zimmern, jeweils mit eigenem Bad und Gourmet-Frühstück. Das Outlet-Zentrum ist drei Blocks entfernt.
Harraseeket Inn $$$$, 162 Main St., ① 207-865-9377, www.harraseeketinn.com; sehr komfortables, kleines Hotel mit **Broad Arrow Taverne**. Alle Zimmer mit Bad, Jacuzzi und Kamin, nahe L.L. Bean.

🍴 Restaurants

Broad Arrow Taverne, im Harraseeket Inn, s. o., ausgezeichnete Gerichte aus regionalen Produkten von Bauern der Umgebung.
Gritty's, 187 Lower Main St., https://grittys.com; Pub einer Kleinbrauerei mit guter Speisekarte (viele Lobster-Gerichte) und ausgezeichnetem Bier vom Fass.

🎁 Einkaufen

Freeport Village Station, Hwy. 1, www.onefreeportvillagestation.com. Outlet-Center angelegt als kleines Dorf mit über 170 Geschäften aller Art (Mo–Do 10–19, Sa 10–20, So 10–18 Uhr), darunter ein Outlet-Laden von L.L. Bean (Mo–Sa 9–21, So 9–19 Uhr).
L.L. Bean, 95 Main St., www.llbean.com (gegenüber Freeport Village Station); alles, was man für Freizeit, Camping, Picknick und Freizeitsport braucht, dazu die legendären „Duck Boots" in allen Varianten. L.L. Bean hat täglich rund um die Uhr geöffnet!

Maine's Midcoast

Die Küstenregion zwischen Portland und Bar Harbor bzw. dem Acadia NP ist auch als **Maine's Midcoast** bekannt. Nächste Station auf der Fahrt von Freeport Richtung Norden (Hwy. 1) ist **Brunswick**. In der Stadt am Androscoggin River ist nicht nur **Brunswick Naval Air Station** beheimatet, hier wurde 1794 auch das **Bowdoin College** (Maine St.) gegründet.

Die Gründerväter von Portland befürchteten zu viele „Versuchungen zur Zerstreuung, Ausschweifung, Eitelkeit sowie diverse Übel von Hafenstädten" und verlagerten die Hochschule daher hierher. Unter anderem studierten hier Nathaniel Hawthorne und Henry Wadsworth Longfellow, aber auch der US-Präsident Franklin Pierce und die beiden Polarforscher Robert E. Peary und Donald B. MacMillan (Museum auf dem Campus). Im **Stowe House** (63 Federal St.) lebte einst Harriet Beecher Stowe. Es gehört heute zum Bowdoin College, ist aber nicht zu besichtigen.

Maine genoss im 19. Jh. einen guten Ruf als Produktionsort der größten und schnellsten Segler der Welt. Der Ort **Bath** galt als das **Schiffsbauzentrum** des Staates. Frisch geschlagenes Holz wurde aus dem dicht bewaldeten Hinterland über den Kennebec River hergeschafft, in Bath entstanden daraus Segelschiffe. **Bath Iron Works**

Wie entsteht ein Boot? Workshop im Maine Maritime Museum in Bath

wurde 1884 gegründet, nachdem die Holzbauweise an Popularität eingebüßt hatte. Außer dieser Werft sind noch eine Handvoll kleiner Bootsbauer, die v. a. Sportboote herstellen, übriggeblieben.

Über die Geschichte des Schiffsbaus und der Seefahrt informiert anschaulich das sehenswerte und attraktiv aufgemachte **Maine Maritime Museum & Shipyard**. 1964 auf einem ehemaligen Werftgelände eingerichtet, entstand 1989 ein moderner Museumsbau, um den sich besichtigbare Nebengebäude gruppieren. Ein großes Stahlgerippe auf dem Freigelände soll die Ausmaße eines Sechsmastschoners andeuten. Während sich im Museum v. a. maritime Kunstwerke und Modelle befinden, erfährt man im Freien mehr über die Technik, die Phasen des Bootsbaus von der Anlieferung der Holzstämme bis hin zur Fertigstellung eines Segelschiffes.

Seefahrtsmuseum

Abgesehen von der Bootswerkstatt, in der fast immer jemand werkelt, ist besonders eine Ausstellung in einer der alten Werfthallen interessant: Dort geht es um die Tradition des Fisch- und Lobsterfangs. Im Sommer und zu besonderen Anlässen werden Fahrten auf historischen Booten, wie dem Großsegler „Sherman Zwicker", angeboten.

Nach dem Museumsbesuch bietet sich der lange Sandstrand des **Popham Beach SP** (ca 15 mi/24 km südlich über ME 209) zur Erholungspause an. An diesem Küsten-

abschnitt waren 1607 die ersten englischen Siedler an Land gegangen. Allerdings scheiterten die Kolonisten an den harten Lebensbedingungen während der langen, kalten Winter und kehrten ins Mutterland zurück.
Maine Maritime Museum & Shipyard, *243 Washington St., www.mainemaritimemuseum.org, tgl. 9.30–17 Uhr, NS verkürzt, $ 17,50, zu Fahrten, Vorführungen u. a. Programmen s. Website.*

Sehenswerte Ortschaft **Wiscasset** (11 mi/18 km) bezeichnet sich als das „schönste Dorf Maines". Zu sehen sind die prächtigen Häuser wohlhabender Schiffskapitäne aus dem 19. Jh., beispielsweise das **Nickels-Sortwell House** – ein mächtiges Gebäude im *Federal style* mit edler Innenausstattung. Auch das **Castle Tucker House** in spektakulärer Hügellage, 1807 erbaut und ab Ende des 19. Jh. von der Tucker-Familie bewohnt, ist sehenswert.

Im Südosten der Stadt liegt **Fort Edgecomb**, eine ungewöhnliche, hölzerne Befestigungsanlage mit oktagonalem Grundriss von 1808/09. Es spielte vor allem in den Napoleonischen Kriegen und im *War of 1812* eine Rolle.
Nickels-Sortwell House, *121 Main St. (Rte. 1), www.historicnewengland.org, Juni–Mitte Okt. Fr–So 11–16 Uhr, halbstündl. Touren, $ 8.*
Castle Tucker House, *2 Lee St., www.historicnewengland.org, Juni–Mitte Okt. Mi–So 11–16 Uhr, Touren, $ 8.*
Fort Edgecomb SHS, *66 Fort Rd., Davis Island, ab US Hwy. 1, Mai–Anfang Sept. tgl. 9 Uhr–Sonnenuntergang, $ 4.*

Abstecher nach Boothbay Harbor und Pemaquid Point

Um nach **Boothbay Harbor** zu gelangen, das auf der besiedelten Halbinsel zwischen dem Sheepscot River und dem Damariscotta River in einer geschützten Bucht liegt, muss man den US Hwy. 1 verlassen und der ME 27 folgen (ca. 10 mi/16 km). Das bis heute wichtige Fischereizentrum mutiert im Sommer zum lebhaften Ferienort.

Bereits in Boothbay lädt das **Boothbay Railway Village**, ein Freilichtmuseum mit Schmalspurbahn, alten Geräten und Autos, zur Besichtigung ein. Hotels, Restaurants, Shops und Privathäuser reihen sich rund um den Hafen auf. Ein lohnender Bootsausflug (mehrere Fähren) führt nach **Monhegan Island** (http://monheganwelcome.com), eine *Autofreie Insel* der Küste vorgelagerte, autofreie Insel mit einem Hafenstädtchen, hohen Felsriffen, schönen Wanderwegen und Naturschutzgebiet.
Boothbay Railway Village, *586 Wiscasset Rd./Rte. 27, http://railwayvillage.org, HS tgl. 10–17 Uhr, NS verkürzt, $ 14.*

Ein weiterer malerischer Ort liegt auf der benachbarten Halbinsel – **Pemaquid Point** erreicht man ab **Newcastle/Damariscotta** (US Hwy. 1) über die ME 130. Pemaquid heißt in der Indianersprache „langer Finger" und bezieht sich auf die Form der Halbinsel. Es gibt Hinweise, dass hier schon schon früher als in Plymouth europäische Siedler anlandeten. Die Einwohner von Pemaquid sollen während des ersten harten Winters die Pilgerväter mit Vorräten versorgt haben. Was aus diesem Ort geworden ist, verbleibt unbekannt.

Von Portland/ME entlang der Atlantikküste zum Acadia NP

Abstecher nach Boothbay Harbor

Über die Ausgrabungen in Pemaquid informiert das Museum der **Colonial Pemaquid State Historic Site**, zu deren Areal auch **Fort William Henry** (nahe Pemaquid Beach), ein Nachbau von 1907, gehört. Das Original aus dem Jahr 1630 war von Piraten zerstört worden. Einen Nachfolgerbau, den die Briten für uneinnehmbar hielten, machten 1689 französisch-indianische Truppen dem Erdboden gleich. 1729 baute man dann Fort Frederick, das jedoch während der Revolution von den Bewohnern zerstört wurde, damit es nicht in die Hände der Briten fiel. Besonders fotogen ist an der Spitze der Halbinsel das 1824 erbaute **Pemaquid Point Lighthouse**.
Colonial Pemaquid SHS, *Colonial Pemaquid Dr., Pemaquid Point, https://friendsofcolonialpemaquid.org; HS tgl. 9–17 Uhr, $ 3.*
Pemaquid Point Lighthouse, *1268 Bristol Rd., Hwy. 130, www.bristolmaine.org/parks-recreation/pemaquid-point-lighthouse-park, HS tgl. 9–17 Uhr, $ 3.*

Reisepraktische Informationen Boothbay Harbor

Information
Boothbay Region Information Center, *ME 27/323 Adams Pond Rd., Juni–Okt. tgl., im Mai nur am Wochenende, www.boothbayharbor.com, www.boothbay.org.*

Unterkunft
Fisherman's Wharf Inn $$, *Pier 6, 22 Commercial St., ☎ 207-633-5090, https://fishermanswharfinn.com;* direkt am Hafen gelegenes Hotel mit 54 Zimmern, alle mit Hafenblick, teilweise mit Balkon und gutem Restaurant (saisonal geöffnet).

Spruce Point Inn Resort & Spa $$$, 88 Grandview Ave., Spruce Point, ca. 2 km südöstl. ME 27, ① 207-633-4152, www.sprucepointinn.com; das Hotel mit zehn Zimmern im Haupthaus und 34 Cottages liegt auf einer bewaldeten Halbinsel mit fantastischem Meerblick, Fitnessraum und Wassersportmöglichkeiten.

Harbour Towne Inn on the Waterfront $$$–$$$$, 71 Townsend Ave., ① 207-633-4300, www.harbourtowneinn.com; viktorianisches Gästehaus am Hafen, zwölf geschmackvoll eingerichtete Zimmer mit Balkonen/Terrassen und Meerblick.

Restaurants

Lobster Wharf, 97 Atlantic Ave., ① 207-633-4900, www.boothbaylobsterwharf.com; an der Boothbay Lobster Wharf sitzt man drinnen und draußen an langen Tischen, isst fangfrischen Hummer und schaut den Fischern bei der Arbeit zu. Saisonal geöffnet.

Brown's Wharf Restaurant, 121 Atlantic Ave., ① 207-633-5440, www.brownswharfinn.com; traditionsreicher Familienbetrieb, in dem gute Seafood-Gerichte, Steaks und Pasta serviert werden; auch Gästezimmer (Motel).

Touren

Balmy Days, Pier 8, 42 Commercial St., www.balmydayscruises.com; Bootsfahrten zur beliebten Insel Mohegan mit vierstündigem Aufenthalt sowie einstündige Hafenrundfahrten mit kurzem Stopp auf Squirrel Island.

Cap'n Fish Boat Trips and Deep Sea Fishing, Pier 1, www.boothbayboattrips.com; Fisch- und Hummerfangfahrten, Touren mit Seelöwen- und Vogelbeobachtung oder auf dem Kennebec River.

Der US Hwy. 1 führt weiter nordostwärts nach **Waldeboro**. Reiseberichte, in denen von blühenden Landschaften geschwärmt wurde, zogen um 1748 Neusiedler, besonders deutsche Auswanderer, an. Sie fanden zwar Wildnis vor, blieben aber dennoch.

Form eines Wals — Einer Beschreibung aus dem 18. Jh. über eine „große Insel, die wie ein Walrücken gewölbt war," wollte schließlich niemand mehr so recht glauben. Doch sie war richtig: Die der Küste etwas östlich von Pemaquid Point vorgelagerte **Monhegan Island** ähnelt tatsächlich einem Wal.

Thomaston war schon im 19. Jh. eine wichtige Hafenstadt und besitzt noch heute mehrere Werften. Sehenswert ist das Haus **Montpelier** mit dem **General Henry Knox Museum**, eine Nachbildung des 1795 für General Henry Knox als Ruhesitz erbauten Wohnhauses.

Montpelier – The General Henry Knox Museum, 30 High St., http://knoxmuseum.org, HS Di–Fr 10–16, Sa 10–13 Uhr (nur Touren), $ 10.

Von Thomaston ist es nur noch ein Katzensprung (5 mi/8 km) zur **Penobscot Bay** – „**PenBay**" bzw. nach **Rockland**. Die Hafenstadt liegt mittig der tief in die Küste einschneidenden Bucht und bezeichnet sich stolz als „**Hummerhauptstadt der Welt**".

Hummerfestival — Während des **Maine Lobster Festival** Ende Juli/Anfang August (www.mainelobsterfestival.com) kann man sich davon überzeugen. Bei diesem traditionellen Fest werden Hummer en masse gekocht und gemeinschaftlich verzehrt, dazu gibt es ein Unterhaltungsprogramm.

Von Portland/ME entlang der Atlantikküste zum Acadia NP

Doch auch die Kultur kommt im Ort nicht zu kurz: *Lucy Farnsworth* hatte nach ihrem Tod 1935 der Stadt $ 1,3 Mio. für den Bau des **Farnsworth Art Museum** vermacht. Ausgestellt sind Werke amerikanischer, vor allem aus Maine stammender Künstler des 18.–20. Jh., u. a. von Winslow Homer und der Wyeth-Familie.
Farnsworth Art Museum, *16 Museum St., www.farnsworthmuseum.org, Ende Mai–Ende Okt. tgl. 10–17, Mi bis 20 Uhr, NS Di–So 10–17 Uhr, $ 15.*

Das **Maine Lighthouse Museum** befasst sich mit Bau und Funktion von Leuchttürmen und zeigt eine große Sammlung von altem Leuchtturmzubehör und Ausrüstungen der US Coast Guard. Historische, noch funktionstüchtige Autos, Motor- und Fahrräder sowie Flugzeuge aller Art sind hingegen im **Owls Head Transportation Museum**, im Süden der Stadt, am Flughafen, ausgestellt. Hier finden regelmäßig auch Events für Motor-Begeisterte statt.
Maine Lighthouse Museum, *1 Park Dr., www.mainelighthousemuseum.org, HS Mo–Fr 9–16.30, Sa/So 10–16 Uhr, sonst Do–Sa, $ 8.*
www.mainediscoverymuseum.org, tgl. 10–17, So 11–16, in der NS Mo geschl. $ 7,50.
Owls Head Transportation Museum, *117 Museum St., http://owlshead.org, tgl. 10–17 Uhr, $ 14.*

Nordwärts geht es vorbei an Rockport nach **Camden**. In diesem einst mondänen Badeort reihen sich die alten Ferien-Cottages der reichen Sommerurlauber aneinander und fungieren heute als luxuriöse Inns und B&B-Häuser. Camden gehört wegen seiner idyllischen Lage – „da, wo die Berge das Meer treffen" – zu den beliebtesten Urlaubsorten an Maines Küste. Am Public Landing stechen Schiffe zu ein- bis vierstündigen Rundfahrten durch die Inselwelt der **Penobscot Bay** in See.

Beliebter Ferienort

Einen Stopp lohnt der **Camden Hills State Park**. Dieses 23 km² große Naherholungsgebiet erstreckt sich beidseits des US Hwy. 1; es verfügt über ein dichtes Netz an Wanderwegen. Seinen besonderen Reiz macht aus, dass der Park von der Höhe des **Mount Battie** bis hinunter zum Meer reicht *(Mount Battie Trail)*. Ein Weg, der 1897 für Kutschen angelegt und 1963 zu einer Autostraße „Mt. Battie Rd." ausgeweitet wurde, führt hinauf zum 240 m hohen Gipfel, von wo man einen großartigen Panoramablick auf die Penobscot Bay hat. In den Sommermonaten ist der Campingplatz auf dem Parkgelände sehr gefragt, im Winter zieht der Park Skilangläufer an.
Camden Hills SP, *280 Belfast Rd., Camden (3 km nördlich am US 1), www.stateparks.com/camden_hills_state_park_in_maine.html, Mitte Mai–Nov. tgl. 9 Uhr–Sonnenuntergang, mit Campground (① 1-800-332-1501).*

An der Spitze der Penopscot Bay liegen **Belfast**, 1770 von Iren gegründet und ein Zentrum der Geflügelzucht, und etwas weiter nördlich **Searsport**, heute die „Antiquitätenhauptstadt" von Maine. Historische, renovierte Häuser von Schiffsbauern und Kaufleuten aus dem 19. Jh. bestimmen das Ortsbild von Belfast. Die frühere Bedeutung als wichtige Hafenstadt – einst befanden sich hier zahlreiche Werften – lässt sich auch in Searsport an der Architektur ablesen: Kapitäne und Schiffsbauer ließen prächtige Gebäude errichten. Heute sind dort vielfach Antiquitätenläden eingezogen, die zum ausgiebigen Stöbern einladen. Im **Penobscot Marine Museum**, einem mehrteiligen Komplex von Häusern aus dem 19. Jh., steht die Geschichte der Seefahrt im Mittelpunkt.

Urige Städtchen

Penobscot Marine Museum, *40 E Main St., Searsport, https://penobscotmarinemuseum.org, Ende Mai–Mitte Okt. Mo–Sa 10–17, So 12–17 Uhr, $ 15.*

Bei Bucksport, weit im Norden der Bucht, sollte man zunächst an der Ruine des nie vollendeten **Fort Knox** (1844–69) einen Stopp einlegen. Direkt südlich führt eine Schrägseil-Brücke über die Penobscot Narrow via Verona Island nach Bucksport. Die rund 650 m lange **Penobscot Narrows Bridge** ist ungewöhnlich wegen ihres *Observatory*, einer Aussichtsterrasse (128 m hoch) im westlichen Brückenpfeiler.

Brücke mit Aussichtsterrasse

Fort Knox State Historic Site *mit* **Penobscot Narrows Observatory**, *ca. 3 km westl. Bucksport, am US Hwy. 1, ausgeschildert, www.fortknoxmaine.com, Juli/Aug. tgl. 9–18, Sept./Okt. tgl. 9–17 Uhr, Gelände bis Sonnenuntergang, $ 9 für Fort & Observatory.*

Bucksport wurde 1762 gegründet, 1779 von den Engländern niedergebrannt und ab 1812 neu besiedelt. Eine Besonderheit ist der Grabstein des Stadtgründers *Jonathan Buck* (Main St., Buck Cemetery): *Accursed Tombstone* wird er genannt, da auf dem Obelisken die Kontur eines Frauenbeines sichtbar ist. Der Überlieferung nach soll das Zeichen von einer „Hexe" stammen, die auf Geheiß Bucks gehängt wurde. Im historischen **Alamo Theatre** aus dem Jahre 1916 befindet sich das Archiv **Northeast Historic Film**, in dem fast täglich Filme gezeigt werden

Verfluchter Grabstein

Abstecher in den Osten der Penobscot Bay

Von Bucksport aus kann man einen Abstecher entlang der Ostseite der Bucht unternehmen. Die Fahrt geht parallel zur buchtenreichen Küstenlinie zunächst nach **Castine**, ein malerischer Ort, der in den Auseinandersetzungen zwischen Amerikanern und Engländern um den Besitz von Kanada eine Rolle spielte. Davon legt das restaurierte **Fort George** (*www.castinehistoricalsociety.org*) Zeugnis ab. Interessant ist auch das **Wilson Museum Campus** (*120 Perkins St., www.wilsonmuseum.org, Ende Mai–Sept. Mo–Fr 10–17, Sa/So 14–17 Uhr, frei*) mit Sammlungen zur Prähistorie und Relikten verschiedener indigener Völker, die der Museumsgründer Dr. John H. Wilson von seinen Reisen mitbrachte. Im **Perkins House** geht es um das Leben in der Kolonialzeit und eine alte Schmiede zeigt historische Werkzeuge und Techniken.

Castine ist zugleich Sitz der **Maine Maritime Academy** (*https://mainemaritime.edu*). Hier werden knapp 1.000 Studenten, u. a. für die amerikanische Handelsmarine, ausgebildet. Das Schulschiff „State of Maine" kann besichtigt werden.

Die Insel **Deer Isle** ist über eine große Brücke erreichbar. Hauptort ist **Stonington**, bekannt für seine Steinbrüche. Aus dem hochwertigen Granit wurden bekannte Bauwerke, wie das Rockefeller Center und die Brooklyn Bridge in New York sowie das J. F. Kennedy Memorial auf dem Nationalfriedhof Arlington in Washington, geschaffen.

Reisepraktische Informationen Maine's Midcoast

Information

Maine's Midcoast: https://mainesmidcoast.com; www.camdenmaineexperience.com
Brunswick VC, 16 Station Ave., https://brunswickdowntown.org, HS Mo–Fr 9.30–18, Sa/So 10–18.15 Uhr.
Bath Regional Information Center, 15 Commercial St., http://visitbath.com, HS tgl. 9–19, NS: Mo–Fr 9–17 Uhr.
Penobscot Bay Regional Chamber of Commerce, 1 Park Dr., im Maine Lighthouse Museum (s. o.), https://www.camdenrockland.com.
Camden/Rockland Tourist Information, 2 Public Landing (am Hafen), Camden, https://mainesmidcoast.com.

Unterkunft

Trade Winds Motor Inn $$, 2 Park View Dr., Rockland, ☏ 207-596-6661, www.tradewindsmaine.com; günstiges und gut gelegenes Motel mit 138 modern-schlichten Zimmern, einige mit Balkon und Hafenblick.
The Mount Battie Motel $$–$$$, 2158 Atlantic Hwy., Lincolnville, ☏ 207-236-3870, www.mountbattie.com; Haus mit geräumigen Zimmern außerhalb des Ortes in der Nähe des Camden Hills SP. Schöne Ausblicke auf die Penobscot Bay, inkl. Frühstück.
Fort Knox Park Inn $$–$$$, 64 Main St., Bucksport, ☏ 207-469-3113, www.fortknoxparkinn.com; modern-zweckmäßiger Hotelblock an der Mündung des Penobscot River.
The Daniel $$$, 10 Water St., Brunswick, ☏ 207-373-1824, www.thedanielhotel.com; in einem 1819 gebauten, eleganten ehemaligen Kapitänshaus gibt es 34 komfortable, mit Antiquitäten eingerichtete Zimmer; zugehörig: Bar & Bistro.
Berry Manor Inn $$$, 81 Talbot Ave., Rockland, ☏ 207-596-7696, www.berrymanorinn.com; historisches Haus von 1898 mit zwölf im viktorianischen Stil ausgestatteten Zimmern; schöner Aufenthaltsraum, üppiges Frühstück.
Country Inn at Camden/Rockport $$$, 8 Country Inn Way, Rockport, ☏ 207-209-2684, www.countryinnmaine.com; gemütliches Hotel mit 36 modernen, geräumigen Zimmern und elf Cottages (von Mai–Okt.), mit Swimmingpool. Gute Lage zwischen Camden und Rockport.
Hawthorn Inn $$$, 9 High St., Camden, ☏ 207-236-8842, https://camdenhawthorn.com; zu dem schönen viktorianischen Haus gehören ein ehemaliges Kutschenhaus und ein großer Garten, reichhaltiges Frühstücksbuffet und 5-Uhr-Tee. Einige Zimmer mit schönem Hafenblick.
Windward House B&B $$$, 6 High St., Camden, ☏ 877-492-9656, www.windwardhouse.com; im 1854 gebauten Haus mit schönem Garten wurden acht Gästezimmer eingerichtet, inkl. Frühstück.

Restaurants

JR Maxwell & Co, 122 Front St., Bath, ☏ 207-443-2014, www.jrmaxwells.com; gemütliches Restaurant mit historischen Relikten aus der Zeit der Bootsbauer, mit Boatbuilder's Pub; v. a. Seafood- und Steakgerichte.
Kennebec Tavern & Marina, 119 Commercial St., Bath, ☏ 207-442-9636, www.kennebectavern.com; mit Blick auf den Kennebec River und die Marina gibt es Fisch und Seafood, aber auch Sandwiches, Burger und Suppen.

Sarah's Café, 45 Water St. (US Hwy. 1), Wiscasset; ✆ 207-882-7504; regional bekannt für schmackhafte und preiswerte amerikanische Kost, nur bis 20 Uhr geöffnet.
Peter Ott's on the Water, 16 Bayview Landing, Camden, ✆ 207-236-4032, http://peterotts.com; Fine Dining direkt am Hafen, viel Seafood und Fisch, aber auch Burger und Fleischgerichte, mit Terrasse und Bar.

Einkaufen

Camden hat eine Fülle von kleinen Läden aller Art sowie Antiquitätengeschäften, z. B.:
Once a tree, 31 Main St., www.onceatree.net; schöne und ausgefallene Gegenstände aus Holz.
The Owl & Turtle Bookshop, 33 Bayview St., www.owlandturtle.com; gut sortierte Buchhandlung zum Schmökern.
Camden Farmers' Market, 116 Washington St., http://camdenfarmersmarket.org; Mai–Okt. Sa 9–12, Mi 15.30–18 Uhr, frische, regionale Lebensmittel.

Veranstaltungen

Main State Music Theatre, Mitte Juni–Aug. werden im **Pickard Theater** auf dem Bowdoin College-Gelände Broadway-Musicals aufgeführt. Infos: https://msmt.org.
Bowdoin International Music Festival, Kammermusikabende und Konzertaufführungen im Sommer, www.bowdoinfestival.org.
Maine Lobster Festival, www.mainelobsterfestival.com; Ende Juli/Anfang Aug. fünf Tage lang Essen und Entertainment im Zeichen des Hummers im Harbor Park/Rockland. Kunsthandwerksausstellung, Parade, Rennen und Kinderveranstaltungen.

Fähre/Touren

Rockland Ferry Service, 517A Main St., Rockland, www.maine.gov/mdot/ferry/rockland/; Fähren zu den Inseln Vinalhaven, Matinicus Island und North Haven.
Im **Hafen von Camden** starten zahlreiche Segelturns und Schiffsrundfahrten. Infos: www.camdenrockland.com/what-to-do/boating.

Die Bucht von Boothbay Harbor lädt besonders im Sommer zum Verweilen ein

„Down East" und der Acadia NP

Die Region um den **Acadia National Park** ist auch als „**Down East**" bekannt. Der Begriff stammt aus der Zeit der Segelschifffahrt: Aus New York oder Boston kommend, musste man Richtung Osten segeln, denn auf diese Weise trieben einen die im Sommer vorherrschenden Südwest-Winde an die Küste von Maine. Im Laufe der Zeit wurde der Begriff auch auf den eigenwilligen Geist der Bewohner in dieser Region im entfernten Nordosten bezogen.

Bar Habor

Bevor man **Mount Desert Island** mit dem Acadia NP erreicht, passiert man auf dem US Hwy. 1 das 1763 gegründete **Ellsworth**. 1933 wurde ein großer Teil des Ortes durch einen Brand zerstört, was den heutigen bunten Mix aus alter und moderner Architektur erklärt. Im **Woodlawn Museum, Gardens & Park** steht das **Black House**, das um 1820 von dem gleichnamigen Gutsbesitzer erbaut wurde. Dazu gibt es ein Kutschenhaus mit einer Ausstellung alter Karossen und Schlitten sowie die Gärten zu bewundern.
Woodlawn Museum/Black House, *19 Black House Dr., ab ME-172 (Surry Rd.), Ellsworth, https://woodlawnmuseum.com, Juni–Sept. Di–Sa 10–17, So 13–16 Uhr, Mai/Okt. Di–So 13–16 Uhr, $ 12.*

Das **Stanwood Homestead Museum and Wildlife Sanctuary (Birdsacre)**, besteht aus dem ehemaligen Wohnhaus der bekannten Ornithologin Cordelia Stanwood (1865–1958) – Ausstellungen thematisieren ihr Leben und Engagement – ein Vogelschutzgebiet umgibt das Museum. Es werden sachkundige Führungen angeboten, außerdem gibt es im *Richmond Nature Center* Informationen, vogelkundliche Ausstellungen und einen Souvenirshop.
Stanwood Homestead Museum and Wildlife Sanctuary (Birdsacre), *289 High St., US 3 Richtung Bar Harbor, www.birdsacre.com, Museum Mitte Juni–Sept. 10–16 Uhr, Park ganzjährig, frei.*

Mount Desert Island ist durch eine Straßenbrücke mit dem Festland verbunden. Der größte Teil der Insel, die 1604 von dem französischen Forscher Samuel de Champlain entdeckt wurde, gehört heute zum **Acadia National Park** (s. u.).

Bar Harbor – „Bah Hah Bah", wie die Einheimischen sagen –, ist mit etwa 5.500 Einwohnern der Hauptort auf Mount Desert Island. Die ersten Einwohner, die den Ort 1763 ins Leben riefen, gaben ihm den Namen „Eden", da auf sie die Insel mit ihren Wäldern und der buchtenreichen Küste wie ein kleines Paradies wirkte.

Redaktionstipps

▶ Eine Wanderung im **Acadia NP** (S. 381), vor allem vom **Cadillac Mountain** (S. 384) lohnt der Ausblick.
▶ **Bar Harbor** (S. 377) erkunden und ein kühles Bier in der **Atlantic Brewing Co.** probieren (S. 380).
▶ Mehr über Indianer erfahren im **Abbe Museum** (S. 378).
▶ Das wenig bekannte **Bangor** mit Stephen King House, Waterfront und Museen erkunden (S. 386).
▶ Auf den Spuren des Naturphilosophen und Schriftstellers Henry David Thoreau im **Baxter State Park** unterwegs sein (S. 391).
▶ In **Augusta** das **Maine State House** bewundern und das **State Museum** besuchen (S. 399).

Die Indianer Maines stehen im Mittelpunkt des Abbe-Museums

Um die Mitte des 19. Jh. entdeckten wohlhabende Familien aus Boston und New York den reizvollen Fischerhafen, bauten sich Sommerhäuser und machten den Ort zum exklusiven Sommerferiensitz, vergleichbar mit Newport in Rhode Island.

Bar Harbor ist das infrastrukturell gut ausgestattete **Touristenzentrum** der Insel. Das Leben spielt sich an und um die Main Street ab, wo sich Läden, Cafés und Lokale konzentrieren. Am kleinen Pier, an der Kreuzung von Main und West Street, legen Tourboote und Fähren ab. Im Sommer ist es fast unmöglich, ohne Vorreservierung ein Zimmer zu bekommen, doch im Herbst kehrt Ruhe ein und Ende Oktober werden die Gehsteige hochgeklappt. Viele Hotels, Restaurants und Museen schließen bis zum Frühjahr.

Sehenswertes Indianermuseum Sehenswert im Ortszentrum ist das **Abbe Museum**, das sich ursprünglich in einem 1928 erbauten Pavillon direkt im Nationalpark, an der Zufahrt südlich Bar Harbor, befand. Heute heißt diese Filiale, lediglich eine Art Kiosk, **Abbe Museum at Sieur de Monts Spring**. Das viel größere Museum im Stadtzentrum, direkt am **Village Green**, basiert auf der Sammlung des Arztes Robert Abbe, sie reicht bis ins Jahr 1928 zurück. Auch Abbe besaß auf der Insel ein Sommerhaus und interessierte sich besonders für die Indianerkulturen der Region. Er bewahrte deren Hinterlassenschaften auf und finanzierte Ausgrabungen. Bis heute werden von der Stiftung wissenschaftliche Grabungskampagnen in Maine organisiert, worüber ebenfalls im Museum informiert wird.

Ein spezieller Fokus des Museums liegt auf **Korbwaren**, deren Großteil auf eine Sammlung von Anne Molloy Howells zurückgeht. In anderen Ausstellungsräumen wird die Geschichte und Kultur von lokalen Indianern dargestellt. Heute leben etwa

8.500 Indianer in Maine, die sich **Wabanki** (*People of the Dawn*) nennen und sich aus fünf anerkannten Völkern – Abanaki, Maliseet, Micmac, Penobscot und Passamaquoddy – zusammensetzen. Ungewöhnlich im Museum ist der Circle of Four Directions – ein zentraler Raum, in dem regelmäßig Veranstaltungen stattfinden. Zudem richtet das Museum in Kooperation mit der **Maine Indian Basketmaker's Alliance** jeweils am ersten Samstag nach dem 4. Juli ein großes *Native American Festival* mit Kunsthandwerksmarkt aus.

Abbe Museum, *26 Mt. Desert Rd., www.abbemuseum.org, Mai–Okt. tgl. 10–17, sonst Do–Sa 10–16 Uhr, Jan. geschl., $ 8, Filiale Sieur de Monts Spring: Juni–Sept. tgl. 10–17 Uhr, $ 3.*

Reisepraktische Informationen Bar Harbor/DownEast

Information

Ellsworth Area Visitor Information Center, *163 High St., www.ellsworthchamber.org, im Sommer Mo–Do 8–17, Fr 8–18 und Sa 9–14, sonst Mo–Fr 8–16.30 Uhr.*
Acadia Information Center, *1201 Bar Harbor Rd., Trenton, kurz vor der Brücke nach Mt. Desert Island, nur saisonal geöffnet.*
Infos: *www.visitbarharbor.com, https://acadiamagic.com*

Unterkunft

Trotz des großen Angebots an Übernachtungsmöglichkeiten ist in der Hochsaison frühzeitige Zimmerreservierung nötig. Viele Hotels sind den Winter über geschlossen.
Acadia Inn $$, *98 Eden St., ☏ 207-288-3500, www.acadiainn.com; modernes, freundliches Hotel mit 95 Zimmern und kleinem Pool, nicht weit von Zentrum und Hafen entfernt.*
Cleftstone Manor $$$, *92 Eden St. (ab Hwy. 3), ☏ 888-288-4951, www.cleftstone.com; Herrenhaus im Tudorstil von 1881 mit unterschiedlich großen und mit Antiquitäten liebevoll eingerichteten Zimmern und Suiten. Bibliothek und Speiseraum für das Gourmet-Frühstück.*
Bar Harbor Inn & Spa $$$$, *1 Newport Dr., ☏ 844-814-1668, https://barharborinn.com; dreiteiliger großer Hotelkomplex direkt am Meer, an der Frenchman Bay, von einer Parkanlage umgeben. Zimmer groß und komfortabel, mit Balkonen; mehrere Restaurants.*
Harborside Hotel Spa Marina $$$$, *55 West St., ☏ 207-288-5033, www.theharborsidehotel.com; direkt an der Frenchman's Bay gelegenes Tophotel in historischem Gebäude, an die 200 Zimmer und Suiten im frischen „maritimen" Design, großartige Ausblicke, Spa, Restaurant, Bar u. a. Luxus.*

EXTRATIPP

Das **Bluenose Inn** ist ein traumhaft auf einer Kuppe gelegenes mehrteiliges Hotel. Es war 1884 als Sommeranwesen für die Frau des Künstlers William Morris Hunt erbaut worden. Gäste nächtigen heute in großen, modern ausgestatteten Zimmern, teils mit Kaminen und Jacuzzis, und mit großartigen Ausblicken von den Balkonen im Hauptbau. Zugehörig ist das **Looking Glass Restaurant**, ebenfalls mit Ausblick und regionalen (Seafood-)Spezialitäten; es gibt außerdem Pool und Fitnesscenter sowie ein Spa.
Bluenose Inn $$$, *90 Eden St. (Hwy. 3), Bar Harbor, ☏ 207-288-3348, http://barharborhotel.com.*

Camping

Bar Harbor Campground, 409 ME 3, ☏ 207-288-5185, www.thebarharbor campground.com; mit Pool und Meerblick, Mai–Sept. geöffnet.

Bar Harbor Oceanside KOA, 136 County Rd., ☏ 207-288-3520, http://koa.com/camp grounds/bar-harbor-oceanside; auf der Westseite der Insel, kurz hinter der Brücke nach Desert Island. Plätze zum Teil direkt am Wasser, Fahrradverleih. Mai–Mitte Okt. geöffnet.

Restaurants

Atlantic Brewing Co., 15 Knox Rd. (Tasting Room), Bar Harbor, www.atlantic brewing.com; Kleinbrauerei mit Shop, Touren und Tasting. Dazu gehört ein **Brew Pub** mitten in Bar Harbor (52 Cottage St.).

Bar Harbor Beerworks, 119 Main St., Bar Harbor; beliebtes Restaurant mit großer Bierauswahl und schmackhaften Gerichten – Burger, Salate und Sandwiches – und Livekonzerten. Im Winter geschlossen.

Bar Harbor Lobster Bakes, 10 Hwy. 3/Hull's Cove, www.barharborlobsterbakes.com; berühmt für Lobster und Fischgerichte.

Geddy's Pub, 19 Main St., Bar Harbor, https://geddys.com; urige Kneipe mit gelegentlichen Livekonzerten und bodenständiger Pubkost.

Einkaufen

Ideal für den Einkaufsbummel ist Bar Harbors **Main Street** mit Kneipen, Bars und Shops wie:

Acadia Country Store, 128 Main St., http://acadiashops.com; großes Angebot von Kunsthandwerk und Delikatessen aus Maine.

Bar Harbor Tea Company, 150 Main St., www.barharbortea.com; großes Sortiment von über 150 Teesorten, dazu Porzellan- und Geschenkartikel.

Sherman's Book & Stationery, 56 Main St.; seit 1886 bietet Sherman eine große Auswahl an Büchern über Maine, daneben Souvenirs, Geschenke und Schreibwaren – ein „Tante-Emma-Laden" wie aus alten Tagen!

Touren

Acadia Bike & Coastal Kayaking Tours, 48 Cottage St., www.acadiabike.com und www.acadiafun.com; Leihfahrräder, Radtouren sowie Kajak- und Kanutouren.

Bar Harbor Whale Watch, ab Harbor Place, 1 West St., www.barharborwhales.com; neben Rundfahrten auch Whale-Watch-Touren.

Lulu Lobster Boat Ride, 55 West St., https://lululobsterboat.com; ab Bar-Harbor-Hafen, neben Harborside Hotel & Marina. Verschiedene Touren auf einem Hummerboot.

Bus

Island Explorer: Ende Juni–Sept. verkehrt ein kostenloser Shuttlebus (www.explore acadia.com) zwischen Bar Harbor, den umgebenden Ortschaften und Stränden sowie dem Acadia NP.

Acadia National Park

Jährlich pilgern rund 3,5 Mio. Besucher in den einzigen Nationalpark Neuenglands, den **Acadia National Park**, der damit zu den zehn meistbesuchten Nationalparks in den USA zählt. Sein Hauptteil liegt auf der etwa 24×13 km großen **Mount Desert Island**, die per Brücke (Hwy. 3) mit dem Festland verbunden ist. Weitere Parkareale befinden sich auf der *Isle au Haut* und auf der *Schoodic Peninsula*. Aufragende Berggipfel und runde Bergrücken vor der Kulisse des Atlantischen Ozeans, dramatische steile Granitfelsen, an denen sich die Wellen brechen, dichte Wälder mit üppiger Flora und Fauna, kleine Flüsse, Bäche und Seen, Fjorde und Buchten machen die Schönheit dieses Nationalparks aus.

Wunderbare Natur

Es soll im Nationalpark mehr als 300 Vogelarten und um die 40 Säugetierarten geben. Vor allem Strand- und Wasservögel fühlen sich aufgrund der ausgezeichneten Lebens- und Brutbedingungen wohl, in den dichten Wäldern – v. a. Mischwälder mit Ahorn, Birke, Ulme, Buche und Eiche, aber auch Weiß- und Schwarztanne, Rotfichte und Kiefer – sind verschiedene Sing- und Greifvögel, Spechte und Nachtvögel heimisch.

Bevor der Franzose Samuel de Champlain als erster Europäer 1604 in die **Frenchman Bay** segelte und dem Ort wegen der unbewaldeten Berggipfel den Namen „Mount Desert" gab, lebten hier die **Abenaki-Indianer**. Die später folgenden Franzosen trieben mit den Indianern regen Handel, doch die Besitzansprüche Englands mündeten Ende des 18. Jh. in heftige Auseinandersetzungen. Nachdem das Land in den Besitz der USA übergegangen war, ließen sich Einwanderer nieder, später wohlhabende Familien aus Neuengland, die die Sommermonate in ihren komfortablen Sommerhäusern verbrachten.

Einziger Nationalpark Neuenglands ist der Acadia National Park, hier der Jordan Pond

"Down East" und der Acadia NP

Gerade die **Bostoner High Society** – inspiriert u. a. durch Thomas Cole (1801–48), ein Maler der Künstlergruppe *Hudson River School* – schätzte die Insel als Sommerfrische. Bis zum Börsenkrach 1928, hatten reiche Unternehmer, die per Dampfschiff oder auf eigenen Jachten herkamen, mehr als 200 extravagante Sommerresidenzen erbaut. Bei einem verheerenden Brand 1947 wurden dann jedoch die meisten zerstört und nicht wiederaufgebaut. **Charles W. Eliot**, damaliger Präsident der Universität Harvard, hatte nämlich durchgesetzt, dass hier **1916** ein Naturpark, der **erste Nationalpark östlich des Mississippi**, eingerichtet wurde. Er konnte viele reiche Grundstückseigner, allen voran **John D. Rockefeller**, davon überzeugen, Land zu stiften. Rockefeller allein sind nicht nur 4.400 ha Land, sondern zugleich rund 80 km an Trails zu verdanken.

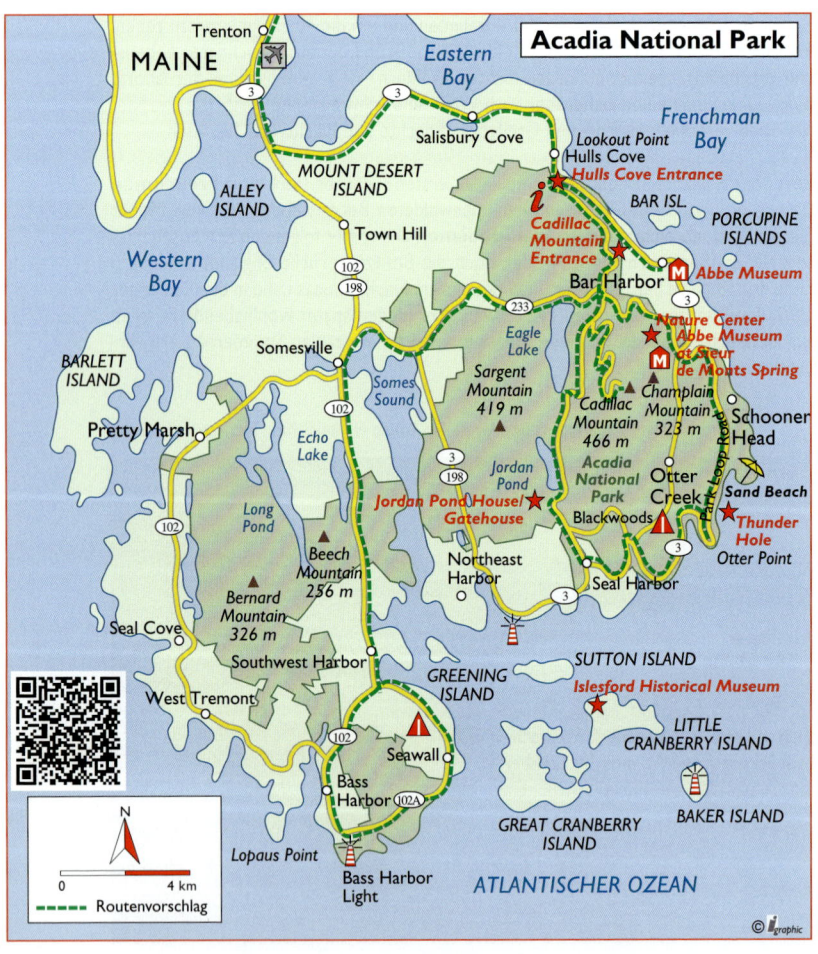

Auf der Park Loop Road
Mount Desert Island erkunden

Besucher sollten noch vor Bar Harbor (Hwy. 3) das **Acadia NP Visitor Center at Hulls Cove** ansteuern. Hier bezahlt man die fällige Parkgebühr, erhält Pläne, Broschüren, Tourhinweise, Wetter-Updates und Tipps; außerdem kann man sich einen 15-minütigen Film ansehen. Durch den Nationalpark führt die 43 km lange **Park Loop Road**, die man mit Auto oder Fahrrad befahren kann. Im Sommer gibt es zusätzlich kostenlose Shuttlebusse von Bar Harbor aus.

Die *Park Loop Road* folgt als **Ocean Drive** zunächst weitgehend der Küstenkontur. Besonders schön gelegene Aussichtspunkte und Parkplätze sind gekennzeichnet; Schautafeln informieren über Natur, Geschichte und die Besonderheiten des Nationalparks. Erste Station der Rundfahrt ist **Sieur de Monts Spring**, wo sozusagen die „Wiege" des Nationalparks stand. Zu sehen sind die *Wild Gardens of Acadia*, das *Abbe Museum* (s. o.) und ein *Nature Center* (saisonal).

Entlang der Küste

Weitere Stationen sind der **Beaver Dam Pond** sowie der **Champlain Mountain**, von dem sich ein Panoramablick auf Bar Harbor, die Porcupine-Inseln und die Ostküstenseite der Insel bietet. **Sand Beach** ist eine Besonderheit an der sonst felsigen Küste des Nationalparks, doch so einladend der Sandstrand auch wirkt – selbst im Hochsommer liegt die Wassertemperatur nur bei 12–14 °C!

Thunder Hole, eine enge Felsschlucht mit steilen Seitenwänden, in die die Wellen, je nach Gezeitenstand und Wetterlage, mit gewaltiger Kraft hineinrollen, ist eine der Hauptattraktionen des Nationalparks. Die beste Zeit für einen Besuch des „Donnerlochs" ist etwa drei Stunden vor Hochflut; die genauen Gezeitenstände erfährt man im VC.

Von der hohen Granitfelswand **Otter Cliff** bieten sich erneut fantastische Ausblicke auf den Atlantik bis hinüber zur Südspitze von Nova Scotia. Ein Wanderpfad führt entlang der Küste zum reizvollen **Otter Point** (s. u.).

*Der Sand Beach
im Acadia National Park*

> ### Wandertipp: Ocean Path
>
> Vom Ocean Path Trailhead bei Sand Beach (mit Parkplatz) führt ein schöner Wandertrail (*Ocean Path*) immer der Küste entlang zur Südspitze, zum Otter Point. Für die knapp 3,5 km braucht man rund eine Dreiviertelstunde Gehzeit.

Jordan Pond liegt im Inselinneren (Park Loop) und ist mit einem angrenzenden alten Teehaus, einem Torhaus sowie einem Naturlehrpfad einer der Hauptanziehungspunkte des Nationalparks. **Jordan Pond House**, ein einfaches Farmhaus aus dem Jahr 1847, wurde gegen Ende des 19. Jh. durch Anbauten zu einem Restaurant erweitert, in dem die wohlhabenden Cottagebesitzer und ihre Gäste in ländlicher Umgebung die Teezeremonie genossen oder zu speisen pflegten. Nach einem Brand wurde 1979 das gesamte Anwesen wiederaufgebaut und seither in alter Tradition weitergeführt (*https://jordanpondhouse.com*).

Ein Stückchen weiter liegt das alte, steinerne **Gate House** am Zugang zu den **Historic Carriage Roads** der Rockefellers. Diese waren von 1913–40 aus Bruchsteinen für Kutschen und als Reitwege angelegt worden. Der **Jordan Pond Nature Trail** führt am Ufer des Sees entlang und gibt Ausblicke auf eine großartige Gletscherlandschaft frei. Sie ist entstanden, als am Ende der Eiszeit die abschmelzenden Eismassen riesige Mengen von Steinen und Felsbrocken hinterließen.

Großartige Gletscher

Höhepunkt der Rundfahrt ist der Blick vom 466 m hohen **Cadillac Mountain**. Hier liegt einem die ganze Küsten- und Insellandschaft quasi zu Füßen. Der Cadillac Mountain weist nicht nur die höchste Erhebung im Nationalpark, sondern an der gesamten amerikanischen Atlantikküste auf. Der Berg ist auch über Wanderwege erreichbar.

Southwest Harbor

In **Southwest Harbor**, im Süden der Insel, außerhalb des Parkareals, lohnt ein Besuch im **Wendell Gilley Museum** am Hwy. 102. Eröffnet 1981, ist dieses Museum dem lokalen Holzschnitzer Wendell Gilley (1904–83) gewidmet. Gilley, von Beruf Installateur, hatte 1931 begonnen, in seiner Freizeit Vögel zu schnitzen. Rund 10.000 sollen im Lauf seines Lebens entstanden sein. Er war stark inspiriert vom „Vogelkünstler" A. Elmer Crowell (1862–1952).

Filigrane Holzschnitzereien

Schon einmal in Southwest Harbor, lohnen sich die wenigen Kilometer an die Südspitze der Insel. Hier befindet sich in malerischer Lage der einzige Leuchtturm: das historische **Bass Harbor Head Lighthouse** (*https://acadiamagic.com/BassHarborLight.html*). Bei klarem Wetter sieht man von hier aus die ganze Inselwelt rings um den Acadia NP.

Toller Rundumblick

Wendell Gilley Museum, Hwy. 102, Main St./Herrick Rd., www.wendellgilleymuseum.org; Juli/Aug. Di–Sa 10–17, Juni/Sept./Okt. Di–Sa 10–16, Nov.–Mitte Dez. Fr/Sa 10–16 Uhr, $ 5.

Reisepraktische Informationen Acadia NP

Information
Acadia NP – Hulls Cove VC, ab Hwy. 3, www.nps.gov/acad, Mitte April–Ende Okt. tgl. 8.30–16.30 Uhr, Parkgebühr $ 25 (1 Woche gültig). Im Sommer auch Sieur de Monts Nature Center, Islesford Historical Museum sowie Thompson Island Info Center und Village Green Info Center; verschiedene Ranger-Programme, Bootstrips, Diashows, Hikes und Nature Walks werden angeboten. Die **Park Loop Road** führt an den wichtigsten Sights vorbei, an der Westseite gibt es dazu einen Wandertrail (**Ocean Path**, s. o.).

Reisezeit
Der Park ist ganzjährig geöffnet; viele Einrichtungen, wie Campingplätze und Picknickplätze sind nur von Mai–Okt. zugänglich. Die Park Loop Road ist Dez.–Mitte April sowie bei Eis und Schnee gesperrt. Detaillierte Infos zu den Öffnungszeiten gibt es unter: **https://acadiamagic.com/operating-hours-seasons.html**.

Unterkunft
Im Park selbst gibt es keine Unterkünfte. Bester Standpunkt ist **Bar Harbor**, s. S. 377. Es gibt drei **Campingplätze** im Park, Details dazu auf: www.nps.gov/acad/planyourvisit/camping.htm; Reservierung ist möglich unter: www.recreation.gov.

Restaurants
Jordan Pond House, Seal Harbor, ☏ 207-276-3316, https://jordanpondhouse.com, tgl. 11–21 Uhr; hier wird seit den 1890ern Tee serviert, es gibt aber auch Lunch, unter Dach und im Freien. Saisonal geöffnet.

Aktivitäten
Innerhalb des Parks, v. a. entlang der Park Loop Road, gibt es viele Parkplätze, die als Ausgangspunkte für Wanderungen und Radtouren geeignet sind. Details zum Outdoor-Angebot im Park finden sich unter: **www.nps.gov/acad/planyourvisit/outdooractivities.htm**.
Wanderwege von einer Gesamtlänge von 160 km und das etwa 70 km lange Wegenetz der Rockefeller Carriage Roads laden zu Hikes im NP ein.
Vorsicht: Die felsigen Küstenabschnitte können äußerst rutschig sein. Im Frühjahr und Herbst ist es oft sehr stürmisch, die Brandung entsprechend stark.
Schwimmen: Einige Seen im Nationalpark, wie Sand Beach, Echo Lake, Lake Wood und Long Pond sind zum Baden geeignet, aber selbst hier sind die Wassertemperaturen auch im Sommer niedrig.
Wintersport: www.nps.gov/acad/planyourvisit/winteractivities.htm
Fahrrad: Einige der Carriage Roads und viele Wanderwege sind für Radfahrer freigegeben. In Bar Harbor kann man Räder mieten, s. o.

Unterwegs in Maines Inland

Bangor

Hinweis zur Route

Von Bar Harbor aus führt die ME 3 nach Ellsworth, weiter geht es auf dem US 1A nach **Bangor** (45 mi/72 km). Die Stadt dient für die folgenden Touren als Ausgangspunkt.

Bangor, die „**Queen City of Maine**" und mit etwa 32.000 EW heute die drittgrößte Stadt des Bundesstaates (nach Portland und Lewiston), war einst ein Zentrum der Holzindustrie und ein wichtiger Verkehrsknotenpunkt. Im nördlich gelegenen **Orono** wurde zudem 1865 die **University of Maine** gegründet. Schon 1604 hatte der Abenteurer und Forscher **Samuel de Champlain** die Gegend um den Penobscot River erkundet und sie mit den Worten „sehr angenehm mit eindrucksvollen Eichen und guten Jagdmöglichkeiten" beschrieben. Erst 1769 war jedoch in der ursprünglichen Heimat der Penobscot-Indianer, deren Nachkommen noch heute in einem nahegelegenen Reservat leben, eine erste europäische Siedlung entstanden. Sie wurde 1791 zur Stadt erklärt und entwickelte sich rasch zu einem Zentrum der amerikanischen Holz- und Forstwirtschaft sowie zum führenden Holzhafen der Welt. In der ersten Hälfte des 19. Jh. blühte Bangor als Knotenpunkt der Holzindustrie und Treff der Holzfäller aus

Stadt der Holzfäller

Pilgerstätte für Fans: Stephen Kings Haus in Bangor (ME)

dem Norden, die nach dem Fällen der Bäume im Frühjahr Tausende Baumstämme über die reißenden Flüsse ins Tal nach Bangor brachten.

Schlendert man heute durch die beschauliche **Innenstadt** um Main, State und Central Street, staunt man über die Architektur. Nach einem Brand im Jahr 1911 sind die Gebäude in einheitlichem Stil wiederaufgebaut worden. Die **Bangor Historical Society** betreut das kulturelle Erbe der Stadt. Sie ist im **Thomas A. Hill House** zu Hause, einem prächtigen Greek-Revival-Gebäude, das 1836 von dem berühmten Architekten Richard Upjohn entworfen wurde. Hier beginnen Stadtführungen und es finden Ausstellungen und Events statt.

Startpunkt für Stadterkundung

Das Besondere am **University of Maine Museum of Art** im Stadtzentrum ist die **zeitgenössische Kunstsammlung** (1945–Gegenwart) sowie entsprechende Wechselausstellungen. Ein Schwerpunkt liegt auf Drucken und Fotografien und neben amerikanischen Künstlern sind auch Georg Baselitz, Max Beckmann, Georges Braque, Käthe Kollwitz, Pablo Picasso oder Diego Rivera vertreten. Dazu sind Werke vieler Künstler mit Maine-Bezug wie Berenice Abbott, Richard Estes, Winslow Homer, Alex Katz oder Andrew Wyeth ausgestellt.

Thomas A. Hill House, *159 Union St., https://www.bangorhistoricalsociety.org/the-hill-house/, Di/Do 10–16 Uhr, Eintritt frei; Walking-Touren s. Website.*
University of Maine Museum of Art, *40 Harlow St., https://umma.umaine.edu, Di–Sa 10–17 Uhr, Eintritt frei, mit schönem Shop.*

Etwas für die ganze Familie – mit vielen „Hands-on-Objekten" – ist das **Maine Discovery Museum**.
Maine Discovery Museum, *74 Main St., www.mainediscoverymuseum.org, HS: Mo–Sa 10–17, So 11–16 Uhr, NS Mo. geschl., $ 7,50.*

In Vierteln wie dem **Whitney Park Historical District** finden sich prachtvolle Villen und in einer davon, am **West Broadway**, ist der berühmteste Bürger der Stadt zu Hause: der Autor **Stephen King**. Entlang dem Kenduskeag Stream, der mitten in der Stadt in den Penobscot River mündet, verläuft zwischen Railroad und Lincoln St. eine Promenade, die sich zur **Bangor Waterfront** ausweitet. Ein Eyecatcher ist am Südende des Grünstreifens die neun Meter hohe **Statue von Paul Bunyan**, jenem sagenhaften Holzfäller und Symbol der Holzindustrie. Ein weiteres Unikum ist die **Thomas Hill Standpipe** (*41 Thomas Hill Rd.*), ein 1897 über der Stadt erbauter turmartiger Wasserspeicher, der als „Crown of Bangor" bezeichnet wird. Sehenswert ist auch der **Mount Hope Cemetery**, der zweitälteste parkartig angelegte Friedhof der USA von 1834.

Wahlheimat eines Star-Autoren

Das eigentliche Highlight der Stadt verbirgt sich jedoch in einem unscheinbaren Hallenbau nahe der Waterfront: das **Galen Cole Family Land Transportation Museum**. Hier hat der gleichnamige Fuhrunternehmer seine riesige Sammlung an Fortbewegungsmitteln aller Art untergebracht. Über die Jahrzehnte hat Cole alle möglichen Fahrzeuge gesammelt, die einmal auf den Straßen und Wegen von Maine unterwegs waren. Zahlreiche Loks und Wagen gehören neben Autos, Bussen und Lkw zur Sammlung, sogar eine alte Bahnstation und eine überdachte Holzbrücke wurden rekonstruiert. Auch Fahrräder, Schlitten, Motorräder, landwirtschaftliche Fahrzeuge und Gerät-

Vehikel aller Art

Unterwegs in Maines Inland

Galen Cole Family Land Transportation Museum in Bangor (ME)

schaften, Militärfahrzeuge und ein Hubschrauber sind zu sehen. Seit 1989 ist die Sammlung als Museum für die Öffentlichkeit zugänglich und ein absolutes Muss!
Galen Cole Family Land Transportation Museum, *405 Perry Rd., www.colemuseum.org, Mai–Nov. 9–17 Uhr, $ 7.*

Reisepraktische Informationen Bangor (ME)

Information
Bangor, *www.visitbangormaine.com, Infokiosk im Bangor International Airport (nur Sa/So).*

Unterkunft
Fireside Inn & Suites *$$, 570 Main St., ☏ 207-942-1234, http://firesideinnbangor.com; am I-395 gelegenes Motel mit ordentlichen Zimmern und Apartments, inkl. Frühstück.*
Pine Tree Inn *$$, 22 Cleveland St., ☏ 207-573-9133, http://pinetreeinnbangor.com; geräumige, moderne Zimmer unterschiedlicher Kategorien, alle mit Küchenecke.*
The Charles Inn *$$–$$$, 20 Broad St., ☏ 207-992-2820, https://thecharlesinn.com; historisches Hotel – das einzige in der Innenstadt – in einem Bau von 1873, zeitgenössisch eingerichtete Zimmer mit allem modernen Komfort.*
Hollywood Casino Hotel *$$$, 500 Main St., ☏ 877-779-7771, www.hollywoodcasinobangor.com; modernes Hotel, das Teil eines Komplexes aus Casino, Veranstaltungshalle, Pferderennbahn und verschiedenen Restaurants ist.*

Four Points by Sheraton Bangor Airport $$$, 308 Godfrey Blvd., ☏ 207-947-6721, www.fourpointsbangorairport.com; das komfortable Hotel ist über eine Fußgängerbrücke mit dem Flughafen verbunden.

Restaurants
Bagel Central, 33 Central St., ☏ 207-947-1654, www.bagelcentralbangor.com; gute Backwaren, ideal zum Frühstück oder Imbiss.
Dysart's on Broadway, 1110 Broadway, ☏ 207-942-6725, www.dysarts.com/broadway, herzhafte regionale Gerichte, mit Bar und regelmäßig Entertainment.
Blaze, 18 Broad St., ☏ 207-922-2660, www.blazebangor.com; nicht nur erstklassige Auswahl an Bier, Wein und Cocktails, sondern auch ausgezeichnete Gerichte aus dem Holzkohle-Ofen.
Moe's Original BBQ, 650 Broadway, ☏ 207-992-9000, www.moesoriginalbbq.com/lo/bangor; zur Abwechslung typisches Südstaaten-BBQ mit viel Fleisch; betrieben von drei Jungs aus Alabama.
Nocturnem Draft Haus, 56 Main St., ☏ 207-907-4380, www.nocturnemdrafthaus.com; gutes Bier und eine vielseitige Speisekarte.
Sea Dog Brew Pub, 26 Front St., ☏ 207-947-8009, https://seadogbrewing.com; eine von zahlreichen Brauereien der Stadt, die auch einen Pub (mit gutem Essen) betreibt.
Weitere Bier-Tipps: **Bangor Beer** (320 Bangor Mall Blvd., www.bangorbeerco.com), **Black Beer Brewing** (191 Exchange St., www.blackbearmicrobrew.com) oder **Geaghan's Pub & Craft Brewery** (570 Main St., www.geaghans.com).

Festivals/Touren
Bangor State Fair, www.bangorstatefair.com, zwei Wochen Ende Juli/Anfang Aug., einer der ältesten Märkte in Neuengland, mit Pferderennen, Ausstellungen und Shows.
Kenduskeag Stream Canoe Race, www.kenduskeagstreamcanoerace.com, legendärer Kanu-Wettbewerb für jedermann/frau, Mitte April.
SK Tours of Maine, https://sk-tours.com, 3 Std. $ 45; Führungen für Stephen-King-Fans. Besucht werden etwa 30 Orte, die mit dem Autor in Verbindung stehen.

Flughafen
Der **Bangor International Airport**, https://flybangor.com, liegt im Westen der Stadt. Es bestehen Flugverbindungen u. a. nach New York City, Philadelphia oder Washington, D.C.

Maine Highlands

„Es ist schwierig, sich ein Gebiet vorzustellen, das nicht von Menschen besiedelt ist. Aus Gewohnheit gehen wir davon aus, dass sie überall sind und wirken. Und doch haben wir die reine Natur noch nicht gesehen, wenn wir sie nicht, trotz der Städte ringsum, derart unüberschaubar und trist und unmenschlich gesehen haben. Hier war Natur etwas Wildes und Schreckliches, trotzdem Schönes."

Der Naturphilosoph **Henry David Thoreau** (1817–1862) war sichtlich beeindruckt von der Wildnis um den **Mount Katahdin** im Norden des Bundesstaats Maine. Auf drei Reisen – 1846, 1853 und 1857 – erkundete er in Begleitung von Freunden und mit dort ansässigen Penobscot-Indianern die Wälder und die Bergwelt im nördlichen Maine. Würde er heute, über 200 Jahre nach seiner Geburt, erneut in die „**Maine Highlands**" reisen, würde ihn die Ursprünglichkeit der Landschaft wahrscheinlich noch immer beeindrucken, denn in dieser nordöstlichen Ecke der USA scheint die Zeit stehengeblieben zu sein.

Große Waldgebiete

Bangor ist idealer **Ausgangs- und Endpunkt** für Abstecher in das ausgedehnte Waldgebiet im Norden, das sich zum überwiegenden Teil im Besitz von Papierfabriken befindet und nur von wenigen Straßen durchzogen wird. Hauptanziehungspunkte sind der **Baxter State Park** um den **Mount Katahdin**, ein riesiges Gebiet intakter Natur mit zahlreichen Seen und Wasserläufen, und der **Moosehead Lake**, ein beliebtes Feriengebiet mit vielseitigen Sport- und Erholungsmöglichkeiten.

Von Bangor zum Baxter State Park und zum Mt. Katahdin

Hinweis zur Route

Von Bangor sind es rund 72 mi/116 km nach **Millinocket**. Der Ort dient als **Zugangstor** zum Baxter SP (18 mi/29 km) und liegt zugleich am **Katahdin Woods & Water Scenic Byway**. Dieser umrundet auf etwa 90 mi/150 km als ME 157, 11 und 159 die Ostseite des Parks. Von Millinocket führt die Route einerseits zum Südzugang des Baxter SP (**Togue Pond Gatehouse**) und zum Fuß des Mt. Katahdin, andererseits führt der Byway von Millinocket nach East Millinocket und dann auf dem ME 11 nordwärts über Stacyville und Patten nach Matagamon, in die Nordostecke des Parks (**Matagamon Gatehouse**). Bis zur Grenze des SP sind die Straßen geteert, innerhalb des Parks handelt es sich um Schotterpisten.

In der Wildnis von Maine: Baxter State Park

Henry David Thoreau und die Wildnis von Maine

Zu Lebzeiten von seinen Mitbürgern als „studierter Taugenichts" angesehen, genießt **Henry David Thoreau**, ein Verfechter des zivilen Ungehorsams, heute unter Naturfreunden und Umweltschützern einen guten Ruf. Besonders sein Buch „**Walden; or, Life in the Woods**" hat Thoreau weltberühmt gemacht; sogar ein deutsches Naturmagazin ist danach benannt. Allerdings ist Thoreaus Hauptwerk nicht als Anleitung zum „Leben im Wald" zu verstehen, sondern handelt vielmehr davon, wie der Mensch mit seiner Umwelt im Einklang leben könnte. Thoreau sah sich in erster Linie als Verfechter eines einfachen Lebens.

1817 in dem kleinen Städtchen Concord (MA) (S. 323) geboren und dort 1862 verstorben, hat Thoreau ein vielseitiges Œuvre hinterlassen. Vieles davon wurde posthum veröffentlicht, so auch das 1864 erschienene „**The Maine Woods**" – drei Essays über Reisen, die Thoreau 1846, 1853 und 1857 in die Wälder von Maine unternommen hat.

Am Ende des Sommers 1846 machte sich Thoreau erstmals in den Norden des Bundesstaats Maine auf. Was als gemütliche Reise mit Eisenbahn und Dampfschiff, Pferd und Wagen begann, wurde im Kanu und schließlich zu Fuß fortgesetzt. Der Ausflug entwickelte sich nach und nach zu einer Expedition, deren Ziel „der große Berg" war. Dieser mit 1.606 m höchste Punkt in der Appalachen-Bergkette von Maine, den die Ureinwohner „Ktaadn" nennen und der heute **Mount Katahdin** heißt, bildet das Herz des **Baxter State Park**, eines ausgedehnten Naturschutzgebiets.

Damals führte der Weg Thoreau und seine Begleiter durch kaum bekanntes Territorium, durch eine labyrinthische Landschaft von Seen und Flüssen sowie durch riesige, weitgehend unberührte Wälder. Nachdem die letzten Zeichen der Zivilisation – durch Alkohol aus der Bahn geworfene Ureinwohner, Spuren der Holzfäller und Pelzhändler, die von Gier und Zerstörungswut zeugten –, passiert waren, tauchte der Trupp tiefer und tiefer in die Wildnis ein. Die Natur wird für Thoreau zum eigentlichen großen Erlebnis, zum Event, in dem der Mensch nur ein kleiner unbedeutender Teil ist.

Als sich Thoreau 1857 entschloss, mit einem Freund eine letzte Sommerreise in die nördlichen Wälder von Maine zu unternehmen, stellte er einen ortskundigen Penobscot-Indianer namens Joseph Polis an. Mit ihm und einem Kanu, genügend Proviant und passender Kleidung machten sich die Männer auf den nicht ungefährlichen Weg durch Wälder, Sümpfe und Seen im Norden. Thoreau lernte dabei vieles, vor allem dank des weisen Indianers, der uraltes Wissen mit den Vorteilen der Zivilisation zu verknüpfen wusste. Die Sprache der Natur, die Deutung von Zeichen, das genaue Hinhören und Beobachten, all das verarbeitete Thoreau zu einem lebhaften, oft auch heiteren Bericht. Der Verlag Jung und Jung Salzburg hat diese Reisebeschreibungen Thoreaus unter den Titeln „**Ktaadn**" und „**Die Wildnis von Maine**" auf Deutsch veröffentlicht:

Lesetipps
Henry David Thoreau, *Ktaadn, Jung und Jung Verlag Salzburg/Wien, 2017.*
Henry David Thoreau, *Die Wildnis von Maine. Eine Sommerreise, Jung und Jung Verlag Salzburg/Wien, 2. Auflage 2015.*

Blick vom Mount Katahdin

Der kleine Ort **Millinocket** ist zusammen mit dem benachbarten **East Millinocket** Sitz einer der größten Papierfabriken des Landes und nicht allzu reizvoll. Man kann sich jedoch gut mit Lebensmitteln und anderen für die Wildnis notwendigen Utensilien versorgen; es gibt einige Hotels, Restaurants und Campingplätze in der näheren Umgebung.

Naturschützender Gouverneur

Während seiner Amtszeit als Gouverneur von Maine veranlasste Percival P. Baxter (1876–1969) die Einrichtung eines Naturschutzgebietes rings um den **Mt. Katahdin**, den höchsten Berg in Maine. Unter großen Schwierigkeiten erwarb er 1931 das Land mit seinem eigenen Vermögen und schenkte es dem Staat. Dieses Areal macht den Großteil des heute etwa 810 km² großen Baxter State Park aus. Baxter verknüpfte seine Schenkung mit der Bedingung, dass „das Land für immer in seinem natürlichen, wilden Zustand belassen werde", was für heutige Besucher heißt, dass hier noch weitgehend unberührte Natur zu finden ist. Flora, Fauna, Geologie und Ökologie können im Baxter SP auf vielfältige Weise erforscht werden. Für großartige Natureindrücke und eindrucksvolle Erlebnisse ist auf alle Fälle gesorgt.

Reisepraktische Informationen Millinocket und Baxter SP

Information
Katahdin Area Chamber of Commerce, *1029 Central St., Millinocket, https://katahdinmaine.com.*
Baxter SP, *64 Balsam Dr., Millinocket, https://baxterstatepark.org; die Headquarters sind ein empfehlenswerter erster Anlaufpunkt, da es dort Infos und Karten gibt. HS 8–16, NS Mo–Fr 8–16 Uhr. Außerhalb der HS vom 15. Mai–15. Okt. kann es zu Einschränkungen und Sperrungen kommen, $ 15/Pkw.*
Katahdin Woods & Water Scenic Byway: *www.katahdinwoodsandwaters.com*
Infos & Tipps: *www.friendsofbaxter.org*

Maine Highlands

Buchtipp
Ausführliche Beschreibungen der Wanderwege und Trails gibt es für Printfans in dem offiziellen Wanderführer **„AMC Maine Mountain Guide"** des **Appalachian Mountain Club** *(https://amcstore.outdoors.org/maine-mountain-guide-11th-edition-055094)*.

HINWEIS

Der Baxter SP ist eine fast **unberührte Wildnis**. Am Zugang erhält man Verhaltenstipps, denn alles ist sehr rustikal und primitiv (keine Elektrizität, kein Trinkwasser, kein Telefonempfang, keine Seife oder Putzmittel). Die Natur und ihr Erhalt stehen im Vordergrund, daher gilt auch eine strikte „carry in/carry out"-Regel, jeglicher Abfall muss wieder mitgenommen werden und Campen ist nur in vorgesehenen Arealen erlaubt. Es gibt weder Geschäfte noch Restaurants im SP, Lebensmittel und Getränke müssen in ausreichender Menge mitgebracht werden.

Unterkunft
Im Baxter SP gibt es außer (einfachen) Campingplätzen – Infos unter: **https://baxterstatepark.org/camp-summer** – keine Übernachtungsmöglichkeiten. Reservierungen sollten frühzeitig vorgenommen werden: *https://reservation.baxterstatepark.org/reserve*. Informationen über Unterkünfte aller Art im Umkreis gibt es auf: **https://katahdinmaine.com/stay**, z. B. bieten sich an:
Katahdin Inn & Suites $$, 740 Central St., Millinocket, ✆ 207-723-4555, *https://katahdininnandsuites.com*; einfaches Hotel mit Swimmingpool.
Baxter Park Inn $$, 935 Central St., Millinocket, ✆ 207-723-9777, *http://baxterparkinn.com*; 48 saubere und geräumige Zimmer in eher einfachem Motel mit freundlichem Service.

Aktivitäten & Touren
Ein 260 km umfassendes Netz von **Wanderwegen** durchzieht den Park; Infos dazu finden sich auf **https://baxterstatepark.org/general-info**.

Paddeln auf dem Allagash Wilderness Waterway

Im Norden von Maine, nahe der kanadischen Grenze, liegt in eindrucksvoller Naturlandschaft ein Paradies für Kanufahrer: Der **Allagash Wilderness Waterway** ist eine ca. 150 km lange Wasserstraße auf Flüssen und Seen zwischen Chamberlain Thoroughfare am Chamberlain-See im Süden und Allagash Village im Norden. 1970 wurde diese Wasserstraße des Allagash River zum „Wilderness Waterway" erklärt.
Die Route bietet sich für jedes Level an. Während erfahrene Kanufahrer für die ganze Strecke etwa 7–10 Tage benötigen, können Anfänger kürzere Strecken mit geringem Schwierigkeitsgrad wählen.
Da die Region nicht leicht zu erreichen und genaue Planung nötig ist, sei auf folgende Website verwiesen: **www.maine.gov/dacf/parks/water_activities/aww-river-conditions.shtml**.
Lebensmittel, Getränke und Campingausrüstung müssen mitgebracht werden. Es gibt einfache **Campingplätze** entlang des Waterway, die aber alle nur übers Wasser erreichbar sind. **Touren** bieten u. a. Katahdin Outfitters (*www.katahdinoutfitters.com*, s. S. 394) an.

Unterwegs in Maines Inland

Paddeln auf einem der unzähligen Seen und Flüsse von Maine

Boots- und Kanuverleih gibt es am Russell Pond, South Branch Pond, Daicey Pond und Kidney Pond. Motorboote und Boote mit Außenbordmotor sind nur auf dem Matagamon-See und dem Webster-See erlaubt (https://baxterstatepark.org/other-activities).

Ausrüstung, Campingutensilien, Bootsverleih und Touren bieten z. B. in Millinocket an:

Katahdin Outfitters, 360 Bates St., www.katahdinoutfitters.com.

New England Outdoor Center, 30 Twin Pines Rd., www.neoc.com; gute Angebote, auch Unterkünfte sowie geführte Wildwasser- und Kanutouren.

Katahdin Air Service, 1888 Golden Rd., www.katahdinair.com; Rundflüge über den Baxter SP.

Abstecher zum Moosehead Lake

> ### Hinweis zur Route
>
> Von Bangor aus geht es über den ME 15, dann ME 6 nordwestwärts nach Greenville, dem Zugangstor zur Seenregion des Moosehead Lake (ca. 72 mi/115 km).

Auf halbem Weg von Bangor zum Moosehead Lake ist in der Ortschaft **Dover-Foxcroft**, gegründet um 1800, die **Thomas Hill Standpipe** interessant, ein Wasserturm von 1897. Er ähnelt jenem in Bar Harbor und gilt als das Wahrzeichen der Stadt. Außerdem kann man hier das **Blacksmith Shop Museum** (*Park St./Chandler-Daws Rd., www.dover-foxcrofthistoricalsociety.org*), die Rekonstruktion einer Schmiede aus der Mitte des 19. Jh., besichtigen.

Maine Highlands

Der **Moosehead Lake** ist mit 40 mi/64,4 km Länge und 20 mi/32,2 km Breite der größte von zahllosen Seen in Maine. Reizvoll sind die vielen Buchten, die kleinen Inseln im See und die Umgebung mit dichten Wäldern, Teichen, Bächen und kleinen Wasserläufen. Daneben gibt es eine vielseitige Flora und Fauna sowie die angeblich schönsten Achate als Fundstücke. Häufig ist der Ruf des *Loon* (Seetaucher) zu hören, den man die „Nachtigall des Nordens" nennt, und sicher werden Elche den Weg kreuzen. Da nur wenige Straßen durch die dichten, endlosen Wälder und zu den zahlreichen Seen führen, sind Kanu, Wasserflugzeug und Schneemobil wichtige Transportmittel für die Bewohner der Camps und Lodges in der Wildnis von Nord-Maine.

Schmucksteine der Natur

Greenville und das ca. 20 mi/32 km (*ME 15/6*) nördlich gelegene **Rockwood** sind die touristischen Zentren am Moosehead Lake und bieten vielerlei Möglichkeiten, zu Fuß, per Boot oder per Flugzeug die umliegende Naturlandschaft kennenzulernen. Zum Übernachten bieten sich B&Bs, rustikale Cottages oder elegante Lodges an; Läden und Galerien mit Souvenirs und Kunsthandwerk einheimischer Künstler lohnen einen Blick.

Quartiere am Lake

In Greenville steht der Elch im Mittelpunkt des **Moose-Mainea-Festivals** von Mitte Mai bis Mitte Juni, dabei gibt es einen Fotowettbewerb, Elchtouren, Wanderungen, Re-

Moose, der amerikanische Elch

info

Elche, die zur Paarhufer-Familie der Hirsche gehören, leben in meist sumpfigen Laub- und Mischwäldern, in Mooren und Tundren. Ihr Verbreitungsgebiet liegt in Nordeuropa, Asien und Nordamerika. Der Elch (*Alces alces, Moose*) ist der größte und schwerste heute lebende Hirsch; er kann bis zu 3 m lang, 2,5 m hoch und bis 800 kg schwer werden und ein Alter von 25 Jahren erreichen. Seine Nahrung bilden Weichholz, Blätter und Kräuter. Das auffallendste Merkmal ist das mächtige Geweih des männlichen Elchs, das bis zu 20 kg wiegen kann, sich meist zur Schaufel verbreitert und jährlich gewechselt wird.

Der Elch, ein guter Schwimmer, lebt im Sommer einzeln oder in Familienverbänden; im Winter schließen sich die Elche zu kleinen Gruppen zusammen und ziehen in ihren großen Revieren umher. Oft gehen sie aber auch über mehrere Hundert Kilometer Wegstrecke auf Wanderung, wobei selbst große Seen kein Hindernis darstellen. Der Wandertrieb ist besonders zur Brunftzeit stark ausgeprägt; der Ruf des Elchs klingt dann dumpf röhrend durch den Wald, unterbrochen von krachenden Geweihschlägen gegen Bäume und Geäst oder gegen das Geweih eines Kontrahenten.

Fühlt sich in den Wäldern von Maine zu Hause: „Moose" (Elch)

Im nördlichen Maine, in der waldreichen Umgebung des Moosehead Lake, lebt die größte Elchherde im Nordosten der USA. Da Elche hauptsächlich Nachttiere sind, lassen sie sich am ehesten in den frühen Morgenstunden und nach Einbruch der Dämmerung beobachten.

gatten und Paraden. Im Juli findet der **Moose Run** (*https://destinationmooseheadlake.com/event/moose-on-the-run-5k*) mit Teilnehmern aus vielen Ländern statt, im August werden die **Forest Heritage Days** (*www.forestheritagedays.org*) gefeiert und im September das internationale **Sea Plane Fly-In** (*www.seaplanefly-in.org*). Nordwestlich Greenville liegt für Wintersportfans das Skigebiet **Big Squaw Mountain Resort** (*http://skibigsquaw.com*).

Reisepraktische Informationen Moosehead Lake Region

Information
Moosehead Lake Region Chamber of Commerce, *480 Moosehead Lake Rd./Rte. 15, Greenville, https://destinationmooseheadlake.com, 15. Mai–15. Okt. 9–17, sonst 10–16 Uhr.*

Unterkunft
Chalet Moosehead Lakefront Motel $$, *Birch St., Greenville, ☎ 207-695-2950, https://chaletmoosehead.com; direkt am Moosehead Lake gelegenes Motel mit Bootsverleih, von Mai–Ende Okt. geöffnet.*
The Birches Resort $$, *281 Birches Rd., Rockwood, ☎ 800-825-9453, www.birches.com; Hotelkomplex aus kleinen Blockhäusern und Zimmern/Suiten im Haupthaus. Sportangebot, Fahrradvermietung, Ausgangspunkt von Wilderness-Expeditionen. Ganzjährig geöffnet.*
Greenville Inn $$$, *40 Norris St., Greenville, ☎ 207-695-2206, www.greenvilleinn.com; restaurierte Villa aus dem Jahr 1895 mit antikem Mobiliar, Garten und schönem Blick auf den See oder auf den Squaw Mountain, verschiedene Zimmer und Suiten.*
The Lodge at Moosehead $$$$, *368 Lily Bay Rd., Greenville, ☎ 207-695-4400, www.lodgeatmooseheadlake.com; Lodge mit individuellem Service, fünf gemütlichen Gästezimmern und vier Suiten, die von einem örtlichen Künstler unterschiedlich gestaltet wurden. Große Terrasse mit herrlichem Ausblick auf den Moosehead Lake und stimmungsvolle Sonnenuntergänge. Restaurant zugehörig, Frühstück inklusive.*

Restaurants
Kellys Landing, *13 Rockwood Rd., Greenville Junction, ☎ 207-695-4438, www.kellysatmoosehead.com; Familienrestaurant direkt am See. Gute Seafood- und Steakgerichte sowie schöne Terrasse.*
Stress Free Moose Pub & Café, *65 Pritham Ave., Greenville, ☎ 207-695-3100, https://stressfreemoose.com; gute Burger und Sandwiches sowie eine prima sortierte Bar, dazu Entertainment.*

Touren
Es werden Wanderungen, Bootsausflüge und Rundflüge zu Orten angeboten, an denen Elche und andere Tiere zu beobachten sind:
Northwood Outfitters, *5 Lily Bay Rd., Greenville, https://maineoutfitter.com; täglich Bootsausflüge zur Tierbeobachtung, geführte Kanutouren, Wildwasserfahrten und Wanderungen, auch Fahrradverleih.*
Katahdin Cruises, *12 Lily Bay Rd., Greenville, www.katahdincruises.com. Vor dem Ausbau des Straßennetzes waren Schiffe das wichtigste Transportmittel; die „Katahdin" aus dem Jahr 1914 wurde wieder flottgemacht und dient im Sommer als Ausflugsschiff und schwimmendes Museum auf dem Moosehead Lake.*

Gray Ghost Camps, 161 Jackmann Rd., Rockwood, www.grayghostcamps.com; Bootsverleih, v. a. aber Vermietung von Cabins direkt am See.

✈ Rundflüge
Currier's Flying Service, 447 Pritham Ave., Greenville Junction, ☎ 207-695-2778, https://curriersflyingservice.com; Rundflüge über den Moosehead Lake.
Jack's Air Service, 30 Hofbauer Dr., Greenville, ☎ 207-695-3020, www.jacksairservice.com, Rundflüge sowie Flüge nach Kanada.

Hinweis zur Route

Wer vom Moosehead Lake nach Norden zum Baxter SP (s. S. 390) oder zum Allagash Wilderness Waterway (s. S. 393) fahren möchte, wählt in Greenville am besten die Lily Bay Rd./Baxter SP Rd. nach Kokadjo (ca. 18 mi/30 km). Hinter Kokadjo hört die Asphaltierung für einige Meilen auf, doch die Straße ist weiterhin ausgeschildert und gut befahrbar. Ab Sias Hill wird sie zu einer gebührenpflichtigen Privatstraße (*Sias Hill Rd.*). Im Nordteil „Golden Road" genannt, führt sie am Westufer des Penobscot River entlang und trifft nördlich von Millinocket auf die Baxter State Park Road.

Von Bangor in die White Mountains
Route 1: über Augusta und Lewiston in die Berge

Hinweis zur Route

Diese erste Variante ist die schnellere, da sie meist über Autobahnen führt. Von Bangor aus folgt man der I-95 über Waterville nach Augusta und Lewiston. Von dort geht es südwärts auf dem US 202 über New Gloucester Richtung Popeville, wo man auf den US 302 stößt. Dieser führt am Ufer des Sebago Lake entlang nordwestwärts nach Conway (NH) (ca. 180 mi/290 km).

Augusta, Maines Hauptstadt

Bevor man Augusta, die Hauptstadt von Maine, erreicht, kommt man durch das 1754 gegründete **Waterville**. Zu den Sehenswürdigkeiten hier gehören die **Lorimer-Kapelle** aus dem Jahr 1937 mit einer von Albert Schweitzer entworfenen Orgel, das **Waterville Opera House** von 1902 und das **Old Fort Halifax** aus dem Jahr 1754. Das **Redington Museum** (62 *Silver St., www.redingtonmuseum.org*) zeigt eine Apotheke aus dem Jahr 1814 und informiert über die lokale Geschichte. Interessant ist auch die sogenannte **Two Cent Bridge**, eine Hängebrücke über den Kennebec River, die Waterville mit Winslow verbindet. Diese Fußgängerbrücke wurde 1901 für die Mühlenarbeiter gebaut, die dann auf ihrem Weg zur Arbeit eine Maut von zwei Cent bezahlen mussten; erst 1960 wurde diese Gebühr abgeschafft.

Hängebrücke

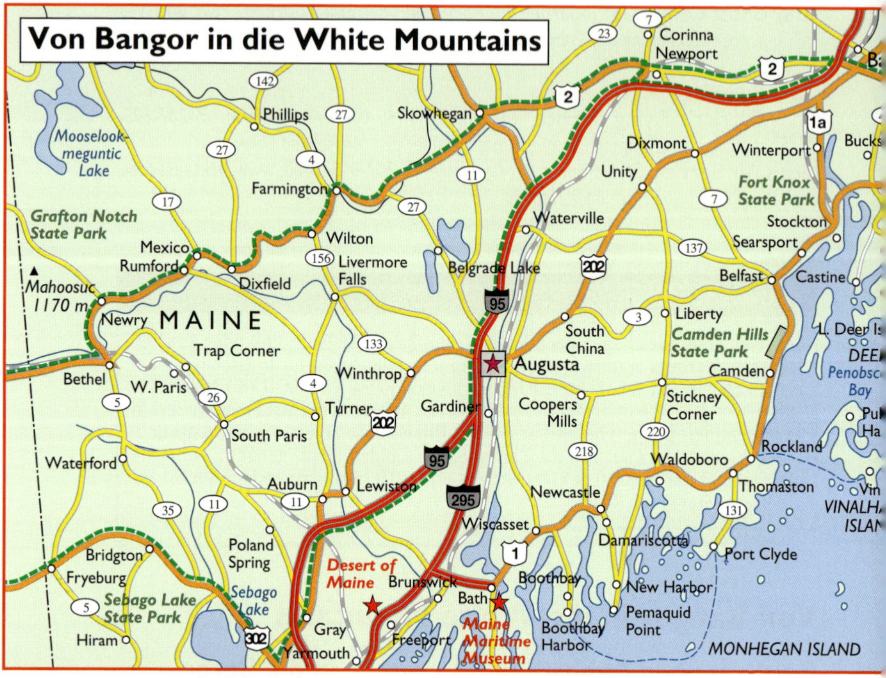

Unterwegs in Maines Inland

Von Bangor in die White Mountains

Beeindruckend: das Maine State House in Augusta

Von Bangor in die White Mountains

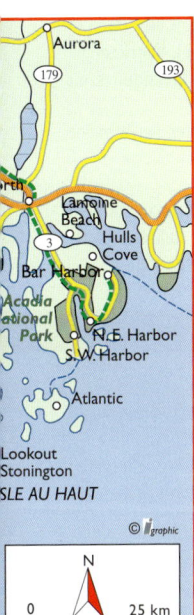

Die Wurzeln der Stadt **Augusta** reichen zurück ins Jahr 1628. Damals gründeten Siedler aus Plymouth eine Poststation an der Stelle einer indianischen Siedlung. 1754 entstand erst ein kleines Dorf, 1849 erhielt der Ort dann Stadtrecht. Nachdem Maine 1820 Bundesstaat geworden war, diente zunächst Portland als Hauptstadt, bis man sich 1827 entschied, dass Augusta geeigneter sei.

Das **Maine State House**, das Parlamentsgebäude, wurde in den Jahren 1829 bis 1832 nach Plänen des berühmten Bostoner Architekten Charles Bulfinch gebaut und 1910 erweitert. Bulfinch hat auch die State Houses von Boston (MA) und Hartford (CT) entworfen. Das Gebäude wird von einer Statue der Minerva gekrönt. Gegenüber befindet sich eine gepflegte Grünanlage, der Capitol Park, der fast bis zum Kennebec River reicht.
State House, *State/Capitol St., Mo–Fr 8–17 Uhr, Führungen Mo/Di/Fr 9–12 Uhr, Eintritt frei.*

Sehenswerte Ausstellungen zur Geschichte von Maine von der Staatsgründung bis zur Gegenwart zeigt das **Maine State Museum** im State House Complex. Das 1833 gebaute **Blaine House**, auf der anderen Seite des State House, ist seit 1919 die offizielle Residenz des Gouverneurs von Maine.

Residenz des Gouverneurs

Maine State Museum, *230 State St., http://mainestatemuseum.org, Di–Fr 9–17, Sa 10–16 Uhr, $ 3.*
Blaine House, *192 State St., www.blainehouse.org, mehrere Touren Mi/Fr (Tickets im Maine State Museum), mit Garten und Shop.*

Das im Jahr 1830 gebaute **Kennebec County Courthouse** (State/Winthrop St.) diente bis 1969 als Gerichtsgebäude. Es gilt als gutes Beispiel für den Greek-Revival-Stil und ist noch mit Originalmobiliar eingerichtet. Das **Old Fort Western Museum on the Kennebec** wurde 1754 von wohlhabenden Bostoner Bürgern gebaut und war Teil einer Kette ähnlicher Befestigungen, die den englischen Siedlern bei der Verteidigung gegen die Franzosen halfen.

Englische Festungen

Old Fort Western Museum on the Kennebec, *16 Cony St., www.augustamaine.gov/ old_fort_western/index.php, Juli/Aug. 10–16, Sept./Okt. Fr–Mo 10–16 Uhr, $ 10.*

Die Trails auf dem großen Gelände des **Viles Arboretum** (*153 Hospital St.*) sind erholsam und lehrreich zugleich. Abgesehen von interessanter Flora und Fauna bieten sich immer wieder schöne Ausblicke auf das Kennebec-Tal.

Rund 30 mi/48 km südwestlich von Augusta bildet **Lewiston** mit **Auburn**, das auf der gegenüberliegenden Seite des Androscoggin-Flusses liegt, eine Zwillingsstadt. Lewiston ist mit rund 36.000 Einwohnern die zweitgrößte Stadt von Maine. Die ersten Siedler hatten sich um 1770 am Fluss niedergelassen, dessen Wasserkraft im 19. Jh. für eine florierende Textilindustrie sorgte. Hauptattraktion der Region ist das **Sabbathday Lake Shaker Village**. Etwa 12 mi/19 km südwestlich von Lewiston lebt die letzte aktive Glaubensgemeinschaft der Shaker in Amerika; die Ursprünge der Gemeinde reichen ins Jahr 1782 zurück (s. Infokasten S. 419). Die meisten Häuser stammen aus

Shaker-Gemeinde

dem späten 18. oder frühen 19. Jh. und vermitteln einen guten Eindruck von der Lebensweise und den Prinzipien der Gruppe. Im Museum kann man Möbel, Werkzeuge, Textilien, Zinn- und Holzgegenstände sowie Kunsthandwerk aus der Gründungszeit sehen.

Sabbathday Lake Shaker Village, *707 Shaker Rd., New Gloucester, www.maineshakers.com, Mai–Okt. Mo–Sa 10–16.30 Uhr, Eintritt & Führung $ 10.*

Auf der Fahrt Richtung Westen in die White Mountains (Conway) streift man auf dem US 302 den **Sebago Lake**, den zweitgrößten See von Maine. Er ist ein beliebtes Ausflugsziel für die Bewohner der nahen Städte Lewiston, Augusta und Portland.

Reisepraktische Informationen Augusta (ME)

Information

City of Augusta, *Tourism Dept., City Center Plaza/16 Cony St., www.augustamaine.gov, Mo–Fr 8–16.30 Uhr.*

Kennebec Valley Chamber of Commerce, *269 Western Ave., www.kennebecvalleychamber.com, Mo–Do 8.30–17, Fr 8.30–16 Uhr; außerhalb des Stadtzentrums, nahe dem Flughafen.*

Unterkunft

Senator Inn & Spa $$$, *284 Western Ave., ☎ 207-622-5804 oder 1-877-772-2224, www.senatorinn.com; das Top-Hotel der Region mit über 100 Zimmern, Swimmingpool, Spa, Restaurant, Fitnessraum u. v. m.*

Restaurants

Mulholland's Augusta House of Pancakes, *100 Western Ave., ☎ 207-623-9775, www.ahopaugusta.com; legendärer Spot, in dem man unter mehr als 100 Pancake-Varianten wählen kann.*

Cloud 9 Restaurant *(im Senator Inn), 284 Western Ave., ☎ 207-622-0320, www.senatorinn.com/si_cloud9.html; ausgezeichnetes Restaurant, in dem lokale Seafood-Spezialitäten, aber auch Pizza auf der Karte stehen. Sonntagsbrunch und köstliche Desserts.*

Route 2: durchs Hinterland von Maine zum Mount Washington (NH)

Hinweis zur Route

Die zweite Variante stellt die landschaftlich reizvollere, aber zeitaufwendigere Route dar. Die Fahrt geht von Bangor auf dem US 2 durch das Hinterland von Maine nach Gorham/New Hampshire und weiter über NH 115, US 3 und US 302 bis nach Bretton Woods/New Hampshire (ca. 185 mi/298 km).

Der Name des 1771 gegründeten **Skowhegan** geht auf die hier ansässigen Abenaki-Indianer zurück, die der Stelle den Namen „Mann, der schaut" gaben. Hier, am Kennebec River, hielten die Ureinwohner Ausschau nach Lachsen, die auf ihren Laichzügen vorbeischwammen. Skowhegan ist wegen der großen, 12 t schweren **Indianerstatue** von Bernard Langlais (1921–77) bekannt, die aus einem einzigen Baumstamm gearbeitet ist und im Ortszentrum steht.

Das **Skowhegan History House** liegt am Kennebec River und informiert im Sommer detailliert über die Stadtgeschichte (*66 Elm St., www.skowheganhistoryhouse.org*). Das **Lakewood Theatre**, das Staatstheater von Maine, wurde 1901 gegründet und ist damit eines der ältesten Sommertheater des Landes (*www.lakewoodtheater.org*).

Sommertheater am See

Bei der Weiterfahrt auf dem US 2 kann man vor **Wilton** zu einem Abstecher auf den ME 156 abbiegen. Nach ca. 6 mi/9,6 km liegt auf der linken Seite der **Bald Mountain**. Ein relativ leicht zu bewältigender Trail (ca. 1 Std.) führt hinauf zur Spitze, von wo aus sich ein fantastischer Ausblick bietet.

Die 1782 gegründete Stadt **Rumford** ist ein ganzjährig beliebter Erholungsort; bekannt wurde er vor allem wegen der eindrucksvollen Wasserfälle **Pennacook Falls**.

Bethel, 1774 gegründet, verteilt sich auf beide Ufer des **Androscoggin River** und liegt bereits in den Ausläufern der White Mountains. Bethel ist wegen des großen Outdoor-Angebots ganzjährig ein viel besuchter Ferienort. Die **Sunday River Ski Area** zählt zu den besten Skigebieten Neuenglands. Einen Bummel wert ist auch der historische Distrikt zwischen Main, Broad und Church Street mit Restaurants, Cafés und kleinen Shops.

Gutes Skigebiet

Zu den **Museums of the Bethel Historical Society** gehören zwei restaurierte Häuser aus dem frühen 19. Jh.: das O'Neil Robinson House (1821) und das Dr. Moses Mason House (1813). Im ersteren gibt es Ausstellungen und einen Shop, im zweiten lohnen die „*Period Rooms*" mit antiker Möblierung und Ausstattung. **Museums of the Bethel Historical Society**, *www.bethelhistorical.org, Robinson House, 10–14 Broad St., Mai–Okt. Di–Fr 10–16, Juli/Aug. zusätzlich Sa 13–16 Uhr, Spende; Mason House, Juli/Aug. Do–Sa 13–16 Uhr, $ 5.*

Circa 20 mi/32 km westlich von Bethel (*US 2*), bereits in **New Hampshire**, liegt Gorham.

Die Umgebung von Bethel ist für ihr großes Freizeitangebot bekannt

Der kleine, 1836 gegründete Ort wurde in den 1850ern zum Eisenbahnhalt und erlangte dadurch Wohlstand. Das kleine Museum der **Historical Society** (*25 Railroad St.*) informiert über diese Periode. Heute profitiert Gorham vor allem von der Nähe zur **Mt. Washington Auto Road** (s. S. 406) und hat sich mit Hotels, Restaurants, Geschäften sowie einem gut ausgebauten Wanderwegenetz auf den Fremdenverkehr eingestellt.

Reisepraktische Informationen Skowhegan, Bethel und Gorham

Information
Skowhegan: http://visitskowhegan.com
Bethel: www.bethelmaine.com
Gorham (NH): https://gorhamnewhampshire.com, www.gorhamnh.org
Appalachian Mountain Club/AMC, *Pinkham Notch VC, 361 Rte. 16, Gorham, www.outdoors.org;* Infos zu Unterkünften, Wanderungen etc., Bücher und Karten im Shop.

Unterkunft
Towne Motel $$, *172 Madison Ave., Skowhegan,* ✆ *207-474-5151, http://thetowne motel.com;* zweistöckiges Motel am Ortsrand mit schlichten, zweckmäßig eingerichteten Zimmern und einem Swimmingpool.
The Briar Lea Inn $$, *150 Mayville Rd., Bethel,* ✆ *207-824-4717, www.briarleainn.com;* hübsches Haus aus dem Jahr 1840, sechs individuell mit antiken Möbeln eingerichtete Zimmer; dazu gehört der beliebte **Jolly Drayman Pub**.
Libby House Inn $$, *55 Main St., Gorham,* ✆ *603-723-6129, www.libbyhouseinn.webs. com;* viktorianisches B&B mit geräumigen Zimmern, Veranda und Garten. Frühstück inklusive.
The Bethel Inn Resort $$$, *21 Broad St., Bethel,* ✆ *207-824-2175, https://bethelinn. com;* historische Hotelanlage mit antiker Ausstattung und modernem Komfort, u. a. einem Swimmingpool. Auch geräumige Apartments und Ferienwohnungen. Ruhige Lage mit schönen Ausblicken und Bootsanleger, trotzdem zentrumsnah.
Grand Summit Hotel $$$$, *15 S Ridge Rd., Newry,* ✆ *800-543-2754, www.sunday river.com/resort-lodging/grand-summit-hotel;* im Skigebiet Sunday River Resort gelegen, großes Hotel mit Sport- und Entertainment-Angebot.

Restaurants
The Millbrook Tavern & Terrace, *im Bethel Inn (s. o.),* ✆ *207-824-2175, https://bethelinn.com/the-millbrook-tavern-terrace; Fine Dining in elegantem Ambiente. Steaks und Seafood aller Art, dazu schöne Bar und Blick auf die White Mountains.*
Sunday River Brewing Co., *29 Sunday River Rd., Bethel, http://sundayriverbrewingcom pany.com;* Pub einer lokalen Kleinbrauerei, hier kann man verschiedene Biersorten zu herzhaften Gerichten probieren, auch Besichtigungen.

Aktivitäten
In der Umgebung Skowhegans gibt es gute **Wassersportmöglichkeiten**, u. a. Kanutouren und Wildwasserfahrten auf dem Kennebec River zwischen Skowhegan und The Forks. Anbieter sind z. B.:
Northern Outdoors, *1771 US 201, The Forks, www.northernoutdoors.com.*
Three Rivers, *2265 US 201, The Forks, http://threeriverswhitewater.com.*

Auf dem White Mountain Trail durch die White Mountains

Hinweis zur Route

Der **White Mountain Trail** erschließt auf etwa 100 mi/160 km über US 3 und US 302 sowie über den **Kancamagus Highway** die Bergregion. Idealer Ausgangspunkt ist Conway/North Conway. Von hier geht es zunächst auf dem Kancamagus Highway (NH 112) nach Westen bis Lincoln. Von dort führt die I-93 nach Norden, nach Franconia Notch. Weiter geht es über US 3 und US Hwy 302 nach Bretton Woods und zum Mt. Washington. Zurück führt der Weg auf dem US 302 ostwärts nach North Conway/Conway.

Infos White Mountain Trail: *www.fhwa.dot.gov/byways/byways/2256*

Province of New Hampshire – The White Mountain State	
Gründung	1631 als Upper Plantation
Beitritt zur Union	21. Juni 1788
Staatsmotto	Live Free or Die („Freiheit oder Tod")
Staatsbaum	Weißbirke
Staatsblume	Blauer Flieder
Staatsvogel	Purpurfink
Höchster Punkt	Mt. Washington 1.917 m
Hauptstadt	Concord

Touristisch gesehen ist **New Hampshire** Neuengland en miniature: Seen und Berge, ausgedehnte Wälder, die im Indian Summer für ein buntes Farbspektakel sorgen, kleine Ortschaften mit weiß gestrichenen Häusern und Kirchlein im Zentrum, historische Stätten und sogar Sandstrände am Atlantik. Fremdenverkehrstechnisch gliedert sich der Bundesstaat in sieben Regionen:

❶ **Great North Woods Region** mit dem White Mountains NF und vielen Flüssen und Seen;
❷ **White Mountains** mit dem 1.917 m hohen Mt. Washington, dichten Wäldern, tiefen Schluchten und einem großen Wanderwegenetz;
❸ **Lakes Region** mit Wäldern, Hügeln, Bergen und Seen (davon der größte und bekannteste der Lake Winnipesaukee);
❹ **Seacoast Region** mit Küste und Meeresbuchten, Sandstränden, Leuchttürmen und alten Fischerhäfen;
❺ **Merrimack Valley** mit kleinen Handels- und Verwaltungsstädten in ländlichem Ambiente;
❻ **Monadnock Region** mit hübschen kleinen Dörfern und ungewöhnlichen überdachten Holzbrücken;
❼ **Dartmouth** mit beschaulichen Dörfern und dem malerischen Lake Sunapee im Westen.

Auf dem White Mountain Trail durch die White Mountains

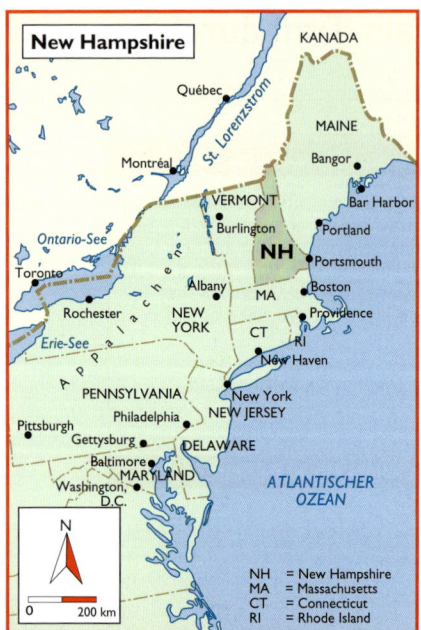

Redaktionstipps

Sehens- und Erlebenswertes
▶ Mit der **Mount Washington Cog Railway** (S. 413) auf den höchsten Berg Neuenglands hinauffahren.
▶ Auf dem **Kancamagus Highway** (S. 408) die White Mountains im Indian Summer erleben.
▶ In einem gemütlichen B&B oder Inn übernachten. Wer sich etwas Besonderes gönnen möchte, reserviert im **Mount Washington Resort** (S. 415).
▶ Eine Dampferfahrt auf dem **Lake Winnipesaukee** (S. 416) unternehmen.
▶ Im **Canterbury Shaker Village** (S. 419) vieles über das Alltagsleben und die Religion der Shaker erfahren und im Museumsladen schöne Mitbringsel erwerben.
▶ Bei einem Drink ein **Baseballspiel** der New Hampshire Fisher Cats vom Hilton Garden Hotel in **Manchester** aus anschauen (S. 425).
▶ Durch die Innenstadt von **Concord** bummeln, einen Blick ins State House und ins Museum of History werfen (S. 421).
▶ Tolle Architektur besichtigen: das **Zimmerman House** (S. 424) in **Manchester**, einen wegweisenden Bau von Frank Lloyd Wright.

New Hampshire ist durch ein dichtes Straßennetz erschlossen. Von der I-93, der Autobahn, die als Hauptachse das Landesinnere von Norden nach Süden durchzieht, führen viele Straßen in West-Ost-Richtung nach Vermont und Maine. An der I-93 liegen sowohl die wichtigen Städte **Manchester** und **Concord** als auch Ortschaften wie Franklin, Plymouth, Woodstock und Franconia, die sich als Ferienorte oder als Ausgangspunkte für Fahrten zum **Lake Winnipesaukee** oder in die **White Mountains** eignen.

Um New Hampshire kennenzulernen, ist eine Rundfahrt durch die **White Mountains** ein guter Anfang, diese bilden das Herzstück des Bundesstaates. Eine der schönsten Straßen ist der **Kancamagus Highway**, der von Lincoln nach Conway führt.

Quer durch New Hampshire zieht sich die Bergkette der Appalachen, das beherrschende Gebirge an der Ostküste der USA. Es verläuft von der Küste in Kanadas Nordosten südwärts nach Alabama. Im Nordwesten New Hampshires erhebt sich mit der **Presidential Range** die mächtigste Bergkette Neuenglands. Unter den nach amerikanischen Präsidenten benannten Gipfeln ragt der über 1.900 m hohe **Mt. Washington** heraus.

Er trägt, wie die meisten anderen Gipfel auch, bis auf wenige Wochen im Sommer eine weiße Schneekappe, deshalb wird dieser Abschnitt der Appalachen auch als „White Mountains" („Weiße Berge") bezeichnet. Dass die Gesteinsschichten der White Mountains hauptsächlich aus Granit bestehen, erklärt den Spitznamen New Hampshires: „**Granite State**".

Der Großteil der White Mountains, etwa 80 % der Bergregion, befindet sich in New Hampshire, sie reichen jedoch im Westen nach Vermont und im Osten nach Maine hinein. Seit 1911 steht die Region als **White**

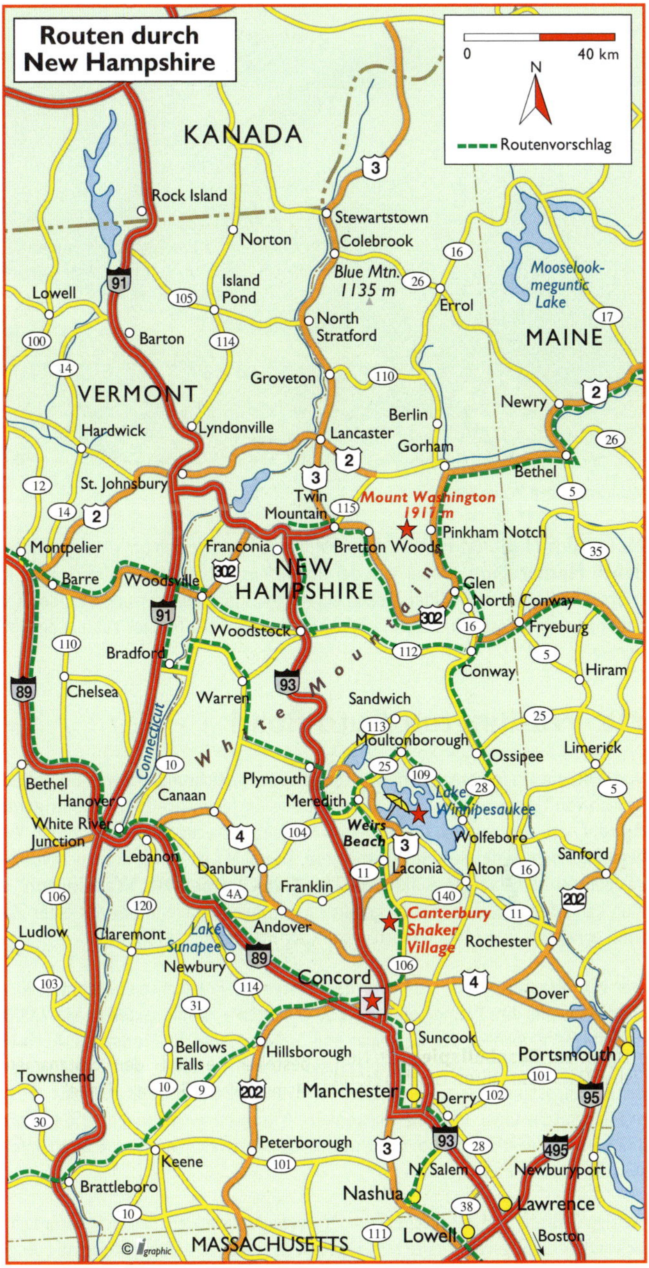

Auf dem White Mountain Trail durch die White Mountains

Wandern in den White Mountains

Mountains National Forest unter Schutz. Es handelt sich um eine **ganzjährig beliebte Naturregion**, wobei sich der Tourismus entlang den Hauptstraßen konzentriert. Die Berge und Wälder stellen ein Paradies für Skifahrer und Wanderer dar, zumal man sich angesichts des rund 2.500 km langen Trail-Netzes gut aus dem Weg gehen kann.

Mt. Washington Auto Road

Abenteuerliche Autoroute

Von Gorham aus folgt man dem NH 16 nach Süden, Richtung Conway. Etwa 7 mi/11 km südlich von Gorham beginnt bei **Glen House** die legendäre **Mt. Washington Auto Road**. Diese sehr kurvige und steile, 13 km lange Strecke führt – bei gutem Wetter – hinauf auf den Gipfel des Mt. Washington. Die Fahrt ist etwas anspruchsvoll, was die gelegentlich zu sehenden Aufkleber „**This Car Climbed Mt. Washington**" erklärt. Man kann den Gipfel aber auch gemütlich von der Westseite her mit einer Zahnradbahn erreichen (zur Mount Washington Cog Railway s. S. 413).

Der **Mt. Washington** –1784 nach dem ersten US-Präsidenten benannt, während die anderen Gipfel ihre Namen erst ab 1820 erhielten – ist mit seinen knapp 2.000 m der höchste Berg nördlich der Carolinas und östlich der Rocky Mountains. Auch wenn er für erfahrene Bergsteiger keine Herausforderung darstellen dürfte, haftet dem Berg der Ruf an, gefährlicher zu sein als der Mt. Everest. Berüchtigt sind nämlich die raschen Wetterumschwünge und die extremen Windgeschwindigkeiten: 1934 wurde mit 372 km/h die damals höchste Geschwindigkeit weltweit gemessen. Einige Gipfelbauten sind daher mit Ketten verankert.

Heftige Stürme und plötzliche Temperaturstürze werden dadurch verursacht, dass sich an der Gebirgskette kalte Luft aus Kanada staut und auf feuchtwarme Luft aus dem

Süden und Westen trifft. Schneefälle im Sommer sind nicht ungewöhnlich, sogar im Juli/August liegt die Durchschnittstemperatur nur bei 9,4 °C; die niedrigste Temperatur wurde mit minus 44 °C gemessen. Die US Army hat aus diesem Grund auf dem Gipfel Kältetestlabors eingerichtet. Auch mit Nebel muss auf den Höhen zu jeder Jahreszeit gerechnet werden, laut Statistik ist der höchste Punkt des Berges 60 % des Jahres von dichtem Nebel eingehüllt.

Kältetestlabors

Auf dem Gipfel befinden sich die Wetterstation **Mount Washington Observatory** und das Museum **Extreme Mount Washington** im Gebäude des Mount Washington SP Visitor Center. Das historische **Tip-Top House**, ein ehemaliges Hotel, steht nebenan (in der Saison 10–16 Uhr).

Mount Washington SP Visitor Center, *Sherman Adams Building, 1598 Mt. Washington Auto Rd., www.mountwashington.org, www.nhstateparks.org/visit/state-parks/mt-washington-state-park, Mitte Mai–Mitte Okt. (wetterabhängig), während des Betriebs von Cog Railway und Auto Road zugänglich, mind. 9–16 Uhr, keine Übernachtungsmöglichkeit, mit Cafeteria, WC, Shops.* **Extreme Mount Washington**, *geöffnet wie Visitor Center, $ 2.*

Reisepraktische Informationen Mt. Washington

ℹ️ Information

Mt. Washington Auto Road, *ab Glen House (NH 16), Ende Mai–Mitte Okt., wetterabhängig, $ 31/Pkw, https://mtwashingtonautoroad.com.* Informationen über Straßenzustand, Schwierigkeitsgrade und Dauer von Wanderungen gibt es auch bei:

White Mountain NF, *71 White Mountain Dr., Campton, www.fs.usda.gov/attmain/white mountain/specialplaces, Mo–Fr 8–16.30 Uhr.*

Appalachian Mountain Club, *Pinkham Notch Camp, Gorham, ☎ 603-466-2727, www.amc-nh.org.*

Mount Washington SP: *www.nhstateparks.org/visit/state-parks/mt-washington-state-park.*

Camping-Infos: *www.nhstateparks.org/Activities/camping.*

Town of Conway

Eingebettet in eine schöne Landschaft und mit eindrucksvollem Blick auf den Mt. Washington ist **North Conway** ein beliebter, ganzjährig viel besuchter Ferienort – auch wegen seiner Outlet-Shops. North Conway ist Teil der **Town of Conway**, zu der außerdem Conway, Center Conway, Redstone und Kearsarge gehören. Um 1765 hatten sich zu den lokalen Pequawket-Indianern erste weiße Siedler gesellt, heute leben etwa 10.000 Menschen in dem Ort, der sich zwischen Conway und North Conway über eine Strecke von etwa 10 km ausbreitet.

Beliebter Ferienort

Im **Mount Washington Weather Discovery Center** in North Conway kann man sich durch Filme, Videos, interaktive Ausstellungen und Experimente über die klimatischen Bedingungen auf dem Mt. Washington informieren.

Mount Washington Weather Discovery Center, *2779 White Mountain Hwy., www.mountwashington.org, HS 10–17, sonst 10–15 Uhr, $ 2.*

An dem alten Bahnhof **North Conway Station** aus dem Jahr 1874 starten die Dampf- oder Diesellokomotiven der **Conway Scenic Railroad**. Sie ziehen die Wagen über Gleise, die schon in den 1870er-Jahren verlegt wurden. Angeboten werden z. B. Fahrten nach Conway und Bartlett, einstündige Rundfahrten oder eine fünfstündige Fahrt durch die Crawford Notch.
Conway Scenic Railroad, 38 Norcross Circle, www.conwayscenic.com, zu Fahrzeiten und Tickets s. Website, Platzreservierung ist empfehlenswert.

Reisepraktische Informationen Town of Conway

Information
Mt. Washington Valley Chamber of Commerce & Visitors Bureau, 2617 White Mountain Hwy., North Conway, https://mtwashingtonvalley.org; außerdem saisonale Infostände, z. B. 2617 Mountain Rd., North Conway, und 250 Main St., Conway. Hilfreich ist auch: https://northconwaynh.com.

Unterkunft/Restaurants
Merrill Farm Inn & Resort $$$, 428 White Mountain Hwy. (US 302), Conway Village, ☎ 603-447-3866, http://merrillfarminn.com; 60 unterschiedliche Zimmer mit rustikalem Touch; ideal für Familien.
Red Jacket Mountain View Resort $$$$, 2251 White Mountain Hwy., North Conway, ☎ 603-356-5411, https://redjacketresorts.com; traumhaftes Resorthotel mit 163 Zimmern, vielfach mit Balkon und schönem Berg- oder Parkblick. Pool, Sauna, Tennisplätze sowie ausgezeichnetes **Champney's Restaurant**.
North Conway Grand Hotel $$$$, 72 Common St., North Conway, ☎ 603-356-9300, www.northconwaygrand.com; moderne Hotelanlage mit 200 großen, modern eingerichteten Zimmern, Pool, Sauna und Tennisplätzen; das Hotel liegt direkt am Outlet Village und verfügt über zwei Lokale: das **Mountainside Restaurant** und die **Mountainside Tavern**.
The Notchland Inn $$$$, 2 Morey Rd., Hart's Location (ab US 302), ☎ 603-374-6131, www.notchland.com; im White Mountain NF gelegenes Inn mit acht individuell gestalteten Gästezimmern und fünf Suiten; idealer Standort für Outdoor-Aktivitäten, mit Restaurant.

Einkaufen
Outletmalls in North Conway sind das **Settlers Green Outlet Village** (NH 16, 2 Common Ct.) und **Settlers Crossing** (1500 White Mnt. Hwy.), www.settlersgreen.com. Teil von Settlers Crossing ist **L.L. Bean** (1390 White Mnt. Hwy., North Conway).

Kancamagus Highway

Eine der schönsten Straßen der USA

Der **Kancamagus Highway** (Hwy. 112) – die Einheimischen nennen ihn nur kurz „The Kanc" – zählt zu den landschaftlich reizvollsten Straßen in den USA. Ihren Namen erhielt die Straße in Erinnerung an den indianischen Häuptling Kancamagus, der sich im 17. Jh. für die Wahrung des Friedens zwischen Penacook-Indianern und Weißen eingesetzt hatte. Mit dem Bau der Straße wurde 1930 begonnen, aber erst 1959 war diese direkte West-Ost-Verbindung durch die White Mountains fertiggestellt; kom-

plett geteert war sie erst weitere fünf Jahre später. „The Kanc" verbindet die Ortschaften Conway und Lincoln über kurvige 36 mi/58 km miteinander. Die Straße steigt bis auf etwa 900 m Höhe an, was bis 1966 bedeutete, dass man sie im Winter nicht befahren konnte, da sie nicht geräumt wurde.

Conway bis Lincoln

Der Abschnitt der NH 112 zwischen Conway im Osten und Lincoln im Westen ist nicht nur als Kancamagus Highway ausgewiesen, sondern gilt zugleich als offizieller **American Scenic Byway**. Direkt an der Straße beginnen zahlreiche **Wanderwege** in diversen Längen und Schwierigkeitsgraden. Unbedingt lohnend, im oberen Teil aber

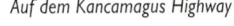

Auf dem Kancamagus Highway

zunehmend anstrengend, ist die Wanderung zum **Mt. Chocorua** (1.059 m). Vom Gipfel bieten sich großartige Blicke auf die Berge, Wälder und Seen New Hampshires.

Zu den Höhepunkten am Highway zählen außerdem die **Lower Falls** und **Rocky Gorge Scenic Areas**, wo sich der Swift River durch eine enge Schlucht windet und in starken Stromschnellen weiterfließt. Bei den **Sabbaday Falls** stürzen Wasserfälle in eine tiefe Klamm, von der Straße führt ein etwa 15-minütiger Spaziergang dorthin. Grandios ist der Ausblick vom **Pemigewasset Overlook**.

Reisepraktische Informationen Kancamagus Highway

Information
Allgemein: www.kancamagushighway.com
Saco Ranger District Office & Information Center, *33 Kancamagus Hwy., bei Conway, Mo 9–16.30, Di–So 8–16.30 Uhr.*
Lincoln Woods VC, *am Kancamagus Hwy., bei Lincoln, unregelmäßig geöffnet.*
White Mountains VC, *200 Kancamagus Hwy. (I-93, Exit 32), bei North Woodstock, HS 9–15.30, sonst Fr–So 9–15.30 Uhr.*

Camping
Am Kancamagus Highway gibt es einige gut ausgestattete **Campingplätze** *(www.kancamagushighway.com/campgrounds/index.htm), Picknickplätze und Aussichtspunkte, jedoch keine Tankstellen, Restaurants oder Läden.*

Lincoln/North Woodstock und Umgebung

Eingebettet in eine eindrucksvolle Berglandschaft und nur durch den Pemigewasset River voneinander getrennt, liegen die beiden Ortschaften **Lincoln** und **North Woodstock** am Kreuzungspunkt des Kancamagus Highway mit der Autobahn I-93.

Gondelfahrt

Kurz bevor man auf der Fahrt über den Kancamagus Highway Lincoln erreicht, passiert man den **Loon Mountain**. Auch wenn dieser nur etwa 930 m hoch ist, befindet sich hier das beliebteste Skigebiet im Bundesstaat New Hampshire. Die Fahrt mit der **Gondola**, einer 4-Personen-Kabine, auf den Gipfel des Loon Mountain dauert rund zehn Minuten und lohnt sich wegen des herrlichen Rundblicks und der Möglichkeit zu einer kurzen Wanderung auf einem der Naturpfade oder zu Herbert's Observation Tower. Auch sonst ist für Besucher – v. a. auch für Kinder – einiges an Unterhaltung geboten. **Loon Mountain Resort/Gondola Skyride**, *ca. 5 mi/8 km östlich Lincoln am Kancamagus Hwy., www.loonmtn.com, Mai–Mitte Okt., Ende Nov.–Mitte April 9–17 Uhr, ab $ 18, im Winter Tages- und Saisonpässe.*

Trails in die Schlucht

Zu den Attraktionen im Umland gehört, 6 mi/10 km westlich von North Woodstock, die **Lost River Gorge** in Kinsman Notch. Diese enge Schlucht entstand während der Eiszeit durch die vordringenden Eismassen. Heute kann man auf Trails, Stegen und Leitern in das Felsengewirr mit Findlingen und Granitblöcken, Felsspalten, Höhlen und

Wasserfällen steigen. Außerdem gibt es einen Naturgarten mit mehr als 300 einheimischen Pflanzen, ein naturgeschichtliches Museum und einen Natur-Wanderweg. Auch im Sommer sind festes Schuhwerk und Jacke empfehlenswert.
Lost River Gorge, *1712 Lost River Rd. (NH) 112, www.lostrivergorge.com, Mitte Mai–Mitte Okt. 9–17 Uhr, $ 21.*

Am nördlichen Rand von North Woodstock liegt **Clark's Trading Post**, eine Mischung aus Freizeitpark, Zoo und Freiluftmuseum. Dazu gehören das Americana Museum mit historischen Hinterlassenschaften aus der Region, die 1884 Pemigewasset Hook and Ladder Fire Station, ein historisches Feuerwehrhaus, das **Clark History Museum**, das sich mit der Geschichte des Trading Post und der Familie des Händlers befasst, das **Florence Murray Museum**, ein Heimatmuseum, und **Avery's Garage**, eine nachgebaute historische Tankstelle mit historischen Autos. Ein weiterer Bestandteil ist die **White Mountain Central Railroad**, die Rundfahrten anbietet.

Altes Feuerwehrhaus

Clark's Trading Post, *110 Daniel Webster Hwy./US 3, Lincoln, http://clarksbears.com, Ende Juni–Anfang Sept. 9.30–17.30 Uhr, variable Zeiten in der NS, $ 24.*

Reisepraktische Informationen Lincoln/North Woodstock

Information
Western White Mountains Chamber of Commerce, *159C Main St., North Woodstock, www.lincolnwoodstock.com.*
White Mountain BC, *200 Kancamagus Hwy. (I-93, Exit 32), HS tgl. 9–15.30, sonst Fr–So 9–15.30 Uhr, www.visitwhitemountains.com.*

Unterkunft/Restaurants
Mount Coolidge Motel $$, *386 US Rte. 3, North Woodstock, ☏ 603-745-8052, www.mtcoolidgemotel.com;* kleines Motel mit 18 ordentlichen Zimmern und zwei gemütlichen Cottages. Schön gelegen an einem Bergbach am Eingang zum Franconia Notch SP. April–Nov.
Indian Head Resort $$, *664 US Rte. 3, North Woodstock, ☏ 800-343-8000, www.indianheadresort.com;* Hotel am See mit Nebengebäuden, Zimmer im Haupthaus jeweils mit Balkon und Ausblick; mit Restaurant, Swimmingpools, Sauna, Tennisplätzen und Kinderprogrammen; ganzjährig geöffnet.
Woodstock Inn & Brewery $$, *135 Main St., North Woodstock, ☏ 603-745-3951, www.woodstockinnbrewery.com;* 20 stilvoll eingerichtete Zimmer unterschiedlicher Größe, umfangreiche Frühstückskarte im zugehörigen Restaurant; die **Woodstock Inn Brewery** mit mehreren Bars ist ein weiterer Teil des Komplexes.
The Mountain Club on Loon $$$, *90 Loon Mountain Rd., ☏ 800-229-7829, www.mtnclub.com;* großes, komfortables Resorthotel am Loon Mountain mit 354 Gästezimmern und Studios; großes Sportangebot, mehrere Restaurants, ganzjährig geöffnet.

Franconia Notch State Park

Der **Franconia Notch SP** (*ca. 10 mi/16 km von nördlich Lincoln, I-93*) gehört seit der Mitte des 19. Jh. zu den beliebtesten Erholungsgebieten in den Neuengland-Staaten.

Bergketten Zur Zeit der Laubfärbung strömen Jahr für Jahr Millionen von Besuchern hierher. Der State Park wird von den Bergen der Kinsman- und der Franconia-Kette umschlossen; weit im Osten sind die Berggipfel von Mt. Liberty, Mt. Lincoln und Mt. Lafayette zu erkennen und im Westen erhebt sich der **Cannon Mountain**.

Der kleine Ort **Franconia** liegt nördlich des Zugangs zum Franconia Notch SP. Am südlichen Ortsrand befindet sich **Frost Place**. Zwei Räume des Hauses, in dem der Dichter Robert Frost (1874–1963) zwischen 1915 und 1920 arbeitete, sind mit Erinnerungsstücken ausgestattet und können besichtigt werden. Der berühmte Autor schrieb hier zahlreiche Gedichte seiner Sammlung *New Hampshire*, für die er den Pulitzer-Preis erhielt.
Frost Place, 158 Ridge Rd., Franconia, http://frostplace.org, Juni Mo–Do 13–17, Juli/Aug. Mi–So 13–17, Sept./Okt. außer Di 10–17 Uhr, $ 5.

Die wichtigsten Naturschönheiten des Franconia Notch SP liegen dicht beieinander, nur wenige Kilometer südlich von Franconia zu beiden Seiten des US Hwy. 3. Einen besonders eindrucksvollen Panoramablick auf das Areal gewinnt man vom **Cannon Mountain** (www.cannonmt.com), den man zu Fuß oder per Seilbahn erreicht. Beliebt sind **Wanderungen** zum Kinsman Mountain, zum Lonesome Lake und zum Gipfel des Cannon Mountain; einfacher realisierbar sind Spaziergänge zum Echo Lake, zum „Old Man of the Mountain" (einer ehemals ikonischen Felsformation, die jedoch schon vor Jahren der natürlichen Erosion zum Opfer fiel) und zur Schlucht „The Flume".

Blick bis nach Kanada Mit der Cannon Mountain Aerial Tramway gelangt man in wenigen Minuten auf den Gipfel, um von dort die fantastische Aussicht bis nach Maine und Kanada sowie im Westen bis zu den Adirondacks zu genießen. Gleich neben der Kabinenseilbahn liegt das **New England Ski Museum**. Es informiert mittels Filmen, Fotografien und Ausstellungsstücken über das Thema Ski und Skifahren. Beide Attraktionen liegen am **Echo Lake**.
Cannon Mountain Aerial Tramway, 260 Tramway Dr., ca. 6 mi/10 km südl. Franconia, www.cannonmt.com/things-to-do/attractions/tram, Mitte Mai–Mitte Okt. 8.30–17 Uhr, Rundfahrt $ 19.
New England Ski Museum, 135 Tramway Dr., http://newenglandskimuseum.org, Juni–März 10–17 Uhr, Eintritt frei.

Reisepraktische Informationen Franconia Notch SP

Information
Franconia Notch Information Center, 421 Main St. (NH) 18, Franconia, www.franconianotch.org, ganzjährig 9–17 Uhr.
Franconia Notch SP, www.nhstateparks.org/visit/state-parks/franconia-notch-state-park, $ 4.

Unterkunft/Restaurants
Gale River Motel $$, 1 Main St., ☎ 603-823-5655, http://galerivermotel.com; schön gelegenes Motel mit zwölf Zimmern und zwei Cottages, teils mit Bergblick; Pool und Spielplatz.

Stonybrook Motor Lodge $$, 1098 Profile Rd., 1,25 mi/2 km südl. Franconia am NH 18, ℗ 603-823-5800, www.stonybrookmotel.com; Motel mit 24 Zimmern, zwei beheizte Swimmingpools, Kinderspielplatz, Grillplatz und Ententeich; Wanderwege am Haus beginnend. Mai–Ende Okt. geöffnet.

Franconia Inn $$$, 1172 Easton Rd. (NH) 116, Franconia, ℗ 603-823-5542, www.franconiainn.com; historisches Hotel am Fluss mit 32 gemütlich ausgestatteten Zimmern, z. T. mit Bergblick; beheizter Pool, Fahrradverleih, guter Ausgangspunkt für Wanderungen; mit Restaurant.

Camping: www.nhstateparks.org/visit/state-parks/franconia-notch-state-park

Bretton Woods und Umgebung

Das 1791 gegründete **Bretton Woods** liegt im Herzen der nördlichen White Mountains. Schon im 19. Jh. war dieses Gebiet Reiseziel Nr. 1 für die wohlhabenden Familien Neuenglands. Der Ort ist auch bekannt als Ausgangspunkt des beliebtesten Verkehrsmittels auf den Mt. Washington: der historischen **Mount Washington Cog Railway**. Seit 1869 schieben kleine Dampfloks mehrere Passagierwagen schnaubend über gut 5,5 km Strecke mit einer Steigung von durchschnittlich 25 % hinauf. Auf der „Jacob's Ladder", kurz vor dem Gipfel, beträgt die Steigung sogar über 37 %! Entwor-

Steil bergauf mit der Mount Washington Cog Railway

fen wurde die Zahnradbahn von einem gewissen Sylvester March, fertiggestellt war sie in nur drei Jahren.

Mount Washington Cog Railway, *ab Bretton Woods, US 302, ausgeschildert, www.thecog.com, HS 8.15–16.30/17.30, NS verkürzte Zeiten, ab $ 72 (Hin- und Rückfahrt zur Waumbek Station).*

Die zweite Attraktion in Bretton Woods ist das **Mount Washington Hotel**, ein prächtiges, schlossartiges Gebäude von 1902; eines der legendären Luxus-Resorts damaliger (und heutiger) Zeit. Bei jedem Wetter sitzen Gäste auf Schaukelstühlen auf der 274 m langen, dem Foyer vorgelagerten Veranda, um das Panorama zu bewundern. In den Zimmern erinnern Tafeln an die Besuche berühmter Gäste.

Auch große politische Treffen fanden hier statt, z. B. tagte vom 1. bis 22. Juli 1944 im Mount Washington Hotel die Währungs- und Finanzkonferenz der Vereinten Nationen. Vertreter von 44 Staaten beschlossen in dem **Abkommen von Bretton Woods** die Einrichtung des Internationalen Währungsfonds und der Weltbank. Ein Kernpunkt war die Installierung eines Systems fester, aber anpassungsfähiger Wechselkurse. Der Goldstandard wurde auf $ 35 pro Unze festgesetzt und der amerikanische Dollar als Leitwährung für den internationalen Handel. Seit dem 14. August 1952 gehört Deutschland beiden Institutionen an.

Leitwährung Dollar

Mount Washington Resort, ein Schloss in den Bergen

Märchenschloss im „Winter Wonderland"

Vor der Kulisse der White Mountains in New Hampshire erhebt sich ein Märchenschloss, das sich bei näherem Hinsehen als Hotel erweist. Genauer: als eine der luxuriösesten Unterkünfte in Neuengland und eines der „Historic Hotels of America". Betritt man die Lobby, fühlt man sich in eine andere Zeit versetzt …

Joseph Stickney, ein Einheimischer, der mit Kohle und der Eisenbahn reich geworden war, ließ 1900 den Grundstein für dieses Grand Hotel legen. Italienische Kunsthandwerker wurden „eingeflogen", edelstes Geschirr, feine Stoffe sowie hochwertige Möbel wurden angeschafft und bei der Eröffnung am 28.7.1902 standen 350 Servicekräfte parat. In der Folge fanden sich viele Prominente in der exklusiven Abgeschiedenheit ein, darunter Winston Churchill, Thomas Edison und drei US-Präsidenten.

1944 tagte hier die Währungs- und Finanzkonferenz der UN und beschloss die Errichtung des Internationalen Währungsfonds und der Weltbank. 1986 wurde das Hotel zum „National Historic Landmark" erklärt, fünf Jahre später gelangte es in den Besitz einer Gruppe lokaler Geschäftsleute, die es renovierte. Seit Ende 1999 ist das Hotel auch im Winter geöffnet. Es gehört heute zur Omni-Hotelkette und wird zusammen mit dem großen Skigebiet Bretton Woods vermarktet.

Omni Bretton Arms Inn at Mount Washington *$$$–$$$$, 173 Mt. Washington Rd., ✆ 603-278-3000, www.omnihotels.com/hotels/bretton-woods-bretton-arms; kleineres Historic Inn mit 34 Gästezimmern und Restaurant.*
In nächster Nähe liegt das (etwas preiswertere) **Omni Mount Washington Resort** *$$$–$$$$$, 310 Mt. Washington Rd. (über US 302), Bretton Woods, ✆ 603-278-1000, www.omnihotels.com/hotels/bretton-woods-mount-washington; um die 200 Zimmer, Fitness- und Wellnesszentrum, Golfplatz u. a. Annehmlichkeiten. Top-Restaurant im Hotel.*

Folgt man dem US 302 südostwärts, gelangt man zurück zur **Town of Conway** (s. S. 407, *ca. 29 mi/47 km von Bretton Woods bis North Conway*). Die Straße folgt dem **Saco River** durch die **Crawford Notch**, die sich von Bartlett im Süden bis zum Saco Lake im Norden erstreckt. Zu beiden Seiten der tiefen Schlucht ragen hohe Felsen auf: Mt. Nancy und Mt. Willey im Westen, Mt. Crawford, Mt. Webster und Mt. Jackson im Osten. Diese gehören wie der Mt. Washington zur Presidential Range. Das Gebiet um die Schlucht ist zu weiten Teilen als **Crawford Notch State Park** geschützt. Dort befindet sich auch das **Willey House** mit ebenso interessanter wie tragischer Geschichte.

Der **Crawford Pass** wurde nach der gleichnamigen Pionierfamilie benannt, die als erste einen begehbaren Weg auf den Gipfel des Mt. Washington fand und Fremden in ihrer Hütte Schutz bot. Am Nordende des Passes liegen **Silver Cascade** und **Flume Cascade** und ein Stück weiter südlich führt ein ausgeschilderter Wanderweg zu den **Arethusa Falls** (*1,25 mi/2 km vom US Hwy. 302 entfernt*). Diese Wasserfälle zählen zu den höchsten in New Hampshire.

Wanderung auf den Mt. Washington

Crawford Notch SP, *1464 US 302, Harts Location, www.nhstateparks.org/visit/stateparks/crawford-notch-state-park, $ 4, mit Willey House, Ende Mai–Mitte Okt. 9.30–17 Uhr.*

Durch die Lakes Region und das Merrimack River Valley nach Boston

Von Conway geht es südwärts durch die Seen- und Hügellandschaft im Herzen New Hampshires und weiter durch das Merrimack River Valley in Richtung Boston. Etwa 270 Seen – im Zentrum der Lake Winnipesaukee als größter – kennzeichnen diese Landschaft, die sich südlich der White Mountains bis vor die Tore Concords sowie im Osten vom Grenzgebiet Maines bis hinein nach Vermont erstreckt. Die Lakes Region ist wie die White Mountains eine sehr beliebte Erholungsregion.

Viel Natur

Zur **Lakes Region** gehören nur rund 40 Ortschaften, aber viele Seen und Weiher, die malerisch in ausgedehnte Wälder und sanfte Hügel eingebettet sind. Die Namen der Gewässer – etwa Kanasatka, Waukewan oder Pemigewasset – erinnern an die indianischen Ureinwohner der Region. Heute sind die Seen vor allem bei Wassersportlern beliebt, die Boote reichen vom kleinen Kajak bis zum großen Ausflugsschiff.

Hinweis zur Route

Von Conway führt die Fahrt auf NH 16, 28 und 109 (alternativ über NH 153, 25, 16, 28 und 109) zunächst nach Wolfeboro am Ostufer des Lake Winnipesaukee (35 mi/56 km). Von dort geht es auf dem NH 109 in nordwestlicher Richtung am Ufer entlang und – nach einem Abstecher zum Castle in the Clouds (NH 171) – weiter bis Moultonborough. Anschließend führt der NH 25 nach Meredith, von wo aus man über den US 3 Weirs Beach erreicht, den Hauptort am Westufer des Lake Winnipesaukee (33 mi/53 km).

Am Lake Winnipesaukee

Hat man die White Mountains auf dem Weg nach Süden hinter sich gelassen, öffnet sich eine ausgedehnte Seenlandschaft, die Lakes Region. Wälder und Wasser prägen die Landschaft rund um den Lake Winnipesaukee. Dessen indianischer Name bedeutet: „Das Lächeln des Großen Geistes". Er ist mit rund 300 km Uferlinie und 274 Inseln der größte See in

*Blick auf den
Lake Winnipesaukee*

New Hampshire und aufgrund seiner Nähe zu Manchester und Boston ein beliebtes Ausflugsziel.

Während **Weirs Beach** am Westufer als Haupt-Versorgungsort fungiert, kann **Wolfeboro** am Ostufer auf eine lange Tradition als „Sommerfrische" verweisen: Schon 1764 ließ der königliche Gouverneur Wentworth hier „*America's first summer resort*", das erste Luxus-Resorthotel in Nordamerika, errichten. Abgesehen von diesem Gebäude sind in Wolfeboro auch noch einige andere alte Villen zu sehen, etwa das **Clark House** (*S Main St.*) aus dem Jahr 1778, in dem ein Klassenraum aus der Zeit um 1820 sowie ein Feuerwehrmuseum mit Löschwagen und Ausstattung von 1862 eingerichtet wurden. Zudem gibt es zwei Museen im Ort, die ebenfalls einen Blick wert sind: das **New Hampshire Boat Museum** mit Interessantem zu Bootsbaugeschichte und -technik sowie das **Wright Museum** mit Ausstellungen über das Leben in New England während des Zweiten Weltkriegs. *Alte Villen*

New Hampshire Boat Museum, *399 Center St., Wolfeboro, www.nhbm.org, Ende Mai–Mitte Okt. Mo–Sa 10–16, So 12–16 Uhr, $ 9.*
Wright Museum, *77 Center St., Wolfeboro, www.wrightmuseum.org, Mai–Okt. Mo–Sa 10–16, So 12–16 Uhr, $ 10.*

Eine Attraktion am Nordostufer ist das knapp 18 mi/30 km nördlich von Wolfeboro (*über NH 109 und 171*) gelegene **Castle in the Clouds**. Das 1910 von dem exzentrischen Millionär Thomas Gustave Plant hoch über der Seenlandschaft errichtete „Schloss in den Wolken" ist von einem beeindruckenden 21 km² großen Park umgeben.
Castle in the Clouds, *455 Old Mountain Rd. (NH) 171, Moultonborough, www.castleintheclouds.org, Ende Mai–Ende Okt. 10–17.30 Uhr, $ 18, mit Castle Café.*

Der am NH 109 folgende kleine Ort **Moultonborough** liegt an der Nordspitze des Sees. Der Dichter **Robert Frost** hielt sich hier mehrmals auf und verarbeitete diese Aufenthalte in seinen Gedichten. Der **Old Country Store and Museum** ist ein seit 1781 bestehender Laden, der eine Fülle an Antiquitäten, Kuriositäten, Kunsthandwerk und Souvenirs im Angebot hat und zugleich als Museum fungiert. *Auf den Spuren Robert Frosts*
Old Country Store and Museum, *1011 Whittier Hwy., Moultonborough, www.nhcountrystore.com, 9–mind. 19 Uhr.*

Über **Meredith**, direkt am Seeufer gelegen und mit netten Shops, Restaurants und Cafés ausgestattet, erreicht man die Hauptorte auf der Westseite des Lake Winnipesaukee: **Weirs Beach** und das etwas im Hinterland gelegene **Laconia**, eine Gründung von 1777. Sehenswert in Laconia ist die **Belknap Mill**, eine 1823 erbaute Textilfabrik mit der ältesten noch betriebenen Spinnerei der USA. Zwei Museen gehören zur Anlage: Im Hosiery Museum gibt es eine Ausstellung zur Geschichte und zum Betrieb der Fabrik sowie zu den hier Beschäftigten, im Power House Museum steht das Thema Wasserkraft im Zentrum.
Weirs Beach liegt direkt am Seeufer und ist ideal, um die Umgebung mit der **Winnipesaukee Scenic Railroad** oder bei einem **Bootsausflug** zu erkunden.
Belknap Mill, *25 Beacon St. E., Laconia, www.belknapmill.org, Mo–Fr 9–17, Sa 9–16 Uhr, Eintritt frei, Laden mit Erzeugnissen regionaler Künstler und Kunsthandwerker.*

Reisepraktische Informationen Lakes Region (NH)

Information
Lakes Region Association VC, 61 Laconia Rd. (US Hwy 3, I-93/Exit 20), Tilton, www.lakesregion.org.
Town of Wolfeboro, 84 S Main St., www.wolfeboronh.us/visitors.
Lakes Region Chamber, US 3, zwischen Weirs Beach und Laconia, www.lakesregionchamber.org, mit Info Booth.

Unterkunft/Restaurants
Heritage Farm Pancake House, 16 Parker Hill Rd., Sanbornton (nahe Laconia), ☏ 603-524-5400, www.heritagefarmpancakehouse.com; die besten Pancakes weit und breit, zudem Laden, Streichelzoo, Pferderitte und Kutschfahrten.
The Naswa Resort $$–$$$$, 1086 Weirs Blvd., Laconia, ☏ 888-556-2792, https://naswa.com; großer Komplex mit Motel, Inn und Cottages, direkt am See gelegen, mit zwei Lokalen: **Blue Bistro** und **NazBar & Grill**.
Crescent Lake Inn & Suites $$$, 280 S Main St., Wolfeboro, ☏ 603-569-1100, www.crescentlakeinn.com; Unterkunft mit 40 Gästezimmern, teilweise mit Küchenzeile. Schön gelegen am Crescent Lake, mit Privatstrand und Bootsverleih, ganzjährig geöffnet.
The Wolfeboro Inn $$$, 90 N Main St., Wolfeboro, ☏ 603-569-3016, www.wolfeboroinn.com; historisches Gebäude von 1812 mit Nebengebäuden, mehr als 40 elegante Zimmer und Restaurant **Wolfe's Tavern**. Direkt am See mit Privatstrand und Bootsverleih, in der Nähe von Geschäften und Restaurants.
The Inns at Mills Falls $$$–$$$$, 312 Daniel Webster Hwy., Meredith, ☏ 844-745-2931, www.millfalls.com; drei renovierte Häuser (darunter eine ehemalige Kirche und eine Textilfabrik) sowie zwei Neubauten mit schönen, geräumigen Zimmern.

Einkaufen
Keepsake Quilting, 12 Main St., Center Harbor, www.keepsakequilting.com; Riesenauswahl an Quilts, mehr als 3.500 verschiedene Muster.
Hampshire Pewter, 350 Rte. 108, Somersworth bzw. 9 Railroad Ave., Wolfeboro (hier nur Shop), www.hampshirepewter.com; 1974 gegründete Zinngießerei, in der die Handfertigung von Zinngegenständen Tradition hat. Schlichtes, elegantes Design der Produkte, die ihre hohe Qualität „Queen's Metal" verdanken, einer hochwertigen Zinnlegierung. Auch Touren!
Kellerhouse, 259 Endicott St. N/Rte. 43, Laconia, https://kellerhaus.com; seit 1906 werden hier Eis, Schokolade und Süßigkeiten wie ribbon candy selbst hergestellt, bunt sortierter Laden.
Tanger Outlet Center, 120 Laconia Rd. (Hwy.11/US 3, I-93/Exit 20), Tilton, www.tangeroutlet.com/tilton; Billigangebote in über 50 Einzelshops.

Touren
M/S Mount Washington Cruises, 211 Lakeside Ave., Weirs Beach, Laconia, ☏ 603-366-5531, www.cruisenh.com; See-Rundfahrten mit der „Mount Washington", einem Dampfschiff aus den 1930ern, sowie zwei kleineren Schiffen (tgl. Mai–Ende Okt.); auch Sonderfahrten.
Winnipesaukee Scenic Railroad, ab Weirs Beach (Pier) nach Meredith verkehrende Eisenbahn, www.hoborr.com/winninew.html; tgl. Juli/Aug., sonst nur an Wochenenden, nicht Nov.–April, $ 21 (2 Std.).

Canterbury Shaker Village

Rund 25 km südlich von Weirs Beach (US *3, dann NH 106*) liegt bei dem Ort **Canterbury Center** gut ausgeschildert das **Canterbury Shaker Village** (*Shaker Rd.*). Neben dem Parkplatz befindet sich das Besucherzentrum, in dem Tickets verkauft und Infos zu Touren erteilt werden. Außerdem gibt es eine kleine Ausstellung.

Auf dem Gelände sind von ursprünglich rund 100 Bauten etwa 25 erhalten. Viele davon können in Eigenregie besichtigt werden, manche sind nur in Begleitung eines Tourguide zugänglich, z. B. interessante Gebäude wie das *Meeting House*, das *Dwelling House* oder die *Laundry*. Am Ende der Besichtigung laden ein Café und ein großer **Museumsshop** zum Verweilen ein. In letzterem gibt es schöne Mitbringsel und Handwerksartikel zu kaufen, z. B. die legendären ovalen Shaker-Holzboxen und Garderobenleisten, Gemüsesamen und Handarbeiten, Bücher und Ahornsirup. Insgesamt sollte man für das Dorf mindestens zwei bis drei Stunden einplanen, wer die **Nature Trails** – z. B. rund um Turning Mill Pond – miteinbeziehen möchte, sogar mehr.

Beliebte Souvenirs

Der **Rundgang** führt durch das ehemalige Dorf mit alten Werkstätten, Scheunen, Schule und Gebetsräumen, Gärten und Wirtschaftsgebäuden. In vielen Häusern erläutern bzw. demonstrieren Angestellte das Gesehene und machen damit die Geisteswelt und das Leben der Shaker verständlicher. Auch werden alte Handwerkstechniken wie Holzbearbeitung, Weben, Besenbinden oder Nähen vorgeführt.

Jede Shaker-Siedlung entschied eigenständig über die Rekrutierung neuer Mitglieder und in Canterbury entschloss man sich in den 1950er-Jahren, niemanden mehr neu in die Gemeinschaft aufzunehmen. 1964 wurde das Dorf von den letzten Shaker-Schwestern bewusst zum „Denkmal" umgewandelt, das über das Leben und Wirken der Shaker berichten sollte, ohne es im Stil eines *Living History Museum* zu einer Art Vergnügungspark zu machen. 1939 starb der letzte Bruder, 1992 die letzte Schwester, seither wird das Dorf als Sehenswürdigkeit betrieben. Von einst 19 Shaker-Siedlungen gibt es heute nur noch ein authentisches bewohntes Dorf, nämlich in Sabbathday Lake/Maine (s. S. 399).

Rückgang der Shaker-Siedlungen

Canterbury Shaker Village, *288 Shaker Rd., südl. Belmont (Zufahrt: I-93 Exit 18, ausgeschildert), www.shakers.org, Mai–Sept. Di–Sa 10–16 (Touren 11/14 Uhr), Sept.–Mitte Okt. 10–17 (Touren 11/13/15 Uhr), Mitte Okt.–Nov. Sa/So 10–16 Uhr (Touren 11/14 Uhr), $ 19; mit Museumsshop und* **Creamery Café**.

Die „Shaking Quakers"

Um den Himmel auf Erden zu errichten, war **Ann(e) Lee** 1770 mit acht Anhängern nach Amerika aufgebrochen. 1736 in Manchester, England, geboren, hatte die couragierte Fabrikarbeiterin die Nase voll von Ausbeutung, Erniedrigung und ihrer Rolle als mehrfache Mutter und Putzfrau ihres Ehemannes. Sie wandte sich dem Glauben zu und wurde in den 1750ern zur geistigen Führerin einer Gruppe von Abtrünnigen der anglikanischen Kirche. Die **Religionsgruppe** machte sich Elemente von Vorstellungen der Quäker, Hugenotten und Methodisten zu eigen. Wegen ihres Glaubens verfolgt und 1770 eingesperrt, hatte Ann Lee die Vision, dass sie eine neue Lebensweise verkünden müsse, bei der Männer und Frauen gleichgestellt seien und frei von Lust, Habgier und Gewalt ein (zölibatäres) Leben in materieller und geistiger Einfachheit führen.

Nach Ann Lees Flucht nach Nordamerika entstanden dort ab 1774 **Shaker-Gemeinden**, die erste bei Albany (NY), später u. a. Sabbathday Lake (1783) und Canterbury (1792). Zur Blütezeit gehörten rund 300 Brüder und Schwestern sowie 100 Kinder der Gemeinschaft in Canterbury an, die zugleich die Funktion eines Waisenhauses bzw. Kinderheims übernahm. 1826 umfasste die Glaubensgemeinschaft insgesamt an die 6.000 Mitglieder in damals 18 Gemeinden und verteilt auf acht Bundesstaaten.

Dies erlebte „Mother Ann" allerdings nicht mehr, sie starb 1783 nach einer Missionsreise durch Neuengland. Da das Prinzip des Zölibats galt, musste man durch Konvertiten und adoptierte Waisen Mitglieder rekrutieren. Dies gelang bis zur Mitte des 19. Jh. recht gut, dann jedoch – parallel mit der zunehmenden Industrialisierung – sanken die Mitgliederzahlen. Heute gibt es nur noch drei „Believers", in Sabbathday Lake (Maine).

„**Shaking Quakers**" wurde die Glaubensgemeinschaft spöttisch genannt, da der Tanz ein wesentlicher Bestandteil ihres Gottesdienstes war. Während der emotionalen Versammlungen warfen sich Mitglieder gelegentlich in zuckenden Bewegungen zu Boden. Der offizielle Name der Gemeinschaft war **United Society of Believers of Christ's First and Second Appearance**, kurz **Believers**. Die oberste Leitlinie lautete frei übersetzt: „Beten und Arbeiten". *Brothers* und *Sisters*, Männer und Frauen, pflegten keinerlei private Kontakte, sie bewohnten getrennte Gebäude bzw. -teile, gingen streng definierten Pflichten nach und betraten sogar die Kirche, das *Meeting House*, durch separate Eingänge.

Ein anderes **Gebot** der Shaker lautete: *„Efficiency of space and time"*, was hieß, dass im Alltag alles seinen Sinn haben musste und bestmöglich zu funktionieren hatte – Bauten, Haushaltsgeräte, Kleidung und Abläufe waren entsprechend zu gestalten. Gegenüber technischen Errungenschaften zur Arbeitserleichterung war man aufgeschlossen, Erfindergeist und Intelligenz wurden wertgeschätzt. Einfachheit und Nützlichkeit, **hohes handwerkliches Können** und Präzision gingen mit Disziplin und Geschäftssinn einher. Die **Handwerkskunst** (v. a. Möbel) und die **Architektur der Shaker** haben die Bewegung selbst überlebt und werden heute noch von vielen Handwerkern nachgeahmt.

Ein besonderer Platz in der Architektur- und Designgeschichte ist den Shakern sicher, etwa durch die *Round Barn* in Hancock (MA), ein großes rundes Steingebäude, höchst effizient und dabei grandios in seinen schlichten Proportionen, sowie durch die typischen Wohnhäuser und *Meeting Houses*, die man beispielsweise in Canterbury sieht.

Im Merrimack River Valley

Am Südrand der Lakes Region, bereits im Merrimack Valley, liegt New Hampshires **Hauptstadt Concord**. Der **Merrimack River** ist der zweitlängste Fluss in Neuengland. In seinem Tal ließen sich die ersten europäischen Siedler nieder, bebauten das Land und nutzten die Wasserkraft für industrielle Zwecke, sodass sich hier die größten Städte New Hampshires entwickeln konnten.

Im Merrimack River Valley

Bevor weiße Siedler auftauchten, lebten hier die **Pennacook**, Algonkin sprechende Indianer, die kulturell zu den westlichen Abenaki-Indianern zählen, die einst im heutigen New Hampshire, Vermont und Québec zu Hause waren. Ihr Name geht auf ihren Hauptort „Penokok" („Auf den steilen Ufern") am Merrimack River zurück, dort, wo sich heute Concord befindet.

Concord

Als hier zwischen 1725 und 1727 die ersten weißen Siedler auftauchten, übernahmen sie zunächst den indianischen Namen für die Ortschaft. 1734 erklärte man den Ort als „Rumford" zur Stadt. 1765 änderte sich der Name erneut: Von nun an nannte man sich **Concord**. 1808 wurde die Kleinstadt offiziell zur Hauptstadt des Bundesstaats New Hampshire erklärt und 1816–1819 entstand das State House nach Plänen von Stuart Park. Es ist der einzige Regierungssitz in den USA, in dem die originalen Sitzungsräume von 1819 immer noch genutzt werden.

Heute noch bildet das **New Hampshire State House** das Herz der Stadt. Es liegt mit seinem Park an der Hauptachse, der Main Street. Hier steht zudem das **Capitol Theatre**: 1927 im ägyptisierenden Stil eröffnet, war es einst ein Top-Spot für Vaudeville-Theater, also eher leichte, unterhaltsame Stücke mit musikalischen Einlagen. Später wurde der Saal auch als Kino und für Konzerte genutzt. Seit der umfassenden Renovierung und Wiedereröffnung 1995 stehen über 1.300 Plätze für Broadwayshows zur Verfügung. Die **Main Street** lädt zum Bummel ein, denn hier reihen sich etliche kleine, ungewöhnliche Läden und Lokale auf.

Clock Tower in Downtown Concord (NH)

NH State House, 107 Main St., www.gencourt.state.nh.us/nh_visitorcenter/default.htm, Mo–Fr 8–16.30 Uhr, Eintritt frei, auch Touren.

Interessantes zur Geschichte des Bundesstaates liefert das **Museum of New Hampshire History** mit den Sammlungen der New Hampshire Historical Society. Hier steht auch eine der originalen **Concord-Kutschen** – *stagecoaches* –, die man aus Westernfilmen als „Postkutschen" kennt. Im frühen 19. Jh. hatten Lewis Downing und J. Stephen Abbot dieses Gefährt, auch *„Wheels that won the West"* genannt, entwickelt. Aufgrund ihrer speziellen Konstruktionsweise mit hohen Rädern war die Kutsche für Fahrten im damals noch „wilden" Westen der USA bestens geeignet. Der Raumfahrt,

Das New Hampshire State House in Concord

Fluggeschichte und Astronomie widmet sich hingegen das **McAuliffe-Shepard Discovery Center**. Es wurde zu Ehren der Raumfahrtpioniere Christa McAuliffe und Alan Shepard ins Leben gerufen.

Museum of New Hampshire History, *Eagle Square/Main St., www.nhhistory.org, Di–Sa 9.30–17 Uhr, $ 7.*

McAuliffe-Shepard Discovery Center, *2 Institute Dr., www.starhop.com, HS 10.30–16 Uhr, sonst verkürzt, $ 11,50.*

Manchester

Etwa 25 km südlich der Hauptstadt, erreichbar über den US 3 entlang dem Ostufer des Merrimack River oder auf der I-93 entlang dem Westufer, liegt die ehemalige Industriestadt **Manchester**. Aufgrund ihrer Vergangenheit als reiche Textilstadt wird sie auch als **New Hampshires „Queen City"** bezeichnet und ist heute die größte Stadt im Bundesstaat (ca. 112.000 EW).

Einst nutzten die **Abenaki-Indianer** die hier befindlichen Wasserfälle des Merrimack River zum Fischen und nannten den Ort deshalb „Amoskeag" – „Platz der vielen Fische". In den 1720ern tauchten die ersten weißen Siedler auf und gründeten einen Ort namens **Derryfield**. Da zunächst der Fluss der wichtigste Transportweg war, baute man im 18. Jh. einen Kanal, der die Wasserfälle umging, eine Anbindung der nördlich gelegenen Region ermöglichte und aus Derryfield einen Handelsknotenpunkt machte.

Diese idealen Voraussetzungen nutzten zu Beginn des 19. Jh. einige Bostoner Geschäftsleute, um eine Textilfabrik zu gründen. Derryfield entwickelte sich ab 1810 mit der **Amoskeag Manufacturing Company** zum „Manchester of America". Man nutzte intensiv die Wasserkraft und als Folge blieben von dem Naturidyll mit Wasserfall bald nur noch ein Damm und zahlreiche Kanäle im Stadtbild erhalten.

Um die Textilfabrik war rasch eine sich selbst versorgende **Industriestadt** entstanden, die im späten 19. Jh. ihre Blüte erlebte. Während die Arbeiter in einfachen Wohnblöcken lebten – einige davon sind noch erhalten –, residierten die reichen Unternehmer in prächtigen viktorianischen Villen in North End oder auf dem Hanover Hill. Die Elm Street entwickelte sich zum wirtschaftlichen Zentrum der neu entstandenen Siedlung.

Im Merrimack River Valley

Anfang des 20. Jh. war Amoskeag die **größte Textilfabrik der Welt**. Arbeiter mit Wurzeln in aller Welt, vor allem Menschen aus Europa, waren hier beschäftigt. Um 1910 produzierten 16.000 Beschäftigte Tag für Tag über 750 km(!) Stoffbahnen. Anschließend ging es rapide bergab mit der Textilindustrie und 1935 schloss die letzte Produktionsstätte. Auch der Verfall der Innenstadt Manchesters schien unaufhaltsam, doch dank eines Revitalisierungsprogramms konnten viele der alten Ziegelbauten gerettet und umfunktioniert werden: Büros, Apartments, Künstlerateliers, Läden, Restaurants und *Craft Breweries* (wie die Stark Brewing Company) zogen ein.

Anfänge der Textilindustrie

In einem der alten Fabrikbauten ist das **Millyard Museum** zu Hause, das einen hervorragenden Überblick über die Geschichte der Stadt und der Textilindustrie gibt. Schautafeln, Modelle und Originalstücke aus den alten Produktionsstätten sowie ein Teil eines Wasserkanals informieren über die Blütezeit der Textilindustrie, die Industrialisierung im Allgemeinen und die Stadtentwicklung Manchesters.
Millyard Museum, *Commercial/Pleasant St., Mill Nr. 3, www.manchesterhistoric.org/mill yard-museum, Di–Sa 10–16 Uhr, $ 8, kleiner Shop.*

Wie in alten Zeiten schlägt das Herz der Stadt immer noch im Bereich der **Elm Street**, wo sich Läden und Cafés zuhauf finden. Das **Currier Museum of Art** ist zwar nicht allzu groß, dafür ist die Gemäldesammlung europäischer und amerikani-

Historische Textilfabrik in Manchester

scher Meister hochkarätig, exquisit ausgewählt und hervorragend präsentiert. Besonders sehenswert unter den mehreren Tausend Ausstellungsstücken sind die Möbel-, Foto- und Glassammlungen.

Vom Museum mitverwaltet und von dort mit Kleinbussen angefahren wird das **Zimmerman House**. Dieses 1950 von **Frank Lloyd Wright** entworfene Privathaus hatten der Arzt Isadore J. Zimmerman (1903–84) und seine Frau Lucille (1908–88), Krankenschwester und seine Sekretärin, in Auftrag gegeben. Wright selbst besuchte den Ort niemals, sondern kreierte lediglich anhand von Fotos und topografischen Karten ein Meisterwerk der modernen Architektur, oder genauer: des von ihm entwickelten **Prairie style**.

Aus der Ferne kreiert

Currier Museum of Art, *150 Ash St., http://currier.org, So/Mo/Mi–Fr 11–17, Sa 10–17 Uhr, $ 15, inkl. Zimmerman House (Touren) $ 25.*

Auf dem NH 28 geht es weiter Richtung Boston, zunächst nach **Derry**, in die Heimat des Dichters Robert Frost, dessen Farmhaus zu besichtigen ist. Hier lebte er mit seiner Familie von 1900 bis 1911. Ein Stückchen weiter südlich ist ein Abstecher zu einem ungewöhnlichen Ort möglich: **America's Stonehenge**, etwas außerhalb von **North Salem** gelegen. Dieser nur etwa meterhohe Steinkreis hat mit dem britischen Stonehenge lediglich gemeinsam, dass er unterschiedlichste Entstehungstheorien hervorgebracht hat: Wer hat ihn aufgestellt? Griechen, Phönizier, Kelten, Indianer, frühe Siedler oder doch nur ein *Local*, der sich einen Spaß erlaubte?

Urheber ungewiss

Robert Frost Farm, *122 Rockingham Rd., Derry, www.robertfrostfarm.org, Mai–Okt. Mi–So 10–16, Juli/Aug. 10–16 Uhr, $ 5.*
America's Stonehenge, *105 Haverhill Rd., North Salem, www.stonehengeusa.com, 9–17 Uhr, $ 13.*

Nashua (NH) und Lowell (MA)

Südlich von North Salem führt der NH 111 in südöstlicher Richtung in die ehemalige Pelzhandelsstation **Nashua**. Der Ort am Zusammenfluss von Nashua und Merrimack River wurde 1654 besiedelt und entwickelte sich zum Zentrum des Pelzhandels. Ab dem frühen 19. Jh. kam die Textilindustrie dazu und 1836 hatte die **Nashua Manufacturing Company** bereits drei Baumwollwebereien in Betrieb, die allerdings nach dem Ersten Weltkrieg Probleme bekamen. Heute leben in dem Städtchen etwa 90.000 Einwohner, etliche davon arbeiten in Boston. Über die Autobahn I-93 gelangt man nämlich schnell in den Bundesstaat Massachusetts.

Der US 3 führt nach **Lowell**, ebenfalls am Merrimack River gelegen und keine 50 km mehr von Boston entfernt. Wie bei Manchester und Nashua handelt es sich um ein ehemaliges Textilzentrum, das schon 1842 von Charles Dickens besucht und beschrieben wurde. Einblick in die industrielle Vergangenheit gibt der **Lowell National Historic Park**. Hier wurden zahlreiche Fabrikgebäude renoviert, man läuft entlang oder fährt auf den kompliziert angelegten Kanälen und sieht die Wohnkomplexe der Arbeiter und Arbeiterinnen. Im Museum gibt es Details über die Arbeitsbedingungen, die Industrie im Allgemeinen und Handwerkstechniken im Speziellen.

Industriekultur

Lowell NHP, *VC: 246 Market St., www.nps.gov/lowe, 9–17 Uhr, Park Eintritt frei, Boott Cotton Mills Museum: 115 John St., 9.30–17 Uhr, $ 6. In der HS auch Kanal-Touren ($ 12).*

Hinweis zur Route

Lowell (MA) liegt am nördlichen Rand der Metropolregion Boston. Auf dem US 3 sind es nur noch rund 30 mi/48 km ins Zentrum von Boston.

Reisepraktische Informationen Merrimack River Valley

Information

Concord VC, 49 S Main St., www.visitconcord-nh.com, Mo–Fr 8.30–17 Uhr.
Greater Manchester Chamber, 54 Hanover St., Mo–Do 8.30–16.30, Fr 9–16 Uhr, www.manchester-chamber.org und www.yourmanchesternh.com.
Greater Merrimack Valley CVB, 61 Market St., Lowell (MA), http://merrimackvalley.org.

Unterkunft

Hilton Garden Inn Manchester Downtown $$$, 101 S Commercial St., Manchester, ① 603-669-2222, https://hiltongardeninn3.hilton.com; alles andere als ein 08/15-Kettenhotel! Direkt am Baseballstadion der lokalen Profimannschaft Fisher Cats (Eastern League, Nachwuchsteam der Toronto Blue Jays) gelegen, erlaubt es Gästen, von den großen Zimmern aus Baseballspiele zu verfolgen. Top-Service mit Restaurant und Bar sowie Schwimmbad.
The Centennial Hotel $$$–$$$$, 96 Pleasant St., Concord, ① 603-227-9000, www.thecentennialhotel.com; Boutique-Hotel in einem historischen Bau, der an ein Schloss erinnert. Mit ausgezeichnetem **Granite Restaurant & Bar**.

Restaurants

Granite Restaurant & Bar, im Centennial Hotel (s. o.), ① 603-227-9005, http://www.graniterestaurant.com; gilt als das beste Lokal der Stadt.
Cotton Restaurant, 75 Arms St., Manchester, ① 603-622-5488, www.cottonfood.com; Chefkoch und Besitzer Jeffrey Paige setzt auf regionale Küche. Neben Seafood und Fisch gibt es gute Steaks. Die Weinkarte ist exzellent, aber noch bekannter ist die Bar für ihre Martini-Kreationen.
Stark Brewing Company, 500 N Commercial St., Manchester, ① 603-625-4444, www.starkbrewingcompany.com; Pub der Kleinbrauerei mit ausgezeichneten Bieren und schmackhaften Gerichten.
O Steak & Seafood, 11 S Main St., Concord, ① 603-856-7925, http://magicfoodsrestaurantgroup.com/osteaks; nicht nur grandiose Steaks, sondern auch kreative andere Gerichte.

Einkaufen

League of NH Craftsmen Fine Craft Gallery, 36 N Main St., Concord, http://concord.nhcrafts.org; große Auswahl an Kunsthandwerk regionaler Künstler und Handwerker.
Gibson's Bookstore, 45 S Main St., Concord, www.gibsonsbookstore.com; unabhängiger Buchladen, der seit 1898 existiert; mit **True Brew Café**.
Merrimack Premium Outlets, 80 Premium Outlets Blvd., Merrimack, www.premiumoutlets.com/outlet/merrimack.

Fahrt durch Vermont

Hinweis zur Route

Von den White Mountains bzw. von der Lakes Region geht es westwärts nach **Montpelier**, in die kleine Hauptstadt Vermonts. Anschließend folgt man ein kurzes Stück der Autobahn I-89 nach Burlington und zum Lake Champlain; unterwegs bietet sich ein Abstecher in das Wintersportgebiet um **Stowe** an. Am Ufer des Lake Champlain entlang südwärts und weiter auf dem US 7 gelangt man in die Hochlandregion The Berkshires. Dort ließe sich die Route nach Boston (S. 328) anschließen oder man fährt nach Hartford und weiter zur Küste (S. 233). Zudem böte sich wie auch von Burlington am Lake Champlain ein Abstecher ins benachbarte New York State (S. 462) an.

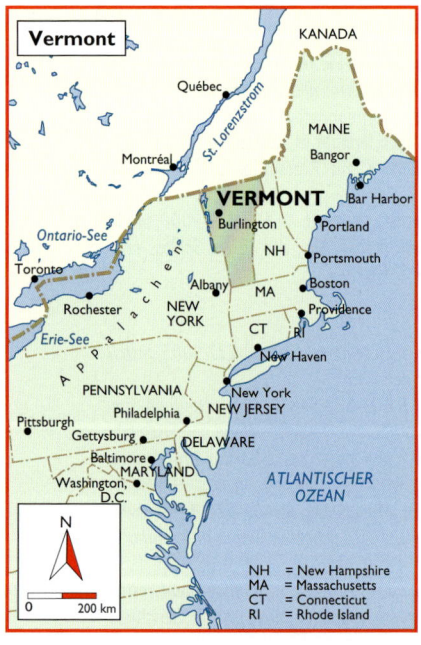

Der **Green Mountain State Vermont**, Neuenglands grünes Hinterland, ist so etwas wie der „Wilde Westen" des Nordostens, das „Land dazwischen", ein Fleckchen Wildnis jenseits der geschäftigen Küstenregion. Im Grenzland zwischen den einstigen britischen Kolonien und Neufrankreich, dem heutigen Québec, gelegen, wird Vermont von den **Green Mountains** geprägt, einem Teil der Appalachen mit 223 Erhebungen mit über 600 m Höhe. 60 % des Bundesstaats sind von Wäldern bedeckt, die besonders im Herbst attraktiv sind. Sie gaben dem Staat auch seinen Namen: *Les verts monts* („Die grünen Hügel") nannte der französische Forscher und Entdecker Samuel de Champlain das Gebiet.

Ein weiteres charakteristisches Element ist das **Wasser**. Im Osten fließen der **Connecticut River** und seine Zuflüsse, an der Westgrenze befindet sich mit dem **Lake Champlain** der sechstgrößte See der USA. Samuel de Champlain war dort im Sommer 1609 als erster Europäer im Land der Abenaki – eines zur Sprachgruppe der Algonkin gehörenden Indianerstammes – aufgetaucht, um den See zu erkunden.

Später kämpften Franzosen und Engländer im *French and Indian War* – auch bekannt als „Siebenjähriger Krieg" – 1754–63 um das Gebiet zwischen Lake Champlain und Lake George sowie zwischen Connecticut und Hudson River. Nach dem Ende der Auseinandersetzungen und nach dem **Frieden von Paris** 1763 mussten die Franzosen die Region räumen. Britische Farmer besiedelten das Land, auf das sowohl New York als

Vermont – The Green Mountain State

Gründung	1777 als Vermont Republic
Beitritt zur Union	4. März 1791
Staatsmotto	*Freedom and Unity* („Freiheit und Einheit"); seit 2015 zusätzlich: *Stella quarta decima fulgeat* („Möge der 14. Stern hell scheinen")
Staatstier	*Morgan Horse*
Staatsbaum	Zuckerahorn
Staatsblume	Wiesenklee
Staatsvogel	Einsiedlerdrossel
Höchster Punkt	Mt. Mansfield 1.340 m
Hauptstadt	Montpelier

auch New Hampshire Anspruch erhob.

Unter dem charismatischen Freiheitskämpfer **Ethan Allen** (1738–1789) wurden 1775 die *Green Mountain Boys* ins Leben gerufen, eine Bürgerwehr, die Vermonts Interessen vertreten und die Unabhängigkeit sichern sollte. Die kleine, aber erfahrene Truppe spielte im Unabhängigkeitskrieg der Kolonien gegen das Mutterland eine wichtige Rolle und konnte die britische Bastion Fort Ticonderoga am Lake Champlain erobern. Unter Allens Führung gelang es dem kleinen Vermont, sich **1777 zur Unabhängigen Republik** zu erklären. Nach Allens Tod wurde Vermont 1791 offiziell als 14. Mitglied in die Union aufgenommen.

Trotz seiner Abgeschiedenheit erlebte der Staat schon Ende des 19. Jh. eine kurze Blüte, als Bodenspekulation und Landwirtschaft florierten und moderne Errungenschaften wie Dampfer auf dem Lake Champlain sowie die Eisenbahn Einzug hielten. Daneben schrieb Vermont früh ein Kapitel Literaturgeschichte: In dem berühmten Lederstrumpf-Abenteuer *Der letzte Mohikaner* schilderte **James

Vermont wie aus dem Bilderbuch, hier die Kleinstadt Middlebury

Fahrt durch Vermont

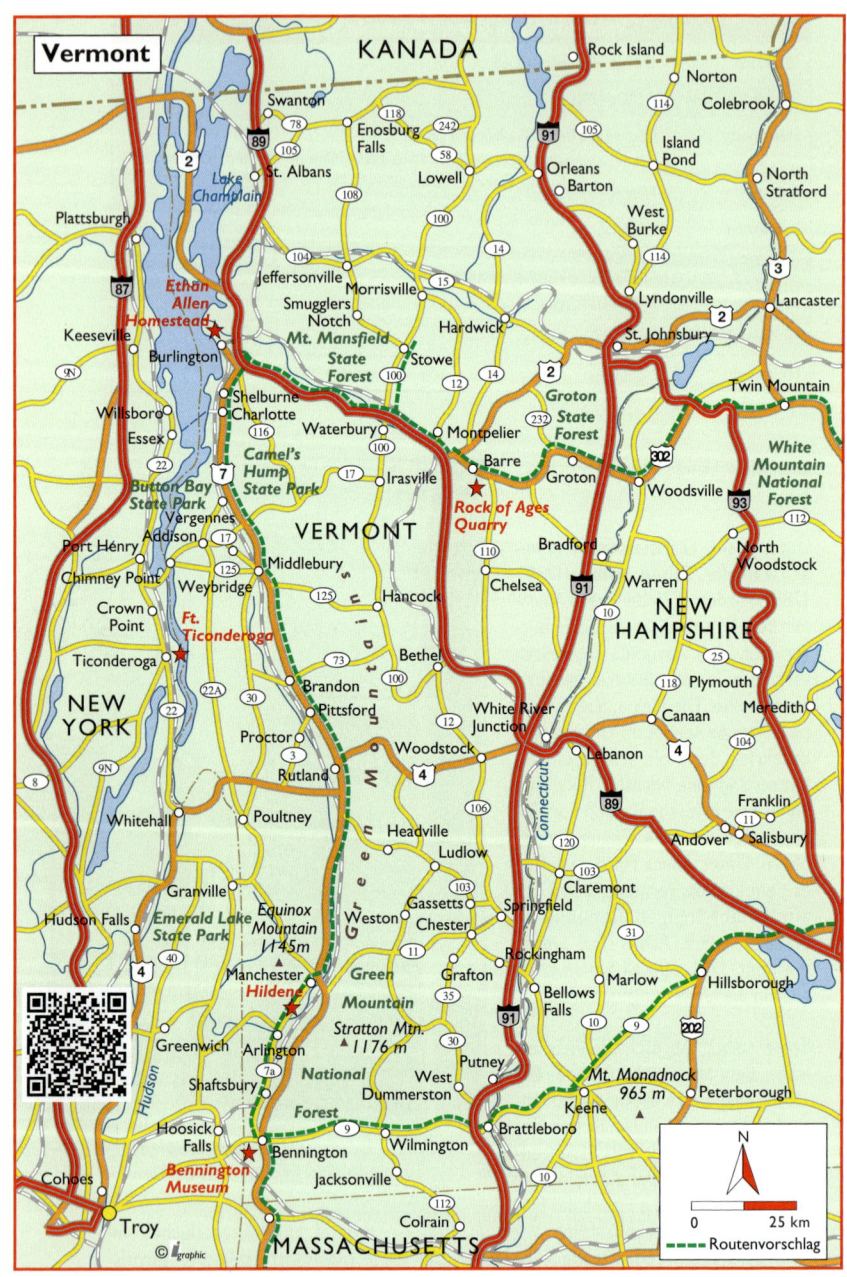

Fenimore Cooper im frühen 19. Jh. die Wälder und Hügellandschaft um den Lake Champlain. Für Aufsehen sorgte auch die **Lincoln-Familie**, die hier gerne den Sommer verbrachte (s. S. 447).

Bald entdeckten auch andere den Reiz der „nordamerikanischen Schweiz", wie der britische Historiker Lord Bryce nach einem Besuch den Staat einmal genannt hat. Das grüne Hinterland Neuenglands wurde im späten 19. Jh. zur beliebten sommerlichen **Urlaubsdestination** der „besseren Gesellschaft". Die Farmer begannen Zimmer zu vermieten, sie verwandelten Ackerland in Weiden und erregten mit ihren Produkten Aufmerksamkeit. Dennoch mühte man sich redlich, den ländlichen Charakter der Region zu bewahren, und führte die striktesten Umweltschutzgesetze der USA, strenge Bauverordnungen und Regeln für Stadtsanierungen ein. **Vermonts Bioprodukte**, von Ahornsirup über Käse und Bier bis hin zu Eiscreme und Fair-Trade-Kaffee, sind heiß begehrt. Der Trend zu ökologischem Anbau und generell zu Bioprodukten hilft besonders den zahlreichen Kleinbauern – und Agrotourismus ist zum lukrativen Geschäft geworden.

Redaktionstipps

Sehens- und Erlebenswertes
▶ Das Farbenspiel des **Indian Summer** in den Green Mountains erleben (S. 431).
▶ Die **kulinarischen Köstlichkeiten** Vermonts genießen: Eis von Ben & Jerry's (S. 433), Käse in der Cabot Creamery (S. 433), Kaffee der Keurig Green Mountain Coffee Roasters (S. 433), Ahornsirup (S. 444) oder Craft Beer (S. 438).
▶ Living History auf ungewöhnliche Weise erfahren im **Shelburne Museum** (S. 439).
▶ Um Biolandwirtschaft und nachhaltiges Leben geht es auf den **Shelburne Farms** (S. 440).
▶ Nicht nur Kinder lieben die handgefertigten Teddys von **Vermont Teddy Bear** (S. 441).
▶ Eine ungewöhnliche Pferderasse, das Morgan Horse, kann man in Middlebury kennenlernen, auf der **Morgan Horse Farm** und im **National Museum of the Morgan Horse** (S. 441).

Von den White Mountains in die Green Mountains

Hinweis zur Route

s. Karte S. 405 „Routen durch New Hampshire"

Für die Fahrt nach Vermont (Montpelier) gibt es, je nach Ausgangspunkt – White Mountains, Lakes Region oder Concord –, drei Möglichkeiten:
- Von Lincoln / North Woodstock (Kancamagus Hwy., S. 408) folgt man dem NH 112 westwärts, die dieser in den US Hwy. 302 übergeht. Der Highway führt über den Connecticut River, den Grenzfluss zu Vermont, und weiter nach Montpelier (insgesamt ca. 63 mi/101 km).
- Vom Lake Winnipesaukee (Meredith) geht es auf dem US 3 nordwärts bis Plymouth und weiter auf dem NH 25 nach Wentworth, dann auf dem NH 25A zum Connecticut River an der Grenze zu Vermont. Am anderen Flussufer fährt man wenige Kilometer nach Norden auf der I-91, die man an Exit 16 wieder verlässt, um dem VT 25 bis zum US Hwy. 302 zu folgen. Letztgenannte Straße führt über Barre nach Montpelier (ca. 86 mi/138 km).
- Concord, die Hauptstadt New Hampshires, ist mit Montpelier durch die Autobahn I-89 verbunden (116 mi/187 km).

Montpelier – die kleine Hauptstadt Vermonts

Granitsteinbrüche
Bevor man auf dem US 302, dem *Scott Memorial Highway*, Vermonts Hauptstadt erreicht, passiert man das 1780 gegründete **Barre**. Hier befindet sich mit dem **Rock of Ages Granite Quarry** einer der größten Granitsteinbrüche der Welt. Schon um 1814, während der letzten Scharmützel mit den Briten, waren hier Steinbrüche entstanden; die Blütezeit fiel in die Jahrzehnte zwischen 1880 und 1910. Im südlich gelegenen „**Graniteville**" kann man auf einer Tour mit der Werksbahn die riesigen Steinbrüche besichtigen und von der Besucherplattform aus den Arbeitern zuschauen.
Rock of Ages VC, *560 Graniteville Rd., Graniteville, https://rockofages.com, Mitte Mai–Okt. Mo–Sa 10–16 Uhr, Touren 10.30, 11.30, 12.40, 13.40 und 14.40 Uhr, $ 6.*

Mit weniger als 8.000 Einwohnern ist **Montpelier** die **kleinste Hauptstadt** der USA. 1787 am Winooski River gegründet, wurde der Ort 1805 zur Hauptstadt erhoben. Zunächst war der Regierungssitz von einem Ort zum anderen gewandert, bis man sich aufgrund der zentralen Lage entschloss, dauerhaft in Montpelier zu bleiben. Das erste Versammlungsgebäude wurde 1807 gebaut, das **State House** folgte 1833; es brannte jedoch 1857 ab und wurde zwei Jahre später durch das Gebäude aus lokalem Granit ersetzt, das hier bis heute steht. Die vergoldete Kuppel wird von einer Statue der Ceres gekrönt, der Göttin der Fruchtbarkeit. Das State House zählt nicht nur zu den schönsten öffentlichen Gebäuden in den USA, es steht seit 1970 auch unter Denkmalschutz.

Göttin Ceres obenauf

Sehenswert im Ort ist darüber hinaus die **T.W. Wood Gallery and Art Center**, die Werke regionaler Künstler, insbesondere des lokalen Portrait- und Genre-Malers T.W. Wood (1823–1903), sowie Sonderausstellungen zeigt. Einen Überblick über die Geschichte des Bundesstaats erhält man im **Vermont History Museum**.
State House, *115 State St., https://vtstatehouse.org, Mo–Fr 7.45–16.15, Juli–Mitte Okt. auch Sa 11–15 Uhr, Touren HS Mo–Fr 10–15.30, Sa 11–14.30 Uhr, Eintritt frei.*
T.W. Wood Gallery and Art Center, *46 Barre St., www.twwoodgallery.org, Di–Fr 12–16 Uhr, Eintritt frei.*
Vermont History Museum, *109 State St., www.vermonthistory.org, Di–Sa 10–16 Uhr, $ 7.*

Reisepraktische Informationen Montpelier (VT)

Information
Vermont Capitol Region VC, *134 State St., www.vermontvacation.com, Mo–Fr 6–17, Sa/So 9–17 Uhr.*
Montpelier Alive, *39 Main St., www.montpelieralive.com.*
Central Vermont: *www.centralvt.com*

Unterkunft
Capitol Plaza Hotel $$$, *100 State St., ☏ 802-223-5252, www.capitolplaza.com;* das renovierte Hotel aus den 1930er-Jahren mit 60 geräumigen Zimmern, Pool und Sauna liegt nahe dem State House. Zum Hotel gehört das bekannte Restaurant **J. Morgan's Steakhouse**.

The Inn at Montpelier $$$, *147 Main St., ⓘ 802-223-2727, www.innatmontpelier.com; zentral gelegenes, aus dem 19. Jh. stammendes Gästehaus mit 19 geschmackvoll eingerichteten Zimmern in zwei Gebäuden, einige mit Kamin, inkl. Frühstück.*

Restaurants
J. Morgan's Steakhouse, *im Capitol Plaza Hotel (s. o.), ⓘ 802-223-5222, https://www.capitolplaza.com/jMorgans.php; das Top-Lokal der Stadt.*
NECI on Main, *118 Main St., ⓘ 802-223-3188, www.neci.edu; hier üben sich die Auszubildenden des angesehenen New England Culinary Institute an der Zubereitung klassischer und kreativer Gerichte.*

Touren
Morse Farm Maple Sugarworks, *1168 County Rd., www.morsefarm.com, 9–20, im Winter 9–17/18 Uhr, Eintritt frei. Hier kann man mehr über die Gewinnung von Ahornsirup erfahren und diesen im Shop auch kaufen.*

In den Green Mountains

Im Westen der Hauptstadt erhebt sich die Bergkette der **Green Mountains**, ein Paradies für Skifahrer, Bergsteiger und Mountainbiker. Vermont wird in Nord-Süd-Richtung von diesem waldreichen Gebirge durchzogen, dessen Ausläufer im Süden bis zu den Berkshires in Massachusetts reichen. Die höchsten Erhebungen der Green Mountains sind mit 1.200 bis 1.400 m Mt. Mansfield, Mt. Ellen, Killington Peak und Camel's Hump.

Indian Summer in Neuengland

Fahrt durch Vermont

Ein über 1.000 km² großer Teil der Green Mountains in Vermont steht als **Green Mountain National Forest** unter Naturschutz. Das Gebiet gliedert sich in eine nördliche und eine südliche Hälfte: Der nördliche Teil reicht von Bristol bis nach Rutland, der südliche Teil erstreckt sich von Wallingford bis zur Grenze von Massachusetts. Die beiden Hälften werden durch den US 4 getrennt, der den Staat Vermont in West-Ost-Richtung quert.

Die Green Mountains sind durch ein **dichtes Wanderwegenetz** erschlossen, die Trails führen durch Kiefern-, Tannen-, Fichten- und Ahornwälder. Dazu gehören Abschnitte des **Appalachian/Long Trail** und des **Robert Frost National Recreation Trail**. Ausgestattet mit Camping-, Rast- und Grillplätzen, mit Schwimm- und Angelmöglichkeiten, mit Schutzhütten und Rangerstationen ist der Green Mountain NF eine ideale Wander- und Erholungsregion. Geeignete Ausgangspunkte für Wanderungen sind Bennington, Wilmington, Manchester, Rutland, Waitsfield oder Warren.

Noch mehr Besucher als im Sommer kommen im Herbst, wenn mit der Laubfärbung die Zeit des **Indian Summer** beginnt. In den langen, kalten Wintermonaten sind die Green Mountains eine bevorzugte **Wintersportregion** mit einer großen Zahl an Abfahrts- und Langlaufskigebieten, wie etwa jenes um **Stowe** (s. S. 434).

info

Wenn der Wald leuchtet

Die beliebteste Reisezeit für New England ist der Herbst, der sogenannte Indian Summer. Dann sorgt die Laubfärbung der Bäume in den dichten Wäldern für ein einzigartiges Farbenspiel: Der Wald leuchtet. Deshalb zieht es während der *fall foliage* unzählige *leaf peeper* hinaus in die Natur, um dieses Farbschauspiel zu erleben.

Die Laubverfärbung beginnt nach den ersten Kälteeinbrüchen im Osten Kanadas und breitet sich langsam von Norden nach Süden aus. In der Mythologie der Algonkin-Indianer gibt es eine poetische Erklärung für die alljährliche Laubfärbung: Das Rot der Bäume stamme vom Großen Bären, den ein himmlischer Jäger im Herbst erlegt habe und dessen Blut nun auf die Erde herabtropfe.

Die moderne Biochemie sieht die Laubfärbung nüchterner: Ursache ist die Pigmentierung der Blätter mit gelben Karotinen und Anthozyan (rötliche Schattierungen). Karotine, denen z. B. auch Karotten ihre Farbe verdanken, sind bereits im Sommer in den Blättern enthalten, doch erst im Herbst, wenn kein grünes Chlorophyll mehr produziert wird, kommen die gelben Karotin-Pigmente zum Vorschein. Anthozyan, das z. B. Eichen- und vor allem Ahornblätter leuchtend rot werden lässt, entsteht aus überschüssigem Zucker, der in kalten Nächten nicht mehr zum Stamm zurücktransportiert wird.

Die Neuengland-Staaten bieten perfekte Bedingungen für den „Altweibersommer". Während die Tage noch warm und sonnenklar sind, bringen Nord- und Nordwestwinde schon kalt-trockene Luft heran, die die Nächte kühl werden lässt. Diese Temperaturgegensätze bewirken eine besonders intensive Laubfärbung. Der Artenreichtum der Laubwälder – u. a. gibt es etwa 20 Ahornarten und neun Eichenarten – verstärkt das prächtige Farbenspiel. Beeindruckend ist weniger die Leuchtkraft einzelner Bäume als vielmehr die Flächenwirkung der großen Waldbestände, deren vielfältige Verfärbung in starkem Kontrast zum strahlend blauen Himmel steht.

Von den White Mountains in die Green Mountains

> ## Wandertipp: Long Trail
>
> Der Long Trail ist ein rund 440 km langer **Fernwanderweg**, der von Massachusetts im Süden durch Vermont bis zur kanadischen Grenze im Norden reicht. Er ist der älteste Trail in den USA, seine Anfänge reichen ins Jahr 1910 zurück. Er läuft nördlich von Rutland mit dem **Appalachian Trail** zusammen, dem längsten Wanderweg der Welt, der in Georgia beginnt und nach 3.210 km in Maine endet.
>
> Das Long-Trail-System umfasst außerdem weitere 280 km an Nebenstrecken, sodass sich ein Netz von Wanderrouten ergibt. 62 einfache Unterkünfte stehen zur Verfügung. Die beste Jahreszeit für Wanderungen ist die Zeit von Mitte Juni bis September. Da sich die Wetterverhältnisse in Vermont schnell ändern können, muss auf den Höhen auch im Sommer mit Regen oder Kälteeinbrüchen gerechnet werden.
>
> Der Long Trail eignet sich auch für Wanderer, die nur **Tagesausflüge** oder kürzere Wanderungen unternehmen möchten. Der Green Mountain Club hat eine Übersicht über Tagesausflüge in der Region Morrisville/Stowe und Waterbury zusammengestellt, in der auch der jeweilige Anfahrtsweg, der Schwierigkeitsgrad und die Dauer der Wanderung angegeben sind.
>
> **Infos:** *www.greenmountainclub.org/the-long-trail*

Etwa 12 mi/19 km westlich von Montpelier liegt inmitten eines ausgedehnten Feriengebietes die Ortschaft **Waterbury**. Hier hat sich eine Reihe von Gourmetfirmen niedergelassen. Keurig Green Mountain Coffee Roasters ist eine davon. Die Firma versorgt inzwischen fast den ganzen Nordosten (und auch noch andere Regionen) mit frisch geröstetem Kaffee. Die aus einer kleinen Rösterei hervorgegangene Firma bezieht ihre Bohnen gemäß dem Fair-Trade-Prinzip meist von kleinen Kaffeeanbauer-Genossenschaften aus aller Welt. Im renovierten Bahnhof betreibt die Rösterei ein Infozentrum mit Café und Laden.
Green Mountain VC & Café, *1 Rotarian Place (Waterbury Station), www.keurig.com/content/greenmountaincoffee-store, Mo–Fr 7–17, Sa/So 8–17 Uhr.*

Vermonts Reichtum an Milch hat sich Ben & Jerry's Homemade Ice Cream Factory zu Nutze gemacht. Inzwischen haben die beiden „Alt-68er" Ben Cohen und Jerry Greenfield, die einst bescheiden mit einer Eisdiele im nahen Burlington anfingen, ihr Eisimperium an den Giganten Unilever verkauft. Obwohl das Eis mittlerweile weltweit erhältlich ist, ist die alte Creamery noch immer einen Besuch wert.
Ben & Jerry's Homemade Ice Cream Factory, *1281 Waterbury Stowe Rd. (Rte. 100), www.benjerry.com/waterbury, Shop 9–21 Uhr, Touren $ 4, letzte Tour 17 Uhr.*

Eisherstellung

Um bei Milchprodukten zu bleiben: Die Cabot Creamery ist ein Zusammenschluss mehrerer Farmer und (mindestens) in ganz Vermont bekannt für ihren Käse, vor allem für Cheddar. Ahornsirup und Cider sind hingegen die Spezialitäten der Cold Hollow Cider Mill.
Cabot Farmers' Store, *2657 Waterbury Stowe Rd./Rte. 100 N., www.cabotcheese.coop/cabot-farmers-store, 9–18 Uhr.*
Cold Hollow Cider Mill, *3600 Waterbury Stowe Rd./Rte. 100, www.coldhollow.com, 8–18 Uhr.*

> ### Kulinarisches aus Vermont im Telegrammstil
>
> *www.vermontbrewers.com* – Kleinbrauereien
> *www.vtfarms.org* – Bauernhöfe mit eigenen Läden
> *www.vtcheese.com* – Infos über Käsereien mit eigenen Läden
> *https://vermontmaple.org* – Ahornsirup, mit Herstellerliste

Der **Mt. Mansfield** ist mit 1.393 m der höchste Berg Vermonts. Sein Gipfel ist über Trails erreichbar, aber auch per Gondelbahn sowie über eine kurvenreiche gebührenpflichtige Straße. Von oben bietet sich ein fantastischer Panoramablick, der in der Ferne bis zum Lake Champlain reicht. Bequem kann man die Aussicht vom Restaurant Cliff House genießen.
Stowe Gondola Sky Ride, www.stowe.com/explore-the-resort/activities-and-events/gondola-skyride.aspx, Mitte Juni–Mitte Okt. 10–17 Uhr, Round Trip $ 29.
Mt. Mansfield Auto Toll Road, www.stowe.com/explore-the-resort/activities-and-events/auto-toll-road.aspx, Anfang Juni–Mitte Okt. 9.30–16.30 Uhr, Pkw inkl. Fahrer $ 24, jeder zusätzliche Passagier $ 9 (plus tax). Fahrräder, Motorräder und Wohnwagen sind nicht erlaubt.

Wintersport und Wellness

Im Umfeld des Mt. Mansfield verbrachte bereits der „Urgrüne" Ralph Waldo Emerson erholsame Tage. Schon ehe das *Civilian Conservation Corps* die ersten Steilabfahrten am Mt. Mansfield anlegte, war **Stowe** (*ca. 10 mi/16 km auf Rte. 100 nördlich von Waterbury*) ein beliebtes Ziel von Wintersportlern. Beginnend mit den Aufenthalten der Roosevelts und Vanderbilts in den 1860er-Jahren, war die kleine Ortschaft (ca. 4.300 EW) zur Ski-Destination geworden. Heute gilt Stowe als das **Top-Skizentrum des Ostens**, aber auch als luxuriöse Spa- und Wellness-Oase. Das älteste Loipennetz Amerikas verbindet sich mit drei anderen Routensystemen im Umkreis und bildet das beste und größte Langlaufareal in Neuengland. Im Sommer genießen Wanderfreunde und Radler die Landschaft der Green Mountains.

Stowe erinnert etwas an Bayern oder Österreich, was nicht nur an der voralpin anmutenden Landschaft liegt, sondern vor allem an den Hotels, Restaurants und Läden, die z. B. „Innsbruck", „Alpenrose" oder „Salzburg" im Namen tragen. Die **Trapp Family Lodge** liegt versteckt in den bewaldeten Hügeln. Sie wird von Nachkommen der „singenden Trapp-Familie" geführt, deren Leben verfilmt und als Musical vertont wurde und deren Schicksal ein Millionenpublikum rührte. Baroness Maria von Trapp aus Salzburg machte die in die USA immigrierte Familie berühmt, sie trug entscheidend zur Entstehung des Mythos um die Familie sowie des Musicals „The Sound of Music" bei.

Um den Ort kennenzulernen, bietet sich ein Spaziergang durch den *Historic District* an. Die meisten Häuser dort entstanden in der zweiten Hälfte des 19. Jh. Im **Vermont Ski & Snowboard Museum** (*1 S Main St., www.vtssm.com, Mi–Mo 12–17 Uhr, $ 5*) im alten Rathaus erfährt man Wissenswertes rund um die Themen Wintersport und Skifahren. Ein anderer Anziehungspunkt ist **Spruce Peak** (*früher: Stowe Mountain Resort, www.sprucepeak.com*): ein eigener kleiner Ort mit Tennisplätzen, Golfplatz, alpiner Rutschbahn, Inline-Skate-Park, Gondelbahnstation und Skipisten sowie Hotels und Restaurants.

Von den White Mountains in die Green Mountains

Neuenglands Skiparadies in den Green Mountains bei Stowe

Westlich von Stowe liegt der **Smuggler's Notch State Park** (*6443 Mountain Rd., Mitte Mai–Mitte Okt., $ 4*). Eine enge Passstraße führt in vielen Schleifen und Kehren spektakulär durch die Schlucht mit beidseits steil abfallenden Felsen. Der Pfad erhielt seinen Namen während des Handelsembargos im Krieg von 1812 zwischen den USA und Großbritannien. Da für die Kaufleute aus Vermont der Handel mit Montréal lebenswichtig war, wurden Vieh und andere Waren über diesen schmalen Pfad geschmuggelt. Später nutzten geflohene Sklaven die *Smuggler's Notch*. Lewis Washington, der selbst aus der Sklaverei geflohen war und später anderen Menschen bei der Flucht half, hatte hier eine Station der sogenannten *Underground Railroad* – eines Fluchtnetzwerks für Sklaven – aufgebaut. Zur Zeit der Prohibition in den 1920er-Jahren wurde Alkohol aus Kanada eingeschleust.

Alkohol aus Kanada

Extra-Tipp

Nordöstlich von Montpelier und Stowe erstreckt sich bis zur Grenze Kanadas eine einsame Naturregion, das sogenannte **Northeast Kingdom**. Das über 5.000 km² große Areal mit seinen Seen und Bergwäldern ist nicht nur dünn besiedelt, sondern auch infrastrukturell wenig erschlossen. Ausnahmen sind ein paar Ferienorte an den Seen und **St. Johnsbury**, die inoffizielle Hauptstadt der Region, ein Ort mit viktorianischem Charme.

Infos: *http://nekchamber.com*

Reisepraktische Informationen
Green Mountains, Waterbury und Stowe

Information

Waterbury Tourism Council: http://discoverwaterbury.com
Stowe Area Association VC, 51 Main St., www.gostowe.com, Mo–So 9–18 Uhr.
Green Mountain NF: www.fs.usda.gov/main/gmfl
Informationen und Kartenmaterial über Wanderwege gibt es auch beim
Green Mountain Club VC, 4711 Waterbury Stowe Rd., Waterbury, www.greenmountainclub.org, HS 9–17, NS außer Di tgl. 11–17 Uhr.

Unterkunft

Timberholm Inn $$, 452 Cottage Club Rd., ☏ 802-253-7603, www.timberholm.com; ruhig gelegenes, gemütliches B&B-Haus mit zehn komfortablen Zimmern und zwei großen Suiten. Umgeben von einem Garten mit Terrasse und Sitzgruppen. Inkl. Frühstück.
The Old Stagecoach Inn $$$, 18 N Main St., Waterbury, ☏ 802-244-5056, www.oldstagecoach.com; in einer Postkutschenstation von 1826 befinden sich zehn Gästezimmer; schöne Lage nicht weit vom Winooki River sowie von Restaurants und Geschäften entfernt.
Das Angebot an Übernachtungsmöglichkeiten in **Stowe** ist groß, dennoch empfiehlt sich in den Sommermonaten Juli und August sowie während der Skisaison frühzeitige Zimmerreservierung. Hier ein paar Tipps:
Trapp Family Lodge $$$–$$$$, 700 Trapp Hill Rd., ☏ 802-253-8511, www.trappfamily.com; Haupthaus mit Zimmern im rustikalen „Älpler-Design", eigenes Restaurant und Freizeitangebot. Im Sommer finden auf dem Grundstück Konzerte und andere Veranstaltungen statt.
Topnotch Resort & Spa $$$$, 4000 Mountain Rd., ☏ 802-253-8585 o. 1-800-451-8686, www.topnotchresort.com; 68 große, gut ausgestattete Gästezimmer und Suiten sowie 40 exklusive Resorthäuser. Angeschlossenes Restaurant, Spa und Fitness Center, Tennis, Pools, Reitzentrum, Skitrails, Wassersport, Flyfishing u. v. a.
The Lodge at Spruce Peak $$$$, 7412 Mountain Rd., ☏ 802-282-4625, www.sprucepeak.com; luxuriöses Resorthotel am Fuß des Mt. Mansfield mit 300 Zimmern und Suiten, optisch gut in die Landschaft eingepasst. Top-Service, Freizeitaktivitäten, Shopping Village, Spa und Wellness sowie mehrere Lokale, darunter das empfehlenswerte Restaurant **Solstice**.

Restaurants

Trapp Family Lodge Dining, im gleichnamigen Hotel (s. o.), ☏ 802-253-5733, https://www.trappfamily.com/main-dining-room.htm; regionale Gerichte mit österreichischem Touch, dazu große Weinauswahl und Biere der eigenen Kleinbrauerei.
Fritz Bar + Restaurant, The Stowehof, 434 Edson Hill Rd., ☏ 802-253-9722, https://thestowehof.com; gemütliches Lokal, Speisekarte mit bayerischen Anklängen, gut sortierte Bar.
Solstice, The Lodge at Spruce Peak (s. o.), ☏ 802-760-4735, https://www.sprucepeak.com/explore/dining/solstice-menu; hier kommen nur regionale Bioprodukte auf den Tisch.
Auch in den anderen größeren Hotels befinden sich empfehlenswerte Lokale, z. B. im **Topnotch Resort** (s. o.).

Einkaufen

Die Mehrzahl an kleinen Läden reiht sich an der Main St. und der Mountain Rd. auf, lohnend ist z. B.:
Stowe Craft Gallery, 55 Mountain Rd., www.stowecraft.com; Handarbeiten und Kunsthandwerk aus der Region.

Touren

AJ's Ski & Sport, 350 Mountain Rd., http://stowesports.com; Fahrräder, Inline-Skates und Tennisschläger können in diesem Sportgeschäft stunden- oder tageweise ausgeliehen werden, ebenso Skiausrüstung.

Neuenglands „Westküste" – am Lake Champlain

Von Waterbury sind es nur wenige Meilen bis zu **Neuenglands „Westküste"** am **Lake Champlain**. Die Gegend war einst ein Eldorado für Schmuggler, diese wilden Jahre sind aber längst vorbei. Heute ziehen Naturschutzgebiete, Uferpromenaden und malerische Orte Besucher an. Der Lake Champlain, der **neuntgrößte Binnensee der USA**, erstreckt sich über eine Länge von rund 180 km, er reicht bis in die kanadische Provinz Québec hinein. Nur bis zu 19 km breit, bildet er gleichzeitig die Grenze zwischen Vermont und New York State.

Etwa 80 Inseln liegen in dem See, den **Samuel de Champlain** 1609 als erster Europäer „entdeckte". Im 19. Jh. wurde das Gewässer durch ein Kanalsystem mit dem Hudson River verbunden. Im Lake Champlain soll sich ein Seeungeheuer aufhalten: „**Champ**" wurde der Legende nach erstmals von de Champlain gesichtet. Tatsächlich beschrieb dieser einen ihm unbekannten Fisch im See – es handelte sich wohl um eine hier lebende Stör-Art. Aber man weiß ja nie ...

Burlington

Burlington, 1775 gegründet, hat sich von einer Hafen- und Holzstadt zu einem lebhaften Universitätssitz und zur einzigen städtischen „Metropole" Vermonts mit knapp 44.000 Einwohnern gemausert. Schon 1791 wurde hier die Universität von Vermont eingerichtet. Der älteste Teil der Stadt findet sich zwischen Battery und Church Street, nicht weit vom Seeufer entfernt. Dieses historische Viertel ist auch das Zentrum der modernen Stadt: Hier findet man die Fußgängerzone **Church Street Marketplace** mit Läden, Lokalen und Cafés sowie **Burlington Square**, ein beliebtes Einkaufszentrum.

Vermonts Metropole

Ein zu allen Tageszeiten beliebter Treffpunkt ist das **Burlington Boathouse** an der College St. mit Lokal und Bootsvermietung. Gleich neben dem Bootshaus liegt das **ECHO Leahy Center for Lake Champlain**. Im Zentrum dieses naturwissenschaftlichen Museums mit vielen interaktiven Ausstellungsobjekten steht ein Aqua-

rium, es geht jedoch auch um den See, um Schiffbau, Geologie und die Geschichte der Region.
ECHO Leahy Center, *1 College St., www.echovermont.org, 10–17 Uhr, $ 14,50.*

Etwas nördlich von Burlington liegt die **Ethan Allen Homestead**. Nach dem Unabhängigkeitskrieg ließ sich Ethan Allen (1737–89), der im Freiheitskampf der Vermonter und bei der Gründung der Republik eine zentrale Rolle spielte und heute als Gründer von Vermont verehrt wird, auf einem landwirtschaftlich genutzten Gelände am Ufer des Winooski River nieder. Das restaurierte Farmhaus aus dem Jahr 1787 gibt ebenso wie das Besucherzentrum einen guten Einblick in die Zeit und das Leben der hier ansässigen Indianer, französischen Kolonisten und englischen Siedler.
Ethan Allen Homestead, *1 Ethan Allen Homestead, ca. 2 mi/3,2 km nördl. Burlington, VT 127, www.ethanallenhomestead.org, Mai–Okt. 10–16 Uhr, $ 10.*

Reisepraktische Informationen Burlington

Information
Burlington: *www.burlingtonvt.gov/Visitors*
Lake Champlain Regional Chamber of Commerce, *60 Main St., Burlington, www.vermont.org.*

Unterkunft
Hotel Vermont $$$, *41 Cherry St. (Church Street Marketplace),* ① *802-651-0080, http://hotelvt.com;* modern und schlicht-elegant eingerichtetes Boutiquehotel mit eigener Bar, Café und empfehlenswertem Restaurant **Juniper**.
The Essex, Vermont's Culinary Resort & Spa $$$, *70 Essex Way, Essex Junction,* ① *802-878-1100, www.essexresort.com;* etwa 10 mi/16 km östlich der Stadt gelegenes Hotel im Kolonialstil, 97 gemütlich eingerichtete Zimmer mit Bergblick, dazu Swimmingpool, Gartenanlage und zwei empfehlenswerte Restaurants des New England Culinary Institute.

Restaurants
Bleu Northeast Seafood, *25 Cherry St.,* ① *802-864-8600, https://bleuvt.com;* das beste Fisch- und Seafood-Lokal in Vermont, alles frisch und regional.
Hen of the Wood, *55 Cherry St.,* ① *802-540-0534, www.henofthewood.com;* benannt nach einem Pilz – auch hier werden v. a. regionale Produkte verwendet und kreativ verarbeitet.
Shanty on the Shore, *181 Battery St.,* ① *802-864-0238, www.shantyontheshore.com;* Restaurant an der Hafenfront mit frischen und guten Seafood-Gerichten.

In und um Burlington gibt es ein Dutzend **Craft Breweries**, *die teilweise Führungen anbieten bzw. Pubs betreiben.*
Infos: www.vermontbrewers.com, www.citybrewtours.com/burlington.

TIPP: The Vermont Pub & Brewery, *114 College St.,* ① *802-865-0500, www.vermontbrewery.com;* mitten in der Stadt gelegen und eine der ersten Kleinbrauereien in Vermont. Touren und Tasting sowie Pub, in dem es zum Bier schmackhaftes Essen von Suppen über Salate und Sandwiches bis zu Steaks und Fischgerichten gibt.

Neuenglands „Westküste" – am Lake Champlain

Einkaufen

Die meisten Geschäfte befinden sich in der Burlington Square Mall und in der Fußgängerzone **Church Street Marketplace**, lohnend ist z. B.:
Frog Hollow Vermont State Craft Center, 85 Church St., https://froghollow.org; Verkauf von Produkten von über 250 Künstlern aus Vermont, v. a. Kunsthandwerk.

Touren

Spirit of Ethan Allen II., ab Burlington Boathouse, College St., Details, Tickets und Infos: http://soea.com; 1½-stündige Rundfahrten auf dem Lake Champlain, Mai–Okt. 10/12/14/16 Uhr, $ 20. In der HS weitere Fahrten.

Eisenbahn

Amtraks Vermonter verkehrt tgl. von St. Albans über Burlington, Waterbury, Montpelier, Springfield (MA), New York, Philadelphia nach Washington, D.C. Infos/Tickets: www.amtrak.com. Der Bahnhof befindet sich im Vorort Essex Junction, 29 Railroad Ave.

Fähren

Informationen über Fahrpläne und Preise gibt es bei Lake Champlain Ferries, King St. Dock, www.ferries.com. Folgende drei Autofähren sind unterwegs:
Burlington – Port Kent (NY): Juni–Anfang Okt. 1-stündige Fahrt über den Lake Champlain nach Port Kent (NY).
Charlotte – Essex (NY): ganzjährig, im Winter wetterabhängig, Überfahrt ca. 20 Min.
Grand Isle – Plattsburgh (NY): ganzjährig rund um die Uhr, Überfahrt ca. 15 Min.

Abstecher nach Kanada

Von Burlington aus ist es möglich, einen Abstecher nach Montréal/Kanada zu unternehmen. Dazu fährt man zunächst nordwärts auf der I-89 bis zur kanadischen Grenze und weiter auf dem QC 133 nach Montreal (96 mi/154 km).

Weitere Infos: Leonie Senne/Monika Fuchs, Reisehandbuch *Kanada-Osten*, Iwanowski's Reisebuchverlag.

Von Burlington zu den Niagarafällen

Eine weitere Option wäre, von Burlington durch New York State zu den Niagarafällen zu fahren. Infos hierzu ab S. 469.

Shelburne

Wenige Meilen südlich von Burlington, ebenfalls am Lake Champlain, liegt das Städtchen **Shelburne**. Der Ort wurde im Jahr 1768 von zwei deutschen Holzfällern gegründet und später nach einem englischen Adeligen benannt. Hauptattraktion ist das **Shelburne Museum**, ein sehenswertes *Living History Museum* mit fast 40 historischen

Das Dampfschiff Ticonderoga im Shelburne Museum

Gebäuden und dem berühmten **Dampfer Ticonderoga**. Es gilt mit fast 150.000 Ausstellungsstücken als eines der größten Museen amerikanischer Volkskunst und veranschaulicht die historische Entwicklung der Neuengland-Staaten. Nach einem kurzen Einführungsfilm sind die original möblierten Wohnhäuser und Werkstätten, die Kutschenausstellung sowie die Kunstsammlungen und Gartenanlagen besonders sehenswert.

Shelburne Museum, *6000 Shelburne Rd. (ab US 7, ausgeschildert), https://shelburne museum.org, Mai–Okt. 10–17, Nov./Dez. (nur einzelne Gebäude geöffnet) 10–17, Jan.–April (eingeschränkte Besichtigung) Mi–So 10–17 Uhr, $ 25 (im Winter $ 10).*

Shelburne Farms wurde 1866 von William Steward Webb und seiner Frau Lila Vanderbilt Webb gebaut. Das Gelände wurde nach Plänen von Frederic Law Olmsted, dem Architekten des Central Park in New York, gestaltet. Von Beginn an wurde die Farm nach neuesten landwirtschaftlichen Prinzipien und mit dem modernsten technischen Gerät bewirtschaftet. Heute dient sie als Musterbauernhof für Biolandwirtschaft und Nachhaltigkeit. Mehr dazu erfährt man im Welcome Center, anschließend kann man das Gelände besichtigen und an Touren teilnehmen.

Musterbeispiel Bio-Bauernhof

Shelburne Farms Welcome Center & Farm Store, *102 Harbor Rd., https://shelburnefarms.org, mit Shop, Hotel, Restaurant und Trails; Welcome Center: Mitte Mai–Mitte Okt. 9–17.30, sonst 10–17 Uhr, $ 8, Touren ab $ 13.*

Nicht nur Kinder sind von dem Ausstellungs- und Verkaufsraum der „Teddybärenfabrik" **Vermont Teddy Bear** begeistert. Bei den angebotenen Werksführungen kann man zusehen, wie die Stoffbären in vielen Größen und Formen hergestellt und bekleidet werden.
Vermont Teddy Bear, 2236 Shelburne Rd./Rte. 7, www.vermontteddybear.com, 9–18 Uhr, Touren von 10–16 Uhr (stdl.), $ 4.

Vergennes

Südlich von Shelburne kommt man an **Charlotte** vorbei, das gegen Ende des 18. Jh. als Postkutschenstation gegründet wurde. An die Vergangenheit erinnern noch einige historische Gebäude und drei überdachte Holzbrücken. Von Charlotte setzt die Fähre nach Essex im Bundesstaat New York über (s. S. 439). Der letzte und südlichste Ort am Lake Champlain ist **Vergennes**. 1766 entstanden und 1788 zur Stadt erhoben, gilt es als älteste Stadt in Vermont und drittälteste in den Neuengland-Staaten. Es gibt einige historische Gebäude zu sehen, z. B. die **John Strong Mansion** aus dem Jahr 1795, **Rokeby** aus dem Jahr 1784 – einst Station des Sklaven-Hilfsnetzes *Underground Railroad* – oder das 1897 gebaute **Opernhaus** (120 Main St.).

Älteste Stadt Vermonts

Das **Lake Champlain Maritime Museum** bietet in mehreren Gebäuden Informationen und interaktive Ausstellungen zur Geschichte des Sees, zu historischen Schiffen und zur Unterwasserarchäologie.
Lake Champlain Maritime Museum, 4472 Basin Harbor Rd., www.lcmm.org, Ende Mai–Mitte Okt. 10–17 Uhr, $ 14.

Auf dem US 7 südwärts

> **Hinweis zur Route**
>
> Von Burlington bzw. vom Lake Champlain aus erreicht man Rutland direkt auf dem US 7 (67 mi/108 km).

Middlebury

Folgt man dem US 7 weiter nach Süden, ist das sehenswerte kleine Uni-Städtchen **Middlebury** einen Stopp wert. Neben der hübschen **Main Street** sind die **Morgan Horse Farm** (Teil der University of Vermont) und das **National Museum of the Morgan Horse** die Hauptattraktionen der Region. Die gleichnamige Pferderasse, benannt nach dem Komponisten und Lehrer Justin Morgan (1747–98) und seinem Hengst „Figure", steht hier im Zentrum des Interesses.
Morgan Horse Farm, 74 Battell Dr., Weybridge (2 mi/3,2 km nördl. Middlebury, ausgeschildert), www.uvm.edu/morgan, Mai–Okt. 9–16 Uhr, Touren 9–15 Uhr, $ 5.
National Museum of the Morgan Horse, 34 Main St., Middlebury, www.morgan museum.org, Mi–Sa 10–17 Uhr, Eintritt frei (Spende).

Morgan-Pferde

Die Morgan Horse Farm in Middlebury

Der Ort entstand 1761 und ist seit 1803 Sitz des angesehenen **Middlebury College**. Dieses entstand aus der Female Academy, einer Akademie für Frauen, die von Emma Hart Willard, einer Vorkämpferin für Frauenrechte, geleitet wurde. Ein Steinhaus von 1829 beherbergt heute das **Henry Sheldon Museum of Vermont History**. Das Museum für Volkskunst zeigt u. a. eine Spielzeug- und Puppensammlung, eine Uhrenausstellung sowie Wechselausstellungen.
Henry Sheldon Museum of Vermont History, *1 Park St., Middlebury, https://henrysheldonmuseum.org, Juli–Mitte Okt. Di–Sa 10–17, So 12–16, sonst Di–Sa 10–17 Uhr, $ 5.*

Ein besonderes Pferd: das Morgan Horse

Kraft und Ausdauer, Schnelligkeit und Eleganz, Ruhe und Gelassenheit – diese Eigenschaften machen das Morgan Horse zu einer der beliebtesten Pferderassen Nordamerikas. Bei der Erschließung des scheinbar unendlichen Landes konnten sich die Bauern auf diese Pferde nicht nur als Arbeitstiere verlassen, sondern sich auch sonntags hoch zu Ross sehen lassen oder an Rennen teilnehmen.

Selbst die US Cavalry wusste die Eigenschaften der Morgans zu schätzen: Ohne diese Pferde wäre die Unions-Kavallerie im Bürgerkrieg 1861–65 gegenüber den Konföderierten sicher nicht so deutlich überlegen gewesen. Über Geschichte und Zucht der Rasse informieren das **National Museum of the Morgan Horse** und die **Ame-**

rican **Morgan Horse Association** sowie die **Morgan Horse Farm** (s. S. 441). Diese Zuchtstation wird von der Universität Vermont betreut.

Vermont ist die Heimat der Morgan Horses, denn hier lebte 32 Jahre lang der Stammvater der Rasse: der 1789 geborene Hengst **Figure**. Er wurde beschrieben als „braun, mit schwarzem Behang, hoher Aufrichtung, ausdrucksstarken Augen, mit breiter Stirn und einem kurzen, gut bemuskelten Rücken". Obwohl sehr temperamentvoll, soll er von umgänglichem, sanftem Charakter gewesen sein. Diese Merkmale gab er an seine Nachkommen weiter, egal, welcher Stute er zugeführt wurde. Der Komponist und Lehrer **Justin Morgan** hatte das Pferd als Fohlen erworben und Figure wurde, auch weil er regelmäßig Pferderennen gewann, als „Justin Morgan's Horse" bekannt. Trotz seines geringen Stockmaßes von 140 cm konnte Figure leicht mit der Arbeitsleistung von Kaltblütern mithalten.

Bereits um 1840 beherrschen Morgans die **Trab- und Galopprennszene**, sie waren aber auch als **Arbeitstiere und Militärpferde** im Einsatz. Bei der Erschließung des Westens spielte die Rasse eine wichtige Rolle: So baute beispielsweise Richard Spellman in Texas eine riesige Zuchtranch auf, in der über 300 Morgans lebten. Von hier und von einer Ende des 19. Jh. von der US-Regierung in Montana eingerichteten Zuchtfarm fanden viele Morgans als ausgezeichnete „**Cow Horses**" ihren Weg auf die Ranchen des Westens.

Im Laufe der Zeit wurden die verschiedensten Rassen eingekreuzt, *Quarter Horses* ebenso wie *Saddlebreds*, *Tennessee Walking Horses* oder *Thoroughbreds*. Selbst viele Indianer-Ponies haben heute Morgan-Blut in ihren Adern, bekamen doch Reservate im Westen zur Zuchtauffrischung Morgans von der Regierung gestellt. Mittels Registrierung in den Zuchtbüchern wurde seitens der American Morgan Horse Association stets auf Rasseeinheit geachtet. Die Rasse verzeichnet derzeit als einzige in den USA einen **Zuwachs an Fohlen** und sie ist die einzige, die von der amerikanischen Regierung gefördert wird.

Morgan Horses

Auf der Weiterfahrt nach Rutland passiert man **Brandon**, einen beliebten Ferienort am Westrand der Green Mountains, und **Pittsford** mit gleich vier *covered bridges* und dem sehenswerten **New England Maple Museum**. Dort kann man durch praktische Vorführungen und Bilder einen Einblick in den Verarbeitungsprozess von Ahornsaft zu Sirup bekommen – und natürlich auch probieren.
New England Maple Museum, *4578 US 7, Pittsford, https://maplemuseum.com, saisonal geöffnet, meist Mai–Dez. 10–16 Uhr, $ 5.*

info

Maple Syrup – das flüssige Gold Neuenglands

Wenn die Tage wärmer werden, nachts aber noch Frost herrscht, etwa von Anfang März bis Mitte April, ist die Zeit des Ahornsirups gekommen. Das *sap collecting*, das Einsammeln des kostbaren Ahornsaftes, hält während der **Sugaring Season** wochenlang die Landwirte in ganz New England, vor allem in Vermont, New Hampshire, Maine und Massachusetts, in Atem.

Angeblich wurde der Ahornsaft als „*sweet water*" und Zuckerersatz per Zufall entdeckt, als ein wütender Indianer seinen Tomahawk in eine Baumrinde schlug. Die Ureinwohner waren es auch, die ihre Erfahrungen und Kenntnisse im Sammeln und

Vermont Sugarhouse – hier wird der Ahornsaft zu Sirup eingekocht

Einkochen des Saftes an europäische Siedler weitergaben. Seither gilt Ahornsirup in Neuengland als wichtigstes Süßungsmittel und „Souvenir".

Es ist Tradition, dass das Anzapfen der Ahornbäume, das *tapping*, nicht vor dem Town Meeting Day, dem ersten Dienstag im März, beginnt. Das Sammeln der kostbaren Flüssigkeit endet, je nach Region, zwischen Anfang und Mitte April, wenn die Bäume ihren Saft zum Treiben von Blättern benötigen. In Neuengland gibt es – anders als in Kanada – keine Großbetriebe. Der Ahornsirup wird von Landwirten oder kleinen Familienunternehmen hergestellt, seit Generationen auf nur wenig veränderte Art und Weise. In New Hampshire beispielsweise existieren zwischen 600 und 1.000 Kleinproduzenten, die zwischen 200.000 und 300.000 Liter Ahornsirup herstellen.

Wer einmal bei der Herstellung zugesehen hat, versteht, warum guter Ahornsirup so teuer ist und als **flüssiges Gold Neuenglands** bezeichnet wird. Ob ein Baum angezapft wird, richtet sich nach dem Stammumfang. Ist dieser groß genug, werden rund 3 cm tiefe Löcher (*taps*) in 0,60 bis 1,20 m Höhe angelegt, jedes Jahr an wechselnder Stelle und maximal zwei pro Baum. Im günstigen Fall laufen aus einem solchen Rindenloch knapp 40 Liter Saft.

Die Prozedur erfolgt in den Ahornwäldern heute nicht mehr, wie früher, mit eingeschlagenen Metallröhrchen und Blechkübeln am Baum, die anschließend eingesammelt werden. Mehr und mehr sind **moderne Schlauchsysteme** aus Plastik im Einsatz, die die Flüssigkeit direkt in Plastiktanks lenken, welche per Traktoren zum **Sugarhouse** gefahren werden. Diese meist recht primitiven Blockhütten, die wegen der Brandgefahr abseits der Farmen stehen, haben sich im Laufe der Jahrhunderte hingegen kaum verändert. Hier wird aus dem dünnen, farblosen Baumsaft, der ursprünglich nur etwa zwei Prozent Zucker enthält, das dickflüssige, süße „**Liquid Gold**".

Nach dem Filtern des *sap* kommt die Flüssigkeit in eine große Wanne. Unter dieser brennt ein Holzfeuer, das nicht ausgehen darf, denn der Baumsaft muss eingekocht werden, um den Wassergehalt zu senken und den Zuckergehalt zu erhöhen. Am Ende wird aus rund 40 Litern Saft ein Liter purer Ahornsirup entstanden sein. Durch verschiedene Kammern in der Wanne fließt die ständig nachgegossene, sacht kochende und dicker werdende Flüssigkeit langsam zur Abfüllstelle. Wann der richtige Zeitpunkt gekommen ist, den Sirup in einen großen Eimer abzufüllen, entscheidet allein der erfahrene Landwirt, meist nach Augenschein statt mit modernen Messgeräten.

Gefiltert und abgekühlt wird der Ahornsirup in die typischen kleinen Blechkanister abgefüllt und mit **Qualitätsstufen** versehen. Ob ein Sirup als *Fancy* bzw. *Grade A light amber* (hell, delikat), *Grade A medium amber, Grade A dark amber* (dunkel und gehaltvoll) oder *Grade B* (sehr dunkel, kräftig) bezeichnet wird, hängt vor allem vom Zeitpunkt des Zapfens ab – von hell zu dunkel und von zart zu kräftig heißt die Regel –, doch Zuckergehalt und Farbe werden auch durch klimatische Faktoren, das Alter der Bäume und die Einkochprozedur mitbestimmt.

Proctor und Rutland

Rutland, 1761 gegründet, ist nach Burlington und South Burlington mit fast 16.000 Einwohnern die drittgrößte Stadt Vermonts. Es ist vor allem wegen der Marmorsteinbrüche im benachbarten Ort **Proctor** bekannt. Bei einer Filmvorführung im **Vermont**

Marble Museum erfährt man, wie Marmor gebrochen und verarbeitet wird, später kann man von einer Besucherplattform aus selbst zusehen. Bei der „Galerie der Präsidenten" handelt es sich um das Projekt eines bekannten Vermonter Bildhauers, der Büsten von allen früheren amerikanischen Präsidenten aus feinstem weißen Marmor geschaffen hat.
Vermont Marble Museum, *52 Main St., Proctor, https://vermontmarblemuseum.org, Juni–Ende Okt. 10–17 Uhr, $ 9.*

Sehenswert in Rutland ist das **Norman Rockwell Museum of Vermont**. Es besitzt eine große Sammlung von Rockwell-Illustrationen und zeigt auch die berühmten Titelbilder aus der *Saturday Evening Post* (s. S. 333).
Norman Rockwell Museum, *654 US 4 E., https://norman-rockwell-museum-of-vermont-2.myshopify.com, 9–17 Uhr, $ 6.*

Reisepraktische Informationen Middlebury und Rutland

Information
Middlebury VC, *93 Court St., Middlebury, www.addisoncounty.com, Mo–Fr 9–17 Uhr.*
Rutland Region Chamber of Commerce, *50 Merchants Row, Rutland, https://rutlandvermont.com, Mo–Fr 8.30–17 Uhr.*

Unterkunft/Restaurants
Middlebury Inn $$–$$$, *14 Court Sq., Middlebury, ☏ 802-388-4961, www.middleburyinn.com; rund 70 Zimmer in einem Historic Inn von 1827 sowie in der benachbarten Porter House Mansion (1825), preiswerter ist es im modernen Motel-Annex, mit Bar und empfehlenswertem Restaurant* **Morgan's Tavern**.
Waybury Inn $$$, *457 E Main St./ Rte 125, East Middlebury, ☏ 800-348-1810, https://wayburyinn.com; romantisches Inn in einem 1810 als Postkutschenstopp erbauten Gasthaus, 15 renovierte und geschmackvoll eingerichtete Zimmer und Suiten; zugehöriger Pub sowie Gourmet-Restaurant, in dem regionale Produkte verarbeitet werden.*
Mountain Top Inn & Resort $$$, *95 Mountain Top Rd., Chittenden (ca. 10 mi/16 km nordöstlich Rutland, Green Mountain NF), ☏ 802-483-2311, https://mountaintopinn.com; traumhaft in den Bergen gelegenes Hotel mit rustikal eingerichteten Zimmern und ganzjährigem Sportangebot, Wellnesseinrichtungen sowie zwei Lokalen:* **The Restaurant at Mountain Top** *und* **Mountain Top Tavern**.

„Sommerfrische" in Vermonts Süden

Hinweis zur Route

Von Rutland aus geht es weiter südwärts auf dem US 7, zunächst nach Manchester (33 mi/53 km) und von dort weiter auf dem landschaftlich reizvolleren VT 7A nach Bennington (56 mi/90 km).

Historic Hildene war einst die „Sommerfrische" der Lincolns

Manchester

Manchester liegt malerisch in den südlichen Ausläufern der **Green Mountains** und kann als Ferienort auf eine über hundertjährige Tradition zurückblicken. Während es US-Präsident Abraham Lincoln – im Gegensatz zu anderen Präsidenten – nie vergönnt war, im legendären **Hotel Equinox** in Manchester zu nächtigen, genossen seine Frau Mary und sein Sohn Robert häufig die „Sommerfrische" in Vermonts Süden.

Aus diesem Grund erwarb Robert später ein Grundstück und ließ für sich und seine Frau Mary Eunice Harlan 1904 die Sommervilla **Hildene** erbauen. Bis 1975 lebten Nachfahren der Familie hier, dann wurde das Haus zum Museum. Es steht inmitten eines großen Parks mit originalgetreu rekonstruiertem formalem Garten, mit Trails, Farmbetrieb und großartigem Blick auf die Green Mountains. Im Haus geht es vor allem um die Familie und ihre Zeit, außerdem ist ein luxuriöser Pullman-Eisenbahnwagen ausgestellt und es gibt Infos zur Pullman Palace Car Company, der Robert als Präsident vorstand. *Einstige Lincoln-Residenz*

Historic Hildene, *1005 Hildene Rd. (VT) 7A, https://hildene.org, 9.30–16.30 Uhr, $ 23 (Haus & Garten), Touren $ 7,50 extra.*

Der 1.145 m hohe **Mt. Equinox** liegt westlich von Manchester. Der 5 mi/8 km lange, kurvenreiche Equinox Sky Line Drive führt hinauf zum Gipfel. Von dort bietet sich ein herrlicher Ausblick auf die Green Mountains und weit hinein nach New York State, Massachusetts und New Hampshire. Oben gibt es mehrere ausgeschilderte Wanderwege.
Equinox Sky Line Drive, www.equinoxmountain.com, Mai–Okt. 9–17 Uhr, Pkw/Fahrer $ 20, weitere Pers. je $ 5, nicht für Wohnmobile geeignet.

Reisepraktische Informationen Manchester

Information
Manchester VC, 18 Depot St., Manchester Center, www.manchestervermont.com, Mo–Fr 9–17, So 10–14 Uhr.

Unterkunft/Restaurants
Palmer House Resort $$$, 5383 Main St./Rte. 7A, Manchester Center, ☏ 802-362-3600, www.palmerhouse.com; schön gelegenes kleines Hotel mit 50 Zimmern und Apartments, Pool und Sportangebot, Fahrradvermietung und benachbartem Restaurant **Ye Olde Tavern** (5183 Main St.).
1811 House $$$, 3654 Main St., Manchester Village, ☏ 802-362-1811, https://innsatequinox.com/accommodations/1811-house; das ehemalige Haus von Abraham Lincolns Enkelin gehört zum Equinox Resort und ist seit 1811 ein komfortables, mit Antiquitäten und Kunst ausgestattetes Gästehaus mit 14 Zimmern. Frühstück ist inklusive und ein **Pub** gehört dazu.
The Equinox Golf Resort & Spa $$$$, 3567 Main St., Manchester Village, ☏ 802-362-7870, www.equinoxresort.com; historische Hotelanlage mit 195 luxuriösen Zimmern und Apartments, großem Sportangebot und eleganten Aufenthaltsräumen, dazu fünf Restaurants, die für jeden Geschmack etwas bieten.

Einkaufen
In den **Manchester Designer Outlets** (97 Depot St., Manchester Center, http://manchesterdesigneroutlets.com) gibt es Designermode und -accessoires bekannter Firmen.

Bennington

Auf dem Weg ins etwa 23 mi/37 km südlich gelegene Bennington geht es vorbei an der kleinen Ortschaft **Arlington**. Zur Zeit des Unabhängigkeitskrieges war diese ein Unterschlupf der Green Mountain Boys, der Bürgerwehr der Republik Vermont. Später wurde Arlington zur Heimat mehrerer Illustratoren, die für das berühmte Wochenmagazin „Saturday Evening Post" arbeiteten. Der berühmteste von ihnen hieß Norman Rockwell (s. S. 333).

Obelisk-Denkmal Bennington, 1761 gegründet, schrieb 1777 Geschichte: Während des Unabhängigkeitskrieges hielt hier eine Truppe der Green Mountain Boys die britischen Truppen in Schach und brachte damit den britischen Feldzug im Norden zum Stocken. An dieses Ereignis erinnert ein um 1890 errichteter, 93 m hoher Obelisk, das **Battle Monument**.

„Sommerfrische" in Vermonts Süden

The Shires of Vermont

Bennington liegt in der südöstlichen Ecke von Vermont, die auch „Shires of Vermont" genannt wird. Während Manchester „North Shire" ist, nennt man Bennington „South Shire" – insgesamt gehören 15 Städtchen und Dörfer zur Region. Sie werden durch die Rte. 7A verbunden, den **Shires of Vermont Byway**.
Infos: www.theshiresofvermont.com

Auffällig in Bennington ist die viktorianische Architektur, die aus der Zeit der Wende zum 20. Jh. stammt. Zudem gibt es in der Umgebung fünf überdachte Brücken (*covered bridges*). Die schöne Dorfkirche aus dem Jahr 1762 gehört zu den ältesten in Vermont. Auf dem Ortsfriedhof ist der Dichter Robert Frost begraben.

Überdachte Brücken

In der Nähe liegt das **Bennington Museum** mit Ausstellungen zu Geschichte, Kunst und Kunsthandwerk in Vermont sowie einer umfangreichen Bildersammlung von **Grandma Moses** (s. u.). Zum Museum gehört auch das alte, nachträglich hierhin versetzte Schulhaus, das die Künstlerin als Kind besuchte. Darin sind zahlreiche Erinnerungsstücke und Fotografien ausgestellt.
Bennington Museum, *75 Main St., https://benningtonmuseum.org, Juni–Okt. 10–17 Uhr, sonst Mi geschl., Jan. geschl., $ 10.*

Grandma Moses

info

Bis zu ihrem 72. Geburtstag führte Anna Mary Robertson, 1860 in Massachusetts in einer kinderreichen Farmersfamilie geboren, das Leben einer amerikanischen Farmersfrau. Sie zog mehrere Kinder groß und verkaufte viele Jahre lang selbstgemachte Butter, um den Lebensunterhalt der Familie zu sichern. Nachdem ihr Mann gestorben war, begann sie – autodidaktisch und ohne formelle Ausbildung – farbenfrohe Bilder zu malen, die das Leben in ihrem Dorf zeigten. Ihre ersten Bilder präsentierte sie auf einem Markt – zusammen mit eingemachten Früchten und selbst hergestellter Marmelade. 1940 erschien im „New York Herald Tribune" ein Bericht über „Grandma Moses", der sie weithin bekannt machte. Als sie 1961 im Alter von 101 Jahren starb, hinterließ sie mehr als 1.500 Bilder.

In **North Bennington** lohnt sich ein Besuch des **Historic Park – McCullough House**, das 1865 erbaut wurde. Es bietet einen guten Eindruck vom Reichtum und luxuriösen Lebensstil wohlhabender Familien in jener Zeit. Rings um das Haus laden weitläufige Gartenanlagen zum Spaziergang ein, im alten Kutschenhaus stehen Kutschen und Schlitten.
Historic Park – McCullough House, *1 Park St., North Bennington, www.parkmccullough.org, Mitte Mai–Mitte Okt. Fr 10–14, Sa 10–16, So 12–16 Uhr, $ 15.*

Reisepraktische Informationen Bennington

ℹ Information
Bennington Welcome Center, *100 Rte. 279/Rte. 7, www.bennington.com, 7–21 Uhr.*

Fahrt durch Vermont

 Unterkunft
Bennington Motor Inn $$, 143 W Main St., ✆ 802-442-5479, www.bennington motorinn.net; Motel mit nur 16 Zimmern im alten Ortskern.
Four Chimneys Inn $$$, 21 West Rd., ✆ 802-447-3500, www.fourchimneys.com; im restaurierten historischen Haus gibt es elf geschmackvoll eingerichtete Gästezimmer, inkl. Frühstück.

Hinweis zur Route

Ab Bennington lassen sich verschiedene Routen anschließen:

In die **Berkshires** (S. 328) und damit nach Massachusetts auf dem US 7 (34 mi/ 55 km nach Pittsfield, S. 335); von hier kann man südwärts über Springfield (S. 330) und Hartford (S. 233) nach New Haven an die Atlantikküste (S. 218) fahren oder aber zurück nach Boston (S. 291).

In die Hauptstadt von New York State, **Albany**, mit Anschluss an die Routen durch New York State (S. 462). Albany liegt nur 38 mi/61 km entfernt in westlicher Richtung (VT 9, NY 7 und I-90).

Alternativroute über die Monadnock Region nach Concord

Auf dem VT 9 erreicht man von Bennington nach 40 mi/64 km auf schöner Route ostwärts durch die Green Mountains **Brattleboro**. Kurz vorher passiert man in West Brattleboro die **Creamery Bridge**, eine von zahlreichen restaurierten Holzbrücken Vermonts.

Als erste dauerhafte britische Siedlung war 1724 am Connecticut River **Fort Dummer** entstanden, nahe dem heutigen Brattleboro. In den Jahren des Konflikts mit Frankreich war ein solcher militärischer Außenposten notwendig geworden. Erst nach dem Friedensschluss zwischen Briten und Franzosen 1760 wagten sich mehr Siedler in die Green Mountains. Allerdings war, nachdem die Franzosen ihren Einfluss verloren hatten, unklar, wer das Sagen hatte. Die beiden Nachbarn, New Hampshire und New York, erhoben Anspruch auf das grüne Hinterland Neuenglands und wollten es ihren Kolonien einverleiben. Vermont blieb jedoch zunächst unabhängig.

Öko-Szene

Zwischen 1846 und 1871 galt Brattleboro als **Kurort**, ein lokaler Physiker hatte den örtlichen Quellen Heilkraft bescheinigt. Inzwischen hat sich der Ort mit seinen 12.000 Einwohnern vor allem einen Namen als Zentrum der Öko-Szene gemacht: Naturkostläden, Secondhand- und Vintage-Shops sind verbreitet. Das **Brattleboro Museum & Art Center** (*Old Union Railroad Station, www.brattleboromuseum.org*) zeigt Ausstellungen zur Geschichte und Kunst Neuenglands, zudem finden diverse Veranstaltungen statt.

Alternativroute über die Monadnock Region nach Concord

Nördlich von Brattleboro liegt der kleine Ort **Dummerston**, wo **Rudyard Kipling** einst ein Haus für seine Braut baute. „Naulahka" heißt das Haus in Form eines Schiffes, in dem Kipling die ersten beiden Dschungelbücher (1894/95) und „Captain Courageous" (1897) schrieb. Heute wird es an Feriengäste vermietet (*Infos: https://landmarkt rustusa.org/properties/rudyard-kiplings-naulakha*).

Bei Brattleboro überquert man den **Connecticut River** und befindet sich nun in **New Hampshire**. Auf dem NH 9 (*ab Hillsborough zugleich US 202*) geht es durch die **Monadnock Region** (*www.monadnocktravel.com*) und nach 70 mi/113 km ist Concord (s. S. 421, Anschluss nach Boston) erreicht. Die Südwest-Ecke des Staats ist geprägt vom 965 m hohen **Mt. Monadnock**, nach dem sie auch benannt ist. Er ist weithin sichtbar und soll nach dem Fuji in Japan der meistbestiegene Berg der Welt sein.

Namensgebender Berg

Keene, eine kleine Universitätsstadt, ist der größte Ort in der Monadnock Region. Bekannt als Fabrikationsstätte für Glas- und Keramikwaren ist der Ort außerdem über New Hampshire hinaus berühmt für die Konzerte und Theateraufführungen der dortigen Kunstakademie. Über den NH 9 sind es von Keene etwa 50 mi/80 km nach Concord (S. 421).

6. UNTERWEGS IN NEW YORK STATE

Der **Bundesstaat New York** erstreckt sich von der Atlantikküste bis Kanada und zu den Großen Seen. Er grenzt im Norden an die kanadischen Provinzen Ontario und Québec, im Osten an Vermont, Massachusetts und Connecticut, im Süden an New Jersey und Pennsylvania und im Westen an Erie- und Ontario-See.

Nachdem 1524 **Giovanni da Verrazzano** als erster europäischer Abenteurer die Hafenbucht von New York erkundet hatte, tauchten im Hinterland Mitte des 16. Jh. französische Trapper auf. Ihre Siedlung hatte jedoch nur kurzen Bestand. Erst nachdem 1609 **Henry Hudson** im Auftrag der niederländischen East India Company den nach ihm benannten Fluss erkundet hatte, begann die europäische Besiedlung. 1614 errichteten die **Holländer** mit Fort Nassau dort, wo heute die Hauptstadt Albany liegt, ihre erste Niederlassung in der Neuen Welt, andere folgten, u. a. 1625 Neu-Amsterdam, das heutige New York City.

Die Holländer verloren ihren Besitz jedoch nach dem Vertrag von Westminster 1674 an **England**. Wegen seiner geografischen Lage war New York für die Engländer während des Unabhängigkeitskrieges strategisch wichtig: Es sollte die Revolutionsherde in Neuengland und Virginia voneinander trennen. Dieser Plan scheiterte jedoch mit der englischen Niederlage bei Saratoga im Jahr 1777, ein Wendepunkt im Amerikanischen Unabhängigkeitskrieg. Als einer der 13 Gründerstaaten trat New York im **Juli 1788** der Union bei; als Hauptstadt fungierte dann nach Kingston ab 1797 **Albany**.

Pufferstadt NYC

New York State – The Empire State	
Gründung	1664 als Province of New York
Beitritt zur Union	26. Juli 1788
Staatsmotto	Excelsior (Höher hinaus)
Staatslied	„I Love New York"
Staatstier	Biber
Staatsfrucht	Apfel
Staatsbaum	Zuckerahorn
Staatsblume	Rose
Staatsvogel	Rotkehl-Hüttensänger (*bluebird*)
Höchster Punkt	Mt. Marcy (1.629 m)
Hauptstadt	Albany

Routen durch New York State

Auf der Route durch Neuengland bietet sich von mehreren Punkten aus eine Fortsetzung der Fahrt nach New York State an: von **Massachusetts** (Pittsfield oder Stockbridge/Berkshires S. 335/332) oder **Connecticut** (New Haven S. 218, Hartford S. 233).

Man könnte jedoch auch in **New York City** starten und nach einer Tour durch New York State die Reise an einem der oben genannten Punkte Richtung Neuengland fortsetzen. Natürlich ließen sich auch Philadelphia, Baltimore oder Washington, D.C. als Start- bzw. Endpunkte wählen. Dabei passiert man jedoch große Teile anderer Bundesstaaten, die nicht Bestandteil dieses Bandes sind; die Beschreibung solcher Routen würde daher den Rahmen sprengen.

In der folgenden Beschreibung soll **New York City** (S. 136) als Ausgangspunkt dienen. An Stellen, an denen ein Anschluss zu den Routen durch Neuengland möglich ist, wird darauf hingewiesen. So kann man die **mehrteilige Route durch New York State** leicht mit Touren durch Neuengland verknüpfen.
Teil 1: Das Hudson Valley (von NYC über Albany zum Lake Champlain)
Teil 2: Die Adirondacks und die Thousand Islands (vom Lake Champlain nach Rochester)
Teil 3: Greater Niagara (von Rochester nach Niagara Falls)
Teil 4: Die Finger Lakes (von Niagara Falls über Corning nach Syracuse)
Teil 5: Die Catskills (von Syracuse über Cooperstown zurück nach NYC)

Hinweise zu weiteren Routen finden sich in den **Iwanowski's Reisehandbüchern USA-Ostküste** und **USA-Große Seen**.
Hilfreich bei der Planung ist auch die Website **https://discoverupstateny.com**.

Blick auf das Hudson River Valley bei Poughkeepsie

Jeder kennt New York City – **New York State** hingegen ist weit weniger prominent. Der Kontrast zwischen beiden ist enorm: „**NYC**" (New York City) ist heute nicht nur die größte Stadt der USA; sie ist auch der größte Aus- und Einfuhrhafen und ein bedeutender Handels- und Finanzplatz. Die Stadt ist ein brodelnder Kessel, rund um die Uhr aktiv, laut und hektisch.

Verlässt man den Großraum, wird es ruhiger, grüner und idyllischer. Im Norden erstreckt sich die **Hudson Valley region**, wo der Hudson River die Bergketten durchschneidet. Westlich des Flusstales breiten sich die **Catskill Mountains** aus, nördlich die **Adirondack Mountains** – eines der größten Wildnisgebiete (Wilderness Area) der USA, das sich bis hin zum **Saint Lawrence River**, der Grenze zu Kanada, ausbreitet.

Weiter im Westen liegt die **Finger Lakes region** mit ihren lang gestreckten Seen, an deren Ufern sich eine bedeutende Weinregion entwickelt hat. Nördlich dieses Gebiets liegt der Lake Ontario, westlich der Lake Erie und in dem schmalen Streifen zwischen beiden Seen die berühmten **Niagara Falls**.

Das Hudson Valley – von NYC über Albany nach Lake Champlain

Im **Hudson Valley**, zwischen New York City und Albany, warten prächtige Villen, Weinberge und malerische Dörfer mit **niederländisch-deutscher („Dutch") Vergangenheit** auf den Reisenden. Schon im 19. Jh. hatte sich hier so mancher deutsche Reisende an die Heimat erinnert gefühlt. So schrieb z. B. Maximilian Prinz zu Wied-Neuwied (Reise in das innere Nord-America in den Jahren 1832 bis 1834), dass die bewaldeten und hügeligen Ufer „den Rheinbergen an vielen Stellen gleichen". Und so wundert es auch nicht, hier auf Ortschaften wie „Rhinebeck" oder „Rhinecliff" zu stoßen.

Dabei hat der Hudson River ganz andere Ausmaße – er ist breiter, länger und mächtiger als der Rhein. Der erste Europäer, der den Fluss entlangschipperte, war **Henry**

Redaktionstipps

Sehens- und Erlebenswertes

▶ Die tosenden Wasser der **Niagara Falls** kann man auf vielfache Weise erleben – und dabei staunen (S. 498).

▶ „15 Miles on the Erie Canal" – am **Erie Canal in Lockport** (S. 492) lernt man ein frühes Kapitel der Transportgeschichte kennen.

▶ Eine wechselvolle Geschichte erlebte **Fort Niagara** (S. 494) – und bietet zudem grandiose Ausblicke.

▶ Zu einer leckeren **Weinprobe** verführe die Region um die Finger Lakes, beispielsweise in den **Dr. Konstantin Frank Wine Cellars** (S. 516).

▶ Durch das Städtchen **Corning** sollte man bummeln und Zeit im sehenswerten **Corning Museum of Glass** (S. 518) verbringen.

▶ **Rochester** hat viel zu bieten, von einer **historischen Brauerei** (S. 489) bis zu zwei ungewöhnlichen Museen: **The Strong National Museum of Play** (S. 489) und das **George Eastman Museum** (S. 489).

▶ Ein Muss für Sportfreunde ist die **Baseball Hall of Fame** in **Cooperstown** (S. 526).

▶ Das **Culinary Institute of America** in **Hyde Park** (S. 458) bietet mehrere Restaurants sowie interessante Führungen.

▶ Ein wenig bekanntes Naturjuwel ist die Schlucht des **Glen Creek** im **Watkins Glen** (S. 522).

▶ Die **Thousand Islands** (S. 479) kann man an Bord eines Raddampfers kennenlernen.

▶ Mit Lederstrumpf und Chingachgook lohnt es sich, **zwischen Lake George** und **Lake Champlain** (S. 464) auf Spurensuche zu gehen.

Hinweis zur Route

Bis Albany geht die Fahrt auf dem US 9 zunächst am Ostufer des Hudson River entlang. Bei Catskill wird dann der Fluss überquert (zum Westufer s. die Route über die Catskill Mountains zurück nach NYC, S. 528); danach führt der US 9W am Westufer nach Albany (155 mi/250 km). Von der Hauptstadt geht es weiter auf dem US 9 Richtung Norden nach Lake George und von dort auf der NY 9N nach Essex, zum Westufer des Lake Champlain (weitere 135 mi/217 km).

Zentraler Transportweg

Hudson im Jahre 1609, und er glaubte sogar, eine Nordwestpassage – einen Seeweg, der den Atlantischen mit dem Pazifischen Ozean verbindet – gefunden zu haben. Der Tidenhub des Atlantik ist schließlich noch über 200 km flussaufwärts zu spüren. Da der Hudson schiffbar ist, wurde er früh zu einer wichtigen Handelsstraße und trug wesentlich zur Entwicklung von New York City bei. Die Quelle des Hudson liegt in den Adirondack Mountains am Henderson Lake (nahe Lake Placid); bis zur Mündung in den Atlantik bei New York City legt der Fluss 507 km zurück.

Seit 1996 ist das Tal von Saratoga Springs im Norden (S. 464) bis fast nach NYC als **Hudson River Valley National Heritage Area** ausgewiesen. Damit wurden historische Orte und Naturgebiete unter Schutz gestellt.
Infos: www.hudsonrivervalley.com und https://travelhudsonvalley.com.

Das Hudson Valley – von NYC über Albany nach Lake Champlain

457

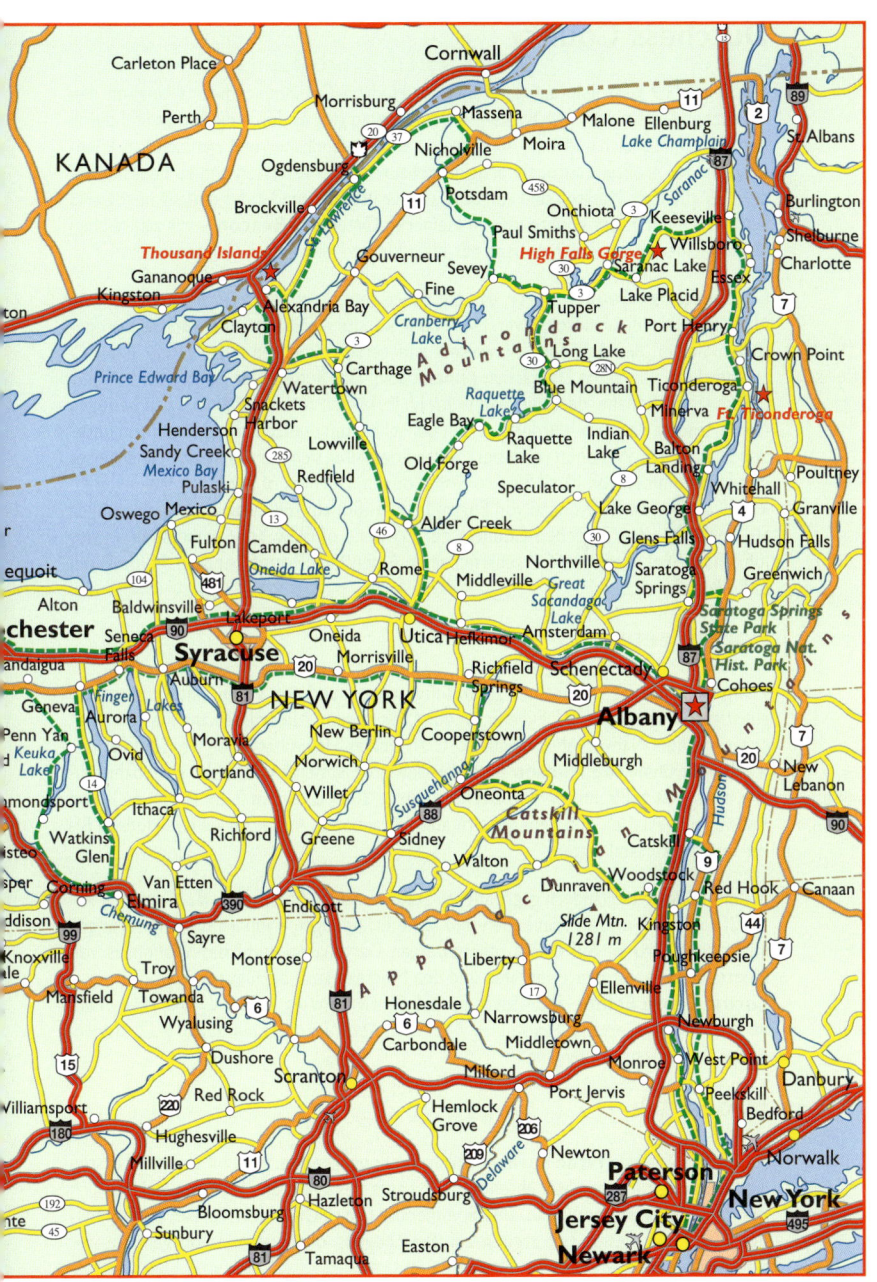

Dutchess County

Auf dem US 9 lässt man auf der Fahrt am Hudson-Ostufer nordwärts langsam den hektischen Großraum New Yorks – von Manhattan ging es durch die Bronx und durch Yonkers – hinter sich und kann durchatmen. Es wird ländlicher, und wer Zeit hat, könnte sogar den großteils autobahnartig ausgebauten US 9 verlassen und ab Peekskill auf dem US 202 nach Manitou und von dort auf der NY 9D am Ostufer entlang nordwärts fahren. Auf der Fahrt könnte man in kleineren Orten wie **Beacon** – mit zahlreichen kleinen Läden und Lokalen entlang der Main Street – eine Pause einlegen.

„Dutch" = „Deutsch"?

Das **Dutchess County**, durch das die Fahrt geht, liegt etwa 120 km nördlich von NYC im Osten des Hudson River. Der Name könnte einerseits auf die ersten europäischen Siedler, die Holländer, hinweisen; andererseits könnten mit „Dutch" („duits"/ „niederduits") auch die Deutschen gemeint sein. Das kommt der historischen Wahrheit sogar recht nahe, denn die Siedler im 17. Jh. kamen zumeist nicht aus den heutigen Niederlanden, sondern wurden aus den benachbarten deutschen Regionen und unter den Flamen und Wallonen rekrutiert. Allerdings leitet sich der Name des Landkreises streng genommen von Maria Beatrix von Modena, Duchess of York, Gemahlin von Jakob II. und kurzzeitig Königin von England (1685–88) ab. 1683 war die Region nämlich als eines der ursprünglichen Countys der Province of New York entstanden. Heute lohnen hier vor allem drei Ortschaften einen Aufenthalt: **Poughkeepsie**, **Hyde Park** und **Rhinebeck**.

Poughkeepsie

Poughkeepsie ist dank seiner guten Infrastruktur und den vielen Unterkünften ein günstiger Ausgangspunkt für die Erkundung der Region. Außerdem kann man den Ort sogar mit dem Nahverkehrszug aus NYC erreichen. Hauptattraktion der Stadt ist der **Walkway Over the Hudson** (https://walkway.org, kostenlos). Eine alte Eisenbahnbrücke, zwischen 1889 und 1974 in Betrieb, wurde 2009 zu einem 2 km langen Fuß- und Radweg umgestaltet, von dem aus sich atemberaubende Ausblicke auf den Hudson River und das Flusstal bieten.

Fantastisches Panorama

In der 1687 von Holländern gegründeten Stadt war auch **Samuel F. B. Morse** (1791–1872) zu Hause, und an sein Leben und seine Erfindungen erinnern die Ausstellungen im **Locust Grove**. Auf einem sehenswerten Gartenareal steht das Wohnhaus von Morse, der u. a. für den Telegrafen und den Morseapparat berühmt wurde.
Locust Grove Estate, *2683 South Rd. (US 9), www.lgny.org, VC 10–17 Uhr, (Jan.–März an Wochenenden geschl.); Haustouren Mai–Okt., April/Nov./Dez. nur Sa/So, $ 12; Gartenanlage 8 Uhr–Sonnenuntergang.*

Hyde Park

Auch das Städtchen **Hyde Park**, nördlich von Poughkeepsie, geht auf einen der ersten Siedler zurück, Jacobus Stoughtenburg. Im Laufe des späteren 19. Jh. entwickelte sich der Ort zum beliebten Wohn- und Sommersitz der reichen New Yorker. Drei prächtige Villen aus dieser Zeit stehen zur Besichtigung offen, eine davon gehörte der Roosevelt-Familie.

Eleanor und Franklin D. Roosevelt genießen ein paar ruhige Stunden in Hyde Park

1866 hatte der Vater des späteren Präsidenten **Franklin Delano Roosevelt** (1882–1945, im Amt 1933–45) die Springwood Estates erworben, heute Teil des **Franklin D. Roosevelt Presidential Library & Museum**. Im **Henry A. Wallace Visitor & Education Center** gibt es einen Film zu sehen, außerdem beginnen hier die Haustouren. Nach dessen Besichtigung lädt die Library mit Ausstellungen zu „FDR" und seiner couragierten und intelligenten Frau Eleanor ein. Roosevelt hatte als erster Präsident überhaupt eine *presidential library* errichten lassen und sie der Öffentlichkeit zugänglich gemacht. Seither lässt jeder Präsident eine Bibliothek bauen, anders als Roosevelt jedoch erst nach seiner Amtszeit.

Mutige First Lady

Das Museum gibt mit verschiedenen Ausstellungen einen hervorragenden Einblick in das Leben und Wirken von FDR, der nicht nur mit dem *New Deal* die Wirtschaftskrise der 1920/30er-Jahre meisterte, sondern auch die Weichen für einen Neuanfang der Weltgemeinschaft nach dem Zweiten Weltkrieg stellte, dessen Ende er allerdings nicht mehr erlebte. Er verbarg seine poliobedingte Lähmung in der Öffentlichkeit perfekt und wurde als einziger Präsident gleich viermal gewählt; seit 1951 sind nur noch zwei Amtszeiten erlaubt.

Vier Amtszeiten

Sehenswert ist auch das nahe **Val-Kill**, der Rückzugsort (und nach dem Tod von FDR auch Wohnort) von **Eleanor Roosevelt** (1884–1962), der wohl bedeutendsten First Lady der US-Geschichte, über die das Museum ausführlich informiert.
Franklin D. Roosevelt Presidential Library & Museum, *4079 Albany Post Rd. (US 9), Hyde Park, www.nps.gov/hofr, $ 20 (inkl. Home of Franklin D. Roosevelt (dieses jedoch zur Renovierung von April–Okt. 2020 geschlossen)), April–Okt. 9–18, Nov.–März 9–17 Uhr.*
Eleanor Roosevelt NHS – Val-Kill, *54 Val-Kill Park Rd. (ab US 9), Hyde Park, www.nps.gov/elro, $ 10, Mai–Okt. 9–17, Nov.–April Do–Mo 12.30–16 Uhr.*

Nachbar von FDR war kein Geringerer als **Frederick William Vanderbilt** (1856–1938), einer der Erben des berühmten Vanderbilt-Eisenbahn-Imperiums. Er hatte sich Ende des 19. Jh. mit seiner Frau Louise einen Sommersitz mit 54 Zimmern errichten lassen. Das **Vanderbilt Mansion**, von McKim, Mead & White im Beaux-Arts-Stil geplant, gleicht einem französischen Schloss, verfügte jedoch schon zur Entstehungszeit über allen erdenklichen modernen Luxus.
Vanderbilt Mansion NHS, *119 Vanderbilt Park Rd. (ab US 9), Hyde Park, www.nps.gov/vama, $ 10, 9–17 Uhr.*

Die dritte sehenswerte Villa in Hyde Park liegt im **Staatsburgh State Park**. Hier hatte sich 1895/96 Morgan Lewis, einst Gouverneur von New York, niedergelassen. Das heute noch erhaltene Mansion im *Greek Revival style* weist eine prächtige Tempelfront und im Inneren viel Prunk auf.
Staatsburgh SP, *Old Post Rd. (ab US 9), Staatsburg, https://parks.ny.gov/historic-sites/25/details.aspx, Mitte April–Okt. Do–So 11–17, Dez. Do–So 10–15 Uhr, $ 8.*

Kochschule Das **Culinary Institute of America (CIA)**, eine der angesehensten Ausbildungsstätten für *culinary arts*, für Köche und fürs Gastgewerbe im Allgemeinen, wurde 1946 gegründet und zog 1970 nach Hyde Park. Weitere Filialen gibt es in Kalifornien, Texas und Singapur. Für rund $ 17.000 Studiengebühr im Jahr kann man sich hier z. B. zum Spitzenkoch ausbilden lassen. Touren führen durch den Hauptbau, ein ehemaliges Kloster von 1903, vorbei am prächtigen Speisesaal und an diversen Schulküchen. Loh-

Hier sind nur die Rezepte geheim: das CIA in Hyde Park

nend sind die von Studenten betriebenen Restaurants auf dem Campus, u. a. das Bocuse Restaurant oder die Studentenmensa The Egg.
Culinary Institute of America, *1946 Campus Dr. (ab US 9), Hyde Park, www.ciachef.edu/visiting-cia-new-york-hyde-park, Touren während des Semesters Mo–Fr 16 Uhr, Mo auch 10 Uhr, $ 6, Anmeldung:* ☎ *845-451-1588.*

Rhinebeck

In **Rhinebeck** hatten sich die ersten Siedler 1686 niedergelassen, nachdem sie den Irokesen Land abgekauft hatten. Seine deutsche Prägung erhielt der Ort 1715 durch Zuwanderer aus der Pfalz, 1788 entstand dann die Town of Rhinebeck aus dem Zusammenschluss mehrerer kleiner Gemeinden. Im Zentrum liegt das älteste noch bewirtschaftete Gasthaus der USA, das **Beekman Arms Inn** aus dem Jahr 1766. Heute ist das Village of Rhinebeck bei den wohlhabenden New Yorkern als Sommerfrische höchst beliebt. Rings um die zentrale **Market Street** laden gehobene Boutiquen und exklusive Lokale, aber auch normale Shops und Kneipen zum Bummel ein.

Pfälzer Wurzeln

Reisepraktische Informationen Dutchess County

Information
Dutchess County: *http://dutchestourism.com*

Unterkunft
Inn the Woods $$, *32 Howard Blvd. Extension, Hyde Park,* ☎ *845-229-9331, www.innthewoods.com; idyllisch-ruhig gelegenes B&B mit Zimmern unterschiedlicher Größe und Ausstattung; nicht weit von den Sehenswürdigkeiten von Hyde Park entfernt; inkl. Frühstück.*
Residence Inn Poughkeepsie $$–$$$, *2525 South Rd. (ab US 9), Poughkeepsie,* ☎ *845-463-4343, www.marriott.de; relativ günstiges Hotel mit gut ausgestatteten, geräumigen Suiten; inkl. Frühstück.*
Journey Inn $$$, *1 Sherwood Place, Hyde Park,* ☎ *845-229-8972, www.journeyinn.com; B&B im Historic District, gegenüber dem Vanderbilt Mansion; sieben Gästezimmer, die mit Antiquitäten und Sammelstücken aus der ganzen Welt eingerichtet sind.*
Beekman Arms & Delamater Inn $$$–$$$$, *6387 Mill St., Rhinebeck,* ☎ *845-876-7077, www.beekmandelamaterinn.com; 1766 eröffnet und damit das älteste noch betriebene Hotel Nordamerikas; gemütliche Bar, in der u. a. Livemusik geboten wird.*

Restaurants
Terrapin Restaurant, *6426 Montgomery St., Rhinebeck,* ☎ *845-876-3330, www.terrapinrestaurant.com; ausgezeichnetes Lokal mit höchst kreativer Küche aus regionalen Produkten im ungewöhnlichen Ambiente einer ehemaligen Kirche.*
Hyde Park Brewery, *4076 Albany Post Rd., Hyde Park,* ☎ *845-229-8277, https://hydeparkbrewing.com; gemütliches Brewpub mit schmackhaften Gerichten und ausgezeichneten, im Haus gebrauten Bieren.*
Culinary Institute of America, *(s. o.), www.ciarestaurantgroup.com/new-york-restaurants; mit z. B. Bocuse Restaurant, American Bounty Restaurant, Ristorante Caterina und (preiswert & gut!) The Egg; Haute Cuisine von Studenten zubereitet und serviert.*

Einkaufen

Das Hudson River Valley gilt als Top-Weinregion. Zur **Hudson River Region AVA** *(American Viticultural Area) gehören ca. 30 Weingüter, z. B.*
Millbrook Vineyards & Winery, *26 Wing Rd., Millbrook, www.millbrookwine.com; schön gelegenes Weingut mit Park, Terrasse, Restaurant; Touren und Tastings.*
Crown Maple, *47 McCourt Rd., Dover Plains, www.crownmaple.com; einer der größten Ahornsirup-Produzenten der USA; Touren und Tastings.*

Albany, New Yorks Hauptstadt

Albany, seit 1797 die **Hauptstadt des Bundesstaates New York**, geht vermutlich auf einen 1540 eingerichteten Posten der Franzosen zurück, der jedoch nicht lange Bestand hatte. Erst nachdem der englische Kapitän Henry Hudson im Auftrag der Niederländischen Ostindien-Kompanie 1609 das Flusstal erkundet hatte, richtete diese 1614 die Kolonie Nieuw Nederland ein; Hauptstadt wurde mit Nieuw Amsterdam das heutige New York City. Auch im Flusstal ließen sich Siedler nieder, und in der Nähe eines 1614 erbauten Forts, das auch als Handelsstation diente, entstand ab 1624 ein Ort. Er fiel 1664 als Teil der Kolonie an England und wurde in „Albany" umbenannt. Mehr zur Geschichte der Stadt und zum Upper Hudson Valley erfährt man im **Albany Institute of History & Art**.
Albany Institute of History & Art, *125 Washington Ave., www.albanyinstitute.org; Mi/Fr/Sa 10–17, Do 10–20, So 12–17 Uhr, $ 10 (Do 17–20 Uhr $ 5); mit Café und Shop.*

Das New York State Capitol in Albany

Albany, New Yorks Hauptstadt

Die günstige Lage machte die Siedlung schon früh zu einem wichtigen Handels- und Verkehrszentrum. Heute fungiert die Stadt vor allem als Verwaltungszentrum des Bundesstaates New York. In den Bauwerken Albanys spiegeln sich Vergangenheit und Gegenwart gleichermaßen wider: Restaurierte Stadthäuser des 19. Jh. an breiten Alleen (z. B. **Historic Cherry Hill**) und das **State Capitol** im Stil eines französischen Schlosses stehen im Kontrast zu modernen, fast futuristischen Bauwerken am benachbarten **Empire State Plaza**.

Gewinnbringende Lage

Einen guten ersten Überblick erhält man vom **Observation Deck** im 42. Stock des **Corning Tower Building**, das am zentralen Empire State Plaza, im Regierungs-, Kongress- und Kulturzentrum zwischen Madison Ave. und State St., liegt. Der mehrteilige Komplex des Empire State Plaza entstand während der Amtszeit von Gouverneur Nelson A. Rockefeller (1959–73). Besonders auffällig ist das kugelförmige Performing Arts Center, das passend „**The Egg**" genannt wird. Am Platz befindet sich auch das Cultural Education Center mit dem interessanten **New York State Museum**.

Kulturzentrum

Hauptattraktion ist das **New York State Capitol**, 1867–99 im Stil eines französischen Renaissanceschlosses erbaut. Eindrucksvoll sind das große Treppenhaus, die Great Western Staircase, mit 444 Stufen sowie die Hall of Governors.

Corning Tower Observation Deck, *Empire State Plaza, https://empirestateplaza. ny.gov/corning-tower-observation-deck, Mo–Fr 10–16 Uhr, freier Eintritt.*
New York State Museum, *222 Madison Ave., Empire State Plaza, www.nysm.nysed.gov, Di–So 9.30–17 Uhr, $ 5 (suggested donation).*
New York State Capitol, *State St., https://empirestateplaza.ny.gov/tours/new-york-state-capitol, Mo–Fr 7–19 Uhr, Führungen 10/12/14/15 Uhr, kostenlos.*

Reisepraktische Informationen Albany (NY)

Information
Discover Albany VC, *25 Quackenbush Sq., ☏ 518-434-0405, www.albany.org; April–Nov. Mo–Fr 9–16, Sa 10–15, So 11–15 Uhr, Dez.–März jeweils bis 15 Uhr; mit Henry Hudson Planetarium.*
Empire State Plaza VC, *100 S Mall Arterial, North Concourse, ☏ 518-474-2418, https://empirestateplaza.ny.gov/plaza-visitor-center-and-gift-shop, Mo–Fr 8.30–16.30 Uhr, Infos und Touren.*

Unterkunft
Holiday Inn Express Albany Downtown $$, *300 Broadway, ☏ 518-434-4111, www.ihg.com; zentral gelegenes Hotel mit geräumigen, gut ausgestatteten Zimmern.*
Morgan State House Inn $$$, *393 State St., ☏ 518-427-6063, https://statehouse.com; sechs Zimmer in einem historischen brownstone house von 1888, mitten im Zentrum, elegant und luxuriös, mit Garten; inkl. Frühstück.*

Restaurants
Capital Craft Beverage Trail, *www.capitalcraftbeveragetrail.com oder www. albany.org/restaurants/craft-beverage-trail; drinking tour vor allem entlang des Broadway; Produzenten aus der Region; Kellereien (z. B. Brookview Station Winery), Destillerien, cideries und Brauereien (z. B. C.H. Evans Brewing Co. oder Druthers Brewing Co.).*

Angelo's 677 Prime, 677 Broadway, ☏ 518-427-7463, https://677prime.com; das Top-(Steak-)Lokal der Stadt.
PRIME at the Plaza, 1 Empire State Plaza, ☏ 518-375-2318, http://racafes.compass-usa.com/EmpirePlaza; ideal zum Frühstücken oder zum Imbiss; Backwaren sowie breites Spektrum an Gerichten aus regionalen Produkten in mehreren Lokalen: Café (Frühstück), PBD Kitchen, A La Mode und Cornerstone Cucina Italiana (alle nur Mittagessen).

Feste
Anfang Mai wird im Washington Park das **Tulip Festival** gefeiert, das an die holländischen Siedler erinnert. Zu diesem und weiteren Events siehe www.albanyevents.org.

Touren
Dutch Apple Cruises, 141 Broadway, ☏ 518-463-0220, http://dutchapplecruises.com, **Bootsfahrt** auf dem Hudson River, $ 20.

Ticonderoga – an der Kreuzung zweier Wasserstraßen

Tekontaró:ken – „an der Kreuzung zweier Wasserstraßen" – nannten die Irokesen die Region im Nordwesten von New York State. Damit ist nicht der Oberlauf des Hudson River gemeint, sondern die beiden Seen, die sich im Grenzgebiet zwischen New York und Vermont ausbreiten: **Lake George** und **Lake Champlain**. Der Lake George reicht bei der heutigen Ortschaft **Ticonderoga** bis auf wenige Kilometer an den Lake Champlain heran. La Chute heißt dort der Kanal, der die beiden Seen verbindet und dafür eine Höhendifferenz von knapp 70 m überwindet.

Strategische Lage
Die Region war einst von großer strategischer Bedeutung, da sie die „Portage" (Transportweg) zwischen dem französisch kontrollierten Gebiet um den Sankt-Lorenz-Strom und dem britisch kontrollierten Hudson Valley darstellte. Die Region diente übrigens als Anregung und Bühne für James Fenimore Coopers legendären Roman *The Last of the Mohicans* (S. 527).

Saratoga Springs

Heilquellen
Von Albany geht es auf dem US 9 weiter nordwärts nach **Saratoga Springs** (37 mi/60 km). Schon im 19. Jh. war Saratoga Springs ein wegen seiner Heilquellen beliebter Kurort. Über die Geschichte der Stadt informiert eine Ausstellung im 1870 gebauten Kasino im **Congress Park** (Broadway). Die Grünanlage lohnt auch wegen der dort aufgestellten Skulpturen von Daniel Chester French (1850–1931), der u. a. das Lincoln Memorial in Washington schuf.

Zu den Sehenswürdigkeiten der Stadt zählt das **National Museum of Racing and Hall of Fame**. Hier kann man sich über die Geschichte des Reitsports, Trainingsmethoden und berühmte Jockeys, Trainer, Züchter und Pferde informieren. Der Ort

Reenactment im Saratoga NHP

ist nicht willkürlich gewählt: Hier befindet sich mit dem 1863 gegründeten **Saratoga Race Course** eine der ältesten Pferderennbahnen des Landes.

National Museum of Racing und Hall of Fame, *191 Union Ave., www.racingmuseum.org, Mai–Aug. 9–17, Sept.–Dez. Mi–So 9–17 Uhr, $ 10.*

Südlich der Rennbahn erstreckt sich der **Saratoga Spa State Park** mit Mineralquellen, Swimmingpools, Golfplätzen und ausgedehntem Trail-Netz. Auf dem Gelände liegen zudem das Saratoga Performing Arts Center (*https://spac.org*) und das Spa Little Theater, wo jeweils Ende Juni bis Mitte Juli das Opera Saragota Festival (*https://operasaratoga.org*) stattfindet.

Saratoga Spa SP, *19 Roosevelt Dr., ✆ 518-584-2535, https://parks.ny.gov/parks/saratogaspa, Ende Mai–Aug. 8.30–16.30, Sept.–Mitte Okt. nur Sa/So 8.30–16.30 Uhr, $ 10/Pkw, $ 8 Pool; im Winter auch Schneeschuhwandern ($ 5).*

Die Hauptattraktion der Region liegt östlich der Stadt: der **Saratoga National Historical Park**. Hier fanden im September und Oktober 1777 die beiden Battles of Saratoga statt, die für eine Wende im Unabhängigkeitskrieg sorgten. Dabei wurden die britischen Truppen unter General John Burgoyne an ihrem Vormarsch Richtung Albany und Hudson Valley von der Kontinentalarmee unter General Horatio Gates und den lokalen Milizen nicht nur aufgehalten, sondern zur Kapitulation gezwungen. An verschiedenen Stellen im Park geben Schautafeln und kostümierte Guides Auskunft über den Verlauf und Hintergrund der Schlachten.

Entscheidende Gefechte

Saratoga NHP *mit* **Saratoga Battlefield VC**, *648 NY 32, Stillwater (US 4, ca. 11 mi/ 18 km östl. Saratoga Springs), www.nps.gov/sara, 9–17 Uhr, Route wetterabhängig April– Nov. befahrbar, Eintritt frei.*

Reisepraktische Informationen Saratoga Springs

Information
Saratoga County: www.saratoga.com

Unterkunft
Stay Saratoga $$$, *198 South Broadway,* ✆ *518-584-4220, http://staysaratoga. net; einladendes Haus mit 14 unterschiedlich großen Zimmern, z. T. mit Kamin und Küchenzeile; günstige Lage zu allen Sehenswürdigkeiten.*

Restaurants
Thirsty Owl, *184 South Broadway,* ✆ *518-587-9694, www.thirstyowlsaratoga.com; elegantes Restaurant mit kreativen Gerichten und hervorragender Weinauswahl dank des eigenen Weinguts an den Finger Lakes.*

Lake George

Auch auf der Weiterfahrt nach Norden zum **Lake George** geht es über den US 9 (die schnellere Alternative wäre die parallel verlaufende Autobahn I-87, beide Strecken ca. 28 mi/45 km). Die Region spielte im sogenannten **French and Indian War**, auch als Siebenjähriger Krieg bezeichnet, eine wichtige Rolle.

Zwischen 1754 und 1763 kämpften die Briten gegen die Franzosen, mit ihren jeweiligen indianischen Verbündeten um die Vorherrschaft im Nordosten Nordamerikas. Mit dem **Frieden von Paris 1763** endete dann die französische Kolonialherrschaft östlich des Mississippi. Um den Lake George fanden zwei Schlachten statt: im August 1757 um Fort William Henry (s. u.) und im Juli 1758 um Fort Ticonderoga (s. u.). Bekannt wurden die Auseinandersetzungen durch die Schilderungen in James Fenimore Coopers berühmten **Lederstrumpf-Romanen**.

Literarische Aufarbeitung

Bevor man Lake George erreicht, passiert man die Stadt **Glen Falls**, 1759 gegründet. Sehenswert ist hier die **Hyde Collection**, eine Sammlung mit Werken europäischer, aber auch amerikanischer Maler des 15.–20. Jh., präsentiert in einer historischen Villa im Renaissancestil.
Hyde Collection – Art Museum & Historic House, *161 Warren St., https://hyde collection.org, Di–Sa 10–17, So 12–17 Uhr, $ 12 (jeden 2. Sonntag im Monat freier Eintritt).*

Touristisches Zentrum der Region ist **Lake George Village**, am südlichen Ende des Lake George gelegen. Den über 50 km langen, aber nur zwischen 1,5 und 5 km breiten See kann man auf einer mehrstündigen Schiffsfahrt erkunden. Hauptattraktion ist das restaurierte **Fort William Henry**, das zu Beginn des *French and Indian War* 1755 von den Briten errichtet worden war. Zwei Jahre später belagerten die französischen Truppen und ihre indianischen Verbündeten unter Louis-Joseph de Montcalm das Fort und erreichten die Kapitulation. Den Briten unter Lieutenant-Colonel George Monro und den Zivilisten, die im Fort Schutz gesucht hatten, war freier Abzug zugesichert worden. Allerdings wurden sie dabei von den indianischen Verbündeten der Franzosen an-

Britischer Stützpunkt

Ticonderoga – an der Kreuzung zweier Wasserstraßen

Geschichtsträchtiges Bollwerk: Fort Ticonderoga

gegriffen, die ihre Kriegsbeute bedroht sahen. Viele der abziehenden Soldaten und Zivilisten wurden getötet, gefangen genommen oder ausgeraubt. Berühmt wurde auch diese Episode durch die literarische Umsetzung durch James Fenimore Cooper in seinem Roman *The Last of the Mohicans* (S. 527).
Fort William Henry Museum, 48 Canada St. (NY 9N), www.fwhmuseum.com, Mai–Okt. 9.30–17 Uhr, $ 19,50.

Folgt man vom Fort William Henry der NY 9N, vorbei an kleinen Ortschaften am westlichen Ufer des Lake George – z. B. **Diamond Point** oder **Bolton Landing**, wo schöne Sommerhäuser wohlhabender Familien zu bewundern sind – erreicht man nach etwa 43 mi/69 km den nächsten historischen Schauplatz, **Fort Ticonderoga**, im gleichnamigen Ort. Wie Fort William Henry entstand Fort Ticonderoga zu Beginn des *French and Indian War* 1755, dieses Mal jedoch als französisches Fort Carillon. Ein Jahr nach der Kapitulation der Briten bei Fort William Henry griff eine britische Armee unter General James Abercrombie den französischen Posten an, wurde jedoch unter großen Verlusten zurückgeschlagen.

Mehrfacher Kriegsschauplatz

1759 folgte unter General Jeffery Amherst der nächste britische Angriff, dieses Mal besser ausgeführt. Die Franzosen gaben den Posten auf und britische Truppen übernahmen. Während des amerikanischen Unabhängigkeitskrieges spielte der nun „Fort Ticonderoga" genannte Posten eine bedeutende Rolle. 1775 stürmten Ethan Allen und

seine Green Mountain Boys erfolgreich die Festung, doch schon 1777 gelangte sie wieder in den Besitz der Engländer. Nach der Niederlage der Briten bei Saratoga Springs (s. o.) wurde die Festung bedeutungslos und 1781 aufgegeben. Inzwischen ist die Anlage restauriert und informiert über die wechselvolle Geschichte der Region.
Fort Ticonderoga, *102 Fort Ti Rd., (ab NY 74), www.fortticonderoga.org, Anfang Mai–Ende Okt. 9.30–17 Uhr, $ 24, mit militärischen Vorführungen, Vorträgen und geführten Touren.*

Auch die nächste Attraktion hat mit dem French and Indian War zu tun: Die **Crown Point State Historic Site** liegt ca. 15 mi/25 km nördlich von Ticonderoga. Auf der NY 9N geht es vorbei an Crown Point, ehe man an der Südspitze des Lake Champlain (S. 437) auf der NY 185 die Ruinen einer Festung erreicht. Von 1734 bis 1759 unterhielten hier die Franzosen Fort Saint-Frédéric; später funktionierten es die Briten in das mächtige Fort Crown Point um. Auch im Unabhängigkeitskrieg war die Festung umkämpft, ehe sie 1780 aufgegeben wurde. Ihre Ruinen können heute besichtigt werden.
Crown Point SHS, *21 Grandview Dr., https://parks.ny.gov/historic-sites/34/details.aspx; Gelände: Sonnenauf- bis -untergang, Museum: Mai–Okt. 9.30–17 Uhr, $ 4.*

Reisepraktische Informationen Lake George

Information
Warren County Tourism Department, ☎ 800-958-4748, www.visitlakegeorge.com.
Adirondacks Welcome Center, *I-87, zwischen Exit 17 und 18, Glen Falls, www.iloveny.com, rund um die Uhr.*
Lake George Village VC, *1 Beach Rd., Lake George, https://visitadirondacks.com, Juni–Okt. Mo–Fr 9–17 Uhr.*

Unterkunft
Best Western of Lake George $$, *2452 NY 9N (I-87/Exit 21),* ☎ *518-668-5701, www.bestwesternlakegeorge.com; 87 Zimmer, einige mit Küchenzeile und Kamin, Innen- und Außenpool.*
Holiday Inn Resort Lake George Turf $$$, *2223 Canada St. (US 9),* ☎ *518-668-5781, www.holidayinnlakegeorge.com; gut ausgestattetes Hotel mit 105 Zimmern, viele mit schönem Ausblick auf den See.*

Touren
Bootsfahrten: *Mai–Anfang Okt. tgl.; unterschiedlich lange Ausflugsfahrten entlang der Küste, Dinner- und Nachtfahrten.*
Lake George Steamboat CO, *www.lakegeorgesteamboat.com, Abfahrt am Steel Pier, 57 Beach Rd., Lake George.*
Shoreline Cruises of Lake George, *https://lakegeorgeshoreline.com, 2 Kurosaka Lane, Lake George; u. a. Historic Sightseeing Cruises.*

Die Adirondacks und die Thousand Islands – vom Lake Champlain nach Syracuse

Zwischen Lake Champlain, im Grenzgebiet zwischen New York State und Vermont, und der Metropole Syracuse im Zentrum des Staates breiten sich die **Adirondack Mountains** aus. Sie reichen im Norden bis ins Tal des mächtigen **Saint Lawrence River**, der Grenze zu Kanada. An seinem Abfluss aus dem Lake Ontario ist er stellenweise so breit, dass dort unzählige Inseln liegen. 1.864, um genau zu sein, was zu der Bezeichnung „**Thousand Islands**" geführt hat.

Hinweis zur Route

Bevor man das Westufer des Lake Champlain verlässt, lohnt der Besuch eines Naturhighlights nahe der Ortschaft Keeseville: **Ausable Chasm** (s. u.).

Die NYS 9N führt dann tiefer hinein in die **Adirondack Mountains**. Vorbei an Au Sable Forks geht es nach Jay, wo man auf die NY 86 abbiegt, die über Wilmington und Lake Placid zum Saranac Lake führt; von dort fährt man weiter auf der NY 3 zum **Tupper Lake** (67 mi/108 km), nach Childwold und über die NY 56 nordwärts zum Saint Lawrence River bei **Massena** (ca. 72 mi/116 km). Auf der NY 37 folgt man dem mächtigen Fluss westwärts zu den Thousand Islands bei **Alexandria Bay** (72 mi/115 km). Über Watertown, Utica und Rome endet man dann in **Syracuse** (172 mi/277 km).

Vom Lake Champlain in die Adirondacks

Die **Adirondack Mountains** sind Teil der Appalachen. Sie bilden jedoch keine langgestreckte Bergkette, sondern ein kreisförmiges Massiv mit etwa 260 km Durchmesser und Höhen bis zu 1.600 m. Höchster Punkt ist mit 1.629 m der **Mount Marcy**. Seit 1885 stehen die Adirondacks als New York Forest Preserve unter Naturschutz; sie sind kein State Park, sondern unterstehen der New Yorker Umweltschutzbehörde. Dieser **Adirondack Park** reicht im Norden bis zum Saint Lawrence River, im Süden zum Mohawk River Valley, im Osten zum Lake Champlain und im Westen bis zum Black River – das entspricht etwa 24.000 km^2 Fläche.

Der Reiz dieses Gebirges liegt nicht in gewaltigen Höhen, sondern in dichten Wäldern und Wasserreichtum, der rund 3.000 Seen und knapp 50.000 km Fluss- und Bachläufen zu verdanken ist. Obwohl in Teilen des Parks extensive Holzwirtschaft erlaubt ist, gibt es eine vielfältige Fauna und Flora, darunter Biber und Elche sowie Schwarzbären. Benannt wurden Park und Gebirge erst 1837 von dem Trapper Ebenezer Emmons, der dafür vermutlich ein Wort benutzte, mit dem die Mohawk ihre indianischen Nachbarn als „Baum-/Rindenfresser" verunglimpften.

Vielfältige Tierwelt

Reisepraktische Informationen Adirondack Mountains

Information
Allg. Infos zum Adirondack Park: http://visitadirondacks.com

Unterkunft/Camping/Restaurants
Die Infrastruktur in der Region ist gut; es gibt zahlreiche Übernachtungsmöglichkeiten und Campingplätze sowie Lokale.
Hotels: https://visitadirondacks.com/stay
Camping: https://visitadirondacks.com/camping
Lokale: https://visitadirondacks.com/what-to-do

Ausable Chasm – Grand Canyon of the Adirondacks

Am Ostrand der Adirondacks, noch im Hinterland des Lake Champlain, wartet mit **Ausable Chasm** ein erstes Natur-Highlight. Diese Schlucht, auch „**Grand Canyon of the Adirondacks**" genannt, ist dort entstanden, wo der Ausable River in den Lake Champlain fließt. Zugegeben, der Vergleich mit dem Grand Canyon hinkt, doch die enge und steile Schlucht des Ausable River ist bei einer Paddeltour durchaus eindrucksvoll. Kein Wunder, dass hier schon seit 1870 der Tourismus blüht und Besucher durch die Bergwasserschlucht geführt werden.

Ein Fußweg führt über steinerne Stufen, hölzerne Treppen und Brücken durch die Schlucht bis zum **Table Rock**, vorbei an massiven Felsformationen. Von dort kann man eine Kanufahrt durch die enge Schlucht unternehmen, die auf beiden Seiten von hoch aufragenden Sandsteinwänden begrenzt ist. Vom Bootsanleger bringt dann ein Bus Besucher zurück zum Eingang.

Kletterangebote **Ausable Chasm**, *2 mi/3,2 km nördl. Keeseville, 2144 US 9, http://ausablechasm.com, Juli/Aug. 9–17, Sept.–Juni 9–16 Uhr, $ 18, Bootsfahrt zusätzlich $ 12; Klettersteigtour und Sportkletterangebote.*

Wilmington und der Whiteface Mountain

Etwa 23 mi/37 km sind es von Keeseville zum ersten Ferienort in den Adirondacks, Wilmington. Um dorthin zu gelangen, folgt man bis zur Ortschaft **Jay** dem **Ausable River** auf der NY 9N; danach geht es noch wenige Meilen auf der NY 86 weiter nach **Wilmington**. Der Name des wilden Bergflusses geht übrigens auf den ersten europäischen Abenteurer in der Region, Samuel de Champlain, zurück, der vom „Au Sable", dem sandigen Fluss, sprach.

Santas Arbeitsplatz Auf der Fahrt zum Whiteface Mountain passiert man den Ort, den jedes Kind in den USA kennt: **Santa's Workshop North Pole (NY)**. Hier hat man für den Nachwuchs das Dorf des Weihnachtsmanns als Vergnügungspark gestaltet.
Santa's Workshop North Pole NY, *324 Whiteface Memorial Hwy. (NY 431), www.northpoleny.com, Juli–Aug. 10–16.30, Sept.–Mitte Okt. Sa/So 10–16, Mitte Nov.–Dez. Sa/So 10–15.30 Uhr, $ 35.*

Vom Lake Champlain in die Adirondacks

In der Bergwelt der Adirondacks

Der 1.483 m hohe Whiteface Mountain ist der einzige mit dem Auto erreichbare Gipfel der Adirondacks. Von Wilmington aus windet sich der **Whiteface Mountain Veterans' Memorial Highway** (NY 431, ca. 8 mi/13 km) hinauf. Vom Parkplatz am Ende der Straße kann man entweder per Aufzug oder zu Fuß zum Gipfel gelangen. Von der Berghöhe reicht die Sicht bei klarem Wetter über die Adirondacks bis zum Sankt-Lorenz-Strom. Besonders lohnend ist ein Besuch zur Zeit der Laubfärbung, wenn die Wälder ringsum in bunten Farben leuchten und der Berggipfel schon vom ersten Schnee bedeckt ist. Die Region ist auch beliebt bei Skifahrern. Hier wurden während der beiden olympischen Winterspiele im nahen Lake Placid (s. u.) die Ski-Wettbewerbe ausgetragen.

Skigebiet

Whiteface Mountain Veterans' Memorial Highway, *www.whiteface.com/activities/whiteface-veterans-memorial-highway*, Mitte Mai–Mitte Okt. 8.45–17.30 Uhr, Pkw/Fahrer $ 16, jeder weitere Passagier $ 9; Shop und Restaurant.

An der NY 86, auf der es auch nach Lake Placid (s. u.) weitergeht, liegt südlich Wilmington die **High Falls Gorge** (ca. 5 mi/8 km). Auch hier hat sich der Ausable River über Stromschnellen und Wasserfälle einen Weg durch die Adirondacks gebahnt. Über schmale Stege und Brücken kann man durch die Schlucht wandern.

High Falls Gorge, *4761 NY 86, https://highfallsgorge.com*, Jan.–März Fr–Di 9–16, Mai–Juni 9–16.30, Juli–Aug. 9–17, Sept.–Okt. 9–16.30, Dez. Fr–Di 9–16 Uhr, Sommer $ 12,50, Winter $ 14,50.

Reisepraktische Informationen Wilmington (NY)

Information
Whiteface Mountain Regional Visitors Bureau, 5753 NY 86, ☏ 518-946-2255, www.whitefaceregion.com, Mo–Fr 8–15, Sa 9–15, So 9–12 Uhr.

Unterkunft/Restaurants
Hungry Trout Resort $$, 5239 NY 86, ☏ 800-766-9137, https://hungrytrout.com; einfaches Motel mit unterschiedlich großen Zimmern und Aufenthaltsräumen; beste Lage am Ausable River; mit empfehlenswertem **Hungry Trout Restaurant** und beliebtem **R.F. McDougall's Pub**.
Ledge Rock at Whiteface Mountain $$, 5078 NY 86, ☏ 518-946-2302, www.ledgerockatwhiteface.com; ruhig gelegenes Motel mit geräumigen Zimmern und Suiten, von deren Balkons sich ein wundervoller Ausblick auf den Whiteface Mountain bietet; vielseitiges Freizeitangebot.

Lake Placid

Nur noch rund 8 mi/13 km südwestlich der High Falls Gorge (NY 86) liegt an den beiden Seen Lake Placid und Mirror Lake der Ort **Lake Placid**. Vor der Kulisse des **Mount Marcy** (1.629 m), dem höchste Berg des Staates New York, war Lake Placid Austragungsort der olympischen **Winterspiele 1932 und 1980** und steht auch heute noch ganz im Zeichen des Wintersports. Der Ort fungiert z. B. als olympisches Trainingszentrum für Wintersportler aus aller Welt.

Skier statt Schwimmhose am Lake Placid

Vom Lake Champlain in die Adirondacks

Das **Lake Placid Olympic Center** umfasst gleich drei Eisarenen: die Herb Brooks Arena – in der 1980 die USA sensationell unter dem Trainer Herb Brooks die Goldmedaille im Eishockey gewann –, die Jack Shea Arena von 1932 und den USA Rink. Im Lake Placid Olympic Museum erfährt man alles über die beiden Winterspiele. Zudem wurde hier 1983 die Lake Placid Hall of Fame eingerichtet.
Olympic Center, *www.whiteface.com/facilities/lake-placid-olympic-center; Olympic Sites Passport $ 40 (Zugang zu allen Teilen des Komplexes) und Olympic Center Tour Mo–Sa 10/11.30/13 Uhr $ 10 (bar).*
Lake Placid Olympic Museum, *Olympic Center, 2634 Main St., www.lpom.org, 10–17 Uhr, $ 8.*

Südöstlich der Stadt liegt der **Olympic Jumping Complex**, das Skisprung-Trainingszentrum für das amerikanische Olympiateam, mit zwei 90 m und 120 m hohen Sprungtürmen. Ein Glasaufzug bringt Besucher hinauf zum Sky Deck, wo sich schöne Ausblicke auf den Mount Marcy und die Adirondacks bieten. Im Freestyle Aerial Center kann dank Kunstschnee auch im Sommer trainiert werden. Im Winter finden auf dem Gelände auch nationale und internationale Wettbewerbe statt. *Spektakulärer Aufzug*
Olympic Jumping Complex, *5486 Cascade Rd. (NY 73), www.whiteface.com/facilities/olympic-jumping-complex-0, ab Nov. 2019 neuer Aufzug, Gondola und Ziplines.*

Das restaurierte Farmhaus auf der **John Brown Farm State Historic Site** erinnert an den legendären John Brown (s. u.), der mit seinen Söhnen militant für die Abschaffung der Sklaverei kämpfte und hier begraben liegt.
John Brown Farm SHS, *115 John Brown Rd. (NY 73), North Elba, https://parks.ny.gov/historic-sites/29/details.aspx, Mai–Okt Mi–Mo 10–17 Uhr, Eintritt frei.*

John Brown's Body …

info

Jedes Kind in den USA kennt den Refrain des Lieds „John Brown's body lies a-mouldering in the grave", das während des Bürgerkriegs zum Kampflied der Union wurde. Doch wer weiß schon, dass John Brown (1800–1859) mit seinen Söhnen auf einer alten Farm nahe Lake Placid im Bundesstaat New York begraben liegt?

1849 hatte sich Brown in den Adirondacks niedergelassen. Geboren in Connecticut, war er stets auf Achse: 1805 war die Familie nach Ohio gezogen, und 1820 heiratete Brown und begann in Pennsylvania ein neues Leben. Seine Unternehmungen als Geschäftsmann und Landwirt waren jedoch nur wenig erfolgreich, und er änderte häufig den Wohnsitz. Während seines Aufenthalts in Springfield (MA) begann er sich vehement gegen die Sklaverei zu engagieren. 1848 zog er deshalb in die Adirondacks, um in ländlicher Umgebung entlaufenen Sklaven einen Neuanfang in der Landwirtschaft zu ermöglichen.

Inzwischen hatten seine Söhne mit ihren Familien in Kansas eine neue Heimat gefunden. Doch der Streit mit dem benachbarten Missouri um den Status als sklavenfreier Staat begann 1856 zu eskalieren. Als „Bleeding Kansas" gingen die gewaltsamen Auseinandersetzungen in die Geschichtsbücher ein und waren doch nur ein Vorgeschmack auf den folgenden Bürgerkrieg. Vater Brown war mittendrin, wurde zum Anführer der militanten Anti-Sklaverei-Truppe, die bei mehreren Schießereien Sklaverei-Befürworter tötete.

Die Adirondacks und die Thousand Islands – vom Lake Champlain nach Syracuse

info

Berühmt wurden John Brown und seine Söhne und Helfer durch einen Überfall 1859 auf das Waffenarsenal der US Army bei Harpers Ferry in Maryland. Sie wollten damit einen Sklavenaufstand entfachen und die entlaufenen Sklaven bewaffnen. Das Unternehmen scheiterte, und die meisten Anhänger Browns und zwei seiner Söhne kamen ums Leben. Brown wurde des Hochverrats angeklagt und gehängt. Fluchtangebote zahlreicher Befürworter lehnte er ab, stattdessen wollte er als „Märtyrer im Kampf gegen die Sklaverei" sterben. Beigesetzt wurde er zusammen mit seinen Mitstreitern auf der Farm in den Adirondacks.

Reisepraktische Informationen Lake Placid

i Information
Discover Lake Placid: www.lakeplacid.com
Regional Office of Sustainable Tourism: www.roostadk.com

Unterkunft/Restaurants
Golden Arrow Lakeside Resort $$$, 2559 Main St., ① *844-209-8080*, www.golden-arrow.com; *wunderschön direkt am Mirror Lake gelegenes Resort-Hotel mit geräumigen und gut ausgestatteten Zimmern; Freizeitangebot, Shops und* **Restaurant Generations**.
Mirror Lake Inn $$$$, 77 Mirror Lake Dr., ① *518-523-2544*, www.mirrorlakeinn.com; *Luxushotel mit allen Annehmlichkeiten auf großzügigem Gelände direkt am Mirror Lake; mehrere Gebäude mit unterschiedlich großen Zimmern und Suiten; Freizeitangebot, Spa und Wellness sowie* **The View Restaurant** – *ein Top-Lokal der Region –,* **The Cottage Restaurant** *und* **The Taste Bistro & Bar**.
The Whiteface Lodge $$$$, 7 Whiteface Inn Lane, ① *518-523-0505*, www.thewhitefacelodge.com; *traumhaft gelegenes Resort-Hotel mit rustikal-eleganten Suiten; vielseitiges Freizeitprogramm, Spa-Bereich und Wellness; Restaurants:* **Kanu** (*Fine Dining*), **Peak 47** (*günstiger*) *und* **Old Fashion Ice Cream Parlor**.

Touren
Lake Placid Marina, Mirror Lake Dr., ① *518-523-9704*, www.lakeplacidmarina.com, *Ende Mai–Mitte Okt.; Bootsfahrten auf dem Lake Placid,* $ *17,50*.

Saranac Lake und Tupper Lake

Von Lake Placid sind es nur 9 mi/15 km auf der NY 86 westwärts nach **Saranac Lake**. 1819 gegründet, wird der Ort schon lange als Erholungs- und Ferienort geschätzt. Unter den Gästen waren bereits bekannte Namen wie Robert Louis Stevenson, Verfasser des Abenteuerromans *Treasure Island*. Er genoss hier 1887/88 die klare Bergluft. Sein damaliges Wohnhaus, die **Stevenson Memorial Cottage**, kann besichtigt werden. **Robert Louis Stevenson Memorial Cottage**, *11 Stevenson Lane, http://robert-louis-stevenson.org/107-baker-cottage-saranac-lake, Juli–Mitte Sept. Di–So 9.30–12/13–16.30 Uhr, sonst nach Vereinbarung,* $ *5*.

„Die Schatzinsel"

Seen, Flüsse und Berge bestimmen das Landschaftsbild in den Adirondacks. Auch die Anfänge der Ortschaft **Tupper Lake**, am gleichnamigen See (ca. 21 mi/34 km westl.

Vom Lake Champlain in die Adirondacks

von Saranac Lake, NY 3) gelegen, reichen in die Mitte des 19. Jh. zurück. Zunächst war die Holzwirtschaft wichtig; bald wurde dann der Fremdenverkehr zur zentralen Einnahmequelle. Bis 2004 war der Ort unter dem Namen „Altamont" bekannt, dann übernahm man den Namen des Sees.

Top-Attraktion der Region ist das **Wild Center**, eine Mischung aus Zoo, Aquarium und botanischem Garten. Highlight dort ist der **Wild Walk**. Dieser erhöht angelegte Weg führt über die Gipfel des Bergwaldes; es gibt Baumhäuser, *swinging bridges* und viele Aussichtspunkte mit Informationstafeln.

Baumwipfelpfad

Für Hobby-Astronome lohnt sich ein abendlicher Besuch im **Adirondack Sky Center & Observatory**, das immer freitags gratis zum „Stargazing" offen steht.
Wild Center & Wild Walk, *45 Museum Dr., Tupper Lake, www.wildcenter.org, Juni–Mitte Okt. 10–17, Mitte Okt.–Mai Fr–So 10–17 Uhr, $ 17 (für zwei aufeinanderfolgende Tage).*
Adirondack Sky Center & Observatory, *178 Big Wolf Rd., www.adirondackskycenter.org, HS: Fr 30 Min. nach Sonnenuntergang, NS: jeden 1./3. Fr. im Monat, Events s. Website.*

Reisepraktische Informationen Saranac Lake und Tupper Lake

Information
Saranac Lake Welcome Center, *39 Main St., ① 518-891-1990, www.saranaclake.com, Mo–Fr 9–17, HS zusätzlich Sa/So 9–16 Uhr.*
Chamber of Commerce Tupper Lake: *www.tupperlake.com*

Unterkunft/Restaurants
Best Western Mountain Lake Inn $$, *487 Lake Flower Ave., Saranac Lake, ① 518-891-1970, www.bwsaranaclake.com; günstiges Motel in ruhiger Lage am See mit fast 70 großen Zimmern, Indoor-Swimmingpool und* **Restaurant McKenzie's Grille**.
The Partridge Cottage Guest House $$, *30 Clinton Ave., Saranac Lake, ① 518-891-2797, www.partridgecottage.com; gepflegtes, stilvolles Haus im Colonial-Revival-Stil mit drei geschmackvoll eingerichteten Zimmern in ruhiger Lage; inkl. Frühstück.*
Shaheen's Adirondack Inn $$, *314 Park St., Tupper Lake, ① 518-359-3384, www.shaheensadirondackinn.com; einfaches, sauberes Motel mit geräumigen Zimmern, kleiner Pool; inkl. Frühstück; unweit des Wild Center.*

Alternativroute über Old Forge

Wen es nicht zum Saint Lawrence River bzw. zu den Thousand Islands, sondern gleich nach Utica (S. 482) bzw. Syracuse (S. 483) zieht, der kann die Reise durch die Adirondacks fortsetzen. Von Tupper Lake fährt man dazu auf der NY 30 südwärts zum **Blue Mountain Lake**. Von dort geht es weiter auf der NY 28 nach Old Forge und bis Alder Creek. Ab jetzt folgt man der NY 12 nach Utica (insges. ca. 120 mi/193 km) und von dort über Syracuse zu den **Niagarafällen** (s. u.).

Auf dieser Fahrt erlebt man die unberührte Berglandschaft der Adirondacks noch einmal ganz intensiv. Bevor der Blue Mountain Lake erreicht ist, lohnt sich ein Stopp bei **Adirondack Experience – The Museum on Blue Mountain Lake** (s. u.). In mehreren Gebäuden sind Ausstellungen über die Geschichte und Kultur der Adirondacks zu sehen; es gibt u. a. Informationen zum Bootsbau, einen Naturlehrpfad, Kutschfahrten und einen *colonial garden*.

Nächster Halt ist **Old Forge**, wo sich ein Spaziergang über die Main Street empfiehlt. Für Kanu- und Kajakfans herrschen ideale Bedingungen auf der **Fulton Chain of Lakes**, einer Kette von acht Seen. Ebenso ein besonderes Erlebnis ist eine Fahrt mit der **Adirondack Scenic Railroad**. Als Ausgangsort für Wanderungen bietet sich Old Forge an; von hier geht es zum Beispiel hinauf auf den **Bald Mountain** (705 m).

Information
www.adirondack.net und www.adirondackexperience.com.
Town of Webb VC, *3140 NY 28, Old Forge, ① 315-369-2676, https://oldforgeny.com, Mo–Sa 8–17, So 9–17 Uhr, Juli/Aug. Fr bis 20 Uhr.*

Attraktionen
Adirondack Experience – The Museum on Blue Mountain Lake, *9097 NY 30, Blue Mountain Lake (ca. 32 mi/51 km südl. Tupper Lake, S. 474), www.theadkx.org, Ende Mai–Mitte Okt. 10–17 Uhr, $ 20.*
Old Forge Lake Cruises, *116 Steamboat Landing, Old Forge, https://oldforgelakecruises.com, zweistündige Bootsfahrten Ende Mai–Anfang Okt., ab $ 22; Juli/Aug. auch Fahrten mit dem Postboot (9 Std., $ 65).*
Adirondack Scenic Railroad, *Thendara Station (NY 28), Old Forge, www.adirondackrr.com, Abfahrtszeiten saisonal unterschiedlich (s. Website).*

Am Saint Lawrence River

Von Tupper Lake erreicht man auf der NY 56 nordwärts nach etwa 72 mi/116 km die Ortschaft **Massena**, die am Südufer des mächtigen Saint Lawrence River liegt. Der Fluss bildet vom Lake Ontario bis Akwesasne, einige Meilen nordöstlich gelegen, die Grenze zwischen den USA und Kanada. **Akwesasne** ist die Heimat der Mohawk Nation, eines der sechs Mitglieder des Irokesenbundes (S. 520).

Namentlich beginnt der **Saint Lawrence River** erst am Ausfluss des Ontario-See bei der mit vielen kleinen Inseln durchsetzten **Thousand Islands region**. Bis zur Mündung in den Atlantik fließt der Strom zunächst über etwa 500 km nordostwärts, dann erweitert sich die Mündung trichterförmig über noch einmal ca. 660 km. Rechnet man das Einzugsgebiet des Stromes, die Großen Seen, dazu, erreicht das Flusssystem fast 3.000 km. Damit ist der Saint Lawrence nach Mississippi, Mackenzie und Yukon River der **viertlängste Fluss Nordamerikas**.

Riesiges Süßwassersystem Obwohl der Saint Lawrence in den Wintermonaten von einer dicken Eisschicht bedeckt ist und nur von April bis Dezember befahren werden kann, gehört er zu den **verkehrsreichsten Binnenwasserstraßen** der Welt, da er den Atlantik mit den Great Lakes verbindet. Diese wiederum gelten als größtes zusammenhängendes Süßwasser-Binnensystem der Erde, liegen am Südwestrand des Kanadischen Schilds und umfassen bei einer Fläche von etwa 245.000 km² unvorstellbare Wassermassen: rund 15 % der globalen Süßwasserreserven!

Am Saint Lawrence River

Great Lakes

Der mit 82.414 km² größte und tiefste (406 m) der **fünf Großen Seen** ist der ganz im Westen gelegene **Lake Superior**, der kleinste ist der **Lake Ontario**. Er ist jedoch mit knapp 20.000 km² immerhin noch rund 35-mal größer als der Bodensee, dazu bis zu 244 m tief. Flach ist dagegen mit maximal 64 m der **Lake Erie**. Des Weiteren gehören noch **Lake Michigan** (58.000 km², 281 m max. Tiefe) und **Lake Huron** (60.000 km², 229 m tief) zum Seengebiet. Die existierenden **Höhenunterschiede** zwischen den Seen – v. a. zwischen Lake Erie und Ontario – und die dadurch entstandenen Wasserfälle (z. B. die Niagara Falls) werden seit Eröffnung des **Saint Lawrence Seaway** durch ein kompliziertes Schleusensystem ausgeglichen.

Der **Saint Lawrence Seaway** (www.greatlakes-seaway.com) ermöglicht Hochseeschifffahrt vom Atlantik bis ans Westende des Lake Superior in Duluth (MN). Dieser zwischen 1951 und 1959 erbaute Kanal von etwa 600 km Länge musste mit zahlreichen Schleusen versehen werden, die einen Höhenunterschied von 184 m überwinden. Speziell die Höhenunterschiede an den Niagarafällen und bei Sault Ste. Marie stellten eine Herausforderung dar.

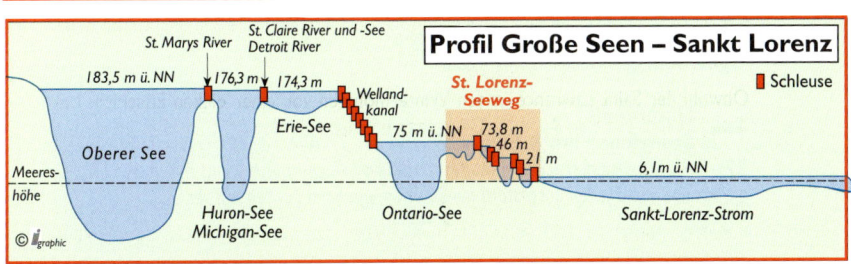

Die Niagarafälle wurden beispielsweise durch einen 43 km langen Abschnitt mit acht Schleusen umgangen. Abgesehen von Straßen- und Brückenbau, Seitenkanälen und Schleusen wurden damals auch Häfen und Industrieanlagen ausgebaut und die Energiegewinnung durch neue Wasserkraftwerke möglich gemacht. Heute untersteht das Kanalsystem der Saint Lawrence Seaway Development Corporation (SLSDC), die auch ein Besucherzentrum betreibt.

Seaway Dwight D. Eisenhower VC, *Eisenhower Lock, NY 37, Massena, www.seaway.dot.gov/explore/visitors-center, Mai–Sept. 9–21 Uhr.*

Wandergebiet

Neu eröffnet in Massena wurde 2017 das **Nicandri Nature Center** im Robert Moses SP. In Ausstellungen im Gebäude, aber auch auf Trails im Freien geht es um verschiedene Habitate und deren Flora und Fauna, z. B. Feuchtbiotope, Flüsse, Weideland und Wälder.

Nicandri Nature Center, *19 Robinson Bay Rd., Massena, www.massenanaturecenter.com, HS: Di–So 9–17, NS: Mi–So 9–17 Uhr, Eintritt frei.*

Auf der Weiterfahrt von Massena nach Alexandria Bay / Thousand Islands (NY 37 bis Morristown, dann NY 12; ca. 72 mi/116 km) lohnt sich zunächst nach rund 36 mi/60 km ein Stopp in **Ogdensburg**. Dort verbindet die **Ogdensburg-Prescott International Bridge** seit 1960 die USA mit Kanada und überspannt auf 35 m Höhe den Saint Lawrence River. Von der Brücke aus bietet sich ein hervorragender Blick auf den viel befahrenen Strom.

Wild-West-Malerei

Highlight im Ort ist das **Frederic Remington Art Museum**. Hier befindet sich die größte Sammlung von Werken des berühmten Malers und Bildhauers Frederic Remington (1861–1909), der vor allem wegen seiner Wildwest-Thematik – Cowboys, Indianer und andere Old-West-Szenen – bekannt wurde. Remington wohnte zwar nicht in dem Haus, verbrachte aber seine Jugend in Ogdensburg. Nach seinem Tod zog seine Frau Eva mit ihrer Schwester ein. Eva starb 1918, und fünf Jahre später wurde das Remington Art Memorial eingerichtet, dessen Sammlung stetig wuchs und das daraufhin in „Art Museum" umbenannt wurde.

Frederic Remington Art Museum, *303 Washington St., Ogdensburg, https://fredericremington.org, Mitte Mai–Mitte Okt. Mo–Sa 10–17, So 13–17, NS: Mi–Sa 11–17, So 13–17 Uhr, $ 10.*

Reisepraktische Informationen Massena und Ogdensburg

Information
Massena: *www.massenachamber.com*
Ogdensburg: *www.ogdensburgny.com*

Unterkunft
Stonefence Inn & Suites $$, *7191 NY 37, Riverside Dr., Ogdensburg, ☎ 315-393-1545, http://stonefenceinnandsuites.com; stilvoll eingerichtetes Haus mit unterschiedlich großen und verschieden ausgestatteten Zimmern am Saint Lawrence River.*

Die Thousand Islands

Die NY 37 läuft fast parallel zum Saint Lawrence River. Bei Morristown wechselt man auf die flussnähere NY 12, die nach **Alexandria Bay** führt (ca. 37 mi/60 km). Der Ferienort ist das Zugangstor zu den **Thousand Islands**, welche dort verstreut liegen, wo der Strom aus dem Ontario-See herausfließt und ein breites Becken bildet. Der heutige Name „Thousand Islands" stammt von den ersten französischen Siedlern. Die hier lebenden Irokesen und Ojibwa nannten die Inselwelt hingegen „Manitouana", „Garten des Großen Geistes". Die moderne Bezeichnung kennt man weltweit aus Supermarktregalen oder von Speisekarten – als **Salatdressing**!

Thousand-Island-Dressing

info

Basis dieser beliebten Salatsauce ist eine Mayonnaise, die cremig gerührt mit feingehackten Paprikaschoten, evtl. auch Pickles, Zwiebeln und Oliven vermischt wird. Man schmeckt ab mit Ketchup oder Tomatenmark, süßem Paprika und Chili-Pulver. Das Thousand-Island-Dressing ist in den USA seit 1912 schriftlich belegt. Angeblich gelangte es zuerst im Waldorf-Astoria Hotel auf die Speisekarte, nachdem das Dressing ursprünglich vom Restaurantleiter als Notbehelf zusammengemischt worden war.

Genau genommen sollen es **1.864 Inseln und Inselchen** sein, die sich auf einer Länge von rund 80 Kilometern aufreihen. Es gibt dabei solche, die über 100 km^2 messen, und andere, die eher Felsbrocken gleichen, auf denen gerade eine Hütte Platz hat oder sich ein paar Vögel sonnen. Würden sich nicht riesige Ozeanfrachter auf ihrem Weg von den Großen Seen in den Atlantik durch die engen Inselpassagen quälen, wäre das Naturparadies perfekt.

Dennoch haben sich schon immer Menschen gerne hierher zurückgezogen, um sich zu erholen, zu baden, Boot zu fahren oder zu angeln. Wer etwas auf sich hält und das nötige Kleingeld hat, kauft sich gleich eine eigene Insel und baut ein Ferienhaus darauf. Gerade in den Jahrzehnten um 1900 tummelte sich hier neben reichen Kanadiern die **High Society** aus US-Metropolen wie New York, Chicago oder Pittsburgh. *Sommerfrische*

Heute kann man auf einem Dampfer nicht nur Insel-Hopping betreiben, sondern auch die noblen Ferienvillen entlang der **Millionaires' Row** um Alexandria Bay bewundern. Ob Ausflugsboot, kleine Fähre oder Raddampfer – fast alle Schiffe fahren nach Heart Island mit dem **Boldt Castle**. Dieses Schloss erinnert mit seinen spitzen Giebeln, den wehrhaften Rundtürmen und der Burgmauer an Burgen am Rhein.

George Boldt (1851–1916), der in Deutschland aufwuchs, mittellos nach Amerika auswanderte und erfolgreich mehrere berühmte Hotels, u. a. das Waldorf-Astoria in New York und das Bellevue in Philadelphia, betrieb, war der Bauherr dieses Schlosses, das er aus Liebe zu seiner Frau als „Ferienhaus" errichten ließ. Als sie 1904 überraschend starb, ließ er die Bauarbeiten stoppen. Boldt war auch derjenige, der das Rezept des Thousand-Island-Dressing auf die Karte des Waldorf-Astoria Hotel brachte und dadurch populär machte. *Denkmal für die Ehefrau*

Boldt Castle, auf einer von 1.864 Inseln

Man kann einige der Inseln auch aus der Höhe betrachten. Dazu muss man die Seiten wechseln (500 m nach dem Grenzübergang) und den **1000 Islands Tower** besuchen, der auf kanadischer Seite steht. Ein Aufzug bringt Besucher auf das Aussichtsdeck in 122 m Höhe.

Boldt Castle, *Heart Island, www.boldtcastle.com, Anfang Mai–Mitte Okt. mind. 10–17 Uhr, $ 10.*

1000 Islands Tower, *716 ON 137, Hill Island, www.1000islandstower.com, Juni–Mitte Okt. 10–17 Uhr, CA$ 12.*

Reisepraktische Informationen Thousand Islands

 Information

Infos: *www.visit1000islands.com*

Alexandria Bay Chamber of Commerce, *7 Market St., Mo–Fr 9–16 Uhr, ☎ 315-482-9531, www.visitalexbay.org.*

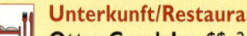 **Unterkunft/Restaurants**

Otter Creek Inn $$, *2 Crossmon St. Extension, Alexandria Bay, ☎ 315-482-5248, www.ottercreekinnabay.com;* kleineres Motel mit 32 einfach eingerichteten Zimmern, schöne Lage am Otter Creek, mit Bootsanlegestelle.

Bonnie Castle Resort & Marina $$$, *31 Holland St., Alexandria Bay, ☎ 315-482-4511, http://bonniecastle.com;* traumhaft direkt am Fluss gelegene Hotelanlage mit 130 Zimmern, großes Freizeitangebot sowie **Manor House Restaurant**, **The Pointe Bar & Grill** und **Riverside Sports Bar**.

Riveredge Resort Hotel $$$, 17 Holland St., Alexandria Bay, ① 315-482-9917, https://riveredge.com; großes Hotel mit verschiedenen Zimmertypen, meist mit Balkon und Blick auf den Fluss; mehrere Lokale wie **Windows on the Bay Restaurant** und **River Watch Lounge**.

Bootsfahrten
Uncle Sam Boat Tours, 45 James St., https://usboattours.com; verschiedene Fahrten auf unterschiedlichen Booten, u. a. einem nachgebauten Raddampfer, auch zu den Thousand Islands.

Vom Saint Lawrence River nach Syracuse

Hinweis zur Route
Über die I-81 geht es schnell von Alexandria Bay nach Syracuse (100 mi/160 km), doch empfehlenswerter ist die folgende Route: Zunächst der Autobahn I-81 bis Watertown folgen, dann jedoch gemächlich auf der NY 12 durchs Hinterland nach Utica (120 mi/129 km) fahren. Von dort geht es über Rome (NY 49) nach Syracuse (NY 365 und I-90, 61 mi/99 km).

Watertown und Sackets Harbor

Wasser ist, wie der Name sagt, das bestimmende Merkmal des 1800 gegründeten **Watertown** (www.visitwatertown.com). Das Städtchen liegt nicht nur am Black River, sondern auch nicht weit von Lake Ontario und Saint Lawrence River entfernt. Berühmtester Bürger der Stadt war Frank W. Woolworth, der gegen Ende des 19. Jh. auf die geniale Idee kam, Waren auf einem Wühltisch zum selben, niedrigen Preis zu verkaufen. Woolworth eröffnete 1879 nach diesem Prinzip einen Laden in Utica (NY) und legte damit den Grundstein für seine erfolgreiche Warenhauskette, die heute Niederlassungen auf allen Kontinenten hat. Im Public Square Historic District sieht man das historische **Woolworth Building** von ca. 1870.

Woolworth und sein Kaufhausimperium
Frank Winfield Woolworth (1852–1919) kam 1879 die zündende Geschäftsidee, Waren zum Einheitspreis anzubieten. Er eröffnete einen Laden in Utica (NY) und führte den „5-Cent-Ladentisch" ein, bei dem unterschiedlichste Waren auf einem Verkaufstisch ausgestellt und für 5, später auch für 10 Cent verkauft wurden. Die Kunden reagierten begeistert auf dieses Angebot. Er löste mit dieser Geschäftsidee einen neuen Boom im Einzelhandel aus – 1911 eröffnete schon die 100. Filiale, und 1913 ließ Woolworth seine Konzernzentrale in New York, im Herzen der Stadt, vom renommierten Architekten Cass Gilbert, erbauen. Das $ 13,5 Mio. teure Hauptquartier, eine „Kathedrale des Kommerz" im neogotischen Stil, wurde am 24. April 1913 im Beisein von Präsident Woodrow Wilson eingeweiht.

Die **Jefferson County Historical Society** hat in der 1876 erbauten Paddock Mansion ein Heimatmuseum eingerichtet. Dazu gehört auch ein historischer Garten.
Jefferson County Historical Society, *228 Washington St., Watertown, www.jeffersoncountyhistory.org, Mi–Fr 10–16, Sa 10–14 Uhr, $ 6.*

Von Watertown könnte man den kurzen Abstecher nach Sackets Harbor (*VC: 301 W Main St.,* ① *315-646-2321, http://sacketsharborny.com*) am Lake Ontario (11 mi/18 km) in Erwägung ziehen. Während des *War of 1812* war die Region Schauplatz mehrerer Gefechte, über deren Verlauf und Bedeutung man im Besucherzentrum der **Sackets Harbor Battlefield State Historic Site** mehr erfährt. Interessant ist auch das **Seaway Trail Discovery Center**, das über den 500 mi langen Great Lakes Seaway Trail informiert, eine Panoramastraße (National Scenic Byway), die sich vom Erie-See bis zum Saint Lawrence River über 800 km Länge hinzieht.

Panoramastraße

Sackets Harbor Battlefield SHP, *504 W Main St., https://parks.ny.gov/historic-sites/7/details.aspx, Ende Mai–Mitte Okt. mindestens Mi–Sa 10–16.45, So 13–16.45 Uhr, $ 3.*
Seaway Trail Discovery Center, *401 W Main St., Sackets Harbor, www.seawaytrail.com, Juli/Aug. 10–17 Uhr, Juni/Mai/Okt. nur Fr–So, $ 4.*

Über Utica und Rome nach Syracuse

Von Watertown führt die NY 12 immer südwärts, am Westabhang der Adirondacks entlang, nach **Utica**. Schon im 18. Jh. war der Ort ein bedeutendes Handelszentrum, aber erst mit der Fertigstellung des Erie-Kanals (S.487) im Jahr 1825 erlangte Utica größere wirtschaftliche Bedeutung. So wurde hier 1879 das erste **Woolworth-Kaufhaus** (s. o.) eröffnet.

Auf der Weiterfahrt von Utica nach Syracuse lohnt sich ein Abstecher über die NY 49 nach **Rome**. Im Zentrum des Ortes befindet sich nämlich das **Fort Stanwix National Monument**, das während des Französischen Krieges gebaut und im Unabhängigkeitskrieg von amerikanischen Rebellen neu befestigt wurde. Es hielt dann einer dreiwöchigen Belagerung stand.

Standhaftes Fort

Fort Stanwix NM, *100 N James St., Rome, www.nps.gov/fost, April–Okt. 9.30–16.30, Nov.–Dez. 9.30–16 Uhr, Eintritt frei.*

Reisepraktische Informationen Watertown, Utica und Rome

ℹ Information
Watertown: *www.visitwatertown.com*
Infos zur Region: *www.oneidacountytourism.com*
Greater Utica Chamber of Commerce, ① *315-724-3151, https://greateruticachamber.org.*

🍽 Unterkunft/Restaurants
Delta Hotels Utica $$$, *200 Genesee St., Utica,* ① *315-797-8010, www.marriott.com*; zentral gelegenes Hotel mit gut 160 geräumigen Zimmern, Innenpool, Sauna, Fitnessraum und empfehlenswertem Lokal **Shade Bar & Grill**.

Saranac Brewing Company, *830 Varick St., Utica, www.saranac.com; historische Brauerei von 1888, die wiederbelebt wurde und damit die viertälteste Familienbrauerei in den USA ist; Touren stündl. Fr/Sa 13–16 Uhr (Tour & Tasting $ 5); außerdem* **1888 Tavern** *Di–Sa 12–18 Uhr.*

Syracuse – Im Herzen von New York State

Mitten in der Heimat der **Onondaga**, einem der sechs Völker des Irokesen-Bundes (S. 520), gründeten 1656 französische Jesuiten eine Missionsstation. Später ließen sich Händler dort nieder, die den Indianern das an den Küsten des Onondaga-Sees gewonnene, kostbare Salz abkauften. Deshalb nannte man den Ort zunächst „Salt City". Nach mehreren Namensänderungen entschied man sich 1825 für „**Syracuse**".

„Salt City"

Heute leben in der Stadt etwa 145.000 Einwohner, und sie ist der ökonomische und schulische Mittelpunkt von Central New York. Hier ist u. a. die **Syracuse University** beheimatet, die 1870 als Privatuni gegründet wurde. Berühmt sind die Sportteams der Universität, „Orange" genannt. Neben Basketball und American Football glänzt man im **Lacrosse** (INFO S. 485), was auch jungen Irokesen zu verdanken ist, die aus den nahen Reservaten mit Stipendien angelockt werden. Beispielsweise liegt südlich der Stadt bei Nedrow das **Onondaga-Indianerreservat** mit dem Hauptquartier der Irokesen-Konföderation.

Downtown Syracuse

Zu den Sehenswürdigkeiten der Stadt gehört neben dem zentral gelegenen Campus der Syracuse Universität das **Onondaga Historical Museum** mit Ausstellungen zur Geschichte des County, des Indianerstammes und der Underground Railroad.
Onondaga Historical Museum, 321 Montgomery St., www.cnyhistory.org, Mi–Fr 10–16, Sa/So 11–16 Uhr, Eintritt frei.

Das **Salt Museum** im nördlich der Stadt gelegenen Onondaga Lake Park, der sich am Ostufer des Onondaga Lake erstreckt, macht deutlich, wie bedeutend Salz für die Region gewesen ist und erklärt den Prozess der Salzgewinnung.
Salt Museum, 106 Lake Dr., www.onondagacountyparks.com/parks/onondaga-lake-park/salt-museum, Mai–Okt. Sa/So 12–17 Uhr, Eintritt frei, mit Shop und Besucherinformation.

Geschichte des Schiffsverkehrs

Bedeutsam für den wirtschaftlichen Aufschwung der Stadt war 1825 die Eröffnung des Erie-Kanals (S. 487), um den es im **Erie Canal Museum** geht. In dem mehrteiligen Komplex mit dem historischen **Weighlock Building** von 1850 und einem Bootsnachbau in Originalgröße im Zentrum, lernt man viel über Konstruktion und technische Vorgänge, aber auch über das frühere Leben in der Stadt und den Schiffsverkehr.
Erie Canal Museum, 318 Erie Blvd., https://eriecanalmuseum.org, Mo–Sa 10–17, So 10–15 Uhr, $ 5 (suggested donation).

Antikes Karussell

Ein weiterer, wenn auch profanerer Anziehungspunkt in der Stadt ist **Destiny USA** (s. u.), eine der größten Shoppingmalls der USA. Entstanden ist sie 1990 ursprünglich als Carousel Center, da hier ein historisches Karussell mit 42 Pferden stand, das 1909 in Germantown (PA) erbaut worden war. 2012 wurde ein zweiter Komplex angefügt. Heute handelt es sich um eine Mischung aus „normaler" Mall und Outlet-Center, mit vielerlei Unterhaltungsmöglichkeiten, einem Skydeck und einem Hotel.

Reisepraktische Informationen Syracuse

Information
Syracuse CVB, ℡ 800-234-4797, www.visitsyracuse.org.
NY Welcome Center in **Destiny USA** (s. u.).

Unterkunft/Restaurants
Hilton Garden Inn-Syracuse $$, 6004 Fair Lakes Rd., ℡ 315-431-4800, www.hiltongardeninn.com; günstiges Motel mit 100 komfortablen Zimmern und Pool, im Pioneer Business Park, zentrumsnah gelegen.
Embassy Suites Destiny USA $$$, 311 Hiawatha Blvd., ℡ 315-303-1650, https://embassysuites3.hilton.com; elegant-luxuriöses Hotel, angrenzend an die Mall, geräumige, modern ausgestattete Suiten; inkl. Frühstück und Drinks am Abend; Shuttle zum Airport.

Einkaufen
Destiny USA, 9090 Destiny USA Dr., www.destinyusa.com; Mo–Sa 10-21.30, So 11-18 Uhr; Einkaufen und Vergnügen (Canyon Climb, Wonderworks, Bowling, Racetrack, Skydeck, Escape Room etc.) sowie Restaurant und Hotel unter einem Dach.

Lacrosse – indianischer Nationalsport

Für die Mohawk war es der „kleine Bruder des Krieges", andere Indianer nannten es ehrfürchtig das „Spiel des Schöpfers": Seit Jahrhunderten spielen indianische Völker des nordamerikanischen Ostens „Stickball". Ziel ist es dabei, mit einem speziellen Schläger einen Hartgummiball ins Tor oder an einen Pfosten zu schießen. Europäische Siedler entwickelten das oftmals brutale Stickball zum modernen Lacrosse, das in Nordamerika gleichermaßen von Frauen und Männern mit großer Begeisterung gespielt wird. In Kanada ist Lacrosse neben Eishockey sogar offizieller Nationalsport.

Die Weltmeisterschaft im **Field Lacrosse**, also auf einem Rasenplatz im Freien, machen deshalb bisher immer Kanada und die USA unter sich aus, bei der Hallenversion, dem **Box Lacrosse** dominieren stets die Kanadier. Doch die eigentlichen Erfinder des Sports mischen immer wieder die beiden großen Teams auf: Seit 1987 ist die Nationalmannschaft der Irokesen als einzige indianische Nation Vollmitglied eines Weltsportverbandes und nimmt an jeder WM teil. 2014 und 2018 erreichten die **Iroquois Nationals** im Field Lacrosse Platz 3 hinter Kanada und den USA, und bei den bisher viermal ausgetragenen Weltmeisterschaften im Box Lacrosse holten sich die Haudenosaunee – wie sich die Six Nations of the Iroquois League (Mohawk, Oneida, Onondaga, Cayuga, Seneca und Tuscarora, S. 520) selber nennen – hinter Kanada und vor den USA stets den Vizeweltmeistertitel.

Viele Irokesen zählen, egal in welchem Team, zu den Top-Spielern, herausragend sind beispielsweise die vier **Thompson-Brüder** (https://thompsonbrotherslacrosse.com), die als Profis in den verschiedenen Ligen engagiert sind. Auch andernorts entdecken die Indianer „ihren Nationalsport" neu.

Lacrosse, Nationalsport der Irokesen

So spielt man überall in Oklahoma, wo bekanntlich 39 indianische Nationen beheimatet sind, wieder Stickball – ganz so, wie es der berühmte Maler und Forscher George Catlin im frühen 19. Jh. hier noch erlebt, beschrieben und gemalt hat.

Filmtipps
In *Crooked Arrows* (2012) findet ein junger *Native American* als Lacrosse-Trainer wider Willens zu seinen Ursprüngen zurück.
The Medicine Game (2013) handelt vom Lebensweg der beiden Thompson-Brüdern Hiana und Jeremy.
Keepers of the Game (2016) erzählt die Geschichte eines indianischen Mädchenteams aus dem Mohawk-Reservat in Akwesasne (NY).
In *The Grizzlies* (2018) gibt Lacrosse den Jugendlichen einer kleinen Inuitsiedlung im Norden Kanadas neuen Lebensmut.

Lesetipp
Thomas Vennum Jr., *American Indian Lacrosse: Little Brother of War* (John Hopkins UP, 1994).

Greater Niagara – von Syracuse über Rochester zu den Niagara Falls

Die **Niagara Falls** gehören neben dem Grand Canyon zu den Top-Sehenswürdigkeiten in Nordamerika und zu den größten Naturwundern der Welt. Genau genommen handelt es sich um drei Wasserfälle: die rund 790 m breiten **Horseshoe Falls** in Kanada, die 290 m breiten **American Falls** und die **Bridal Veil Falls**, die aufgrund ihrer geringen Breite von 17 m oftmals mit den American Falls zusammengefasst werden. Genau in der Mitte liegt **Goat Island**, die auf amerikanischem Gebiet befindliche Ziegeninsel; American und Bridal Veil Falls trennt die winzige **Luna Island**. Zu Spitzenzeiten ergießen sich pro Minute fast 170 Millionen Liter Wasser aus dem Erie-See über die Felswände etwa 50 m tief hinab, um wild schäumend weiter zum Ontario-See, dem fünften und östlichsten der Great Lakes, zu fließen.

Die Niagarafälle liegen jedoch nicht, wie viele andere Naturwunder, in malerischer Abgeschiedenheit, sondern mitten in einer Doppel-Stadt und sind zudem leicht erreichbar, was bedeutet, dass sie zu den **meist besuchten Sehenswürdigkeiten** Nordamerikas zählen. Jahr für Jahr reisen an die 30 Mio. Besucher (USA und Kanada) hierher, um die eindrucksvollen Wassermassen zu erleben.

Transnationale Doppelstadt

Niagara Falls ist nicht nur der Name der Wasserfälle, sondern auch der Name der beiden Städte, die an den Ufern des **Niagara River**, im Westen auf kanadischem, im Osten auf amerikanischem Boden, liegen. Die Städte sind durch die Rainbow Bridge und die Whirlpool Rapids Bridge miteinander verbunden.

Auf der kanadischen Seite dominiert der Tourismus noch stärker als in den USA, und speziell in den Sommermonaten ist eine Menge los. Vor den diversen Sehenswürdigkeiten bilden sich lange Warteschlangen; die Straßen sind verstopft, die Restaurants überfüllt, die Hotels ausgebucht. Aber das tosende Schauspiel der herabstürzenden Wasserfälle entschädigt für alle Unannehmlichkeiten – und dafür sind die Niagarafälle zu jeder Jahreszeit einen Besuch wert.

Hinweis zur Route

Die Route **von Syracuse nach Niagara Falls** folgt einem historischen Transportweg, dem **Erie Canal**, 1825 eröffnet. An vielen Stellen kann man den Wasserweg noch erkunden, wozu es vorbei an interessanten Orten und Städten wie **Rochester** oder **Lockport** geht. Schnellste Verbindung zwischen Syracuse und Rochester ist die Autobahn I-90W (88 mi/141 km). Wählt man jedoch die NY 31, folgt man dem Verlauf des Erie Canals (90 mi/144 km). Von Rochester fährt man auf diesem Highway weiter westwärts bis Lockport, eine besondere Station am Erie Canal (NY 31, 59 mi/94 km).

Auf dem letzten Routenabschnitt nach Niagara geht es durch ein kleines Weingebiet zum **Old Fort Niagara** (NY 93, 23 mi/37 km). Von dieser Befestigungsanlage führt der **Niagara Scenic Parkway** über Lewiston nach Niagara Falls (USA) (15 mi/24 km).

Entlang des Erie Canal

Heute kann man sich kaum mehr vorstellen, dass der **Erie Canal** bei der wirtschaftlichen Entwicklung und Erschließung der jungen Nation eine entscheidende Rolle gespielt hat. Dank des Kanals konnten die Transportkosten um etwa 90 % gesenkt werden; Waren und Menschen konnten nun viel einfacher zwischen New York City – das zum bedeutendsten Hafen aufstieg – und Chicago, der neuen Metropole im Nordwesten, transportiert werden.

15 Miles on the Erie Canal

Low bridge, everybody down
Low bridge cause we're coming to a town
And you'll always know your neighbor
And you'll always know your pal
If you've ever navigated on the Erie Canal

Bis heute kennt man das Volkslied „**15 Miles on the Erie Canal**" – z. B. in grandiosen Versionen von Bruce Springsteen oder Pete Seeger – das an die Bedeutung der Wasserstraße zwischen den Großen Seen und New York City erinnert. Es war im Jahr 1807, als ein aufgrund horrender Transportkosten bankrottgegangener Händler mit Aufsätzen aus dem Schuldgefängnis die für damalige Verhältnisse größenwahnsinnige Idee verbreitete, die Großen Seen mittels eines Kanals mit dem Hudson River und somit mit New York City zu verbinden. Der Vorschlag wurde von seinen Zeitgenossen belächelt, vom späteren Gouverneur New Yorks, DeWitt Clinton, aber freudig aufgenommen.

Als „DeWitts Graben" verhöhnt und von Amateuren geplant, begann der Bau des Kanals 1817. Gerade mal acht Jahre und etwa 110 Mio. heutige US-Dollar später war es am **26. Oktober 1825** dann soweit: Der **Erie Canal** verband auf über 580 km den Hudson River bei Albany – etwa 230 km nördlich von NYC – mit dem Lake Erie bei Buffalo.

Damals war der Kanal etwa 12 m breit und 1,20 m tief, folgte zunächst dem Mohawk River westwärts bis Rome und überwand dabei fast 130 m Höhenunterschied, ehe es wieder leicht abwärts über mehrere Schleusen Richtung Syracuse ging. Nördlich vorbei am Seneca Lake, einem der Finger Lakes, der mit einem Verbindungskanal angeschlossen wurde, ging es weiter nach **Rochester**. Hier überquerte der Kanal als Aquädukt den Genesee River und folgte danach auf etwa 100 km Länge dem **Niagara Escarpment** bis nach **Lockport**, wo die Höhenstufe über mehrere Schleusen überwunden wurde, ehe nach weiteren rund 50 km der Kanal im Niagara River nördlich von Buffalo endete.

Der **Eisenbahnausbau** im späten 19. Jh. brachte den Niedergang des Kanalsystems. 1905 bis 1918 wurde er noch einmal generalüberholt und ist seither 37 m breit und 3,70 m tief. Er firmiert als **New York Barge Canal** und wird heute als Freizeitwasserweg genutzt. Das gesamte Areal um den Kanal steht als **Erie Canalway National Heritage Corridor** unter Denkmalschutz, doch lediglich der **Old Erie Canal State Historic Park** – knapp 60 km Strecke zwischen Syracuse und Rome – spiegelt heute noch ein Stück des unveränderten Kanals wider.

Infos: www.eriecanal.org, www.canals.ny.gov, https://eriecanalway.org.

Rochester

Passender Ausgangspunkt

Rochester ist mit gut 210.000 Einwohnern (über 1 Mio. im Großraum) die drittgrößte Stadt im Bundesstaat New York, nach NYC und Buffalo. Die Stadt liegt am Südufer des **Lake Ontario**, wird vom **Genesee River** durchquert und befindet sich nur etwa 140 km östlich der Niagara-Fälle – sie ist also auch als **Standort für die Erkundung des westlichen New York State** gut geeignet.

1788 wurde die Stadt auf dem Siedlungsgebiet der Seneca-Indianer gegründet und nach einem der ersten Siedler, Colonel Nathaniel Rochester (1752–1831), Unabhängigkeitskämpfer und Immobilienhändler, benannt. Sie entwickelte sich zu Beginn des 19. Jh. zur ersten Boomtown in den USA und verdoppelte innerhalb kurzer Zeit ihre Bevölkerung. Damals lebte die Stadt von (Getreide-)Mühlen („**Flour City**") und Gärtnereien („**Flower City**"), doch auch politisch spielte sie eine bedeutende Rolle.

Frauenrechtlerin

Hier lebte nämlich Susan B. Anthony (1820–1906), die sich als Sozialreformerin und politische Aktivistin für die Gleichberechtigung und das Frauenwahlrecht einsetzte. Ihr ist es zu verdanken, dass 1920 ebenjenes Recht als 19. Zusatzartikel *(19th Amendment)* in die Verfassung aufgenommen wurde. Im **Susan B. Anthony House**, ihrem ehemaligen Wohnhaus, erfährt man mehr über ihr Leben und ihren Kampf um die Gleichberechtigung.
Susan B. Anthony House, *17 Madison St., https://susanb.org, Di–So 11–17 Uhr, $ 15.*

Heute ist Rochester Sitz zahlreicher Firmen, darunter **Eastman Kodak**, und auch Xerox wurde einst hier gegründet. Die historische Innenstadt liegt im sog. **Inner Loop** und wird durch den Genesee River, genauer, durch die **High Falls**, auf spektakuläre Weise in zwei Teile getrennt. Diese nachts beleuchteten Wasserfälle dienten einst den zahlreichen Mühlen als Energielieferant.

Downtown Rochester

Entlang des Erie Canal

Im umliegenden **High Falls District** wurden viele der alten Lager- und Fabrikbauten restauriert und Promenaden um den Fluss angelegt. Hier befindet sich seit 1878 auch die **Genesee Brewing Company**. Sie war 1932 nach der Prohibition wiederbelebt worden und gehört heute einem Lebensmittelunternehmen aus Costa Rica. Gebraut wird jedoch wie eh und je mitten in Rochester, am Genesee River. Bei den Einheimischen ist das 2012 eröffnete **Genesee Brew House** besonders beliebt. Hier werden Spezialbiere in kleinen Mengen gebraut und im Lokal frisch vom Fass ausgeschenkt.

Genesee Brewing Company

Für Besucher interessant ist zudem das Hipster-Viertel **South Wedge** im Süden der Innenstadt. Hier locken nach der Stadtbesichtigung Lokale, Cafés und Bars zu einem Bummel.

Im **East End**, dem östlichen Innenstadtrand, befindet sich dann eine der Hauptattraktionen der Stadt: das **Strong Museum of Play**. The Strong ist eine Institution, die sich der Erforschung von Sinn und Bedeutung des Spiels sowie dem aktiven Spielen widmet. Der Name geht auf die Spiele-, Spielzeug- und Puppensammlerin Margaret Woodbury Strong (1897–1969) zurück. Sie hatte schon zu Lebzeiten auf ihrem Grundstück ein „Museum of Fascination" eingerichtet. Nach ihrem Tod diente ihre Sammlung als Basis für die Einrichtung des Museums, das mittlerweile zu einem fünfteiligen Komplex angewachsen ist. *Alles für Spielkinder*

Den Kern bildet das National Museum of Play, das weltweit einzige Museum seiner Art, zweiter Teil ist das International Center for the History of Electronic Games, in dessen Zentrum Video-Spiele aus aller Welt und von Anfang an stehen. In der National Toy Hall of Fame werden nicht nur Spiele-Erfinder, sondern auch Spiele und Spielzeug gewürdigt. Die World Video Game Hall of Fame gibt schließlich einen grandiosen Überblick über die Videospiele-Szene. Und schließlich gehört zum Strong auch noch ein umfassendes Archiv mit Bücherei, die Brian Sutton-Smith Library and Archives of Play.
The Strong National Museum of Play, 1 Manhattan Sq., www.museumofplay.org, Mo–Do 10–17, Fr/Sa 10–20, So 12–17 Uhr, $ 16.

Östlich an das East End schließt sich das **Neighborhood of the Arts** mit Museen, Galerien und Theatern an. Hier liegt das zweite Highlight der Stadt, das **George Eastman Museum**. George Eastman (1854–1932) kann man zu Recht als den „Steve Jobs der Fotografie" bezeichnen, machte er doch mit seinen Erfindungen Fotografieren für Jede/n möglich. In seiner Firma **Kodak** wurde nicht nur der erste Rollfilm entwickelt – hier entstand mit der „**Brownie**" die erste Kamera, die jeder einfach benutzen konn- *Geschichte der Fotografie*

Blick ins George Eastman Museum

te. Heute kann man die prächtige Villa des Einzelgängers George Eastman besichtigen; es gibt ein kleines Kino, das Film-Klassiker zeigt (die Firma war auch im Filmgeschäft tätig), sowie ein Museum über Eastman und Kodak. Unter dem Bau befindet sich zudem das historische Archiv der Firma.
George Eastman Museum, *900 East Ave., www.eastman.org, Di–Sa 10–17, So 11–17 Uhr, $ 15.*

Das **Rochester Museum & Science Center** zeigt historische, naturgeschichtliche und technische Ausstellungen. Interessant sind besonders die große Sammlung von Kunst- und Gebrauchsgegenständen der Seneca-Indianer und das angeschlossene **Strasenburgh Planetarium** mit dem ersten Zeiss-Teleskop sowie Filmvorführungen.
RMSC Museum & Strasenburgh Planetarium, *657 East Ave., https://rmsc.org, Mo–Sa 9–17, So 11–17 Uhr, $ 18.*

Südwestlich der Stadt, nahe der Ortschaft Mumford, liegt eine weitere, andersartige Attraktion: ein Museumsdorf. Das **Genesee Country Village & Museum** ist das drittgrößte Living History Museum der USA nach Colonial Williamsburg (VA) und dem Greenfield Village (MI). Auf etwa 2,4 km² Fläche verteilen sich insgesamt 68 historische Bauten, die drei historische Epochen der Region verkörpern.

Drittgrößtes Freilichtmuseum

Am Anfang steht das **Pioneer Settlement**, das sich auf die Zeit von den 1790ern bis zu den 1830ern bezieht. Mit der Eröffnung des Erie Canals, der den Hudson River mit dem Lake Erie verband, änderte sich alles, denn der Kanal fungierte bis zum Eisenbahnzeitalter als wichtigste Verkehrsachse der jungen Nation. So bezieht sich der zweite Teil des Freilichtmuseums, das **Antebellum Village**, auf die Periode zwischen 1830 und 1860 und zeigt, wie Neuerungen das verschlafene Leben in der Provinz änderte. Im dritten Teil, dem **Turn of the Century**, geht es schließlich um die Periode bis zum Beginn des 20. Jh.

Der Besuch dieses Freilichtmuseums ist höchst abwechslungsreich, was auch den Museumsmitarbeitern zu verdanken ist, die in historische Rollen schlüpfen und die Zeitreise in die jeweiligen Epoche noch anschaulicher machen. Es gibt überdies einen Bauernhof mit Tieren – die Zugochsen gehören zu den Besucherlieblingen –, eine Töpferei und eine Brauerei. In der nach dem Gründer des Museums benannten John L. Wehle Gallery werden interessante Wechselausstellungen gezeigt, das Nature Center führt in Flora und Fauna der Region ein und im Silver Base Ball Park werden Baseballspiele nach historischen Regeln ausgetragen.

Sehenswertes Freiluftmuseum: das Genesee County Village

Genesee Country Village & Museum, *1410 Flint Hill Rd., www.gcv.org, Anfang Mai–Anfang Sept. Di–So 10–16, Anfang Sept.–Mitte Okt. Mi–So 10–16 Uhr, sonst nur zu Veranstaltungen, $ 18.*

Reisepraktische Informationen Rochester

Information
Visit Rochester, ☏ *585-279-8300, www.visitrochester.com.*

Unterkunft
Hilton Garden Inn Downtown *$$$, 155 E Main St., ☏ 585-232-5000, www.hilton.com; modernes Hotel in einem historischen Bau der 1920er, mitten in der Innenstadt; komfortable Zimmer sowie Pool, Fitnessraum und Restaurant/Bar.*
The Inn on Broadway *$$$, 26 Broadway, ☏ 585-232-3595, www.innonbroadway.com; kleines, romantisches Hotel mit 25 Zimmern;* **Tournedos Steakhouse** *serviert Steaks und Seafood.*

Restaurants
In **South Wedge** *locken Lokale und Bars wie der* **Highland Park Diner** *(960 S Clinton Ave., 585-461-5040, der Tipp für ein unglaubliches Frühstück; allein die Auswahl an Eggs Benedict ist einmalig),* **Cheesy Eddie's** *(602 South Ave., http://cheesyeddies.com, Käsekuchen aller Art),* **Lux Lounge** *(666 South Ave., http://lux666.com, die Top-Bar der Stadt) oder die Kneipe* **Tap & Mallet** *(381 Gregory St., www.tapandmallet.com).*

Zum Ausgehen und Bummeln lohnt auch die östlich der Innenstadt gelegene **Park Avenue** (www.park-avenue.org) mit **Hogan's Hideaway** (197 Park Ave., http://thehideawayroc.com) oder dem **Roam Cafe** (260 Park Ave., www.roamcafe.com).
Next Door by Wegmans, 3220 Monroe Ave., ☏ 585-249-4575, www.wegmansnextdoor.com; das beste Lokal der Stadt; gleicher Besitzer wie der Supermarkt (s. u.).

Einkaufen
Record Archive, 33 1/3 Rockwood St., www.recordarchive.com; die größte LP-Sammlung im Nordosten; Vintage Clothing; Galerie.
Wegmans, u. a. 3195 Monroe Ave., www.wegmans.com; in Rochester gegründeter Supermarkt, der nicht nur eine eigene Bio-Farm betreibt, sondern auch Lokale (s. o.) und einen eigenen Käse-Reiferaum; Filialen überall an der Ostküste; unglaubliche Auswahl und viele Bioprodukte.

Touren
Sam Patch Erie Canal Tours, 12 Schoen Place (Lock 32), Pittsford (9 mi/14 km südöstl. Rochester), ☏ 585-662-5748, https://sampatch.org; Anfang Mai–Ende Okt. 12/14/16 Uhr, Touren auf dem Erie-Kanal, $ 16.

Lockport

Auch wenn die Niagara-Fälle nur rund 30 km entfernt sind, lassen viele Reisende die Kleinstadt **Lockport** mit ihren etwa 21.000 Einwohnern leider aus. Historisch und technisch Interessierte jedoch kennen diesen Ort am Rande des **Niagara Escarpment**, der Niagara-Schichtstufe. Mitten in der Stadt befindet sich ein sehenswertes In-

Schleusensystem am Erie Canal in Lockport

dustriedenkmal, eine **fünfstufige Schleuse**, durch die es im frühen 19. Jh. ermöglicht wurde, dass der Erie Canal die etwa 50 m Höhenunterschied der Niagara-Schichtstufe überwand.

Wie in Pittsford (s. o.) gibt es auch in Lockport Gelegenheit, den Kanal zu befahren; darüber hinaus kann man hier gut die Geschichte und die Besonderheiten der Region kennenlernen. Lockport entstand während des Kanalbaus um 1820 als Ort. Heute erkennt man gut die beiden Bauphasen: auf der einen Seite des Kanals die beiden modernen Schleusen, auf der anderen die historischen. Zwar sind die Tore nicht mehr vorhanden, doch den fünfstufigen Baukomplex – damals „Flight of Five" genannt – kann man sich ansehen; er wird heute als Überfluss genutzt. Das hier befindliche **Erie Canal Discovery Center**, in einem alten Steinbau ab 1843 direkt an der Schleuse (Locks 34/35) gelegen, gibt ausführlich Auskunft zur Konstruktion.

„Flight of Five"

Erie Canal Discovery Center, 24 Church St., https://niagarahistory.org/erie-canal-discovery-center, Mai–Okt. 9–17, Nov.–April Fr–Sa 10–15 Uhr, $ 6, Filmvorführung und interaktive Ausstellung.

Niagara Escarpment

Dass ausgerechnet zwischen Lockport, Niagara Falls und dem Lake Ontario Weintrauben und andere Früchte so gut gedeihen, hat mit der Lage am **Niagara Escarpment** zu tun. Die Schichtstufe zieht sich um die Großen Seen in einem großen Bogen von Rochester westwärts durch die USA und Kanada bis nördlich von Chicago. Entstanden ist sie in der letzten Eiszeit, als sich die Gletscher zurückzogen. Das *escarpment* sorgt dafür, dass der nördliche Teil weit tiefer und damit geschützter liegt und die Niagara-Fälle spektakulär über die Stufe etwa 50 m tief hinabstürzen. Das hat wiederum ein ganz spezifisches Klima zwischen Schichtstufe und dem Ufer des Lake Ontario zur Folge: Es gibt zwar kalte Winter, doch kaum Bodenfrost, und dazu heiße Sommer – ideale Bedingungen für den Wein- und Obstanbau.

Weingebiet

Einen guten Eindruck von der Fruchtbarkeit der Region geben die **Becker Farms**, 15 km nordöstlich von Lockport, nahe dem Erie Canal gelegen. Von deutschen Einwanderern Ende des 19. Jh. gegründet, befindet sich die Farm seither in Familienbesitz, inzwischen in der fünften Generation. Die Familie sorgte bereits in den 1970ern für Aufsehen, als sie erstmals den Kunden erlaubte, selbst Früchte zu pflücken. Alle Arten von Obst, darunter die berühmten Apfelsorten aus New York State, sind immer noch ein Standbein der Farm. Außerdem gibt es einen Bauernhofladen, eine eigene Bäckerei und ein **Weingut (Vizcarra Vineyards)**, in dem neben Fruchtweinen und Cidres auch Weiß- und Rotweine produziert werden, sowie eine kleine **Brauerei (Becker Brewing)**.

Becker Farms, 3724 Quaker Rd., Gasport (9 mi/15 km nordöstl. Lockport, NY 78 und 7), www.beckerfarms.com; Mitte Mai–Dez. 10–18, Jan.–Mitte Mai 12–17 Uhr (nur Weingut und Brauerei); versch. Veranstaltungen.

Reisepraktische Informationen Lockport

Information

Lockport und Umgebung: 24 Church St., https://discoverlockport.com, Mai–Okt. 9–17, Nov.–April 10–15 Uhr.

Restaurants

Flight of Five Urban Winery, 2 Pine St., ① 716-433-3360, www.flightof fivewinery.com; historisches Rathaus und vormalige Mühle; Weinverkostungen und wine-food pairings.
Shamus Restaurant, 98 West Ave., ① 716-433-9809, www.shamuslockport.com; gemütliches Lokal mit höchst kreativer Küche und viel Seafood und Fleisch; gut sortierte Bar.

Touren

Lockport Locks & Erie Canal Cruises, 210 Market St., http://lockportlocks. com, Mitte Mai–Mitte Juni und Sept.–Mitte Okt. 12.30/15, Mitte Juni–Aug. 10/12.30/15, $ 18,50.

Old Fort Niagara State Park

Millionen Besucher stehen alljährlich staunend vor den tosenden Niagara Falls. Doch nur die wenigsten folgen dem Niagara River weiter flussabwärts zu seiner Mündung in den Lake Ontario. Wer die Fahrt unternimmt, wird nicht nur mit traumhaftem Ausblicken belohnt, sondern erhält zugleich intensiven Geschichtsunterricht.

Dort wo sich der Niagara River in den Lake Ontario ergießt, sieht man an der anderen Uferseite des Flusses, nur einige Meilen Luftlinie entfernt, den kanadischen Ort **Niagara-on-the-Lake**. Dies ist der einzige Punkt, an dem man südwärts auf den nördlichen Nachbarn blickt.

Ausblick auf Kanada Lässt man anschließend den Blick über den schier endlosen Lake Ontario schweifen, taucht weit hinten am Horizont die Skyline der kanadischen Metropole **Toronto** (ca. 50 km entfernt) mit dem unübersehbaren CN Tower aus dem Dunst auf. Nun versteht man, warum dieser Ort einst eine so wichtige strategische Bedeutung hatte und warum sich hier mit **Old Fort Niagara** eine 340 Jahre alte Festung gehalten hat. Das Fort liegt in der Ortschaft **Youngstown**, rund 21 mi/34 km nordwestlich von Lockport (NY 93).

Die heute über dem historischen Fort wehenden Fahnen repräsentieren die drei Epochen bzw. beteiligten Länder. Dazu wird an eine vierte Nation erinnert, die in der langen Geschichte eine große Rolle gespielt hat, da hier ihre Heimat war: die **Haudenosaunee**, besser bekannt als Iroquois Confederacy bzw. Six Nations (S. 520).

Geschichte des Fort Niagara

1679–1759 – „Gateway to the West"
Wegen seiner strategischen Bedeutung haben hier bereits 1679 die Franzosen **Fort Conti** errichtet, als Landestelle für die Versorgungsschiffe aus Fort Frontenac (heute Kingston (Ontario)). Ein durch Nachlässigkeit verursachter Brand zerstörte das Fort im selben Jahr. Da die hier lebenden Seneca, Teil der Six Nations, als Bedrohung wahrgenommen wurden, bauten die Franzosen 1687 während eines Feldzugs gegen die Irokesen erneut eine Befestigung: **Fort Denon-**

Traumhaft gelegen: das Old Fort Niagara

ville. Auch dieses wurde jedoch bereits nach dem ersten Winter wieder aufgegeben.
Der wachsende Konflikt zwischen Frankreich und Großbritannien erzwang im 18. Jh. eine Grenzsicherung. 1726 bauten die Franzosen erneut einen Posten, dieses Mal mit einer erschwindelten Erlaubnis der Irokesen. Als Pelzhandelshaus getarnt, wurde das Magazin Royale, das Pulvermagazin, zum **Fortress Niagara** ausgebaut und bildet bis heute den Hauptteil der Festung; es wurde auch **„French Castle"** genannt. Das Fort hatte große Bedeutung für die Versorgung der westlichen Regionen, spielte militärisch bis zum *French and Indian War* (1754–63) jedoch keine Rolle.

1759–1779 – „Guardhouse of the Great Lakes"
Im Sommer 1759 belagerten die Briten unterstützt von den Irokesen das Fort. Am 25. Juli 1759 kapitulierten die Franzosen, und das Fort gelangte in britischen Besitz. Sie machten **Fort Niagara** zum wichtigsten Standort an den Great Lakes. 1761 stand es dann im Zentrum der Verhandlungen mit den Indianerstämmen der Region. Ein Abkommen unter Sir William Johnson, hätte viel ausrichten können, hätten nicht andere Offizielle und Händler die Indianer weiter missachtet und arrogant behandelt. Folge war der sog. **Pontiac-Aufstand**, 1763–66, ein einschneidendes Ereignis, das das Verhältnis zwischen Indianern und Weißen im Nordosten signifikant verschlechterte. Das Fort selbst wurde fortan als Militärposten kaum mehr gebraucht und war dem Verfall preisgegeben, obwohl dort weiterhin Truppen stationiert waren.

1779–1865 – Grenzsicherung
Auch im Unabhängigkeitskrieg spielte das Fort zunächst keine wichtige Rolle. Erst nach dem Angriff einer Armee der aufständischen Kolonien unter General John Sullivan gegen Loyalisten und Irokesen wurde das Fort zum britischen

Bollwerk, in dem viele Indianer Zuflucht suchen. 1783 fiel das Fort nach dem Friedensschluss von Paris an die USA; die offizielle Übergabe erfolgte aber erst im Sommer 1796.

Unter US-Flagge wurde die Festung auf einen Schlag bedeutend, denn am gegenüberliegenden kanadischen Ufer errichteten die Briten 1799 **Fort George**. Im **War of 1812** eroberten britische Truppen am 19. Dezember 1813 das Fort, mussten es jedoch nach dem Friedensschluss von Gent 1814 wieder den US-Truppen übergeben. Mit der Eröffnung des Erie Canal 1825 büßte es auch die Bedeutung an der Handelsroute Richtung Westen ein und geriet allmählich in Vergessenheit.

1865-1963 – New Fort Niagara
1865 wurde Fort Niagara wieder besetzt und es entstanden etliche Neubauten. Dieses New Fort Niagara diente bis 1963 überwiegend als Ausbildungsort, zuletzt der U.S. Army. Danach wurde das ganze Areal als *state park* unter Schutz gestellt. Bereits 1934 war der alte Kern auf Bestreben der Old Fort Niagara Association als Museum eröffnet worden.

Besichtigung von Old Fort Niagara

Ausgangspunkt ist das **Visitor Center** mit Museum, kurzem Einführungsfilm und Shop. Highlight ist hier die **historische US-Flagge**, die einst von den Briten bei der Eroberung im Dezember 1813 geraubt wurde. Sie befand sich im Besitz der Familie von General Drummond, der damals die britischen Truppen befehligt hatte. 1994 erwarb die Old Fort Niagara Association die Flagge und stellt sie seither im VC aus.

Vorbei an Festungsmauern und -gräben betritt man durch das Gate of the Five Nations (1756) Old Fort Niagara. Durch die South Redoubt (1770) geht es in den Innenbereich, wo das Provisions Storehouse (1762), das Powder Magazine (1757), die Log Cabin & Trading Post – ein Nachbau von 1932, da die historischen Holzbauten alle zerstört wurden –, das Bakehouse (1762) und das French Castle (1726/7), der Hauptbau, zu besichtigen sind. Mitarbeiter auf dem Gelände repräsentieren und erklären die verschiedenen Epochen und geben Einblick in das Leben der Händler, der Soldaten und der Indianer. Irokesen erzählen von ihren Vorfahren und geben Vorführungen z. B. im Stickball, einer beliebten Freizeitbeschäftigung.

Außerhalb des Forts kann man noch das **Fort Niagara Lighthouse** von 1872 besichtigen, ehe man die Fahrt fortsetzt.
Old Fort Niagara SP, *102 Morrow Plaza, Youngstown, www.oldfortniagara.org, Juli/Aug.ust 9–19, Sept.–Juni 9–17 Uhr, $ 13.*

Lebendige Geschichte in Old Fort Niagara

Lewiston

Die kleine Ortschaft Lewiston liegt nur 7 mi/11 km flussaufwärts der Stadt Niagara Falls (USA), direkt am Ostufer des Niagara River, hat aber eine Menge zu bieten, zum Beispiel **Historic Lewiston**. Dorthin geht es von Old Fort Niagara auf dem Niagara Scenic Parkway oder der NY 18F, die direkt am Flussufer entlang führt.

Das Leben in Lewiston spielt sich entlang der **Center Street** mit Lokalen, Cafés und Läden ab. Dort befindet sich auch der kleine **Bicentennial Peace Garden**, der an den Friedensschluss zwischen den USA und der britischen Kolonialmacht in Kanada nach dem *War of 1812* erinnert.

Die Hauptstraße endet direkt am Fluss. Hier an der Uferpromenade weist das **Freedom Crossing Monument** auf ein weiteres wichtiges Kapitel der Ortsgeschichte hin: An diesem Ort befand sich einst die letzte Station der Underground Railroad, jenes landesweiten Hilfsnetzes aus dem frühen 19. Jh., das entflohenen Sklaven die Flucht nach Kanada ermöglichte. Von Lewiston ist es nur ein Katzensprung mit dem Boot über den Niagara River ans kanadische Ufer.

Underground Railroad

Am Südrand der Stadt liegt der **Earl W. Brydges Artpark** (www.artpark.net) mit Wanderwegen, Strand- und Picknickplätzen. In den Sommermonaten finden hier Konzerte, Opern-, Ballett- und Schauspielaufführungen auf der Freilichtbühne statt.

Das Freedom Crossing Monument in Lewiston (NY)

Reisepraktische Informationen Lewiston (NY)

Information
Lewiston (NY): http://historiclewiston.org

Restaurants
An der **Center Street** locken kleine Läden, Cafés und Lokale wie das **Orange Cat Coffee Co.** (703 Center St.), der **Brickyard Brewpub** (432 Center St., www.brickyard pub.com) und **Carmelo's** (425 Center St., www.carmelos-restaurant.com). Letzteres gehört zu den besten Lokalen der Region, mit italienischem Touch.

Niagara Falls

Karl May

Die touristische Erschließung der **Niagara Falls** setzte schon um 1800 ein. Viele berühmte Deutsche standen staunend an den „Donnernden Wassern", darunter auch Karl May. Während seines einzigen Amerika-Aufenthalts verbrachte der Erfinder von Old Shatterhand und Co. zwischen dem 28. September und dem 4. Oktober 1908 einige Tage an den berühmten Wasserfällen und verarbeitete seine Eindrücke im Band *Winnetous Erben* (*Winnetou IV*).

Wie viele der heute rund 30 Mio. Besucher auf beiden Seiten erkundete der Schriftsteller an Bord der **„Maid of the Mist"** das Naturwunder hautnah. Schon damals gab es **zwei Ortschaften** an den Fällen, beide mit dem Namen Niagara Falls. Ihre Geschichte begann mit dem Friedensschluss 1814 nach dem *War of 1812* und der Grenzziehung.

Der Bau der Eisenbahn brachte um 1840 mehr Touristen zu den Wasserfällen, sodass deren Zahl rasant anstieg und bereits 1846 mit der Maid of the Mist die ersten Bootsausflüge stattfanden. 1885 wurde mit dem **Niagara Falls State Park** der älteste State Park der USA eingerichtet und gleichzeitig in Kanada die Niagara Parks Commission ins Leben gerufen. Es gab und gibt immer wieder Pläne, beide Schutzgebiete zu einem internationalen Park zusammenzufassen, die bis dato jedoch noch nicht verwirklicht wurden.

Niagara Falls (USA) – „The World Changed Here"

„Little Las Vegas"

So heißt das Motto von Niagara Falls (USA). Während das stärker besuchte **Niagara Falls (Canada)** mit Casino-Komplexen, großen Hotels und Souvenirläden eher an ein „Little Las Vegas" erinnert, wirkt die gleichnamige Stadt auf der US-Seite fast beschaulich. Es gibt zwar auch hier ein riesiges, von den Seneca-Indianern betriebenes Casino-Hotel, doch das Zentrum der Stadt wirkt eher unaufgeregt und ruhig.

An der zentralen 3rd Street mit dem **3rd Street Entertainment District** lohnt ein Blick auf die **Third Street Art Alley** mit ihren Wandmalereien. Die zweite Hauptachse, die **Old Falls Road**, lockt mit Lokalen; empfehlenswert sind z. B. Café, Restaurant und Deli im **Niagara Falls Culinary Institute**.

Niagara Falls

Hauptattraktion der Stadt sind natürlich die Niagarafälle, wobei auch ein Großteil des Uferbereichs als State Park unter Naturschutz steht. Dank des Engagements des berühmten Landschaftsarchitekten Frederick Law Olmsted (New York Central Park) wurde 1885 hier der erste State Park der USA eingerichtet, um die Niagarafälle vor industrieller Ausbeutung zu schützen. Der **Niagara Falls SP** umfasst seither die beiden auf amerikanischer Seite gelegenen American Falls und Bridal Veil Falls sowie Teile der kanadischen Horseshoe Falls. Der Rest ist Teil des kanadischen Queen Victoria Park.

Angesichts der gigantischen Wasserkraft der Fälle begann man gegen Ende des 19 Jh. darüber nachzudenken, die Wasserkraft zur Stromgewinnung zu nutzen. Die **Niagara Falls Power Company** erhielt nach einer Ausschreibung den Auftrag, das erste Wasserkraftwerk zu bauen. Dabei kam der Erfinder, Elektroingenieur und Physiker Nikola Tesla (1856–1943), ins Spiel: Sein Zweiphasenwechselstrom-System zur Energieübertragung machte es möglich, dass am 26. August 1895 in Niagara Falls das weltweit erste Wasserkraftwerk zur Gewinnung von Elektrizität in Betrieb genommen werden konnte. Noch heute wird die Wasserkraft genutzt, doch stehen die Generatoren nicht mehr an den Fällen – dort blickt man noch auf die alten Überreste –, sondern weiter flussabwärts, bei Lewiston. Dort liegt auch der Aussichtspunkt **Niagara Power Vista (8)**, wo sich ein großartiger Blick auf den Niagara River und die Lower Rapids bietet.

Nikola Tesla

Niagara Power Vista, 5777 Lewiston Rd. (NY 104), Lewiston, www.nypa.gov/communities/visitors-centers/niagara-power-vista, 9–17 Uhr, Eintritt frei.

Besuchs-Know-how Niagara Falls

Für Besucher bietet es sich an, den **Discovery Pass** (s. S. 503) zu erwerben. Er umfasst den Zugang zu Goat Island und anderen Teilen des SP wie dem Aquarium, dem Niagara Gorge Discovery Center und dem Cave. Zudem ist das Ticket für eine Fahrt auf der Maid of the Mist im Pass enthalten.

Am besten lässt man das Auto auf dem Hotelparkplatz stehen und nutzt den **Discover Niagara Trolley**. Mit diesen Shuttlebussen kommt man bequem zu allen Sehenswürdigkeiten. Auf der kanadischen Seite gibt es einen ähnlichen Service, genannt **People Mover**.

Niagara Falls State Park (USA)

Heute umfasst der **Niagara Falls SP** mehrere Teile. Im Zentrum steht **Goat Island**, das die Wasserfälle in zwei Abschnitte trennt: **Horseshoe Falls** einerseits und **American** und **Bridal Veil Falls** andererseits. Auf Goat Island befindet sich der **Cave of the Winds**, und auf **Luna Island** kommt man American und Bridal Veil Falls hautnah. Idealer Ausgangspunkt für die Besichtigung ist das **Niagara Falls SP Visitor Center**. Dahinter erhebt sich der 86 m hohe **Prospect Point Observation Tower (1)**, ein Aussichtsturm am nördlichen Ende der American Falls. Per Aufzug geht es hinauf, und oben angelangt erhält man einen guten ersten Eindruck von den Wasserfällen. Am Fuß des Turms führen ein Weg und eine Treppe zu **Crow's Nest**, einem Aussichtspunkt direkt an den American Falls.

Zwei Aussichtspunkte

Empfehlenswerte Bootstour

Am Fuß des Observation Tower befindet sich auch die Bootsanlegestelle der **Maid of the Mist (2)**. Die Fahrt ist seit 1846 ein vielgerühmtes Erlebnis, das man sich nicht entgehen lassen sollte.

Niagara Falls SP VC, 332 Prospect St., www.niagarafallsstatepark.com, April–Aug. 8–21/22, Sept.–März 8–18 Uhr, Parken $ 10.

Prospect Point Observation Tower, www.niagarafallsstatepark.com/observation-tower.aspx, Mai–Okt. So–Do 8.30–19, Fr–Sa 8.30–20, Okt.–Mai 9.30–17 Uhr, HS $ 1,25, NS Eintritt frei.

Maid of the Mist, 1 Prospect St., www.maidofthemist.com, Abfahrt u. a. am Prospect Point Observation Tower, Ende Mai–Anfang Nov. mind 10–16 Uhr, $ 19,25.

Goat Island (3), die Insel im Niagara River, trennt die amerikanischen und die kanadischen Fälle. Die Insel ist über eine Fußgängerbrücke, mit dem Auto (großer, kostenpflichtiger Parkplatz) oder per *trolley* erreichbar. Der Inselpark wurde in den 1880ern von Frederick Law Olmsted (1822–1903) angelegt. Three Sisters Islands, drei kleine Inselchen, die vorgelagert und durch Fußgängerbrücken verbunden sind, bieten ein hautnahes Erlebnis der Horseshoe Falls.

Der **World Changed Here Pavilion** gibt mit Film und sehenswerten Ausstellungen zur Konstruktion, zu Tesla, zum frühen Tourismus und zu waghalsigen Wasserfallspringern eine gute Einführung. Im Sommer kann man dann, ausgerüstet mit wasserdichter Montur, per Aufzug und weiter durch einen Tunnel, über Holztreppen und Stege zum **Cave of the Winds** absteigen und kommt den Fällen, vor allem den **Bridal Veil Falls (4)**, auf dem Hurricane Deck ganz nah. Auch in den kühleren Monaten gibt es (verkürzte) Touren („Gorge Walk", s. Website).

Hautnah dran

Cave of the Winds/World Changed Here Pavilion, Goat Island, Mitte Juni–Mitte Okt. mind. 9–18.15, Mitte Okt.–Nov. & April–Mitte Mai mind. 9–16.15, Dez.–März mind. 9–14.15 Uhr, Sommer $ 19, Frühjahr/Herbst $ 12, Winter $ 7, Parken: Goat Island $ 10.

Terrapin Point (5) liegt an der Südwestspitze von Goat Island. Von hier hat man einen großartigen Blick auf die kanadische Seite und die eindrucksvollen Horseshoe Falls, über die 90 % der Wassermassen herabstürzen. Oberhalb von Terrapin Point liegt das **Top of the Falls Restaurant**, ebenfalls mit fantastischem Ausblick (www.niagarafallsstatepark.com/attractions-and-tours/in-park-dining). Über eine Fußgängerbrücke erreicht man die kleine Insel **Luna Island**. Genau zwischen Bridal Veil Falls

Spektakulär dinieren

★ **Sehenswürdigkeiten**
1 Prospect Point Observation Tower
2 Maid of the Mist
3 Goat Island
4 Bridal Veil Falls
5 Terrapin Point
6 Niagara Gorge Discovery Center
7 Aquarium of Niagara Falls
8 Niagara Power Vista
9 Table Rock Welcome Center
10 Skylon Tower
11 Niagara Falls IMAX Theatre & Daredevil Adventure
12 Clifton Hill Street
13 Guinness World Records Museum
14 Casino Niagara
15 Fallsview Casino
16 Niagara Parks Floral Showhouse
17 Whirlpool Rapids
18 Whirlpool Aero Car
19 Niagara Helicopters
20 Niagara Parks Butterfly Conservatory
21 Niagara Parks Botanical Gardens
22 Floral Clock
23 Hornblower Niagara Cruises

Übernachten
1 Comfort Inn The Pointe
2 Giacomo Hotel
3 Hampton Inn Niagara Falls
4 Holley Rankine House B&B
5 Holiday Inn by the Falls (Kanada)
6 Travelodge Niagara Falls Fallsview
7 The Oakes Hotel Overlooking The Falls

Essen & Trinken
1 Michael's
2 Top of the Falls Restaurant
3 The Red Coach Inn Restaurant

Niagara Falls

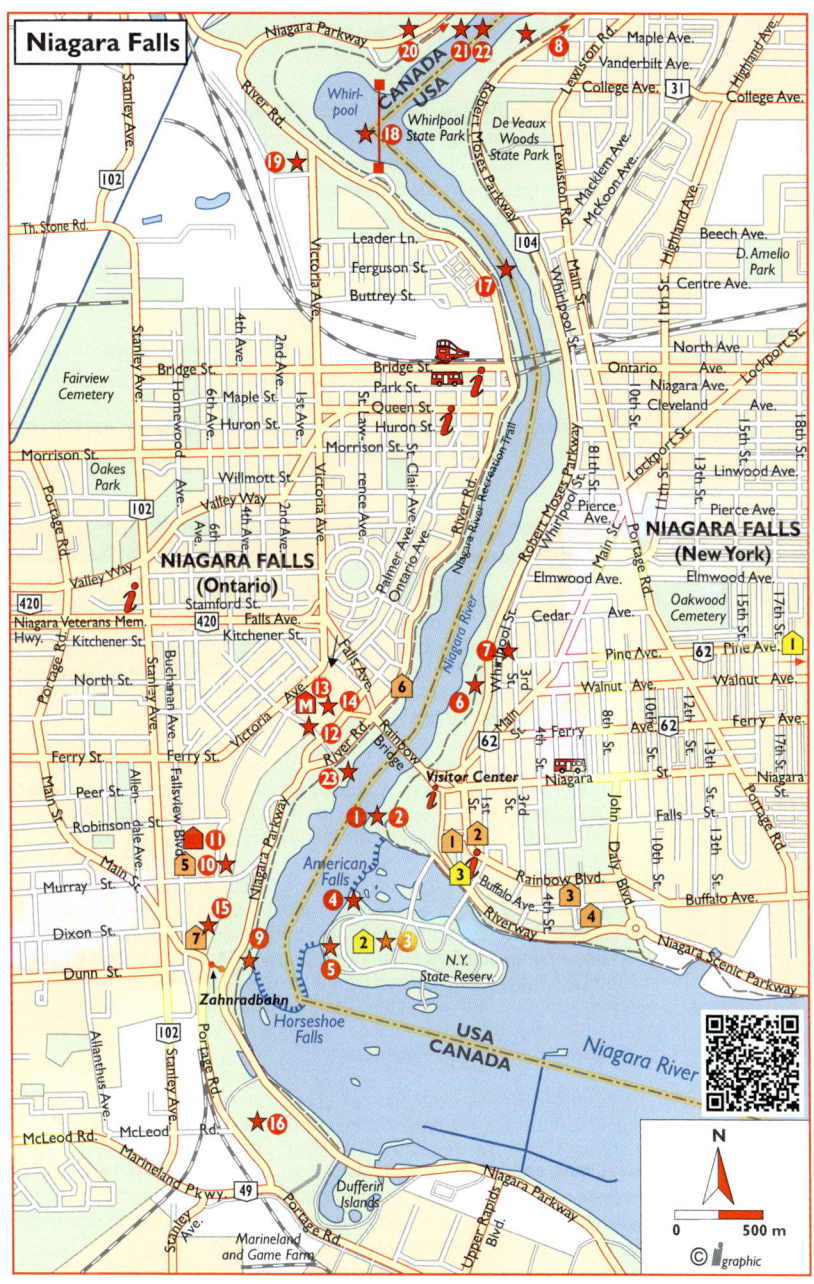

und American Falls gelegen, bietet sich von hier erneut ein fotogener Blick auf das Naturwunder.

Trans-nationale Brücke Nördlich der **Rainbow Bridge**, die hinter den Wasserfällen die amerikanische und kanadische Seite verbindet, liegt das **Niagara Gorge Discovery Center (6)**. Hier erfährt der Besucher anhand interaktiver Ausstellungen mit Filmen, Modellen und Fossilien allerhand über die Entstehung, die Geologie und die Naturgeschichte der Niagara-Fälle. Im Außenbereich wiederum starten Wanderwege.

Im nur wenige Schritte weiter nordöstlich gelegenen **Aquarium of Niagara (7)** leben rund 2.000 Meerestiere, u. a. Seelöwen, Delfine und Haie. Zudem gibt es eine Pinguin-Kolonie und Seehunde.
Niagara Gorge Discovery Center, *Robert Moses Pkwy., www.niagarafallsstatepark.com/attractions-and-tours/discovery-center-and-hiking-trails, Mai–Mitte Okt. mind. 9–17 Uhr, $ 3.*
Aquarium of Niagara, *701 Whirlpool St., www.niagarafallsstatepark.com/attractions-and-tours/aquarium, mind. 9–17 Uhr, $ 15.*

Donnernde Wasser

Als das „Land der glänzenden Wasser" bezeichneten die Indianer den Lake Ontario – wegen der endlos erscheinenden Wasserfläche, aber vermutlich auch aufgrund der atemberaubenden Niagarafälle. Es handelt sich um gleich drei Wasserfälle: die etwa 790 m breiten **Horseshoe Falls** in Kanada, getrennt durch **Goat Island** von den 310 m breiten **American Falls** und den **Bridal Veil Falls** auf US-Gebiet, die wiederum die kleine **Luna Island** durchschneidet. Pro Minute sollen es nahezu 170 Mio. Liter Wasser sein, die, vom Niagara River aus dem Erie-See herangebracht, etwa 50 m tief über die Felswände in die Tiefe stürzen, um dann wild schäumend weiter zum Lake Ontario zu fließen. Vor rund 50 Jahren müssen die donnernden Fälle noch weit spektakulärer gewesen sein, hat doch erst der Bau von Wasserkraftwerken und des Saint Lawrence Seaway die Wassermassen gebändigt.

Die Wasserfälle entstanden in Folge einer Eiszeit, während der vor etwa 50.000 Jahren riesige Gletscher den amerikanischen Kontinent bedeckten. Als durch die fortschreitende Erwärmung das Eis schmolz, blieb ein großes Binnenmeer zurück. Seine Überreste sind die **Großen Seen** zwischen den USA und Kanada, von denen Lake Erie und Lake Ontario durch den **Niagara River** miteinander verbunden sind, der wiederum als Überlauf entstand. Die fünf unterschiedlich großen Seen (s. a. S. 477), alle verbunden, bilden das flächenmäßig größte Süßwassersystem der Erde, in dem sogar Gezeiten bemerkbar sind.

Durch die Besonderheit des Gesteins – weicher Schieferstein unter einer harten Schicht von Dolomit – und die hohe Fließgeschwindigkeit des Flusses entstand in erdgeschichtlich sehr kurzer Zeit ein Gefälle: Heute muss der Fluss einen Höhenunterschied von 99 m überwinden, und daher stürzen über das **Niagara Escarpment** die „donnernden Wasser", wie die Irokesen die Niagarafälle nannten, hinab. Der Fluss trägt dabei kontinuierlich Material ab, sodass die Wasserfälle immer weiter nach Süden auf den höher gelegenen Lake Erie „zuwandern".

Mit der „Jungfer des Nebels" ganz nah an selbigen heran

Reisepraktische Informationen Niagara Falls (NY)

Information
Niagara USA Official VC, 10 Rainbow Blvd., www.niagarafallsusa.com, Mitte Mai–Mitte Sept. 8.30–19, sonst 8.30–17 Uhr.
Niagara Falls SP VC, 332 Prospect St., www.niagarafallsstatepark.com, April–Aug. 8–21/22, Sept.–März 8–18 Uhr, Parken $ 10.

Tipp Niagara Falls USA Discovery Pass
Ende Mai–Ende Okt., gültig für „Maid of the Mist"-Bootsfahrt, Cave of the Winds, Aquarium of Niagara, Niagara Adventure Theater und Trolley, $ 46, Infos & Bestellung: www.niagarafallsstatepark.com/discovery-pass.

Unterkunft
Die Übernachtungsmöglichkeiten reichen von einfachen H/Motels über B&B-Häuser bis zu Luxushotels. Je nach Jahreszeit, Lage und Aussicht des Hotels gibt es große Preisunterschiede. Die Mehrzahl der einfacheren und preiswerteren H/Motels liegen dicht beieinander an der Kreuzung von I-190 und US 62 – ca. 5 mi/8 km von den Wasserfällen entfernt.
Infos: www.niagarafallsusa.com/places-to-stay
Comfort Inn The Pointe $$ **(I)**, 1 Prospect Pointe, ① 716-284-6835, www.choicehotels.com; 118 Zimmer, Restaurants, Fitnessraum; inkl. Frühstück; Wasserfälle von hier zu Fuß erreichbar.

Hampton Inn Niagara Falls $$–$$$ **(3)**, *501 Rainbow Blvd.,* ① *716-285-6666, https:// hamptoninn3.hilton.com; zentral gelegenes Kettenhotel mit modernen, geräumigen Zimmern; Swimmingpool, inkl. Frühstück; Wasserfälle ca. 15 Gehminuten.*
Holley Rankine House B&B $$$ **(4)**, *525 Riverside Dr.,* ① *716-285-4790; 1855 gebautes Haus, als Historic Place ausgezeichnet; fünf geschmackvoll eingerichtete Zimmer; Wasserfälle ca. 15 Gehminuten am Fluss entlang.*

Hoteltipp

Das **Giacomo Hotel** belegt einige Etagen im einstigen United Office Building, das 1929 im Art-déco-Stil erbaut wurde; der Rest sind Wohnungen. Mit nur 41 Zimmern und Suiten bezeichnet sich die Unterkunft zu Recht als „**Luxury Boutique Hotel**". Das repräsentative Erdgeschoss birgt die (unscheinbare) Rezeption und die prächtige **Giacomo Lounge**, die Gäste zum Verweilen – ab 17 Uhr mit Barbetrieb, Happy Hour und samstäglicher Livemusik – einlädt.
Von der wohnzimmerartigen **Skyview Lounge** im 18. Stock des Hotels scheinen die Niagarafälle zum Greifen nah. Die Zimmer (verschiedene Kategorien) sind sogar in der Standardversion geräumig, elegant, geschmackvoll eingerichtet und gemütlich. Parken und WLAN sind gratis, und ein Frühstücksbüffet gehört ebenso zum Paket wie Kekse und Milch, am Abend ins Zimmer geliefert. Von den meisten Zimmern bietet sich ein Ausblick auf die Gischt der Niagarafälle und auf die bis tief in die Nacht hell beleuchtete Schwesterstadt Niagara Falls auf kanadischer Seite.
Giacomo Hotel $$$–$$$$ **(2)**, *222 1st St.,* ① *716-299-0200, https://thegiacomo. com.*

Restaurants

Michael's (1), *3011 Pine Ave.,* ① *716-282-4043, www.michaelsniagarafalls.com; preiswertes Lokal mit italienischer Küche, aber auch Sandwiches und andere amerikanisch-bodenständige Kost.*
Top of the Falls Restaurant (2), *Goat Island,* ① *716-278-0340, www.niagarafalls statepark.com/attractions-and-tours/top-of-the-falls; nahe Terrapin Point gelegenes Restaurant mit amerikanischer Küche, guter Blick auf die Horseshoe Falls.*
The Red Coach Inn Restaurant (3), *2 Buffalo Ave.,* ① *716-282-1459, www.red coach.com/restaurant; zentral zu den Sehenswürdigkeiten gelegenes Lokal im gleichnamigen* **Hotel** *(www.redcoach.com), bekannt für gute Steaks und günstige Tagesgerichte.*
Third St. Retreat, *250 Rainbow Blvd., www.thirdstreetretreat.com, beliebte Mischung aus Café und Bar, in dem es Gerichte aus regionalen Produkten gibt.*
Savor, *28 Old Falls St.,* ① *716-210-2525, www.nfculinary.org/savor, Top-Lokal des Culinary Institute (S. 460); empfehlenswerte Konditorei:* **La Patisserie**, *www.nfculinary.org/lapatis serie.*

Einkaufen

Souvenirgeschäfte u. a. Shops sind vor allem entlang der **Main Street** in der Nähe der Rainbow Bridge zu finden. Lohnend ist auch ein Bummel im **3rd Street Entertainment District**. Schnäppchen gibt's bei:
Fashion Outlets of Niagara Falls, *1900 Military Rd., www.fashionoutletsniagara.com, Mo-Sa 10–21, So 10–18 Uhr; Artikel von 150 bekannten Markenherstellern und Designern zu günstigen Preisen.*

Touren
Rainbow Air Helicopter Tours, *454 Main St., www.rainbowairinc.com; eine ungewöhnliche Art, die Wasserfälle zu erkunden: im Hubschrauber.*

Nahverkehr
Die Shuttlebusse von **Discover Niagara Shuttle** *(www.discoverniagarashuttle. com) verkehren kostenlos Ende Mai–Okt. So–Do 9–18 und Fr/Sa 9–0 Uhr. Die Route führt vom Niagara USA Official VC über den 3rd Street Entertainment District, Discovery Center, Aquarium, Niagara Power Vista, Lewiston bis Old Fort Niagara.*

Niagara Falls (Canada)

> ### Grenzübertritt
>
> Es ist prinzipiell leicht möglich, auf die kanadische Seite zu fahren und wieder zurück (Reisepass!). Wer in den USA unterwegs ist, hat bereits das ESTA-Formular ausgefüllt und bei Einreise nach Kanada auf dem Landweg ist das bei einer Flugreise nötige eTA Visum (elektronische Reisegenehmigung) nicht nötig. Bei der Rückkehr in die USA muss man sich wieder der Pass- und Einreisekontrolle unterziehen, was bei starkem Besucherandrang zeitaufwendig sein kann. Am schnellsten geht es über die **Rainbow Bridge** nach Kanada, besonders **zu Fuß**. **Weitere Infos**: Leonie Senne/Monika Fuchs, Iwanowski's Reisehandbuch *Kanada-Osten*.

Willkommen in Niagara Falls!

Ideale erste Anlaufstation in Kanada ist das Besucherzentrum der Niagara Parks Commission im **Table Rock Welcome Centre (9)**. Das **touristische Zentrum** der Stadt mit interessanten Sehenswürdigkeiten und Attraktionen liegt zwischen der Rainbow Bridge und den Horseshoe Falls. Der Niagara Parkway und der Niagara River Recreation Trail laufen parallel zum Niagara River.

Das Besucherzentrum im **Table Rock Complex** wurde an einem Felsvorsprung an den Horseshoe Falls gebaut. Von der Terrasse hat man einen großartigen Blick auf die Wasserfälle. Neben Tickets und Infos gibt es hier eine Multimediashow zur Entstehung: „Niagara's Fury". Näher an die Fälle heran kommt man bei **Journey Behind the Falls**. In Regenmänteln gehüllt fährt man vom Besucherzentrum mit einem Aufzug 38 m tief hinunter. Drei Tunnel führen zu drei verschiedenen Aussichtspunkten, unter anderem zum **Observation Deck**, das nur knapp 8 m über dem Niagara River liegt.

Feuchtes Vergnügen

Journey Behind the Falls, *River Road, www.niagaraparks.com/visit/attractions/journey-behind-the-falls, mind. 9–17, im Sommer bis 21/22 Uhr, CA$ 22.*

Tipp für Besucher

Wie in den USA gibt es auch in Kanada ein Sparangebot: den **Niagara Falls Adventure Pass** (CA$ 65). Die Classic-Version enthält den Eintritt zu „Journey Behind the Falls", „Hornblower Niagara Cruises", „Niagara's Fury" und „White Water Walk". Es gibt daneben andere Pass-Optionen, siehe: *www.niagaraparks.com/visit-niagara-parks/plan-your-visit/deals-packages.*

Jeden Abend werden die **Wasserfälle erleuchtet** (*www.niagaraparks.com/events/event/falls-illumination*); außerdem findet im Sommer jeden Freitag und Sonntag um 22.30 Uhr ein **Feuerwerk** statt (*www.niagaraparks.com/events/event/niagara-falls-fireworks-series*).

Zwischen Table Rock Point und Fallsview Tourist Area, in deren Bereich u. a. viele Hotels, Restaurants, das Fallsview Casino, der Skylon Tower und das IMAX Theater liegen, verkehrt täglich die historische Seilbahn **Falls Incline Railway** (*www.niagaraparks.com/visit/attractions/falls-incline-railway*). Mit einem der drei außen angebrachten gelben Aufzüge („Yellow Bugs") erreicht man in 52 Sekunden die Aussichtsterrasse des 236 m hohen **Skylon Tower (10)**. Hinter Glas und im Freien hat man einen fantastischen Blick auf die Wasserfälle, den Niagara River und beide Städte; bei gutem Wetter bis zu 130 km weit.
Skylon Tower, *5200 Robinson St., www.skylon.com, Mai–Okt. 8–0, sonst 9–22 Uhr, verschiedene Ticketoptionen ab CA$ 14,50.*

Neben dem Skylon Tower befindet sich das **Niagara Falls Imax Theatre & Daredevil Adventure (11)**, wo man auf einer sechs Stockwerke hohen Leinwand den Film *Niagara: Miracles, Myths and Magic* erleben kann. Die Ausstellung „Daredevils" zeigt die größte Sammlung an Fässern und anderen Utensilien, mit denen Todesmutige versucht haben, die Fälle zu überwinden.

Waghalsige Geschichten

Niagara Falls Imax Theatre & Daredevil Adventure, *6170 Fallsview Blvd., https://imaxniagara.com, Mai–Okt. 9–20, sonst 10–16 Uhr, versch. Ticketvarianten ab CA$ 15.*

Niagara Falls

Die Whirlpool Rapids

Vom Skylon Tower führt eine Promenade durch den **Queen Victoria Park** am Fluss entlang zur Anlegestelle der **Hornblower Niagara Cruises (23)**. Als Äquivalent zur Maid of the Mist auf US-Seite bringen hier moderne Katamarane Besucher nahe an die Niagara-Fälle heran.

Die Region um die zentrale **Clifton Hill (12)** trägt den Auszeichnung „Where the Action Is". Hier reihen sich Geschäfte, Restaurants, Bars und Hotels aneinander, und auch das **Guinness World Records Museum (13)** (*4943 Clifton Hill, www.guinnessniagara falls.com*) befindet sich hier. Zu einem besonderen Anziehungspunkt haben sich die Casinos entwickelt, z. B. das **Casino Niagara (14)** (*5705 Falls Ave., www.casinoniagara. com*) und das **Fallsview Casino (15)** (*6380 Fallsview Blvd., www.fallsviewcasinoresort. com*).

Stadtzentrum

Wer für eine Weile der Hektik entfliehen möchte, dem sei ein Spaziergang im **Niagara Parks Floral Showhouse (16)** nahegelegt, das nur 500 m südlich der kanadischen Horseshoe Falls liegt. Im großen Gewächshaus sind Orchideen, Sukkulenten u. a. tropische Pflanzen zu bewundern; im Freien gibt es formale Gärten.
Niagara Parks Floral Showhouse, *7145 Niagara Pkwy., www.niagaraparks.com/gar den-trail/floral-showhouse.html, 9.30–17 Uhr, CA$ 7.*

Oase der Ruhe

Der Niagara Parkway führt weiter nach Norden am Niagara River entlang, der nach den Fällen zunächst recht gemächlich durch eine tiefe Schlucht fließt. Wo diese sich wieder verengt, stürzen die Wassermassen in heftigen Stromschnellen, den **Whirlpool Rapids (17)**, weiter dem Ontario-See entgegen. An der schmalsten Stelle des

Greater Niagara – von Syracuse über Rochester zu den Niagara Falls

Niagara River kann man mit dem Aufzug vom oberen Rand der Schlucht 70 m zu den Rapids hinunterfahren.

Ein 300 m langer Pfad, der **White Water Walk**, führt über Holzstege und Stufen ein Stück an den Stromschnellen entlang zu zwei Aussichtspunkten am Fluss. Ein Stückchen weiter sind dann die Whirlpool Rapids erreicht. Etwa 400 m Durchmesser hat der gewaltige Strudel, der von 90 m hohen Felswänden umschlossen ist. Das **Whirlpool Aero Car (18)**, eine Art Schwebebahn, überquert mit offenen Gondeln den Whirlpool in luftiger Höhe.

Schwebend übers Wasser

Whirlpool Rapids und **White Water Walk**, 4330 Niagara River Pkwy., www.niagaraparks.com/attractions/white-water-walk.html, Mitte April–Anfang Nov. mind. 10–17 Uhr, CA$ 14.

Whirlpool Aero Car, 3850 Niagara Pkwy., www.niagaraparks.com/visit/attractions/whirlpool-aero-car, April–Anfang Nov. mind. 10–17 Uhr, Hin/Rückfahrt CA$ 16.

Ein Stück weiter nördlich liegen die 1936 angelegten **Niagara Parks Botanical Gardens (21)**. Auf dem Gelände befindet sich zugleich das **Niagara Parks Butterfly Conservatory (20)**. Einem tropischen Regenwald nachempfunden beheimatet dieses eine der weltweit größten Ausstellungen von über 2.000 Schmetterlingen. Folgt man dem Parkway weiter, gelangt man zur **Floral Clock (22)**, einer im Durchmesser 12 m messenden Blumenuhr, ähnlich derjenigen in Genf, die mit bis zu 16.000 Pflanzen gestaltet wird.

Tropisches Gefilde

Niagara Parks Botanical Gardens, 2565 Niagara Pkwy., www.niagaraparks.com/visit/nature-garden/botanical-gardens-2, Sonnenauf- bis -untergang, Eintritt frei, Parken CA$ 5.

Niagara Parks Butterfly Conservatory, 2565 Niagara Pkwy., www.niagaraparks.com/visit/attractions/butterfly-conservatory, mind. 10–17, HS bis 19 Uhr, CA$ 16, Parken CA$ 5.

Reisepraktische Informationen Niagara Falls (Canada)

Information

Niagara Falls Tourism, ☏ 905-356-6061, www.niagarafallstourism.com.
Table Rock Welcome Centre, 6650 Niagara Pkwy., www.niagaraparks.com/visit-niagara-parks/plan-your-visit/travel-information/welcome-centres, HS 8–21, NS 9–17 Uhr. Weitere Welcome Centres s. Website.

Unterkunft/Restaurants

Travelodge Niagara Falls Fallsview $$–$$$ (6), 5599 River Rd., ☏ 905-354-2727, www.wyndhamhotels.com; Kettenhotel mit Pools & Restaurant; Blick auf die American Falls.

Holiday Inn by the Falls $$$ (5), 5339 Murray St., ☏ 905-356-1333, www.holidayinnniagarafalls.com; Motel in der Nähe der Wasserfälle, des Skylon Tower und des IMAX Theatre; Pool.

The Oakes Hotel Overlooking the Falls $$$ (7), 6546 Fallsview Blvd., ☏ 877-843-6253, www.oakeshotel.com; komfortables Hotel mit 239 geräumigen Zimmern und bestem Blick auf die Wasserfälle, gleich neben Minolta-Tower und Fallsview Casino; mit **Applebees Neighborhood Grill & Bar**.

Touren
Niagara Helicopters (19), 3731 Victoria Ave., www.niagarahelicopters.com, Rundflüge über Stadt und Wasserfälle.
Hornblower Niagara Cruises (23), 5920 Niagara Pkwy., am nördlichen Ende des Queen Victoria Park, www.niagaracruises.com, CA$ 29; in der HS lange Wartezeiten an allen Abfahrtsstellen – besser: vorherige Online-Buchung.

Parken/Nahverkehr
Während der Sommermonate herrscht viel Verkehr, und Parkplätze sind oftmals überfüllt. Zwischen diesen und den Sehenswürdigkeiten verkehren täglich von Mitte Mai–Mitte Okt. **Shuttlebusse**, in den Wintermonaten nur am Wochenende. Eine detaillierte Übersicht gibt es unter: www.niagarafallstourism.com/plan/parking.
Niagara Transit Bus Service, Busbahnhof: 4320 Bridge St., https://niagarafalls.ca/living/transit, einfache Fahrt CA$ 3, Tagespass CA$ 7.
WEGO (www.wegoniagarafalls.com), das gemeinsame Bussystem von Niagara Falls Transit und Niagara Parks Commission, bedient im 10–30-Min.-Takt auf sechs farblich gekennzeichneten Routen den Nahverkehr. Vier der Linien starten ab Table Rock. Tageskarte CA$ 9, 2-Tage-Karte CA$ 13,50.

Abstecher nach Toronto

Von Niagara Falls ist es nur ein Katzensprung nach Toronto, der auch bequem mit dem Zug (GO train) möglich ist. Infos & Tickets unter: *www.niagaraparks.com/visit-niagara-parks/plan-your-visit* (ca. 130 km).

Weitere Infos: Leonie Senne/Monika Fuchs, Iwanowski's Reisehandbuch *Kanada-Osten*. Zu Toronto empfiehlt sich der Städteführer von den Autoren dieses Iwanowski-Handbuches, Margit Brinke und Peter Kränzle, *CityTrip Toronto* (Reise Know-How Verlag, ständig aktualisiert).

Buffalo (NY)

Mit über 260.000 Einwohnern (1,1 Mio. im Großraum) ist **Buffalo** nach New York City die zweitgrößte Stadt in New York State und bildet zusammen mit den beiden Niagara Falls die bi-nationale **Buffalo Niagara Region**, einen bis heute wichtigen Handels- und Verkehrsknotenpunkt. Die Nähe zu den Niagara Falls und zum Weinanbaugebiet um die Finger Lakes machen die Stadt auch zum günstigen Standort für Besucher zur Erkundung der Region.

Günstiger Stützpunkt

Einst lebten im Umfeld der heutigen Stadt **verschiedene Indianervölker** – Erie, Wenro und Neutral –, ehe Mitte des 17. Jh. die Irokesen-Konföderation die Kontrolle übernahm. Die Franzosen unterhielten an der Mündung des Buffalo River in den Lake Ontario zwar Mitte des 18. Jh. für ein Jahr einen Handelsposten, doch ein ehemaliger Sklave und ein holländischer Händler waren 1789 die ersten Siedler, die sich längerfristig niederließen. Nachdem die **Seneca** (Teil der Irokesen) nach dem Unabhängigkeitskrieg in Reservate zwangsumgesiedelt wurden, begann 1797 die Vermessung der Region; 1801 wurde der Grundstein für die Ortschaft gelegt. Anfangs noch als „New Amsterdam" bezeichnet, setzte sich bald der Name „Buffalo" durch.

Zu Beginn lebten nur einige Hundert Menschen hier; erst nachdem 1825 der **Erie Canal** fertiggestellt worden war, erlebte der Ort einen Boom und wurde 1832 zur Stadt. Der Kanal war zwar nördlich der Stadt bereits in den Niagara River übergegangen, doch in Buffalo wurde dennoch ein Hafen eingerichtet, an dem Kanal-Lastkähne anlegten und die Fracht auf seetaugliche Boote umgeladen wurde.

Umschlaghafen

Nach dem Ersten Weltkrieg entwickelte sich Buffalo durch die Ansiedlung von **Schwerindustrie** zu einer der bedeutendsten Stahlstädte in den USA, doch die Eröffnung des Saint Lawrence Seaway 1959 leitete dann einen wirtschaftlichen Niedergang ein. Erst in den letzten Jahrzehnten erlebt die Stadt ein **Revival**.

Heute ist Buffalo wieder stolz auf sein **sehenswertes architektonisches und historisches Erbe** mit Gebäuden berühmter Architekten wie H. H. Richardson, Louis Sullivan oder Frank Lloyd Wright sowie einem Parksystem des Landschaftsarchitekten Frederick Law Olmstedt. Einen Rundgang startet man am besten in Downtown, am **Visitor Center** *(403 Main St., Suite 105, 9–17 Uhr)*. Von hier sind es nur ein paar Schritte zum zentralen Niagara Square. Dort steht die beeindruckende 32-stöckige **City**

Vogelperspektive der Buffalo Waterfront

Hall, die 1932 im Art-déco-Stil erbaut wurde und über eine Aussichtsplattform im 28. Stock verfügt. Vor der City Hall steht das **McKinley Monument**, eine Säule, die an das Attentat auf US-Präsident William McKinley (1843–1901) erinnert. McKinley war in Buffalo beim Besuch der Pan-American Exposition von einem Attentäter angeschossen worden und starb wenige Tage später.
Buffalo City Hall Observation Deck, *65 Niagara Sq., Mo–Fr 8.30–16 Uhr, Eintritt frei.*

Vom Rathaus ist es ein kurzes Stück zur **Buffalo Waterfront**, die sich entlang der Mündung des Buffalo River in den Lake Erie und entlang des Erie-Kanals erstreckt. An der zur Uferpromenade führenden Washington Street liegt das **Sahlen Field**, das Baseballstadion der Buffalo Bison (Minor League AAA). Hauptattraktion an der Waterfront ist der **Buffalo & Erie County Naval & Military Park**. Neben Kriegsschiffen wie dem USS Little Rock und einem U-Boot, der USS Croaker, gibt es militärische Ausstellungen, Wasserflugzeuge u. v. a. m.

Minor League Baseball

Informationen zum **Erie-Kanal**, der 1825 eröffnet wurde, zur Schifffahrtsgeschichte auf dem Lake Erie sowie zum Schiffsbau in Buffalo erhält man von der Lower Lakes Marine Historical Society im **Buffalo Harbor Museum**.
Buffalo & Erie County Naval & Military Park, *1 Naval Park Cove, https://buffalo navalpark.org, April–Sept. 10–17, Okt. 10–16, Nov. Sa/So 10–16 Uhr, $ 15.*
Buffalo Harbor Museum, *66 Erie St., www.llmhs.org, Di/Do/Sa 10–15 Uhr.*

Gegenüber, am anderen Ufer des Flusses, blickt man auf das **Buffalo Main Light**. Dieser 1833 erbaute Leuchtturm liegt auf einer Halbinsel, direkt an der Mündung des Buffalo River in den See. Daneben liegt die Coast Guard Station und das **Times Beach Nature Preserve**. Die alten Hafenanlagen und Lagerhallen an der Canalside, wo einst der Erie Canal endete, wurden renoviert und dienen heute vielerlei Zwecken. So befindet sich im Old First Ward der **Buffalo River Fest Park** (*249 Ohio St.*), wo im Sommer regelmäßig Konzerte stattfinden. In die markanten Grain Elevators, die einstigen Getreidesilos, die wie ein Sechserpack Bier aussehen, sind eine Brauerei, ein Lokal und ein Entertainmentkomplex eingezogen: **Buffalo RiverWorks** (*https://buffaloriverworks.com*).

Zu den markanten neuen Bauten am Buffalo River zählt das **KeyBank Center**, Heimat der beliebten Profi-Eishockeymannschaft Buffalo Sabres. Daran schließt sich der historische **Cobblestone District** (*https://cobblestonedistrict.com*). Hier liegen die Wurzeln der Industrialisierung der Stadt: Es sind noch viele alte Lagerbauten und Handelshäuser wie auch die namensgebenden gepflasterten Straßen erhalten. Heute ist das Areal als Unterhaltungsviertel beliebt.

Beginn der Industrialisierung

Ganz anders präsentiert sich der nördlich der Innenstadt gelegene **Allentown Historic District** (*http://allentown.org*) zwischen Main, North, Richmond, Cottage und Edward Street. Benannt nach einem der ersten Siedler, entwickelte sich das Areal schnell zum Nobelviertel. Von Wohlstand und Geschmack zeugen die zahlreich erhaltenen Wohnhäuser und Villen aus dem 19. Jh., die großteils unter Denkmalschutz stehen. In einer der Villen, dem **Wilcox Mansion**, 1837 im *Greek Revival*-Stil erbaut, befindet sich die **Theodore Roosevelt Inaugural Site**. Hier legte Präsident Theodore

Greater Niagara – von Syracuse über Rochester zu den Niagara Falls

Mehr als Bier: die Buffalo RiverWorks

Roosevelt 1901 seinen Amtseid ab, nachdem sein Vorgänger William McKinley in Buffalo einem Attentat zum Opfer gefallen war.
Theodore Roosevelt Inaugural Site, *641 Delaware Ave., www.trsite.org, Touren stündl. Mo/Mi–Fr 9.30–15.30, Sa/So 12.30–15.30, Di 9.30–20 Uhr, $ 12.*

Grünanlagen
Im Norden der Stadt erstreckt sich der **Delaware Park**, der zusammen mit dem Front Park, westlich von Allentown, und weiteren Grünanlagen, Plätzen und Alleen ein Parksystem bildet, für das die beiden Schöpfer des New Yorker Central Parks, Frederick Law Olmsted und Calvert Vaux, zuständig waren. Entstanden zwischen 1868 und 1876, steht der Delaware Park seit 1982 unter Denkmalschutz (*www.bfloparks.org*).

Eine der Attraktionen im Park, am Westzipfel, ist die **Albright-Knox Art Gallery** mit einer beachtlichen Sammlung moderner und zeitgenössischer, amerikanischer und europäischer Kunst. Untergebracht ist das Museum in einem Bau von 1905, der die Gestalt eines mächtigen griechischen Tempels mit Seitenflügeln und der Korenhalle des Athener Erechtheions in doppelter Ausführung aufweist. Allerdings wird der Bau bis voraussichtlich 2022 renoviert. An seiner statt eröffnete das Albright-Knox Northland (*612 Northland Ave., www.albrightknox.org*) direkt nebenan im Januar 2020 seine Pforten.

Gegenüber liegt das **Buffalo History Museum**, das sich mit Stadtgeschichte und Architektur beschäftigt. An diesem Museum beginnen auch geführte Touren zu den historischen und architektonisch interessanten Plätzen in Buffalo. Weitere Anziehungspunkte im Delaware Park sind der **Rose Garden** (*199 Lincoln Pkwy., www.bfloparks.org/parks/delaware-park*) und der **Buffalo Zoo**.
The Buffalo History Museum, *1 Museum Court, www.buffalohistory.org, Di–Sa 10–17, Mi bis 20, So 12–17 Uhr, $ 10.*
Buffalo Zoo, *300 Parkside Ave., https://buffalozoo.org, 10–17 Uhr, $ 14.*

Architekturfans sollten im Osten des Parks unbedingt das fantastische Haus des lokalen Geschäftsmann Darwin D. Martin und seiner Familie nach Entwurf von **Frank Lloyd Wright** (1867–1959) besichtigen. Es entspricht dem von Wright kreierten Typus der **Prairie Houses** und wurde als Meisterstück dieses Stils 1903–05 errichtet. *Bungalow-Stil*
Es bildet einen Komplex aus sechs verbundenen Gebäuden mit Pergola, Gewächshaus, Kutschenhaus, Gästehaus, Gärtner-Cottage und Haupthaus. Die Landschaftsgestaltung ringsum steht in perfektem Einklang zur Architektur. Im Inneren sind Glasarbeiten von Wright ausgestellt, darunter berühmte Buntglasfenster. Seit 2009 gehört der **Eleanor and Wilson Greatbatch Pavilion** als Besucherzentrum und Ausstellungsraum dazu.
Martin House Complex, *125 Jewett Parkway, www.martinhouse.org, VC im Greatbatch Pavilion, versch. Touren, u. a. Haustour, $ 22, auch ganztägige Touren zu Wright-Sights im Raum Buffalo – u. a.* **Filling Station** *(1927) im Pierce Arrow Museum (www.pierce-arrow.com).*

Reisepraktische Informationen Buffalo (NY)

Information
Buffalo Niagara VC, *Brisbane Building, 403 Main St., www.visitbuffaloniagara.com, Mo–Fr 9–17 Uhr.*

Unterkunft
Asa Ransom House $$$, *10529 Main St., Clarence (ca. 19 mi/30 km nordöstl. über NY 5 Richtung Finger Lakes), ☏ 716-759-2315, https://asaransom.com; romantisches Inn in einem Bau von 1853; zehn unterschiedlich mit Antiquitäten eingerichtete Zimmer, Kamine, Bibliothek und empfehlenswertes* **Restaurant**.
Buffalo Grand Hotel $$$, *120 Church St., ☏ 716-845-5100, www.thebuffalogrand.com; mitten in der Stadt gelegenes Top-Hotel mit modern ausgestatteten, geräumigen Zimmern, Pool, Fitnessbereich und* **Harbor Bistro & Bar**.
The Mansion on Delaware Avenue $$$$, *414 Delaware Ave., ☏ 716-886-3300, www.mansionondelaware.com; 28 elegante Zimmer, Butler-Service und Spa in historischer Villa; Luxus pur in ungewöhnlichem Ambiente.*

Restaurants
Asa Ransom House, *s. o.; Fine Dining-Lokal mit ausgezeichneter Küche im o. g. Inn, Reservierung erforderlich.*
Buffalo Chophouse, *282 Franklin St., ☏ 716-842-6900, www.buffalochophouse.com; das beste Steakhouse der Stadt in einem alten Fabrikgebäude von 1880, umfangreiche Weinkarte.*
Buffalo Brewing Co., *314 Myrtle Ave., ☏ 716-868-2218, www.buffalo-brewing-company.com, Do 16–20, Fr 16–22, Sa 13–22, So 13–18 Uhr; kein Essen, aber ausgezeichnete Biere.*
Big Ditch Brewing Co., *55 E Huron St., ☏ 716-854-5050, www.bigditchbrewing.com, mit Lokal und guter Speisekarte.*
Diese beiden craft breweries sollen stellvertretend für die zahlreichen Kleinbrauereien in der Stadt genannt werden. Eine Liste findet sich unter: www.visitbuffaloniagara.com/business-type/breweries-distilleries.

Buffalo Wings

Dieses beliebte Gericht darf in den USA in keinem Pub und keiner Bar auf der Speisekarte fehlen. Die unterschiedlich scharf gewürzten, frittierten oder gebratenen und mit verschiedenen Saucen bzw. Dips gereichten Hühnerflügel sollen erstmals 1964 in der **Anchor Bar** in Buffalo (*1047 Main St., www.anchorbar.com*) serviert worden sein. Wer auf dem **Buffalo Wing Trail** (*www.visitbuffaloniagara.com/crawl/buffalo-wing-trail*) wandelt, erfährt, welche Lokale die besten Wings servieren.

Preiswerte Spezialität der Stadt: Buffalo Wings

Touren
Explore Buffalo, *https://explorebuffalo.org*, große Auswahl an unterschiedlichen Touren, Walking Tours z. B. durch Downtown oder entlang der Waterfront; Art, Food und Neighborhood Tours sowie Touren mit Rad, Bus, Kayak und Boot.
Buffalo River History Tours, *https://buffaloriverhistorytours.com*, unterschiedlich lange Bootstouren.
Buffalo Harbor Cruises, *www.buffaloharborcruises.com*; mit der „Miss Buffalo" ab Erie Basin Marina auf dem Buffalo River oder Erie-Kanal unterwegs.

Eisenbahn
Amtrak, *Depew Station (BUF, 55 Dick Rd., Depew) und Exchange Street Station (BFX, 75 Exchange St., Downtown), www.amtrak.com*; Empire Service: Züge zwischen Niagara Falls, Buffalo, Rochester, Syracuse, Albany, New York City, aber auch Verbindungen nach Boston, Toronto und Chicago.

Nahverkehr
Niagara Frontier Transportation Authority (NFTA), *www.nfta.com*, Busse (u. a. bis Niagara Falls und zum Airport), Straßenbahnlinie **Metro Rail**, *durch Downtown*; Ticket: $ 2, Tagespass: $ 5.

Zuschauersport
Buffalo Bandits (*Box Lacrosse – NLL*), *www.bandits.com*, Spiele im KeyBank Center mitten in Downtown (*www.keybankcenter.com*).
Buffalo Bills (*Am. Football – NFL*), *www.buffalobills.com*, New Era Field im Vorort Orchard Park (*www.buffalobills.com/stadium*).
Buffalo Bisons (*Minor League Baseball*), *www.milb.com/buffalo*, Heimspiele im Sahlen Field in Downtown (*www.milb.com/buffalo/ballpark/sahlen-field*).
Buffalo Sabres (*Eishockey – NHL*), *www.nhl.com/sabres*, KeyBank Center (*www.keybankcenter.com*).

Über die Finger Lakes zurück nach New York City

Spricht man vom „Weinland USA", denkt man längst nicht mehr ausschließlich an Kalifornien. Mehr und mehr rückt für Weinliebhaber an der Ostküste der **Wein aus New York State** – nach Kalifornien und Washington State das drittgrößte Weinanbaugebiet der USA – in den Vordergrund. Auch die zunehmende Nachfrage an trockenen Weißweinen wie Riesling lenkt die Aufmerksamkeit verstärkt auf die Winzer in New York State.

Riesling

Im Westen erstreckt sich mit der **Finger Lakes AVA** (American Viticultural Area) die größte der New Yorker Weinregionen. Insgesamt umfasst die Finger Lakes AVA mit ihren zwei Unterregionen, **Seneca Lake AVA** und **Cayuga Lake AVA**, ein etwa 4.500 ha großes Anbaugebiet mit über hundert Weingütern. An vier der Seen wird Wein angebaut: Canandaigua, Cayuga, Keuka und Seneca Lake.

Hinweis zur Route

Auf der Fahrt von der Buffalo Niagara Region zurück zum Hudson Valley und nach New York City geht es durch die **Finger Lakes Region**. Dabei folgt man größtenteils der US 20, mit 5.415 km die längste Überlandstraße der USA. Sie verbindet Albany (OR) mit Boston (MA) und verläuft durch New York State über 600 km parallel zur Autobahn I-90.

Die **erste Etappe** führt von Buffalo nach **Corning**, über **Penn Yan** und den **Keuka Lake** (bis Canandaigua US 20, dann NY 364 nach Penn Yan und weiter auf NY 54 und 415 nach Corning, insges. ca. 160 mi/258 km).

Die **zweite Etappe** verläuft von Corning über **Elmira** (NY 352) nach **Watkins Glen** und entlang des **Seneca Lake** nach **Geneva** (NY 14). Von hier geht es weiter über Cayuga und Springfield Center (US 20) nach **Cooperstown** (NY 80, ca. 204 mi/328 km).

Bei den **Finger Lakes** – kurz „**FLX**" – handelt sich um Moränenseen der letzten Eiszeit, alle länglich in Nord-Süd-Ausrichtung geformt. Da sie zumeist sehr tief sind, eignen sich die Uferregionen perfekt für den Wein- und Obstanbau (Äpfel), denn das Seewasser konserviert die Wärme länger und gibt sie an die Umgebung ab. Im engeren Sinn gibt es **elf Seen** – von West nach Ost: Conesus, Hemlock, Canadice, Honeoye, Canandaigua, Keuka, Seneca, Cayuga, Owasco, Skaneateles und Otisco. Oft wird auch der nordöstlich von Syracuse gelegene Oneida Lake – als „Daumen" – zu den Finger Lakes gerechnet. Der **Cayuga Lake** ist mit 64 km der längste, während der flächenmäßig größte, der **Seneca Lake** mit 188 m, auch der tiefste Binnensee New Yorks ist.

Weite Seenlandschaft

Die fünf größten Seen gaben der Region ihren Namen, denn Größe und Lage erinnern auf einer Landkarte an das Aussehen der ausgestreckten Finger einer Hand. Indianischen Legenden gemäß sind die Seen dadurch entstanden, dass Gott seinen Handabdruck hinterließ, nachdem er eine der schönsten Landschaften geschaffen hatte. Die

Über die Finger Lakes zurück nach New York City

Region ist einerseits wegen ihrer **beschaulichen Kulisse** mit Obstplantagen und Weinbergen, romantischen Ortschaften und Weingütern, andererseits wegen des Outdoor-Angebots in und um die Seen ein beliebtes Reiseziel.

Am Keuka Lake

Den Y-förmigen **Keuka Lake** nannten die einst hier lebenden Seneca-Indianer „See mit Ellbogen"; andere Irokesen sprachen von „Canoe Landing". Er ist einer der attraktivsten Seen und das nicht nur wegen Weingütern wie Dr. Frank oder der benachbarten Heron Hill Winery (www.heronhill.com).

Familienbetrieb Heute werden die **Dr. Konstantin Frank Wine Cellars** (*9749 Middle Rd., Hammondsport, www.drfrankwines.com*) schon in der vierten Generation als Familienbetrieb geführt. Seniorchef Fred Frank, Enkel des Gründers, hat in Deutschland Weinbau stu-

Keuka Lake, einer von elf Fingern

diert, und sein Team setzt sich aus Mitarbeitern aus aller Welt zusammen. An die 40 Weinsorten werden angebaut, darunter allein etwa zehn **Rieslinge**, und vor allem Letztere haben zum guten Ruf des Weinguts beigetragen. Inzwischen kultiviert man aber auch mit gutem Erfolg einige der ältesten bekannten Rebsorten weltweit, aus Georgien, einem der Weinursprungsländer: Saperawi und Rkaziteli. Bis zu 80.000 Besucher kommen Jahr für Jahr zu dem malerisch am Westufer des Keuka Lake gelegenen Weingut.

Die beiden Hauptorte **Hammondsport**, an der Südspitze des Sees, und **Penn Yan**, an der Nordspitze, locken mit kleinen Läden, Cafés und Lokalen. Am Keuka Lake lohnt sich aber vor allem das **Glenn H. Curtiss Museum** in Hammondsport. Es erinnert an den Rennfahrer, Luftfahrtpionier, Pilot und Unternehmer Glenn H. Curtiss (1878–1930), der Räder, Motorräder und Flugzeuge baute, darunter 1916 das erste Flugboot. Daneben kann man in einer riesigen Halle Curtiss' eigene große Sammlung an Fahrzeugen und Flugzeugen aller Art bestaunen. Alte Gefährte werden hier sogar restauriert, z. B. eine Curtiss P-40, ein Jagdflugzeug aus dem Zweiten Weltkrieg. Daneben dient das Gebäude als eine Art Heimatmuseum, das sich unterschiedlichen Aspekten der Finger Lakes, wie dem Weinbau, widmet.

Zu Luft, Land und Wasser

Glenn H. Curtiss Museum, *8419 NY 54, Hammondsport, https://glennhcurtissmuseum.org, Mai–Okt. Mo–So 9–17, Nov.–April Mo–So 10–16 Uhr, $ 12.*

Ein Muss ist auch der Besuch des **Finger Lakes Boating Museum** in Hammondsport. Es gab einst unzählige Bootsbauer an den Finger Lakes, und um diese Tradition am Leben zu erhalten, wurde vor vier Jahren auf Betreiben des lokalen, metallverarbeitenden Unternehmens Mercury Corp. im Gebäudekomplex des ehemaligen Weinguts

Ungewöhnlich: das Glenn H. Curtiss Museum in Hammondsport (NY)

Taylor Wine das Museum eröffnet. Andrew Tompkins ist Museumdirektor und betreibt engagiert das sehenswerte Museum mit seinen zahlreichen, liebevoll restaurierten Booten und bestreitet Workshops und Ausstellungen allein mit Freiwilligen. Nebenbei dient der Hauptbau als eine Art Weinmuseum, da Teile des alten Weinguts, z. B. der Weinkeller, gut erhalten sind. Irgendwann sollen alle 19 Gebäude integriert werden; bisher warten allerdings zahlreiche Boote noch darauf, hergerichtet und ausgestellt zu werden.
Finger Lakes Boating Museum, *8231 Pleasant Valley Rd., Hammondsport, www.flbm.org, 10–17 Uhr, $ 8.*

Corning

Glasindustrie **Corning** gilt als Amerikas „Crystal City", als die „Glasstadt" der USA. Hier ist **Corning Inc.** zu Hause, einer der bedeutendsten Hersteller von Glas und Keramik sowie von damit verbundenen Materialien für Industrie- und Wissenschaftsanwendungen – u. a. LCD-Bildschirme, das sog. Gorilla Glass für Smartphones und Glasfasern.

In Cornings Innenstadt gibt es den historischen **Gaffer District** – so wurden umgangssprachlich die Glasbläser genannt –, mit der Main Street als Hauptachse. An ihr reihen sich vorbildlich renovierte, historische Bauten auf, darunter zahlreiche Glasstudios, Werkstätten, Boutiquen und Galerien. Die Hauptattraktion der nur rund 11.000 Bewohner zählenden Stadt im Steuben County ist jedoch ein Museumskomplex, der größenmäßig – mit 40.500 m^2 – wie auch thematisch einzigartig ist: das **Corning Museum of Glass**.

Corning

Verteilt auf mehrere Gebäudeteile, die ab 1951 entstanden sind, geht es in diesem grandiosen Museum um alles, was mit Glas zu tun hat: von der Geschichte des Glases in verschiedenen Teilen der Erde über Techniken und Moden bis hin zur technischen Nutzung. In einem schlichten Neubau, ganz in Weiß gehalten, steht zeitgenössische Glaskunst im Zentrum; es gibt eine Glasbläserwerkstatt und einen riesigen Shop mit schöner Ware.

Das Museum entstand unter Regie von Corning Inc., bis 1989 unter dem Namen **Corning Glass Works** bekannt. Die Wurzeln des Unternehmens liegen in Somerville (MA) und Brooklyn (NY). Brooklyn Flint Glass Works, wie es anfangs hieß, zog jedoch 1868 nach Upstate New York um. Man stellte zu Anfang vor allem Schmuckglas her, experimentierte aber gleichzeitig mit Spezialglas und war ein wichtiger Arbeitgeber für Glasbläser, Glasschneider und Designer. Die fertigen Produkte wurden auf einem eigens angelegten Kanal zunächst zu den nördlich gelegenen Finger Lakes und weiter zum Erie Canal transportiert – von dort aus gingen sie in alle Welt. Corning Inc. stellt inzwischen kein Schmuckglas mehr her, dafür ist das Unternehmen zu einer bedeutenden Produktionsstätte von Industrieglas und verwandten Produkten geworden, führend in Glas- und Keramik-Wissenschaften, und ein Name in Sachen optisches Glas, Spezialscheiben, Touchscreens und Lichtwellenleiter. Neben dem Hauptsitz in Corning gibt es Filialen in aller Welt, auch in Deutschland.

Für Besucher besonders sehenswert sind die **Glass Collection Galleries**. Mit über 50.000 Exponaten legt diese Sammlung Zeugnis ab über 3.500 Jahre Glasherstellung. Seit 2015 stehen allein für zeitgenössische Kunst und Design 400 m² Ausstellungsfläche zur Verfügung: die Contemporary Art + Design Galleries. Angrenzend an diese neue Galerie wurde im renovierten historischen Gebäude der alten Glasfabrik, dem Ventilator Building, ein Theater mit Werkstatt eingerichtet, in der Glasbläser-Demonstrationen stattfinden. Im Glass Innovation Center des Museums geht es um die technischen Eigenschaften von Glas und wie Glas, z. B. in Gestalt hauchdünner Spezialglasscheiben, besonderer Linsen und bruchsicherer Gefäße, die Welt verändert hat. Weitere Abteilungen sind die Ben W. Heineman Sr. Family Gallery of Contemporary Glass, die Werke von internationalen Glaskünstlern von 1975 bis 2000 zeigt, sowie die Frederick Carder Gallery. Carder war 1903 an der Gründung von **Steuben Glass Works** beteiligt, eine Firma, die dekorative Glasobjekte herstellte. Sie wurde 1918 Teil von Corning Glass Works, und ihre Produkte gingen als „Steuben Glass" um die Welt.

Gläserne Kunst

Corning Museum of Glass, 1 Museum Way, www.cmog.org, Ende Mai–Aug. 9–20, Sept.–Ende Mai 9–20 Uhr, $ 20.

Ebenfalls mit Kunst beschäftigt sich das im Ortszentrum befindliche **Rockwell Museum**. Der Name hat nichts mit dem weltberühmten Illustrator Norman Rockwell zu tun, sondern kommt von einem Ehepaar aus Corning, das eine hochkarätige Sammlung an **Western Art** – von Remington, Russel, Bierstadt u. a. – und zeitgenössischer **Native American Art** zusammengetragen hat. Die Ausstellung ist im schön renovierten historischen Rathaus mitten in Downtown zu sehen.

Indianische Kunst

Rockwell Museum, 111 Cedar St., https://rockwellmuseum.org, Ende Mai–Anfang Sept. 9–20, NS 9–17 Uhr, $ 11,50; mit dem Glass Museum durch einen Shuttlebus verbunden.

Elmira und das Newtown Battlefield

Nur etwa 16 mi/26 km östlich (NY 352), in **Elmira**, liegt die Arbeits- und Grabstätte von Mark Twain (1835–1910). Das schlichte Büro, das **Mark Twain Study** – eine Art Gartenpavillon –, steht auf dem Campus des Elmira College, das 1855 als Bildungsstätte für Mädchen gegründet wurde. Die Familie von Twains Frau Olivia Langdon Clemens stammte aus Elmira, daher befindet sich auf dem Woodlawn Cemetery auch die Grabstätte der Familie und des Autors. Viele Sommer hatte Twain bei Verwandten auf der nahen Quarry Farm verbracht, um an seinen Romanen *Tom Sawyer* und *Huckleberry Finn* zu arbeiten. Die ganze Region nennt sich daher stolz Mark Twain Country.

„Mark Twain Country"

Mark Twain Study, *Elmira College, 1 Park Place, www.elmira.edu, Ende Mai–Anfang Sept. Mo–Fr 10–16.30 Uhr, Eintritt frei.*

Nur rund 6 mi/10 km südöstlich von Elmira liegt an der Oneida Rd. (CR 60) auf dem Sullivan Hill der **Newtown Battlefield State Park**. An dieser Stelle fand während des Unabhängigkeitskrieges, im August 1779, eine wichtige Schlacht statt. Man braucht zu den Schautafeln, die Schlacht und Beteiligte erläutern, etwas Fantasie, um sich die Geschehnisse im Gelände vorstellen zu können, dafür bietet sich aber eine grandiose Aussicht mit dem Chemung River zu Füßen.

Mit der sog. **Sullivan-Clinton-Expedition** – unter den Generälen John Sullivan und James Clinton – sollten im Sommer 1779 die Briten aus New York State verdrängt und die vier Nationen des Irokesenbundes, die sich auf britische Seite gestellt hatten, zur Aufgabe gezwungen werden. Es kam kaum zu großen militärischen Auseinandersetzungen, dafür zerstörten die US-Truppen nach dem Prinzip der „verbrannten Erde" an die 40 Irokesendörfer und deren Infrastruktur. Erst die **Schlacht von Newtown** im Au-

info

Haudenosaunee – die mächtige Irokesen-Konföderation

Jahrhundertelang waren im Südwesten die Comanches militärisch und wirtschaftlich so stark, dass sie den Kolonialmächten Paroli bieten konnten. Ähnlich verhielt es sich mit der Irokesen-Konföderation, auch als **Iroquois League**, **Iroquois Confederacy** oder schlicht als die **Six Nations** bekannt. Sie selbst nannten sich **Haudenosaunee**, die „Leute des Langhauses". Der Name „Iroquois" ist die französische Version von „Iroqu", denn „Klapperschlangen" hatten die Algonkin-Indianer ihre Feinde genannt.

Der Bund der Haudenosaunee war auf Initiative des legendären Häuptlings **Hiawatha** (wohl um 1525 geboren) im Laufe des 16. Jh. entstanden und schloss die irokesischen Völker der Cayuga, Mohawk, Oneida, Onondaga und Seneca zusammen. 1722 traten die Tuscarora dem Bund bei, der fortan als „Six Nations" firmierte.

Die Gesellschaft war **matrilinear** geprägt, d. h. den Frauen gehörte das Familieneigentum. Bis zu 20 Familien lebten in einem **Langhaus** von etwa 20 m Länge und 6 m Breite. Mehrere solcher Gebäude wurden von einem mit einem Tiernamen versehenen **Clan** bewohnt, den stets eine Frau führte, der wiederum ein von Frauen gewählter Mann zur Seite stand. Die weiblichen und männlichen Clan-Oberhäupter bildeten den Stammesrat, dem der Bundesrat aus 50 Häuptlingen, sog. **Sachems**, übergeordnet war. Die Verfassung war festgehalten auf 114 **Wampums** – Webbändern, bestickt mit weißen und violetten Muschelschalenperlen, die der symbolischen Aufzeichnung und Bestätigung wichtiger Vereinbarungen dienten.

Dieses **politische System** war derart einzigartig, dass sogar die Europäer beeindruckt waren und die nach Unabhängigkeit strebenden Kolonien so manche Idee in die Verfassung der USA einfließen ließen. Obwohl die Gruppe der Irokesen zahlenmäßig nie herausragend war, konnten sie sich bis Ende des 18. Jh. als eine der mächtigsten Gruppen im Nordosten behaupten. Im Unabhängigkeitskrieg gerieten die Haudenosaunee dann jedoch zwischen die Fronten: Während die Oneida und Tuscarora die jungen USA unterstützten, schlug sich der Rest des Bundes auf die britische Seite. Nach dem Krieg wurden die Irokesen gezwungen, einen Großteil ihres Landes abzutreten und in Reservate zu ziehen.

Unter Führung von **Cornplanter** (ca. 1735–1836) und **Red Jacket** (ca. 1750–1830) hielten sich besonders die **Seneca** in der Folge aus Konflikten mit den USA heraus. Viele der auf britischer Seite kämpfenden Irokesen unter ihrem legendären Chief **Joseph Brant** (ca. 1742–1807) ließen sich hingegen in der späteren kanadischen Provinz Ontario nieder, wo sie noch heute leben.

Der Verlust ihrer militärischen und politischen Bedeutung und eines Großteils ihres Landes zwang die Irokesen im 19. Jh. dazu, sich mit einem Leben in Reservaten in den USA und Kanada zu arrangieren. Insgesamt identifizieren sich heute etwa 125.000 Nordamerikaner als Irokesen, die hauptsächlich in sechs Reservaten in New York State, jeweils einem in Wisconsin und Oklahoma sowie sieben in Ontario und Québec leben.

Natürlich kam und kommt es immer wieder zu internen Konflikten zwischen „christlichen" und „heidnischen" bzw. „progressiven" und „konservativen" Gruppierungen. Dennoch sind die Reservate heute mehr denn je Orte der Gemeinschaft, Bindeglied zur kulturellen Vergangenheit und Symbol der Souveränität. Das Bemühen die irokesische Identität zu stärken

An den legendären Irokesen-Anführer Red Jacket erinnert eine Statue in Penn Yan (NY)

zeigt sich beispielsweise im Sport: Als einzige indianische Nation werden die Irokesen als Nationalmannschaft im Lacrosse-Weltverband geführt und nehmen als **Iroquois Nationals** an allen Turnieren teil – und das sehr erfolgreich (s. S. 485).

Infos: *www.haudenosauneeconfederacy.com*.
Tipp: Das interessante **Iroquois Indian Museum** befindet sich ca. 40 mi/64 km westlich von Albany bzw. östlich von Cooperstown in der kleinen Ortschaft Howes Cave.
Iroquois Indian Museum, *324 Caverns Rd., Howes Cave, www.iroquoismuseum.org, Mai–Okt. Di–Sa 10–17, So 12–17, Nov. und April Do–Sa 10–16, So 12–16 Uhr, $8.*

gust 1779 sorgte schließlich für ein gewaltsames Ende der Streitigkeiten. Nachdem sich die Briten und Irokesenführer Sayenqueraghta gegen die anderen führenden Chiefs Cornplanter und Joseph Brant, die für einen Guerillakrieg plädierten, durchgesetzt hatten, verschanzte man sich auf einem Hügel hoch über dem Chemung River. Da die anstürmenden US-Truppen nicht gestoppt werden konnten, zogen sich Briten und Irokesen zurück. Auch wenn während der Auseinandersetzung nur wenige Menschen ums Leben kamen, sollte sie sich als Wendepunkt erweisen. Da viele ihrer Dörfer zerstört worden waren, gaben die Irokesen demoralisiert ihren Widerstand auf.

Indianischer Widerstand

Newtown Battlefield SP, *2346 CR 60, Elmira, https://parks.ny.gov/parks/107, Mai–Okt., Sonnenauf- bis -untergang, Eintritt frei; Gebühr für Camping.*

Watkins Glen und der Seneca Lake

Der **Watkins Glen State Park** (NY 14, 23 mi/37 km nördlich von Elmira) gehört zu den beliebtesten State Parks in New York, und das, obwohl viele den Namen „Watkins Glen" vor allem mit der gleichnamigen **Autorennbahn** in Verbindung bringen. Die rund 5,5 km lange Rennbahn mit ihren elf Kurven ist historisch mit einem Straßenrennen durch den Ort verwurzelt, das erstmals 1948 ausgetragen wurde, um Touristen in die Region zu locken. Nach einigen Unfällen wurde 1956 die erste richtige Rennstrecke gebaut. Zwischen 1961 und 1980 stand sie sogar international im Rampenlicht, da hier der Große Preis der USA in der Formel 1 ausgetragen wurde. Jedes Jahr Anfang September erinnert das **Watkins Glen Grand Prix Festival** (*www.grandprixfestival.com*) an jene Tage. Nachdem sich die Formel 1 und die IndyCar Series – wie der Rennwagen-Zirkus in den USA heißt – zurückgezogen hatten, wurde der **Watkins Glen International** (*www.theglen.com*) zu einer reinen NASCAR-Strecke umgebaut. Seither finden hier regelmäßig Rennen mit *stock cars* (Tourenwagen) statt.

Weit weniger bekannt ist, dass sich in Watkins Glen, an der Südspitze des Seneca Lake gelegen, ein ganz besonderes Naturjuwel verbirgt: die sehenswerte Schlucht des **Glen Creek**.

Naturjuwel Watkins Glen

Watkins Glen und der Seneca Lake

Am südlichen Ortsende befindet sich direkt an der Hauptstraße (Franklin St.) der moderne Visitor Center Pavilion des Watkins Glen SP mit multimedialen Ausstellungen und Informationen aller Art zur Region und zum Naturschutzgebiet. Nachdem man den im frühen 20. Jh. händisch geschaffenen Entrance Tunnel hinter sich gelassen hat, eröffnet sich ein besonderes Naturwunder: Der scheinbar so kleine Glen Creek hat sich im Laufe der Zeit bis zu 120 m tief in die Gesteinsschichten hineingegraben und eine enge Schlucht geschaffen, durch die er über 19 Wasserfälle vom Hochplateau hinunter zur Südspitze des Seneca Lake fließt.

Naturwunder

Das Besondere an den **Gesteinsschichten** ist ihre unterschiedliche Beschaffenheit und Stärke, mit Schichten aus Schiefer, Kalkstein und Sandstein. Das sorgte dafür, dass ein stufenartiges Flussbett mit Wasserfällen und Wasserbecken entstehen konnte. Die Irokesen kannten diese Schlucht schon lange, doch erst 1863 hatte ein lokaler Journalist, die Schlucht „(wieder)entdeckt". Er machte das Naturdenkmal bekannt, und mithilfe lokaler Geschäftsleute entwickelte es sich zur Touristenattraktion inklusive Resort Hotel, dem **Glen Mountain House** im Schweizer Chalet-Stil.

1906 erwarb der Staat New York das Gelände und stellte es unter Naturschutz. Heute umfasst der State Park etwa 3 km^2 Fläche. Im Zentrum steht die rund 3 km lange und 120 m tiefe Schlucht mit ihren 19 Wasserfällen. Auf drei Wanderwegen – Gorge Trail, South Rim Trail und Indian Trail – lässt sich diese durchwandern. Während die beiden letztgenannten Pfade südlich bzw. nördlich, oberhalb der Schlucht verlaufen und Ausblicke hinunter erlauben, führt der **Gorge Trail** durch die teilweise enge Schlucht hindurch. Es geht dabei auf und ab – über etwa 830 Steinstufen –, man passiert Engstellen wie The Narrows, breite Talabschnitte wie die Glen Cathedral oder den Glen of Pools sowie mehrere Wasserfälle, wie die 18 m hohe **Central Cascade** oder die **Rainbow Falls**.

Pittoreske Wanderwege

Gleich zu Anfang geht es vorbei an der Cavern Cascade, dann durch den Spiral Tunnel aufwärts. Während der Gorge Trail unter der Suspension Bridge hindurchführt, gelangt man über einen Seitenpfad, den Cliff Path hinauf zu der 25 m hohen Brücke, die die Schlucht quert und zur Südseite des Parks und dem dort befindlichen Zugang führt. Hier oben befindet sich der **Point Lookout** und der Beginn des Indian Trail. Die Lover's Lane führt dagegen wieder zurück auf den Gorge Trail. Beim Jahrhundert-Hochwasser 1935 näherte sich die Wasseroberfläche der Brücke bis auf wenige Meter. Damals wurde viel zerstört; die heutige Infrastruktur stammt deshalb zu großen Teilen vom CCC (Civilian Conservation Corps), einer Arbeitsbeschaffungsmaßnahme der 1930er-Jahre.

An der Mile Point Bridge treffen sich alle drei Hauptwege wieder. Der Rückweg könnte entweder auf dem Indian Trail auf der Nordseite oder auf dem South Rim Trail erfolgen. Der Gorge Trail führt noch eine halbe Meile weiter flussaufwärts, wo man dann über die 180 Stufen der Jacob's Ladder den Upper Entrance erreicht, der auch im Auto über die NY 414N angefahren werden kann.

Watkins Glen SP, *1009 N Franklin St., Watkins Glen, https://parks.ny.gov/parks/142 und https://beta.nyfalls.com/waterfalls/watkins-glen, Eintritt Mitte Mai–Nov., Sonnenauf- bis -untergang, $ 8/Pkw, Camping.*

Reisepraktische Informationen zur Finger Lakes Region

ℹ️ Information

Wine, Water & Wonders, www.winewaterwonders.com; Informationen und Reisetipps zu den Finger Lakes sowie zum Westen von Upstate New York zwischen Corning, Syracuse, Rochester, Buffalo und Niagara Falls/USA.
Finger Lakes: www.fingerlakes.org
Corning: www.corningfingerlakes.com
Watkins Glen/Seneca Lake: www.watkinsglenchamber.com
Cayuga County: www.tourcayuga.com

🛏️ Unterkunft

Da die Finger-Lakes-Region als Feriengebiet sehr beliebt ist, empfiehlt es sich v. a. in den Sommermonaten, eine Unterkunft vorab zu buchen.
Keuka Lakeside Inn $$$, 24 Water St., Hammondsport, ☎ 607-569-2600, https://keuka lakesideinn.com; kleines, familiär betriebenes Motel direkt am Keuka Lake.
Radisson Hotel Corning $$$, 125 Denison Parkway E, Corning, ☎ 607-962-5000, www.radisson.com; modernes Hotel in Zentrumslage mit Pool und großen Zimmern, Restaurant und Spa.
Best Western Plus Vineyard Inn & Suites $$$, 142 Lake St., Penn Yan, ☎ 800-823-0612, www.vineyardinnandsuites.com; neues Motel mit geräumigen Zimmern und Suiten; idealer Standort bei längerem Aufenthalt.
Belhurst $$$$, 4069 W Lake Rd. (NY 14S), Geneva, ☎ 315-781-0201, www.belhurst.com; 1885–89 am Seneca Lake gebautes Schloss; **Chambers in the Castle**, mehrere Gästezimmer bzw. Cottages; **White Springs Manor** (2,5 mi entfernt); **Vinifera Inn**; **Belhurst Estate Winery**; zwei Lokale: **Edgar's Steakhouse Restaurant in the Castle** und **Stonecutter's**.
Geneva-on-the-Lake $$$$, 1001 Lochland Rd., ☎ 315-789-7190, www.genevaonthe lake.com; elegant-luxuriöses Resort-Hotel im Stil einer italienischen Villa mit herrlichem Blick auf den Seneca Lake; komfortable Zimmer und Suiten, Verleih von Wassersportutensilien sowie Rädern; Restaurant **Lancellotti's**.
Finger Lakes Premium Properties $$$$, Lakefront Rentals & Sales, 142 Lake St., Penn Yan, ☎ 888-414-5253, www.flpplake.com; traumhafte Ferienhäuser in allen Größen und mit allem Komfort direkt am Seeufer – der Tipp für einen längeren erholsamen Aufenthalt!

🍴 Restaurants

Neben den oben erwähnten, in Hotels befindlichen Lokalen, empfehlen sich z. B.:
Village Tavern Restaurant & Inn, 30 Mechanic St., Hammondsport, ☎ 607-569-2528, www.villagetaverninn.com; gemütliches Bistro mit großer Auswahl an Gerichten mit Fisch und Meeresfrüchten.
Penn Yan Diner, 131 E Elm St., Penn Yan, ☎ 315-536-6004, www.pennyandiner.com; typischer Diner, stets voll und mit gutem Angebot an preisgünstigen, sättigenden Gerichten, vor allem auch perfekt zum Frühstück.
Market Street Brewing Company, 63 W Market St., Corning, ☎ 607-936-2337, www.936-beer.com; ausgezeichnete, hausgebraute Lager und Ales, dazu schmackhafte Pub-Gerichte; auch Tische im Freien.

Einkaufen
Oak Hill Bulk Foods, *3173 NY 14A, Penn Yan, www.oakhillbulkfoods.com; ein ausgezeichnet sortierter Supermarkt, der nur regionale Produkte anbietet, bevorzugt von der ansässigen Mennoniten-Gemeinde; auch z. B. Bratwürste und Sauerkraut.*

Cooperstown – Lederstrumpf und Baseball

Von der Finger Lake Region geht es auf dem US 20 ostwärts. Wer auf der Fahrt durch New York State Syracuse (S. 483) oder Utica (S. 482) noch nicht besucht hat, könnte einen Abstecher dorthin unternehmen; es wären nur wenige Meilen vom US 20 nordwärts. Vom Seneca Lake sind es knapp 128 mi/206 km ins Otsego County und in den zentralen Ort Springfield (NY). Von dort geht es auf dem NY 80 (11 mi/18 km) ins sehenswerte **Cooperstown**.

1782 hatte der Richter William Cooper Land an der Südspitze des Otsego Lake erworben. Daraus entstand die nach ihm benannte Gemeinde Cooperstown, in der heute rund 2000 Menschen leben. **James Fenimore Cooper**, berühmt geworden durch seine *Lederstrumpf*-Romane (INFO S. 527), setzte seinem Vater im ersten Band (*The Pioneers* (*Die Ansiedler*)) ein literarisches Denkmal. Der Ort am südlichen Ende des knapp 15 km langen Otsego Lake fällt heute durch historische Häuser und eine malerische **Main Street** mit Geschäften und Restaurants auf.

Lederstrumpf

Homerun-Legenden unter sich in Cooperstown (NY)

Über die Finger Lakes zurück nach New York City

Pilgerstatt des Baseballs

Dass es hier von Besuchern wimmelt, hat jedoch weniger mit James Fenimore Cooper zu tun als vielmehr mit der **National Baseball Hall of Fame** im Ortszentrum. Über 250.000 Baseball-Fans aus aller Welt pilgern Jahr für Jahr zu dieser Ruhmeshalle des Sports. Neben den Sälen, in denen berühmte und legendäre Spieler und Trainer geehrt werden, gibt es auch ein Museum, in dem man eine umfangreiche Einführung in Amerikas Nationalsport sowie viele Informationen zu erinnerungswürdigen Spielen und Spielern erhält (INFO S. 66).

In den 1930ern wurde die Ruhmeshalle hier eingerichtet, weil man damals noch an die Doubleday-Legende glaubte: Der aus der Region stammende Abner Doubleday soll ihr gemäß 1839 das Spiel erfunden haben. Zweifelsfrei ist in jedem Falle, dass es Schlagballspiele schon mehrere Jahrhunderte gab, bevor Alexander Cartwright 1845 mit seinem Team, den **New York Knickerbockers**, das erste dokumentierte Baseballspiel bestritt. Zugleich kommt ihm das Verdienst zu, die grundlegenden Regeln festgehalten und damit die Basis für den Sport gelegt zu haben.
National Baseball Hall of Fame, *25 Main St., https://baseballhall.org, HS 9–21, NS 9–17 Uhr, $ 25 (Kombiticket mit Farmer's und Fenimore Museum $ 42), großer Shop.*

Das **Farmer's Museum** befindet sich auf dem ehemaligen Landbesitz von James Fenimore Cooper. Es gibt umfassenden Einblick in das Leben im Dorf um 1845. Museumsbedienstete lassen die Zeit Coopers lebendig werden, und Besucher können sogar eine voll bewirtschaftete Farm aus dem Jahr 1918 mit Wohnhaus, Ställen und Scheunen erleben.

Neben diesem Museum erinnern ein Denkmal (*48 Fair St.*) und das **Fenimore Art Museum** an den berühmten Autor. Ausgestellt sind dort einige Erinnerungsstücke von Cooper; in erster Linie handelt es sich jedoch um eine Kunstsammlung. Dazu gehört die **Thaw Collection of American Indian Art**, eine Sammlung von über 850 Stücken indianischer Kunst und Kunsthandwerks.
Farmer's Museum, *5775 Lake Rd. (NY 80), www.farmersmuseum.org, April–Anfang Mai Di–So 10–16, Anfang Mai–Mitte Okt. 10–17, Mitte–Ende Okt. Di–So 10–16 Uhr, $ 12 (Kombiticket $ 42).*
Fenimore Art Museum, *5798 NY 80, www.fenimoreartmuseum.org, April–Anfang Mai Di–So 10–16, Anfang Mai–Mitte Okt. 10–17, Mitte Okt.–Dez. Di–So 10–16 Uhr , $ 12 (Kombiticket $ 42).*

Am Nordenende des Otsego Lake befindet sich der Spielort des berühmten **Glimmerglass Festivals**. Der Name geht auf den Spitznamen für den See zurück: Er wurde von Cooper als „*Glimmerglass*" bezeichnet und kommt in den Romanen *The Pioneers* und *The Deerslayer* (*Der Wildtöter*) vor.

Großes Opernfestival

1975 wurde die **Glimmerglass Opera** gegründet, dazu kam 1987 das **Alice Busch Opera Theater** mit beweglichen Seitenwänden. Hier werden alljährlich in den Sommermonaten Opernproduktionen gezeigt, oft in Kooperation mit der New York Opera. Das zweitgrößte Festival dieser Art in den USA wird gegenwärtig geleitet von Francesca Zambello, Direktorin der Washington National Opera.
Glimmerglass Festival, *7300 NY 80, https://glimmerglass.org, Juli–Aug.*

Reisepraktische Informationen Cooperstown

ℹ️ Information
Cooperstown Welcome Center, *31 Chestnut St.*, sowie **Main Street Kiosk**, *157 Main St., www.wearecooperstown.com, www.thisiscooperstown.com.*

🛏️ Unterkunft
Best Western Plus Cooperstown Inn & Suites $$, *50 Commons Dr.*, ① 607-547-7100, www.bwcooperstown.com; *modernes und günstiges Hotel außerhalb von Cooperstown am Hartwick Commons Shopping Plaza; Pool; inkl. Frühstück.*
Cooperstown Lake 'N Pines Motel $$$, *7102 NY 80*, ① 607-547-2790, http://lakenpinesmotel.com; *schön am Otsego Lake gelegenes Motel mit geräumigen Zimmern (teilweise mit Balkon) sowie Cottages; Innen- und Außenpool, Sauna; inkl. Frühstück; April–Okt. geöffnet.*
The Inn at Cooperstown $$$, *16 Chestnut St.*, ① 607-547-5756, www.innatcooperstown.com; *unterschiedlich edel eingerichtete Gästezimmer in einem viktorianischen Haus von 1874; inkl. Gourmet-Frühstück.*

🍴 Restaurants
Brewery Ommegang, *656 CR 33*, ① 607-544-1800, www.ommegang.com; *die Brauerei hat sich in den USA einen Namen als eine der besten Brauereien für Belgian-style-Biere gemacht und engagiert sich in der Zusammenarbeit mit der Cornell-Uni für die Wiedereinführung des Hopfenanbaus in New York; Touren Mo–Sa 12–16, So 11–15 Uhr (stündl.) mit Tasting* $ 5; **Tap House, Café & Mercantile** *Mo–Do 12–17, Fr/Sa 12–19, So 11–16 Uhr.*

🚌 Nahverkehr
Zwischen den drei großen Parkplätzen im Norden (Yellow Lot), Westen (Red Lot) und Süden (Blue Lot) und den Sehenswürdigkeiten pendeln in der HS Trolleys auf zwei Routen (NS nur eine Route), Tageskarte $ 2, *www.wearecooperstown.com/visit/trolley-parking.*

James Fenimore Cooper – Lederstrumpf und die Vertreibung aus dem Paradies

„... seid gesegnet ... von jetzt bis zu jenem Tag, wenn Weiße und Rote vor dem jüngsten Gericht stehen und dann Gerechtigkeit und nicht Macht siegen wird". Solche inhaltsträchtigen Sätze sind es wohl kaum, die Jugendliche seit Generationen die fünf „Lederstrumpf"-Romane verschlingen lassen. Es sind vielmehr die spannend geschilderten Abenteuer des Helden in den dichten Wäldern Nordamerikas.

Sogar Johann Wolfgang von Goethe schwärmte: „Nicht leicht sind Werke mit so großem Bewusstsein und solcher Konsequenz durchgeführt als die Cooperschen Romane". Die drei bis zu Goethes Tod erschienenen Leatherstocking-Erzählungen – *The Pioneers* (1823; *Die Ansiedler*), *The Last of the Mohicans* (1826; *Der letzte Mohikaner*) und *The Prairie* (1827; *Die Prärie*) – soll der große Dichter zusammen mit seinem Sohn August im englischen Original gelesen und genossen haben.

Die meisten Deutschen kennen die Abenteuer des Waldläufers Nathaniel „Natty" Bumppo, besser bekannt als „**Leatherstocking**" („Lederstrumpf"), und seines indianischen Freundes **Chingachgook** jedoch nur in Form oft schlampiger deutscher Übersetzungen und in verkürzten Fassungen als „Jugendbuch". Kein Wunder, dass **James Fenimore Cooper** (1789–1851) vergessen wurde und erst Arno Schmidt (1914–79) ihm im deutschen Sprachraum wieder einen gebührenden Platz in der Weltliteratur zuwies. Auf Schmidt folgte 2013 der Hanser Verlag mit der Übersetzerin Karen Lauer. Sie legte eine brillante und vollständige deutsche Neuübersetzung von Coopers Meisterwerk The Last of the Mohicans vor. Wer jetzt wieder zum Buch greift, erlebt die Wiederauferstehung eines amerikanischen Mythos und begegnet einem gänzlich unbekannten Lederstrumpf. Coopers Bände stellen nämlich einen Meilenstein in der nordamerikanischen Literaturgeschichte dar und sind keineswegs nur Jugendliteratur.

Der Erzähler war im heutigen Cooperstown am Otsego Lake aufgewachsen und hatte die Entwicklung der Region von einem unberührten Naturrefugium zur blühenden Gemeinde miterlebt. Die fünf Lederstrumpf-Erzählungen, in die Cooper Beschreibungen seiner Heimat und Zeitgeschehnisse einfließen ließ, erschienen zwischen 1823 und 1841 in loser Folge und ohne zeitliche Ordnung. Den Anfang machten **„The Pioneers"** (1823) – zeitlich an vorletzter Stelle der Serie – gefolgt von **„The Last of the Mohicans"** (1826). Dort wurden Ereignisse aufgegriffen, die chronologisch vor denen des ersten Bandes liegen. **„The Prairie"** (1827) erzählt vom gealterten Lederstrumpf, der in den Weiten des Westens lebt – eine Region, die Cooper selbst nie gesehen hat, aber nach zeitgenössischen Reiseberichten erstaunlich genau schildert. Erst viele Jahre später griff Cooper den Stoff erneut auf und schuf eine Charakterisierung des jugendlichen Helden: 1840 erschien **„The Pathfinder"** (Der Pfadfinder) und ein Jahr später **„The Deerslayer"** (Der Wildtöter).

Nach der Heirat von Susan De Lancey lebte Cooper 1822–26 in New York City. Dort gehörte er der „Knickerbocker Group" an, einem losen Zusammenschluss New Yorker Autoren, benannt nach Diedrich Knickerbocker, einem Pseudonym von Washington Irving. Anschließend bereiste er Europa, um nach seiner Heimkehr 1833 von Cooperstown aus seine gesellschaftskritische Stimme als Romanautor, als Historiker, als Reiseschriftsteller und als Essayist zu erheben.

Die Titelfigur **Natty Bumppo**, oftmals auch als „Leatherstocking" („Lederstrumpf"), „Deerslayer" („Wildtöter"), „Hawkeye" („Falkenauge") und „Pathfinder" („Pfadfinder") bezeichnet – wird weniger als schillernde Persönlichkeit dargestellt, sondern diente Cooper vielmehr als Verkörperung einer Idee und steht – wie das Eingangszitat zeigt – für die edlen und ethischen Gesetze menschlichen Verhaltens und die „Vertreibung aus dem Paradies". Am Ende stirbt Bumppo ergraut in den Weiten der nordamerikanischen Prärie: *„Er verschwand mit der untergehenden Sonne – als Vorläufer derjenigen, die der Nation den Weg nach Westen öffnen sollten."*

Literaturtipps
im Anhang S. 602

Über die Catskill Mountains nach NYC

Die **Catskill Mountains** – oft kurz „Catskills" genannt – sind Teil der Appalachian Mountains, die sich vom Hudson River aus im südöstlichen New York State ausbreiten. Wie bei den Adirondacks (S. 469) stehen auch hier große Areale als Catskill Park, einer State Forest Preserve, unter Naturschutz.

Die Landschaft wird geprägt von Gebirgszügen, die bis zu 1.270 m ansteigen, von sanften Hügellandschaften, tosenden Wasserfällen, Seen und Flüssen und dichten Wäldern. In den Catskills befindet sich ein wichtiges Trinkwasserreservoir für New York City, und auch als Naherholungsgebiet für die Städter sind sie von großer Bedeutung. Die Region ist gut erschlossen und hat im Sommer ein dichtes Netz an Wanderwegen, im Winter gut gebahnte Loipen zum Skilanglauf zu bieten. Der Name geht auf die frühen holländischen Siedler zurück: Auf einer Karte von New Netherland von 1656 ist die Rede vom „Landt van Kats Kill", vom „Land am Katzenbach". *Skilanglaufgebiet*

Etwa 24 mi/39 km (NY 28) südlich von Cooperstown, am Westrand der Catskills, liegt die Kleinstadt **Oneonta**. Schon Ende des 19. Jh. erreichte die Eisenbahn den Ort vom Hudson Valley aus, womit die touristische Erschließung der Catskills begann. Später von der New York Central Railroad und deren Nachfolger Conrail bis 1976 betrieben, wurden Teile des Eisenbahnnetzes einige Jahre später von der **Catskill Mountain Railroad** (CMRR) wiederbelebt (s. u.); nun verkehren Touristenzüge ab **Kingston** in die Berge.

Die Catskills waren stets auch unter Künstlern und Literaten beliebt, besonders verbunden sind die Berge mit dem Namen **Rip van Winkle**. Washington Irving (1783–

Unterwegs in den Catskills

1859) veröffentlichte 1819 die Essay- und Kurzgeschichtensammlung *The Sketch Book of Geoffrey Crayon*, deren bekannteste Erzählung „Rip Van Winkle" ist. Die auf einer deutschen Sage beruhende Geschichte erzählt von dem holländischen Siedler gleichen Namens, der auf der Flucht vor seiner herrschsüchtigen Frau in den Catskills durch einen Zaubertrank betäubt wird und erst nach 20 Jahren wieder zu sich kommt. Als er in sein Dorf zurückkehrt, sind seine Frau und die meisten seiner Freunde gestorben und Amerika ist inzwischen unabhängig.

Inspirierende Berge Es waren jedoch maßgeblich auch die Gemälde der sog. **Hudson River School** (s. S. 73), die Begeisterung für die Bergregion entfachten. Im frühen 19. Jh. hatten Maler um Thomas Cole und Albert Bierstadt das Tal des Hudson River und die umliegenden Berge in grandiosen Ölbildern dem breiten Stadtpublikum vorgestellt.

Das legendäre **Woodstock Festival** vom 15. bis 18. August 1969 trug ebenfalls zur Bekanntheit der Region bei. Eigentlich hätte das Open-Air-Musikfestival – Höhe- und gleichzeitig Endpunkt der Hippiebewegung in den USA – in der Ortschaft Woodstock, am östlichen Rand der Catskills, etwa 11 mi/18 mi nordwestlich von Kingston, stattfinden sollen. Es wurde jedoch im etwa 70 km südwestlich gelegenen **Bethel**, am südlichen Rand der Catskills, auf Kuhweiden abgehalten. Rund 400.000 Besucher kamen und bejubelten Musiker und Bands wie Creedence Clearwater Revival, Canned Heat, Jimi Hendrix, Janis Joplin und The Who. Schlechtes Wetter und organisatorische Mängel aller Art sorgten zwar für teilweise katastrophale Zustände, aber dennoch wurde „Woodstock" zum Mythos.

Die schönste Route durch die Catskills verläuft auf der NY 28 (90 mi/145 km) von Oneonta nach Kingston (s. u.). Dort liegt die Bahnstation der CMRR, von der aus derzeit einstündige Rundfahrten am Esopus Creek entlang nach Hurley starten.
Catskill Mountain Railroad, *Westbrook Lane Station, 55 Plaza Rd., Kingston, https:// catskillmountainrailroad.com, ab $ 14.*

Kingston fungiert einerseits als Zugangstor in die Catskills, andererseits liegt es im Hudson Valley. Der Ort war schon 1614 als niederländische Handelsstation gegründet worden, doch erst ab 1652 ließen sich die ersten Siedler nieder. 1777 wurde Kingston sogar erste Hauptstadt New Yorks. Sehenswürdigkeiten sind der restaurierte, historische Distrikt **Rondout**, die **Old Dutch Church** mit dem alten Friedhof und das **Hudson River Maritime Museum**. Auch das **Senate House**, das dem ersten Senat als Versammlungsort diente, kann besichtigt werden, und im **Volunteer Firemen's Museum** sind historische Feuerwehrwagen und -gerätschaften zu sehen.

Historische Feuerwehr

Senate House Museum, *296 Fair St., http://senatehousekingston.org, Mitte April–Okt. Mi-Sa 10–17, So 13–17 Uhr, sonst nur auf Anm., $ 4.*
Volunteer Firemen's Museum, *265 Fair St., https://kingstonvolunteerfiremensmuseum. weebly.com, Juni–Anfang Sept. Mi-Fr 11–15, Sa 10–16, April–Nov. Fr 11–15, Sa 10–16, Nov.–März jeden 2.+3. Sa 10–14 Uhr, Eintritt frei.*

Von Kingston führt die NY 9W am Westufer des Hudson River entlang südwärts Richtung New York City. Wer bisher das Hudson Valley ausgelassen hat, könnte bei **Poughkeepsie** (s. S. 458) auf die Ostseite des Flusses überwechseln und von dort weiter nach NYC fahren.

Über die Catskill Mountains nach NYC

Bleibt man auf der Westseite, bringt einen die 9W zu Amerikas berühmter Militärakademie: der **United States Military Academy West Point**. Auf einer Bustour kann man die Army-Ausbildungsstätte besichtigen, die sich am Nordrand der Ortschaft **Highland Falls** – Teil der Stadt Highlands – befindet. Erster Anlaufpunkt ist das Besucherzentrum, wo es einen Film und verschiedene Ausstellungen zur Einführung gibt; benachbart ist das West Point Museum. Gelände und Gebäude sind nur im Rahmen von Touren zugänglich; zu bestimmten Anlässen finden auch Militärparaden statt https://westpoint.edu/visiting-west-point/parade-schedule).

Militärparaden

West Point Academy, NY 9W, *https://westpoint.edu/visiting-west-point und www.westpointtours.com, ca. 75-Min.-Bustour, $ 16, ab:*
Frederic V. Malek West Point VC, *2107 New South Post Rd. (ab NY 9W), https://westpoint.edu/visiting-west-point/visitors-center, 9–16.45 Uhr, Ausweiskontrolle; mit* **West Point Museum**, *10.30–16.15 Uhr, Eintritt frei.*

Von Westpoint/Highlands geht es auf der NY 9W immer am Westufer des Hudson River entlang nach New York City (58 mi/93 km). Dabei passiert man einige State Parks, die eine Pause lohnen: Im **Bear Mountain State Park**, gleich südlich von Highlands, kann man über den George W. Perkins Memorial Drive hinauf zum Gipfel des Bear Mountain (393 m) fahren und den Ausblick auf den Hudson River und sein Tal genießen. Noch vor dem Großraum New York locken der **Rockland Lake Park** in Valley Cottage und, gleich anschließend, der **Nyack Beach State Park**, wo man sogar im Hudson River baden kann.

Auswahl an State Parks

Infos: *https://parks.ny.gov/parks.*

Reisepraktische Informationen Catskill Mountains/Kingston

Information
Otsego County/Oneonta: www.otsegocounty.com
Catskills: www.visitthecatskills.com, www.greatnortherncatskills.com

Unterkunft/Restaurants
Courtyard Kingston $$, *500 Frank Sottile Blvd. (NY 9W),* ☏ *845-382-2300, www.marriott.com; modernes Hotel mit geräumigen Zimmern, Pool und* **Bistro**, *nahe der* **Hudson Valley Mall**.
Best Western Plus Historic Uptown Kingston $$–$$$, *503 Washington Ave., Kingston,* ☏ *845-338-0400, http://bwpkingston.com; modernes Kongresshotel mit über 200 Zimmern und* **First Capitol Bistro**.

Einkaufen
Hudson Valley Mall, *1300 Uster Ave., Kingston, www.shophudsonvalleymall.com; größtes Einkaufszentrum der Region mit über 30 Läden.*

Touren
Hudson River Cruises, *1 E Strand St., Kingston, www.hudsonrivercruises.com, im Sommer tgl. zweistündige Bootsrundfahrten sowie diverse Sonderfahrten, ab $ 29.*

7. METROPOLEN IM OSTEN

> **Hinweis zur Route**
>
> Die Hauptstadt Washington, D.C. und New York City, neben Boston wichtigster Ausgangspunkt für die beschriebenen Routen durch den Nordosten, liegen nur etwa 225 mi/362 km auseinander. Verbunden sind beide Metropolen über die Autobahn **I-95**, die auch die beiden Städte Baltimore und Philadelphia passiert. Eine empfehlenswerte und günstige Alternative, die Metropolen im Osten zu besuchen, ist der Zug. Zwischen den vier Städten verkehren **stündlich Amtrak-Züge**.

Die Hauptstadt Washington, D.C.

Die US-Hauptstadt **Washington, D.C.** mit ihren über 700.000 Einwohnern (gut 6,2 Mio. im Großraum), darunter rund 45 % Afroamerikaner, ist die Schaltzentrale der Weltpolitik, einzigartiges Kulturzentrum und Heimat der modernen Demokratie. „D.C.", wie man die Hauptstadt kurz nennt, ist keine typisch amerikanische Stadt: Es gibt keine Hochhäuser, da Bauten mit mehr als 13 Etagen untersagt sind; stattdessen findet sich eine Menge funktionaler Verwaltungs- und Bürogebäude – teils repräsentative Bauten im historisch-klassizistischen Stil, teils modern und architektonisch wenig aufregend. Ungewöhnlich in D.C. sind die ausgedehnten Grünflächen, die breiten Alleen und die Ballung von Museen und Monumenten rings um eine Rasenfläche, die „**National Mall**" genannt wird.

Starke Erinnerungskultur

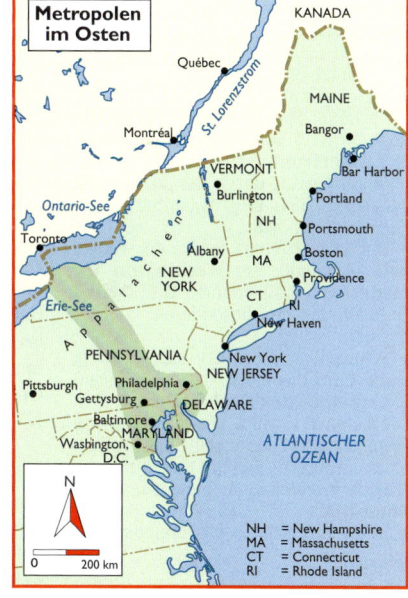

Metropolen im Osten

Washington ist verwaltungstechnisch ein Unikum, denn **Stadt und Bundesbezirk**, District of Columbia, sind identisch. Erst seit 1964 dürfen die bis dahin einem Sonderstatus unterliegenden Bewohner von D.C. an den Präsidentschaftswahlen teilnehmen. Allerdings entsendet die Stadt bis heute nur einen nicht-stimmberechtigten Beobachter in den US-Kongress. Seit 1973 verfügt Washington über eine eigenständige Verwaltung mit einem Bürgermeister, der zusammen mit dem 13-köpfigen Stadtrat direkt gewählt wird.

Vom 10×10mi-Karree des ursprünglichen Staatsgebiets ist heute noch eine Fläche von 177 km² übrig geblieben, die von Maryland und Virginia umschlossen wird. Die Stadt liegt am Ostufer des **Potomac River**, der rund 178 km südöstlich in die Chesapeake Bay mündet. Als Industriestandort spielt die Stadt keine große Rolle, wohl aber sind Organisationen, Forschungsinstitute und Laboratorien, die im Auftrag der Regierung arbeiten,

Redaktionstipps

Sehens- und Erlebenswertes
▶ Auf keinen Fall entgehen lassen sollte man sich **Kapitol** (S. 549) und **Library of Congress** (S. 551); dazu gibt es noch einige absolut sehenswerte Museen, z. B. das **National Museum of the American Indian** (S. 547), das **National Museum of American History** (S. 546), die **National Gallery of Art** (S. 547) und das **NMAAHC**, das über die afroamerikanische Geschichte informiert (S. 546).
▶ Unter den Denkmälern beeindruckt das **Lincoln Memorial** (S. 542), vom **Washington Monument** (S. 544) bietet sich ein spektakulärer Ausblick, und der Weg um das Tidal Basin zum **Jefferson Memorial** (S. 543) ist idyllisch.
▶ In die amerikanische Geschichte eintauchen kann man im **Ford's Theatre** (S. 553).

Shoppen, Essen & Unterhaltung
▶ Das Viertel **Adams Morgan** (S. 557) und der **U Street Corridor** (S. 556) östlich davon sind bekannt für zahlreiche internationale Läden und Restaurants sowie ihr Nachtleben.
▶ Up & coming sind der **Union Market District** (S. 560) in NE, die **Capitol Riverfront** (S. 552) nahe dem Navy Yard und die Southwest Waterfront mit **The Wharf** (S. 552).
▶ Durch **Capitol Hill** (S. 549) führt ein schöner Spaziergang zur **Barracks Row** (S. 551) und weiter zu **Navy Yard** und **Waterfront**.
▶ Ein Rundgang durch das „alte" **Georgetown** (S. 554) zeigt Washington von einer anderen Seite.
▶ Der Besuch eines Spiels der **Nationals** (Baseball), der **Washington Wizards** (Basketball) oder der **D.C. United** (Fußball) ist ein besonderes Erlebnis (S. 561).
▶ Schmackhaftes findet sich z. B. in **Ben's Chili Bowl** (S. 560) oder in einem der **äthiopischen Restaurants**, v. a. in Georgetown (S. 560). **Food halls** wie Tastemakers DC lassen einen auf kulinarische Weltreise gehen, auch doch die **craft breweries** lohnen einen Test!

Unterkunft
▶ Fancy und schick: das **Melrose Hotel** (S. 560).

Hinweis zur Reiseplanung

Je nach Interesse, Kondition, Zahl und Dauer der Museumsbesuche sind für die Besichtigung der Mall mindestens zwei Tage nötig. Berücksichtigt man die sonstigen Sehenswürdigkeiten, ist ein Aufenthalt von **drei Tagen** für Washington empfehlenswert.

Abgesehen davon, dass man in der Stadt viel zu Fuß machen kann, ist das **Nahverkehrssystem** hervorragend ausgebaut. Mit Metro und Bussen (s. „Reisepraktische Informationen") kommt man schnell und gut durch die Stadt. Wer auf der Durchreise ist, sollte das Auto auf dem Hotelparkplatz stehen lassen, zumal Staus die Regel, Parkplätze in der Innenstadt rar und Parkhäuser teuer sind.

zahlreich vertreten. Daneben ist der Tourismus von wirtschaftlicher Bedeutung, wobei inländische Touristen dabei den deutlich größten Anteil haben.

Historischer Überblick

Im Jahr der Unabhängigkeitserklärung, 1776, verfügten die 13 Unionsstaaten noch über keine permanente Hauptstadt. Man tagte einmal in Baltimore, einmal in Philadelphia, insgesamt an acht verschiedenen Orten. Als in Philadelphia 1783 die Truppen wegen ihres Solds meuterten, entschlossen sich die schutzlos ausgelieferten Kongressmitglieder, eine **Hauptstadt** zu gründen, die zentral zu den 13 Gründerstaaten liegen sollte.

Washington war eine Notlösung, denn die Gründerväter der USA konnten sich auf keine Stadt einigen. George Washington höchstpersönlich wählte daraufhin ein Stück bis dato weitgehend unbesiedelten Lands am Potomac River aus, das man „**District of Columbia**" nannte. Maryland stellte dafür insgesamt 179 km^2, Virginia 80 km^2 zur Verfügung.

1791 beauftragte man den aufseiten der Revolutionstruppen kampfbewährten, aus Frankreich stammenden Offizier und gelernten Architekten Pierre L'Enfant mit der **Stadtplanung**. Er entwarf eine weitläufige Stadt für 100.000 Einwohner, obwohl um

1800 gerade einmal rund 3.000 Menschen in der neuen Hauptstadt lebten. Der Plan sah ein rechtwinkliges Straßennetz – ein Raster, eingeteilt in vier Quadranten – vor. Hauptachse, Prachtmeile und Aushängeschild sollte die 500 m breite Grand Avenue (**The National Mall**), vom Kapitol zum Potomac, sein. Sie war ursprünglich als grüne Erholungsoase vorgesehen, allerdings kamen im Laufe der Zeit Museen und Monumente dazu. Zwischen Kapitol und Weißem Haus entstand die **Pennsylvania Avenue**, eine von mehreren Diagonalstraßen, die nach den 13 Gründerstaaten benannt wurden.

Stadt nach Plan

Um 1800 standen die ersten Gebäude. Das **Weiße Haus** und das **Kongressgebäude** waren fertig, und im November 1800 konnte der Kongress erstmals tagen. Die Realisierung der Bauvorhaben schritt voran, bis 1814 die Briten die Hauptstadt im *War of 1812* zu großen Teilen niederbrannten. In den folgenden Jahren schritt der Wiederaufbau nur zögerlich voran und löste sich immer stärker von den ursprünglichen Plänen. Als dann der Bundesstaat Virginia monierte, dass die Union den zur Verfügung gestellten Virginia-Teil vernachlässige, verzichtete der Kongress 1846 auf dieses Stück Land (heute Arlington (VA)).

Brand von Washington

In den 1860er-Jahren, während des Bürgerkriegs, erlebte die Stadt dank florierender Rüstungsindustrie und als Armeestützpunkt einen Aufschwung. Nach Kriegsende zogen viele **befreite Sklaven** nach Washington, was den heutigen großen afroamerikanischen Bevölkerungsanteil erklärt. Um 1900 erinnerte man sich wieder an die Originalpläne, realisierte Mall und Regierungsbereich wie vorgesehen und riss dafür eine quer über die geplante Mall verlaufende Eisenbahnlinie wieder ab. 1961 wurde mit dem 23rd Amendment, einer Verfassungszufügung, D.C. erlaubt, sich mit drei Stimmen an

Der Amtssitz des amerikanischen Präsidenten, das „White House"

der Präsidentenwahl zu beteiligen. Zwölf Jahre später erhielt D.C. das **Stadtrecht**, nachdem es vorher nur ein von Beamten verwalteter *federal district* gewesen war.

Unvergessen bleibt der August 1963: Mit dem *March on Washington for Jobs and Freedom* und der legendären Rede von **Martin Luther King Jr.** vor dem Lincoln Memorial erlebte die Bürgerrechtsbewegung ihren Zenit. Ein Tiefpunkt in der jüngsten Geschichte war hingegen der **11. September 2001**: Während das World Trade Center von zwei Flugzeugen zerstört wurde, steuerten Terroristen ein Flugzeug ins Pentagon. Der Bau wurde beschädigt und abgesehen von den 59 Opfern an Bord starben 125 Bedienstete des Pentagon.

Orientierung

Die Nord-Süd-Achse Capitol Street und die National Mall als Ost-West-Achse gliedern die Stadt in **vier Sektoren**: NW, NO, SO und SW – Bezeichnungen, die den Straßennamen als Zusatz beigefügt werden. Straßen in Ost-West-Richtung tragen Buchstaben, jene in Nord-Süd-Richtung sind von der Capitol St. aus durchnummeriert. Ferner gibt es diagonal verlaufende Avenues, benannt nach den 13 Gründerstaaten.

Das **touristische Zentrum** Washingtons liegt um die National Mall zwischen Capitol und Union Station (Capitol Hill) im Osten und Potomac River bzw. Lincoln Memorial im Westen. Dazwischen befinden sich das Washington Monument, das Weiße Haus und mehrere hochkarätige Museen.

Downtown schließt sich östlich an das Weiße Haus an und reicht bis zum Bahnhof, der Union Station. Der Zugang zu **Chinatown** (6th/8th bzw. G/H St.) erfolgt durch ein monumentales Tor in der H Street. **Foggy Bottom** bezeichnet das Viertel westlich des White House. Zwischen Dupont und Logan Circle erstreckt sich entlang der Massachusetts Ave. ein Wohnareal mit Bürogebäuden und einer Konzentration von Botschaften, bekannt als **Embassy Row**.

Capitol Hill heißt das Wohnareal hinter Capitol und Union Station, das sich über die Barracks Row bis **Capitol Riverfront/Navy Yard** mit dem neuen Baseballstadion hinzieht. Östlich des Bahnhofs gilt **H Street NE/Atlas District** als angesagtes Viertel mit Läden, Galerien, Kneipen und Restaurants.

Das Quartier **Adams Morgan** (Columbia Rd. NW/18th St./Florida Ave.) im Nordwesten ist bekannt für seine internationalen und kreativen Läden und Restaurants sowie sein Nachtleben, ebenso der **U Street Corridor** (13th/U Street) östlich davon, auch „Harlem of Washington" genannt. Das historische **Georgetown** schließlich liegt rund 5 km im Nordwesten der Innenstadt und ist der älteste Teil der Hauptstadt.

White House

„1600 Pennsylvania Avenue, Washington, D.C." ist eine der berühmtesten Adressen der Welt. Hier steht das **White House (1)**, seit 1800 Sitz der Präsidenten und Schaltzentrale der Nation. Exekutive (White House), Legislative (U.S. Capitol) und Oberster Bundesgerichtshof (U.S. Supreme Court) liegen keine halbe Stunde zu Fuß voneinander entfernt. Obwohl bereits George Washington 1792 den Grundstein für den Präsidentensitz gelegt hat, residierte er selbst nie hier. Erst sein Amtsnachfolger, John Adams (1797–1801), zog ins Weiße Haus ein.

Im August 1814 besetzten die Briten Washington und brannten das Weiße Haus nieder. 1815 begann der Wiederaufbau, in dessen Verlauf man u. a. die Außenwände weiß strich und damit dem Gebäude seinen Namen gab. Im September 1817 konnte Präsident James Monroe (1817–25) einziehen.

1902/03 erfolgten ein Umbau und eine Erweiterung, und unter Harry S. Truman (1945–53) wurde das White House 1948–52 aus strukturellen Gründen einer gründlichen Renovierung unterzogen. Für die Modernisierung der Inneneinrichtung setzte sich vor allem John F. Kennedy (1961–63) ein. Während der Regierung der folgenden Präsidenten kam es immer wieder zu kleineren Um- und Neugestaltungen der Residenz.

Das Weiße Haus ist ein dreistöckiges Gebäude mit vorgelagertem Portikus und verfügt über insgesamt 132 Räume. Im **Untergeschoss** befinden sich Bibliothek, Vermeil Room, China Room, Map Room und Diplomatic Reception Room. Im Hauptgeschoss, dem **State Floor**, befinden sich die repräsentativen Räumlichkeiten: East, Green und Blue Room mit South Portico, Red Room, State Dining und Family Dining Room sowie die Entrance Hall –, während das **obere Stockwerk** der Präsidentenfamilie als Privatbereich dient.

Zum White House Complex gehören ein Ost- und ein Westflügel. Beide sind durch Kolonnaden mit dem White House verbunden. Der **East Wing** entstand 1942 und beherbergt neben dem Büro der First Lady auch die Poststelle und den Besucherzugang. Der **West Wing** – 1902 erbaut und mehrmals um- und ausgebaut – ist die Schaltzentrale mit dem **Oval**

❶ Sehenswürdigkeit
1. White House
2. Lafayette Square
3. Blair House
4. St. John's Episcopal Church
5. Albert Einstein Memorial
6. Vietnam Veterans Memorial
7. Lincoln Memorial
8. Korean War Veterans Memorial
9. Martin Luther King Jr. Memorial
10. Franklin D. Roosevelt Memorial
11. Jefferson Memorial
12. US Holocaust Memorial Museum
13. Washington Monument
14. National World War II Memorial
15. Smithsonian Institution Building
16. National Museum of African Art
17. Arthur M. Sackler Gallery
18. Freer Gallery of Art
19. National Museum of Natural History
20. National Museum of American History
21. National Archives
22. National Gallery of Art West Building
23. National Gallery of Art East Building
24. Hirshhorn Museum
25. National Air and Space Museum
26. National Museum of the American Indian
27. U.S. Botanic Garden
28. United States Capitol
29. Library of Congress
30. Eastern Market
32. Union Station
33. Capital One Arena
34. Smithsonian American Art Museum
35. International Spy Museum
36. Ford's Theatre
37. National Museum of Women in the Arts
38. John F. Kennedy Center for the Performing Arts
39. Theodore Roosevelt Memorial
40. Georgetown University
41. Old Stone House
42. Heurich House Museum
43. Phillips Collection
44. Woodrow Wilson House
45. Adams Morgan
46. Pentagon
47. National Museum of African American History and Culture

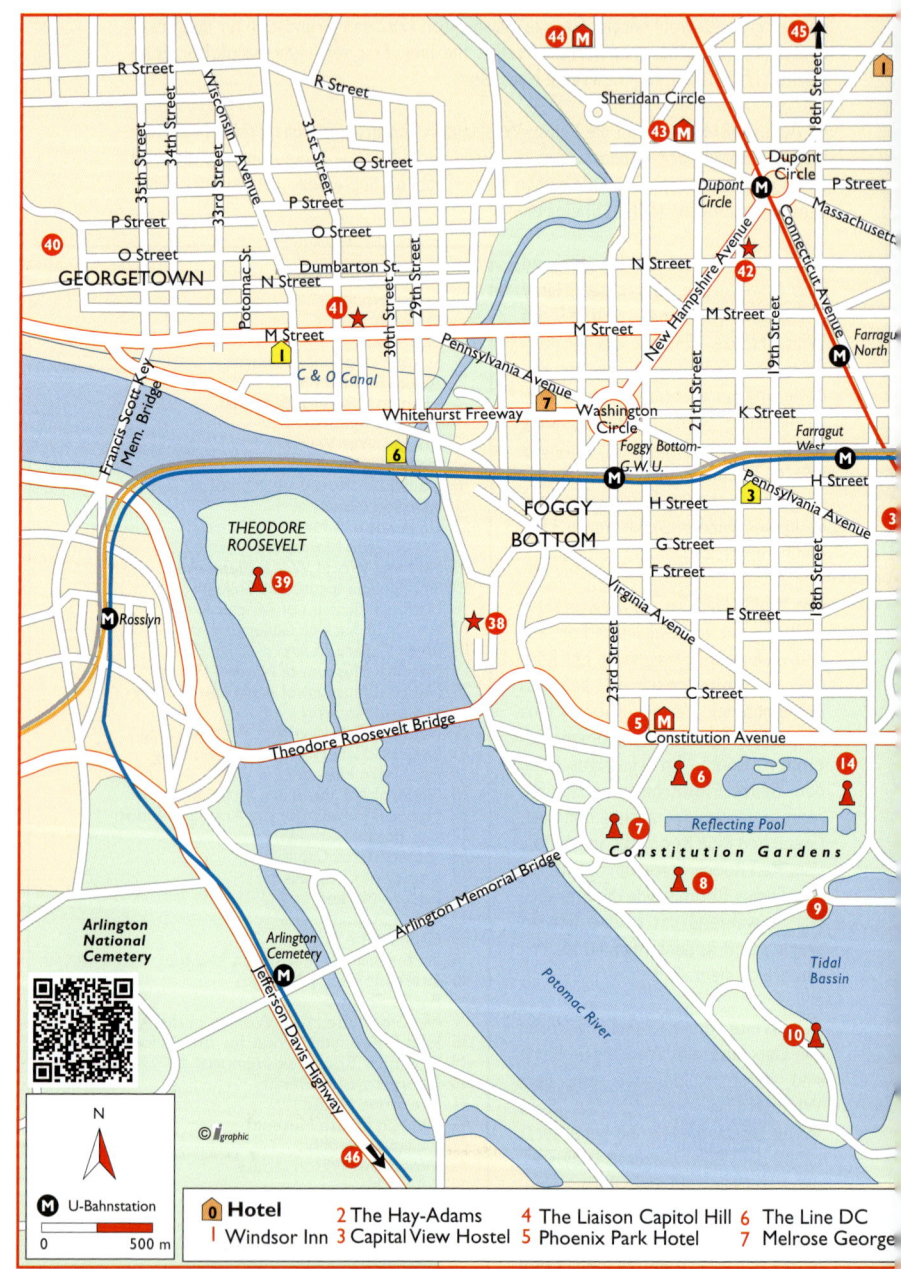

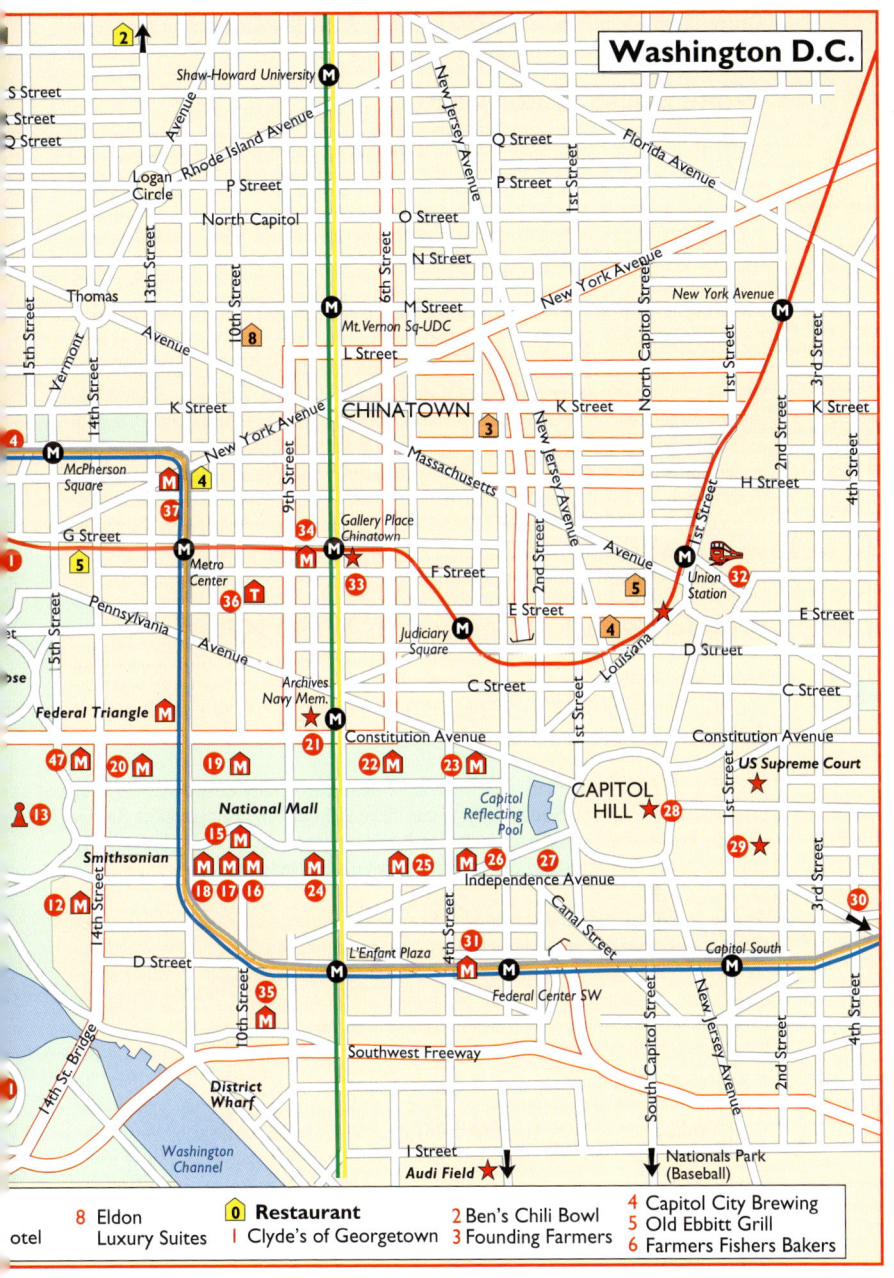

Office (Büro), dem Cabinet und dem Roosevelt Room (Konferenzraum) sowie dem Situation und dem Press Briefing Room.

White House Visitor Center

Info-Museum
Für ausländische Besucher (und auch für die Mehrzahl amerikanischer Touristen) sind seit dem 11. September 2001 keine Touren im Weißen Haus mehr möglich. Dafür soll ein großes Infozentrum, eigentlich eher ein Museum, an der Südostecke des Grundstücks entschädigen, in dem man Interessantes über das Weiße Haus, seine Geschichte, seine Bewohner und seinen Betrieb erfährt.

Das Visitor Center ist Teil des **President's Park** und befindet sich im Department of Commerce Building, einem Bau von 1932, genauer, in dessen Malcolm Baldrige Great Hall. Man erhält multimedial Informationen zu den Präsidenten und deren Familien. In Abteilungen wie „White House as an Office", „White House as a Home", „Stage & Ceremony" oder „Events & Celebration" werden der Alltag und die Abläufe im Präsidentensitz dargestellt. Anhand eines großen Modells mit interaktiven Monitoren kann man auf **virtuelle Tour** durch das Gebäude gehen. Im Film „White House: Reflections from Within" erzählen Präsidenten und ihre Familien über ihre Zeit im Weißen Haus.
White House VC, *1450 Pennsylvania Ave NW, www.nps.gov/whho/planyourvisit/hours.htm, an der NO-Ecke des White House, 7.30–16 Uhr, Eintritt frei, Shop.*
Infos zum Weißen Haus: *www.whitehouse.gov.*

President's Park – rund um das White House

Der President's Park, das Areal um das Weiße Haus, wird durch zwei Wege erschlossen: den **Northern Trail** via Sherman Park zum Lafayette Park und der **Southern Trail** über die Ellipse zum White House South Lawn. Beide starten am VC.

Nördlich an das Weiße Haus anschließend, jenseits der Pennsylvania Ave., liegt der parkähnliche **Lafayette Square (2)**. In der Mitte steht das 1853 eingeweihte Reiterdenkmal von Andrew Jackson, dem siebten Präsident der USA (1829–37). Er war 1815 erfolgreich aus der letzten großen Schlacht gegen die Engländer hervorgegangen.

Europäische Unterstützer
An den Ecken des Platzes erinnern **vier Statuen** an Europäer, die sich im Verlauf des Unabhängigkeitskriegs gegen England verdient gemacht haben: Friedrich Wilhelm von Steuben, 1730 in Magdeburg geboren, hatte unter George Washington in Valley Forge die Armee neu organisiert und war maßgeblich am Sieg gegen die Briten beteiligt. Er befehligte die Armee bei der großen Entscheidungsschlacht bei Yorktown (1781). Der Pole Tadeusz Kościuszko (1746–1817) verbesserte die Qualität der Ausbildung der Streitkräfte, während Marie-Joseph Motier, Marquis de La Fayette (1757–1834) ab 1777 am Unabhängigkeitskampf der 13 Kolonien teilnahm. Er trug entscheidend zur Kapitulation der Briten bei Yorktown 1781 bei, galt als leidenschaftlicher Verfechter des Freiheitsgedankens und legte 1789 der französischen Nationalversammlung einen Entwurf zur Erklärung der Menschenrechte vor. Auch sein Landsmann Jean-Baptiste-Donatien de Vimeur, comte de Rochambeau (1725–1807) war Truppenoberbefehlshaber und half ebenfalls im Oktober 1781 George Washington, die Briten bei Yorktown zu schlagen.

Das **Blair House (3)** zwischen Jackson Place und 17th St. fungiert als offizielles Gästehaus für die Staatsgäste der US-Regierung. Beinahe ebenso gediegen kann der (betuchte) Normalsterbliche im The Hay-Adams (*16th/H St. NW*) nächtigen, mit Blick auf das White House. Gegenüber liegt die **St. John's Episcopal Church (4)** aus dem Jahr 1816, die aufgrund ihrer Nähe zum Weißen Haus auch „Church of the Presidents" genannt wird. Ein Platz in Reihe 54 gehört dem jeweils amtierenden Staatsoberhaupt.

Umrundet man das Weiße Haus, blickt man auf dessen Südseite in den Garten und auf die Ellipse, ein großes Oval, das das White-House-Areal mit der National Mall verbindet und außerdem Aufstellungsort des „National Christmas Tree" ist. Hier befindet sich auch der **Ellipse Visitor Pavilion** (*Ecke 15th/E St. NW, 7.30–16 Uhr*) ist.

The National Mall

Zwischen U.S. Capitol im Osten und Lincoln Monument im Westen erstreckt sich die **National Mall**. Schon Washingtons erster Stadtplaner, Pierre Charles L'Enfant, hatte eine parkähnliche „Grand Avenue" im Zentrum der neuen Hauptstadt vorgesehen. Allerdings sollte es bis zur Verschönerungskampagne „City Beautiful" um 1900 dauern, dass der heute als „National Mall" bekannte, über 3 km lange und knapp 500 m breite Grünstreifen zwischen U.S. Capitol und Lincoln Memorial angelegt wurde.

Seitdem fungiert die Mall als ein Platz für Veranstaltungen aller Art, für Protestaktionen und politische Kundgebungen wie den berühmten Marsch auf Washington 1963 oder die Amtseinführung von Barack Obama 2009, aber auch Paraden, Sportevents oder Festivals finden hier statt.

Politischer Frei-Raum

Zunächst sollte man den Westteil der Mall – die **Constitution Gardens** mit dem Reflecting Pool – besichtigen. Hier erinnern mehrere **Denkmäler** an verschiedene Kriege sowie an vier der bedeutendsten Präsidenten. Der Rundgang führt vom Weißen Haus Richtung Lincoln Memorial, mit Abstechern zum Roosevelt Memorial und Jefferson-Denkmal und zurück zum Washington Monument. Der zweite Teil des Rundgangs führt in den östlichen Bereich der National Mall bis zum Kapitol, mit den **Smithsonian-Museen**. Obwohl die einzelnen Denkmäler sich häufig in Sichtweite zueinander befinden, sollte man die Abstände nicht unterschätzen.
Infos zu The Mall und ihren Sights: *www.nps.gov/nama*.

Memorials im Westteil

Im Westteil der Mall erinnern mehrere Denkmäler an den Zweiten Weltkrieg, an Vietnam- und Korea-Krieg, aber auch an die vier bedeutenden Präsidenten Lincoln, Roosevelt, Jefferson und Washington sowie an Martin Luther King Jr. Am Nordwestrand der Mall (*Constitution Ave./21st St.*), vor der Akademie der Wissenschaften, fällt außerdem das **Albert Einstein Memorial (5)** ins Auge, eine rund 2 m große Bronzefigur.

Gegenüber liegt das 1982 errichtete **Vietnam Veterans Memorial (6)**, ein schlichtes, aber eindrucksvolles Denkmal der Künstlerin Maya Lin. Schwarze Granitplatten bilden eine ca. 75 m lange, sanft geschwungene Linie und tragen über 58.000 Namen

Lincoln Memorial

von im Vietnam-Krieg gefallenen oder vermissten US-Bürgern. Südlich davon sind zwei Skulpturengruppen zu sehen: eine mit drei Soldaten – einem Lateinamerikaner, einem Weißen und einem Afroamerikaner – sowie eine zweite mit Frauenfiguren von Glenna Goodacre (1993), die an den Dienst von Frauen in der Armee erinnert.

Am Potomac River, genau auf einer Achse mit Washington Monument und Kapitol, steht tempelgleich das **Lincoln Memorial (7)**. 1867 geplant, begann der New Yorker Architekt Henry Bacon 1914 mit der Ausführung. Er orientierte sich am Athener Parthenon und verwendete eine Vielzahl unterschiedlicher amerikanischer Marmorsorten. Hinauf zum Bau führen 58 Stufen, symbolisch für Lincolns Alter. Die 36 gut 13 m hohen dorischen Säulen stehen für die 36 Bundesstaaten, die es zu Lincolns Zeit gab. Bei Vollendung des Baus im Jahr 1922 waren es bereits 48, und man entschloss sich, die Namen aller in die Treppenwangen einzuritzen. Die letzten beiden – Alaska und Hawaii – stehen auf einer zusätzlichen Platte am Fuß der Treppe.

Im Inneren sieht man das 6 m hohe und fast ebenso ausladende **Sitzbild von Abraham Lincoln** von Daniel Chester French (1850–1931) sowie eine kleine Ausstellung. Die Präsidentenstatue setzt sich aus insgesamt 28 nahtlos aneinandergefügten Blöcken weißen Tennessee-Marmors zusammen und wird gerahmt von Wandgemälden, die die Haupttugenden Freiheit, Gerechtigkeit, Einigkeit, Brüderlichkeit und Fürsorge zeigen. Auf zwei großen Steinplatten an der Wand sind Inschriften zu lesen: auf der linken Seite Lincolns berühmte *Gettysburg Address* von 1864, der Wendepunkt im amerikanischen Bürgerkrieg, und auf der rechten Seite Auszüge seiner Antrittsrede von 1865, als er zum zweiten Mal Präsident wurde.

1995 wurde das nur wenige Schritte südöstlich gelegene **Korean War Veterans Memorial (8)** eingeweiht. Das Zentrum der runden Anlage bilden 19 Bronze-Statuen, auf Patrouille durch ein Minenfeld. Sie sind überraschend individuell gestaltet und spiegeln sich in einer Granitwand, die der Künstler Louis Nelson (*1936) mit sandgestrahlten Kriegsszenen und den Namen der am Krieg beteiligten 22 UN-Nationen versehen hat.

Südöstlich des Korean War Veterans Memorial wurde im Sommer 2011 als neuestes Denkmal das **Martin Luther King Jr. Memorial (9)** eingeweiht. Im Park stehen Wasser, Stein und Bäume symbolisch für Gerechtigkeit, Demokratie und Hoffnung. Zentraler Punkt ist der rund 9 m hohe „Stone of Hope" mit dem Porträt Kings, geschaffen von dem chinesischen Künstler Lei Yixin.

Das Memorial liegt direkt am **Tidal Basin**, einer Bucht des Potomac River. Hier befindet sich auch das 1997 erbaute **Franklin D. Roosevelt Memorial (10)**, ein Konglomerat verschiedener „Räume". Jeder der vier „Räume" beschäftigt sich mit einer Periode von Roosevelts zwölfjähriger Präsidentschaft.

Am Südufer der Bucht, jenseits des Tidal Basin, erhebt sich das **Jefferson Memorial (11)**. Es steht in engem Bezug zum Weißen Haus und zum Lincoln Memorial und bildet eine Ecke eines zwischen diesen Punkten geschlagenen gleichschenkligen Dreiecks. Besonders attraktiv präsentiert sich das Ufer, wenn im Frühjahr die Kirschbäume, ein Geschenk der Stadt Tokio von 1912, zartrosa blühen und dabei Ruderboote das Becken bevölkern. Das weiße Marmormonument – auf den ersten Blick eine architek-

In Stein gemeißelte Hoffnung: Martin Luther King Jr. Memorial

tonische Mischung aus Athener Parthenon und römischem Pantheon – wurde am 13. April 1943 zum 200. Geburtstag des dritten US-Präsidenten eingeweiht, vier Jahre nach seiner Grundsteinlegung durch Franklin D. Roosevelt. John Russell Pope hatte sich bewusst an Thomas Jeffersons architektonischen Vorlieben orientiert und die vom Präsidenten erstmals in Monticello eingesetzte Rotunde als Bauform gewählt. Jefferson (1743–1826, im Amt 1801–09), ein geniales Multitalent, wurde im Inneren durch eine überlebensgroße Bronzestatue auf schwarzem Granitsockel verewigt.

Multitalent Jefferson

Bevor man mit dem Washington Monument den ersten Teil des Rundgangs beendet, lohnt ein Besuch des **US Holocaust Memorial Museum (12)**. Allein die Architektur des Baus, 1993 nach Plänen von James Ingo Freed eröffnet, ist außergewöhnlich wegen der nachempfundenen Wachttürme eines Konzentrationslagers. Innen werden auf fünf Etagen und unter Einsatz verschiedenster Medien die Stationen der systematischen Vernichtung der Juden eindrucksvoll wie erdrückend nachgezeichnet.
US Holocaust Memorial Museum, *100 Raoul Wallenberg Place SW, Zugang: 14th St., www.ushmm.org, 10–17.30 Uhr, Eintritt frei, März–Aug. zeitgebundene Tickets, Shop.*

Gegenüber dem Holocaust Museum befindet sich das **Bureau of Engraving & Printing** – jene Institution, die seit 1877 allein das Geld für die USA herstellt und außerdem offizielle Dokumente druckt. Von einer Galerie aus kann man zusehen, wie Geldnoten gedruckt werden.
BEP, *14th/C St. SW, www.moneyfactory.gov, Touren.*

Marmor-Obelisk Weithin sichtbar, etwa im Zentrum der National Mall, liegt das **Washington Monument (13)**. Dieser 169 m hohe Obelisk aus weißem Maryland-Marmor ist dem ersten Präsidenten der USA, George Washington (1732–99), gewidmet. Obwohl das Monument 1833 vom Kongress genehmigt und 1848 mit dem Bau begonnen wurde, wurde es erst 1884 fertig. Der Grund: während des Bürgerkrieges war das Geld ausgegangen.

Seit 1888 ist der Obelisk für die Öffentlichkeit zugänglich. Mit einem zeitgebundenen Gratisticket geht es nach Sicherheitskontrolle in Gruppen mit *park ranger* im (seit Sept. 2019 neuen) Aufzug hinauf auf die 152 m hohe Aussichtsplattform. Die im Treppenhaus mit 897 Stufen befindlichen *commemorative stones*, 193 großteils aus der Mitte des 19. Jh. stammenden Steintafeln mit Widmungen von Bundesstaaten und Städten an George Washington, kann man heute nur bei speziellen Sonderführungen bewundern, bei der Rückfahrt mit dem Aufzug sieht man zumindest einige durch das Fenster.
Washington Monument, *www.nps.gov/wamo, 9–17 Uhr, Infos am Kiosk in der Washington Monument Lodge (nahe 15th St.).*

Das 2004 eingeweihte **National World War II Memorial (14)** westlich des Washington Memorial stammt vom Reißbrett des aus Österreich stammenden Architekten Friedrich St. Florian. Es besteht aus einer elliptischen Wasserfläche von etwa *Gedenken* 45×75 m, die von 56 Säulen, zwei Pavillons und der mit über 4.000 Sternen besetzten *der* Freedom Wall eingefasst wird. Es erinnert an die mehr als 400.000 US-Soldaten, die *Kriegsopfer* im Zweiten Weltkrieg in Europa und im Pazifik getötet wurden.

Derzeit in Planung bzw. Bau sind das **Dwight D. Eisenhower Memorial** (Mai 2020) an der Independence Avenue SW, südlich des National Air and Space Museum, und das **National World War I Memorial** (Nov. 2021, *www.worldwar1centennial.org*) im Pershing Park östlich der Ellipse.

Museen an der Mall

Bei den Museen an der National Mall gilt es nach Zeit und persönlichem Interesse auszuwählen. Ausführliche Informationen zu allen Museen und einen ersten Überblick er-
Ehrwürdige hält man im zentral gelegenen **Smithsonian Institution Building (15)**. Der auffälli-
Bildungs- ge rote Sandsteinbau mit seinen Türmchen ist das älteste Gebäude an der Mall. Es wur-
einrichtung de 1855 von James Renwick Jr. erbaut und aus offensichtlichen Gründen „The Castle" genannt. Das nebenan liegende Arts & Industries Building von 1881 ist seit 2004 nur noch zu speziellen Anlässen und teilweise zugänglich.

Beide Bauten verbindet ein schöner Garten. Von ihm aus ist das **National Museum of African Art (16)** mit einer sehenswerten Sammlung afrikanischer Kunst und Kultur zugänglich. Durch die Grünanlage erreicht man auch die **Arthur M. Sackler Gallery (17)**, die hochkarätige asiatische Kunst und Kunsthandwerk mit spektakulären

Das Smithsonian Institution Building

Wechselausstellungen und einem gut sortierten Museumsshop präsentiert. Direkt damit verbunden, auch durch einen unterirdischen Gang, ist die **Freer Gallery of Art (18)**, wo neben orientalischer Kunst aus dem Nahen und Fernen Osten amerikanische Kunst des 19. und 20. Jh., darunter die größte Sammlung von Werken des Malers James McNeill Whistler (1834–1903), ausgestellt ist.

Gegenüber dem Castle, auf der Nordseite der Mall, liegt das **National Museum of Natural History (19)**, mit über 125 Mio. naturwissenschaftlichen Objekten aus den

Smithsonian Institution

Die **Smithsonian Institution** geht auf eine Spende des britischen Chemikers und Gelehrten James Smithson zurück, der bei seinem Tod 1829 den USA Geld für die Erweiterung und Verbreitung von Wissen testamentarisch vermachte. 1846 wurde die Smithsonian Institution offiziell gegründet. Sie umfasst heute neben 19 Museen und Galerien neun Forschungseinrichtungen, Bibliotheken und den National Zoo. Zwei Sehenswürdigkeiten befinden sich in New York (**National Museum of the American Indian** und **Cooper Hewitt Museum**). Die Institution finanziert sich bis heute über ihre Mitglieder und aus Spenden.

Smithsonian Institution Building/The Castle, *1000 Jefferson Dr. SW, www.si.edu, VC 8.30–17.30 Uhr.*
Infos zu den einzelnen Museen *(meist 10–17.30 Uhr, Eintritt frei) finden sich unter www.si.edu/museums.*

Gebieten der Geologie, Biologie, Anthropologie und Archäologie. Hier gibt es einen afrikanischen Elefanten, den berühmten Hope-Diamanten, Modelle von Walen, Dinosauriern und anderen prähistorischen Lebewesen, nachgebildete Meeresökosysteme u. v. a. m. Für das Museum, das zu den größten Naturkundemuseen weltweit gehört und über 18 große Ausstellungshallen verfügt, ist viel Zeit nötig. Anfang Juni 2019 wurde die Fossil Hall mit einem Tyrannosaurus rex als zentralem Ausstellungsstück neu eröffnet.

Mannigfaltige Ausstellung

Auf das Museum of National History folgt in westliche Richtung das **National Museum of American History (20)**, eines der meistbesuchten und vielseitigsten Museen an der Mall. Es zeigt eine bunte Vielfalt an Ausstellungsstücken wie Möbel, Haushaltswaren, Silber, Porzellan und Münzen, die Zeugnis über die sozialen, kulturellen, wissenschaftlichen und technischen Errungenschaften in der über 200-jährigen US-Geschichte ablegen. Highlight ist das **Star-Spangled Banner**, eine der ältesten US-Flaggen, die den Beschuss von Fort McHenry (s. S 572) vor Baltimore im September 1814 überstand und Francis Scott Key anregte, ein gleichnamiges Gedicht zu schreiben, das heute der Text der Nationalhymne ist.

Geschichte der Sklaverei

Auf dem letzten freien Grundstück an der Mall zwischen diesem Museum und dem Washington Memorial wurde im September 2016 das **National Museum of African American History and Culture (47)** eröffnet. Schon seine Architektur ist auffällig: ein Baukörper mit bronzener, filigran-durchbrochener Metallfassade. Auf mehreren Ebenen, großteils unterirdisch, geht es um Sklaverei, Bürgerrechte und Rassentrennung sowie Gesellschaft und Kultur der Afroamerikaner früher und heute. Nachbauten eines Sklavenschiffs und einer Sklavenhütte, der Cadillac von Chuck Berry oder ein

Eindrucksvolles, neues Museum: das National Museum of African American History and Culture

The National Mall 547

Schal von Harriet Tubman, dazu Tondokumente, Fotos und Kunstwerke machen den Besuch höchst informativ und abwechslungsreich.
NMAAHC, *1400 Constitution Ave., https://nmaahc.si.edu, 10–17.30 Uhr, Eintritt frei, aber zeitgebundene Tickets, Café und Shop.*

Um Dokumente aus der Geschichte geht es nordöstlich vom Natural History Museum in den **National Archives (21)**. Abgesehen vom Archiv selbst sind hier in einer Ausstellung und in der Rotunde u. a. die Unabhängigkeitserklärung, die Verfassung, die *Bill of Rights* und eine Kopie der *Magna Carta* von 1297 ausgestellt.
National Archives, *700 Pennsylvania Ave. NW, www.archives.gov/dc, 10–17.30 Uhr*

Durch den zugehörigen **Sculpture Garden** erreicht man die **National Gallery of Art** mit einer sehenswerten Kunstsammlung, die sich auf zwei durch einen Tunnel miteinanderverbundene Gebäude verteilt. Mit Gemälden, Zeichnungen, Grafiken und Fotos vom 13. bis zum 21. Jh. zählt sie zu den bedeutendsten Ausstellungen der Welt. Den Kern der Sammlungen bildete eine Schenkung des Bankiers Andrew W. Mellon, darunter Werke von Raffael und Tizian. Im älteren **West Building (22)** befinden sich die europäischen Sammlungen, während im modernen **East Building (23)** von I. M. Pei – mit einer Art Zen-Garten als Dachterrasse – moderne Kunst zu sehen ist und vielbeachtete Wechselausstellungen stattfinden. Im Northwest Tower befindet sich die Calder-Skulpturensammlung, im Northeast Tower die Werke Mark Rothkos. Auch die Bestände der früheren Corcoran Gallery of Art – v. a. amerikanische Malerei und Skulptur vom 18. Jh. bis zur Gegenwart – gehören dazu.

Erstklassige Wechselausstellungen

Nächste Station für Kunstfreunde ist das gegenüber an der Mall-Südseite gelegene **Hirshhorn Museum (24)**. Die hochkarätige Kunstsammlung des Finanziers Joseph H. Hirshhorn (1899–1981) mit über 4.000 Gemälden und 2.000 Skulpturen aus dem 19. und 20. Jh. befindet sich in einem auffälligen Marmor-Rundbau von 70 m Durchmesser auf Säulen. Im vorgelagerten Skulpturengarten sind Werke von Rodin, Moore, Calder, Hopper, de Kooning, Dubuffet, Matisse und Warhol zu sehen.

Östlich schließt das **National Air and Space Museum (25)** an, besonders etwas für Fans der Luft- und Raumfahrt. In 23 Ausstellungsräumen beschäftigt es sich mit der Entwicklung des Fliegens. Ein Highlight ist das erste Motorflugzeug der Gebrüder Wright (1903), aber auch Charles Lindberghs Spirit of St. Louis, mit der er 1927 erstmals den Atlantik überquerte. In der Filiale des Museums, im **Steven F. Udvar-Hazy Center** (*http://airandspace.si.edu/visit/udvar-hazy-center*) am Washington Dulles International Airport steht die Discovery, das ausgemusterte Weltraum-Shuttle. Daneben kann man eine Gemini-VII-Kapsel bewundern und den Donald D. Engen Observation Tower besteigen um die Aussicht zu genießen.

Geschichte der Luftfahrt

Das folgende **National Museum of the American Indian (NMAI) (26)** ist ein absolutes Muss im Besuchsprogramm. 2004 eröffnet, gilt das NMAI als größtes Indianermuseum der Welt. Die umfassende Sammlung des New Yorkers George Gustav Heye (1874–1957) befindet sich in gelungener Architektur, die ebenso wie die Ausstellungskonzeption von einem indianischen Komitee mitgestaltet wurde. Vielerlei Aspekte wie die Zeugnisse der Plains Indianer, die Kultur der Navajos bis hin zur Geschichte der Volksgruppen Mittel- und Südamerikas und der Karibik werden beleuchtet. Gleichzei-

Das National Museum of the American Indian gilt als das weltweit größte Museum indianischer Kultur

Indianische Kunst

tig werden verschiedenste Genres an Kunst und Kunsthandwerk wie Kleidung, Keramik, Korbwaren, Holzschnitzkunst und Federschmuck vorgestellt. Im November 2020 soll auf dem Vorplatz das **National Native American Veterans Memorial** eingeweiht werden, das alle Indianer ehrt, die im US-Militär gedient haben. Ein Laden, ein Café mit indianischen Leckerbissen sowie Veranstaltungen und *powwows* gehören ebenfalls dazu.

Letzte Station an der Mall ist der **U.S. Botanic Garden (27)** (www.usbg.gov) an der Südostecke, bestehend aus Gewächshaus (*conservatory*), National Garden und Bartholdi Park. Im Garten stößt man vor allem auf regionale Pflanzen der USA, während im Glashaus Pflanzen in ihren jeweiligen Ökosystemen wachsen.

Drei Blocks südlich steht das **Museum of the Bible (31)**, ein massiver Ziegelbau mit großen Bronzetüren. Es geht auf fünf Etagen rund um die Bibel, zudem gibt es einen „biblischen Garten", ein Theater und ein Lokal.
Museum of the Bible, *400 4th St. SW, https://museumofthebible.org, 10–17 Uhr, $ 25 (online: $ 20).*

Welt der Spione

Ein Stück weiter westlich wurde im Mai 2019 das **International Spy Museum (35)** neu eröffnet. Es handelt sich um die weltgrößte Sammlung rund um das Thema Spionage. In interaktiven Ausstellungen und mit Nachbauten geht es um berühmte Spione, deren Werkzeuge, die Welt der Geheimdienste, Kriegsspionage u. v. a. m.
International Spy Museum, *700 L'Enfant Plaza SW, www.spymuseum.org, 10–18 Uhr, $ 25.*

Capitol Hill

Die Bezeichnung **Capitol Hill** leitet sich vom wichtigsten der sieben Hügel Roms, dem *capitolium*, ab. Später wurde der Name auch auf den Sitz des amerikanischen Parlaments übertragen. Heute bezeichnet er zugleich das ganze Stadtviertel, das sich südöstlich ans Capitol Building anschließt. Zu den Highlights neben dem Capitol und der Library of Congress gehören der Eastern Market, die Barracks Row und die Union Station.

U.S. Capitol

Der Sitz des amerikanischen Kongresses, das **United States Capitol (28)**, erhebt sich unübersehbar auf dem etwa 30 m hohen Capitol Hill zwischen Constitution Ave. und Independence Ave. Es ist ein imposanter Bau mit 229 m Länge, 107 m Breite und 82 m Höhe, versehen mit einer mächtigen Kuppel, die zusätzlich von der 6 m hohen Statue of Freedom bekrönt wird. Den Grundstein hatte George Washington gelegt. Gebaut wurde zwischen 1793 und 1811, doch bereits 1814 setzten die Briten das Gebäude in Brand. 1826 war der Wiederaufbau aus Sandstein vollendet, zunächst allerdings nur mit einer kleinen Holzkuppel. Sie wurde erst 1863 durch eine gusseiserne, dem Petersdom nachempfundene Konstruktion ersetzt. *Brandstiftung*

Die **Hauptfront** des Kapitols liegt im Osten, eigentlich der Mall abgewandt. Auf den 35 Stufen, die zum Haupteingang führen, legte jeder neu gewählte Präsident bis 1981 (Ronald Reagan) den Amtseid ab. Seither findet die *inauguration* auf der Westseite statt. Als mit dem Bau begonnen wurde, waren die Stadtväter davon ausgegangen, dass sich die Stadt nach Osten ausdehnt, daher diese Orientierung. Als sich diese Prognose nicht erfüllte, baute man an der Westseite zusätzlich eine 269 m lange Marmorterrasse mit zwei Freitreppen an.

Im Kapitol tagt der **Congress**, der aus **Senat** und **Repräsentantenhaus** besteht, die gemeinsam die Legislative bilden. Das Repräsentantenhaus ist im südlichen Gebäudeflügel, der Senat im nördlichen Flügel zu Hause.

Geführte Touren starten nach strengen Sicherheitskontrollen mit einem Einführungsfilm im Besucherzentrum (s. u.). Von dort geht es in die **Rotunde**, die von einer großen Kuppel von 29 m Durchmesser und 55 m Höhe überspannt wird. In ihrem Zentrum befindet sich der vom ersten Stadtplaner L'Enfant angelegte Schnittpunkt aller Hauptstraßen in westlicher, östlicher, nördlicher und südlicher Richtung. Die über 400-jährige Geschichte Nordamerikas wird durch ein Friesband mit Fresken, Malereien in der Kuppel, Skulpturen, Statuen, Gemälde und Wandbilder eindrucksvoll illustriert. *Illustrierte US-Geschichte*

Über den vier großen Durchgängen in die anderen Räumlichkeiten sieht man die Ankunft der Pilgerväter mit der Mayflower, William Penn, den Gründer von Philadelphia, Pocahontas als Retterin von John Smith sowie Daniel Boone im Kampf gegen Indianer. Unterhalb der Kuppel sind wichtige historische Szenen von Kolumbus über die Pilger und großen Entdecker, den Unabhängigkeitskrieg, Goldrausch und Bürgerkrieg bis hin zur Moderne dargestellt. Die Kuppel selbst ist mit einer beeindruckenden Darstellung

Die Hauptstadt Washington, D.C.

U.S. Capitol, Sitz von Senat und Repräsentantenhaus

der Apotheose von George Washington ausgemalt, der von Victoria und Liberty sowie Repräsentanten der 13 Gründerstaaten umringt wird.

Im Alten Senat (**Old Senate Chamber**) wurde nur bis 1859 getagt, da der Saal gerade groß genug war für die Vertreter der damals 32 Staaten. Der im Nordosten an die Rotunde angrenzende Saal, der einst als Vorraum zum alten Saal des Repräsentantenhauses diente, wird auch „Flüsterkabinett" genannt. Die erstaunlich gute Akustik machte es möglich, selbst leise Gespräche der Gegenpartei mitzuhören.

„Flüsterkabinett"

In der **National Statuary Hall**, einem halbrunden Saal im Süden der Rotunde, der einst als Sitzungssaal des Repräsentantenhauses diente, befindet sich heute die National Statuary Hall Collection. Seit 1870 werden von einzelnen Staaten in Erinnerung an bedeutende Persönlichkeiten Statuen gestiftet. Inzwischen reicht der Platz allerdings nicht mehr aus: 38 Statuen befinden sich hier, der Rest wurde auf andere Räume verteilt.

In House Chamber und Senate Chamber, den Sitzungssälen von Repräsentantenhaus und Senat, sind auch Besucher zu Sitzungen auf eigenen Tribünen willkommen.
United States Capitol, *unterirdisch gelegenes* **Capitol VC**, *Zugang mit Sicherheitscheck an der Ostseite, 1st St./E Capitol St. NE, www.visitthecapitol.gov; Mo–Sa 8.30–16.30 Uhr; Atrium, Filmvorführung, Ausstellungen sowie Shop und Cafeteria; kostenlose Touren (https://tours.visitthecapitol.gov/cvc), Mo–Sa 8.40–15.20 Uhr; im Sommer Tickets besser vorab online buchen; Besucherpässe für House- und Senats-Sitzungen (Mo–Fr 9–16 Uhr) gratis im VC erhältlich.*

Library of Congress

Gegenüber dem Kapitol liegen östlich der **Supreme Court of the United States**, Sitz des Obersten Gerichtshofes, und die **Library of Congress (29)** von 1897, die durch einen unterirdischen Gang mit dem Kapitol verbunden ist. Letztere ist angeblich die größte, in jedem Fall eine der eindrucksvollsten Bibliotheken der Welt. Sie verteilt sich auf mehrere Gebäude, dessen Kernbau das **Th**omas Jefferson Building mit der Great Hall ist (kostenlose Führungen ab Infozentrum im UG).

Bis 1814 hatte sich die 1800 von John Adams gegründete Bibliothek im Kapitol befunden. Nach der Zerstörung der Bestände durch die Briten übergab ihr Jefferson dann seine Privatbibliothek (sehenswerte Ausstellung im OG). Die 6.487 Bände, die er für $ 23.950 verkaufte, bilden bis heute den Kern des über 167 Millionen (!) Medien umfassenden Bestandes, der jährlich wächst. Zu den ca. 40 Mio. Büchern und 70 Millionen Manuskripten aller Art kommen mehrere Millionen Fotos, Grafiken, Karten und Atlanten sowie um die 100.000 Zeitschriften und Zeitungen, die bis ins 17. Jh. zurückreichen. *Jeffersons Privatsammlung*
Library of Congress – Thomas Jefferson Building, *101 Independence Ave., www.loc.gov, Mo–Sa 8.30–16.30 Uhr, kostenlose Touren Mo–Fr stündl. 10.30–15.30, Sa nicht 12.30 und 15.30 Uhr, auch Familien- u. a. Spezialführungen sowie Veranstaltungen, Filme und Konzerte.*

Eastern Market, Barracks Row und Nationals Park

1873 wurde an der Ecke C und 7th Street eine Markthalle, genannt **Eastern Market (30)**, eingerichtet. Nachdem der historische Hauptbau 2007 durch ein Feuer zerstört worden war, entstand ein originalgetreuer Nachbau. Hier findet man heute wieder Produkte aus der Region, Imbisse und am Sonntag rings um die Halle Stände mit weiteren regionalen Spezialitäten sowie einen Kunsthandwerker- und Flohmarkt.
Eastern Market, *225 7th St. (Metro „Eastern Market"), http://easternmarket-dc.org, Di–Fr 7–19, Sa 7–18, So 9–17 Uhr; Farmer's Market: Di 13–19 Uhr, Kunsthandwerks-/Flohmarkt: Sa/So 9–17 Uhr.*

Nur wenige Schritte vom Eastern Market entfernt beginnt die **Barracks Row**. Den Beinamen erhielt die 8th St. aufgrund der Marine Barracks

Vitaminbomben im Eastern Market

Die Barracks Row in Capitol Hill

– noch heute Heimat der *U.S. Marine Band* (www.marineband.marines.mil) – und des Commandant's House. An der 8th Street hatte sich nach 1798 das erste Geschäftszentrum der Hauptstadt entwickelt. Heute ist die Barracks Row wieder ein beliebtes Viertel zum Bummeln, mit kleinen Läden, Cafés und Lokalen (www.barracksrow.org).

Folgt man der 8th St. SE ein Stück südwärts, stößt man auf den 1799 als Schiffswerft erbauten **Washington Navy Yard**. Im *War of 1812* von den Briten zerstört, wurde er rasch wieder aufgebaut und als Waffenarsenal und -produktionsstätte genutzt. Charles Lindbergh betrat an dieser Stelle 1927 nach seinem berühmten Transatlantikflug wieder amerikanischen Boden. Später verfiel das Gelände. In den 1970er-Jahren zogen die Verwaltungen von US-Marine und Navy auf dem ehemaligen Werftgelände ein, und seit 1976 ist der Navy Yard eine National Historic Landmark.

Baseball und Fußball

Vom Navy Yard zieht sich der **Anacostia Riverwalk Trail** entlang des Flussufers. Er führt westwärts zum Baseballstadion, dem 2008 im „Retrolook" eröffnete **Nationals Park** (*1500 S Capitol St. SE, www.mlb.com/nationals*). Er hat das Revival der gesamten Uferpromenade in Southeast D.C. eingeleitet. Inzwischen entstanden hier an der **Capitol Riverfront** (*www.capitolriverfront.org*) Parkanlagen, Wohnhäuser, Geschäfte, Brauereien und schicke Lokale, und 2023 soll der **11th Street Bridge Park** die Riverfront mit Anacostia verbinden (*https://bbardc.org/project/11th-street-bridge-park*). Nur wenige Schritte südwestlich des Ballparks steht das neue Fußballstadion, **Audi Field at Buzzard Point**, in dem der Profiklub D.C. United seine Heimspiele austrägt.

An einem Seitenarm des Potomac River – dem Washington Channel – ist am ehemaligen Hafen an der Southwest Waterfront die **District Wharf** (*www.wharfdc.com*) entstanden; nicht nur der dortige **Maine Avenue Fish Market** lohnt einen Besuch.

Sehenswürdigkeiten in Downtown

Vom Capitol sind es nur ein paar Blocks ins Zentrum. Am östlichen Ende liegt die prachtvolle Konstruktion der **Union Station (32)**, 1908 im klassizistischen Stil erbaut. Er ist ein Musterbeispiel gelungener Restaurierung. Nahverkehrszüge, Amtrak-Fernzüge und die Metro fahren hier ab. Man findet Einkaufsarkaden, Restaurants und im UG ein großes Imbissareal, den Food Circle, vor.

Um die etwas weiter im Westen gelegene Sporthalle, die **Capital One Arena (33)**, wo u. a. die Eishockeymannschaft Washington Capitals und die Basketballer Washington Wizards zuhause sind, breitet sich ein beliebtes Ausgehviertel, aber auch das kleine **Chinatown** aus, dessen Zugang der reich verzierte, 15 m hohe **Friendship Archway** markiert.

Ebenfalls klein, aber interessant ist das nebenan gelegene **German-American Heritage Museum**, das informativ mit Hörproben, Filmen und Fotos, Dokumenten und Memorabilien über die deutsche Einwanderung und die Deutschamerikaner erzählt. **German-American Heritage Museum of the USA**, *719 6th St., https://gahmusa.org, Di–Fr 11–17 Uhr, $ 5.*

Deutsche Auswanderer

Westlich der Sporthalle birgt ein großer Gebäudekomplex zwei Museen in einem: Das **Smithsonian American Art Museum (34)**, kurz SAAM, zum einen, umfasst eine Sammlung von rund 40.000 Werken amerikanischer Kunst vom 19. Jh. bis in die Moderne. Darunter finden sich große Namen wie Bierstadt, Homer, Cassatt, Rauschenberg und Hopper. Im Zentrum befindet sich der Robert and Arlene Kogod Courtyard; eine Dependance an anderer Adresse ist die Renwick Gallery.

Jenseits des überdachten Innenhofs, nach Plänen von Sir Norman Foster, befindet sich dann zum anderen die **National Portrait Gallery** im historischen Patent Office Building. Hier kann man Porträts der US-Präsidenten bewundern, ebenso wie Darstellungen von Martin Luther King Jr., Marilyn Monroe, Babe Ruth und anderen Berühmtheiten. Sehenswert ist auch George Catlins Porträtgalerie indianischer Häuptlinge und die ausladende, bunte Lincoln Gallery mit zeitgenössischen Kunstwerken und Installationen.
SAAM, *8th/F St. NW, http://americanart.si.edu, 11.30–19 Uhr, Eintritt frei;* **Renwick Gallery**, *1661 Pennsylvania Ave. NW, 10–17.30 Uhr, http://renwick.americanart.si.edu; Eintritt frei.*
National Portrait Gallery, *http://npg.si.edu, 11.30–19 Uhr, Eintritt frei.*

Ford's Theatre (36) erlangte traurige Berühmtheit, als hier am 14. April 1865 Präsident Abraham Lincoln erschossen wurde. Heute erstrahlt das altehrwürdige Theater wieder im Glanz der 1860er-Jahre und steht zur Besichtigung (mit kleinem Museum im Untergeschoss) sowie zu Aufführungen offen. Zum Besuch dazu gehören auch das gegenüberliegende Petersen House, in dem der Präsident nach dem Attentat verstarb, und das instruktive Center for Education and Leadership.
Ford's Theatre NHS, *511 10th St. NW, www.fords.org, 9–16.30 Uhr, Eintritt frei (zeitgebundenes Ticket), Audiotour $ 5, mit Petersen House und Center.*

Attentat auf Lincoln

Ein paar Blocks nordwestlich liegt ein weiteres ungewöhnliches Museum: das **National Museum of Women in the Arts (37)**, in dem ausschließlich Künstlerinnen aus aller Welt mit über 4.500 Werken vertreten sind.
National Museum of Women in the Arts, *1250 New York Ave. NW, https://nmwa. org, Mo–Sa 10–17, So 12–17 Uhr, $ 10.*

Westlich des Weißen Hauses erstreckt sich das Viertel **Foggy Bottom**, Heimat der George Washington University, einer Reihe von Ministerien, wie dem Department of State, und dem **John F. Kennedy Center for the Performing Arts (38)**. National Symphony Orchestra, Washington National Opera und Washington Ballet sind in diesem mehrteiligen Bühnenkomplex – u. a. mit Concert Hall, Opera House, Eisenhower Theater – am Potomac River zu Hause. Neueste Ergänzungen sind die Bühne des Reach Arts Center sowie die Grünanlagen mit Videowand im Freien und eine Promenade zum Potomac River. Auf der Millennium Stage im Grand Foyer finden täglich Gratisveranstaltungen statt (*www.kennedy-center.org*).

Kostenlose Aufführungen

Das legendäre **Watergate Building** nördlich ist untrennbar mit der gleichnamigen Affäre verbunden, die Präsident Richard Nixon 1974 zum Rücktritt zwang. Nebenan liegt im Potomac River Theodore Roosevelt Island mit dem **Theodore Roosevelt Memorial (39)** zu Ehren des Initiators der Nationalparks. Die Insel ist nur über eine Fußgängerbrücke von Westen (Arlington) her erreichbar.

Weitere Attraktionen im Großraum

Georgetown

Mit dem Bus ist es nur ein Katzensprung in das alte, nordwestliche Stadtviertel **Georgetown**. Es weist einen völlig eigenständigen und andersartigen Charakter auf, was sich allein daraus erklärt, dass Georgetown viel älter ist als Washington: Es entstand 1789 als Universitätssitz und Hafen, als Umschlagsplatz für Getreide und Tabak.

Die angesehene **Georgetown University (40)** (*3700 O St. NW, www.georgetown. edu*), war im selben Jahr gegründet worden und gilt als älteste katholische und jesuitische Hochschule der USA mit sehenswertem Campus. Als es in Folge des amerikanischen Bürgerkrieges wirtschaftlich bergab ging und die Hauptstadt wuchs, schwand die Bedeutung Georgetowns. Erst in den 1930er-Jahren entdeckte die Washingtoner Elite den Ort als Wohnadresse wieder. Nach Jahren des Niedergangs und etlichen Sanierungs- und Restaurierungsprojekten präsentiert sich Georgetown heute wieder attraktiv mit grünen Alleen und engen kopfsteingepflasterten Gassen.

Bummelt man durch das geschäftige Zentrum um die **Kreuzung M St./Wisconsin Ave.** findet man Shops und Cafés in Hülle und Fülle. Einige hübsche Häuschen aus der Kolonialzeit wie das **Old Stone House (41)** (*3051 M St.*), das älteste originalgetreue Privathaus in Washington, D.C. (1765), lassen das Viertel wieder in altem Glanz erstrahlen. Auch am Hafen des schmalen **Chesapeake and Ohio Canal**, der vom Potomac River abgezweigt wurde, hat man alte Lagerhallen in Läden und Apartments, Kneipen und Cafés umgestaltet.

Restaurierte Lagerhallen

Bummel durch Georgetown

Old Stone House, *3051 M St. NW, www.nps.gov/places/old-stone-house.htm, 11–19 Uhr, Eintritt frei.*
Chesapeake & Ohio Canal NHP, *1057 Thomas Jefferson St. NW, www.nps.gov/choh, VC und Teile des Trail derzeit wegen Renovierung geschlossen.*

Northwest

Im **Nordwesten** der Hauptstadt warten einzelne Attraktionen wie National Cathedral, National Zoo oder Woodrow Wilson House darauf, entdeckt zu werden. Vor allem aber steht diese Ecke der Hauptstadt für lebhafte, bunte Viertel. Neben Georgetown gehören vor allem Adams Morgan und der U Street Corridor dazu.

Trendige Vielfalt

Am Dupont Circle treffen mehrere Avenues zusammen. Eine davon ist die Massachusetts Ave., eine Prachtallee, an der sich rund 100 monumentale Botschaftsgebäude aufreihen. Deshalb nennt man die Straße, an der viele Politiker und wohlhabende Leute wohnen, auch „**Embassy Row**".

Hier liegt eine wenig bekannte, aber durchaus lohnende Sehenswürdigkeit, das historische **Heurich House Museum (42)**. Es liegt nur wenige Schritte südwestlich des Dupont Circle. 1892 bis 1894 wurde das schlossartige Wohnhaus im Auftrag des Deutschen Christian Heurich errichtet. 1842 in Thüringen geboren, war der gelernte Bierbrauer nach dem Tod der Eltern 1866 in die USA gelangt und hatte 1872 in Washing-

ton eine Brauerei eröffnet. Diese wuchs zur größten der Stadt heran und überlebte auch die Prohibition. Bis zu seinem Tod 1945 im Alter von 102 Jahren war Heurich in die Brauereigeschäfte involviert. Das Haus ist in der Stadt auch als „Brewmaster's Castle" bekannt.
Heurich House Museum, *1307 New Hampshire Ave. NW, www.heurichhouse.org, Touren Do/Fr/Sa 11.30/13/14.30 Uhr, $ 10 (suggested donation; Reservierung ratsam).*

Zwei Blocks westlich des Platzes werden in der **Phillips Collection (43)** Werke des 19. und 20. Jh., u. a. von Renoir, Klee und Rodin, ausgestellt. Das erste amerikanische Museum für moderne Kunst ist berühmt für seine Sammlung impressionistischer und nachimpressionistischer Werke ebenso wie sein vielseitiges Veranstaltungsprogramm.
Phillips Collection, *1600 21st St. NW (Metro „Dupont Circle"), www.phillipscollection.org, Di/Mi/Fr/Sa 10–17, Do 10–20.30, So 12–18.30 Uhr, Dauerausstellung: werktags gegen Spende, an Wochenenden $ 10, Sonderausstellungen (inkl. Dauerausstellung) tgl. $ 12.*

Nordwestlich davon befindet sich das **Woodrow Wilson House (44)**. Das äußerlich unscheinbare Gebäude nutzte Woodrow Wilson, 28. Präsident der USA von 1913–21, als Altersruhesitz.
Woodrow Wilson House, *2340 S St. NW, www.woodrowwilsonhouse.org, Touren stündl. Mi–Sa 10–16, Di/So 12–16 Uhr, $ 10.*

„Black Broadway" Der **U Street Corridor**, mit Kern um die Kreuzung 14th St./U St., war einst das Zentrum der afroamerikanischen Kultur, sogar noch vor dem berühmten New Yorker Stadtviertel Harlem. Die U Street wurde „Black Broadway" genannt. Bars, Klubs und

Angesagte Neighborhood „AdMo", Adams Morgan

Institutionen wie der Club Bali, eines von wenigen nicht nach Rassen getrennten Etablissements, reihten sich hier auf. Zudem erblickte in diesem Viertel Duke Ellington (1899–1974), einer der größten Jazzmusiker, das Licht der Welt. Legendär ist **Ben's Chili Bowl**, ein Imbiss, in dem auch der frühere Präsident Barack Obama schon häufiger gesichtet wurde.
Greater U Street Neighborhood VC, *1211 U St. NW (neben Ben's Chili Bowl), www.culturaltourismdc.org/portal/u-street-vistor-center, 10–20 Uhr, Plan „Greater U Street Heritage Trail" erhältlich.*

An den U Street Corridor schließt sich im Westen **Adams Morgan** – „AdMo" – **(45)** an, eines der multikulturellsten und pulsierendsten Viertel der Stadt. Die Hauptachse ist die 18th St. NW um die Kreuzung mit der Columbia Rd. NW herum. Eine Reihe von ausgefallenen Lokalen und Bars sowie kleinen Läden lohnen einen Bummel.

Eine der Sehenswürdigkeiten in **Upper Northwest** ist die mächtige **Washington National Cathedral**, offiziell: Cathedral Church of St. Peter and St. Paul in the City. 1907 war mit dem Bau im neugotischen Stil begonnen worden; es sollte aber bis 1990 dauern, ehe die gegenwärtig sechstgrößte Kathedrale der Welt und zugleich zweitgrößte der USA fertiggestellt wurde. Sie ist Sitz des obersten Bischofs der Episkopalen Kirche der USA und wird auch bei Staatsbegräbnissen genutzt. Beerdigt wurden hier z. B. Präsident Woodrow Wilson und seine zweite Frau Edith. *Zweitgrößte Kathedrale*
Washington National Cathedral, *Wisconsin & Massachusetts Ave. NW, https://cathedral.org, Mo–Fr 10–17, Sa 10–16, So 12.45–16 Uhr, $ 12, versch. Touren, Konzerte u. a.*

Abstecher nach Arlington

Jenseits des Potomac River, bereits im Staat Virginia, liegt Arlington, dessen bedeutendste Attraktion der Soldatenfriedhof **Arlington National Cemetery** ist. Diese Ruhestätte vieler berühmter amerikanischer Persönlichkeiten wurde 1864 auf dem Land der Custis-Lee-Familie angelegt, zu der auch der Oberbefehlshaber der Südstaatenarmee, Robert E. Lee, gehörte. Ihm zu Ehren wurde ein Memorial errichtet, das, wie das ehemalige Custis-Lee Mansion, das **Arlington House**, zur Besichtigung offensteht.

Erste Soldatengräber waren schon während des Bürgerkriegs in den 1860ern entstanden. Über 400.000 Menschen aus den USA und elf anderen Ländern sollen seitdem auf diesem nationalen Gedenkfriedhof der USA auf 253 ha Fläche bestattet worden sein. *Soldatenfriedhof*
Die riesige Totenstadt (Plan im Besucherzentrum) ist in erster Linie Ruhestätte von Soldaten und deren Angehörigen, dazu Militärangehörige, die 20 Jahre gedient und ehrenvoll entlassen worden sind sowie einige Privatleute wie Joe Louis oder Lee Marvin. Am **Tomb of the Unknown Soldier** („Grab des unbekannten Soldaten"), das 1921 unter Woodrow Wilson entstand, findet stündlich bzw. April bis Sept. sogar halbstündlich ein eindrucksvoll exakter **Wachwechsel** statt (*www.arlingtoncemetery.mil/Explore/Changing-of-the-Guard*). Das 3rd US Infantry Regiment – der „Old Guard" – mit rund 1.300 Soldaten begleitet jährlich mehr als 6.000 offizielle Zeremonien.

Hauptanziehungspunkt auf dem Friedhof ist das schlichte, mit einem Ewigen Licht geschmückte **Grab von John F. Kennedy**, der 1963 einem Attentat zum Opfer fiel. Vor

Wachwechsel auf dem Arlington National Cemetery

dem Aufgang zum Grab sind wichtige Zitate von Kennedy auf einer geschwungenen Mauer zu lesen. Neben Kennedy selbst sind zwei seiner Kinder begraben, außerdem sein Bruder Robert (1925–68), der ebenfalls ermordet wurde, seine Frau Jacqueline Kennedy Onassis (1929–94) und Ex-Senator Ted (1932–2009).
Arlington National Cemetery mit **Arlington Welcome Center**, *1 Memorial Ave., Arlington (VA) (Metro „Arlington Cemetery"), www.arlingtoncemetery.mil, April–Sept. 8–mind. 19, Okt.–März 8–17 Uhr, Eintritt frei, Touren s. www.arlingtontours.com, zudem Gratis-App „ANC Explorer" (https://ancexplorer.army.mil/publicwmv/index.html).*
Arlington House/Robert E. Lee Memorial, *www.nps.gov/arho, April–Sept. 9–18, Okt.–März 10–16 Uhr, stündl. Touren, Eintritt frei.*

In unmittelbarer Nähe, etwas nördlich des Friedhofs, befindet sich das **Iwo-Jima-Denkmal** (*www.nps.gov/gwmp/historyculture/usmcwarmemorial.htm*). Es ist ein eindrucksvolles Monument für die Eliteeinheit der U.S. Marines, den von George Washington 1775 ins Leben gerufenen „Ledernacken". Von den hier dargestellten sechs Soldaten sind drei während des Zweiten Weltkrieges gefallen. Bei der Person im Hintergrund handelt es sich um einen Pima-Indianer, der stellvertretend für die Ureinwohner und ihre wichtige Rolle bei der Nachrichtenübermittlung im Kampf gegen die Japaner steht, die die Indianersprache nicht entschlüsseln konnten.

„Ledernacken"

Südlich des Friedhofs, in einem burgartigen Fünfeckbau, befindet sich das **Pentagon (46)**, das Verteidigungsministerium, 1941–43 erbaut (*Touren: https://pentagontours.osd.mil/Tours, Anm. mind. 14 Tage vorher nötig*).

Weitere Attraktionen im Großraum

Exkursion

Ein lohnender Tagesausflug (mit der Metro) führt nach **Alexandria** (*www.visit alexandriava.com*). Dem Städtchen gegenüber und per Fähre erreichbar liegt am Ostufer des Potomac der **National Harbor** (*www.nationalharbor.com*) mit einem Outletcenter und dem **Capital Wheel**, einem Riesenrad.

Reisepraktische Informationen Washington, D.C.

ℹ️ Information

Capital Region U.S.A., *www.capitalregionusa.de*
Destination DC, ☏ 202-789-7000, *http://washington.org*.
Washington Welcome Center, 1005 E St. NW, ☏ 202-347-6609, *www.downtowndc.org/go/washington-welcome-center*, außer Mo–Sa 8–17 Uhr, Infostelle von „Downtown DC", außerdem **White House Visitor Center** (s. o.) mit **Ellipse Visitor Pavilion Complex**.
DC Heritage Tourism Coalition, *www.culturaltourismdc.org*; Events, Sehenswürdigkeiten und Neighborhoods.

Lesetipp

Detaillierte Infos zu Washington gibt es in dem regelmäßig aktualisierten Band **Reise Know-How CityTrip Washington, D.C.** von M. Brinke und P. Kränzle.

Notfälle

Medics USA, 1700 17th St. NW, ☏ 202-483-4400, *http://medicsusa.com*, Medical Center zur Erstversorgung und für Notfälle, nahe dem Dupont Circle; weitere Filiale: Columbia Heights, 202-595-8813.
DC Dental Spa, 730 24th St. NW, Suite 9, ☏ 202-873-1054, *www.dcdentalspa.com*; zahnärztliche Notfälle.
Diplomatische Vertretungen s. S. 86.

Touren

Washington Walks, *www.washingtonwalks.com*, Walkingtouren, auch durch Georgetown.
DC Metro Food Tours, *https://dcmetrofoodtours.com*, interessante kulinarische Touren durch verschiedene Viertel der Stadt.
Old Town Trolley Tours, ☏ 844-356-2603, *www.trolleytours.com/washington-dc*, drei Routen, halbstündlich ab 9 Uhr, Gesamtfahrtdauer ca. 2 Std, beliebiges Ein- und Aussteigen mit einem Ticket.

Unterkunft

Es empfiehlt sich generell, im Voraus zu reservieren. An Wochenenden sind oft Sonderangebote erhältlich. Zu Engpässen kann es in der Ferienzeit oder bei großen Kongressen und Veranstaltungen kommen. Zum Zimmerpreis wird noch eine hotel/room tax von knapp 15 % addiert, dazu kommt oft eine zusätzliche facility fee (vor Buchung prüfen!).

Infos & Reservierungsmöglichkeit: https://washington.org/find-dc-listings/all-places-to-stay.

Capital View Hostel $ **(3)**, 301 I St. NW, ☏ 202-450-3450, http://capital-view-hostel.hotels-washington-usa.com/de; moderne, saubere Herberge mit Schlafsälen für 2–6 Personen mit Gemeinschaftsbädern sowie Apartments; Dachterrasse und Pool; nahe Metrostation.

Windsor Inn $$–$$$ **(1)**, 1842 16th St., ☏ 202-667-0300, www.windsor-inn-hotel-dc.com; gute Lage zwischen DuPont Circle und Adams Morgan in historischem Bau; 46 Zimmer; inkl. Frühstück.

The Line DC $$–$$$ **(6)**, 1770 Euclid St. NW, ☏ 202-588-0525, www.thelinehotel.com/dc; ehemalige Kirche mit Bibliothek im hippem Viertel Adams Morgan; verschiedene Zimmertypen, alle gut ausgestattet und gemütlich.

Eldon Luxury Suites $$–$$$ **(8)**, 933 L St. NW, ☏ 202-540-5050, www.thehoteleldon.com; kein gewöhnliches Hotel, sondern gut ausgestattete Wohnungen in einem renovierten Apartmentbau von 1929; 50 Suiten mit 1–3 Schlafzimmern.

Liaison Washington Capitol Hill $$$–$$$$ **(4)**, 415 New Jersey Ave. NW, ☏ 202-638-1616, www.yotel.com/en/hotels/liaison-washington-capitol-hill-affiliate-hotel; 343 Zimmer, luxuriös und geschmackvoll in der Capitol Hill Neighborhood mit Dachterrassenbar und Pool; empfehlenswertes Restaurant.

Phoenix Park Hotel $$$–$$$$ **(5)**, 520 N Capitol St. NW, neben der Union Station, ☏ 202-638-6900, www.phoenixparkhotel.com; historisches Hotel mit 150 Zimmern mit altehrwürdigem, irisch angehauchtem Charme.

Melrose Georgetown Hotel $$$–$$$$ **(7)**, 2430 Pennsylvania Ave., NW, ☏ 202-955-6400, www.melrosehoteldc.com; zentral gelegen; geschmackvoll eingerichtete, gemütliche Zimmer; hilfsbereites Personal.

The Hay-Adams $$$$$ **(2)**, 800 16th St., ☏ 202-638-6600, www.hayadams.com; ehrwürdiges Gebäude im Renaissance-Stil, vis-à-vis mit dem White House gelegen; präsidentieller Luxus von Mercedes-Chauffeurdienst bis hin zu maßgefertigter italienischer Bettwäsche; Restaurant **The Lafayette** und Bar **Off the Record**.

Restaurants

Das Stadtviertel **Capitol Hill** mit der Barracks Row ist bekannt für gutes Essen, Bummeln und sein Nachtleben. Ein weiterer attraktiver Treff ist **Georgetown**, wo es neben Studentenkneipen auch feine Lokale gibt, besonders um die M St./Wisconsin Ave. Ethnische Lokale und Bars/Kneipen finden sich im Viertel **Adams Morgan**, im **U Street Corridor** sowie im **Union Market District** und der **Capitol Riverfront**. Hilfreich bei der Suche sind z.B.: https://washington.org/topics/restaurants-food-wine und https://dc.eater.com.

Amsterdam Falafelshop, 2425 18th St. NW, www.falafelshop.com; Kichererbsenbällchen und anderes Vegetarisches; weitere Filialen s. Website.

Ben's Chili Bowl (2), 1213 U St. NW (Metro „U Street"), ☏ 202-667-0909, https://benschilibowl.com; seit 1958 bekannt für „chili half-smokes" und „chili dogs"; auch Prominente wie Barack Obama, Chris Rock und Jimmy Fallon schwören drauf.

Capitol City Brewing Co. (4), 1100 NY Ave. NW, www.capcitybrew.com; älteste Hausbrauerei der Stadt, gutes Bier und schmackhafte Gerichte.

Clyde's of Georgetown (1), 3236 M St. NW, ☏ 202-333-9180, www.clydes.com/georgetown; nettes, erschwingliches Restaurant und Bar, beliebter Treff vieler Washingtoner.

Farmers Fishers Bakers (6), 3000 K St. NW, ⓘ 202-298-8783, www.farmersfishers bakers.com; gemütliches Restaurant am Washington Harbor, das sich der regionalen Küche verschrieben hat und lokale Farmen und Kleinproduzenten unterstützt; mit eigener Bäckerei (Frühstück!) und Bar; Schwesterlokal: Farmers & Distillers (https://farmersanddistillers.com).
Fish Market, 105 King St., Alexandria (VA), ⓘ 703-836-5676, http://fishmarketva.com; frische Hummer, Krabben und Langusten, außerdem crabcakes; abends Ragtime-Musik.
Founding Farmers (3), 1924 Pennsylvania Ave. NW, ⓘ 202-822-8783, www.weare foundingfarmers.com; amerikanische Klassiker – Sandwiches, Burger, Pasta, Salate; nahe dem White House.
Old Ebbitt Grill (5), 675 15th St. NW, ⓘ 202-347-4800, www.ebbitt.com; ältester Saloon der Stadt (1856) und äußerst pittoresk; zwanglose Atmosphäre, nett und preiswert.
Hervorragende **äthiopische Restaurants** sind z. B. **Dukem** (1114–1118 U St., www.dukemrestaurant.com) und **Ethiopic** (401 H St. NE, www.ethiopicrestaurant.com).
Food trucks sind verbreitet, z. B. um den McPherson Sq. (13th/K) und an der Massachusetts Ave., neben der Union Station (https://roaminghunger.com/food-trucks/dc/washington-dc/1).
Eine gute food hall ist **eat at National Place**, 1331 Pennsylvania Ave. NW, http://eatat nationalplace.com

Nachtleben/Unterhaltung

Beliebt bei Nachtschwärmern sind die **U Street** (Bohemian Caverns, 2001 11th St. NW; U Street Music Hall, 1115 U St. NW) und die **H Street** nördlich Union Station (Atlas District). Up & coming sind der **Union Market District** in NE, z. B. mit Cotton & Reed Distillery (www.cottonandreed.com) und die **Capitol Riverfront** nahe Navy Yard.
John F. Kennedy Center for the Performing Arts, 2700 F St. NW, www.kennedy-center.org; u. a. Sitz des National Symphony Orchestra.
Infos zur aktuellen Nightlifeszene: http://washington.org/topics/entertainment-night life; https://dcist.com.

Einkaufen

Teile **Georgetowns** (exklusive Boutiquen und Lokale/Cafés entlang der M St.) sowie **Adams Morgan** sind gut geeignet. Lohnenswert sind auch die unterschiedlich sortierten **Museumsläden** an der Mall. Besondere Buchshops in D.C. sind:
Kramerbooks & Afterworks Café, 1517 Connecticut Ave. NW, http://kramers.com; unabhängiger Buchladen mit und stadtbekanntem, zugehörigen Café & Grill.
Politics and Prose Bookstore & Coffeehouse, 5015 Connecticut Ave., www.politics-prose.com; Buchladen mit Veranstaltungen und Modern Times Coffeehouse.
Busboys and Poets, 2021 14th St. NW, www.busboysandpoets.com; alteingesessener Buchladen und Treff, gemütlich mit vielen, auch ausgefallenen Veranstaltungen, v. a. grandioses Poetry Program und Open Mic, aber auch Kunstausstellungen.
Ein großes, neues Einkaufscenter im Stadtzentrum ist **CityCenterDC**, 10th & H St NW, http://citycenterdc.com.

Zuschauersport

DC United (Soccer/Fußball – MLS), Audi Field an der Waterfront (Metro „Navy Yard"), www.dcunited.com.
Washington Nationals (Baseball – MLB), Spiele im Nationals Park (im SO direkt am Anacostia River, Metro „Navy Yard"), www.mlb.com/nationals.

Washington Capitals *(Eishockey – NHL), Spiele im Capitol One Center (Downtown, Metro „Gallery Place/Chinatown"), www.nhl.com/capitals.*
Washington Wizards *(Basketball – NBA), ebenso Spiele im Capitol One Center Center, www.nba.com/wizards.*
Washington Redskins *(Am. Football – NFL), Spiele im FedExField im östlich gelegenen Vorort Landover/Maryland (Metro „Morgan Blvd."), www.redskins.com.*

✈ Flughäfen

Der **Washington Dulles International Airport** *(IAD; www.metwashairports.com) ist Knotenpunkt von United Airlines und liegt knapp 50 km nordwestlich der Hauptstadt in VA.*
Verbindung zur Stadt: *Metro-Anschluss ab Sommer 2020; derzeit geht die Silver Line bis zur Station „Whiele-Reston East", von dort fahren Silver Line Express-Busse zum Airport (www.flydulles.com/iad/silver-line-express-bus-metrorail-station); oder per Metrobus 5A bis L'Enfant Plaza und von dort per Metro.*
Taxis verlangen ca. $ 65, blaue Shuttlebusse (door-to-door) von SuperShuttle gut $ 30 pro Person und Fahrt.
Weitere Verbindungen: www.flydulles.com/iad/other-transportation-options.

Der nationale **Ronald Reagan National Airport** *(DCA) im Süden ist außer mit Washington Flyer und SuperShuttle (s. o.) sowie Taxis (ca. $ 30) auch mit der Metro (Blue/Yellow Line) an die Stadt angebunden.*
Infos: *www.flyreagan.com/dca/parking-transportation.*

Dritter Flughafen in der Capital Region ist der **Baltimore-Washington International Airport** *(BWI, www.bwiairport.com), von dem aus man Washington am günstigsten per Bahn (S-Bahn und Amtrak) von der BWI Rail Station (kostenloser Pendelbus vom Terminal) erreicht.*

🚆 Eisenbahn & Bus

Amtrak *verbindet Washington mit allen großen Städten an der Ostküste (Acela- und Metroliner-Service) sowie Chicago, Atlanta und New Orleans. Der sehenswerte und renovierte Bahnhof, die* **Union Station**, *liegt nahe am Capitol, 50 Massachusetts Ave. NE (Metro „Union Station"). Infos: www.amtrak.com.*

Verschiedene **Busgesellschaften** *wie Greyhound (www.greyhound.com), BoltBus (www.boltbus.com) und Megabus (www.megabus.com) verbinden D.C. mit anderen Ostküstenstädten.*

🚌 Nahverkehr

Die Washington Metropolitan Area Transit Authority betreibt **Busse** *(Metro-Bus) und* **Metro** *(Metrorail). Es gibt sechs farblich unterschiedene U-Bahn-Linien, die zwischen 5 bzw. 7 Uhr (Sa/So) und Mitternacht verkehren. Bei mehreren Fahrten lohnt der Kauf einer* **Tageskarte** *(nur in der Metro gültig) oder einer* **SmarTrip Card** *(für U-Bahn, Bus und Circulator).*
Der sog. **DC Circulator** *(www.dccirculator.com, $ 1 pro Fahrt) sorgt in der Innenstadt mit sechs farblich gekennzeichneten Buslinien für schnelle Verbindungen. Die* **Straßenbahn** *(www.dcstreetcar.com; kostenlos) bedient derzeit auf einer Linie den H Street Corridor.*

Reisepraktische Informationen

Schnell herumkommen in D.C., ganz ohne Stau: mit der Metro

Metrotickets gibt es an jeder Station am Automaten. Sogenannte **SmarTrip Cards** gelten in U-Bahnen und Bussen. Sie kosten $ 10: $ 2 für die wiederaufladbare Plastikkarte plus $ 8 Guthaben.
Die Fahrpreise der U-Bahn sind nach Entfernung und Tageszeit gestaffelt ($ 2,25–6 „peak" (5.30–9.30 und 15–19 Uhr) bzw. $ 2–3,85 „off-peak" bzw. ca. $ 2,25–3,50 pro Fahrt im Stadtzentrum). Man braucht sein Ticket bei Fahrtende um durch die Ausgangsschranke zu kommen. Der entsprechende Betrag wird vom Guthaben auf der SmarTrip Card abgebucht. Ein 1-Day Unlimited Pass für Metrorail und Metrobus kostet $ 13, ein 3-Day Pass $ 28 und ein 7-Day Pass $ 58. Bustickets kosten einzeln $ 2 bzw. $ 4,25 (Express).
Infos: www.wmata.com.

Hinweis

Alles, was man über den Verkehr in D.C. wissen muss, von Busplänen über Fahrradfahren bis zu Baustellen, findet man ständig aktualisiert unter **http://godcgo.com**.

Baltimore (MD)

„Charm City" **Baltimore** besitzt einen der größten Häfen der USA und nennt sich selbst „Charm City". Von den etwa 620.000 EW haben gut 60 % afroamerikanische Wurzeln. Baltimores Innenstadt breitet sich um die **Historic Charles Street** als dominante Nord-Süd-Achse aus. Herz der Stadt ist der **Inner Harbor** mit seinen Sehenswürdigkeiten. Die Innenstadt lässt sich gut zu Fuß erkunden: Im Osten, „landeinwärts", liegen **Little Italy** (südlich Pratt St. und östlich President St.), das neue **Harbor East** und **Fell's Point**, das alte Hafenviertel. Historisch aufgeputzt und besonders beliebt bei Nachtschwärmern ist Fell's Point.

Westlich des Inner Harbor liegt **Camden Yards**. Hier kommen Sportfans beim Besuch der beiden Sportstadien auf ihre Kosten. **Downtown Baltimore** – das Stadtzentrum um das Rathaus herum – erstreckt sich nördlich des Convention Center (*Pratt St.*) und geht nach Westen in die **Westside** über, die von der Howard St. durchzogen wird. Weiter nach Norden folgt **Mount Vernon** mit dem Washington Monument als markantem Punkt. Es handelt sich um den „Kultur-Strip" der Stadt, aber auch um jene Region, in der sich im 18./19. Jh. die besten Adressen befanden.

Ganz im Norden, jenseits der Penn Station, erstreckt sich im **Charles Village** der Campus der renommierten John Hopkins Universität. Der davon westlich gelegene Druid Hill Park aus dem Jahr 1860 ist sowohl einer der ältesten als auch einer der größten Parks der USA und die grüne Lunge der Stadt. In der Nähe liegt **Hampden**, eines der lebendigsten Viertel Baltimores.

Historisches

Das am 30. Juli 1729 gegründete Baltimore blühte dank des Naturhafens rasch als **Handelsmetropole** auf. Die britischen Restriktionen in den 1760er- und 70er-Jahren trafen den Handel hart, weswegen die Beteiligung an den Befreiungskriegen hier besonders rege war. Als der wichtige Hafen von den Briten attackiert wurde, konnte man dank Fort McHenry, ganz an der Spitze der Landzunge im Süden des Hafens gelegen, diesen Angriff im September 1814 im *War of 1812* abwehren. Dies war ein erster Schritt in Richtung Friedensschluss zwischen beiden Nationen.

Handels- Baltimore blieb ein wichtiger Handelspunkt. Vor allem der Warenumschlag mit den Karibischen Inseln und Südamerika florierte. Ein wichtiges Handelsgut war Mehl: 1825 gab es an die 60 Mühlen im Großraum Baltimore, das damals zur zweitgrößten Stadt der USA aufgestiegen war. Zudem entwickelte sich Baltimore zum wichtigen Industrie-
Handels-
zentrum und Handelsstandort. Doch auch das Streben westwärts dauerte an: Erst wurde der **Chesapeake & Ohio Canal** eingeweiht, der seit 1836 parallel zum Potomac River verläuft. Dann entstand die **B&O** (**Baltimore & Ohio**) **Railroad**, die 1842 Cumberland und 1874 Chicago erreichte. Nach dem Bürgerkrieg avancierte Baltimore zum zweitwichtigsten **Einwandererhafen** nach New York.

In den 1970ern setzten Programme zur städtischen Erneuerung an und die **Revitalisierung** der Innenstadt wurde thematisiert. Man funktionierte Werften und Lagerhäuser zu Entertainment-Komplexen und Wohnarealen um. Der Shoppingkomplex Harborplace öffnete 1980, gefolgt von anderen Bauten und Attraktionen sowie den beiden Sportstadien.

Heute ist der Inner Harbor Baltimores Aushängeschild, während es vor allem im Westen und Osten der Stadt, in den Bezirken mit großer Armut, noch viel Aufholbedarf gibt. Sie geraten immer wieder in die Schlagzeilen, und Schießereien und Morde gehören dort leider immer noch zum Alltag.

Stadbesichtigung – Inner Harbor

Der **Inner Harbor** wird durch Pratt (N), Key Hwy (S) und Light St. (W) begrenzt. Rings um das Hafenbecken reihen sich Einkaufszentren, Cafés, Restaurants, Hotels, das Convention Center und einige Attraktionen und Museen aneinander. Hier ist dank Straßenmusikanten und Open-Air-Konzerten immer etwas los. Wassertaxis verkehren und Boote starten zu Hafenrundfahrten.

Zunächst lohnt der Aufstieg zum Federal Hill am Südufer des Inner Harbor. Von hier hat man einen schönen Überblick über die Stadt. Das **American Visionary Art Museum** (AVAM) **(I)** ist kein gewöhnliches Kunstmuseum. Es fällt allein schon wegen des Baus und der ungewöhnlichen Gestaltung ins Auge. Innen findet sich höchst fantasievolle Kunst in Dauer- und Wechselausstellungen – lustig, skurril, verrückt, autodidaktisch, hochqualitativ oder zusammengebastelt, aber immer sehenswert. Sie ist verteilt

Ungewöhnliche Kunst

Der Inner Harbor in Baltimore

auf den Hauptbau und eine benachbarte umgebaute Lagerhalle. In dieser Tall Sculpture Barn gibt es auch kuriose, bewegliche „Spielgeräte" und großformatige Skulpturen zu sehen. Im Wildflower Garden wiederum befinden sich Hochzeits-Altar und -Kapelle. Allein der Museumsladen mit Ausgefallenem und Kuriositäten, Künstlerischem und Kitschigem zu günstigen Preisen ist einen Besuch wert.

American Visionary Art Museum *(AVAM), 800 Key Hwy., www.avam.org, Di–So 10–17 Uhr, $ 16, Café und Shop.*

Nur wenige Schritte von AVAM und Federal Hill entfernt, befindet sich auch am Hafenbecken gelegen eine der Hauptsehenswürdigkeiten der Stadt:

Hotels
1 Fairfield Inn
2 Renaissance Harborplace
3 Admiral Fell Inn
4 The Inn at Henderson's Wharf

Restaurants
1 Miss Shirley's Café
2 The Abbey Burger Bistro
3 The Black Olive
4 Lexington Market

Stadtbesichtigung – Inner Harbor

Alles andere als alltägliche Kunst: American Visionary Art Museum

1 American Visionary Art Museum (AVAM)
2 Maryland Science Center
3 Harborplace
4 Baltimore Maritime Museum
5 Top of the World Observation Level
6 National Aquarium
7 Power Plant Live!
8 Port Discovery Children's Museum
9 Reginald F. Lewis Museum
10 Phoenix Shot Tower
11 Historic Charles Street
12 Oriole Park at Camden Yards
13 Babe Ruth Birthplace
14 B&O Railroad Museum
15 City Hall
16 Basilica of the Assumption
17 Fort McHenry
18 Washington Monument
19 Walters Art Museum
20 Maryland Historical Society
21 Eubie Blake Cultural Center
22 John Hopkins University
23 Baltimore Museum of Art
24 Druid Hill Park & Lake
25 Hampden

das **Maryland Science Center (2)**. In diesem naturwissenschaftlichen Museum mit IMAX-Kino und Planetarium sind die Dinosaurier-Halle und die neue Chesapeake-Bay-Abteilung besonders sehenswert. Zum Komplex gehören ferner das Davis Planetarium und das National Visitors' Center for the Hubble Space Telescope.
Maryland Science Center, *601 Light St., www.mdsci.org, April–Anfang Sept. 10–18, Anfang Sept.–März Di–Fr 10–17, Sa 10–18, So 11–17 Uhr, $ 26, IMAX-Filme extra.*

Ein Stück weiter, vorbei am VC und am Einkaufszentrum

U-Boot

Harborplace (3), liegen die Boote des **Baltimore Maritime Museum (4)** vor Anker. An Pier 1 kann man das 1854 vom Stapel gelaufene Segelkriegsschiff USS Constellation und den kleinen Museumsbau besichtigen. Außerdem befinden sich am Pier 3 das U-Boot USS Torsk, das Feuerschiff 116 Chesapeake sowie am Pier 5 das Küstenwachschiff USCGC Taney und das Seven Foot Knoll Lighthouse. Der gesamte Inner Harbor steht als **National Historic Seaport of Baltimore** unter Denkmalschutz. Bei schönem Wetter lohnt die Fahrt auf den benachbarten **Top of the World Observation Level (5)** im 27. Stock des World Trade Center, erbaut von dem Stararchitekten I. M. Pei.

Baltimore Maritime Museum, *301 Pratt St., Piers 1, 3 & 5 Inner Harbor, www.historicships.org, mind. 10–16 Uhr, $ 15 für zwei, $ 18 für vier Schiffe.*

Top of the World Observation Level, *401 E Pratt St., www.viewbaltimore.org, HS Mo–Do 10–18, Fr/Sa 10–21, So 11–18 Uhr, NS Mi/Do 10–18, Fr/Sa 10–19, So 11–18 Uhr, $ 6.*

Nur wenige Schritte neben dem WTC liegt auf einem Pier das **National Aquarium (6)**. Im Zentrum steht ein mehrstöckiges Salzwasserbecken (Atlantic Coral Reef & Open Ocean). Dazu gibt es riesige, mit Pflanzen und Tieren über verschiedene Ebenen gestaltete Abteilungen wie den Tropical Rain Forest und den Animal Planet Australia.

National Aquarium Baltimore, *Pier 3/4, 501 E Pratt St., https://aqua.org, HS Mo–Do 10–17, Fr/Sa 10–20, So 9–18, NS Mo–Do 10–16, Fr/Sa 10–20, So 9–17 Uhr, $ 40 (Film extra $ 5).*

Zu **Power Plant Live! (7)** haben sich Cafés, Bars und Lokale in einem ehemaligen Kraftwerk zusammengeschlossen (*www.powerplantlive.com*). Im **Pier Six Concert Pa-**

Die maritime Vergangenheit ist allgegenwärtig

Stadbesichtigung – Inner Harbor

vilion (*www.baltimorepavilion.net*) nebenan finden im Sommer verschiedenste Veranstaltungen statt. Im ehemaligen Baltimore Fishmarket Building ein Stück nördlich lädt mit dem **Port Discovery Children's Museum (8)** eines der besten Kindermuseen der USA zum Besuch ein.
Port Discovery Children's Museum, *35 Market Place, www.portdiscovery.org, HS Mo–Sa 10–17, So 12–17, NS Di–Fr 10–16, Sa 10–17, So 12–17 Uhr, $ 18 (ab 1 J.)*.

Östlich davon liegt das **Reginald F. Lewis Museum (9)**, das sich mit der Geschichte und dem Erbe von Amerikanern afrikanischer Herkunft über die letzten 350 Jahre befasst. Hier wird deutlich, warum Baltimore stolz auf seine afroamerikanischen Wurzeln ist. Daneben lohnt ein Blick ins **Star-Spangled Banner Flag House**, das sich der Auseinandersetzung zwischen den Briten und der USA während des *War of 1812* und der Nationalflagge widmet.
Reginald F. Lewis Museum of Maryland African American History & Culture, *830 E Pratt St., https://lewismuseum.org, Mi–Sa 10–17, So 12–17 Uhr, $ 8; Kino, Shop, Café und Archiv*.
Star-Spangled Banner Flag House, *844 E Pratt St., www.flaghouse.org, Di–Sa 10–16 Uhr, $ 9*.

Phoenix Shot Tower und Carroll Museum

Markantes Wahrzeichen der Stadt, an der Ecke Fayette/Front St. und bereits in Historic Jonestown gelegen, ist der **Phoenix Shot Tower (10)**. 1782 hatte ein Engländer namens William Watts den Herstellungsprozess von Bleikugeln rationalisiert, indem er geschmolzenes Blei durch ein Sieb ins Innere eines hohen Ziegelturmes goss. Flugs abgekühlt wurden die Tropfen zu perfekt geformten Kugeln. Der Ziegelbau stammt von 1828 und misst knapp 72 m.

Baltimores Wahrzeichen

Im Schatten des Turms steht das Haus von Charles Carroll, einem der Unterzeichner der Unabhängigkeitserklärung, mit dem **Carroll Museum**, das über die frühe Geschichte der Stadt informiert.
Carroll Museum, bestehend aus **Phoenix Shot Tower**, *801 E Fayette St., Sa/So 10–12 Uhr (Mai–Nov.), Eintritt frei, Sa/So 16 Uhr Tour ab Carroll Mansion; und* **Carroll Mansion**, *800 E Lombard St., www.carrollmuseums.org, Sa/So 12–16 Uhr, $ 5 (inkl. Shot Tower), stündl. Touren*.

Unterwegs nach Fell's Point

Das sich an den Inner Harbor östlich anschließende **Fell's Point** (*www.fellspoint.us*) gilt als eines der ältesten Viertel Baltimores. Die alten Pflasterstraßen des ehemaligen Hafenquartiers, das 1729 entstand, rahmen Gebäude aus dem 18. Jh. ein, in die inzwischen sind Pubs, Galerien und Kneipen eingezogen sind.

Zwischen Hafen und Fell's Point befindet sich im Bereich der Fawn St. **Little Italy** (*www.littleitalymd.org*). Das Viertel ist für seine italienische Gastronomie bekannt. Südlich angrenzend hat sich als boomendes Areal am Hafen **Harbor East** (*www.harboreast.com*) entwickelt, ideal zum Bummeln in exklusiven Läden und Lokalen.

Camden Yards, City Center und Mount Vernon

Nördlich an den Inner Harbor schließt sich **Downtown Baltimore** an, mit der **Historic Charles Street (11)** als Hauptachse. Hier reihen sich Geschäfte, Restaurants, Galerien, Museen und Kirchen aneinander. Südwestlich liegen die beiden riesigen Sportstadien der Stadt: **Oriole Park at Camden Yards (12)** – die Heimat der Profibaseballer Baltimore Orioles – und das Stadion der American Footballer Baltimore Ravens, das **M&T Bank Stadium**.

Babe Ruth, Baltimores berühmtester Sohn

Der **Babe Ruth Birthplace (13)** würdigt einen der berühmtesten Baseballspieler aller Zeiten sowie die Sportteams der Stadt anhand von Fotos und Memorabilien mit interaktiven Exponaten und Videos.
Babe Ruth Birthplace, 216 Emory St., https://baberuthmuseum.org, April–Sept. 10–17 (an Spieltagen bis 19 Uhr), Okt.–März Di–So 10–17 Uhr, $ 10.

Westlich vom Babe Ruth Birthplace befindet sich in einem alten Bahnhofsgebäude an der Pratt St. das **B&O Railroad Museum (14)**. Hier offenbart sich dem Besucher eine Ausstellung zur Geschichte der amerikanischen Eisenbahn, speziell der Baltimore & Ohio Railroad (1827–1987), mit Eisenbahnreliquien, historischen Loks und Waggons.
B&O Railroad Museum, 901 W Pratt St., www.borail.org, Mo–Sa 10–16, So 11–16 Uhr, $ 20.

Die **City Hall** (100 Holliday St.) **(15)** mit ihrer mächtigen Kuppel markiert das Stadtzentrum. Ein Stück weiter, bereits in Mount Vernon, erhebt sich an der Ecke Cathedral/W Mulberry St. die **Basilica of the Assumption (16)**, die erste katholische Kirche der USA, erbaut nach Plänen von Benjamin Henry Latrobe, der u. a. für das United States Capitol in Washington verantwortlich zeichnete.

Ein Stück weiter westlich, bereits im afroamerikanischen Stadtteil **Westside**, der touristisch ansonsten wenig zu bieten hat, befindet sich seit 1782 der **Lexington Market (17)** (400 W Lexington St., Mo–Sa 6–18 Uhr, https://lexingtonmarket.com). Er hat mehrere Dutzend Verkaufsstände unter einem Dach zu bieten, günstige Imbissgelegenheiten und Lebensmittel aller Art. Von Januar 2020 bis Mitte 2021 soll der Markt ein Facelift bekommen, aber weiterhin geöffnet bleiben.

Stadtbesichtigung – Inner Harbor

Das **Washington Monument (18)** markiert das Stadtviertel **Mount Vernon**. Über 228 Stufen gelangt man zur Spitze der rund 55 m hohen Säule. Sie ist damit niedriger als ihr 169 m hohes Pendant in Washington, D.C., das vom selben Erbauer, Robert Mills, stammt. Allerdings wurde das Denkmal in Baltimore früher, nämlich schon 1815–29, gebaut. Im Inneren gibt es eine Ausstellung zur Baugeschichte.
Washington Monument, *699 N Charles St., http://mvpconservancy.org/the-monument, Mi–So 10–17 Uhr, $ 6.*

Das **Walters Art Museum (19)** genießt unter Kunsthistorikern und Archäologen den Ruf eines der renommiertesten Museen der USA und ist für spektakuläre Wechselausstellungen bekannt. Auf fünf Stockwerken umfasst es über 36.000 Exponate, darunter Werke der Ur- und Frühgeschichte (Ägypten, Griechen, Römer, Byzantiner u. a.), des Mittelalters, der Renaissance und des Barocks. Außerdem gibt es asiatische Kunst, französische Gemälde des 19. Jh. und moderne Kunst des 20. Jh. *Renommiertes Kunstmuseum*
Walters Art Museum, *600 N Charles St., https://thewalters.org, Mi–So 10–17, Do bis 21 Uhr, Eintritt frei, Café und Shop.*

Zwei Blocks westlich davon steht das Gebäude der **Maryland Historical Society (20)**, mit dem Carey Center for Maryland Life sowie einer Gemäldegalerie mit Bildern von Maryland im Laufe der Jahrhunderte. Dazu sind Kunsthandwerk, Möbel und historische Gegenstände zu sehen.
Maryland Historical Society Museum, *201 W Monument St., www.mdhs.org, Mi–Sa 10–17, So 12–17 Uhr, $ 9.*

An der nördlich gelegenen Antique Row informiert das **Eubie Blake Cultural Center (21)** auf vier Etagen nicht nur über den großen Jazzpianisten Eubie Blake, sondern auch über andere Jazzlegenden der Stadt wie Billie Holiday und Chick Webb.
Eubie Blake Cultural Center, *847 N Howard St., www.eubieblake.org, Mi–Fr 13–18, Sa 11–17 Uhr, vielerlei Veranstaltungen und Konzerte.*

Weitere Attraktionen in Baltimore

Die im Norden gelegene **Johns Hopkins University (22)** wurde 1876 gegründet und ist Heimat von über 25.000 Studenten. Sie liegt im Viertel Charles Village um die Charles St. Am Südrand des Campus befindet sich das aufgrund seiner modernen Kunstsammlung berühmte **Baltimore Museum of Art (23)** mit Werken von Matisse, Picasso, Monet, van Gogh, Cézanne u. a. großen Künstlern. Schön anzusehen sind auch die **Wurtzburger** und **Levi Sculpture Gardens**. *Namhafte Maler*
Baltimore Museum of Art, *10 Art Museum Dr., www.artbma.org, Mi–So 10–17 Uhr, Eintritt frei außer zu Sonderausstellungen.*

Westlich des Campus schließt die grüne Lunge der Stadt an, der **Druid Hill Park & Lake (24)** mit Zoo und botanischem Garten. Zwischen Park und Uni erstreckt sich das Viertel **Hampden (25)** mit kleinen Läden und Lokalen um die Kreuzung W 36th St./Chestnut Ave. Die 34th St. wiederum ist berühmt geworden durch die aufwendige Dekoration in der Vorweihnachtszeit.
Maryland Zoo, *1 Safari Place, www.marylandzoo.org, mind. 10–16 Uhr, $ 22, Fahrgeschäfte extra.*

Erinnerung an den Unabhängigkeitskrieg in Fort McHenry

Das im Süden der Stadt direkt an der Hafeneinfahrt gelegene **Fort McHenry (17)** gehört zu den historischen Schätzen der USA. 1798–1800 erbaut, widerstand das Fort im *War of 1812* unter dem Kommando von Major George Armistead dem 25-stündigen Bombardement der britischen Flotte am 13. und 14. September 1814. Zuvor hatten die Briten schon die Hauptstadt Washington zerstört, jetzt sollte die Einnahme von Baltimore den Krieg zu ihren Gunsten beenden. Doch sie konnten weder das Fort noch die Stadt einnehmen und zogen wieder ab. So entschied sich hier der Krieg, und Ende Dezember kam es zum Friedensschluss.

Entstehung der Nationalhymne
Das Fort ging aber auch aus einem anderen Grund in die Geschichtsbücher ein: Die während der Beschießung über dem Fort wehende Flagge – sie befindet sich im National Museum of American History in Washington, D.C. – wurde vor Ort von Mary Young Pickersgill angefertigt und inspirierte Francis Scott Key zum Gedicht „The Star-Spangled Banner", dem Text der heutigen Nationalhymne.

Fort McHenry NM, *2400 E Fort Ave., www.nps.gov/fomc, Gelände und VC HS 9–18, NS 9–17 Uhr, $ 15, Filmvorführung im VC.*

Reisepraktische Informationen Baltimore (MD)

Information
Baltimore VC (BACVA), 401 Light St., https://baltimore.org, April–Okt. 10–17, Nov.–März Di–So 10–17 Uhr; großes VC direkt am Inner Harbor, vielerlei Broschüren, Auskünfte, Ticketverkauf sowie Hotelreservierungsservice, Touch-Screen-Kiosks, interaktive Ausstellungen, Film u. a.
Capital Region: www.capitalregionusa.de

Tipp

Der **Harbor Pass** ist für $ 75 im Internet (*https://baltimore.org/info/harborpass*), aber auch etwas teurer im VC erhältlich. Er ist vier Tage lang für vier Attraktionen in unterschiedlichen Kombinationen gültig: National Aquarium, Top of the World Observation Level und Maryland Science Center zusammen mit entweder AVAM oder Port of Discovery Children's Museum sowie entweder Babe Ruth Birthplace oder Lewis Museum.

Unterkunft
Admiral Fell Inn $$$ **(3)**, 888 S Broadway, ☏ 410-522-7377, www.admiralfell.com; historisches Hotel an der Waterfront mit gemütlich ausgestatteten Zimmern und Ausblick.
Fairfield Inn & Suites Baltimore Inner Harbor $$$ **(1)**, 101 S President St., ☏ 410-837-9900, www.marriott.com; das erste „grüne" Hotel der Stadt liegt günstig und bietet Zimmer mit allem Komfort.
The Inn at Henderson's Wharf $$$–$$$$ **(4)**, 1000 Fells St., ☏ 410-522-7777, www.hendersonswharf.com; 38 schöne Zimmer in denkmalgeschütztem Haus am Hafen mit Garten, inkl. Frühstück.
Renaissance Baltimore Harborplace Hotel $$$$ **(2)**, 202 E Pratt St., ☏ 410-547-1200, www.marriott.com; direkt am Inner Harbor gelegenes Hotel mit geräumigen und modern ausgestatteten Zimmern; Südzimmer mit Blick auf den Hafen.

Restaurants
Das Viertel **Fell's Point** ist bekannt für Dining und Nightlife, Antiquitätenshops und Boutiquen. Um die blühende Bierszene der Stadt kennenzulernen, bietet sich eine **City Brew Tour** (www.citybrewtours.com/baltimore/tours) an.

The Black Olive (3), 814 S Bond St., ☏ 410-276-7141, www.theblackolive.com; mediterrane Küche mit Schwerpunkt griechische Spezialitäten; frischer Fisch und Bio-Produkte.
The Abbey Burger Bistro (2), 1041 Marshall St., ☏ 443-453-9698, https://abbeyburger.com; in Federal Hill; die besten Burger der Stadt, aus lokalen Produkten hergestellt.
Miss Shirley's Café (1), 750 E Pratt St., ☏ 410-528-5373, www.missshirleys.com; nur bis nachmittags geöffnet; ideal zum Frühstück (große Auswahl!) oder Mittagessen; groß proportionierte Gerichte mit Südstaaten-Touch und Baltimore-Twist.
Lexington Market (4), 400 W Lexington St., www.lexingtonmarket.com; großer Marktbau mit vielen Imbissständen (Seafood und Südstaatenküche); das Viertel ist abends nicht unbedingt empfehlenswert.

Einkaufen

Harborplace & The Gallery at Harborplace, 200 E Pratt St., www.harborplace.com; Restaurants und Imbisslokale, dazu ca. 100 Shops und Verkaufsstände; teils direkt am Inner Harbor gelegen.
https://baltimore.org/meet-makers/craft-your-experience, Verzeichnis lokaler Produzenten, Kunsthandwerker, Workshops.

Unterhaltung/Veranstaltungen

Veranstaltungskalender, https://baltimore.org/events.
Free Fall Baltimore, www.freefallbaltimore.org; kostenlose Veranstaltungen, Ausstellungen und Workshops im Oktober.
Power Plant Live!, 34 Market Pl., Pier 4, www.powerplantlive.com; Entertainment-Komplex gegenüber dem historischen Kraftwerk mit Restaurants und Bars wie Leinenkugel's Beer Garden, Luckie's Tavern, Mex Tequila Bar, Mosaic Nightclub & Lounge oder PBR Baltimore; Gratiskonzerte auf der Plaza Mai–Okt.

Zuschauersport

Baltimore Ravens (Am. Football – NFL), Spiele im zentral gelegenen M&T Bank Stadium, www.baltimoreravens.com.
Baltimore Orioles (Baseball – MLB), Spiele im Oriole Park at Camden Yards, www.mlb.com/orioles.

Flughafen

Baltimore-Washington International Airport (BWI), www.bwiairport.com, s. auch „Reisepraktische Tipps Washington, D.C.".

Eisenbahn

Baltimore liegt an der Hauptbahnstrecke zwischen Washington und New York. Hauptbahnhof (Amtrak) ist die **Baltimore Penn Station** (1500 N Charles St.), am nördlichen Innenstadtrand (kostenloser Circulatur-Bus Richtung Inner Harbor).

Nahverkehr

Charm City Circulator, http://www.charmcitycirculator.com; Mo–Do 7–20/21, Fr 7–0, Sa 9–0, So 9–20/21 Uhr; kostenlos; vier Linien:
Purple Line zwischen Penn Station, Charles Village und Federal Hill;
Orange Line zwischen Westside und Little Italy;
Green Line zwischen City Center, Fell's Point und Johns Hopkins University;
Banner Route, zwischen Inner Harbor und Fort McHenry.
Harbor Connector, kostenloser Fähr-Service; von Harbor East zu Harbor View (Federal Hill) bzw. zwischen Maritime Park, Tide Point und Canton Waterfront Park.
Mass Transit Administration (MTA), www.mta.maryland.gov; die Metrolinie quert die Stadt von West nach Ost, Light Rail (drei Straßenbahnlinien) verkehrt in Nord-Süd-Richtung; Einzelticket $ 1,90, Day Pass $ 4,40; außerdem Busse.
Baltimore Water Taxi, https://baltimorewatertaxi.com, drei Routen mit insg. 17 Stopps, z. B. im Hafenbecken, Fell's Point, Fort McHenry; Tageskarte $ 16.

Philadelphia, die „Stadt der brüderlichen Liebe"

Philadelphia zählt rund 1,6 Mio. EW im Stadtbereich bzw. über 6 Mio. im Großraum und steht damit bzgl. der Einwohnerzahl derzeit an sechster Stelle in den USA. Vor allem aber ist sie die „Wiege der Nation", da hier 1776 die **Unabhängigkeitserklärung** der Vereinigten Staaten ausgearbeitet, unterzeichnet und verkündet wurde. Zwischen 1790 und 1800, als Washington neu gebaut wurde, fungierte Philadelphia sogar kurzzeitig als US-Hauptstadt.

Obwohl Philadelphia 2015 zur *World Heritage City* erklärt wurde, lebt die Stadt nicht allein von der Vergangenheit, sondern bietet ein interessantes **Nebeneinander von Alt und Neu** und präsentiert sich als eine bunte, lebendige und kulturell vielseitige Metropole. Historische Gebäude, hübsch restaurierte Wohnviertel und ultramoderne Wolkenkratzer stehen nebeneinander. Dazu gibt es Märkte und Shoppingcenter, Spitzenrestaurants und gemütliche *brewpubs*. An die 50 Museen verschiedenster Genres sowie das weltberühmte Philadelphia Orchestra sind hier zu Hause.

Philadelphia ist auch eine Stadt der Kirchen, da hier von Anfang an die unterschiedlichsten Religionsgruppen ihren Glauben frei praktizieren konnten – ganz im Sinne des Stadtgründers William Penn und dessen Vorstellung von religiöser Toleranz. „**City of Brotherly Love**", die „Stadt der brüderlichen Liebe", wird Philadelphia ebenfalls genannt – nach den beiden griechischen Wörtern *philos* (Liebe) und *adelphos* (Bruder).

Historischer Überblick

1681 hatte König Charles II. dem 37-jährigen **William Penn** (1644–1718) eine Landparzelle von rund 520 ha zugestanden, um damit 16.000 Pfund Schulden, die er bei Penns verstorbenem Vater hatte, zu begleichen. Penn war Quäker, Anhänger jener Religionsgemeinschaft, die sich offiziell „Religious Society of Friends" nannte und die in England verfolgt wurde. 1701 arbeitete er die Charter of Privileges aus, die allen Gruppen religiöse Freiheit garantieren sollte.

Redaktionstipps

Sehens- und Erlebenswertes

▶ Ein Rundgang durch den **Independence National Historical Park** (S. 576) lässt sich gut mit einem Besuch des **National Constitution Center** (S. 582) verbinden.

▶ Für einen aufschlussreichen Museumstag bietet sich neben dem **Philadelphia Museum of Art** (S. 591) auch die **Barnes Foundation** (S. 590) an. Das **Franklin Court & Benjamin Franklin Museum** (S. 583) ist ebenso lohnend.

▶ Vom Turm der **City Hall** (S. 587) genießt man einen großartigen Ausblick und kann sich anschließend im Dilworth oder Love Park ausruhen.

▶ Bummeln und flanieren kann man ausgezeichnet in **Midtown**, um die 13th Street, und über den **Society Hill** und die **South Street**.

Essen, Trinken und Spaß haben

▶ In historischer Atmosphäre speist man in der **City Tavern** (S. 596).

▶ Hervorragend einkaufen lässt es sich im **Reading Terminal Market** (S. 587/599), auch weil man sich dort ein noch hervorragendes Eis bei Bassett's oder ein Philly cheesesteak gönnen kann. Ansonsten eignet sich zum Bummeln auch der **Old City District** (S. 598) mit seinen Boutiquen, Cafés u. a. Shops. Oder aber man geht in der **King of Prussia Mall** (S. 598) – dem zweitgrößten Einkaufszentrum Nordamerikas – auf Schnäppchenjagd.

▶ Gerade im Sommer sollte man sich die Festivals und Konzerte im **Penn's Landing** mit Spruce Street Harbor und Great Plaza (S. 584) nicht entgehen lassen.

Penns „Holy Experiment", seine Vision vom Staat nach revolutionären Prinzipien, in dem Menschen unterschiedlicher Herkunft und Religion friedlich zusammenleben und jeder Steuerzahler Wahlrecht hat, führte **1682** zur **Gründung von Philadelphia** am Zusammenfluss vom Schuylkill und Delaware River. 1701 erhielt die damals 4.500 Einwohner zählende Gemeinde – darunter rund ein Drittel deutsche Auswanderer – das Stadtrecht.

Fortan stand der Entwicklung der geografisch begünstigten Stadt nichts mehr im Wege: Philadelphia stieg zum **wirtschaftlichen, politischen und militärischen Zentrum** unter den englischen Kolonien auf und genoss den Ruf als Athens of America, als tolerantes Kulturzentrum und als zweitgrößte englischsprachige Stadt der Welt nach London. **Benjamin Franklin**, der als 17-Jähriger 1723 aus Boston hergezogen war, trug wesentlich zum hohen Ansehen bei: Nicht nur die Universitätsgründung 1740 war sein Verdienst, sondern auch die erste Bibliothek des Landes (1731) und die erste Zeitung der USA (1728) sind ihm zu verdanken.

Athen Amerikas

Im 17. und 18. Jh. kamen zuhauf **Einwanderer aus Europa** nach Pennsylvania, vor allem Religionsflüchtlinge aus England, der Schweiz und den Niederlanden, aus der Pfalz und dem Rheinland. 1683 war Franz Daniel Pastorius aus Franken als Anführer von 13 Quäker-Familien aus Krefeld eingetroffen. Er hatte Land erworben, das er per Los verteilte. **Germantown**, heute 10 km vom Stadtzentrum Philadelphias entfernt, entstand damals als erste deutsche Ansiedlung in Amerika. Bei der Mehrzahl der frühen deutschen Zuwanderer handelte es sich um Mitglieder der Wiedertäufer-Gemeinschaften der Mennoniten und Amische, die noch heute die „pennsilfaanische Sprache", einen altpfälzischen Dialekt mit amerikanischen Einschlägen pflegen und ihre Gottesdienste darin abhalten.

Erste deutsche Siedlung

Im September 1774 kam in der Carpenters' Hall der **1. Kontinentalkongress** zusammen. Zwei Jahre später, am 4. Juli, erklärten im damaligen State House beim 2. Kontinentalkongress die 13 amerikanischen Kolonien ihre Unabhängigkeit vom britischen Mutterland und verlasen die **Declaration of Independence**. Bis zum Frühjahr 1778 besetzten die Briten die Stadt. Knapp zehn Jahre später, vom 25. Mai bis zum 17. September 1787, trat in der Independence Hall die Constitutional Convention zu Beratungen zusammen und arbeitete unter der Ägide von Thomas Jefferson eine demokratische Verfassung aus, die von allen 13 Kolonien verabschiedet wurde.

Rundgang im historischen Zentrum

Independence National Historical Park (INHP)

Erster Anlaufpunkt ist das **Independence VC** (**1**, s. u.) am Nordrand des **Independence National Historical Park**. Meist gibt es zwischen Sicherheitskontrolle und Einlass in die Independence Hall eine Wartezeit, die man sinnvoll überbrücken kann, indem man sich im West Wing der **Independence Hall** (eigener Zugang) historische Dokumente und Druckausgaben der *Declaration of Independence* und der *Constitution* anschaut. Die originalen Handschriften befinden sich in den National Archives in Washington.

Rundgang im historischen Zentrum

Orientierung

Philadelphia liegt an zwei Flüssen: dem **Delaware River**, der die Grenze zu New Jersey bildet und wo sich der größte Süßwasserhafen der USA befindet, und dem **Schuylkill River**. Diese beiden Flüsse begrenzen im Osten und Westen die **Center City** (Innenstadt), im Norden ist es die Vine Street, im Süden die South Street. Dank rechtwinkliger Anlage und Blocksystem mit durchnummerierten Nord-Süd-Achsen ist dieser Stadtteil gut überschaubar.

Der Kern der Stadt – markiert durch eine Ansammlung moderner Wolkenkratzer wie One und Two Liberty Place von Helmut Jahn – ist **Penn Square** mit der City Hall und dem Terminal Market. Nördlich angrenzend an den früheren Bahnhof und heutigen Markt befinden sich das Convention Center und **Chinatown**. Südlich der City Hall ist der Bezirk **Midtown**, um dessen 13th Street das Nachtlebens und die LGBT-Szene pulsieren. Ringsum liegen **vier Plätze**, die die Innenstadt wie ein Quadrat umschließen: der Franklin Square im NO, der Logan Square im NW, der Rittenhouse Square im SW und der Washington Square im SO.

Die Innenstadt gliedert sich außerdem in mehrere Stadtviertel, die z. T. sehr unterschiedlich sind: Als **Historic** oder auch **Waterfront District** wird das Areal östlich der Independence Mall bzw. 6th St. bis hinunter zum Fluss mit Penn's Landing und südwärts bis zur South St. bezeichnet. Nördlich der Market St. liegt der alte Kern der Stadt: **Old City**, einst das Handelszentrum mit historischen Häusern, alten Kirchen und engen Straßen, heute ein Vergnügungsviertel mit Restaurants, Cafés und Clubs, Theatern und Studios.

Besucherzentrum des Independence Park

Ebenfalls perfekt zum Bummeln, mit Restaurants und einem ausschweifenden Nachtleben ist **Society Hill** und dort besonders die South Street (Front–10th St.). Die **Avenue of the Arts** (Broad St.) ist bekannt für ihr Nachtleben, mit mehreren Theatern und Kultureinrichtungen. Weiter im Westen bis zum Schuylkill River erstreckt sich das Viertel um den **Rittenhouse Square**, das dank seiner hochklassigen Lokale und ausgefallenen Shops und Boutiquen prädestiniert zum Bummeln ist.

Gegenüber dem Schuylkill River liegt der **University City District**. Nördlich davon erstreckt sich der **Parkway/Museum District** mit dem Benjamin Franklin Parkway als Hauptachse, besuchenswert wegen seiner Museen. Von hier zieht sich der Fairmount Park nordwestwärts entlang des Flussufers in Richtung **Chestnut Hill**, **Manayunk** und **Germantown**.

Philadelphia – Innenstadt

1. Independence Visitor Center
2. Independence Hall
3. American Philosophical Hall
4. Liberty Bell Center
5. National Constitution Center
6. National Liberty Museum
7. Franklin Court
8. Carpenters' Court
9. Museum of the American Revolution
10. Bishop White House
11. Dolly Todd House
12. Mother Bethel AME Church
13. Old Pine Street Presbyterian Church
14. St. Peter's Church
15. Independence Seaport Museum
16. Christ Church
17. Elfreth's Alley
18. Fireman's Hall Museum
19. Betsy Ross House
20. Arch Street Meeting House
21. Christ Church Burial Ground
22. Free Quaker Meeting House
23. Graff House
24. Museum of Archaeology &
25. African American Museum
26. Pennsylvania Academy of t
27. Cathedral of St. Peter & P
28. Academy of Natural Scien
29. Franklin Institute Science M

Rundgang im historischen Zentrum

Philadelphia, die „Stadt der brüderlichen Liebe"

> ### INHP-Besichtigung
>
> Der erste Gang am Morgen, besonders in der HS und an Wochenenden bzw. Feiertagen, sollte zum VC führen, um ein frühes Ticket (Zeitaufdruck!) für eine Gratistour durch die **Independence Hall** zu bekommen. Hinzu kommt, dass die Areale Liberty Bell Center und Independence Hall als Sicherheitszonen ausgewiesen sind und Kontrollen durch Park Ranger bei großem Andrang zeitaufwendig sein können.
>
> Im großen VC gibt es Informationen über Stadt und Umland, werden Unterkünfte und verschiedenste Tickets verkauft, Reservierungen vorgenommen und es können Fahrkarten für den öffentlichen Nahverkehr erworben werden. Außerdem stehen WCs, Verpflegung und Gratis-WLAN zur Verfügung.
>
> **Independence VC (1)**, *599 Market St., ☏ 800-537-7676, www.nps.gov/inde bzw. www.phlvisitorcenter.com, 8.30–18 Uhr, erste Tour ab 9 Uhr alle 20–30 Min., gratis.*

Ein paar Schritte weiter folgt die ebenfalls frei zugängliche **Congress Hall**. Hier kamen während der Zeit, als Philadelphia Hauptstadt war, die Vertreter der Staaten im Repräsentantenhaus im Erdgeschoss bzw. im luxuriöser ausgestatteten Senatssaal im Obergeschoss zusammen. Am anderen Ende des Areals, im Osten, bietet sich ein Blick in die **Old City Hall** an, das Rathaus, das während der zehn Jahre als Hauptstadt als Sitz des US Supreme Court fungierte.

Independence Hall (2)

Nach einer Einführung im Vorraum der **Independence Hall** beginnt die Tour durch das Erdgeschoss. Die Tatsache, dass hier am 4. Juli 1776 die **Unabhängigkeitserklärung der Vereinigten Staaten** ausgearbeitet wurde und 1787 die verfassungsgebende Versammlung tagte, macht die Halle zu einem nationalen Pilgerort. Der Bau war zwischen 1732 und 1748 als Parlamentsgebäude (State House) der Kolonie Pennsylvania errichtet und ab 1735 von der Legislative Pennsylvanias genutzt worden. Zwischen 1750 und 1753 kam ein Glockenturm hinzu, in dem ursprünglich die legendäre Liberty Bell (s. u.) hing.

Man betritt zunächst den Obersten Gerichtshof Pennsylvanias, den **Supreme Court Chamber**. Historisch bedeutender ist der anschließende **Assembly Room**, wo am 4. Juli 1776 Abgesandte der 13 Kolonien über die von Thomas Jefferson entworfene *Declaration of Independence* abstimmten. Nach ihrer öffentlichen Verkündung am 8. Juli wurde sie hier am 2. August unterzeichnet. 1787 trafen sich erneut Abgesandte – die *Constitutional Convention* – und arbeiteten die Verfassung aus.

American Philosophical Society Museum (3)

Das **American Philosophical Society (APS) Museum** in der **Philosophical Hall** ist von der 5th St. aus zugänglich. Diese wissenschaftliche Gesellschaft, der der Bau gehört, war 1743 von Benjamin Franklin u. a. gegründet worden. Dieser hatte den renommierten Porträtmaler Charles Willson Peale (1741–1827) beauftragt, hier ein Mu-

Wo alles begann: in der Independence Hall

seum einzurichten – das erste in den USA. Franklin wollte seine vormals in der Long Gallery (im OG der Independence Hall) untergebrachten Kunst- und naturkundlichen Schätze adäquat ausstellen. Heute finden vor allem Wechselausstellungen statt.

Die zugehörige Bibliothek liegt im Bau gegenüber. Ein Blick in den Eingangsbereich lohnt. Dort findet man eine kleine Ausstellung von Originalmanuskripten wie William Penns Charter sowie einen Entwurf der *Declaration of Independence* von Jefferson.
APS Museum, *104 S 5th St., www.amphilsoc.org, Mitte April–Dez., Do–So 10–17 Uhr, Eintritt frei.*

Liberty Bell Center (4)

Das **Liberty Bell Center** (Zugang gegenüber Independence Hall, 5th St., Sicherheitskontrollen) steht an jener Stelle, wo zu der Zeit, als Philadelphia Landeshauptstadt war, das Wohnhaus der ersten beiden US-Präsidenten, George Washington und John Adams, stand. Auf dem Weg zur berühmten Glocke – dem wohl meist verehrten Freiheitssymbol der Welt – erhalten Besucher ausführliche Erläuterungen zu deren Geschichte und Bedeutung.

Symbol der Freiheit

In England gegossen, war sie 1752 nach Philadelphia gelangt, bekam allerdings schon während des Probeläutens einen Sprung. 1753, nachdem sie bereits zweimal neu gegossen worden war, hängte man sie im Turm des damaligen **Pennsylvania State House** (der späteren Independence Hall) auf. Das auf der Glocke eingravierte Zitat aus dem 3. Buch Mose – „Verkündet die Unabhängigkeit im ganzen Land allen Bewohnern" – sollte sich bewahrheiten: Am 8. Juli 1776 begleitete vermutlich ihr Geläut die

Philadelphia, die „Stadt der brüderlichen Liebe"

Die Liberty Bell

erste öffentliche Verlesung der Unabhängigkeitserklärung. Etwa 90 Jahre Dauerbetrieb gingen aber auch an der Glocke nicht spurlos vorbei, sondern hinterließen etwa in den 1840ern den charakteristischen Riss, dessen Reparaturversuch 1846 fehlschlug. Ein zweiter Riss einige Zeit später bedeutete dann das Ende der Dienstzeit der Liberty Bell.

National Constitution Center (5)

Das **National Constitution Center** ist das teuerste und architektonisch auffälligste Projekt im Independence National Historical Park. Im kreisrunden **Sidney Kimmel Theater** wird jede halbe Stunde eine Multimedia-Liveshow namens „Freedom Rising" gezeigt. Auf ungewöhnliche Weise wird hier „The Story of ‚We the People'" erzählt, wobei Besucher ins Jahr 1787 versetzt und mit der Bedeutung der Unabhängigkeitserklärung für die Menschheit vertraut gemacht werden.

Vom Theater aus geht es direkt in den Ausstellungsbereich, der sich in einzelnen Abteilungen und mit interaktiven Exponaten mit der Geschichte der Verfassung von der amerikanischen Revolution bis heute beschäftigt. In der **Signers' Hall** schließlich stehen die 42 lebensgroßen Bronzen jener Männer, die am 17. September 1787 die Verfassung unterzeichnet haben.

National Constitution Center, *525 Arch St., http://constitutioncenter.org, Mo–Sa 9.30–17, So 12–17 Uhr, $ 14,50, Wechselausstellungen, Laden und Café.*

Weitere Attraktionen im und um den INHP

An der 5th St., gegenüber der Liberty Bell, erhebt sich die **Philadelphia Bourse**, die erste Börse der USA. An der Chestnut zwischen 5th und 4th St. steht die im Greek-Revival-Stil erbaute **Second Bank of the U.S.** mit einer Portrait Gallery berühmter Amerikaner und Ausländer. Hier sind die Bilder von *„People of Independence"*, Porträts u. a. von Charles Willson Peale (1741–1827) und Gilbert Stuart (1755–1828) zu sehen.

Second Bank of the U.S., *420 Chestnut St., www.nps.gov/inde/learn/historyculture/places-secondbank.htm, HS 11–17 Uhr, NS variable Zeiten (s. Website), Eintritt frei.*

Porträtgalerie

Schräg gegenüber folgt das **National Liberty Museum** (NLM) **(6)**, das „Home for Heroes". Anhand von rund 1.000 „Helden", d. h. ungewöhnlichen Persönlichkeiten verschiedener Ethnien, wird hier in acht Ausstellungssälen Amerikas Freiheitsgedanke

In guter Verfassung: das National Constitution Center

mit interaktiven Ausstellungsstücken und Videos nachgezeichnet. Hinter dem Museum liegt der **Franklin Court (7)** (Zugang über Market St.), jener Platz, auf dem Benjamin Franklins Wohnhaus stand. Sein Grundriss ist farbig markiert und die Kontur des Hauses in Gestalt eines Stahlgerüstes wiedergegeben. Sehenswert ist das neue **Benjamin Franklin Museum** mit Film und Ausstellungen zu Franklin. Franklin Court Printing Office & Bindery, eine Druckerei aus dem 18. Jh. wurde rekonstruiert, außerdem sind ein altes Postamt und eine archäologische Ausgrabungsstätte zu sehen.

Historische Druckerei

National Liberty Museum, *321 Chestnut St., www.libertymuseum.org., Frühjahr und Herbst 10–17, Sommer 10–17.30, Winter Mo–Fr 11–16, Sa 10–17, So 12–17 Uhr, $ 12.*
Franklin Court Buildings, *Franklin Court (Zugang: Market o. Chestnut St., 3rd–4th St.), www.nps.gov/inde/planyourvisit/benjaminfranklinmuseum.htm, 9–17 Uhr, $ 5.*

Zurück auf der Chestnut St. führt der Rundgang vorbei am **Carpenters' Court (8)** mit der Carpenters' Hall (1857). Die folgende First Bank of the U.S. war 1791 von Alexander Hamilton gegründet worden. Dahinter liegt die **Carpenters' Hall**. In diesem 1770 bis 1775 von der Zimmermannszunft errichteten Bau tagte 1774 der 1. Kontinentalkongress.
Carpenters' Hall, *320 Chestnut St., www.carpentershall.org, März–Dez. Di–So 10–16, Jan./Feb. Mi–So 10–16 Uhr, Eintritt frei.*

Ein neues Highlight der Stadt ist das **Museum of the American Revolution (9)**. Der von Robert A.M. Stern Architects stammende Komplex widmet sich als erstes Museum der USA ganz dem Unabhängigkeitskrieg. Neben originalen Ausstellungsstücken wie George Washingtons Zelt, Zeitungen oder Briefen kann man im Battlefield

Theater die Auseinandersetzungen hautnah miterleben. Die Rolle der deutschen Soldaten auf Seiten der Briten wird ebenso behandelt wie die Bedeutung des preußischen Offiziers Friedrich Wilhelm von Steuben (s. S. 594) für Washingtons Armee. Neben der Dauerausstellung gibt es regelmäßig Sonderausstellungen.
Museum of the American Revolution, *101 S 3rd St., 10–17 Uhr, $ 21, www.amrev museum.org, Café und Shop, auch im CityPass enthalten.*

An der Walnut Street liegen schließlich noch nur wenige Schritte entfernt das **Bishop White House (10)** *(im Sommer ab Juni geöffnet, Tourtickets im Independence VC erhältlich)* und das **Dolly Todd House (11)**. Das östliche Ende des INHP markiert die **City Tavern**, ein „historisches" Restaurant, in dessen architektonischem Vorgänger schon die Gründerväter der USA speisten.

Alt-ehrwürdiger Imbiss

Society Hill und South Street

Ein Spaziergang durch **Society Hill** – südlich der City Tavern – und die **South Street** bedeutet, ein Stück „altes Philadelphia" kennenzulernen. Geschichte verschmilzt in diesem alten Wohnviertel mit seinen Ziegelhäusern und Pflasterstraßen mit Essen, Entertainment und Bummeln. Der Name hat nichts mit „High Society" zu tun, obwohl diese die Gegend schon vor 200 Jahren als Wohnsitz bevorzugte. Vielmehr geht die Bezeichnung auf die Free Society of Traders zurück, eine Gruppe von Geschäftsleuten, die sich auf Anraten von William Penn hier niedergelassen hatte und bis 1723 bestand.

Die Häuser waren und sind eng und klein. Da aber bereits den ersten Siedlern genügend Lehm und Ton aus dem Delaware-Tal zur Verfügung stand, sind alle massiv aus Ziegeln erbaut. Einen Eindruck von der herrschenden religiösen Freiheit erhält man angesichts der zahlreich erhaltenen historischen Kirchen, z. B. der **Mother Bethel AME Church (12)** *(Lombard/6th St.)*, der **Old Pine Street Presbyterian Church (13)** *(Pine/4th St.)*, der zentralen **St. Peter's Church (14)** *(Pine/3rd St.)*, der ersten deutschen katholischen Kirche **Holy Trinity** von 1789 *(Spruce/6th St.)* und der **Society Hill Synagogue** von 1829 *(418 Spruce St.)*.

Old City und Waterfront

Im Zentrum von **Old City**, wo einst die ersten Siedler die Stadt gründeten, liegt die **Market Street**. Ihre ausgefallenen Geschäfte, Restaurants, Cafés, Clubs und Bars laden zum Bummeln ein, auch am Abend. Die Straße endet am Delaware River bzw. bei Penn's Landing; ebenso führt nahe der City Tavern ein Fußgängerüberweg (über I-95) ebenfalls dorthin.

Penn's Landing ist jener Ort, an dem William Penn im Jahr 1682 angelegt haben soll. Der Blick wird zunächst auf die **Benjamin Franklin Bridge** aus dem Jahr 1926 gelenkt, die bis zur Eröffnung der Golden Gate Bridge 1937 die längste ihrer Art war. Penn's Landing zieht sich entlang des Flussufers, von der Front Street zum Delaware River und von der Spring Garden Street bis zur Washington Ave. hin, und ist vor allem an Wochenenden ein lebhaftes Vergnügungsviertel mit Entertainment, Geschäften und Restaurants in alten Piergebäuden.

Essen & Nachtleben

Rundgang im historischen Zentrum

Teil des Areals sind u. a. der **Spruce Street Harbor Park** – mit Hängematten und Ständen, die lokale Produkte wie Bier anbieten –, das Blue Cross Riverrink Summerfest, eine Rollschuhbahn, und der **Great Plaza**, eine Open-Air-Bühne für Gratis-Konzerte, Festivals und Filmvorführungen. Die eigentliche, große Bühne, mit vielerlei Konzerten im Sommer befindet sich auf dem **Festival Pier** (www.delawareriverwaterfront.com/events), wo auch ein Biergarten und Strandatmosphäre geboten werden. **Pier 68** ist die neueste Hinzufügung – ideal zum Angeln und Ausgangspunkt des Delaware River Trail.

Angeln und Wandern

Das **Independence Seaport Museum (15)** vereint unter einem Dach interaktive Ausstellungen mit Modellen und zahlreichen Exponaten und lädt im Freien überdies zur Erkundung des Cruisers Olympia, des U-Boots Becuna und des Schoners Diligence ein. Nördlich davon befindet sich der Anlegeplatz der **RiverLink Ferry** hinüber nach New Jersey. Die Boote halten vor dem **Adventure Aquarium** an der Camden Waterfront.
Independence Seaport Museum, *211 Columbus Blvd., www.phillyseaport.org, mind. Mi–So 10–15 Uhr, Museum oder Schiffe $ 10, Museum und Schiffe $ 18.*
Adventure Aquarium, *1 Riverside Dr., Camden (NJ), erreichbar mit RiverLink, www.adventureaquarium.com, 9.30–16/17 Uhr, $ 30.*
RiverLink Ferry, *www.delawareriverwaterfront.com/places/riverlink-ferry.*

Kommt man von Penn's Landing über Brücke an der Market St. zurück in die Old City, fällt der Blick zunächst auf die **Christ Church (16)** (*Church/2nd St.*). Sie wurde 1727 bis 1754 im *Georgian style* erbaut und diente der 1695 in Philadelphia gegründeten anglikanischen Gemeinde als Versammlungsort. Im Jahr 1789, nachdem man sich der briti-

Elfreth's Alley gilt als älteste Wohnstraße der USA

schen Vorherrschaft entledigt hatte, wurde die Protestant Episcopal Church als Nachfolgekirche gegründet. Der Kirchengemeinde gehörten 15 Unterzeichner der Unabhängigkeitserklärung an, wovon sieben auf den beiden zugehörigen Friedhöfen bestattet sind. In der „Nation's Church" beteten schon Betsy Ross, Benjamin Franklin, George Washington und Thomas Jefferson.

„Nation's Church"

Ein Stück weiter auf der 2nd St. gilt es aufzupassen, damit man die nur knapp 5 m breite **Elfreth's Alley (17)**, zwischen Arch und Quarry St., nicht übersieht. Das kopfsteingepflasterte Gässchen ist nach dem Schmied Jeremiah Elfreth benannt. Es gilt, da seit fast 300 Jahren permanent bewohnt, als älteste Wohnstraße in den USA. Die 32 kleinen Häuschen im *Colonial* und *Federal style*, die in den 1930er-Jahren gerade noch vor dem Abriss bewahrt werden konnten, sind heute Topadressen. Das älteste Gebäude ist das Doppelhaus Nr. 120/122 an der Südseite, das in den 1720ern erbaut wurde. Die meisten anderen stammen aus der zweiten Hälfte des 18. Jh. Sie sind allesamt sehr schmal und zwei- bis dreistöckig. Wie man in den Museumshäusern Nr. 124 und 126 sehen kann, befand sich im Erdgeschoß meist eine Werkstatt oder ein Laden, darüber dann die Wohnung.

Älteste Straße der USA

Elfreth's Alley, *Museum in Nr. 124/126, www.elfrethsalley.org, April–Okt. Fr–So 12–17 Uhr, $ 3 (Touren Fr 13, Sa/So 13/15 Uhr, $ 8).*

Ein kleines Stück weiter, an der 2nd St., steht mit der **Fireman's Hall Museum (18)** ein Relikt der ältesten Feuerwehr der USA. Sie wurde von Benjamin Franklin gegründet. Das Haus an der Ecke Arch/3rd St. wiederum ist fast immer umlagert: das **Betsy Ross House (19)** war die Wohnung jener Quäkerin, die die erste amerikanische Flagge genäht haben soll.

Betsy Ross House, *239 Arch St., http://historicphiladelphia.org/betsy-ross-house, Juni–Aug. 10–18, Nov./März 10–17, Dez.–Feb. Di–So 10–17 Uhr, $ 8.*

Ein wenig zurückversetzt, an der nächsten Straßenkreuzung stadteinwärts, steht ein weiterer historischer Bau von 1805: Das **Arch Street Meeting House (20)**, ein bis heute als solches genutztes Quäker-Versammlungshaus. Wenige Schritte weiter befindet sich ein Friedhof, der Teil der Christ Church ist, aber wegen der Flussnähe stadteinwärts verlegt wurde. Hier auf dem **Christ Church Burial Ground (21)** liegt Benjamin Franklin begraben. Seine schlichte Ruhestätte befindet sich am Zaun (*Ecke Market/5th St.*). Die Grabplatte ist ständig von Pennies bedeckt, denn Franklins Motto lautete: „*A penny saved is a penny earned*". Jenseits der 6th St. blickt man auf einen weiteren Quäker-Bau, das **Free Quaker Meeting House (22)**.

Franklins Grab

Arch Street Meeting House, *320 Arch St., www.historicasmh.org, Juni–Nov. Di–Fr 13–16, Sa 11–16, April–Juni Mo–Fr 11–14 Uhr, $ 2.*
Free Quaker Meeting House, *500 Arch St., https://www.phlvisitorcenter.com/things-to-do/free-quaker-meeting-house, Sa/So 11–16 Uhr, Eintritt frei.*

City Center – „Downtown" Philadelphia

Die Market St. führt ins moderne Stadtzentrum. Dabei passiert man an der 7th St. das **Declaration** oder **Graff House (23)**, den Nachbau jenes Hauses, in dem Thomas Jefferson den Entwurf der Declaration of Independence verfasste. Es ist nicht öffentlich zugänglich.

An der Ecke Arch/7th St. bietet sich Gelegenheit zu einem Abstecher zum **African American Museum (25)** – einem Ableger der Smithsonian Institution, in dem vor allem Wechselausstellungen zu afroamerikanischen Themen stattfinden. Ein Stück weiter westlich folgt **Chinatown**, mit dem auffälligen Friendship Gate an der Ecke Arch/10th St.
African American Museum, 701 Arch St., www.aampmuseum.org, Mi–Sa 10–17, So 12–17 Uhr, $ 14.

Der **Reading Terminal Market** (51 N 12th St., https://readingterminalmarket.org), in einer großen, quadratischen Halle gelegen, stammt von 1893 und gilt als einer der bestsortierten Märkte der USA. Besonders lohnend sind die Spezialitäten der Amische aus dem Dutch County, die hier an vier Tagen in der Woche ihre Produkte verkaufen. Nicht versäumen sollte man, bei Bassett's, einem 1861 in Philadelphia gegründeten Milchladen, ein Eis zu essen.

Legendäres Eis

City Hall und Umgebung

Im Zentrum zwischen Franklin, Washington, Rittenhouse und Logan Squares, am Schnittpunkt der verschiedenen Stadtviertel und an der Kreuzung der beiden Hauptachsen Market und Broad St., erhebt sich einer Festung gleich die **City Hall**. Bevor man das Rathaus erreicht, passiert man Macy's, das sich im ehemaligen **Wanamaker's Department Store** (1902) befindet. Ein Blick ins Innere lohnt allein wegen des Wanamaker Grand Court Organ, das mit 28.750 Pfeifen die größte spielbare Orgel der Welt ist.

Der weithin sichtbare, öffentliche **Rathausturm** wird von einer 11 m hohen Bronzestatue des Stadtgründers William Penn gekrönt. Zwischen 1871 und 1901 erbaut, war es das größte Rathaus im Lande, reich ausgestattet mit über 100 Statuen. Mit 167 m ist es sogar höher als das Kapitol in Washington und war zunächst der höchste Bau der Stadt. Erst zwischen 1984 und 1987 wuchsen **One Liberty Place** (mit Observation Deck und Shopping Mall), gefolgt von Two Liberty Place (*Chestnut/16–17th St.*), von Stararchitekt Helmut Jahn, in den Himmel und überragten Penn fortan.
City Hall Tower, 1 Penn Sq., www.phlvisitorcenter.com/CityHallTowerTour,

City Hall

Infos und Tourtickets sowie Souvenirs in Room 121 (Mo–Fr 9–17 Uhr), Turm: Mo–Fr 9.30–16.15, gelegentl. auch Sa 11–16 Uhr, $ 8, auch Touren.
One Liberty Observation Deck, *1650 Market St., https://phillyfromthetop.com, 10–20/21 Uhr, $ 15.*

Direkt westlich ans Rathaus angrenzend hat sich der **Dilworth Park** (*1 S 15th St., https://centercityphila.org/parks/dilworth-park*) zu einem beliebten Treff und Veranstaltungsplatz mit *great lawn*, einem Freiluftcafé, einem „tanzenden Brunnen", öffentlicher Kunst, Märkten, Konzerten und, im Winter, Eisbahn entwickelt. Auch der Zugang zu SEPTA, dem Nahverkehrsknoten, liegt hier.

Nur wenige Schritte entfernt, an 16th St./JFK Blvd., liegt der **Love Park** (offiziell „JFK Plaza") mit dem viel fotografierten Wahrzeichen der Stadt, dem Pop-Art-Schriftzug „LOVE" des Künstlers Robert Indiana (1928–2018). Dieser ist Teil einer ganzen Serie gleicher Kunstwerke überall auf der Welt.

Die **Broad Street** ist mit etwa 21 km der längste geradeverlaufende Boulevard der USA. In ihrem Südabschnitt trägt sie wegen zahlreicher Kultureinrichtungen und Theater den Beinamen „Avenue of the Arts": die Academy of Music (*240 S Broad St., www.academyofmusic.org*) – Sitz des Balletts und der Oper –, das **Wilma Theater** (*265 S Broad St., www.wilmatheater.org*), das **Kimmel Center for the Performing Arts** (*300 S Broad St., www.kimmelcenter.org*) – Heimat des Philadelphia Orchestra u. a. Ensembles –, und die **University of the Arts** (*320 Broad St., www.uarts.edu*), um nur einige zu nennen.

„Avenue of the Arts"

Berühmtes Wahrzeichen und namensgebend: der Pop-Art Schriftzug LOVE

Philadelphias beeindruckende Skyline

Westlich der Broad St., bis zum Schuylkill River, erstreckt sich der **Rittenhouse Square District** oder, kurz, die Rittenhouse Row (*www.rittenhouserow.org*). Der Platz erhielt seinen Namen von dem deutschstämmigen Wilhelm Rettinghaus, der 1690 am Monoshone Creek die erste Papiermühle der USA gründete. Rings um den Ende des 17. Jh. angelegten Platz mit Grünanlage stehen repräsentative, alte Häuser.

Historisches Viertel

„Mural Capital of the World"

Philadelphia gilt als Hauptstadt der Wandbilder: Mittlerweile fast 4.000 Wandbilder sind das Resultat einer vom Museum of Art 1984 ins Leben gerufenen Aktion namens „Mural Arts Program" (*www.muralarts.org*). Es gibt verschiedene Touren, zu Fuß, per *trolley* oder mit der Bahn.

Museum District

Nördlich der City Hall geht es vorbei am **Masonic Temple**, dem 1873 eingeweihten Haus der Freimaurer, zur altehrwürdigen **Pennsylvania Academy of the Fine Arts (26)**, einer 1805 gegründeten Institution mit herausragender und vor allem angenehm überschaubarer Sammlung amerikanischer Kunst vom 18. Jh. bis zur Moderne. In dem 1876 anlässlich der „Centennial Exhibition" eröffneten Bau liegt der Fokus auf einheimischen Künstlern. Eines der Washington-Portraits von Gilbert Stuart ist hier ebenso zu sehen wie Bilder von Winslow Homer, John Singer Sargent und Edward

Hopper. Zu dem historischen Hauptbau von 1876 kam 2006 ein luftiger Neubau, das Samuel M.V. Hamilton Building hinzu. Noch jünger ist der Lenfest Plaza als vorgelagerter Platz.
Pennsylvania Academy of the Fine Arts, *118–128 N Broad St., www.pafa.org, Di–Fr 10–17, Sa–So 11–17 Uhr, $ 15.*

Pause am Logan Square

Vom Kunstmuseum aus, offiziell bereits Teil des Museum District, lässt sich der Weg leicht nach Nordwesten fortsetzen. Hier warten im Umkreis des Logan Square mehrere weitere Museen, doch zunächst geht es vorbei an der monumentalen **Cathedral of St. Peter & Paul (27)** (1723 Race St.), einer 1864 erbauten katholischen Kirche.

Am Logan Square gilt es sich zu entscheiden, wie viele und welche Museen man besucht. Südwestlich des Platzes kann man zunächst unter zwei naturkundlichen Museen wählen: der **Academy of Natural Sciences (28)** – interessant ist besonders die Dinosaur Hall – sowie dem **Franklin Institute Science Museum (29)**, einem der vielseitigsten und besten Technikmuseen an der Ostküste, mit vielen *hands-on*-Ausstellungen und *escape rooms*. 1824 gegründet, wurde es zu Ehren Franklins benannt. An ihn erinnert in der Lobby des 1934 eröffneten Baus auch eine gut 6 m hohe Marmorstatue.
Academy of Natural Sciences, *1900 B. Franklin Pkwy., https://ansp.org, Mo–Fr 10–16.30, Sa/So 10–17 Uhr, $ 22 ($ 20 online).*
Franklin Institute Science Museum, *222 N 20th St., www.fi.edu, 9.30–17 Uhr, $ 23, IMAX-Filme, escape rooms und Sonderausstellungen extra.*

Museum der Medizin
Mit der Geschichte der Medizin beschäftigt sich das dem College of Physicians of Philadelphia angeschlossene **Mütter Museum**. Dieses in seiner Art einzigartige Museum zu Anatomie, Medizin und allerhand Kuriositäten ist benannt nach dem Chirurgen Thomas Dent Mütter.
Mütter Museum, *19 S 22nd St., http://muttermuseum.org, 10–17 Uhr, $ 20.*

Barnes Foundation und Rodin Museum

Auf der nördlichen Seite des alleeartigen Benjamin Franklin Parkway geht es vorbei am imposanten Bau der **Free Library of Pennsylvania**, der Stadtbücherei, zur **Barnes Foundation (30)**. Seit 2012 ist die sehenswerte Kunstsammlung mitten in Philadelphia in einem Neubau von Tod Williams und Billie Tsien zu Hause. Der Chemiker Albert C. Barnes, der durch ein Augenmedikament berühmt geworden war, machte seine Sammlung von über 2.500 Kunstwerken der Impressionisten und Nachimpressionisten schon 1925 der Öffentlichkeit in seiner Villa außerhalb der Stadt, in Merion, zugänglich. Schwerpunktmäßig hatte Barnes Bilder von Renoir, Cézanne und Matisse gesammelt. Außerdem gibt es Werke von Picasso, Seurat, Rousseau, Modigliani, Monet, Manet oder Degas zu sehen.

Seine Villa im nordwestlich gelegenen Vorort Merion und der 1940 von seiner Frau Laura Barnes angelegte Park, ein Musterbeispiel für Gartenarchitektur mit großem Arboretum, sind ebenfalls zu besichtigen. *Baumgarten*
Barnes Foundation, 2025 B. Franklin Pkwy., www.barnesfoundation.org, Mi–Mo 11–17 Uhr, $ 25, Restaurant und Café.
Barnes Arboretum at Saint Joseph's University, 50 Lapsley Lane, Merion, www.barnesfoundation.org/whats-on/arboretum, Mai–Sept. Sa–So 11–16 Uhr, kostenlose Führung um 13 Uhr, Eintritt frei.

Gleich nebenan liegt das **Rodin Museum (31)**, bestehend aus einem historischen Gebäude und einem Neubau. Es birgt die größte Sammlung von Skulpturen des französischen Bildhauers Auguste Rodin außerhalb von Paris, in verschiedenen Herstellungsstadien bzw. Ausführungen, darunter Hauptwerke wie „Die drei Grazien", „Johannes der Täufer", „Der Denker" (direkt vor dem Eingang), „Adam und Eva" und „Die Bürger von Calais". Das kleine Museum mit Skulpturengarten ist ein Geschenk des lokalen Geschäftsmanns Jules E. Mastbaum und wurde nach dessen Tod im Jahr 1929 eröffnet.
Rodin Museum, 2151 B. Franklin Pkwy., www.rodinmuseum.org, Mi–Mo 10–17 Uhr, $ 12 (suggested admission; im Eintritt zum Philadelphia Mus. of Art enthalten), Garden Bar.

Fairmount Park und Philadelphia Museum of Art

Der **Fairmount Park**, der am Rodin Museum beginnt, ist mit rund 3.600 ha der größte städtische Park der Welt und verfügt über mehrere Gartenteile und Spezialgärten, über Museen, den ältesten **Zoo** der USA und zahlreiche historische Häuser entlang des ausgeschilderten **River Drive Recreational Loop**. Diese etwa 15 km lange Route beginnt nordwestlich des Kunstmuseums und zieht sich wie der Park entlang des Ost- und Westufers des Schuylkill River. Sein Startpunkt liegt bei den **Fairmount Water Works**, einem Wasserwerk. Hier wurde im 19 Jh. Trinkwasser für die Stadt gewonnen.
Fairmount Park, https://myphillypark.org, mit **Fairmount Water Works**, 640 Waterworks Dr., https://fairmountwaterworks.org, Di–Sa 10–17, So 13–17 Uhr, Eintritt frei.
Philadelphia Zoo, 3400 W Girard Ave., https://philadelphiazoo.org, März–Okt. 9.30–17, Anfang–Mitte Nov 9.30–16, Mitte Nov.–Anfang Jan. 9–15, Anfang Jan.–Feb. 9.30–16 Uhr, $ 24.

Die meistbesuchte Attraktion im Park ist jedoch das **Philadelphia Museum of Art (32)**. Mit 240.000 Objekten ist sie eine der größten Kunstsammlungen der USA. Der mächtige Bau im Stil eines griechischen Tempels mit zwei Seitenflügeln erhebt sich im Grünen, in der Achse des Franklin Pkwy, hinter dem Eakins Oval (mit Parkplatz). Die Gründung des Museums hängt mit der Weltausstellung 1876 zusammen: Damals wurde die Memorial Hall im Fairmount Park als Ausstellungshalle erbaut. Schenkungen vergrößerten die Sammlung. 1919 wurde mit einem neuen Museumsbau begonnen, der sich aufgrund der Wirtschaftskrise jedoch bis 1928 hinzog. Den Schwerpunkt der *Riesige Kunstsammlung*

Philadelphia, die „Stadt der brüderlichen Liebe"

Philadelphia Museum of Art

Sammlung bilden europäische Malerei vom 14. bis 19. Jh., Bildhauerei und Kunsthandwerk. Architektonische Entwürfe aus Europa, Asien und Amerika sind ebenfalls zu sehen. Kunst deutscher Auswanderer bietet die German Gallery (American Wing). 2020 soll eine spektakuläre, unterirdische Museumserweiterung eröffnen, geplant von Stararchitekt Frank Gehry.

Durch den Anne d'Harnoncourt Sculpture Garden gelangt man in ein paar Minuten an die Kreuzung Pennsylvania und Fairmount Ave., wo im Art-déco-Stil des Perelman Building eine Museumsergänzung zu finden ist. Hier werden Fotografie, Mode und zeitgenössische Kunst, Design und Kunsthandwerk ausgestellt.
Philadelphia Museum of Art, *2600 B. Franklin Pkwy., www.philamuseum.org, Di–So 10–17, Mi und Fr bis 20.45 Uhr, $ 25 (1. So im Monat und Mi ab 17 Uhr freier Eintritt, 2 Tage gültig, inkl. Rodin Museum, s.o., und Perelman Bldg. (2525 Pennsylvania Ave., Di–So 10–17 Uhr)), zahlreiche Wechselausstellungen und Veranstaltungen.*

Weitere Sehenswürdigkeiten

Gefängnis-museum Eine eher ungewöhnliche Sehenswürdigkeit ist das **Eastern State Penitentiary (33)**. Das 1829 eröffnete Gefängnis, das einer mittelalterlichen Festung gleicht, fungiert heute als Museum. Hier kann man u. a. die Zelle von Al Capone besichtigen.
Eastern State Penitentiary, *2027 Fairmount Ave., www.easternstate.org, 10–17 Uhr, $ 16 (online $ 14).*

Wer Zeit und Interesse hat, könnte im Nordosten der Stadt der **German Society of Pennsylvania (34)** (*611 Spring Garden St., www.germansociety.org*) einen Besuch abstatten. Dieser 1764 gegründete, gemeinnützige Hilfsverein für deutsche Einwanderer ist die älteste deutsche Organisation in den USA und bietet vielseitige Sprach-, Informations- und Kulturprogramme sowie eine sehenswerte, alte Bibliothek.

In Sichtweite der Deutschen Gesellschaft steht das Haus, in dem der 1809 in Boston geborene Edgar Allan Poe Anfang der 1840er einige Jahre verbrachte: die **Edgar Allan Poe National Historical Site (35)**. Ein Film gibt einen guten Einblick in das Leben des Autors, denn beim Rundgang durch das Haus, das nahezu unmöbliert ist, braucht es etwas Fantasie.
Edgar Allan Poe NHS, *532 N 7th St., www.nps.gov/edal, Fr–So 9–12, 13–17 Uhr, Eintritt frei.*

West Philadelphia ist ein bunter Stadtteil mit zahlreichen Lokalen und Shops. Mehrere Museen, darunter das beeindruckende **Museum of Archaeology and Anthropology (36)**, 1887 gegründet, sind Teil der Pennsylvania University. Im archäologischen Museum sind abgesehen von einer mehrere Tonnen schweren Sphinx und ägyptischer Architektur, Mumien und sumerischen Texten auch die griechischen und römischen Ausstellungsstücke sehenswert.
Penn Museum – University of Pennsylvania Museum of Archaeology and Anthropology, *3260 South St., www.penn.museum, Di–So 10–17 Uhr, $ 18 (online $ 16).*

Ausflug zur King of Prussia Mall und nach Valley Forge

Von Philadelphia sind es auf der I-76 etwa 30 km bis zur Abfahrt (Exit 327) zur **King of Prussia Mall** (*www.simon.com/mall/king-of-prussia*), das flächenmäßig drittgrößte Einkaufszentrum der USA. Mit über 400 Läden und etlichen großen Kaufhäusern sowie unzähligen Imbissständen und Restaurants kann man hier Stunden verbringen.

Einkaufsparadies

Eine Abfahrt früher (328A) gelangt man über US 202 und US 422 zum **Valley Forge National Historic Park**. Erster Anlaufpunkt für eine Besichtigung des Winterlagers der Revolutionsarmee von 1777/78 sollte das Visitor Center (*1400 N Outer Line Dr., via PA 23/N Gulph Rd.*) sein. Dort gibt es eine interessante Einführung in die Ereignisse mittels Film und Ausstellung. Gezeigt werden u. a. General Washingtons Schlafzelt, Relikte von Soldaten wie Knöpfe, Gürtelschnallen, Knochen sowie Dokumente wie die fünf *Valley Forge Orderly Books*, Gewehre, Kleidung und persönliche Dinge.

Washingtons Armeelager

Über das Gelände führt eine Autoroute. Die verschiedenen Stationen und Aufstellungen der Truppen 1777/78 wurden mit Tafeln und Kanonen, Wällen und Gräben rekonstruiert und markiert. Die Route geht vorbei an den **Muhlenberg Brigade Huts**, dem primitiven Winterlager der Soldaten, bestehend aus (rekonstruierten) Holzhütten, die an Wochenenden von „Soldaten" bewohnt werden. Sie führt weiter zum triumphbogenartigen **National Memorial Arch**, der 1917 zu Ehren aller, die in Valley Forge gedient haben, errichtet wurde, sowie der Statue von General Anthony Wayne.

Washington's Headquarters sind original erhalten, wobei die Innenausstattung der Büros und Schlafräume des Anführers und seiner Mitstreiter „zeitgenössisch" rekon-

Philadelphia, die „Stadt der brüderlichen Liebe"

In Valley Forge wird lebhaft an den Unabhängigkeitskrieg erinnert

struiert wurde. Es handelt sich um das Haus, das Washington als seine Zentrale von Isaac Potts angemietet hatte. Redoubt 3 und 4 sind Erdwälle, die die Verteidigungslinien markierten. **Artillery Park** war der strategisch günstige Ort, an dem die Artillerie unter General Henry Knox ihre Kanonen aufgestellt hatte, um sie einerseits zu überholen und andererseits an ihnen zu trainieren.

In **Varnum's Quarters** (Stephens Farmhouse) hatte sich vorübergehend General James Varnum aus Rhode Island eingemietet. Von hier hatte er einen Blick auf den Parade Ground. In der Nähe wird General von Steuben mit einem Denkmal gewürdigt. Die gotisierte Episkopalkirche Washington Memorial Chapel war 1903 eröffnet und als „Theodore Roosevelt Chapel" bezeichnet worden, nachdem sie der Präsident 1904 besuchte. Zur Kirche gehört der **Washington Memorial National Carillon**, ein Turm mit Glockenspiel, der 1953 eröffnet wurde und allen amerikanischen Patrioten gewidmet ist.

Valley Forge NHP, *1400 N Outer Line Dr, www.nps.gov/vafo, Eintritt frei; VC mit Theater und besichtigbarem Gebäude, Mitte Juni–Aug. 9–18 Uhr, Mitte Aug.–Mai 9–17, Gelände 7 Uhr bis Sonnenuntergang, regelmäßig Veranstaltungen (Re-enactments).*
Infos zur Stadt: *www.valleyforge.org.*

info

Friedrich Wilhelm von Steuben

Es war am 19. Dezember 1777, zu Beginn des Unabhängigkeitskrieges, als 12.000 Soldaten der aufständischen Kolonien in Valley Forge ihr Winterlager aufschlugen. Die Truppen unter **George Washington**, Oberbefehlshaber der Freischärler, hatten nicht verhindern können, dass die Briten Philadelphia besetzten. In strategisch günstiger Lage am Schuylkill River und mit Mount Joy und Misery als Erhebungen schlugen Washingtons Truppen bei eisigen Temperaturen, mit wenig Proviant und unzureichender Bekleidung das Lager auf. Bis zum Ende des Winters waren aufgrund fehlenden Nachschubs, durch Seuchen und Krankheiten 2.000 Männer gestorben.

Um die Moral der Soldaten zu stärken und vor allem ihre militärischen Fähigkeiten zu schulen, stieß im Februar 1778 der ehemalige preußische Offizier aus der Armee Friedrichs des Großen, **Friedrich Wilhelm Baron von Steuben**, mit einem Empfehlungsschreiben von Benjamin Franklin zur Armee der Aufständischen. 1730 in Magdeburg geboren, hatte von Steuben schon 17-jährig beim **preußischen Militär** angeheuert und rasch seine strategischen Fähigkeiten unter Beweis gestellt. 1763 schied er im Rang eines Hauptmannes aus der preußischen Armee aus. Warum er entlassen wurde und ein Jahr später als Kammerherr des Prinzen von Hohenzollern-Hechingen in den Adelsstand erhoben wurde, bleibt unklar. Von Steuben gelang es auf alle Fälle 1777 in Paris Franklin von seinen Fähigkeiten zu überzeugen, verließ Preußen aber erst, nachdem Vorwürfe der Homosexualität eine Karriere in Europa hatten unwahrscheinlich werden lassen.

Washington ernannte von Steuben zum **Inspector General**, und dieser begann sofort mit dem Drill. Ergebnis war eine Musterkompanie von 120 Soldaten – mit Katalysatorwirkung, da diese Soldaten der ganzen Armee als Ausbilder dienten. Schnell entstand eine leistungsfähige Truppe, die in der Folgezeit die Briten mehrmals besiegte. Auch in der entscheidenden Schlacht bei Yorktown 1781 erlebten die „Rotröcke" immer wieder Niederlagen. Aus einem vormals wilden Haufen war eine schlagkräftige Streitkraft geworden, die den Freiheitskampf für die USA entscheiden konnte.

Für seine Leistung wurde von Steuben mit dem Rang eines Generalmajors gewürdigt und erlangte 1784 die **Anerkennung als amerikanischer Staatsbürger**. Er verfasste die *Regulations for the Order and Discipline of the Troops of the United States*, ein **Handbuch**, das bis ins 19. Jh. hinein verwendet wurde. Als von Steuben 1794 im Staat New York starb, war er zu einer Legende geworden. Seine beiden Adjutanten William North und Benjamin Walker hatte er adoptiert, was damals ein gängiges Verfahren darstellte, um dem Vorwurf der Homosexualität zu entgehen.

Reisepraktische Informationen Philadelphia

Information

Philadelphia Convention & Visitors Bureau, www.discoverphl.com/international/de.
Independence VC, 599 Market St., www.phlvisitorcenter.com, 8.30–18 Uhr; Informationen aller Art zu Stadt und Region, Unterkunftsvermittlung und Reservierungen, Ausstellungen, Film sowie Veranstaltungstickets; März–Dez. werden hier Gratistickets für Independence-Hall-Touren verteilt; weitere Filialen:
LOVE Park Welcome Center, 16th St./JFK Blvd.
City Hall VC, 1 S Penn Sq., Room 121, Mo–Fr 9–17, gelegentlich auch Sa 11–16 Uhr.
Infos im Internet: www.visitphilly.com (Philadelphia & Countryside); www.historicphiladelphia.org.

Spartipp

Den **CityPass** gibt es für 3, 4 oder 5 aus einer längeren Liste frei wählbare Sehenswürdigkeiten. Er kostet derzeit $ 50 und gilt neun Tage lang. Der Pass ist im Internet erhältlich (mobile und ausdruckbare Tickets).
Infos & Bestellung: https://de.citypass.com/philadelphia.

Touren

Philly Tour Hub, 7 N Columbus Blvd., www.phillytourhub.com; breites Angebot unterschiedlichster Touren, zu Fuß, per Kleinbus oder per Segway sowie zu Spezialthemen; ab $ 35.

Philadelphia, die „Stadt der brüderlichen Liebe"

Philadelphia Trolley Works, www.phillytour.com; hop-on-hop-of-Touren, z. B. 1 Tag $ 35, u. a. in 90 Min. durch die Stadt mit Möglichkeit zum Aus- und Einsteigen an verschiedenen Stationen.

Unterkunft

B&Bs vermittelt A Bed&Breakfast Connections of Philadelphia unter https://bnb philadelphia.com.

City House Hostel Philadelphia $ **(1)**, 17 N 2nd St., ☏ 267-248-0402, www.cityhousehostels.com/philadelphia-hostel; topmodern und sehr sauber; für junge und sparsamere Leute gut geeignet; 4 bis 12 Betten pro Zimmer, teils mit eigenem Badezimmer.

Independence Park Hotel $$–$$$ **(3)**, 235 Chestnut St., ☏ 215-922-4443, http://independenceparkhotel.com; „Great Little Hotel" der Stadt, ein renoviertes altes, zentral gelegenes Hotel mit 36 geräumigen Zimmern und Frühstücksbuffet der Best-Western-Plus-Kategorie; wird derzeit renoviert – Wiedereröffnung Mitte 2020.

The Independent Hotel $$–$$$ **(4)**, 1234 Locust St., ☏ 215-772-1440, www.theindependenthotel.com; 24 gut eingerichtete, große Studios oder Suiten nahe Midtown Village; Frühstück inklusive, dazu Cocktail Hour am Abend; günstige Specials bzw. bei deutschen Reiseveranstaltern im Programm.

Penn's View Hotel $$$–$$$$ **(2)**, 14 N Front St., ☏ 215-922-7600, www.pennsview hotel.com; mit Blick auf den Delaware River mitten in Old Town gelegenes kleines Boutique-Hotel mit 51 unterschiedlichen, historisch ausgestatteten Zimmern, inkl. Frühstück, Restaurant.

The Rittenhouse $$$$ **(5)**, 210 W Rittenhouse Sq., ☏ 215-546-9000, www.rittenhousehotel.com; 118 elegante Zimmer und Suiten mit viel Luxus in einem traditionsreichen Haus, dessen Architektur auf einem Herrenhaus von 1911 basiert; inkl. Frühstück.

Essen & Trinken

Philadelphias Spezialitäten sind das **Philly cheesesteake**, ein klein geschnittenes Steak in einer Sandwichsemmel mit Käse und Zwiebeln, **hoagies** (Sandwich mit Fleisch, Käse, Salat, Tomate und Öl oder Mayonnaise) sowie **soft pretzels** mit Senf – alles an zahlreichen Ständen in der Innenstadt zu haben.

Mehrere empfehlenswerte Restaurants (und Bars) konzentrieren sich an der **Restaurant Row** an der Walnut St., nahe dem Rittenhouse Square, in **Old City** (Market St., www.old citydistrict.org, mit Trendlokalen wie dem Fork) und im **South Street Headhouse District** im Bereich Front–10th bzw. Lombard–Bainbridge St. An Werktagen lohnt sich ein Abstecher zum **Reading Terminal Market** (www.readingterminalmarket.org), preiswerte asiatische Küche gibt's in **Chinatown** (www.visitphilly.com/areas/philadelphia-neighborhoods/chinatown) und Italienisches rings um den **9th Street Italian Market** (https://italianmarketphilly.org).

Butcher and Singer (4), 1500 Walnut St., ☏ 215-732-4444, https://butcherandsinger. com; Steaks & Chops und hervorragender Service in gediegener Old-Hollywood-Ballhausatmosphäre.

Campo's Deli (2), 214 Market St., ☏ 215-923-1000, http://camposdeli.com; klassischer Sandwichshop, bekannt für die lokale Spezialität Philly hoagies, aber auch vielerlei Salate; preiswert und sättigend.

City Tavern (11), 138 S 2nd St., ☏ 215-413-1443, www.citytavern.com; dank Chefkoch Walter Staib eine legendäre Einrichtung; serviert werden Gerichte nach alten Rezepten mit deutschem Touch in historischem Ambiente.

Ein großartiges Sortiment mit vielen amischen Produkten bietet der Reading Terminal Market

Fork (1), 306 Market St., ⓓ 215-625-9425, https://forkrestaurant.com; eines der besten Restaurants der Stadt mit kreativen Gerichten und großer Weinauswahl; günstiger Lunch und Sonntagsbrunch.
Independence Beer Garden (7), 100 S Independence Mall West, ⓓ 215-922-7100, http://www.phlbeergarden.com; gemütlicher Biergarten mit Blick auf das Liberty Bell Center.
Jim's Steaks (3), 400 South St., ⓓ 215-928-1911, www.jimssouthstreet.com; Philly cheesesteak & hoagies; gemütliche Atmosphäre in der hippen South Street.
The Restaurant School at Walnut Hill College (6), 4207 Walnut St., ⓓ 215-222-4200, www.walnuthillcollege.edu/restaurants-shops; in den unterschiedlichen Restaurants der Culinary School – Italian Trattoria, American Heartland, Bistro Perrier und Great Chefs sowie Pastry Shop – werden tolle Menüs zu günstigen Preisen serviert.
White Dog Café (5), 3420 Sansom St., ⓓ 215-386-9224, www.whitedog.com; Country-Inn in zwei viktorianischen Brownstones im University District; kreative amerikanische Küche unter Verwendung biologischer Produkte; viel Veganes/Vegetarisches.
ReAnimator Coffee (9), 310 W Master St. (Kensington), 1523 E Susquehanna Ave. (Fishtown) und 4705 Pine St., www.reanimatorcoffee.com; lokale Kaffeerösterei mit hervorragendem Kaffee in sehenswertem Ambiente.
Revolution House (10), 200 Market St., ⓓ 215-625-4566, www.revolutionhouse.com; schickes Lokal mit Bar und kreativen kleinen Gerichten, ideal zum Lunch oder am Abend.
Die **Fette Sau (8)** (1208 Frankford Ave., https://fettesauphilly.com) und, direkt daneben, die **Frankford Hall** (1210 Frankford Ave., https://frankfordhall.com) lohnen einen Abstecher nach **Fishtown** (Market-Frankford-Line „Girard"), das wie das benachbarte **Northern Liberties** eines der neuen In-Viertel ist. Die Fette Sau bietet BBQ und Bier, in der Frankford Hall fühlt man sich kulinarisch nach Bayern versetzt.

Philadelphia, die „Stadt der brüderlichen Liebe"

Nightlife im Old City District

Nachtleben

Zentren sind die **Restaurant Row** an der Walnut St., die **13th Street** zwischen Walnut und Locust St. in **Midtown** (http://midtownvillagephilly.org), auch als „Gayborhood" bekannt (mit Lokalen/Bars wie TIME, Sampan, Opa, El Vez oder McGillin's Old Ale House, der ältesten Kneipe der Stadt von 1860). Ebenfalls lohnend ist der **Old City District** (www.oldcitydistrict.org) mit Galerien, Lokalen, Bars und Clubs, v. a. um die Kreuzung Market/2nd St., z. B. Revolution House (s. o.), Drinker's Tavern, The Gaslight, The Continental Restaurant & Martini Bar oder Cuba Libre Restaurant & Rum Bar. Die **South Street** (Front–10th, Lombard–Bainbridge St.) wird nicht ohne Grund „the hippest street in town" genannt; hier liegt z. B. das Brauhaus Schmitz (718 South St.).
Siehe auch: **www.visitphilly.com/nightlife**.

Einkaufen

Beliebte Bummelareale sind das Gebiet um **Rittenhouse Square** (Walnut St.), **South St.** (10th–Front St.), **Chestnut Hill** (6500–8700 Germantown Ave., https://chestnuthillpa.com), und der **Old City District** (www.oldcitydistrict.org) mit Boutiquen wie **United by Blue** (s. u.) oder **Art in the Age**, mit Cocktailzubehör (116 N 3rd St., www.artintheage.com).
Fashion District, 901 Market St., https://fashiondistrictphiladelphia.com; neuestes Shoppingcenter in Downtown mit Läden und Kaufhäusern, Lokalen und Imbissständen.
Macy's Center City, 1300 Market St., https://l.macys.com/philadelphia-pa; Filiale des berühmten New Yorker Kaufhauses im historischen Wanamaker's Dept. Store (1902) mit der weltgrößten bespielbaren Orgel.
Mitchell & Ness Flagship Store, 1201 Chestnut St., www.mitchellandness.com; der Shop für Freunde von Caps und Retro-Sportkleidung.
United by Blue, 205 Race St., https://unitedbyblue.com; Café und Laden in einem; Kleidung, Taschen und Accessoires in erfrischender Atmosphäre; Mission ist der Schutz des Wassers.
King of Prussia Mall, 160 N Gulph Rd., King of Prussia (25 km nordwestlich), I-76 Exit 327, www.simon.com/mall/king-of-prussia; s. o.

Märkte

The Bourse, 111 S Independence Mall East, https://theboursephilly.com; Mo–Do 7–22, Fr/Sa 7–0, So 9–18 Uhr; zentral gelegene neue food hall mit breitem Angebot an Gourmet-Imbissen.
Reading Terminal Market, 11th–12th, Filbert–Arch St., www.readingterminalmarket.org; 8–18 Uhr (Amish-Stände meist nur Di–Sa); empfehlenswert sind z. B. Bassett's Ice Cream, Beiler's Bakery, Termini Brothers Bakery und der Dutch Eating Place (Frühstück!); auch Souvenirs und Geschenkartikel.
9th Street Italian Market, 919 S 9th St., Wharton–Christian St., www.italianmarketphilly.org; Di–Sa 7–19, So 8–13 Uhr; italienische Produkte und Frischwaren, Käse, Fleisch/Wurstwaren, Fisch, Gebäck, Gewürze, Kaffee und Tee, aber auch Kochutensilien und Haushaltswaren; mehrere Cafés und Imbissstände; Führungen und Veranstaltungen.
Di Bruno Brothers, 834 Chestnut St. u. a. Filialen in der Stadt, www.dibruno.com; Mo–Fr 7–20, Sa 8–19, So 8–18 Uhr; exquisiter Deli-Store mit Vielfalt an italienischer und anderer Feinkost, zum Kaufen oder Gleich-Essen.

Veranstaltungen

First Friday, www.visitphilly.com/events/philadelphia/first-Friday; jeweils am 1. Fr im Monat, 17–21 Uhr; Sonderaktionen von Galerien und Shops (nördlich Market St., um die 3rd St.) sowie Bars (südlich Market/2nd St.) in Old City; im Sommer Straßenfest mit Konzerten und Veranstaltungen.
Philadelphia Fringe Festival – Performing Arts Festival, http://fringearts.com; 1. Sept.-Hälfte; vielseitiges Fest über zwei Wochen, verteilt auf die Stadt; Theater, Tanz, Musik, Literatur, Puppenspiel und Pantomime, Touren und Filme.
Re-enactments und Vorführungen von Historic Philadelphia, www.historicphiladelphia.org.

Unterhaltung

Broad St./Avenue of the Arts, www.avenueofthearts.org; über 20 Bühnen u. a. Kultureinrichtungen.
Kimmel Center for the Performing Arts, www.kimmelcenter.org; Heimatbühne des Philadelphia Orchestra, Kammerorchester und Philly Pops.
Arden Theater, https://ardentheatre.org; renommiertes Theater in Old City.
Annenberg Center for the Performing Arts, https://annenbergcenter.org; Bühne der University of Philadelphia mit erstklassigen Konzerten und Tanzaufführungen.

Zuschauersport

Die Sportarenen befinden sich alle im Süden der Stadt, an der Broad St., und sind leicht mit der U-Bahn zu erreichen (Endstation Orange Line „NRG/Pattison Ave.").
Philadelphia Eagles (Am. Football – NFL), www.philadelphiaeagles.com, Spiele im Lincoln Financial Field (www.lincolnfinancialfield.com).
Philadelphia Flyers (Eishockey – NHL), www.nhl.com/flyers, Spiele im Wells Fargo Center (www.wellsfargocenterphilly.com).
Philadelphia Phillies (Baseball – MLB), www.mlb.com/phillies, Spiele im Citizens Bank Park (https://www.mlb.com/phillies/ballpark).
Philadelphia 76ers (Basketball – NBA), www.nba.com/sixers, Spiele im Wells Fargo Center (www.wellsfargocenterphilly.com).

Philadelphia, die „Stadt der brüderlichen Liebe"

Philadelphia Union *(Fußball – MLS), www.philadelphiaunion.com, Spiele im Talen Energy Stadium (https://www.philadelphiaunion.com/stadium) im Vorort Chester, südwestl. des Flughafens (S-Bahn-Anschluss).*

✈ Flughafen

Der **Philadelphia International Airport** *(PHL) liegt etwa 18 km südwestlich der Stadt und ist leicht erreichbar – entweder in 20 Min. per* **Airport Line** *(halbstündl. zwischen Center City und Airport, SEPTA Key Regional Rail Quick Trip $ 6,75 bis Center City, sonst $ 9,25; http://septa.org/schedules/rail/w/AIR_0.html) oder per* **Taxi** *(Festpreis derzeit $ 28,50 plus jeweils $ 1 Aufschlag für 2.–4. Person); www.phl.org/to-and-from, ☏ 215-937-6937.*
Hinweis: *PHL wird z. B. von Lufthansa/United nonstop angeflogen.*

🚍 Nahverkehr

SEPTA *(Southeastern Pennsylvania Transportation Authority) ist das Nahverkehrssystem der Stadt mit* **Bussen** *und* **zwei U-/sowie mehreren S-Bahn-Linien** *(O-W: Market-Frankford Line; N-S: Broad St., Norristown High Speed Line). Zudem verkehren in der Innenstadt* **Straßenbahnlinien** *(Trolley Routes 10, 11, 13, 15, 34 und 36 sowie 101 und 102) und die* **PATCO-Line** *nach New Jersey (www.ridepatco.org).*
Infos: *☏ 215-580-7800, www.septa.org; Pläne, Tickets und Karten im Informationszentrum (1234 Market St.) und im Independence VC (599 Market St.; s. o.).*
Fahrtkosten *im Stadtgebiet: $ 2,50 pro Fahrt auf Market-Frankford- und Broad-Street-Line (mit wiederaufladbarer SEPTA Key Card zu bezahlen); Tageskarten:* **One Day Convenience Pass** *$ 9 (8 Fahrten; keine Regionalbahnen) und* **Independence Pass** *$ 13 (10 Fahrten; alle Bahnen), Familienpass $ 30 (max. 5 Pers., max. 2 Erw.).*

PHLASH, *Shuttle-Bus im Zentrum, https://ridephillyphlash.com; Mai–Anfang Sept. + Dez. 10–18, April + Anfang Sept.–Ende Nov. Fr–So 10–18 Uhr, $ 2/$ 5 (Tagespass)/$ 8 (2-Tage-Pass), Tickets im Infozentrum und online.*
RiverLink, *www.delawareriverwaterfront.com/places/riverlink-ferry; Fährverbindung zwischen Penn's Landing und Adventure Aquarium; Mai–Okt. 10–19 Uhr; $ 9 hin/zurück.*

🚆 Eisenbahn/Bus

Die **30th Street Station**, *der Hauptbahnhof, liegt jenseits des Schuylkill River und ist bestens an den Nahverkehr angeschlossen. Außer Nahverkehrszügen halten hier Fernzüge von Amtrak (u. a. von/nach Chicago sowie stündlich in Richtung New York/Boston bzw. Washington/Baltimore). Infos: www.amtrak.com.*
Auch Überlandbusse, z. B. BoltBus (www.boltbus.com) und Megabus (www.megabus.com), verbinden Philadelphia mit Baltimore, Boston, New York und Washington.

ANHANG

Literaturhinweise

Im Folgenden findet sich eine kleine Auswahl an weiterführender Literatur. Bei guten Englischkenntnissen sollte man die englischen Originalausgaben den deutschen Übersetzungen vorziehen; besonders gute deutsche Ausgaben wurden explizit im Text als „Buchtipp" und unten angeführt.

Reiseführer
Für zusätzliche Informationen zu angrenzenden Regionen sei auf die anderen Reise-Handbücher im Iwanowski's Reisebuchverlag verwiesen, die in regelmäßigen Zeitabständen aktualisiert werden:
- Margit Brinke/Peter Kränzle, **Iwanowski's USA – Ostküste**
- Dirk Kruse-Etzbach/Marita Bromberg, **Iwanowski's New York**
- Leonie Senne/Monika Fuchs, **Iwanowski's Kanada – Osten**
- Margit Brinke/Peter Kränzle, **CityTrip PLUS New York City** sowie **CityTrip New York** und **CityTrip Washington D.C.** (Reise Know-How Verlag).

Sachbücher
- J. Aldridge/A. Sosinski, **Ein Fleck im Meer. Eine abenteuerliche Rettungsaktion auf hoher See** (Tempo/Hoffmann und Campe, 2017). Fesselnd geschriebenes Buch über die Rettung eines Fischers aus Montauk/Long Island, die im Juli 2013 für Schlagzeilen sorgte.
- S. Beckert, **King Cotton. Eine Geschichte des globalen Kapitalismus** (C.H. Beck, 2. Aufl. 2015). Brillante Darstellung der Entstehung des Kapitalismus anhand der bis heute bedeutenden Ware Baumwolle.
- L. Bendavit-Val, **Facing Change** (Prestel Verlag, 2015). Grandioser Fotoband zu den Veränderungen in den USA im 21. Jh., von der Library of Congress geförderte Sammlung zu Ereignissen wie Irakkrieg oder Hurrikan Katrina.
- S. Foote, **The Civil War: A Narrative I–III** (Random House, 1958/1963/1974). Bis heute das beste Kompendium zum Bürgerkrieg in englischer Sprache.
- P. Gassert/M. Häberlein/M. Wala, **Kleine Geschichte der USA** (Reclam Verlag, 2. Aufl. 2018). Eine übergreifende Skizze der historischen Entwicklung in den USA.
- D. Kearns Goodwin, **Team of Rivals. The Political Genius of Abraham Lincoln** (Simon & Schuster, 2005). Herausragendes Buch über Lincolns Karriere, Amtszeit und Führungsqualitäten; Vorlage für den Film „Lincoln" (2012) von Steven Spielberg mit Daniel Day-Lewis.
- C. C. Mann, **Amerika vor Kolumbus. Die Geschichte eines unentdeckten Kontinents** (Rowohlt Verlag, 2016). Mann macht deutlich, dass die indianischen Kulturen oft weiter entwickelt waren als jene in Europa. Die Indianer gründeten einige der größten und reichsten Städte der Welt und betrieben, neben der Jagd, auch Landwirtschaft. Amerika war weit geschäftiger, vielseitiger und dichter bevölkert als angenommen. Ein Lesetipp!
- ders., **Kolumbus' Erbe. Wie Menschen, Tiere, Pflanzen die Ozeane überquerten und die Welt von heute schufen** (Rowohlt Verlag, 2013). Mann zeigt auf, wie der „kolumbische Austausch" Natur, Gesellschaften und Machtverhältnisse auf der Erde verändert hat und wie er noch heute unsere moderne Welt prägt.
- A. Mattioli, **Verlorene Welten – Eine Geschichte der Indianer Nordamerikas 1700–1910** (Klett-Cotta Verlag, 2017). Schildert den Prozess der Kolonisierung aus der Sicht der Indianer.
- N. Philbrick, **Mayflower** (Blessing Verlag, 2006). Lesenswerte Darstellung der ersten europäischen Siedler in Neuengland und der hier lebenden Indianer.
- F. Schäfer, **Henry David Thoreau. Waldgänger und Rebell. Eine Biographie** (Suhrkamp Verlag, 2017). Fesselnd zu lesende Lebensgeschichte des ungewöhnlichen Naturphilosophen und Querdenkers.
- D. Schulz, **Ralph Waldo Emerson, Henry David Thoreau, Margaret Fuller. Amerikanischer Transzendentalismus** (WBG Darmstadt, 1997). Gute Einführung in dieses nicht ganz leichte Thema, mit Infos zu den frühen Literaten Neuenglands.

P. Souza, **Obama. Bilder einer Ära** (Prestel Verlag, 2018). Gelungene Fotodokumentation über den ehemaligen Präsidenten. Mit einem Vorwort von Obama.

Alexis de Tocqueville, **Über die Demokratie in Amerika** (u. a. Reclam Verlag, 1986). Lesenswerte Einführung in die amerikanische Politik und Gesellschaft aus der Feder eines französischen Gesandten im 19. Jh. – immer noch sehr aktuell!

M. Van Groeswen/L.E. Tise (Hsg.), **Theodor de Bry, America, Sämtliche Tafeln 1590–1602** (Taschen Verlag, 2019). Ein Meisterwerk der Reiseliteratur: monumentale Sammlung von Reiseberichten aus der Neuen Welt, zusammengestellt von Theodor de Bry, in großartiger Aufmachung.

M. Walter/S. Arque, **American Odyssey: Photos from the Detroit Photographic Company 1888–1924** (Taschen Verlag, 2014). Grandioses und allein von den Maßen her gigantisches Buch des Taschen-Verlages mit Fotos um 1900, die eine fesselnde Bestandsaufnahme Nordamerikas bieten.

C. Whitehead, **Underground Railroad** (Fischer Verlag, 2019). Historisch fundierte bis fiktive Geschichte der Sklaverei im Amerika des 19. Jh. und der Flucht vieler Sklaven nach Norden mittels dieses Hilfsnetzes.

C. Woodard, **American Nations: A History of the Eleven Rival Regional Cultures of North America** (u. a. Penguin Books, 2012). Dieses Buch trägt zum besseren Verständnis der Unterschiede in der „nation of nations" bei.

Belletristik

Louisa May Alcott, u. a. **Little Women** (1868/69) oder **Little Men** (1871). Zahlreiche Ausgaben als TB und gebunden, auch auf Deutsch; Geschichten aus dem Neuengland des 19. Jh.

Paul Auster, **Mond über Manhattan** (1989), **Die New-York-Trilogie** (1988), **Die Brooklyn Revue** (2006). Drei der besten Bücher des berühmten New Yorker Autoren.

Harriet Beecher Stowe, **Onkel Toms Hütte** (1852). Zahlreiche Ausgaben, auch als TB und auf Dt.; das Buch, das wesentlich zur Lösung der Sklavenfrage beigetragen hat.

Rita Mae Brown, **Dolley** (1994; auch dt.). Fesselnde Schilderung des Lebens der exzentrischen Ehefrau des vierten US-Präsidenten James Madison in der Frühzeit der Hauptstadt Washington und während des *War of 1812* gegen England.

Christophe Chabouté, **Moby Dick. Graphic Novel** (Egmont Verlagsgesellschaft Köln, 2015). Herman Melvilles eindrucksvolles Buch wurde vom französischen Zeichner grandios in eine Graphic Novel umgesetzt!

James Fenimore Cooper, **Lederstrumpf** (5 Bände, 1826–41). In verschiedenen Ausgaben erschienen (auch als TB); die Romane spielen teilweise im kolonialen Neuengland.

Ders., **Der letzte Mohikaner. Ein Bericht aus dem Jahr 1757** (2013). Hervorragende Neuübersetzung des Klassikers, erschienen im Hanser Verlag mit informativem und lesenswertem Nachwort.

John Dos Passos, **Manhattan Transfer** (1925). Eines der besten Bücher über das New York der 1920er-Jahre.

Ralph Waldo Emerson, **Nature** (1836). Zahlreiche Ausgaben, auch als TB und in deutscher Sprache; grundlegender Essay für den Transzendentalismus und die Bewegung „Zurück zur Natur".

Charles Frazier, **Cold Mountain** (1998, auch dt.). Eindrucksvoller Bürgerkriegsroman, doch kein heroisch-patriotisches Buch, sondern eher ein Anti-Kriegsbuch; 2004 von dem britischen Regisseur Anthony Minghella beeindruckend verfilmt.

Chad Harbach, **The Art of Fielding** (2011; dt.: *Die Kunst des Feldspiels*). Fesselnder Roman des literarischen Neulings über den amerikanischen Nationalsport.

Nathaniel Hawthorne, u. a. **The Scarlet Letter** (1850, auch deutsch). Zahlreiche Ausgaben, auch als TB; eine Abrechnung mit den Hexenprozessen in Salem von 1692; **The House of the Seven Gables** (1851, auch dt.).

Ders., **Zwanzig Tage mit Julian und Little Bunny** (Jung und Jung Verlag Salzburg, 2011). Hier schildert Hawthorne einige Sommertage, die er alleine mit seinem Sohn verbringt; mit einem Nachwort von Paul Auster.

Sophia & Nathaniel Hawthorne, **Das Paradies der kleinen Dinge. Ein gemeinsames Tagebuch** (Jung und Jung Verlag Salzburg, 2014). Vergnüglich zu lesendes Tagebuch aus den ersten gemeinsamen Jahren des frisch vermählten Dichters und seiner Frau.

- O. Henry u. a., **Meistererzählungen** (z. B. Diogenes 1991). Spannende Kurzgeschichten aus dem New York des ausgehenden 19. Jh.
- John Irving u. a., **The Hotel New Hampshire** (1981, auch dt.), **Setting Free the Bears** (1969, auch dt.) oder **The World According to Garp** (1978, auch dt.). Jeweils zahlreiche Ausgaben, auch als TB, liegen von den Werken des aus New Hampshire stammenden Autors vor.
- Peter Landesman, **The Raven** (1995, dt. *Meereswunden*). Spielt an der zerklüfteten Küste Maines.
- Henry Wadsworth Longfellow, **The Song of Hiawatha** (1855). Zahlreiche Ausgaben, auch dt. und TB, darunter die begehrte Faksimile-Ausgabe von 1890, illustriert von Frederic Remington (Chicago 1969; auch dt.); Lobgesang auf die Indianer, neben **Evangeline** (1847) ein Meisterepos des Dichters.
- Herman Melville, **Moby-Dick** (1851). Viele Ausgaben, die beste Übersetzung ist im Jung und Jung Verlag 2016 von Friedhelm Rathjen erschienen: grandiose Erzählung über den besessenen Captain Ahab und seine Jagd auf den weißen Wal; Schilderung alter Hafenstädte in Neuengland und der Walfangindustrie.
- ders., **Mardi und eine Reise dorthin** (Manesse Verlag, 2019). Hervorragende Übersetzung des zweiten Meisterwerks von Melville.
- Tony Morrison, **Jazz** (1992, auch dt.). Lesenswerte Beschreibung des Harlem der 1920er-Jahre.
- E. A. Poe u. a., **The Raven**, **The Fall of the House of Usher** (1839) oder **Murder in the Rue Morgue** (1841). Zahlreiche Ausgaben, auch als TB und dt.; grandiose Werke des Meisters des Krimis, der Kurzgeschichte und des Thrillers.
- E. Annie Proulx u. a., **Schiffsmeldungen** (1993) oder **Das grüne Akkordeon** (1996). Aus Neuengland stammende Autorin, deren Romane in der Tradition eines William Faulkner oder Herman Melville stehen.
- Gary Shteyngart, **Willkommen in Lake Success** (Penguin Verlag, 2019). Roadtrip-Story, fast im Sinne Kerouacs, und Gesellschaftssatire, die ein wenig an Tom Wolfes *Fegefeuer der Eitelkeiten* erinnert; spielt unmittelbar vor der Wahl Trumps zum Präsidenten und zeigt eine zutiefst gespaltene Gesellschaft.
- Henry David Thoreau, **Walden or Life in the Woods** (1854) oder **Civil Disobedience** (1849/1866). Diverse Ausgaben, auch TB und auf Deutsch; grundlegende Werke des Dichters, Philosophen und Freundes von Emerson. Zwei hervorragende Übersetzungen sind im Jung und Jung Verlag Salzburg erschienen: **Ktaadn** (2017) sowie **Die Wildnis von Maine** (2015).
- Mark Twain, **A Connecticut Yankee in King Arthur's Court** (1889). Zahlreiche Ausgaben, auch als Taschenbuch und auf Deutsch; bezieht sich auf Neuengland, wohingegen seine Meisterwerke – **The Adventures of Huckleberry Finn** (1884), **The Adventures of Tom Sawyer** (1876), aber auch das lesenswerte **Life on the Mississippi** (1884) – am Mississippi spielen und weitere im Gold Country Kaliforniens bzw. Nevadas (z. B. **Roughing It**, 1872); besonders lesenswert: **The Innocents Abroad** (1869, dt. *Die Arglosen auf Reisen*, 1875) und **A Tramp Abroad** (1880, dt. *Bummel durch Europa*, 1922). Außerdem: **Meine geheime Autobiographie** (2 Bände, 2012), **Ich bin der eselhafteste Mensch, den ich je gekannt habe** (2 Bände, 2014) sowie **Die Nachricht von meinem Tod ist stark übertrieben** (2017); die komplette Autobiographie Mark Twains ist in mehreren Bänden im Berliner Aufbau Verlag 2012 erschienen.
- John Updike u. a., **Of the Farm** (1965), **The Witches of Eastwick** (1984) oder mehrere „Rabbit"-Romane, wie **Rabbit, Run** (1960). Zahlreiche Ausgaben, auch als TB und auf Deutsch.
- Walt Whitman, **Leaves of Grass** (1899, zahlreiche Ausgaben, auch als TB und auf deutsch als „Grasblätter" im Hanser Verlag, 2009). Bedeutender Gedichtband des Poeten aus Brooklyn, der die Grundlage der amerikanischen Dichtkunst bildet.
- ders., **Der schöne Mann. Das Geheimnis eines gesunden Körpers** (dtv Verlagsgesellschaft München, 2018). Gelungene Übersetzung der amüsanten Hymne des Dichters auf den männlichen Körper.

Stichwortverzeichnis

Symbole
9/11 38

A
Abkürzungen 80
Acadia National Park 381
· Cadillac Mountain 384
· Ocean Path 384
· Park Loop Road 383
Adirondacks 469
Afroamerikaner 53
Ahornsirup 444
Albany 462
Algonkin 241
Alkohol 80
Allagash Wilderness Waterway 393
Allen, Ethan 427, 438, 467
Anthony, Susan B. 488
Appalachen 41
Arbeitslosenhilfe 58
Architektur 68
Architekturstile 69
Arlington 557
Asiaten 56
Atlantische Küstenebene 40
Auburn 399
Augusta 397
Ausable Chasm 470
Auto fahren 81

B
Balboa, Vasco Núñez de 18
Baltimore 564
· American Visionary Art Museum 565
· Babe Ruth Birthplace 570
· Baltimore Maritime Museum 568
· Baltimore Museum of Art 571
· Basilica of the Assumption 570
· B&O Railroad Museum 570
· Camden Yards 570
· Carroll Museum 569
· City Center 570
· City Hall 570
· Druid Hill Park & Lake 571
· Eubie Blake Cultural Center 571
· Fell's Point 569
· Fort McHenry 572
· Hampden 571
· Harborplace 568
· Historic Charles Street 570
· Inner Harbor 565
· Johns Hopkins University 571
· Lexington Market 570
· Maryland Historical Society 571
· Maryland Science Center 567
· Mount Vernon 570
· National Aquarium 568
· Oriole Park at Camden Yards 570
· Phoenix Shot Tower 569
· Port Discovery Children's Museum 569
· Power Plant Live! 568
· Reginald F. Lewis Museum 569
· Top of the World Observation Level 568
· Walters Art Museum 571
· Washington Monument 571
Bangor 386
Bar Harbor 377
Barnum, Phineas Taylor 217
Baseball 66
Baxter State Park 390
Beaches 222
Bean, Leon Leonwood 367
Behinderung 86
Bennington 448
Berkshires 328
Besiedlung 29
Besiedlungsdichte 13
Besondere Gesellschaftsgruppen 86
Bethel 401
Bildungswesen 58
Block Island 248
Boldt Castle 479
Boothbay Harbor 370

Boston 291
· African Meeting House 305
· Back Bay 307
· Beacon Hill 304
· Besucherpässe 313
· Black Heritage Trail 305
· Boston African American NHS 305
· Boston Common 306
· Boston Museum of Fine Arts 309
· Boston Public Market 301
· Boston Tea Party Ships & Museum 300
· Charles Street Meeting House 306
· Charlestown 303
· Custom House Tower 298
· Fenway Park 311
· Freedom Trail 293
· Green Monster 312
· Harbor Walk 299
· Institute of Contemporary Art 300
· Isabella Stewart Gardner Museum 310
· John F. Kennedy Library & Museum 312
· King's Chapel 297
· New England Holocaust Memorial 300
· Nichols House 306
· North End 300
· Old City Hall 297
· Old Corner Book Store 297
· Old North Church 301
· Old South Meeting House 297
· Old State House 298
· Orientierung 294
· Park Street Church 296
· Paul Revere House 301
· Public Garden 306
· Quincy Market 298
· Red Sox 312
· Reisepraktische Informationen 313
· Rose Kennedy Greenway 299
· Shaw-Denkmal 294
· South End 308
· State House 296
· USS Constitution Museum 303
· West End 303
· Zeitplanung 294
Boston Tea Party 298
Botschaften 86
Bretton Woods 413
Bridgeport 216
Brown, John 473
Buffalo 509
Bulfinch, Charles 70, 296
Bürgerkrieg 31
Burlington 437
Bush, George W. 38
Busse 87

C
Caboto, Giovanni 18
Cambridge 317
· Harvard University 318
Camping 88
Canterbury Shaker Village 419
Cape Ann 347
Cape Cod 269
Cape Elizabeth 361
Cartier, Jacques 19
Casco Bay 362
Catskill Mountains 528
Champlain, Samuel de 20, 377, 381, 386, 426, 437, 470
Clinton, Bill 38
Colt, Samuel 219
Concord/MA 323
Concord/NH 421
Connecticut 212
Cooper, James Fenimore 76, 525, 527
Cooperstown 525
Corning 518
Coronado, Francisco Vásquez de 18
Cortez, Hernando 18

D
Deerfield 339
Deutsche 56
Down East 377
Dutchess County 458

E

Einkaufen 89
Einreise 91
Eintritt 94
Einwohner 13
Eisenbahn 94
Elch 395
Elmira 520
Emerson, Ralph Waldo 325, 327
Erie Canal 487
Essen und Trinken 96
Essex National Heritage Area 341
ESTA 92
Ethnien 13

F

Fall River 265
Fayette, Marquis de La 540
Feiertage 98
Finger Lakes 515
Fischfang 48
Flüge 99
Fort Niagara 494
Fotografieren 102
Franconia Notch State Park 411
Franklin, Benjamin 23
Franzosen 19
Freeport 366
Freizeit 116
Frieden von Paris 26, 34
Frost, Robert 76, 412, 417, 424, 449

G

Gardner, Isabella Stewart 310
Geldangelegenheiten 102
Geografie 40
Geschichte 15
Gesellschaft 50
Gesundheit 104
Getränke 98
Gettysburg 32
Gillette Castle 224
Golfkrieg 38
Goodyear, Charles 219
Gorham 401
Grandma Moses 449
Great Lakes 477
Green Mountains 426, 431
Greenwich 213
Größentabelle Bekleidung 91
Große Seen 477
Groton 225
Gründung 26

H

Hartford 233
Harvard University 318
Haudenosaunee 520
Hauptstädte 13
Hawthorne, Nathaniel 75, 327, 335
Heart Island 479
Hexenprozesse 341, 344
Hudson River School 72, 73
Hudson Valley 455
Hyde Park 458

I

Indianer 15, 52
Indian Summer 432
Informationen 105
Internet 119
Ipswich 347
Iren 55
Irokesenbund 520
Italiener 55

J

Jefferson, Thomas 27, 296

K

Kancamagus Highway 408
Kartenmaterial 105
Kennebunk 358
Kennedy, John F. 557
Keuka Lake 516
Kinder 86
Kingston 530
Kittery 355
Klima 44
Kolonisierung 17
Kolumbus, Christoph 15, 17
Kosten 128
Krankenversicherung 57
Kreditkarten 103
Kulinarisches 64, 96
Kultur 68

L

Lacrosse 485
Lake Champlain 437
Lake George 466
Lake Placid 472
Lakes Region 416
Lake Winnipesaukee 416
Landwirtschaft 48

Lateinamerikaner 55
Lenox 334
Léon, Juan Ponce de 18
Lewiston 399, 497
Lexington 322
Lincoln 410
Lincoln, Abraham 32
Litchfield 238
Lobster 359
Lockport 492
Longfellow, Henry Wadsworth 75, 327
Long Trail Fernwanderweg 433
Lowell 424

M

Mahican 241
Maine 354
Maine Highlands 389
Maine's Midcoast 368
Malerei 72
Manchester (NH) 422
Manchester (VT) 447
Maple Syrup 444
Marshall-Plan 37
Martha's Vineyard 278
Massachusetts 264
Maßeinheiten 106
Massena 476
Mayflower 290
Medien 106
Melville, Herman 75, 267
Merrimack River Valley 420
Mietwagen 107
Millinocket 392
Minute Man National Historical Park 323
Moby-Dick 267
Mohawk 241
Mohawk Trail 338
Mohegan 241
Monadnock Region 450
Monroe-Doktrin 34
Montpelier 430
Moose 395
Moosehead Lake 394
Morgan Horse 442
Morse, Samuel F. B. 458
Mount Washington Cog Railway 413
Mt. Katahdin 390
Mt. Mansfield 434
Mt. Washington 406
Mt. Washington Auto Road 406
Museen 110

Mystic 228

N

Nahverkehr 110
Nantucket Island 283
Narragansett 247
Nashua 424
Nationalfeiertag 13
Nationalparks 42, 111
National Park Service 42
National Park Service Organic Act 43
Naturparks 111
Neuengland-Staaten 210
New Bedford 265
Newburyport 349
New Hampshire 403
New Haven 218
New London 225
Newport 250
Newtown Battlefield 520
New York City 136
· 5th Avenue 168
· American Museum of Natural History 180
· Apollo Theater 181
· Battery Park City 146
· Bayard-Condit Building 155
· Bloomingdale's 201
· Boroughs 185
· Bowling Green 149
· Broadway 163
· Bronx 193
· Bronx Park 194
· Brookfield Place 146
· Brooklyn 185
· Brooklyn Bridge 152
· Brooklyn Bridge Park 188
· Brooklyn Heights 188
· Brooklyn Heights Promenade 152, 188
· Brooklyn Museum of Art 189
· Brooklyn-Spaziergang 189
· Carnegie Hall 178
· Cast-Iron Historic District 155
· Castle Clinton 146
· Cathedral of St. Patrick 168
· Central Park 172
· Central Park West 179
· Chelsea 160
· Chelsea Hotel 160
· Chinatown 154
· Chrysler Building 166

Stichwortverzeichnis

- Citigroup Center 169
- City Hall 152
- CityPass New York 207
- Columbia University 183
- Columbus Circle 178
- Columbus Park 154
- Comcast Building 168
- Coney Island 190
- Cooper Hewitt 177
- Cooper Union Building 156
- Dakota 180
- East Village 156
- Ellis Island 147
- El Museo del Barrio 177
- Empire State Building 162
- Federal Hall 150
- Finanzviertel 150
- Flatiron Building 157
- Fort Tryon Park 184
- Fraunces Tavern 149
- Freiheitsstatue 147
- Frick Collection 173
- Garment District 162
- Geburtshaus Theodore Roosevelts 157
- General Grant NM 184
- Governors Island 148
- Grace Church 156
- Gramercy 157
- Grand Central Terminal 166
- Greenwich Village 156
- Guggenheim Museum 177
- Harlem 181
- Hearst Tower 178
- High Line Park 160
- Hudson River 164
- Hudson River Park 164
- Hudson Yards 165
- India House 149
- Industry City 186
- Intrepid Sea, Air & Space Museum 165
- Jacob K. Javits Convention Center 166
- Jewish Museum 177
- Liberty Island 147
- Lincoln Center 179
- Little Italy 155
- Little Italy in the Bronx 194
- Lower East Side 154
- Lower East Side Tenement Museum 154
- Lower Manhattan 141, 153
- Macy's 162, 201
- Madison Avenue 178
- Madison Square Garden 162
- Manhattan 141
- Meatpacking District 160
- Met Breuer 178
- Metropolitan Museum of Art 175
- Midtown 161
- Morgan Library & Museum 162
- Mount Morris Historical District 181
- Murray Hill 162
- Museum Mile 173
- Museum of Arts & Design 178
- Museum of Chinese in America 154
- Museum of Modern Art 168
- Museum of Sex 159
- Museum of the City of New York 177
- National Museum of the American Indian 150
- National September 11 Memorial & Museum 142
- Neue Galerie 177
- New Museum 155
- New-York Historical Society 180
- New York Public Library 162
- New York Stock Exchange 150
- New York University 156
- Old St. Patrick's Cathedral 155
- One World Observatory 143
- Pete's Tavern 157
- Queens 192
- Radio City Music Hall 167
- Reisepraktische Informationen 195
- Riverside Church 184
- Rockefeller Center 167
- Roosevelt Island 176
- Schomburg Center 183
- Seagram Building 170
- Seton Shrine 149
- Smithsonian Design Museum 177
- SoBro 193
- SoHo 155
- South Street Seaport 150
- Staten Island 191
- Statue of Liberty 147
- St. John the Divine 183
- St. Mark's Church in-the-Bowery 156
- St. Nicholas Historic District 183
- St. Paul's Chapel 152
- Stuyvesant Square 157
- Temple Emanu-El 173
- Theater District 163
- The Battery 146
- The Dairy 172
- The Met Cloisters 184
- The Met Fifth Avenue 175
- The Plaza 172
- Tickets 204
- Times Square 163
- Time Warner Center 178
- Titanic Memorial 151
- Trinity Church 149, 150
- Trump International Hotel & Tower 178
- Trump Tower 169
- Tudor City 167
- Union Square 157
- United Nations 167
- Upper Manhattan 181
- Upper Midtown 167
- Upper West Side 178
- Uptown 172
- Village 156
- Waldorf Astoria Hotel 169
- Wall Street 150
- Washington Heights 184
- Whitehall Ferry Terminal 148, 191
- Whitney Museum of American Art 161
- Williamsburg 190
- Wolkenkratzer 170
- Woolworth Building 152
- World Trade Center Site 143
- Yankee Stadium 193
- Yorkville 176

New York State 452
Niagara Escarpment 493
Niagara Falls (Canada) 505
Niagara Falls State Park (USA) 499
Niagara Falls (USA) 498
Niederländer 20
North Adams 338
North Woodstock 410
Norwalk 215
Norwich 240
Notruf 112

O

Obama, Barack 39
Öffnungszeiten 113
Ogdensburg 478
Ogunquit 357
Old Forge 475
Old Fort Niagara State Park 494
Old Lyme 224
Old Orchard Beach 360
Old Saybrook 224
O'Neill, Eugene 227

P

Pearl Harbor 36
Pemaquid Point 370
Penobscot Bay 374
Pentagon 558
Pequot 241
Philadelphia 575
- Academy of Natural Sciences 590
- African American Museum 587
- American Philosophical Society Museum 580
- Arch Street Meeting House 586
- Barnes Foundation 590
- Betsy Ross House 586
- Bishop White House 584
- Carpenters' Court 583
- Cathedral of St. Peter & Paul 590
- Christ Church 585
- Christ Church Burial Ground 586
- City Center 586
- City Hall 587

- CityPass 595
- Dolly Todd House 584
- Eastern State Penitentiary 592
- Edgar Allan Poe National Historical Site 593
- Elfreth's Alley 586
- Fairmount Park 591
- Fireman's Hall Museum 586
- Franklin Court 583
- Franklin Institute Science Museum 590
- Free Quaker Meeting House 586
- German Society of Pennsylvania 592
- Graff House 586
- Independence Hall 580
- Independence National Historical Park 576
- Independence Seaport Museum 585
- Independence VC 580
- King of Prussia Mall 593
- Liberty Bell Center 581
- Mother Bethel AME Church 584
- Museum District 589
- Museum of Archaeology and Anthropology 593
- Museum of the American Revolution 583
- National Constitution Center 582
- National Liberty Museum 582
- Old Pine Street Presbyterian Church 584
- Orientierung 577
- Pennsylvania Academy of the Fine Arts 589
- Philadelphia Museum of Art 591
- Rodin Museum 591
- St. Peter's Church 584
- Valley Forge National Historic Park 593
- Wandbilder 589

Pilgrim Fathers 22, 290
Pittsfield 335
Pizarro, Francisco 18
Plimoth Plantation 288
Plymouth 286
Poe, Edgar Allan 593
Portland 362
Portland Head Light 361
Portsmouth 351
Post 114
Poughkeepsie 458
Proctor 445
Providence 258
Puritaner 289

R

Radio 106
Rauchen 115
Regierungsform 13
Reisezeit 115
Religion 13, 61
Rentenversicherung 58
Revere, Paul 273, 301, 302
Rhinebeck 461
Rhode Island 244
Rochester 488
Rockwell, Norman 333, 446
Rome 482
Roosevelt, Franklin Delano 36, 459
Roosevelt, Theodore 157
Routenvorschläge 133
Rutland 445

S

Sackets Harbor 481
Saint Lawrence River 476
Saint Lawrence Seaway 477
Salem 341
Salinger, J. D. 77
Saltbox Houses 222, 223
Saranac Lake 474
Saratoga Springs 464
Schiffbau 48
Schulen 59
Secure Flight 92
Seneca Lake 522
Senioren 86
Shaking Quakers 419
Shelburne 439
Shelburne Falls 339
Sicherheit 116
Six Nations 520
Sklaven 31
Skowhegan 400
Smithson, James 545
Smuggler's Notch State Park 435
Southwest Harbor 384
Soziales 57
Sozialhilfe 58
Spanier 18
Sport 65, 116
Sprache 118
Sprachen 13
Springfield 330
Staatsorgane 39
Stamford 214
Steuben, Friedrich Wilhelm von 594
Stockbridge 332
Stowe 434
Stowe, Harriet Beecher 67, 75, 238
Stratford 217
Strom 119
Sturbridge 329
Syracuse 483

T

Tanglewood 334
Telefon 119
The Chosen People 289
Thoreau, Henry David 75, 327, 391
Thousand Islands 479
Ticonderoga 464
Town of Conway 407
Trail of Tears 17
Transzendentalismus 74, 326
Trinkgeld 120
Tupper Lake 474
TV 106
Twain, Mark 75, 237, 520

U

Umgangsformen 121
Unabhängigkeit 24
Unabhängigkeitskrieg 28
Universitäten 60
Unterkunft 121
Utica 482

V

Veranstaltungen 98
Vergennes 441
Verhaltensregeln 116
Vermont 426
Verrazano, Giovanni da 19
Versicherung 125
Verständigung 118
Vertretungen, diplomatische 86
Vespucci, Amerigo 18
Visum 91

W

Währung 102
Waldseemüller, Martin 18
Warhol, Andy 74, 157
War of 1812 27
Washington, D.C. 533
- Adams Morgan 557
- Albert Einstein Memorial 541
- Arthur M. Sackler Gallery 544
- Barracks Row 551
- Blair House 541
- Capital One Arena 553
- Capitol Hill 549
- Downtown 553
- Eastern Market 551
- Episcopal Church 541
- Ford's Theatre 553
- Franklin D. Roosevelt Memorial 543
- Freer Gallery of Art 545
- Georgetown 554
- Georgetown University 554
- Geschichte 534
- Heurich House Museum 555
- Hirshhorn Museum 547
- International Spy Museum 548
- Jefferson Memorial 543
- John F. Kennedy Center for the Performing Arts 554
- Korean War Veterans Memorial 543
- Lafayette Square 540
- Library of Congress 551
- Lincoln Memorial 542
- Martin Luther King Jr. Memorial 543
- Memorials 541
- Museen 544
- Museum of the Bible 548
- National Air and Space Museum 547
- National Archives 547
- National Gallery of Art 547
- National Mall 541
- National Museum of African American History and Culture 546

Stichwortverzeichnis **609**

- National Museum of African Art 544
- National Museum of American History 546
- National Museum of Natural History 545
- National Museum of the American Indian 547
- National Museum of Women in the Arts 554
- Nationals Park 551
- National World War II Memorial 544
- Northwest 555
- Old Stone House 554
- Orientierung 536
- Pentagon 558
- Phillips Collection 556
- President's Park 540
- Smithsonian American Art Museum 553
- Smithsonian Institution 545
- Smithsonian Institution Building 544
- Theodore Roosevelt Memorial 554
- Union Station 553
- U.S. Botanic Garden 548
- U.S. Capitol 549
- US Holocaust Memorial Museum 543
- Vietnam Veterans Memorial 541
- Washington Monument 544
- White House 536
- White House Visitor Center 540
- Woodrow Wilson House 556

Waterbury 433
Watergate-Affäre 38
Watertown 481
Watkins Glen 522
Wells 358
Westport 215
Wharton, Edith 335
Whiteface Mountain 470
White Mountains 403
White Mountain Trail 403
Whitman, Walt 76, 185
Whitney, Eli 219
Williamstown 338
Wilmington 470
Wirtschaft 46
Wolfeboro 417
Woolworth, Frank Winfield 481
Worcester 329
Wright, Frank Lloyd 71, 177, 424, 510, 513

Y
York 357

Z
Zeiteinteilung 135
Zeitzonen 126
Zoll 126

Bildnachweis

Alle Fotos von Dr. Margit Brinke, außer:
1000 IslandsInternTourismCouncil: 480; Berkshire Visitors Bureau/Laura Wolf: 336; City of Hartford: 233; Connecticut Commission on Culture and Tourism: 229; Connecticut Office of Tourism: vordere Umschlagklappe 7, 28, 33, 225, 241; Connecticut Office of Tourism/Tita Williams: 226; Connecticut Office of Tourism/Mystic Country/ERTD: 223; Discover Albany (NY): 462; Discover Newport: 251; Discover Newport/PSNC Gavin Ashworth: 256; ILoveNY-New York Department of Economic Development: 465, 467; John F. Kennedy Hyannis Museum: 275u; Katherine Gendreau: 262; Maine Office of Tourism: vordere Umschlagklappe 6, 41, 361, 363, 381, 390, 392, 395; Maine Office of Tourism/Nick Cote: 359, 371, 376, 401; Mashantucket Pequot Museum: 243; Massachusetts Office of Travel & Tourism (CC BY-ND 2.0): 275o, 360, 330, 332, 339; Massachusetts Office of Travel & Tourism/Kindra Clineff (CC BY-ND 2.0): 299, 331; Massachusetts Office of Travel & Tourism/Kyle Klein Photography (CC BY-ND 2.0): 306; Massachusetts Office of Travel & Tourism/Ogden Gigli (CC BY-ND 2.0): 431; Massachusetts Office of Travel & Tourism/Rachel Napear (CC BY-ND 2.0): 325; Massachusetts Office of Travel & Tourism/Tim Grafft (CC BY-ND 2.0): 283, 292, 303, 322; MoMA: 168; MSTCreative PR/Lily Brown: 199; NC Tourism: 132; New Hampshire Division of Travel & Tourism Development: 43, 406; New Hampshire Division of Travel & Tourism Development/Ellen Edersheim: 409; Rhode Island Tourism Division: Buchrückseite unten; Rhode Island Commerce Corporation/Katherine Gendreau: 249, 259; Rhode Island Commerce Corporation/Billy Black: 247; Shelbourne Museum (VT): 440; ValleyForge (PA): 594; Vermont Department of Tourism and Marketing/Kent Shaw: vordere Umschlagklappe 5, hintere Umschlagklappe 4, 45; VisitAdirondacks.com: 471, 472; VisitBuffaloNiagara/BuffaloAerialPictures: 510; VisitBuffaloNiagara/Drew Brown: 514; VisitBuffaloNiagara/Joe Cascio: 512; VisitRochester.jpg: 488; VisitSyracuse: 483
Creative-Commons-Lizenzen: https://creativecommons.org/licenses/by-nd/2.0/

IWANOWSKI'S REISEBUCHVERLAG

ABENTEUER AMERIKA

 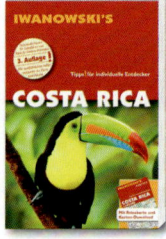 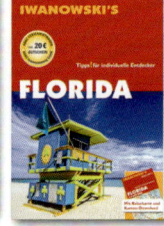  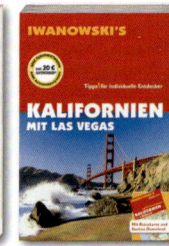
 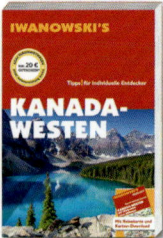   
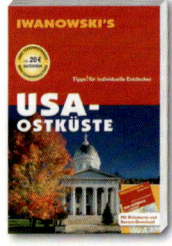   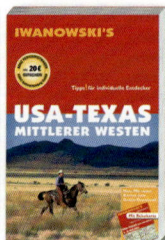 

Iwanowski's Reisebuchverlag GmbH
Salm-Reifferscheidt-Allee 37 | D-41540 Dormagen
Tel: +49 (0) 21 33/26 03-0 | Fax: -34
info@iwanowski.de | www.iwanowski.de

IWANOWSKI'S REISEBUCHVERLAG

REISEFÜHRER AUF EINEN BLICK

REISEHANDBÜCHER

Afrika
Äthiopien * 📄 📂
Botswana * 📄 📂
Kapstadt & Garden Route * 📄 📂
Kenia/Nordtansania *
Madagaskar * 📄 📂
Mauritius mit Rodrigues * 📄 📂
Namibia * 📄 📂
Réunion * 📄 📂
Ruanda * 📄 📂
Seychellen 📄 📂
Südafrika * 📄 📂
Uganda * 📄 📂

Amerika
Bahamas 📄 📂
Barbados, St. Lucia & Grenada * 📄 📂
Costa Rica * 📄 📂
Chile mit Osterinsel * 📄 📂
Florida * 📄 📂
Guadeloupe 📄 📂
Hawaii * 📄 📂
Kalifornien * 📄 📂
Kanada/Osten * 📄 📂
Kanada/Westen * 📄 📂
Karibik/Kleine Antillen * 📄 📂
New York * 📄 📂
USA/Große Seen|Chicago * 📄 📂
USA/Nordosten * 📄 📂
USA/Nordwesten * 📄 📂
USA/Ostküste * 📄 📂
USA/Süden * 📄 📂
USA/Südwesten * 📄 📂
USA/Texas & Mittl. Westen * 📄 📂
USA/Westen * 📄 📂

Asien
Oman * 📄 📂
Rajasthan mit Delhi & Agra *
Shanghai * 📄 📂
Singapur * 📄 📂
Sri Lanka * 📄 📂
Thailand * 📄 📂
Tokio mit Kyoto * 📄 📂

Australien / Neuseeland
Australien * 📄 📂
Neuseeland * 📄 📂

Europa
Berlin * 📄
Dänemark * 📄 📂
Finnland * 📄 📂
Irland * 📄 📂
Island * 📄 📂
Lissabon *
Madeira mit Porto Santo * 📄 📂
Malta, Gozo & Comino * 📄 📂
Norwegen * 📄 📂
Paris und Umgebung *
Piemont & Aostatal * 📄
Rom * 📄
Schottland * 📄 📂
Schweden * 📄 📂
Tal der Loire mit Chartres *

101...-Serie:
Geheimtipps und Top-Ziele
101 Berlin * 📄
101 Bodensee 📄
101 China
101 Deutsche Ostseeküste 📄
101 Florida 📄
101 Hamburg * 📄
101 Indien
101 Inseln
101 Kanada/Westen
101 Kopenhagen * 📄
101 Lissabon * 📄
101 London * 📄
101 Mallorca 📄
101 Namibia 📄
101 Nepal 📄
101 Reisen für die Seele – Relaxen & Genießen in aller Welt
101 Reisen mit der Eisenbahn – Die schönsten Strecken weltweit 📄
101 Safaris 📄
101 Skandinavien 📄
101 Stockholm 📄
101 Südafrika 📄
101 Südengland 📄
101 Tansania 📄
101 Wien * 📄

REISEGAST
in ...
Ägypten
China
England
Indien
Japan
Korea
Polen
Russland
Südafrika
Thailand

IWANOWSKI.DE/BLOG

Legende:
* mit Extra-Reisekarte
📄 auch als ebook (epub)
📂 Karten gratis downloaden

Das komplette Verlagsprogramm finden Sie unter www.iwanowski.de

Iwanowski's Reisebuchverlag GmbH
Salm-Reifferscheidt-Allee 37 | D-41540 Dormagen
Tel: +49 (0) 21 33/26 03-0 | Fax: -34
E-Mail: info@iwanowski.de

IWANOWSKI'S

USA-NORDOSTEN – Top-Ziele

1. SEHENSWÜRDIGKEITEN

Von Bergen wie dem Mt. Washington, **S. 406**, bis hin zu Seenlandschaften wie den Finger Lakes/NY, **S. 515**, romantischen Dörfern und pulsierenden Städten: Der Nordosten ist landschaftlich und kulturell äußerst vielseitig.

2. STÄDTE

Die großen Metropolen Boston, New York, Washington, D.C. und Philadelphia lohnen einen mehrtägigen Aufenthalt. Alle kann man gut zu Fuß erkunden, in Boston z. B. auf dem Freedom Trail, **S. 293**.

3. GESCHICHTE

„Lebendige Geschichte" ist das Motto der Museumsdörfer, die zu einer Reise in die Vergangenheit einladen: z. B. das Canterbury Shaker Village, **S. 419**, Mystic Seaport, **S. 228**, Plimoth Plantation, **S. 288**, Shelburne Museum, **S. 439**, und Strawbery Banke Museum, **S. 352**.

4. MUSEEN

Nicht nur die großen Museen in den Metropolen, sondern auch viele kleinere, weniger bekannte Einrichtungen sind einen Besuch wert, z. B. das Norman Rockwell Museum, **S. 333**, und das Mark Twain House, **S. 236**.

5. INDIAN SUMMER

Wenn im Herbst die Wälder in ihrer ganzen Farbenpracht leuchten, sind vor allem in den Neuengland-Staaten, z. B. in den Green Mountains von Vermont, **S. 431**, die „leaf peepers" unterwegs.

6. NATURERLEBNISSE

Einmalige Landschaftserlebnisse bieten der Acadia NP, **S. 381**, die White Mountains, **S. 403**, New Hampshires Lakes Region, **S. 416**, und die Südküste Maines, **S. 354**.

7. EINKAUFEN

In den idyllischen Dörfern Neuenglands laden *Farmers Markets* und Antiquitätengeschäfte zum Stöbern ein. Kittery/NH, **S. 355**, und Freeport/ME, **S. 366**, sind bekannt für ihre Outlet-Shoppingcenter.